东平年鉴

2018

DONGPING YEARBOOK

东平县人民政府　主办

东平县史志办公室　编

方志出版社
Publishing House of Local Records

东平县史志编纂委员会

《东平年鉴（2018）》编委会及编审人员

《东平年鉴（2018）》单位审稿人名单

（以姓氏笔画为序）

万　磊	马庆华	马　明	马　峰	马　涛	王少祥	王文霞	王　龙
王延松	王全振	王　志	王启志	王尚勇	王和平	王厚德	王笃兴
王洪海	王艳辉	王晓晨	王继强	王淑云	王　磊	亓　勇	方　强
田茂雷	史延杰	付茂鲁	冯殿光	刘东平	刘汉峰	刘建民	刘建波
刘　勇	刘桂祥	刘彩凤	许洪胜	孙　平	孙庆乐	孙丽萍	孙国栋
孙　明	孙建新	孙承武	孙常来	苏翠玉	李长峰	李功军	李吉龙
李　冰	李庆昌	李厚义	李洪武	李　靖	杨　振	邴　永	肖立明
吴玉振	吴庆先	吴绪科	吴　鹏	张丰硕	张庆伟	张茂进	张春华
张衍栋	张胜群	张瑞泉	陈　锋	陈志贵	陈其刚	陈国营	陈瑞华
陈　慧	尚福爱	国佃华	周　峰	郑玉田	郑志娟	郑善民	赵广军
赵广清	赵冰心	赵　红	赵典鲁	赵　鹏	侯庆甫	侯庆科	侯　铖
侯　辉	宫一良	夏庆广	徐广山	徐玉营	徐庆勇	徐兴铭	栾启虎
郭光喜	郭兆全	郭兴华	唐守福	展黎明	彭　杰	葛　冰	董光辉
韩永勃	韩桂云	程　平	谢　磊	蔚　洋	熊卫华	魏丽华	魏烈华

《东平年鉴（2018）》单位中心
撰稿人名单

（以姓氏笔画为序）

丁立新	马延河	马　明	马金荣	马学河	王开东	王文翔	王　玉	王立忠
王亚洲	王延亮	王华兴	王志强	王　坤	王明星	王笃强	王　勇	王艳艳
王晓辉	王　啸	王　康	王善龙	王　腾	王　磊	王　蕾	牛树森	毛明辉
孔凡高	叶贵亮	田　军	史燕青	白静静	司鲁南	邢湘辉	巩　政	吕　峰
朱士民	朱雪强	任淑恒	刘文霞	刘红彦	刘　辰	刘国庆	刘金钊	刘建民
刘建波	刘贵显	刘洪盈	刘　洋	刘振安	刘晓涵	刘彩凤	刘　斯	刘德见
刘　露	孙　平	孙光耀	孙丽萍	孙秀芝	孙其朋	孙　明	孙　健	杜　川
杜　梅	李广平	李长锋	李文龙	李伟卓	李传勇	李其祥	李明明	李金地
李厚义	李俊卿	李振玉	李　哲	李晓伟	李培培	李淑君	李慧滢	李　聪
杨小草	杨　军	杨　松	杨　浩	杨新华	杨福中	轩　洋	吴化民	吴守红
吴海涛	何　宁	邹　旭	宋　杰	宋忠梅	张立功	张　华	张　旭	张庆伟
张兴业	张克强	张秀清	张洋洋	张艳玲	张清冉	张　鹏	张　慧	张德恒
张　毅	陆　媛	陈　义	陈兆红	陈庆伦	陈均晓	陈其刚	陈国超	陈　欣
陈春叶	陈　燕	武同振	苑腾腾	尚　印	罗海龙	周长生	周长立	周庆明
周　峰	郑志波	单自新	屈　斌	孟　辉	赵广清	赵研博	赵新征	郝　晨
胡吉成	侯传蒙	侯晓莉	侯　谨	姜东升	宫一良	宫　华	秦　文	袁　静
贾成龙	贾　昊	贾　燕	夏　冰	徐　文	徐玉营	徐兴铭	徐衍亮	徐　超
栾启虎	高　阳	郭启国	郭晋峰	郭　浩	展　飞	黄占彬	常传玉	梁　娟
梁琳琳	彭　涛	葛　冰	董新峰	韩永勃	焦建国	谢　梅	鲍长江	解树文
熊卫华	潘志伟	穆　雷	魏　锴					

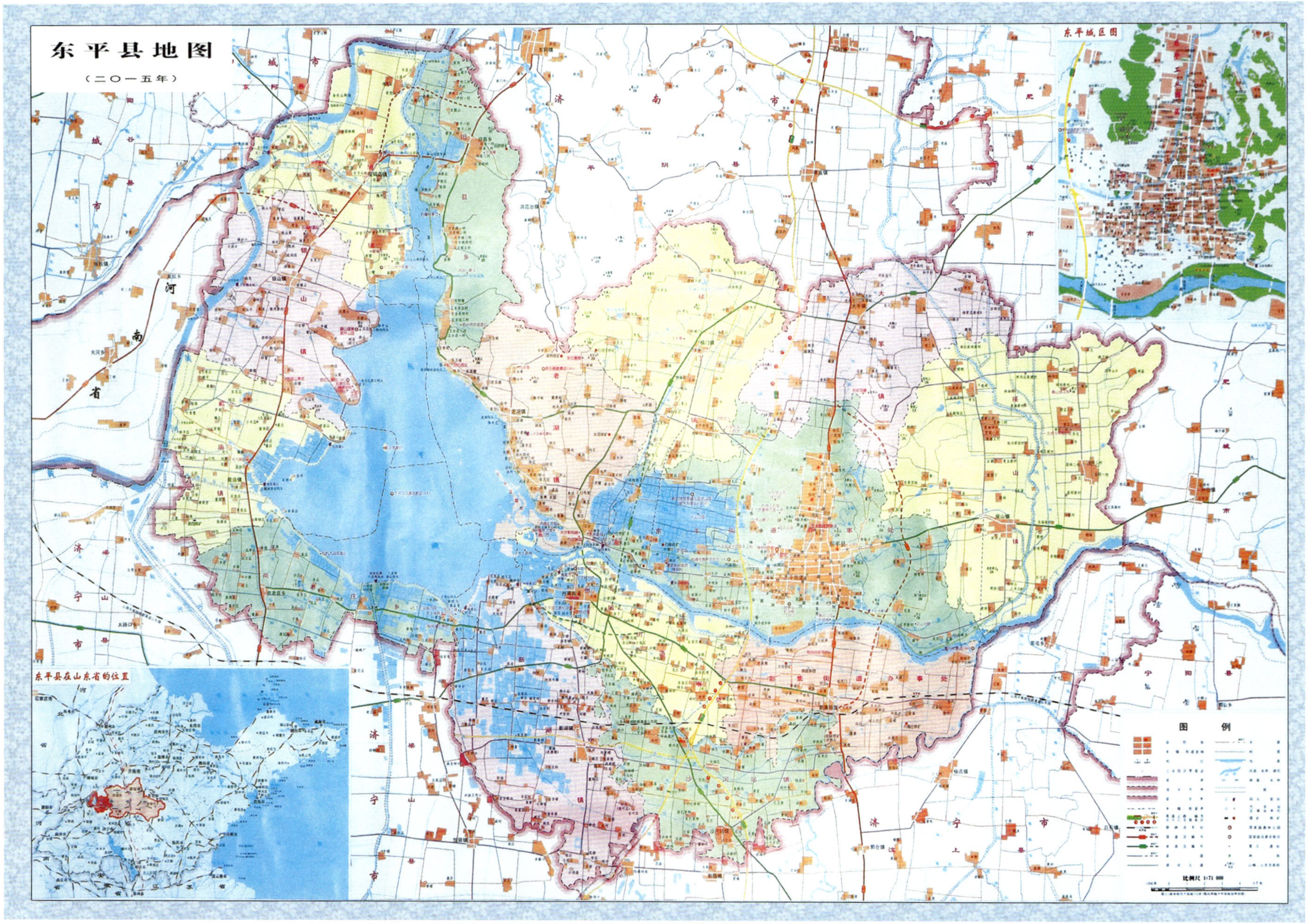

山东省地图院编制　二零一五年　　审图号：鲁 SG（2015）057 号

新城崛起

数字东平 2017

县域面积	1340 平方公里
年末常住人口	77.95 万人
户籍人口	81.25 万人
城镇人口	33.84 万人
农村人口	47.41 万人
全县实现生产总值（GDP）	396.53 亿元，比上年增长 6.4%
第一产业增加值	44.58 亿元，增长 2.8%
第二产业增加值	182.19 亿元，增长 4.9%
第三产业增加值	169.76 亿元，增长 9.0%
三次产业比例	11.2 ∶ 46.0 ∶ 42.8
人均生产总值	51949 元
公共预算收入	11.48 亿元，增长 2.1%
公共预算支出	38.00 亿元，增长 9.3%
人民币各项存款余额	272.29 亿元，增长 13.61%
住户存款余额	208.16 亿元，增长 9.43%
金融机构人民币各项贷款余额	177.66 亿元，增长 7.08%
全县固定资产投资完成	353.23 亿元，增长 9.5%
社会消费品零售总额	171.10 亿元，增长 10.0%
出口总值	5144 万美元，降 4.1%
进口总值	0.73 亿元，降 69.5%

数字东平 2017

实际利用外资	1794 万美元，增长 55.0%
接待国内外游客	670 万人次，增长 9.9%
旅游综合收入	40.00 亿元，增长 8.6%
国内发明专利授权	11 件，降 31.3%
农业耕地面积	69204 公顷
农业机械总动力	86.56 万千瓦特
农作物播种面积	113061.5 公顷
粮食总产量	63.83 万吨
水产品产量	7.21 万吨
全县公路里程	2778 公里
移动电话用户	60.53 万户
互联网接入用户	26.87 万户
各类学校（幼儿园）275 处，在校学生（幼儿）	104428 人
高考本科录取	2416 人，增长 14.5%
卫生机构拥有床位数	2886 张，增长 7%
卫生技术人员	3262 人，增长 1.5%
居民人均可支配收入	19581 元
居民人均消费支出	12098 元
城镇居民人均可支配收入	28284 元，增长 8%
农村居民人均可支配收入	14315 元，增长 9%

东平·年度记忆

万众一心　创建国家卫生县城

▲ 2018 年 6 月 9 日，市委副书记、县委书记张涛与环卫工人在卜楼社区清扫垃圾

▲ 2017 年 4 月 15 日，副市长、时任县委书记赵德健在赤脸店社区打扫杂物

▲ 2018 年 4 月 14 日，县委副书记、县长刘玉在佛山社区清扫卫生

2017 年 4 月 13 日，东平县召开动员会，启动创建国家卫生县城工作。9 月 21 日，通过暗访，12 月 21 日通过技术评估。创卫中，县委、县政府带领干部群众，以时不我待的紧迫感、舍我其谁的使命感，将党建、创卫、拆违、美丽城区建设同步推进，迅速掀起创卫热潮。设立县创卫办，将城区划分为 15 个网格，109 个部门单位分别包保。建立网格、部门、街长、志愿者、市民“五位一体”工作机制。县各大班子主要领导和分管领导深入基层、亲临一线；各社区网格、各职能部门、东平街道通力协作、狠抓落实。在全面实施卫生整治工作的基础上，针对创卫中的重点、难点问题，集中开展五小行业整治、门前五包、小广告、占道经营、农贸市场、环卫设施改造升级、城中村及城乡结合部治理等专项整治活动。县领导每天深入大街小巷指导督查创卫工作，每周带头到街头社区打扫卫生，影响带动更多的人主动参与到创卫中来，健康、文明、科学的生活方式逐步养成，“东平是我家，创卫靠大家”的社会氛围愈发浓厚。经过全县干部群众的奋发努力，县城的基础设施逐渐完善，城市环境明显改观，城市管理水平不断提高，群众健康意识逐步增强，市民文明程度显著提升，创卫带给东平前所未有的收获和巨变。东平蝶变为整洁之城、优雅之城、舒适之城、活力之城、健康之城。

▲创卫后整洁靓丽的县城步行街和小区道路

攻坚克难　治理违法建设

2017 年，东平县按照中央、省、市有关部署和要求，强力推进治理违法建设工作。成立东平县违法建设行动领导小组，由东平县城管执法局承担领导小组办公室职责，通过强化宣传，引导群众主动参与拆违；借助创建国家卫生县城，形成强大合力；采取分类研究，综合施策，有针对性地制定具体措施进行治理。全年共治理违法建设 10668 处，面积 375.18 万平方米，其中建成区治理 102.4 万平方米，非建成区拆除 272.7 万平方米。

全年拆后复垦 1620 处，面积 83.78 万平方米；拆后绿化 877 处，面积 31.6 万平方米；拆后建设停车场、文化广场、农贸市场等基础设施 1100 余处，面积 55.5 万平方米，实现还绿于民，还公共空间于民，广大人民群众共享拆违治违规范整治成果，幸福指数大幅度提升。

▲ 2017 年 4 月 28 日，拆除县城内客来多商城前小吃城

▲ 2017 年 6 月 20 日，拆除城区高压走廊违章建筑

▲拆除东平宾馆院内违建楼房

▲拆除韩山街（老商业街）违建房屋

▲老商业街东拆除前

▲老商业街东拆除后

▲老商业街西拆除前

▲老商业街西拆除后

▲整治后的龙山大街示范段

▲整洁宽敞的龙山大街水利局段

综合整治　东平湖实现生态保护

2017年，县委、县政府部署要求，以“清网净湖”为总抓手，对东平湖及周边进行综合整治，年底，腾空东平湖全部水面，拆除违规私设网箱、网围7.5万架，倾销湖内养殖存鱼3500万斤，拆除餐饮船舶21艘，违章建筑79处，关闭取缔违规餐饮场所25家，全面实现东平湖区“三没”“四无”目标，即：没有网围网箱、没有餐船、没有违章建筑；无网箔、无竹竿、无漂浮物、无污染源头。

▲2017年7月12日，东平湖集中售鱼清网

▲生态美丽的东平湖

220国道（东平段）整治成效显著

2017年，开展“G220线路域环境综合整治”行动，处理G220路面积水，排水沟清淤1750米，修复路基塌方和冲沟729立方米，修复冲毁行道树310棵，G220东深线路面灌缝28000米，路面坑洞维修5000平方米，路面维持性养护垫补坑槽用料86吨，补划路面标线2793平方米，安装维修护栏511米，维修标志标牌12块，锯石园司里街里增设涵管116米，排水沟清淤1900米。

▲220国道旧县段大修工程

▲220国道旧县段

产业扶贫惠万家

大家携手奔小康——彭集街道后亭村（淘宝村）电商培训现场　彭集街道后亭村电商扶贫服务中心包括公共服务室、专家诊断室、电商实训室和产品展厅四大功能分区，启动了电商扶贫实战培训班，派驻专业讲师驻村培训，教授村民淘宝店铺开设、选品、美工、运营、客服等技能，全村开设店铺 153 个，活跃店铺达到 119 个，其中贫困人口 32 人，带动就业 64 户。

大羊镇西北村设施农业扶贫　大羊镇西北村是省级贫困村，地处半山区，多年来一直以种植传统农作物为主，经济效益较低，村民收入来源少。省水利厅选派第一书记驻村以来，按照“基础设施和致富产业协同发展、立足当前与着眼长远发展统筹考虑”工作思路，调整种植结构，发展农业瓜菜种植项目，依托设施农业促发展，走上脱贫致富路。

沙河站镇村柳编加工扶贫项目 沙河站镇借助当地柳编、条编特色传统手工艺，加大招商引资力度，引进经济实力强的临沂客商投资办厂，先后成立金源柳编工艺品有限公司、泰安鸿泰工贸有限公司，在安置贫困人口务工、促进贫困人口增收方面发挥了重要作用。2017年全镇柳制品实现产值1000余万元。

光伏扶贫耀乾坤——接山镇蔴子峪村光伏扶贫项目 蔴子峪村位于接山镇东北部山区，土地收益极低，该村贫困人口年龄大、疾病多，且无劳动能力，脱贫攻坚困难极大。该村精准定位，引入光伏发电项目，充分利用山地自然优势，同时解决无土地资源、无劳动能力的困难，变荒山坡地为脱贫致富资源。

接山镇夏谢五村草鸡养殖扶贫项目 接山镇夏谢五村坚持把发展产业作为脱贫增收的有效途径，利用省财政专项扶贫资金60万元，外引内联，吸引企业和贫困户筹资400万元组建草鸡养殖农业开发公司，按照“产权变股权、资金变股金、村民变股民、输血变造血、短期变长期”的扶贫思路，以股份分红形式增加贫困人口收入，带动村内贫困人口脱贫。

凝心聚力　实施脱贫攻坚“三大工程”

2017 年，县委、县政府继续把移民避险解困、易地扶贫搬迁、黄河滩区迁建作为脱贫攻坚工作的重中之重，大力实施抓党建促脱贫攻坚行动，34 名县级领导包保乡镇，123 位省市县第一书记驻村帮扶，3141 名党员干部结对包户，投入最强兵力，调动最优资源，强力推进精准脱贫。年底，29 个社区全部开工，11 个社区建设完成，凤凰家园、耿山口、朝阳庄等 8 个社区回迁入住，5242 户群众喜迁新居。与此同时，坚持社区、产业园区“两区共建”和行业社会扶贫，扶志扶智扶技，大批扶贫产业项目使 8232 名贫困群众实现精准受益，58 个贫困村、6106 户 14429 名群众实现脱贫。东平实施“三大工程”的成功探索，为全省提供了“东平答卷”。新华社、中央电视台、人民日报、大众日报等多家媒体报道东平的经验与做法。

◎ 移民避险解困工程

▲戴庙镇金山东社区

▲旧县乡陈山口社区

▲斑鸠店镇侯河社区

▲银山镇南堂子社区

▲银山镇平湖社区

▲老湖镇凤凰社区全景

▲老湖镇滨湖社区全景

◎ 黄河滩区脱贫迁建工程

◀戴庙镇新时代佳苑社区

▶耿山口新社区居民载歌载舞庆回迁

▲银山镇耿山口新社区

◎ 易地扶贫搬迁工程

▲接山镇朝阳庄社区广场

▲接山镇朝阳庄社区

▲大羊镇西王社区

▲东平街道百户庄社区

▲老湖镇王台社区

东平·乡镇街道·2017

州城街道

◎总面积 65.99 平方公里　　◎总人口 6.11 万人
◎公共财政收入 1816 万元　　◎居民人均纯收入 15228 元

东平街道

◎总面积 160.90 平方公里　　◎总人口 14.99 万人
◎公共财政收入 16647 万元　　◎居民人均纯收入 15583 元

彭集街道（滨河新区）

◎总面积 74.90 平方公里　◎总人口 6.70 万人
◎公共财政收入 6803 万元　◎居民人均纯收入 14952 元

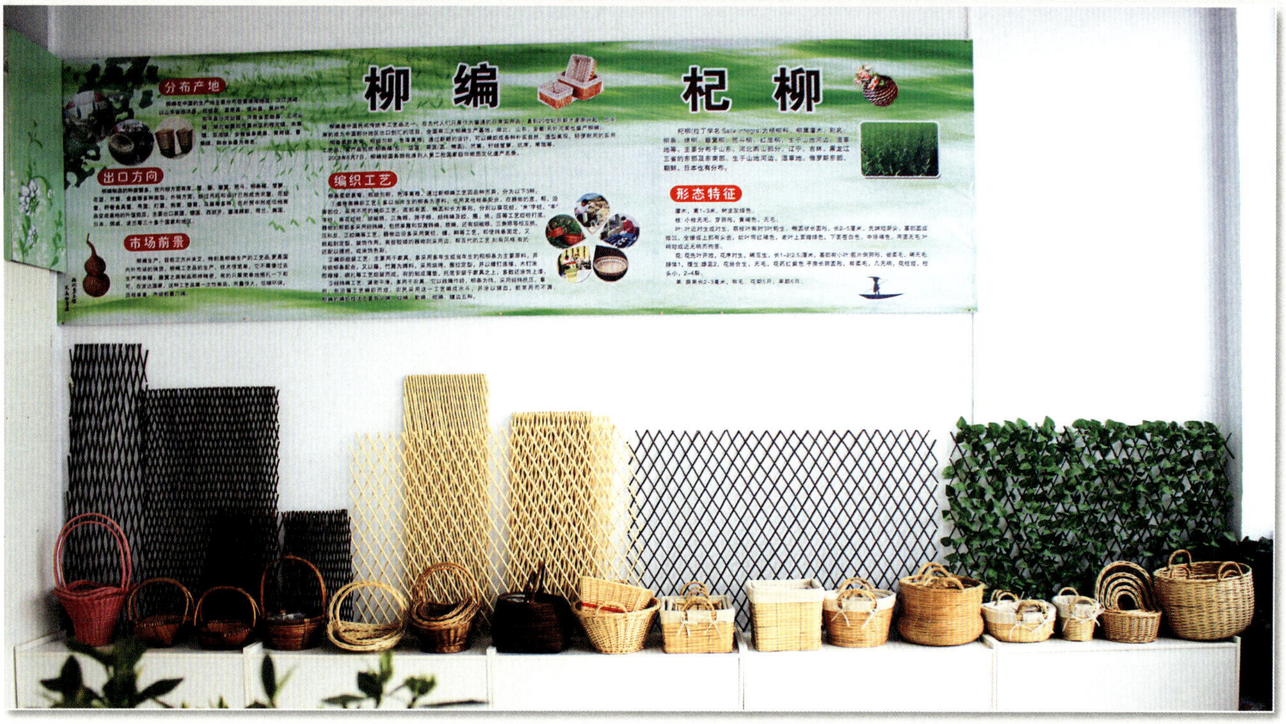

沙河站镇

◎总面积 66.22 平方公里　◎总人口 5.91 万人
◎公共财政收入 2089 万元　◎居民人均纯收入 14129 元

新湖镇

◎总面积 104.81 平方公里　　◎总人口 5.42 万人
◎公共财政收入 2571 万元　　◎居民人均纯收入 13902 元

商老庄乡

◎总面积 86.88 平方公里　　◎总人口 3.53 万人
◎公共财政收入 1332 万元　　◎居民人均纯收入 12433 元

戴庙镇

◎总面积 92.90 平方公里　　◎总人口 4.02 万人
◎公共财政收入 1974 万元　　◎居民人均纯收入 12060 元

银山镇

◎总面积 104.51 平方公里　　◎总人口 6.99 万人
◎公共财政收入 8694 万元　　◎居民人均纯收入 15466 元

斑鸠店镇

◎总面积 76.11 平方公里　◎总人口 4.89 万人
◎公共财政收入 1184 万元　◎居民人均纯收入 15135 元

旧县乡

◎总面积 70.91 平方公里　◎总人口 2.78 万人
◎公共财政收入 2020 万元　◎居民人均纯收入 12535 元

老湖镇

◎总面积 112.90 平方公里　◎总人口 6.99 万人
◎公共财政收入 6334 万元　◎居民人均纯收入 12262 元

梯门镇

◎总面积 89.76 平方公里　◎总人口 3.71 万人
◎公共财政收入 2272 万元　◎居民人均纯收入 11376 元

大羊镇

◎总面积 82.86 平方公里
◎总人口 3.45 万人
◎公共财政收入 2274 万元
◎居民人均纯收入 11640 元

接山镇

◎总面积 149.37 平方公里
◎总人口 6.22 万人
◎公共财政收入 5124 万元
◎居民人均纯收入 14888 元

编辑说明

1.《东平年鉴（2018）》以马克思列宁主义、毛泽东思想、邓小平理论、“三个代表”重要思想、科学发展观、习近平新时代中国特色社会主义思想为指导，坚持辩证唯物主义和历史唯物主义的立场、观点、方法，全面、系统地记述2017年度全县经济建设、政治建设、文化建设、社会建设、生态文明建设等方面取得的重大成就。旨在为各级领导机关提供决策依据，为社会各界和人民群众提供信息资料，为打赢脱贫攻坚战、筑实富民强县路、全面建成小康东平服务，为宣传、研究东平服务。

2.《东平年鉴》自2017年起每年编纂出版一卷。本卷年鉴文字资料时限为2017年1月1日至12月31日。为增强资料的实用性、时效性，部分资料时限适当上溯或下延。

3. 该鉴设29个栏目，采用分类编辑法。框架结构主体由栏目、分目、条目三个层次组成，有的栏目增设子分目层次。以条目为基本记载单元，条目标题以黑体字加【】标示。条目中分段落的以楷形标题引领。

4.《东平年鉴》内容记载坚持以经济建设为中心，突出时代特色和地方特色，强化工业经济、农业产业化、招商引资、扶贫攻坚、城市建设、文化旅游等内容的记载，并增加随文照片，以增强资料性、可读性和观赏性。

5. 组织机构收录人员为副科级以上领导干部和乡镇（街道）专职党委委员；副县级以上负责人署名，职务冠名前，职称缀名后。

6. 为方便读者查阅，本卷进一步完善主题索引，适度增加索引量。读者可通过目录、主题索引以及页眉和大事纪要等检索渠道查找所需信息资料。

7. 本卷资料和数据均由县直部门、各乡镇（街道）及有关单位提供，并经负责人审核。综合统计数据主要采用县统计局2017年统计公报，个别数据采用部门、单位的统计数字。增加值、绝对数均按当年价格，增长速度按可比价格计算。

2018年9月

目录

特 载

政府工作报告 …… 1

大事记

2017 年大事记 …… 11

县情概览

环境·资源·人口 …… 43
- 位置面积 …… 43
- 建置沿革 …… 43
- 行政区划 …… 43
- 人口状况 …… 44
- 民族概况 …… 44
- 气候特征 …… 44
- 土地资源 …… 45
- 水资源 …… 45
- 生物资源 …… 45
- 矿产资源 …… 45
- 旅游资源 …… 45

经济和社会发展综述 …… 46
- 经济综合 …… 46
- 农林牧渔业 …… 46
- 工业 …… 47
- 固定资产投资 …… 47
- 房地产业 …… 47
- 建筑业 …… 48
- 国内贸易 …… 48
- 对外经济 …… 48
- 交通 …… 48
- 旅游业 …… 48
- 财政税收 …… 48
- 金融 …… 48
- 教育 …… 49
- 科技创新 …… 49
- 文化事业 …… 49
- 医疗卫生 …… 49
- 城乡建设 …… 49
- 环境保护 …… 49
- 社会保障 …… 49

精神文明建设综述 …… 50
- 概况 …… 50
- 公民道德素质提升 …… 50
- 乡村文明行动 …… 50
- 精神文明创建 …… 51
- 未成年人思想道德建设 …… 51
- 服务经济社会发展 …… 52

组织机构及领导成员 …… 53

中国共产党东平县委员会

重要会议·决策 …… 86
- 县委全体会议 …… 86

全县重要会议…………………………… 86
重要决策……………………………… 86
县委办公室…………………………… 87
概况…………………………………… 87
政策调研与信息……………………… 87
督查工作……………………………… 87
保密与机要…………………………… 88
维稳工作……………………………… 88
接待工作……………………………… 88
组织…………………………………… 89
概况 ………………………………… 89
干部管理监督 ……………………… 89
人才队伍建设 ……………………… 90
基层组织建设 ……………………… 90
抓党建促脱贫 ……………………… 91
第一书记工作 ……………………… 91
干部教育 …………………………… 91
远程教育 …………………………… 92
宣传…………………………………… 92
概况…………………………………… 92
理论学习……………………………… 92
社会宣传……………………………… 93
新闻宣传……………………………… 93
文化建设与文化产业………………… 93
网络宣传与管理……………………… 94
统一战线……………………………… 95
概况…………………………………… 95
教育培训……………………………… 95
民主协商……………………………… 95
扶贫解困……………………………… 95
非公经济调研………………………… 95
民族宗教工作………………………… 95
对台工作……………………………… 95
概况…………………………………… 95
对台经贸交流………………………… 96
文化交流……………………………… 96
联谊服务……………………………… 96
党校…………………………………… 96
概况…………………………………… 96
学习研究宣传中共十九大精神……… 96
党员干部培训………………………… 97
科研工作……………………………… 97
队伍建设……………………………… 98
后勤保障……………………………… 98
机构编制工作………………………… 99
概况…………………………………… 99
机构编制管理………………………… 99
综合行政执法体制改革……………… 99
简政放权推进政府职能转变………… 100
事业单位监督管理…………………… 100
县直机关工委工作…………………… 101
概况…………………………………… 101
过硬党支部建设……………………… 101
“两学一做”学习教育常态化制度化
……………………………………… 101
基层党组织建设……………………… 101
机关党日活动………………………… 101
服务中心工作………………………… 102
机关党建文化………………………… 102
群团武装……………………………… 102
老干部工作…………………………… 102
概况…………………………………… 102
加强和改进离退休干部工作………… 103
离退休干部服务管理………………… 103
党的建设和思想政治建设…………… 103
老干部文化生活与发挥余热………… 103
关心下一代工作……………………… 104
党史工作……………………………… 104
概况…………………………………… 104
党史征集和研究……………………… 104
党史宣传教育………………………… 104
创卫工作……………………………… 104
信访工作……………………………… 105
概况…………………………………… 105
落实信访领导责任制………………… 105

信访工作规范化建设…………………… 105
信访积案化解………………………………… 105
重要敏感时期工作机制……………………… 105

东平县人民代表大会

重要会议…………………………………… 106
县十八届人民代表大会第一次会议… 106
县十七届人大常委会第三十八次会议
………………………………………………… 106
县十八届人大常委会会议…………… 106
主要工作……………………………………… 107
人事任免……………………………………… 107
代表工作和代表活动……………………… 107
规范化建设…………………………………… 107
监督评议……………………………………… 108
人大信访……………………………………… 108
考察调研……………………………………… 108

东平县人民政府

综述………………………………………… 109
重要会议……………………………………… 109
县政府第一次常务会议…………………… 109
县政府第二次常务会议…………………… 109
县政府第三次常务会议…………………… 109
县政府第四次常务会议…………………… 110
县政府第五次常务会议…………………… 110
县政府第六次常务会议…………………… 110
县政府第七次常务会议…………………… 110
县政府第八次常务会议…………………… 110
县政府第九次常务会议…………………… 110
县政府第十次常务会议…………………… 110
县政府第十一次常务会议 ………… 111
县政府第十二次常务会议 ………… 111
县政府办公室工作………………………… 111
概况………………………………………… 111
督查工作…………………………………… 111
经济社会发展督导考核………………… 111
应急管理…………………………………… 111
文书处理…………………………………… 112
调研文稿…………………………………… 112
信息工作…………………………………… 112
电子政务…………………………………… 112
民生服务…………………………………… 112
法制工作…………………………………… 113
地方史志……………………………………… 113
概况………………………………………… 113
志书编纂与出版…………………………… 114
年鉴编纂与出版…………………………… 114
信息化建设………………………………… 114
方志馆建设………………………………… 114
地情书编纂………………………………… 115
服务社会…………………………………… 115
学术交流与活动…………………………… 115
档案管理……………………………………… 115
概况………………………………………… 115
档案馆藏与开发利用……………………… 115
档案监督与指导…………………………… 116
档案信息化建设…………………………… 116
档案法制宣传教育………………………… 116
机关行政事务管理………………………… 116
概况………………………………………… 116
后勤保障服务……………………………… 117
公共机构节能……………………………… 117
公务用车管理……………………………… 117
办公用房…………………………………… 117
基建维修…………………………………… 117
会务中心服务……………………………… 118
安全生产管理……………………………… 118
公共行政服务………………………………… 118
概况………………………………………… 118
政务服务标准化…………………………… 118
窗口管理规范化…………………………… 118
资源交易阳光化…………………………… 118
群众办事便捷化…………………………… 119

“三大工程”项目办理…………………… 119
新政务服务中心大厅…………………… 119
全员参与创卫………………………………… 120
外事 侨务…………………………………… 120
外事工作…………………………………… 120
侨务工作…………………………………… 120

中国人民政治协商会议东平县委员会

概况…………………………………………… 121
重要会议……………………………………… 121
政协九届一次全委会议………………… 121
县政协常委会议………………………… 121
重要活动……………………………………… 122
调研活动…………………………………… 122
提案工作…………………………………… 122
学习培训…………………………………… 123
联系贫困户活动………………………… 123
民间设奖奖百姓活动…………………… 123
慈善扶贫…………………………………… 123

纪检 监察

概况…………………………………………… 124
重要会议…………………………………… 124
重大改革…………………………………… 124
重点工作…………………………………… 125
监督执纪问责…………………………… 125
纪律教育…………………………………… 126
队伍建设…………………………………… 126

工商联 人民团体

东平县工商业联合会………………………… 127
概况………………………………………… 127
组织建设…………………………………… 127
参政议政…………………………………… 127
社会公益活动……………………………… 127
人民团体……………………………………… 127
东平县总工会……………………………… 127
概况………………………………………… 127
职工解困脱贫……………………………… 128
“夏送清凉”活动………………………… 128
安全生产…………………………………… 128
百日建会行动……………………………… 128
职工就业技能培训………………………… 128
企业工资集体协商………………………… 128
职工技术创新竞赛活动…………………… 128
评选先模…………………………………… 128
职工体育活动……………………………… 129
女工委工作………………………………… 129
创卫工作…………………………………… 129
“双联四包”活动………………………… 129
参与“三大工程”建设…………………… 130
工会改革…………………………………… 130
中国共产主义青年团东平县委员会…… 130
概况………………………………………… 130
开展青春扶贫行动………………………… 130
开展青春创卫行动………………………… 131
开展团青凝心聚力行动…………………… 132
服务青年创新创业………………………… 132
基层团建…………………………………… 132
东平县妇女联合会………………………… 132
概况………………………………………… 132
贫困母亲救助……………………………… 133
贫困儿童救助……………………………… 133
妇女儿童权益维护………………………… 134
创卫工作…………………………………… 134
扶贫攻坚…………………………………… 134
妇女创业创新……………………………… 134
“最美”系列荐选………………………… 134
“十大女杰”评选………………………… 135
文明新风培树……………………………… 135
妇联改革…………………………………… 135

作风建设………………………………… 135
基层阵地巩固……………………………… 135
东平县科学技术协会……………………… 135
概况……………………………………… 135
实施全民科学素质纲要………………… 135
农村科普………………………………… 136
青少年科普活动………………………… 136
社区科普………………………………… 136
科技示范推广…………………………… 136
企业科协………………………………… 136
老科协工作……………………………… 136
开展“双提双增”大讨论……………… 137
创卫重效率、勇担当…………………… 137
参与重点工程…………………………… 137
东平县文学艺术界联合会………………… 137
概况……………………………………… 137
文学艺术活动…………………………… 137
对外交流………………………………… 138
服务社会………………………………… 138
提高全县文学艺术水平………………… 138
水浒诗刊………………………………… 139
东平县社会科学联合会…………………… 139
概况……………………………………… 139
社科理论研讨会………………………… 139
编辑《东平论坛》……………………… 139
课题研究………………………………… 139
社科普及基地…………………………… 140
丁酉年祭罗大典………………………… 140

法治　军事

法治政府建设……………………………… 141
概况……………………………………… 141
依法履行政府职能……………………… 141
完善依法行政制度体系………………… 142
推进行政决策科学化、民主化、法治化
……………………………………………… 142
健全行政执法体制机制………………… 142
强化行政权力制约监督………………… 142
健全矛盾纠纷多元化解机制…………… 143
全面提高依法行政能力………………… 143
政法委与综治……………………………… 143
概况……………………………………… 143
维护国家安全和政治安全……………… 143
护航经济社会发展……………………… 144
维护生产经营秩序……………………… 144
深化涉法涉诉信访改革………………… 144
夯实平安建设基础……………………… 144
严打整治………………………………… 144
治安防控立体化………………………… 145
东平湖综合整治………………………… 145
矛盾纠纷多元化解机制………………… 145
风险隐患排查整治……………………… 145
政法队伍建设…………………………… 145
公安………………………………………… 146
概述……………………………………… 146
安保维稳………………………………… 146
服务全县中心工作……………………… 147
队伍建设………………………………… 147
犯罪侦查………………………………… 148
社会治安治理…………………………… 148
交通管理………………………………… 149
110 报警服务 …………………………… 149
户籍、身份证管理……………………… 149
看守监管工作…………………………… 150
重大案件………………………………… 150
检察………………………………………… 151
概况……………………………………… 151
反贪污贿赂检察………………………… 151
反渎职侵权检察………………………… 151
刑事检察………………………………… 151
刑事执行检察…………………………… 151
民事行政检察…………………………… 151
控告申诉检察…………………………… 152
职务犯罪预防…………………………… 152
诉讼监督检察…………………………… 152

检察技术……………………………… 152
法院………………………………………… 153
概况………………………………………… 153
执法办案……………………………… 153
司法改革……………………………… 153
突破“执行难” ……………………… 154
队伍建设……………………………… 154
司法行政……………………………… 154
概况………………………………………… 154
法制宣传教育…………………………… 154
公证事务……………………………… 154
律师工作……………………………… 155
人民调解工作…………………………… 155
社区矫正工作…………………………… 155
法律援助工作…………………………… 156
基层法律服务…………………………… 156
创卫工作……………………………… 156
东平县人民武装部……………………… 156
概况………………………………………… 156
思想政治建设…………………………… 156
战备训练演练…………………………… 157
兵员征集……………………………… 157
正规化建设……………………………… 157
双拥共建……………………………… 157
武警东平县中队………………………… 157
概况………………………………………… 157
思想政治工作…………………………… 157
加强作风建设…………………………… 157
提升保障能力…………………………… 157
东平县公安消防大队…………………… 157
概况………………………………………… 157
灭火救援……………………………… 158
部队建设……………………………… 158
火灾防控……………………………… 158
监督执法……………………………… 158
宣传教育……………………………… 159
人民防空……………………………… 159
概况………………………………………… 159
人防指挥通信体系……………………… 159
人防工程建设管理……………………… 160
人防宣传教育…………………………… 160
坚持依法行政…………………………… 160
创卫拆违见实效………………………… 160
人防自身建设…………………………… 161

经济管理

发展和改革……………………………… 162
概况………………………………………… 162
计划管理……………………………… 162
重点项目建设…………………………… 162
固定资产投资管理……………………… 162
对上争取工作…………………………… 162
服务业发展……………………………… 163
市场监督……………………………… 163
概况………………………………………… 163
企业注册登记改革……………………… 163
企业年报工作…………………………… 164
商标注册管理…………………………… 164
涉企帮扶……………………………… 164
重点领域监管…………………………… 164
市场监督管理…………………………… 164
特种设备监管…………………………… 165
消费者权益保护………………………… 165
计量监督检查…………………………… 165
创卫工作……………………………… 165
队伍建设……………………………… 165
食品药品监督…………………………… 166
概况………………………………………… 166
监督检查……………………………… 166
监督抽检……………………………… 166
专项整治……………………………… 167
创卫工作……………………………… 167
物价管理……………………………… 167
概况………………………………………… 167
价格调控……………………………… 167

价格管理…… 168
农产品成本调查…… 168
物价检查…… 169
价格认证…… 169
统计工作…… 169
概况…… 169
“四上”企业发展…… 169
统计基础建设…… 169
统计改革…… 170
农业普查…… 171
审计工作…… 171
概况…… 171
预算执行审计…… 171
经济责任审计…… 171
政策跟踪审计…… 171
民生项目审计…… 172
内部审计…… 172
安全生产监督管理…… 172
概况…… 172
安全生产目标管理…… 172
风险预控体系建设…… 172
安全隐患排查…… 172
安全生产执法监察…… 173
安全教育培训…… 173
国有资产监督管理…… 174
概况…… 174
县属企业改革…… 174
行政事业单位资产年报和产权登记… 174
政府资产报告试点工作…… 174
国有资产配置…… 175
国有资产监管…… 175
国有资产处置…… 175
国有企业统计评价…… 175
融资管理…… 175
创卫工作…… 176
县检验检测中心…… 176
概况…… 176
检验检测工作…… 176
内部质量控制…… 176
标准审查变更…… 176
能力验证…… 176
党建工作…… 176
宣传工作…… 177
精准扶贫…… 177
创卫工作…… 177
人才队伍建设…… 177

东平湖·旅游

东平湖…… 178
概况…… 178
东平湖管理委员会…… 179
概况…… 179
清网、销鱼、转产…… 179
餐饮船只、场所及违建整治…… 180
南水北调东平湖调水…… 180
引黄济湖工程…… 181
创卫工作…… 181
东平湖管理综合执法局…… 181
概况…… 181
综合整治宣传…… 181
网箱网围清理…… 182
严打非法投饵…… 182
清理违建与餐船…… 182
查处“三无”船舶…… 182
湿地保护…… 183
东平湖渔业…… 183
概况…… 183
渔业品种与产量…… 183
人工增殖放流…… 183
推广渔业新品种、新技术…… 184
对上争取及重点项目…… 184
渔政监督管理…… 184
水产品质量安全监管…… 185
渔业安全生产…… 185

东平湖移民管理局…………………………… 185
概况……………………………………… 185
移民后扶政策落实……………………… 186
移民避险解困工程……………………… 186
对上争取与小额贴贷…………………… 187
精准扶贫………………………………… 187
招商引资………………………………… 187
移民技能培训…………………………… 187
信访维稳………………………………… 187
南水北调……………………………………… 187
概况……………………………………… 187
调水协调………………………………… 188
工程项目验收…………………………… 188
增殖放流………………………………… 188
移民扶贫项目…………………………… 188
征地移民资金管理……………………… 188
招商引资与对上争取…………………… 188
东平湖管理局东平管理局………………… 188
概况……………………………………… 188
防汛任务及工程规划…………………… 189
推进河长制建设………………………… 189
防洪工程管理…………………………… 190
水资源保护宣传工作…………………… 190
水政工作及“清河行动”……………… 190
党建与精神文明建设…………………… 191
八里湾泄洪闸…………………………… 191
东平黄河河务局…………………………… 191
概况……………………………………… 191
防洪与蓄滞洪运用……………………… 191
工程建设与管理………………………… 192
水法宣传教育…………………………… 192
水行政执法机构建设…………………… 192
防洪重点与抗洪抢险…………………… 192
精神文明与党建工作…………………… 193
旅游…………………………………………… 193
概况……………………………………… 193
东平县东平湖风景名胜区管理委员会… 193
概况……………………………………… 193
队伍建设………………………………… 194
创新旅游市场营销……………………… 194
东平湖风景名胜区……………………… 194
东平湖观音文化旅游度假区…………… 194
旅游硬件提升…………………………… 195
重点旅游活动…………………………… 195
东平水浒旅游开发有限责任公司……… 195
东平湖特色旅游景点…………………… 196
东平县旅游局……………………………… 198
概况……………………………………… 198
项目建设………………………………… 198
招商引资………………………………… 198
宣传营销………………………………… 198
依法监管………………………………… 199
抓创卫　促旅游………………………… 199

农业和农村工作

综述…………………………………………… 200
概况……………………………………… 200
扶贫攻坚工作……………………………… 201
概况……………………………………… 201
精准识贫………………………………… 201
扶贫资金管理…………………………… 201
产业扶贫　……………………………… 201
项目扶贫　……………………………… 202
“三大工程”建设……………………… 202
两区共建………………………………… 202
行业扶贫………………………………… 203
社会扶贫………………………………… 203
扶贫项目………………………………… 204
汉世伟集团……………………………… 204
泰安鸿泰工艺品有限公司……………… 204
东瓦庄蔬菜大棚项目…………………… 204
接山镇制帽加工项目…………………… 204
省水利厅扶贫产业园…………………… 204
新农村工作………………………………… 205
概况……………………………………… 205

农业产业化……………………………… 205
脱贫攻坚………………………………… 205
美丽乡村建设…………………………… 206
农村综合改革…………………………… 206
农业…………………………………………… 207
概况……………………………………… 207
农业结构调整…………………………… 207
科技创新与推广………………………… 207
农产品品牌建设………………………… 207
新型农业经营主体……………………… 207
产业融合发展试点……………………… 208
农村集体产权制度改革………………… 208
农村政策落实…………………………… 208
种植业………………………………………… 208
粮食作物………………………………… 208
油料作物………………………………… 208
蔬菜……………………………………… 208
食用菌…………………………………… 208
农业综合开发………………………………… 209
概况……………………………………… 209
党建工作………………………………… 209
信息宣传………………………………… 209
土地治理项目…………………………… 209
产业化发展……………………………… 209
三大工程包保工作……………………… 210
创卫工作………………………………… 210
农业机械……………………………………… 211
概况……………………………………… 211
农机科技推广…………………………… 211
农机培训………………………………… 211
农机修配管理…………………………… 211
农机安全监理…………………………… 211
农机跨区作业…………………………… 211
畜牧业………………………………………… 212
概况……………………………………… 212
畜禽粪污资源化利用…………………… 212
畜牧产业化……………………………… 212
动物疫病防控…………………………… 212
畜产品安全监督………………………… 213
林果业………………………………………… 213
概况……………………………………… 213
林业生态建设…………………………… 213
森林资源保护…………………………… 213
深化林权配套改革……………………… 214
职业农民培训…………………………… 214
全民义务植树…………………………… 214
腊山林场……………………………………… 215
概况……………………………………… 215
开发建设………………………………… 215
森林资源管理…………………………… 215
水利…………………………………………… 215
概况……………………………………… 215
防洪抗旱………………………………… 215
水利工程建设与管理…………………… 216
水资源管理……………………………… 216
水行政执法……………………………… 216
农村饮水安全…………………………… 217
水土保持………………………………… 217
农业水价综合改革……………………… 217
农田水利项目县建设…………………… 217
“强村固基”农田水利项目……………… 217
戴村坝国家水情教育基地……………… 218
河道管理……………………………………… 218
概况……………………………………… 218
水法宣传………………………………… 218
内河防汛………………………………… 219
河道工程建管…………………………… 219
全面推行河长制………………………… 219
砂资源禁采……………………………… 219
东平湖采砂管理………………………… 219
砂资源国有经营………………………… 220
创卫工作………………………………… 220

工业　信息产业

工业……221
综述……221
概况……221
“三强”企业培植……221
项目策划对上争取……222
转型提升企业核心竞争力……222
优化工业结构……223
工业联盟活动……223
企业安全生产……224
机关作风建设……224
化工业……224
高档纸业……225
机械制造业……226
食品业……226
纺织服装……226
矿管业……226
概况……226
矿业建材……226
信访维稳……226
安全生产……226
党建工作……227
施策解困……227
创卫工作……227
永久基本农田划定……228
东平湖湿地自然保护区调整……228
点对点供应……228
税费征缴……228
矿山综合整治……228
环保督察工作……228
“双联四包”和第一书记……228
山东东平宏达矿业有限公司……228
概况……228
党建工作……229
安全管理……229
社会维稳……229
证件延续……229
生产工作……229
东平县建龙矿业有限公司……229
概况……229
安全工作……230
证照延续……230
党建工作……230
生产工作……230
电力产业……230
东平县供电公司……230
概况……230
安全工作……230
电网建设……231
供电服务……231
改革创新……231
三项建设……231
信息产业……232
概况……232
联合网络通信山东有限公司东平分公司……232
概况……232
通信建设……232
企业管理……232
通信业务……233
通信服务……233
移动通信集团山东有限公司东平分公司……234
概况……234
客户服务……234
网络建设……234
信息化建设……234
志愿者服务……235
便民惠民……235
企业文化建设……236
中国电信股份有限公司东平县分公司……236
概况……236
网络建设……236

业务发展…………………………………… 236
客户服务…………………………………… 237

经济开发

东平经济开发区……………………………… 238
概况………………………………………… 238
基础设施建设……………………………… 238
招商引资…………………………………… 239
项目建设…………………………………… 239
重点企业培育……………………………… 240
安全环保…………………………………… 240
重点企业简介……………………………… 240
中煤东顺清洁能源项目…………………… 240
九鑫集团…………………………………… 241
九鑫电镀产业园…………………………… 241
东顺集团…………………………………… 241
新东岳集团………………………………… 241
滨河新区…………………………………… 242
概况………………………………………… 242
基础设施建设……………………………… 242
项目建设…………………………………… 242
电商产业…………………………………… 242
重点项目…………………………………… 243

民营经济　招商引资

民营经济…………………………………… 244
概况………………………………………… 244
小微企业双创基地………………………… 244
金融扶持发展……………………………… 244
民企转型升级……………………………… 244
电子商务成效显著………………………… 245
中小企业公共服务中心…………………… 245
组建产业协会……………………………… 245
山东润声印务有限公司…………………… 245
泰安鑫阳门窗装饰工程有限公司…… 245
东平开元机械制造有限公司………… 246
东平县金兴油业有限公司………………… 246
东平湖水泊食品有限公司………………… 246
泰安香湖食品有限公司…………………… 247
招商引资…………………………………… 247
概况………………………………………… 247
招商引资工作……………………………… 248
招商引资政策……………………………… 248
大项目储备………………………………… 248
办实事提效能……………………………… 248

建设　环保

城乡建设…………………………………… 249
概述………………………………………… 249
重点工程…………………………………… 249
为民办实事………………………………… 249
小城镇建设………………………………… 250
建筑业管理………………………………… 250
创卫工作…………………………………… 250
城乡规划…………………………………… 251
概况………………………………………… 251
乡镇总体规划……………………………… 251
专项规划…………………………………… 251
规划许可审批……………………………… 251
规划技术服务……………………………… 251
清河小学建设……………………………… 251
创卫工作…………………………………… 251
园林绿化…………………………………… 252
概况………………………………………… 252
园林规划…………………………………… 252
园林建设…………………………………… 252
园林管理…………………………………… 253
房地产管理………………………………… 253
概况………………………………………… 253
棚户区改造………………………………… 253
信息化建设………………………………… 253
物业管理…………………………………… 254
房地产市场监管…………………………… 254

住房公积金管理……254
概况……254
住房公积金归集……255
住房公积金贷支……255
财务监督管理……255
优质高效服务……255
国土资源管理……255
概况……255
耕地保护……255
土地综合整治……255
土地利用……256
地籍管理……256
国土执法监察……256
矿产资源管理……256
测绘管理……256
公用事业……256
概况……256
城区道路及排水管网建设……257
城市供水……257
城区供热……257
污水处理……257
垃圾处理……258
城乡环卫一体化……258
建筑　安装……259
概况……259
建筑企业管理……259
建筑安全监管……259
建筑企业资质管理……259
重点建设项目……264
三大工程建设……264
白佛山景区建设……265
新学校建设……265
棚户区改造……265
城市管理行政执法……265
概况……265
广告牌匾整治……266
占道经营管理……266
“门前五包”落实……267
环境污染治理……267
数字化城管建设……267
环境保护……267
概况……267
大气污染防治……267
水污染防治……268
生态东平建设……268
总量减排……268
项目审批监管……268
环境监测监察……268
环保督察整改落实……269
重点项目建设……269
环境突出整治……269

商业贸易

商务工作……270
概况……270
利用外资……270
对外贸易……270
对外经济技术合作……270
消费品市场运行……270
市场建设及监管……270
电子商务……271
良种管理……271
行业管理……271
概况……271
信访维稳……272
为职工办实事……272
党的建设……272
扶贫帮困……272
计划生育……272
创卫工作……272
供销……273
概况……273
服务体系建设……273
专业合作社……273
现代流通网络建设……274

烟花爆竹专营…………………………274
村社共建…………………………274
行业扶贫…………………………274
粮食贸易…………………………274
概况…………………………274
粮食购销…………………………275
粮食储备管理…………………………275
粮食项目建设…………………………275
粮食行政执法…………………………275
粮食产业化发展…………………………275
“放心粮油”工程…………………………276
东平县国有粮食购销公司…………………………276
山东光大日月集团有限公司…………………………276
山东祥瑞药业有限公司…………………………276
山东东平鑫香面粉有限公司…………………………276
东平吉利中慧饲料有限公司…………………………276
国家粮食储备库…………………………276
粮食工作改革成就…………………………277
石油经营…………………………277
概况…………………………277
中国石化山东泰山石油股份有限公司东平分公司
…………………………278
概况…………………………278
成品油销售…………………………278
经营措施…………………………278
烟草专卖…………………………278
概况…………………………278
卷烟经营…………………………278
专卖管理…………………………278
盐业…………………………279
概况…………………………279
食盐专营…………………………279
盐政执法…………………………279
盐政宣传…………………………280
医药经营…………………………280
东平县一腾医药有限公司…………………………280
医药批发配送中心…………………………281
保元堂连锁公司…………………………281
社区卫生服务站…………………………281
人才队伍建设…………………………282

财政　税务

财政…………………………283
概况…………………………283
财政收入…………………………283
财政支出…………………………284
财源建设…………………………284
对上争取和政府投融资…………………………284
民生保障…………………………285
财政管理…………………………285
国家税务…………………………285
概况…………………………285
税收宣传…………………………285
税收征管…………………………286
税务执法…………………………286
税种管理…………………………286
纳税服务…………………………286
地方税务…………………………286
概况…………………………286
税收征管…………………………287
纳税服务…………………………288
“税易通”推广使用…………………………288
税法宣传培训…………………………288

金　融

金融监管…………………………289
东平县金融工作办公室…………………………289
概况…………………………289
金融体系建设…………………………289
诚信金融环境…………………………289
防范打击非法集资…………………………289
新型金融组织监管…………………………289
人才队伍建设…………………………290

服务实体经济…………………………… 290
打造资本小镇孵化园区………………… 291
金融扶贫………………………………… 291
银行业…………………………………… 292
中国人民银行东平县支行……………… 292
概况……………………………………… 292
金融运行与监管………………………… 292
金融稳定工作…………………………… 292
反洗钱工作……………………………… 292
金融消费权益保护……………………… 292
国债发行巡查…………………………… 293
“一库一品”工作……………………… 293
国债宣传………………………………… 293
外汇管理………………………………… 293
农村支付环境建设……………………… 293
中国农业银行东平县支行……………… 294
概况……………………………………… 294
存款业务………………………………… 294
信贷投放………………………………… 294
惠农业务………………………………… 294
电子化建设……………………………… 295
内控管理………………………………… 295
员工培训………………………………… 295
中国工商银行股份有限公司东平支行… 295
概况……………………………………… 295
网点服务………………………………… 296
信贷业务………………………………… 296
个金创收………………………………… 297
安全运营………………………………… 297
中国建设银行东平支行………………… 297
概况……………………………………… 297
存贷款业务……………………………… 297
支持地方经济建设……………………… 297
队伍建设………………………………… 298
内控管理………………………………… 298
中国银行股份有限公司东平支行……… 298
概况……………………………………… 298
优化授信投放…………………………… 298
创新产品销售…………………………… 298
助农惠农业务…………………………… 299
中国农业发展银行东平县支行………… 299
概况……………………………………… 299
存款业务………………………………… 299
信贷业务………………………………… 299
东平农商银行…………………………… 299
概况……………………………………… 299
存款业务………………………………… 299
贷款营销中心…………………………… 300
不良贷款清收…………………………… 300
金融扶贫………………………………… 300
电子银行………………………………… 300
基础管理工作…………………………… 301
监保工作………………………………… 301
资金资产经营…………………………… 301
中间业务………………………………… 301
智 e 购商城发展………………………… 302
网点转型………………………………… 302
党建工作………………………………… 302
东平沪农商村镇银行…………………… 303
概况……………………………………… 303
存贷业务………………………………… 303
服务职能………………………………… 303
普惠金融宣传…………………………… 304
承担社会责任…………………………… 304
开展银企合作…………………………… 304
泰安银行东平支行……………………… 304
概况……………………………………… 304
存款贷款业务…………………………… 304
支持企业发展…………………………… 304
金融创新………………………………… 304
网点建设………………………………… 305
宣传服务………………………………… 305
中国邮政储蓄银行东平支行…………… 305
概况……………………………………… 305
存贷款业务……………………………… 305
风险合规管理…………………………… 305

财务运营管理…………………………… 305
安全保卫………………………………… 305
莱商银行泰安东平支行………………… 306
概况……………………………………… 306
保险业…………………………………… 306
中国人民人寿保险股份有限公司东平支公司
………………………………………… 306
概况……………………………………… 306
队伍建设………………………………… 306
服务社会………………………………… 306
平险业务………………………………… 306
中国人民财产保险股份有限公司东平支公司
………………………………………… 306
概况……………………………………… 306
党建引领………………………………… 307
服务三农………………………………… 307
保障民生………………………………… 307
理赔提升………………………………… 307
公司形象建设…………………………… 307
创卫活动………………………………… 308

交通·邮政

交通运输………………………………… 309
概况……………………………………… 309
交通法规宣传…………………………… 309
城乡客运网络化建设…………………… 309
重点工程建设…………………………… 309
文明行业创建…………………………… 310
创卫工作………………………………… 310
公路建设………………………………… 310
重大建设项目…………………………… 310
扶贫路建设……………………………… 310
农村公路养护…………………………… 310
运输管理………………………………… 311
城乡客运管理…………………………… 311
货运业务管理…………………………… 311
水路运输企业管理……………………… 311
车辆超限超载治理……………………… 311
驾培管理………………………………… 311
维修业务管理…………………………… 312
公路……………………………………… 312
概况……………………………………… 312
公路建设………………………………… 312
路政管理 ……………………………… 312
公路养护………………………………… 313
铁路……………………………………… 313
概况……………………………………… 313
东平站 ………………………………… 314
邮政……………………………………… 314
概况……………………………………… 314
邮务类业务……………………………… 314
速递物流………………………………… 314
邮政储蓄………………………………… 314
邮政服务………………………………… 314
邮税合作………………………………… 315
预防邮路………………………………… 315

教育·科技

教育……………………………………… 316
概况……………………………………… 316
教师队伍………………………………… 316
教育信息化……………………………… 316
解决中小学大班额……………………… 317
全面改薄………………………………… 317
素质教育………………………………… 318
各类考试………………………………… 318
义务教育经费保障机制………………… 318
学生资助………………………………… 318
校车工程………………………………… 318
平安校园建设…………………………… 319
学前教育………………………………… 319
概况……………………………………… 319

重点幼儿园…………………………………… 319
中小学教育…………………………………… 320
概况…………………………………………… 320
重点小学……………………………………… 320
普通高中……………………………………… 321
重点高中……………………………………… 322
特殊教育…………………………………… 322
概况…………………………………………… 322
特教创新……………………………………… 322
职业教育…………………………………… 323
概况…………………………………………… 323
职业学校……………………………………… 323
民办教育…………………………………… 324
概况…………………………………………… 324
重点民办学校………………………………… 324
科学技术……………………………………… 325
概况…………………………………………… 325
科技创新环境优化…………………………… 325
科技计划争取………………………………… 325
高新技术产业发展…………………………… 325
创新平台建设………………………………… 325
科技成果与奖励……………………………… 326
知识产权管理………………………………… 326
农村与社会发展……………………………… 326
防震减灾…………………………………… 326
概况…………………………………………… 326
防震减灾考核………………………………… 327
地震监测管理………………………………… 327
防震减灾宣传教育…………………………… 327
震灾防御……………………………………… 327
气象…………………………………………… 328
概况…………………………………………… 328
防汛气象服务………………………………… 328
专业气象服务………………………………… 328
人工影响天气工作…………………………… 328
气象现代化建设……………………………… 328
防雷安全管理………………………………… 328
气象科普宣传………………………………… 329
业务竞赛获佳绩……………………………… 329
巩固省级文明单位创建成果………………… 329

文化·体育

综述…………………………………………… 330
概况…………………………………………… 330
公共文化服务体系建设……………………… 330
群众文化活动………………………………… 330
文化艺术创作………………………………… 331
文化市场监管………………………………… 331
非物质文化遗产普查与保护………………… 331
电影发行放映………………………………… 334
图书馆室建设………………………………… 334
图书馆………………………………………… 334
免费对外开放………………………………… 334
图书宣传服务………………………………… 334
文物管理……………………………………… 335
博物馆………………………………………… 335
重点文物…………………………………… 335
白佛山石窟造像……………………………… 335
棘梁山石刻…………………………………… 335
洪顶山摩崖刻经……………………………… 336
京杭大运河——东平段……………………… 336
戴村坝………………………………………… 336
理明窝摩崖造像……………………………… 336
东平故城（宿城）…………………………… 336
北桥墓群（宪王陵）………………………… 337
梁氏墓群……………………………………… 337
尚书林………………………………………… 337
常庄古民居建筑群…………………………… 337
安山闸………………………………………… 338
戴庙闸………………………………………… 338
前山西屯大队部……………………………… 338
广播电视…………………………………… 338
概况…………………………………………… 338
宣传栏目……………………………………… 339
设施建设……………………………………… 339

技术保障…………………………… 339
新华书店…………………………… 339
概况…………………………… 339
发行网点…………………………… 339
图书销售…………………………… 340
品牌服务…………………………… 340
书香东平系列活动…………………………… 340
体育…………………………… 340
概况…………………………… 340
体育基础设施建设…………………………… 340
社会组织建设…………………………… 341
群众体育…………………………… 341
竞技体育…………………………… 341
品牌赛事…………………………… 341
体育产业…………………………… 342

卫生健康·计划生育

综述…………………………… 343
概况…………………………… 343
卫生…………………………… 343
概况…………………………… 343
深化医改工作…………………………… 345
医疗服务质量管理…………………………… 345
基本公共卫生服务…………………………… 345
中医药综合服务…………………………… 346
健康扶贫…………………………… 346
党建志愿服务…………………………… 346
疾病预防控制…………………………… 346
概况…………………………… 346
重大疫情控制…………………………… 347
健康体检与接种门诊…………………………… 347
食品安全检测…………………………… 347
急性传染病控制…………………………… 347
艾滋病、结核病防治…………………………… 347
创卫促进业务工作…………………………… 348
经费形式调整改革…………………………… 348
东平县人民医院…………………………… 348
概况…………………………… 348
医院改革…………………………… 349
医疗质量管控…………………………… 349
医德医风建设…………………………… 349
教学科研…………………………… 350
推广中医药及适宜技术…………………………… 350
实施健康扶贫…………………………… 350
培塑文化品牌…………………………… 350
创卫扮倩医院美…………………………… 351
东平县第一人民医院 …………………………… 351
概况…………………………… 351
医院综合管理…………………………… 351
健康扶贫…………………………… 351
落实双联四包…………………………… 352
引进高端医疗设备…………………………… 352
东平县中医院…………………………… 352
概况…………………………… 352
宣传医院服务理念…………………………… 352
创卫改善医院环境…………………………… 353
医养结合项目进展顺利…………………………… 353
注重医护质量与安全…………………………… 353
推进基础设施建设…………………………… 354
人才培养、引进…………………………… 355
夏季征兵查体…………………………… 355
东平县第三人民医院…………………………… 355
概况…………………………… 355
创新医院管理…………………………… 355
诊疗技术日臻完善…………………………… 355
新上重症医学科（ICU） …………………………… 356
落实公共卫生项目…………………………… 356
社会公益活动…………………………… 356
人口和计划生育…………………………… 356
概况…………………………… 356
严格责任落实…………………………… 356
创新工作机制…………………………… 357
严厉打击“两非” …………………………… 357
孕前优生健康检查…………………………… 357

全面二孩政策落实…………………… 357
落实奖扶政策………………………… 358
妇幼保健计划生育服务中心………… 358
概况…………………………………… 358
优生人性化服务……………………… 358
妇幼公共卫生………………………… 358
创卫工作……………………………… 358
创建国家卫生县城…………………… 359
概况…………………………………… 359
组织领导……………………………… 359
全面整治……………………………… 361
宣传教育……………………………… 361
检查督导……………………………… 361
建立“党员街长制” ………………… 362
创卫成果……………………………… 362
《蝶变》……………………………… 362
创卫锦言……………………………… 364

社会管理 · 居民生活

人力资源和社会保障………………… 366
概况…………………………………… 366
创业就业……………………………… 366
概况…………………………………… 366
就业信息服务………………………… 366
推动家门口就业……………………… 367
开发公益性岗位……………………… 367
创业政策落实………………………… 367
职业技能培训………………………… 367
社会保险……………………………… 367
概况…………………………………… 367
企业养老保险………………………… 368
离退休职工基本养老金……………… 368
机关事业单位养老保险 ……………… 368
城乡居民养老保险…………………… 368
城镇职工医疗保险…………………… 368
居民基本医疗保险…………………… 369
工伤保险……………………………… 369
失业保险……………………………… 369
生育保险……………………………… 369
人才队伍……………………………… 369
人才引进……………………………… 369
专业技术人才队伍建设……………… 369
高技能人才队伍建设………………… 369
人事管理……………………………… 369
公务员管理…………………………… 369
事业单位人事管理…………………… 370
劳动关系……………………………… 370
劳动合同管理………………………… 370
劳动人事争议仲裁…………………… 370
劳动监察……………………………… 370
民政事务……………………………… 370
概况…………………………………… 370
社会救助……………………………… 370
养老服务……………………………… 371
双拥优抚安置………………………… 371
基层治理……………………………… 371
社会组织管理………………………… 372
基本公共服务………………………… 372
民族　宗教…………………………… 372
概况…………………………………… 372
民族工作……………………………… 372
宗教工作……………………………… 373
老龄工作……………………………… 373
概况…………………………………… 373
老龄宣传工作………………………… 373
老年人合法权益维护………………… 373
基层老龄工作建设…………………… 373
老年文化建设………………………… 374
居民生活……………………………… 374
人口概况……………………………… 374
居民收入……………………………… 374
社会救助 ……………………………… 374
社会保障……………………………… 374

残疾人事业…………………………………… 374
概况………………………………………… 374
康复工作…………………………………… 375
助学就业培训……………………………… 375
社会保障工作……………………………… 375
扶贫工作…………………………………… 376
基层组织建设……………………………… 376
宣传工作…………………………………… 376
维权工作…………………………………… 376

乡镇街道

综述………………………………………… 377
州城街道…………………………………… 380
概况………………………………………… 380
农业………………………………………… 380
工业………………………………………… 380
旅游商贸…………………………………… 380
社会事业…………………………………… 381
安全生产…………………………………… 381
避险解困…………………………………… 381
脱贫攻坚…………………………………… 381
环保治理…………………………………… 382
东平街道…………………………………… 382
概况………………………………………… 382
农业………………………………………… 382
工业………………………………………… 382
电子商务…………………………………… 382
社会事业…………………………………… 383
城乡环卫一体化…………………………… 383
基层党建…………………………………… 383
拆违创卫…………………………………… 384
脱贫攻坚…………………………………… 384
易地扶贫搬迁……………………………… 385
乡村旅游…………………………………… 385
彭集街道…………………………………… 385
概况………………………………………… 385
农业………………………………………… 385
工业………………………………………… 386
基础设施建设……………………………… 386
社会事业…………………………………… 386
组织建设…………………………………… 386
精准脱贫…………………………………… 387
美丽乡村建设……………………………… 387
环境整治…………………………………… 387
沙河站镇…………………………………… 388
概况………………………………………… 388
农业………………………………………… 388
社会事业…………………………………… 388
招商引资…………………………………… 388
工业园区建设……………………………… 388
特色产业…………………………………… 388
美丽乡村建设……………………………… 389
文化扶贫…………………………………… 389
外商沙拉维………………………………… 390
新湖镇……………………………………… 390
概况………………………………………… 390
农业………………………………………… 390
东平湖综合整治…………………………… 390
镇村企业…………………………………… 390
园区建设…………………………………… 391
交通邮电…………………………………… 391
财贸金融…………………………………… 391
镇村建设…………………………………… 391
科教文卫…………………………………… 391
人民生活…………………………………… 392
商老庄乡…………………………………… 392
概况………………………………………… 392
农业………………………………………… 392
东平湖综合整治…………………………… 392
美丽乡村建设……………………………… 392
孝善引领脱贫路…………………………… 392
乡土人才开发……………………………… 393
全国“最美家庭——王炳兰”……… 393

戴庙镇……………………………………… 393
概况……………………………………… 393
特色农业……………………………… 393
项目建设……………………………… 394
环境整治……………………………… 394
民生事业……………………………… 394
计生服务……………………………… 395
医疗卫生……………………………… 395
社区建设……………………………… 395
精准扶贫……………………………… 395
棘梁山观光园………………………… 396
银山镇……………………………………… 396
概况……………………………………… 396
农业……………………………………… 396
工业……………………………………… 397
黄河滩区居民迁建…………………… 397
避险解困工程………………………… 397
脱贫攻坚……………………………… 397
特色小镇创建………………………… 398
社会事业……………………………… 398
人口和计划生育……………………… 398
环境保护……………………………… 398
安全生产……………………………… 398
全省脱贫攻坚先进个人——耿进平… 398
斑鸠店镇…………………………………… 399
概况……………………………………… 399
农业……………………………………… 399
特色产业……………………………… 399
镇村企业……………………………… 400
交通邮电……………………………… 400
安全供电……………………………… 400
财贸金融……………………………… 400
项目建设……………………………… 400
人民生活……………………………… 401
旅游业发展…………………………… 401
精准扶贫……………………………… 401
郑沃村养鸡脱贫……………………… 401
黄河滩区脱贫迁建…………………… 402
东平湖综合整治……………………… 402
旧县乡……………………………………… 402
概况……………………………………… 402
农业……………………………………… 402
工业……………………………………… 402
招商引资……………………………… 402
财贸金融……………………………… 403
科教文化……………………………… 403
卫生与计划生育……………………… 403
村级干部管理………………………… 403
旅游资源开发………………………… 404
美丽乡村建设………………………… 404
传统文化村落………………………… 404
移民社区建设………………………… 405
脱贫攻坚……………………………… 405
环境卫生整治………………………… 405
居民生活……………………………… 405
老湖镇……………………………………… 406
概况……………………………………… 406
农业……………………………………… 406
工业……………………………………… 406
社会事业……………………………… 406
移民避险解困………………………… 406
两区共建……………………………… 407
招商引资……………………………… 407
重点项目建设………………………… 408
精准扶贫……………………………… 408
美丽乡村建设………………………… 409
水浒影视小镇………………………… 409
环境保护……………………………… 409
梯门镇……………………………………… 409
概况……………………………………… 409
农业……………………………………… 409
工业……………………………………… 410
社会事业……………………………… 410
项目建设……………………………… 410
脱贫攻坚……………………………… 410
美丽乡村建设………………………… 411

大羊镇…………………………………… 411
概况…………………………………… 411
农业生产……………………………… 411
特色产业……………………………… 411
工业企业……………………………… 412
美丽乡村建设………………………… 412
科教文卫……………………………… 412
社会民生……………………………… 412
脱贫攻坚……………………………… 412
西王村易地搬迁……………………… 412
接山镇…………………………………… 413
概况…………………………………… 413
农业…………………………………… 413
工业…………………………………… 413
美丽乡村建设………………………… 414
脱贫攻坚……………………………… 414
社会事业……………………………… 414
基层组织建设………………………… 414
朝阳庄社区…………………………… 415
尹山庄社区…………………………… 415

人　物

县级领导人…………………………… 416
先进个人名录（部分）……………… 431

附　录

文件选目………………………………… 455
2017 年中央、省、市主要媒体关于东平的重要报道索引……………………………… 456
先进单位名录（部分）………………… 462
2017 年度经济社会发展综合考核表彰名单……………………………………………… 467
2017 年新增文明单位 ………………… 475
名牌产品、国家地理标志、商标………… 476
公开信…………………………………… 478

索　引

索引…………………………………… 480

政府工作报告

——在东平县第十八届人民代表大会第二次会议上

东平县县长　刘　玉

2018 年 1 月 19 日

一、2017 年工作回顾

过去的一年，在县委的坚强领导下，在县人大、县政协的监督支持下，我们紧紧团结和依靠全县人民，努力克服各种困难和挑战，拼上豁上，真抓实干，实现了有质量的稳定增长、可持续的全面发展。预计全年实现生产总值 391 亿元，可比价增长 6.5%；一般公共预算收入 11.5 亿元，同口径增长 2.1%；固定资产投资 363.6 亿元，同比增长 9.5%；社会消费品零售额 172 亿元，增长 10.5%；农村居民人均可支配收入 14406 元，增长 9%；城镇居民人均可支配收入 28205 元，增长 8%。

一年来，我们致力于抓实体、促转调，产业实力快速壮大。坚持把经济发展的着力点放在实体经济上，以供给侧结构性改革为主线，以质量和效益为中心，统筹推进产业实力持续增强。工业经济逆势突破。高扬“工业强县”大旗，狠抓“三强”企业培植和十百亿企业培育，建立县级领导包保“三强”企业制度，组建工业联盟，出台一系列扶持措施，设身处地为企业排忧解难，坚定了企业家克难化险、逆势发展的信心和决心。瑞星粉煤气化二期工程顺利投产，无水葡萄糖项目快速推进，在中国香港成功并购上市，结束了东平没有上市公司的历史。瑞星集团被评为“山东省节能突出贡献企业”，列入省智能制造首批示范企业，跃居中国化肥制造业百强第 8 位，实现了凤凰涅槃、浴火重生。东顺多功能纸和高速纸机生产线试生产，省“工业绿动力”示范项目清洁能源二期工程投入运营，“顺清柔”以 92.85 亿元的价值跻身中国最具价值品牌 500 强。九鑫电镀工业园加快建设。润声印务、星光实业、鲁玻包装等持续推进“机器换人”，金山橡塑、容业达、龙美生物、泰牛科技等加快成果转化，一批中小企业快速成长。重点培植的 26 家“三强”企业税收同比增长 44.2%。县经济开发区在全省综合排名第 30 位，被列入全省第二批机制体制改革试点单位。新东岳“新智机械”“速至摩托车胎”被评为山东名牌产品，社汇酒业“唐龙一品液”被评为山东老字号。瑞星干煤粉气化技术工程被列为国家重大技术专项，沃普粮食干燥机获评“山东省首台套技术装备”。新东岳、九鑫生物被认定为高新技术企业，新增科技型中小微企业 13 家、研发平台13家。山东大学泰山科技园加快规划建设。现代服务业蓬勃发展。厚植“旅游富县”优势，白佛山文化旅游区一期工程加快建设，东平湖现有景区景点管理运营水平持续提升，东平湖—白佛山国家AAAAA级景区创建工作扎实推进。水浒影视城新拍摄了《忽必烈》等30余部影视剧。腊山创建为国家AAA级景区。南堂子村被评为全省休闲农业与乡村旅游示范点。全县接待游客人次、旅游总收入分别增长9.9%、8.6%。泰安港总体规划通过省政府批复，东平湖航道全面开工，临港经济区加紧规划建设。东顺新时代广场试营业，供销社为农服务中心实现乡镇全覆盖。县电商产业园入驻企业112家，成为全国首批农村创业创新基地、省级青年创业孵化基地。东顺集团“双十一”销售突破1.2亿元。农业农村经济稳定增长。粮食生产保持总体稳定。新增规模农业龙头企业11家、农民专业合作社140家、家庭农场118家。“东平湖鲤鱼”被列入国家地理标志保护产品。汉世伟现代循环农业产业园中套、黄徐基地投入运营，水泊食品被评为省重点农业龙头企业。东平县被确定为“国家高效节水灌溉示范县”，农田水利项目县绩效考评再获省优秀等次。发放各类惠农资金1.9亿元、移民直补资金1.1亿元、农业保险赔偿2000余万元。农业机械化、植树造林、防汛抗旱、森林防火、动植物疫病防控等工作扎实推进。

一年来，我们致力于抓建设、严管理，“宜居立县”书写壮丽篇章。坚持城乡统筹、人与自然和谐共生，注重环境优化和内涵提升，全力打造宜居东平、精致东平。城乡环境根本改观。以“迎着困难上，坚决打胜仗”的信心决心和“敢于亮剑，无畏无惧”的英雄气概，全面打响拆违治乱、国家卫生县城创建、美丽东平建设三大战役。堵塞多年的韩山街、阳光街全部打通，高压走廊违建彻底拆除，脏乱差的金汇街变成了靓丽风景线，车辆停放、占道经营等秩序得到根本改观，环卫保洁、园林绿化、市政设施等管理水平全面提升，规范意识、规则意识、秩序意识深入人心，网格化、精细化、常态化的管理机制逐步建立，顺利通过国家卫生县城省级评估验收。美丽乡村建设初见成效，城乡环卫一体化、卫生厕所改造、移风易俗等工作扎实推进，在全省排名前移40个位次。强力实施城区交通秩序治理、220国道等国省干线路域环境综合整治，营造了畅安舒美的通行环境。城乡建设扎实推进。东岳广场、北京湾等项目加快建设，政法大楼、利民大厦等投入使用。城区新增房地产开发面积49.54万平方米，新建农贸市场4处、改造提升2处，修建道路16公里，施划停车位1.7万余个，新建改建公厕31处，改造提升绿地60余万平方米。加快小城镇建设，老湖水浒影视小镇、银山东平湖生态旅游小镇列入省级特色小镇名单。浮粮店列入省级传统村落名录。生态水平全域提升。全力推进东平湖综合整治，12.6万亩网箱网围全部拆除，21只水上餐船彻底取缔，再现一望无垠的秀水碧波。认真落实“河长制”，县乡村三级河长组织体系全面建立。扎实开展“清河行动”，清除河湖违法事项443处。强化生态修复保护，完成造林2.4万亩，山水林田湖生态保护修复试点项目得到国家批复。以中央和省环保督察为契机，铁腕推进山石河砂开采整治、畜禽养殖场关闭搬迁、“散乱污”企业治理、燃煤小锅炉淘汰、秸秆禁烧等工作，圆满完成了市政府下达的节能减排任务。

一年来，我们致力于抓招商、上项目，高效投入拉动不断增强。坚持把招商引资和项目建设作为新旧动能转换的重要抓手，全力扩大有效投资，增强发展后劲和活力。招商引资持续发力。出台招商引资项目发展扶持规定，建立重点项目联合预审、手续办理容缺机制，有力促进了中煤东顺清洁能源、新天地粮油、京鲁科技等项目的签约落地。科学把握新常态下招商引资的规律和特点，开辟了总部经济、共享经济新途径，华安保险、新丝路驶耐物流、饰品小镇等项目成功引进和策划实施。全年共落实招商引资项目169个，到位资金108亿元。重点项目加快建设。创新指挥部推进机制，实行指挥长负责、实体化运作，推动资源要素向项目集聚。全年共实施重点建设项目52个、重点推进项目18个，24个竣工投产，29个快速推进。105国道绕城改线一期工程顺利通车，几十年的穿城困扰彻底消除，一个新的经济隆起带正在形成。高标准完成了243和326省道大修改造任务，董梁高速、青兰高速连接线等重大基础设施项目加紧建设。大众创业、万众创新深入推进。新增各类市场主体5568家、注册资本87.32亿元，分别增长40.1%、41.7%。

一年来，我们致力于抓创新、破瓶颈，发展活力明显提升。坚持用创新的办法、改革的手段、开放的思维，着力破解制约经济社会发展的困难和问题。出台鼓励金融机构支持东平发展的政策，成立平安昌顺融资性担保公司，组建10亿元产业直投基金，完善转贷应急机制，全年帮助企业融资超过20亿元，有效破解了融资难题，防范了金融风险。金融机构存贷款余额分别达到272.5亿元、179.06亿元，分别增长13.55%、6.97%。通过土地综合整治、增减挂钩、占补平衡等措施，争取土地指标2347.6亩，有力保障了发展用地需求。全国第二批农村改革试验区、全省县级现代预算管理制度改革等试点工作成效明显，农村产权制度改革经验在全国推广，农业水价综合改革扎实推进，水权水市场改革通过省级验收。持续深化“放管服”改革，推出27类123项“零跑腿”和“最多跑一次”清单。全面推行“多证合一”“一照一码”，注册登记更加便利。统筹推进国资、供销社、广电等重点行业领域改革，经济社会发展活力进一步增强。对外开放水平持续提升，实际到位外资1720万美元，实现进出口总值6000万美元。

一年来，我们致力于抓重点、补短板，脱贫攻坚成效显著。坚持把脱贫攻坚作为重中之重的工作，大力实施抓党建促脱贫攻坚行动，34名县级领导包保乡镇，123位省市县第一书记驻村帮扶，3141名党员干部结对包户，投入最强兵力，调动最优资源，强力推进精准脱贫。移民避险解困、易地扶贫搬迁、黄河滩区迁建取得重大进展。28个社区全部开工，11个建设完成，凤凰家园、耿山口、朝阳庄等8个社区实现回迁入住，5242户群众喜迁新居。东平县在“三大工程”建设中的成功探索，为全省提供了“东平答卷”。产业扶贫强力推进。坚持把产业扶贫作为最根本、最持久、最有效的扶贫方式，用好专项资金，整合涉农资金，重点投向扶贫产业、扶贫园区。滨河新区扶贫、接山制帽、老湖水利扶贫等产业园区加快建设，乡村旅游、柳编、电子商务、特色养殖等产业快速形成，8232名贫困群众实现精准受益、稳定脱贫。行业社会扶贫力度加大。坚持扶贫与扶志、扶智相结合，加大就业创业培训力度，切实激发贫困群众的内生动力。发挥人社、教育、农业、金融等行业优势和民政、医疗、社保、残疾人等政策保障作用，实现应保尽保、应扶尽扶。探索社会扶贫模式，设立慈善超市和众筹农场，推行“爱心供餐”，积极开展民主党派“同心扶贫攻坚行动”和党外人士帮扶贫困户活动，形成了强大扶贫合力。全年共有58个贫困村、6106户14429名群众实现脱贫。新华社、中央电视台、人民日报、大众日报等多家媒体对全县的经验做法进行了广泛深入报道。

一年来，我们致力于抓统筹、惠民生，社会事业全面进步。坚持把人民对美好生活的向往作为奋斗目标，持续加大民生保障力度，全县民生支出34亿元，占一般公共预算支出的88%，高于全市8.7个百分点。坚持教育优先发展。投资8亿元新建学校11处、改扩建32处，佛山小学等33个项目投入使用。教育装备水平持续提升，被评为“省教育信息化示范县”。着力实施校车工程，44辆标准化校车投入运营。继续强化队伍建设，新招聘教师300人。教育教学质量再创新高，高考本科录取2416人，2人考入清华大学，中考位次在全市再次前移。着力提高社会保障水平。全县新增城镇就业6850人，开展就业创业培训7551人。实施全民参保登记计划，各项待遇按时足额发放。升级改造敬老院12家，城乡低保对象达到26571人。建设公租房500套，改造农村危房503户。大力发展社会事业。公立医院法人治理结构改革基本完成，“大病不出县”扶贫工程加快实施。县人民医院被确定为国家上消化道癌早诊早治示范基地。对4.1万名65岁以上老人进行了免费体检。违法生育控制和出生人口性别比治理成效明显。深入实施文体惠民工程，新建城乡健身广场121处，村级文化服务中心达到654个。马拉松、太极拳、广场舞等全民健身活动广泛开展。加大文化遗产保护力度，东平县被认定为“千年古县”。万里图书馆被评为国家级图书馆。道德文明建设深入推进，“百姓设奖奖百姓”“文明市民评选”等活动扎实开展。加强和创新社会治理。“安如泰山”科学预防体系和双重预防机制更加完善，化工产业安全生产转型升级持续深化，安全生产形势保持稳定。“食安东平”创建活动深入实施，食品药品监管水平及检验检测能力进一步提升。着力推进公安基层基础建设，扎实开展社会治安综合治理“冬春季攻势”暨平安东平行动，圆满完成了十九大安保维稳任务。国防双拥、机构编制、应急、统计、物价、气象、人民防空、民族宗教、外事侨务、妇女儿童、青年、老龄、史志、档案等工作都取得了明显成效。

一年来，我们致力于抓作风、提效能，政府自身建设持续加强。坚持全面从严治党，认真落实主体责任，深入推进党风廉政建设和反腐败工作。深入学习贯彻党的十九大精神和习近平新时代中国特色社会主义思想，扎实推进“两学一做”学习教育常态化制度化。深入推进法治政府建设，自觉接受人大、政协监督，办理人大代表议案建议104件、政协委员提案224件，办结率100%。受理12345民生服务事项10203项，为群众解决困难和问题13206件。认真落实中央八项规定精神，持续纠“四风”、转作风，深入开展“提标增能、提质增效”大讨论活动和“重效率、勇担当、作表率”主题活动。大力弘扬唯先必争、唯旗必夺，干上去光荣、干不上去可耻的干事创业精神，坚持在急难险重的任务中锤炼作风、提升能力、检验担当，着力打造有爱心、有灵魂、有血性、有本领的“四有”团队，为经济社会发展提供了坚强组织保证。

各位代表，回首极不平凡的奋斗历程，我们心潮澎湃、感慨万千、倍感欣慰。365个日日夜夜，全县上下认准了路在干、铆足了劲在拼，战胜各种困难和挑战，办成了一批打基础利长远的大事，办妥了一批多年想办办不了的难事，办好了一批深受群众欢迎的实事。我们用无畏的勇气、无言的担当、无悔的付出，换来了一个砥砺奋进的东平、一个生机勃发的东平、一个奋力赶超的东平。发展的实践告诉我们，梦在前方，路在脚下，事在人为！东平人民完全有信心、有能力摆脱不发达的困境、撕掉老末的标签、贴上靓丽的名片！

各位代表，过去一年成绩的取得，是县委统揽全局、坚强领导的结果，是县人大、县政协有效监督、大力支持的结果，是全县人民齐心协力、拼搏奉献的结果。在此，我代表县人民政府，向辛勤工作在各条战线上的干部群众，向所有关心支持东平发展的朋友们，表示衷心的感谢，致以崇高的敬意！

成绩来之不易，问题更需重视。我们也更加清醒地认识到，经济社会发展中还存在不少问题和不足。主要是：经济总量小、财力弱，不发达的现实还没有根本改变；调整产业结构、推进动能转换的困难较多，稳定经济运行、防范各种风险的压力较大；城乡公共服务体系还不够完善，城市管理、社会治理等方面需持续加强；脱贫攻坚任务艰巨，民生保障水平与人民群众美好生活的需要还有不小差距；推进发展和服务群众的能力还要进一步提高，等等。对这些问题，我们一定高度重视不回避，勇于担当不懈怠，在今后工作中切实加以解决，决不辜负全县人民的殷切期盼！

二、2018年工作总体安排

2018年是深入贯彻党的十九大精神的开局之年，是打赢脱贫攻坚战、决胜全面建成小康社会的攻坚之年，也是全县转型发展、加速崛起的关键之年。今年政府工作的指导思想是：全面贯彻落实党的十九大精神，以习近平新时代中国特色社会主义思想为指引，坚持稳中求进工作总基调，

认真落实新发展理念，深入践行以人民为中心的发展思想，聚焦“更高质量发展，更高水平小康”目标，突出“走在前列，位次前移”要求，做好宜居立县、工业强县、旅游富县三篇文章，着力推进脱贫攻坚，着力强化优质投入，着力突出产业发展，着力深化改革开放，着力加快城乡统筹，着力保障民生改善，为推进富民强县、全面建成小康东平奠定更为坚实基础。

主要预期目标是：全县完成生产总值增长 7% 左右；固定资产投资增长 9% 左右；社会消费品零售额增长 10% 左右；一般公共预算收入增长 5% 左右；农村居民人均可支配收入增长 9% 左右；城镇居民人均可支配收入增长 8% 左右。全面完成市政府下达的节能减排降碳等约束性指标。

各位代表，方向已定，目标已明，关键就在苦干实干，狠抓落实。好风正当时，催人上征程。党的十九大描绘了新时代中国特色社会主义的宏伟蓝图，用习近平新时代中国特色社会主义思想武装头脑、指导实践，我们就一定能够凝聚各方智慧，释放加快发展的巨大潜力。全县公铁水联运的交通格局正在形成，区位优势更加凸显，宜居宜业的优良发展环境加快打造，经济转型升级孕育的新动能将充分释放，为今后发展培育出更大新优势。更为重要的是，在加速崛起的生动实践中，我们探索出了行之有效的工作方法，形成了务实高效的工作机制，锤炼了善谋敢闯的工作队伍，营造了奋勇争先的工作氛围，为我们加快发展创造了极为宝贵的无形资产和精神财富。现在，我们比以往任何时候都更有信心、更有条件、更有能力建设东平更加美好的明天。只要我们牢固树立科学发展至上、质量效益为先的理念，以立志赶超的痴情谋事、以奋进开拓的激情干事、以务实为民的真情成事，就一定能够谱写东平转型跨越、加速崛起的新篇章！

三、坚决打好脱贫攻坚战

坚持把脱贫攻坚作为首要政治任务和第一民生工程，按照“1233”工作思路，举全县之力，集全县之智，尽锐出战，精准施策，靶向发力，巩固脱贫成果，坚决完成最后 2 个省市级贫困村摘帽、6057 人脱贫的攻坚任务，努力走在省市前列。

（一）决战决胜“三大工程”。强化指挥部实体化运作机制，夯实责任，强推猛促，确保移民避险解困、易地扶贫搬迁和黄河滩区迁建一二期工程 24 个社区年内全部回迁，同步实施旧房拆除和土地复垦。加快推进黄河滩区迁建三期工程，戴庙新时代佳苑、银山黄河新村社区、斑鸠店九顶社区具备入住条件，力争旧县社区主体完工。全面完成黄河滩区旧村台和临时撤退道路提升改造年度任务。严格资金监管和成本控制，严把工程质量和施工安全，着力建设工程优质、群众优评、干部优秀的“三优工程”。

（二）做实做精产业项目。坚持把产业扶贫作为增收脱贫主渠道，精心打造老湖水利扶贫、接山制帽、东平陆港等特色产业园区，着力培育大羊希望电缆、旧县无纺布等扶贫项目。整合扶贫专项资金、财政涉农资金、移民后期扶持资金等资金资源，重点扶持发展扶贫产业。建立稳固利益联结机制，让贫困群众通过产业带动、务工就业、资产收益等多种方式持续受益。

（三）聚焦聚力基层基础。压实镇村两级和包保干部责任，健全完善动态监管和检查考核机制，确保“应出则出，应扶尽扶”。全面落实低保、教育、医疗、社保、危房改造等扶贫政策，织密筑牢兜底脱贫保障网。完善虚拟岗位、孝善扶贫、结对帮扶等工作机制，引导社会力量扶贫济困。着力激发群众摆脱贫困的信心和斗志，鼓励大家靠辛勤劳动摘掉贫困帽子、过上幸福生活。强化扶贫领域监督执纪问责，对侵害群众利益的不正之风和腐败问题严惩不贷。

四、加快推动经济高质量发展

发展是第一要务。必须坚持质量第一、效益优先，紧紧抓住供给侧结构性改革这条主线，加快转变发展方式、优化经济结构、转换增长动能，努力实现更高质量、更有效率、更可持续的发展。

（一）突出有效投入，强力突破项目建设。强化有效投资对经济增长的拉动作用，狠抓招商引资和项目建设，培足高质量发展的后劲。更大力度抓好招商引资。着力转变招商理念、理顺体制机制、完善激励措施，充分调动全县招商引资的积极性和主动性，形成大合唱，力求大突破。发挥企业、园区招商主体作用，锁定上下游关联企业，实施产业招商、定向招商、精准招商。加大与国家发改委宏观经济研究院、中科盟等国家级平台合作力度，策划引进一批新旧动能转换重大项目，抢占新一轮竞争制高点。紧密联络在外老乡，实施“亲情招商”，做大“回归经济”。大力倡树“营商环境人人有责”的理念，努力为项目落地发展创造最佳土壤，让客商愿意来、留得住、发展好。年内力争招商引资到位资金 120 亿元，增长 13.2%。更实举措加快项目建设。进一步完善重点项目推进机制，深入落实领导包保、现场办公制度，及时解决项目建设中的困难和问题。强力推进瑞星无水葡萄糖、东顺多功能纸生产线、九鑫电镀工业园等在建项目，突出抓好瑞星高塔尿基复合肥、中航机装备制造和中煤东顺精细煤粉加工、新东岳智能硫化设备制造、装配式建筑构件等重点项目，持续跟进中兴电力等重大项目。在实施好以上项目的基础上，力争再新上一批“三强”项目，形成“落地开花花满园”的良好局面。更高层次推进对上争取。强化对上争取联席会议制度，超前主动研究政策、策划项目，瞄准新旧动能转换重大工程、大运河文化带规划、棚户区改造等政策机遇，盯紧靠牢，精准对接，竭尽全力争资金、争项目、争政策，力争获批无偿资金突破 12 亿元。

（二）突出转型升级，强力推进产业高质高效发展。以“四新四化”为方向，着力做大产业规模、优化产业结构、提升产业层次，强力推动产业迈向中高端。

一是做强新型工业。深入推进工业经济转型升级暨“十百亿企业培育工程”，强力支持瑞星、东顺、新东岳、九鑫、中联等龙头企业做强做优，积极扶持润声印务、金马帘子布、星光实业、长宇镀铝、沃普装备等骨干企业提档升级，着力培育华东纸业、鲁玻包装、博达光电、华锴机电、海工科技等中小企业快速成长，努力形成龙头企业引领、骨干企业支撑、中小企业百花齐放的梯次培育格局。以转型升级发展规划为引领，通过技术创新、建链补链、上市融资等方式，突破传统模式束缚，推动化工、造纸、机械工具、轮胎等传统产业“老树发新芽”；通过股份合作、技术入股、政策扶持等方式，突破资金制约瓶颈，推动龙美生物、泰牛科技、容业达等为代表的新医药、新科技产业“新芽成大树”，推动实现质量、效率、动力变革。加快“机器换人”“企业上云”进度，大力推进企业装备智能化、生产过程数字化、现场管理精细化，力争瑞星纳入全国智能制造示范试点，东顺争创国家绿色工厂。扎实推进化工产业安全生产转型升级，全力争创瑞星省级化工园区。总结服装协会发展经验，积极筹建食品业协会、机械制造业协会，凝聚集群发展合力。坚持企业家的需求就是政府努力的方向，一如既往地尊重企业家、关爱企业家，最大限度地激发和保护企业家精神。健全完善梯次培育、企业包保、目标责任、问题解决和运行监测五大机制，加强土地、人才等要素供给保障，充分发挥工业联盟作用，助推企业增信心、破难题、快发展。

二是做活三产服务业。坚持全域旅游发展理念，以多元化、品牌化为方向，推动文化旅游产业加快发展。做大做精“一山一水”两篇文章，重点推进白佛山文化旅游区建设，确保今年 5 月 22 日正式开园迎客；按照区域化整体打造、建管营一体的思路，加快实施东平湖景区综合开发，重点打造东平湖观音文化旅游度假区、老湖水浒影视小镇、银山东平湖生态旅游小镇。扎实推进东平湖—白佛山国家 5A 级景区和昆仑山国家 4A 级景区创建。持续丰富景区景点游览内容，加快实施水浒影视城拓展提升工程，提高服务标准和运营能力。大力发展乡村特色旅游，重点打造沿贯中大道、临戴村坝、环东平湖三条旅游岸线。强力推进高星级酒店、高端民宿、大型商业综合体建设，培育规范吃住行游购娱等旅游要素。创

新宣传营销方式，持续提高东平旅游知名度、影响力。加快电子商务与实体经济融合发展，不断完善县乡村电商服务体系，大力培植买卖惠、泺农、供销e家等电商平台，努力实现农村电商服务站点全覆盖。规范发展教育培训、健康养老、物业服务等新兴服务业，建成水产品交易、洗修车等一批专业市场。

三是做优现代农业。坚持农业农村优先发展，努力推动农业增效、农民增收、乡村振兴。加大基本农田保护力度，全面推行“田长制”。稳定粮食种植面积，确保完成地方粮食储备任务。大力推进种植业结构调整，积极推广名优特新品种，新增瓜菜、杂粮各2万亩，食用菌面积50万平方米。整合资金资源，重点规划打造休闲农业主题公园、现代生态渔业园等10大现代高效农业示范园区，力争把汉世伟现代循环农业产业园建成国家级示范园区。支持水泊食品、八里香食品等龙头企业延伸拓展产业链条，着力培育发展农业“新六产”。引导土地有序流转，稳步推进适度规模经营，新增规模农业龙头企业7家、农民专业合作社示范社15家、家庭农场示范场10家。高标准实施农田水利项目县、千亿斤粮食等项目，进一步提高农业生产保障能力。加快编制全县水资源优化配置规划，全力争取实施引黄济湖、南水北调东线二期蓄水影响工程。加大农民负担监管力度，严格落实各项强农惠农政策。

（三）突出平台搭建，强力打造经济增长极。坚持把园区作为承接项目、集聚产业、转换动能的主战场，着力打造经济开发区、临港经济区两个拉动经济发展的强力引擎。推动经济开发区盘活闲置土地、厂房等资源，实现“腾笼换鸟”“嫁接再生”；高标准编制新发展规划，加快推进中煤东顺清洁能源三期、第二污水处理厂等基础设施建设，实现空间扩容、内涵发展；充分放权放手放胆，构建集中精简、灵活高效、务实亲商的工作运行机制，努力形成政策洼地、服务高地；立足现有主导产业，积极扶持新兴产业，着力打造高端制造业、高新技术产业、生产性服务业集聚的特色园区。扎实推进临港经济区东平湖航道、大清河航道、老湖作业区、银山作业区建设，加大戴村坝作业区、瓦日铁路专用线、疏港公路、火车站广场等项目招商力度；充分依托公、铁、水联运优势，培植壮大仓储物流、加工制造、总部经济三大经济业态，完善提升电商产业园、仓储物流园、小微企业创业园等产业平台，着力打造北方重要的多式联运枢纽、物流集散中心和临港产业基地。

（四）突出改革创新，强力激发发展活力。坚持以改革创新破除制约瓶颈、培育发展动力、增创发展优势。着力深化重点领域改革。深入推进全国第二批农村改革试验区、全省县级现代预算管理制度改革等试点，持续深化“放管服”改革、综合行政执法体制改革、广电事业改革等。探索建立山石、河砂经营管理新模式，落实最严格的安全、环保要求，实现资源的有序开发和可持续利用。着力实施创新驱动战略。加快山大泰山科技园等平台建设，鼓励支持企业开展科技研发和成果转化，新增高新技术企业2家、省以上科技型中小微企业5家，高新技术产业产值占规模工业总产值比重达到25%以上，发明专利申请量增长15%以上。创新人才引进使用模式，设立人才发展专项资金，建立人才工作站，激发各类人才活力。扎实开展品牌创建，力争东顺集团列入“2018中国工业品牌榜”，新增中国驰名商标1件、山东名牌产品1个。着力破解发展难题。设立产业发展基金，继续发挥产业直投基金、企业转贷应急资金和融资性担保公司的作用，切实增强金融服务实体经济能力。更大范围整合资源，以市场化理念做实做强东原资产等投融资平台。加快企业规范化公司制改制步伐，引导企业通过运作上市、发行债券等方式直接融资，推进东顺集团香港并购上市。着力打造资本小镇孵化园，力争招引6家以上企业入驻。全力化解部分企业资金链、担保圈风险，严厉打击非法集资、恶意逃废银行债务行为，着力构建诚信金融生态体系，打造更加坚实的政银企命运共同体。探索研究有效措施，妥善解决涉及群众切身利益的房屋权属登记等历史遗留问题。用足用好增减挂钩、占补平衡等政策，努力保障发展用地需求。着力扩大对外开放。强化外资项目的策划招引，力争实际利用外资 2000 万美元以上。深度挖掘外贸进出口潜力，争取东平陆港产业园综合保税中心获得批复，全县完成进出口总值 1 亿美元以上。

五、倾力建设美丽东平

深入推进“宜居立县”战略，坚持融合发展、协调发展，高起点规划，高水平建设，高效能管理，以新型城镇化带动城乡一体化，着力打造生态宜居的美丽家园。

（一）突出宜居宜业，加快城乡一体发展。强化城乡互动、共同发展，促进城市与乡村各美其美、美美与共，努力实现城市让生活更美好，乡村让城市更向往。

一是着力打造精致城市。坚持共建共享，强力推进国家卫生城、健康示范城、文明城“三城同创”，让千年古县大放异彩。按照“全域规划、多规融合”要求，全面完成新版城市总体规划和小城镇总体规划编制审批，强化规划的刚性约束。以经营城市的理念，稳步推进片区开发和城中村、棚户区改造，加大商贸、教育、文体、休闲等功能性项目建设，强化开发监督管理，提高集中度、繁荣度和舒适度，推动整个城市聚人气、旺商气、增财气。建成引水进城大清河提水闸工程，贯通提升城市生态水系，建设高压走廊、十里荷廊等园林景观，实施夜景提升工程，着力打造碧水绕城、绿树成荫、流光溢彩的优美环境。新建续建滨河街西延伸、西外环等城市道路，推进稻香街、汶河街等改造提升，全力打通群众反映突出的平湖路、东原路南延伸等“断头路”“卡脖子路”。着力规划建设停车设施，切实解决停车难问题。探索冬季供热多元化保障体系，新增供热面积 40 万平方米。深入开展爱国卫生运动，巩固发展好创卫成果，建立完善城市管理长效机制。坚持无例外、零容忍，持续加大违法建设治理力度，让违法建设无处藏身，让公平正义的阳光洒满东原大地。

二是着力建设美丽乡村。大力实施乡村振兴战略，按照“产业兴旺、生态宜居、乡风文明、治理有效、生活富裕”的总要求，高标准编制五年发展规划。抓好小城镇基础设施完善，做强做优镇域经济，提高小城镇承载力和辐射带动能力。依托自然禀赋，有效整合农宅、农地、农业资源，努力打造农村产业融合聚集地和生态发展示范区。做好朝阳庄、浮粮店等传统村落和古民居的保护开发，留住乡村记忆。扎实推进美丽乡村建设，突出抓好城乡环卫一体化、饮水安全、生活污水处理、卫生厕所改造、移风易俗等工作，让广大农民群众在整洁、优美、舒适、文明的环境中生产生活，年内争创省级示范村 8 个、市级 16 个。

三是着力完善基础设施。加快实施原 105 国道中修、董梁高速、青兰高速连接线、东平湖西岸防汛撤退道路等工程，做好 105 国道绕城二期、220 国道改建、243 省道绕影视城改线施工准备，积极争取泰东高速列入全省交通规划，构建“八纵九横”交通网络，助推东平发展驶入“高速通道”。扎实推进农村公路“户户通”工程，新建改建农村公路 67 公里。加快推进龙崮 220 千伏、郑海 110 千伏输变电工程，做好司里山 220 千伏变电站可研编制，积极争取建设代金山 220 千伏变电站，持续完善“五核心十枢纽”供电网络。着力实施天然气“镇镇通”工程，实现农村社区全覆盖。

（二）更加注重绿色发展，狠抓生态文明建设。山清水秀的优美生态是东平最宝贵财富、最靓丽品牌，我们必须像对待生命一样对待生态，像保护眼睛一样保护环境，为子孙后代留下绿水青山。

一是突出污染防治。坚决打好蓝天保卫战，加大燃煤污染、工业气体、汽车尾气整治力度，强化山石开发、建筑施工扬尘、渣土车运输管控，加强秸秆禁烧和路域环境治理，构建大气污染防治长效机制，努力让人民群众看到更蓝的天，呼吸到更清新的空气。扎实开展水污染防治行动，严格落实“河长制”“湖长制”，强化河湖综合

整治和长效管理，加大水质监测力度，确保水环境安全。深入推进土壤污染防治，加强农业面源污染治理，开展土壤环境状况调查，提升风险防控水平。着力解决环保突出问题，始终保持铁腕治污的高压态势，严厉惩治环境违法行为。

二是强化生态保护。大力实施泰山山水林田湖生态修复试点工程，推进矿山环境恢复治理，强化湖滨带、大汶河下游湿地和东平湖水草多样性保护修复，打造环东平湖生态屏障。着力发展生态农业、生态渔业，扎实推进土地复垦、植树造林、荒山绿化，完成成片造林1.2万亩，新建完善农田林网2万亩。严格落实生态红线保护制度，坚决守住绿水青山，积累更多的生态财富。

三是坚持绿色发展。严格控制煤炭等能源消费总量，加大对水、土地、矿产等资源节约管控力度，大力推广节能环保的新技术、新工艺、新设备，全面推行清洁生产，发展循环经济。积极推广装配式建筑，优先发展公共交通，力争新能源公交线路覆盖率达到50%以上。扎实开展省级生态文明示范县创建工作，培育生态文化，倡导低碳生活，让绿色、环保、健康的生活方式成为每一个人的行动自觉。

六、持续增进民生福祉

民生是为政之本。我们将牢固树立以人民为中心的发展思想，尽力而为、量力而行，以更大的决心、更强的力度保障和改善民生，让人民群众更有获得感、幸福感、安全感。

一是提升社会保障水平。落实好创业就业政策，年内新增城镇就业6200人，城镇登记失业率控制在3.5%以内。推进社会保险扩面征缴，确保各项待遇按时足额发放。扎实做好农村危房改造工作。用好低保五保、大病救助、临时救助、慈善救助等政策，完善困境儿童、残疾人等困难群体关爱服务体系，让“朝阳”更美、“夕阳”更红、社会更温馨！

二是加快社会事业发展。办好人民满意的教育。继续坚持教育优先发展，完成解决大班额、“全面改薄”学校建设任务。鼓励支持社会力量办学，加快江河国际实验学校建设。稳步推进中小学校长职级制和教师“县管校聘”等改革，继续加大教师补充培养力度，全面落实立德树人根本任务，扎实开展学生研学旅行和家庭教育工作，持续提高教育教学质量，使更多孩子成就梦想，让更多家庭实现希望。推进健康东平建设。深化医疗卫生体制改革，加快县域医疗服务共同体建设，扎实推进“大病不出县”项目，健全公共卫生服务体系，让群众享受更加优质的健康服务。推行“医养结合”模式，大力发展健康养老养生产业。扎实开展计划生育三年攻坚行动，推进人口与经济社会协调发展。积极开展全民健身运动，打造竞技品牌赛事，加快体育事业和产业发展。着力推进“四德工程”建设，引领全社会涌现更多的道德模范、时代楷模。进一步加大文物保护力度，深入实施文化惠民工程，更好地满足群众文化需求。扎实做好国防动员、双拥共建、人民防空、民族宗教等工作。

三是构建和谐安定环境。牢固树立生命至上、安全第一的理念，深入开展“企业安全生产主体责任落实全面提升年”活动，狠抓隐患排查治理，坚决守住不发生较大安全事故的底线。扎实开展“放心消费在东平”活动，着力提升食品药品安全监管检验水平，努力创建省级食品安全示范县。深入推进平安东平建设，夯实基层基础，加快构建立体化治安防控体系，持续开展严打整治，牢牢把控社会治安稳定大局。着力做好应急救援、防汛抗旱、防灾救灾等工作，切实保障人民群众生命财产安全。

七、全面加强政府自身建设

事业关键在人，赶超根本靠干。面对新时代、新任务、新挑战，我们必须努力锻造一支有铁一般信念、铁一般担当、铁一般纪律，敢打硬仗、能打胜仗的政府铁军。

旗帜鲜明讲政治。全面增强“四个意识”，严格遵守政治纪律和政治规矩，坚决维护以习近平同志为核心的党中央权威，始终如一忠诚核心、拥戴核心、紧跟核心、捍卫核心。坚决服从县委

领导，坚持县委有号召、政府有行动，切实做到贯彻县委决策不走样、执行县委决定不含糊。牢固树立抓好党建是最大政绩的理念，狠抓政府系统党的建设，扎实开展好“不忘初心、牢记使命”主题教育。

厚德载物铸诚信。“大野既潴，东原底平。”东平人厚重执着、自强不息的秉性千年传承。我们必须进一步发扬崇实尚信优良传统，以一诺千金、有诺必践的政府公信力引领重诺守信的经济金融生态，带动全社会弘扬规则意识、契约精神，以诚信政府带出诚信社会，擦亮诚信东平品牌。深入推进社会征信体系建设，健全各领域信用评估惩戒机制，让诚信者一路畅通、失信者寸步难行。

务实高效勇担当。义无反顾地争做新时代的坚定者、奋进者、搏击者，大力倡导说了算、定了干、干就干好的实干精神，雷厉风行，久久为功，一环紧着一环拧，一锤接着一锤敲，全力推动各项工作干在实处、走在前列、位次前移。着力打造“审批事项最少、办事效率最高、服务质量最优”的政务环境，以更彻底的放权、更到位的监管、更贴心的服务，为企业松绑、为群众解绊、为市场腾位。

依法行政促善治。全面加强法治政府建设，着力增强运用法治思维和法治方式推动改革发展、化解矛盾问题的能力。自觉接受人大法律监督、政协民主监督，主动接受社会监督、舆论监督，切实加强审计监督。严格执行重大行政决策程序，使决策更加科学、更加民主、更合民意。加大政务公开力度，确保权力在阳光下运行，让依法办事、知法善治成为常态。

清正廉洁守底线。认真落实主体责任，坚持“一岗双责”、以上率下，推动全面从严治党向纵深发展。严格执行中央八项规定精神，驰而不息纠“四风”，确保“三公”经费只减不增。以反腐败永远在路上的坚韧和执着，强化不敢腐的震慑、扎牢不能腐的笼子、增强不想腐的自觉，切实做到干部清正、政府清廉、政治清明。

各位代表，不忘初心，鞭策我们永不懈怠；牢记使命，激励我们一往无前！唯有奋勇争先，方能不负重托；唯有苦干实干，才能梦想成真。让我们在县委的坚强领导下，以昂扬奋进的精神状态、只争朝夕的豪迈干劲、众志成城的强大合力，不畏艰辛，不惧挑战，不辱使命，在新时代宏阔画卷上绘就东平更加辉煌灿烂的明天！

大事记

1月

1月1—2日 县委书记赵德健带队赴海南省海口市考察海岛和牛养殖项目、长影集团海口基地项目。县政协主席刘祥涛、县人大常委会主任刘思宏等陪同考察。

1月4日 全县“三大工程”（黄河滩区群众搬迁安置、东平湖避险解困、易地扶贫搬迁）推进调度会议召开。县委书记赵德健、县委副书记宫庆会出席会议。要求压实工作责任，强化督导检查，建立跟踪问效、日常通报和考核问责机制，开创“三大工程”建设新局面。

1月5日 中共东平县委十三届十一次全体会议召开。县领导赵德健、刘玉、刘祥涛、刘思宏及县委常委出席会议。会议由县委副书记、代县长刘玉主持。县委书记赵德健作东平县十四届县委委员、候补委员、县纪委委员候选人预备人选安排方案的说明；县委常委、组织部部长王强作关于东平县出席党的十九大、省第十一次党代会代表候选人初步人选和市第十一次党代会代表预备人选推荐情况的说明。讨论审议两个工作报告、“两委”候选人预备人选安排方案，以及出席党的十九大、省第十一次党代会代表候选人初步人选推荐人选和市第十一次党代会代表候选人预备人选建议名单。投票表决东平县出席市第十一次党代会代表候选人预备人选；举手表决东平县出席党的十九大、省第十一次党代会代表候选人初步人选推荐人选、“两委”人事安排方案、县委、县纪委工作报告。

1月6日 山东省政府办公厅公布全省特色旅游小镇，东平县水浒影视城被誉为“东平县老湖水浒影视小镇”。

1月7日 东平县举行现代农业综合开发项目签约仪式。县领导赵德健、刘祥涛、刘思宏、宫庆会、张立国出席。张立国代表县委县政府与普世南山集团签订项目综合开发协议。此项目投资6.4亿元，在接山镇朝阳庄村建设现代农业综合开发项目，建设和牛养殖项目、现代农业休闲观光园、古村落民宿度假村和商住旅游综合体等项目。

1月8日 东平湖网箱网围设施集中整治动员会召开。传达《东平湖网箱网围设施集中整治工作实施方案》，沿东平湖、大清河乡镇（街道）及相关部门作表态发言。县政府与沿东平湖、大清河乡镇（街道）签订目标责任书。县领导刘玉主持会议并讲话。

1月9日 市委常委、纪委书记郝红到东平县调研。县领导赵德健、徐宗才陪同。在听取相关情况汇报后，郝红肯定东平县深入落实全面从严治党政治责任，县纪委全面履行监督责任，党风廉政建设和反腐败工作所取得的成绩，并就反腐倡廉工作提出要求。

同日 东平县举行学习习近平总书记纪念万里同志诞辰100周年座谈会讲话精神报告会。通过缅怀万里一生革命、建设、改革光辉历程，强调在新形势下学习万里“六种精神品格”的重要意义。县领导赵德健、刘祥涛、刘思宏及县委常委出席会议。

1 月 11 日 县委书记赵德健看望慰问全市公安机关“冬春季攻势”应急拉动演练参战干警。副县长、县公安局局长王洪亮陪同慰问。

1 月 16 日 县委常委班子召开民主生活会。市委常委、政法委书记郭德文全程参加指导，县委常委出席会议，县政协主席刘祥涛、县人大常委会主任刘思宏列席会议。县委书记赵德健主持会议并代表县委常委班子对照检查，随后做个人对照检查；刘玉、宫庆会和其他常委同志，逐一进行个人对照检查发言，开展批评与自我批评。在认真听取大家发言后，郭德文点评讲话。

1 月 16—18 日 中国共产党东平县第十四次代表大会在县影剧院召开。县委书记赵德健代表中共东平县第十三届委员会，向大会作题为《打赢脱贫攻坚战，筑实富民强县路，为全面建成小康东平而努力奋斗》的报告。大会选举产生中共东平县第十四届委员会和纪律检查委员会；通过中共东平县十三届委员会和县纪律检查委员会工作报告的决议，提出今后五年全县经济社会发展的战略目标。

1 月 17 日 县委书记赵德健会见泰安鲁普耐特集团董事长沈明一行。肯定该集团在东平投资建设海工科技国际绳网产业园，打造绳网生产基地，助推地方经济发展取得的成效。沈明表示要把企业发展与当地建设相结合，为东平脱贫攻坚和经济发展做出新贡献。

1 月 18 日 中共东平县委第十四届一次全体会议举行。新当选的县委委员出席会议，新当选的县委候补委员、县纪委委员列席会议。全会选举产生第十四届县委常务委员会委员、县委书记、副书记。县委常委共 10 名：赵德健、刘玉、宫庆会、陈传帅、王强、徐宗才、陈锋、张立国、徐彩虹、靳庆新。赵德健当选为县委书记，刘玉、宫庆会当选为县委副书记。县委常委通过选举产生的县纪委常委、书记、副书记名单。通过县委关于加强自身建设的决定。县委书记赵德健代表新一届县委领导集体讲话。

1 月 19—21 日 中国人民政治协商会议第九届东平县委员会第一次会议在县城召开。听取县委书记赵德健讲话。选举刘祥涛为县政协主席，选举赵永恕、吴绪季、王金艳、王成生、孟光为县政协副主席，李存社为县政协秘书长。王苹等 43 人当选政协第九届东平县委员会常务委员。大会通过县政协九届一次会议提案审查情况的报告和各项大会决议。县政协关于“做好践行者、做好维护者、做好参与者、做好推进者”的“四做”要求，成为政协委员和工作者的奋斗目标。

1 月 19 日 2016 年度“民间设奖奖百姓”颁奖晚会在县影剧院举行。赵德健、刘玉、刘祥涛、刘思宏等各大班子领导出席。204 名事迹突出、影响广泛的市民分别获勤劳创业奖、仁爱行善奖等 20 个奖项，着力塑造东平人诚实守信、奋发向上的良好形象。

1 月 20—23 日 县十八届人大一次会议在县影剧院召开。大会选举产生县十八届人大常委会委员 29 名，泰安市第十七届人民代表大会代表 64 名。大会以举手表决的方式通过《东平县人民政府工作报告的决议》《东平县 2016 年国民经济和社会发展计划执行情况与 2017 年计划的决议》《东平县 2016 年财政预算执行情况和 2017 年财政预算的决议》《东平县人大常委会工作报告的决议》《东平县人民法院工作报告的决议》《东平县人民检察院工作报告的决议》。

1 月 21 日 市委常委、组织部部长高尚山到东平县调研、看望省派整体脱贫第一书记工作队及驻村省派第一书记。县领导赵德健、金海明（挂职）、王强陪同活动。高尚山先后到接山镇夏谢五村、州城街道湖韵苑社区调研抓党建促脱贫攻坚和移民避险解困工作，了解工作进展情况和下步打算，肯定工作队及驻村第一书记工作。

1月23日 县领导赵德健、刘玉、刘祥涛、刘思宏、宫庆会及县委常委赴各乡镇参加党政班子民主生活会，检查全面从严治党主体责任落实情况。

2月

2月3日 全县经济工作会议召开。县委书记赵德健，县委副书记、县长刘玉，县政协主席刘祥涛，县人大常委会主任刘思宏，县委副书记宫庆会等各大班子领导以及县人民法院院长、县人民检察院检察长、县政府经济顾问出席会议。赵德健、刘玉分别讲话。刘玉为新聘任的县经济顾问颁发聘书，并代表县政府与部分乡镇（街道）及有关部门签订经济目标责任书。会议表彰2016年度经济社会发展先进单位和先进个人。

2月4日 全县党群政法工作会议召开。县领导赵德健、宫庆会、王强、陈锋、王有敏、张立国、徐彩虹、靳庆新出席会议。县委书记赵德健主持会议并讲话。会上，赵德健与部分乡镇（街道）党（工）委书记签订落实全面从严治党主体责任承诺书，与部分乡镇（街道）党（工）委书记、县直部门主要负责人签订基层党建工作目标责任书；县委副书记宫庆会，县委常委王强、陈锋、王有敏、张立国、徐彩虹、靳庆新分别安排党群政法有关工作。表彰2016年度党群政法工作先进单位和先进个人。

2月5日 全县“提标增能提质增效”大讨论动员暨脱贫攻坚“三大工程”誓师大会召开。县委书记赵德健、县委副书记、县长刘玉分别讲话。赵德健代表县委、县政府与部分乡镇（街道）党（工）委书记，县直部门主要负责人签订《2017年度脱贫攻坚责任书》。会议下发《中共东平县委关于在全县开展“提标增能提质增效”大讨论活动的实施意见》，表彰2016年度脱贫攻坚先进单位及个人。县委常委、县人大、县政府、县政协等各大班子领导出席会议。

2月6—7日 县委书记赵德健带领乡镇和相关部门负责人赴汉世伟食品集团有限公司总部参观考察。在天邦股份副总裁、汉世伟食品集团有限公司总裁朱爱民陪同下，现场参观考察合作点家庭农场、县养猪基地、公司总部，召开座谈会，就下步工作提出要求。

2月9日 《人民日报》第九版要闻版头条，刊登记者刘成友报道：“东平县无地移民迁新居”——记述东平县斑鸠店镇路村实施移民搬迁工作。

同日 省委组织部副部长厉彦林一行到东平县调研指导工作。先后到老湖镇凤凰家园社区、州城街道湖韵苑社区等现场进行实地察看，认真听取相关情况汇报，对下步工作提出要求。县领导赵德健、金海明（挂职）、王强陪同调研。

2月9—14日 中央电视台新闻频道“新春走基层”栏目，连续播发“东平湖移民搬迁记”一至六集。第一集“我家住在东平湖”；第二集“新家园新希望”；第三集“南堂子村为了一个沉甸甸的承诺”；第四集“南堂子村：一个钉子户的转变”；第五集“移民搬迁一户都不能少”；第六集“我们的新家”。分别记述展示东平县委、县政府实施东平湖移民精准扶贫，开展避险解困移民搬迁的具体场景及耐心细致的思想工作。

2月10日 县人大常委会主任、县教育综合提升工程领导小组组长刘思宏带队调研教育综合提升工程项目建设推进工作。刘思宏、副县长程鹏对下一步各项工作提出要求。

同日 东平湖国家湿地公园上榜“山东最美湿地”。

2月11—12日 中国电影股份有限公司副总经理付国昌一行到东平县考察文化旅游产业和经济社会发展情况。县领导刘玉、陈传帅陪同活动。

2月12日 按照省市“厚道鲁商”品牌三级联创工作要求，东平2017年度“厚道鲁商”品牌形象上榜企业遴选工作全面展开。瑞星集团等12家企业遴选，在《今日东平》上榜公示。

同日 县政府印发《关于彻底取缔东平湖投饵养殖的通告》，鼓励养殖户退出湖内养殖，县境内鱼饲料经销代理不得向

湖内养殖户销售鱼饲料，加大巡查执法力度，公安机关在湖内养殖区实施“天眼工程”，旨在保护与改善东平湖生态环境，防止水质污染，保障湖泊功能，促进湖区经济和社会可持续发展。

2月18日 东平县举行重点项目集中开工暨中国煤科集团·东顺集团清洁能源项目奠基仪式。县领导赵德健、刘玉、刘祥涛、刘思宏、宫庆会、陈传帅、张立国、靳庆新、李生广，中国煤科集团清洁能源股份有限公司董事长孙庆彬出席仪式。与会领导分别为中国煤科集团·东顺集团清洁能源项目，双开电力设备公司节能变压器和高压真空断路器项目奠基。

2月21日 举行省派第三轮第一书记到东平任职欢迎会。县委书记赵德健主持，市委组织部副部长、市远程教育中心主任郝燕讲话。指出省委选派到东平挂职县委副书记和17名第三轮第一书记，为东平打赢脱贫攻坚战注入新的活力。新任挂职县委副书记，第二轮、第三轮省派第一书记代表相继发言，表示要把东平作为第二故乡，在新岗位施展才华，建功立业。

2月27日 东平湖综合整治工作现场会召开。县领导刘玉、陈锋、王成明、王洪亮、王成生出席会议。查看沿湖乡镇网箱网围清理现场、听取各乡镇情况汇报。座谈会上，刘玉讲话，陈锋通报点评前段工作进展情况，安排部署工作。

3月

3月3日 庆祝“三八”国际劳动妇女节暨东平县“十大女杰”、最美书香家庭表彰会召开。会议宣读东平县第十五届“十大女杰”和最美书香家庭表彰决定，县领导赵家杰、张立国、陈兰芳、程鹏、赵永恕分别为获奖家庭和优秀女性颁奖。

3月5日 东平湖国家垂钓中心举行笑傲“战神”杯竞技钓鱼比赛，县政协主席刘祥涛主持开幕式，副县长程鹏致辞。来自全国各地的179余名竞技钓鱼爱护者参加比赛。

3月6—8日 东平县组团赴菏泽市曹县、单县，枣庄市山亭区，临沂市兰陵县、郯城县考察学习产业扶贫经验。副市长、县委书记赵德健，县委副书记赵家杰（挂职），县委常委、办公室主任靳庆新，副县长李广义参加考察学习。

3月6日 东平教育大班额项目获省农行批准发放固定资产贷款2.18亿元，贷款期限20年，建设期2年，执行基准利率。标志着东平教育大班额融资问题破解。

3月7日 弘扬善行义举，培树道德典型，“最美泰安人”评选活动揭晓。东平县东平街道中学卜庆振、县人民医院郑志强等6人登上全市“四德榜”。

3月8日 县人大常委会考察东平湖综合整治情况。先后到新湖镇刘庄、八里湾船闸、湖上网箱网围清理现场、老湖海事所等地实地查看，对东平湖综合整治取得的阶段性成果表示肯定，就下一步工作提出要求。县人大常委会主任刘思宏，副主任侯圣玉、李元申、陈兰芳、王成明参加，副县长王洪亮陪同活动。

3月11日 县委书记赵德健，县委副书记、县长刘玉、县政协主席刘祥涛、县人大常委会主任刘思宏等各大班子领导到老湖镇凤凰社区参加义务植树活动，栽植绿化苗木1000余株，用实际行动“推进生态立县、建设美丽东平”工作。

3月13—14日 副市长、县委书记赵德健带队赴中国科学院水生生物研究所（武汉），华中师范大学中国农村研究院，浙江海亮集团考察招商、对接项目。县委副书记赵家杰（挂职）、县人大常委会副主任王成明陪同考察。

3月14日 县供电公司履行社会责任，争取资金6000万元，驰援移民避险解困、黄河滩区迁建、易地扶贫搬迁“三大工程”，助推县域脱贫攻坚。

3月15日 县委副书记、县长刘玉到老湖镇调研移民社区回迁安置工作。先后到老湖镇凤凰社区、滨湖社区进行实地查看，对工程建设所取得的成绩给予肯定。县委副书记宫庆会，县委常委、宣传部部长张立国，副县长李广义陪同调研。座谈会上，刘玉对下步工作提出要求。

3月17日 水利部副部长田学斌率国家防总黄河流域防汛抗旱检查组在副省长王随莲陪同下到东平县检查防汛抗旱准备工作。市委副书记、市长李希信，市委农村工作领导小组副组长陈湘安，副市长、县委书记赵德健，副县长李广义陪同检查。

3月20日 全县招商引资和项目建设调度会议召开。与会人员先后到汉世伟食品公司中套基地项目、九鑫集团中华神皂项目等实地查看，了解在建项目及在谈项目，研讨项目存在的问题及解决方案。会上，县委副书记、县长刘玉对招商引资和项目建设提出要求。县领导陈传帅、徐宗才、徐彩虹、靳庆新、李生广出席会议。

3月21日 县委常委扩大会议召开。传达学习全市扶贫工作会议、农村工作会议、农村改厕现场推进会议精神、全市统战部长会议精神、全市信访维稳工作会议精神并汇报全国两会期间信访稳定工作情况。副市长、县委书记赵德健讲话，县委副书记宫庆会及县委常委出席会议。县人大常委会主任刘思宏、副县级以上领导干部列席会议。

同日 全县农村（社区）党支部书记培训班在县委党校举行开班仪式，县委书记赵德健以“当好强村富民的带头人”为题，为参加培训人员授课。县委常委、组织部部长王强出席仪式并讲话。

3月24—25日 美国Citiarc集团客商到东平县调研东平湖产业发展情况。副市长、县委书记赵德健，县委副书记、县长刘玉，县委常委、政法委书记陈锋一同与美国Citiarc集团总裁威廉·布拉泽，同济大学教授张德顺及南山集团有关景观建设与规划的专家进行座谈。

3月25日 航天长征化学工程股份有限公司技术总监、航天炉设计者卢正滔一行到瑞星集团洽谈深度合作事宜。县委副书记、县长刘玉，县委常委、办公室主任、滨河新区管委书记靳庆新，副县长李生广出席座谈会。

3月26日 东平县举行工业联合会（联盟）成立大会。国务院发展研究中心企业研究所所长张永伟，中国人民大学深圳研究院教授白刚，副市长、县委书记赵德健，县委副书记、县长刘玉，县政协主席刘祥涛，县人大常委会主任刘思宏在主席台就座。县委副书记宫庆会，县委常委，三强企业包保县领导出席大会。会议由刘玉主持。张永伟、赵德健共同为县工业联合会（联盟）揭牌。赵德健发表讲话。工业联合会（联盟）理事长汇报工业联合会（联盟）筹建情况；张永伟作题为“产业改革与企业创新”的专题报告。

3月27—28日 省水利厅党组书记、厅长刘中会到东平县调研水利工作及省水利厅派驻第一书记包村工作。市水利和渔业局党委书记王骞，县委副书记、县长刘玉，县委副书记金海明（挂职），副县长李广义陪同活动。刘中会分别对新任职省派第一书记和东平湖防汛工作提出要求。

3月 县史志办公室与县东平湖移民管理局共同编纂的《东平湖移民后扶10年回眸》出版，全书30万字，图片300余幅。全面系统总结2006年至2016年十年间，东平县委、县政府认真贯彻落实国务院相关政策，做好东平湖库区移民后期扶持工作的做法与经验，该书在全省大中型水库移民工作会议上发行。

本月 县史志办编纂的《东平风物志》出版发行，全书60万字，图文并茂。旨在服务于县委、县政府提出的“创建全国旅游强县、打造国际知名旅游目的地”，让更多国内外游客了解东平，认识东平，增强东平知名度和吸引力，为打造东平旅游支柱产业，建设幸福魅力新东平提供特色文化支撑。《东平风物志》获2017年度山东省优秀史志成果奖。

4月

4月1日 中国·东平油菜花节暨"东平湖杯"微电影大赛、旅游摄影大赛在东平街道史楼村广场开幕。

4月5日 县委书记赵德健主持召开县委常委会议。传达学习习近平总书记在中央政治局第三十九次集体学习时的讲话精神、3月31日中央政治局会议精神。县委副书记、县长刘玉传达学习全市科学发展暨招商引资和项目建设大会精神。县委副书记宫庆会，县委常委出席会议。县政协主席刘祥涛，县人大常委会主任刘思宏，副县级以上领导干部列席会议。

4月6日 东平县召开省派第二轮第一书记扶贫成果交流会。会议首先召开抓党建促脱贫工作座谈会。接着进行省派第二轮第一书记扶贫事迹报告会。市委常委、组织部部长高尚山，县领导赵德健、刘玉、刘祥涛、刘思宏、金海明、宫庆会及全体省派第三轮第一书记，市派挂职干部及第一书记，县派第一书记代表，部分村支部书记和群众代表等参加会议。

同日 瑞星集团二期粉煤气化项目开车点火仪式举行。

4月7日 全县扶贫开发暨"三大工程"建设大会战动员会议召开。县委书记赵德健在总结肯定第一季度工作后，要求各级各部门以更严的责任强势推进，以更浓的氛围凝聚合力，进一步明方向、鼓干劲、强责任，撸起袖子加油干，全面掀起扶贫开发和"三大工程"建设大会战热潮。县委副书记、县长刘玉主持会议，县委副书记宫庆会部署安排工作任务。县政协主席刘祥涛，县人大常委会主任刘思宏，县委副书记赵家杰及县各大班子领导出席会议。

4月9日 新东岳集团在山东省青岛市召开的"山东省橡胶行业综合实力50强企业颁奖大会"上，入选50强企业名单。

4月10日 全县"三大工程"建设拆迁回迁观摩现场会议在州城街道湖韵苑社区召开。县委副书记、县长刘玉，县委副书记宫庆会，县人大常委会副主任侯圣玉，副县长李广义，县政协副主席赵永恕出席会议。

4月11日 省委常委、省纪委书记陈辐宽就整治和查处群众身边不正之风和腐败问题到东平县调研，并召开座谈会。省纪委副书记孙成良，省纪委常委、监察厅副厅长孙丰华，省扶贫办副主任邵国君，市委书记王云鹏，市委常委、市纪委书记郝红，副市长、县委书记赵德健，县委常委、纪委书记徐宗才出席座谈会。

同日 县委书记赵德健调研易地扶贫搬迁项目建设进展情况，县委常委、组织部部长王强参加活动。实地查看接山镇朝阳庄社区、制帽厂、尹山庄社区，大羊镇西王社区现场，深入部分扶贫搬迁户家中，详细了解他们居住环境和家庭生产生活情况，叮嘱随行部门负责人多帮群众解决实际问题。

同日 2017年度东平湖渔业资源增殖放流启动，投资720万元，向东平湖放流各类优质鱼蟹苗种2920万尾（只），同比增加1740万尾（只）。至19日结束。

4月13日 东平县"美丽东平"建设暨国家卫生县城创建和违法建设治理行动动员会议召开。国家卫生城市复审专家辛正，县委书记赵德健，县委副书记、县长刘玉，县政协主席刘祥涛，县委副书记宫庆会，县委常委及副县级以上领导出席会议。辛正进行创卫培训。赵德健、刘玉分别讲话。宫庆会宣读《关于推进"美丽东平"建设的实施意见》《东平县迎接省级卫生县城复审暨创建国家卫生县城工作实施方案》《关于深入开展治理违法建设的通知》。公布东平县迎接省级卫生县城复审暨创建国家卫生县城工作领导小组成员名单。同时公布城区相关单位部门责任分工及标准要求。

同日 中共东平县委办公室、东平县人民政府办公室印发《关于实行创卫区域网格包保责任制的通知》。全县创卫区域划分为15个网格，由14名县级领导包保负责，主抓分管网格的创卫工作。每个网格由1个牵头单位和若干个协包

单位包保，在包保领导和牵头单位的指挥调度下，全面落实包保责任。

4月15日 县委书记赵德健到东平街道赤脸店社区参加“美丽东平”建设暨“创卫”行动，带头打扫卫生、清理垃圾，带动各级各界投身“美丽东平”建设暨国家卫生县城创建活动。县委常委、副县长宋鸿鹏参加。

4月17日 全县农村工作会议召开，县委副书记宫庆会讲话。要求把农业农村工作放在突出位置，大力实施农业现代化战略，深入开展美丽乡村建设，统筹城乡一体发展，农民收入持续较快增长，推动农业农村工作实现新发展。副县长李广义、县政协副主席王成生参加会议。

4月19日 县人大常委会考察全县脱贫攻坚“三大工程”建设情况。县人大常委会主任刘思宏，副主任侯圣玉、李元申、王成明、牛之春，县人大常委会党组成员、办公室主任吴绪月参加考察。副县长李广义陪同活动。

同日 县委副书记、县长刘玉主持召开白佛山开发建设推进会议。县委副书记宫庆会，县委常委、政法委书记陈锋，副县长、县公安局局长王洪亮参加会议。

4月20日 县委常委、政法委书记陈锋带队到部分乡镇调研东平湖违建治理工作。实地查看老湖镇、旧县乡、银山镇、商老庄乡等违建治理现场，听取工作汇报。县人大常委会副主任王成明参加活动。

同日 滨河新区后亭社区举行易地扶贫搬迁工程奠基仪式。

同日 农业部发布2017年第二批农产品地理标志登记产品公告，东平县水产技术推广站申请的“东平湖鲤鱼”位列其中，成为东平县第二个获农业部批准登记保护的地理标志水产品。

同日 国务院南水北调办环保司副司长范治晖会同中央党校马克思主义学院、中国财政科学研究院组成调研组，到东平开展南水北调水质保护长效机制调研工作，副县长李广义陪同调研。

4月21日 县委书记赵德健主持召开特色小镇建设座谈会。邀请山东建筑大学教授崔东旭介绍特色小镇建设有关情况。

4月22日 东平县举行金汇街环境卫生综合整治集中行动启动仪式。县领导赵德健、刘玉、刘祥涛、刘思宏等参加。明确县城创卫专项整治十项重点工作。

同日 县委副书记、县长刘玉现场督导调度移民避险解困工程建设工作。先后到斑鸠店镇侯河社区、路村社区，银山镇平湖社区实地察看，听取有关情况汇报，了解移民避险解困工程建设推进和回迁安置工作及存在的困难和问题，肯定各级合力攻坚移民避险解困工程建设展现的精神风貌和作出的努力。县委副书记宫庆会，县人大常委会副主任侯圣玉、王成明，副县长李广义、王洪亮参加活动。

4月25日 东平县举行“提标增能提质增效”大讨论活动转段暨“重效率、勇担当、作表率”主题活动动员大会。县领导赵德健、刘玉、刘思宏、赵家杰（挂职），县委常委及副县级以上领导出席会议。赵德健讲话。刘玉主持会议并对落实会议精神提出明确要求。赵家杰宣读大讨论活动先进单位表彰决定、传达县委“重效率、勇担当、作表率”主题活动实施意见。县委常委、宣传部部长张立国通报“提标增能提质增效”大讨论活动开展情况。

4月27日 东平县创卫办公室下发《关于印发东平县食品药品监督管理局〈迎接省级卫生县城复审暨创建国家卫生县城工作方案〉的通知》。以整治食品生产经营过程中存在的突出问题为重点，明确九项具体工作任务和四项工作要求。制定并发放《食品生产加工卫生标准》25条；《商场、食品商店（批发商）卫生标准》20条；《餐饮业（集体食堂）卫生标准》23条；《食品加工小作坊卫生标准》11条；《小餐饮店（快餐店）卫生标准》17条。为食品行业创卫达标做好基础性工作。

4月28日 东平县召开庆祝“五一”国际劳动节暨第四届劳动模范、建设新东平劳动奖章获得者表彰大会。县领导德健、刘玉、宫庆会、王强、李元申出席大会。赵德健讲话，刘玉主持会议。会议对东平县第四届劳动模范及“建设新东平劳动奖章”获得者进行表彰。

同日 东平县党建工作暨“双联四包”干部包户脱贫动员大会召开。县领导赵德健、刘玉、刘祥涛、宫庆会、赵家杰（挂职），县委常委及副县级以上领导出席大会。赵德健讲话，刘玉主持会议。赵德健分别向东平红星团、县河道局党员志愿者服务队、东平吧雷锋团党员志愿者服务队、润声印务党员志愿者服务队授予“党员志愿者服务队”队旗。宫庆会宣读《中共东平县委关于抓党建促脱贫两年攻坚行动的实施意见》《东平县干部包户脱贫工作方案》。

同日 全县财源建设百日攻坚活动动员会召开，县委副书记、县长刘玉讲话。动员全县大干一百天，决胜上半年，实现“时间过半任务完成超过半、任务完成进度超越时间进度”的工作目标，确保8月10日前完成全年财政收入任务的75%以上。县委常委、常务副县长陈传帅参加会议。

4月30日 县委副书记宫庆会督导检查2017年度扶贫项目建设进展情况。实地查看各乡镇村居产业扶贫基地，听取脱贫攻坚工作汇报和脱贫攻坚工作的意见建议。

5月

5月1日 县委书记赵德健调研社区建设工作。先后到斑鸠店镇侯河社区，银山镇平湖社区、南堂子社区，戴庙镇东、西金山社区实地查看，听取社区建设进展情况汇报。

5月2日 全县2017年度县直机关党务干部培训班开班。县委常委、组织部部长王强出席开班典礼并讲话。要求在巩固往年工作成果的基础上，重点解决机关党建虚化弱化问题，使机关党建走在全县前列、当好表率。

同日 县创卫办公室下发《关于印发东平县城市管理综合执法局〈关于加强城市秩序规范管理工作的通告〉的通知》。

同日 县委书记赵德健调研城市建设和景区建设工作。县委常委、副县长宋鸿鹏，县委常委、统战部部长徐彩虹参加活动。先后到胜利路规划选址点、105国道沿线、清月湖、宿城故城、白佛山文化产业园实地查看，详细了解城市建设和景区建设情况。

5月5日 市委常委、纪委书记郝红到东平督导聚焦扶贫领域整治和查处群众身边不正之风和腐败问题工作。副市长、县委书记赵德健，县委常委、纪委书记徐宗才参加督导活动。

同日 省交通运输厅厅长王玉君一行到东平县调研京杭运河至小清河航道通航情况。先后到陈山口济平干渠起点东平湖闸首引水闸、八里湾船闸实地查看，听取情况汇报，肯定东平县在船闸建设及航道通航等方面所做的前期工作，对下步工作提出希望。副市长张红旗，副市长、县委书记赵德健，副县长李生广陪同调研。

5月6日 县委书记赵德健到老湖镇凤凰家园、州城街道湖韵苑社区调研拆迁回迁及产业发展情况。县委常委、宣传部部长张立国参加活动。

5月8日 县委副书记宫庆会到老湖镇、银山镇、斑鸠店镇调研“三大工程”部分社区项目建设和拆迁搬迁工作进展情况，详细询问社区建设进展情况及存在的困难问题，并就加快工作推进提出明确要求。

同日 海南普世南山集团董事长井欣一行到东平县考察旅游项目资源。县人大常委会主任刘思宏陪同活动。

5月10日 市煤炭工业管理局调研员李恒来到东平督导检查散煤清洁化治理工作。县委常委、常务副县长陈传帅参加座谈。

5月11日 县委副书记、县长刘玉主持召开黄河滩区居民迁建工作会议并讲话。县委副书记宫庆会就下步做好黄河滩区迁建工作讲意见。县委常委、常务副县长陈传帅传达省委书记刘家义在调研黄河滩区脱贫迁建工作时的讲话精神。

县领导刘思宏、宋鸿鹏（挂职）、尹双明（挂职）、赵永恕、王成生出席会议。

5月12日 县十八届人大常委会第二次会议举行。传达学习中共中央办公厅印发《关于推进“两学一做”学习教育常态化制度化的意见》和中共东平县人大常委会党组《关于开展“重效率、勇担当、作表率”主题活动的实施方案》；听取审议《东平县人民代表大会常务委员会议事规则》《东平县人民代表大会专门委员会工作规则》和县政府关于脱贫攻坚“三大工程”建设情况及东平湖综合整治情况的报告；通过人事任免事项。

5月13日 县委副书记、县长刘玉主持召开东平县创建国家卫生县城工作调度会议。县委副书记宫庆会对“重点环节的整治，重点行业的整治，重点部位的整治，单位院落、老旧小区、家属院的综合改造整治”等四个方面的工作进行安排。副县长程鹏宣布现场检查得分情况，宿城社区、御泉社区、赵桥社区分别获得考核的第一名、第二名和第三名。得分前三名网格牵头单位负责人做经验交流发言。

同日 县委常委、常务副县长陈传帅主持召开招商引资和项目建设指挥部成员工作会议。县委常委、办公室主任，彭集街道滨河新区党工委书记靳庆新，副县长李生广参加会议。

同日 根据省政府通知，县政府印发《关于开展符合政府安排工作条件退役士兵信息登记工作的通告》。

5月15日 后屯社区创卫指挥部举行农贸市场整治行动誓师大会暨网格责任单位党日活动。县委常委、组织部部长王强参加活动。

5月16日 县公安局举行民警退休暨老新民警传帮带传承仪式。副县长、县公安局局长王洪亮出席仪式并为退休民警颁发了荣休纪念章。

同日 县政协主席刘祥涛到“三强”（区域拉动力强、行业竞争力强、财税贡献能力强）企业培植包保联系点新东岳集团调研指导。深入生产车间实地查看，详细了解企业生产经营情况，并听取企业项目建设、经营管理等情况汇报。

5月17日 由全国人大、国家发改委、财政部、水利部、国土资源部、国务院扶贫办组成的调研组，在省发改委副主任赵东陪同下，到东平专题调研黄河下游滩区居民迁建规划方案编制工作。县委常委、常务副县长陈传帅陪同活动。

同日 南山集团董事长井欣，中国华阳投资控股公司执行董事、副总裁熊镇，中颐康园健康科技股份公司董事长关国亮到东平县考察古村落保护和白佛山建设、旅游工作。县人大常委会主任刘思宏，县委常委、常务副县长陈传帅陪同考察。

5月18日 省水利厅副厅长张健德到东平检查东平湖防汛准备工作，县委副书记、县长刘玉，副县长李广义陪同活动。先后到东平湖大湖围坝除险加固工程现场、八里湾泄洪闸、金山坝泵站、庞口闸等水利设施现场实地查看，听取防汛工作汇报，对东平防汛工作给予肯定。

5月20日 中国国际贸易促进会会长万仲翔一行到东平调研。县委书记赵德健、县政协主席刘祥涛陪同活动。先后到县工委纪念馆、万里故居、白佛山景区、万里图书馆、东平一中、州城湖韵苑社区实地查看。

5月22日 县政府廉政工作会议召开。县领导刘玉、徐宗才、宋鸿鹏（挂职）、李广义、王洪亮、李生广出席会议。刘玉讲话，宋鸿鹏主持会议并就会议精神的贯彻落实提出意见。

同日 全市第一书记培训班学员到东平参观考察。县委副书记赵家杰陪同活动。

同日 全县工矿企业防汛工作会议召开。县委常委、组织部部长、县工矿企业防汛指挥部指挥王强出席会议并讲话；副指挥、县人大常委会副主任侯圣玉，副指挥、县政协副主席王成生及指挥部成员参加会议。

同日 全县水库塘坝防汛工作会议召开。县委常委、政法委书记、水库塘坝防汛指挥部指挥陈锋，常务副指挥、副县长、县公安局局长王洪亮，副指挥、县检察院检察长张亮，副指挥、县政协副主席王金艳及指挥部成员参加会议。

5月23日 县委副书记、县长、县防汛抗旱指挥部指挥刘玉带队考察督导全县防汛工作。副县长、县防汛抗旱指挥部副指挥李广义参加活动。

同日 县委常委、宣传部部长张立国带队到老湖镇、梯门镇、大羊镇调研“美丽乡村”建设情况。现场查看城镇驻地拆违治乱、道路硬化、绿化美化等工作，并分别召开座谈会，听取美丽乡村建设工作情况汇报，安排部署下一步工作。

同日 县人大常委会副主任李元申带领执法检查组检查《食品安全法》实施情况。副县长、县公安局局长王洪亮陪同活动。

5月24日 县委副书记、县长刘玉到东顺集团调研企业生产运营及项目建设情况。副县长李生广参加活动。

5月25日 县人大常委会考察国家卫生县城创建工作。县人大常委会主任刘思宏，副主任侯圣玉、李元申、王成明，县人大常委会党组成员、办公室主任吴绪月参加考察。县委常委、统战部部长徐彩虹，副县长程鹏陪同活动。

同日 新泰市考察团到东平县考察乡镇党委书记抓党建和建设过硬党支部工作情况。县委常委、组织部部长王强陪同活动。

同日 市委农村工作领导小组副组长陈湘安到东平县调研农业农村及防汛准备工作。县委副书记、县长刘玉，副县长李广义陪同活动。

5月26日 县十八届人大代表履职培训班开班。县人大常委会主任刘思宏，县委常委、组织部部长王强，县委常委、人武部政委王有敏，县委常委、统战部部长徐彩虹，县委常委、办公室主任靳庆新；县人大常委会副主任侯圣玉、李元申、王成明，县法院院长张海鹏，县人大常委会党组成员、办公室主任吴绪月，出席开班仪式。

同日 市委农村工作领导小组副组长陈湘安到调研农业农村及防汛准备工作。调研结束后，县委副书记、县长刘玉立即主持召开专题会议，传达市领导调研时的指示精神，研究部署落实工作。副县长李广义参加会议。

5月27日 东平县召开创建国家卫生县城工作调度会议。国家卫生城市复审专家辛正，县领导刘玉、刘思宏、宫庆会等出席会议。县领导现场检查赵桥、平湖、贯中等15个社区，听取各创卫网格简要工作情况汇报并进行现场打分。县委副书记、县长刘玉主持并讲话。辛正进行考核点评。副县长程鹏宣布现场检查得分情况。考核前三名的御泉社区、龙山社区、宿城社区网格牵头单位负责人进行经验交流发言。协包部门、县房管局、县总工会主要负责人，城中村党支部书记代表典型发言。

5月28日 东平县召开2016年度人口目标责任奖惩大会。县委副书记、县长刘玉作讲话，代表县委、县政府与部分乡镇（街道）、县直部门签订2017年度人口目标责任书及履行人口和计划生育职责责任书。副县长程鹏通报2016年以到东平县计划生育工作开展情况，传达奖惩通报，表彰先进单位。接山镇、旧县乡典型发言，银山镇、新湖镇、商老庄乡作表态发言。会议采取电视直播形式，各乡镇（街道）设分会场。县领导刘玉、宫庆会、靳庆新、程鹏、赵永恕出席大会。

5月31日 第一期“平湖财智论坛”暨全县企业融资辅导报告会举办。县政协主席刘祥涛、县人大常委会主任刘思宏、县委副书记宫庆会及包保三强企业县级领导参加报告会。中科创金融控股集团副总裁贺光锐围绕企业资本化运作做专题辅导。

5月31日至6月1日 国家黄委副主任赵勇率黄河防总检查组对东平县黄河防汛准备工作进行检查。先后到庞口闸、陈山口闸、石洼闸、银山镇战屯村移民迁安点进行实地察看，了解东平县防洪工程建设、物资储备、设备管理维护及迁安

移民生产生活情况。在听取黄河河务局负责人关于黄河防汛准备工作情况汇报后，赵勇对东平县黄河防汛及移民迁安工作给予肯定。省防总成员兼黄河防办主任、山东河务局副局长王银山，市委农村工作领导小组副组长陈湘安，东平湖管理局局长张宝岭，县委副书记、县长刘玉，县政协主席刘祥涛，副县长李广义陪同检查。

5月 在北京召开的全国妇联2017年全国“最美家庭”揭晓会上，商老庄乡八里湾村王炳兰家庭榜上有名。

本月 全市农业产业化市级重点龙头企业评选揭晓，山东源欣农业开发有限公司等10家东平企业被认定获批。

本月 州城街道供电所被中国电力传媒集团授予“中国最美供电所”荣誉称号。

6月

6月1日 全市招商引资和项目建设检查考核暨突破园区转型发展、实现新旧动能转换大会与会人员到东平县检查指导。市委书记王云鹏，市委副书记、市长李希信，市委副书记张涛，市人大常委会主任唐福泉，市政协主席周桂萍，市委常委、市人大、市政府、市政协领导及各县市区委书记、县市区长和市直有关部门主要负责人参加考核会。与会人员先后到东顺集团多功能纸生产线项目、中煤东顺清洁能源项目、新天地公司120万吨大豆加工生产项目、瑞星集团粉煤气化二期工程项目、清阳建材、汉世伟现代循环农业产业园中套基地项目等地现场观摩检查，对东平县经济社会发展取得的成绩给予肯定。县领导刘玉、宫庆会、陈传帅、王洪亮陪同活动。

同日 县政协主席、移民迁安指挥部指挥刘祥涛主持召开移民迁安工作会议。副县长、移民迁安指挥部常务副指挥程鹏及指挥部全体成员参加会议。

同日 县委常委、宣传部部长张立国带队督导220国道路域环境综合整治工作，实地查看各责任路段整治工作情况，对戴庙段绿化美化、道口硬化等工作给予肯定。

6月2日 全县城镇防汛工作会议召开。县委常委、常务副县长、县城镇防汛指挥部指挥陈传帅出席会议并讲话，常务副指挥、县委常委、副县长宋鸿鹏主持会议，副指挥、县政协副主席孟光及指挥部全体成员出席会议。县城镇防汛指挥部全体成员出席会议。

同日 县委常委、组织部部长王强督导检查后屯社区创卫工作进展情况。到社区网格部分单位院落、城中村及背街小巷等地查看，详细了解创卫工作开展情况及存在的困难和问题，并就社区基础设施完善、综合环境提升、卫生保洁长效机制建立等问题与指挥部成员单位探讨交流，对下步工作提出指导意见。

同日 人民网发表记者陈淑锋撰写的东平创卫文章《此心安处是吾乡——东平县创建国家卫生县城纪实》。

6月3日 县委书记赵德健到接山镇调研扶贫及项目建设工作。县委副书记宫庆会参加活动。在尹山庄易地扶贫搬迁项目、汉世伟现代农业产业园中套基地、接山镇制帽产业基地，赵德健详细了解扶贫攻坚及项目建设推进情况，就破解困难问题、加快各项工作推进提出具体要求。

6月3—4日 中国垂钓精英赛暨2017年“全能王”全国钓鱼锦标赛东平选拔赛在东平湖国家垂钓基地举行。国家体育总局社体中心三部主任、中国钓鱼运动协会副秘书长苏宝生，县政协主席刘祥涛，县人大常委会副主任李元申，副县长李生广，县政协副主席吴绪季出席开幕式。

6月4日 县委书记赵德健调研部分重点项目建设工作。赵德健首先来到老湖镇水浒社区、浒源社区，详细询问社区建设、旧房拆迁及群众工作落实情况和下步打算。县委常委、宣传部部长张立国，县委常委、统战部部长徐彩虹，县委常委、办公室主任靳庆新分别参加活动。

6月5日 市工商联到东平县调研非公经济组织党建工作。

县委常委、统战部部长徐彩虹，县政协副主席、工商联主席王金艳陪同活动。

同日 欢送市派第二轮第一书记仪式举行，县委副书记赵家杰，县委常委、组织部部长王强，县委常委、副县长宋鸿鹏，副县长李广义参加活动。

6月6日 县委副书记、县长刘玉调研饰品加工等项目建设运营情况。在姝丽饰品、九鑫集团、莲歌饰品、辉煌专用车、星光实业等企业，刘玉详细了解各企业生产运营和项目建设进展情况，并就破解存在的困难和问题、加快项目建设推进等工作提出要求。

6月7日 县委副书记、县长刘玉督导移民避险解困社区建设工作。先后到戴庙镇金山东社区、银山镇南堂子社区、斑鸠店镇路村社区、老湖镇水浒社区、凤凰家园社区实地查看，听取有关情况介绍，详细了解社区建设进度、群众回迁入住及配套产业发展等工作情况。县委副书记宫庆会、县人大常委会副主任侯圣玉、县政协副主席赵永恕陪同活动。

同日 市公安局党委副书记、政委高黎明到东平县检查指导公安工作。县委常委、政法委书记陈锋，副县长、县公安局局长王洪亮陪同活动。

同日 县委副书记宫庆会带队督导检查易地扶贫搬迁工作推进情况。县人大常委会副主任侯圣玉、副县长李广义、县政协副主席赵永恕参加活动。

6月9日 润声印务有限公司举行双面双色胶印机开机仪式。市文广新局副局长梁晓东出席仪式，县委常委、宣传部部长张立国致辞，副县长程鹏主持仪式。全国近百家印刷企业厂长经理参加开机仪式。

同日 市经合局局长王志翔陪同康达国际环保集团投资总监宋华疆、国家电力投资集团山东分公司总经理助理王磊，到东平县调研污水处理及润和新能源生物质发电项目。县委副书记、县长刘玉，县委副书记宫庆会参加座谈。

6月10日 创建国家卫生县城第四次检查考核。县领导到15个社区实地察看，听取有关情况汇报，并进行现场评分。此后召开东平县创建国家卫生县城工作调度会议。市卫计委副主任沈桂春点评。县委副书记、县长刘玉主持并讲话。县委副书记宫庆会安排部署下步工作。副县长程鹏宣布现场检查得分情况。得分前三名的虹桥社区、鑫星社区、后屯社区网格牵头单位负责人作表态发言。协包部门供电公司主要负责人、职能部门县公安局主要负责人、城中村赤脸店村党支部书记作典型发言。

6月11日 东平县举行生态循环农业产业园项目签约仪式。县委副书记、县长刘玉对北京京鲁时代生物科技发展有限公司到东平投资兴业，为东平农业提供与国家政策对接的窗口表示欢迎，县委常委、常务副县长陈传帅出席签约仪式。该项目春节后开始洽谈，3个月签约，2个月内开工，半年投运，是东平招商引资项目的典型范例。

6月12日 县委副书记、县长刘玉调研城市水系建设管理工作。先后到城市水系各节点实地查看，详细了解城市水系规划建设、运行管理等工作情况；并主持召开座谈会，就加强水系治理、完善水系设施、提升城市功能有关工作提出要求。县委常委、副县长宋鸿鹏，县委常委、统战部部长徐彩虹参加活动。

同日 县委常委、常务副县长陈传帅到接山镇、大羊镇督导调研财税收入“百日攻坚”行动推进情况，听取两乡镇财税收入情况汇报，详细了解在“百日攻坚”行动中采取的办法措施，以及工作中遇到的困难问题，就加强财源建设、做好财税工作与有关部门和乡镇负责同志进行研究探讨。

6月13日 县政协主席刘祥涛带领一班人考察全县防汛准备工作。先后到龙王沟看守所段、石龙口水库、白吉河园区段治理工程、东平湖大湖围坝（王台桥南段）除险加固工程现场等地进行察看。在听取东平县今年防汛工作准备情况后，考察组就如何进一步做好今年防汛工作，结合实际提出建议和意见。副主席赵永恕、吴绪季、王金艳、王成生、孟光，县政协秘书长、办公室主任李存社参加考察。副县长程鹏陪同活动。

同日 全县开展节能宣传周和节能低碳日宣传活动。副县长尹双明、县政协副主席赵永恕巡视活动开展情况。

同日 收听收看省第十一次党代会开幕式实况。县委副书记、县长刘玉，县政协主席刘祥涛，县人大常委会主任刘思宏，县委副书记宫庆会、赵家杰等县各大班子副县级以上领导干部参加收看。

同日 太平洋建设集团董事局副主席姚广传率团到东平考察对接临港经济区、旅游开发及社区建设工作。县委副书记、县长刘玉热忱会见客商；县委常委、常务副县长陈传帅，县委常委、副县长宋鸿鹏，县委常委、办公室主任靳庆新陪同活动。

同日 县委副书记宫庆会主持召开创卫工作县城管理会议。县委常委、副县长宋鸿鹏，县委常委、统战部部长徐彩虹参加会议。

6 月 14 日 城区大型餐饮企业—泰和园生态酒店、百花园酒店业主，服从创建国际卫生县城需要，舍弃大额投资成本，率先出动人力物力，带头拆除违法建设项目，助力创卫加快进度，受到社会各界好评。

6 月 14—17 日 东平县召开招商引资和项目建设调度会。县委副书记、县长刘玉带领与会人员到岱岳区、高新区、泰山区、泰安旅游经济开发区高铁片区、新泰市、宁阳县、肥城市及东平县 20 个重点项目参观考察，了解各地在项目建设运营、城市建设管理、创卫和乡村文明建设等方面工作中的经验做法及经济社会建设中所取得的成就。在新泰市主持召开座谈会交流考察感受和下一步工作打算。参观考察后集中开会，总结经验，分析形势，安排部署下一步工作任务。县委副书记宫庆会通报东平县经济运行和项目评议情况。县委常委、常务副县长陈传帅就做好招商引资和项目建设工作、全面打赢财政增收百日攻坚战讲意见。县领导刘祥涛、刘思宏、赵家杰（挂职），县委常委及副县级以上领导出席会议。

6 月 15 日 《人民日报》头版头条报道《山东推进黄河滩区脱贫迁建，“给 60 万群众稳稳的家”》。文中记述东平县银山镇耿山口村建设新社区、实施滩区居住群众搬迁的相关事宜。

6 月 19 日 环保部联合国务院南水北调办公室到东平专题调研南水北调东线工程沿线水污染防治及水质保障工作。副县长、县公安局局长王洪亮陪同活动。

同日 彭集街道人大工委工作经验走向全国。《搭建平台，建立机制，推动街道人大工作创新发展》经验，在全国人大常委会召开的推进县乡人大工作和建设经验交流会上发言，受到与会人员赞扬。

6 月 19—20 日 省卫计委相关负责同志带领省疾控中心专家到东平县调研食源性疾病监测县乡村一体化试点工作。副县长程鹏陪同活动。

6 月 20 日 组织收看全省加强环保工作紧急电视会议。县委副书记、县长刘玉，副县长、县公安局局长王洪亮参加收看。会议传达省委、省政府主要领导关于加强环境保护工作的指示批示精神，通报京津冀及周边地区大气污染防治强化督查和省会城市群及周边城市大气污染防治工作情况，并就加强当前环保工作作出安排部署。

同日 中铁联运物流股份有限公司客商就《戴村坝作业区项目投资框架协议》到东平县洽谈对接。县委常委、办公室主任、滨河新区彭集街道党工委书记靳庆新参加座谈。

6 月 22 日 工业联盟第二期“平湖财智论坛”报告会举行。县委副书记、县长刘玉主持报告会。县政协主席刘祥涛，县人大常委会主任刘思宏，县委副书记宫庆会等县大班子领导参加报告会。会议邀请著名管理学者、中国人民大学商学院教授、博士生导师包政教授作辅导报告。包政教授从华为的成功案例入手，围绕企业及其管理之道，分别从指导思想、薪酬制度改革、制定考核评价制度、深度营销策略等多层次、多方面进行辅导授课。

6月23日 市委副书记、市长李希信到东平县调研东平湖防汛工作。市委农村工作领导小组副组长陈湘安，县委副书记、县长刘玉，县委常委、人武部政委王有敏，副县长李广义陪同调研。

同日 市委副书记、市长李希信到东平县调研东平湖防汛和220国道路域环境综合整治工作。市委农村工作领导小组副组长陈湘安，县委副书记、县长刘玉，县委常委、人武部政委王有敏，副县长李广义陪同活动。先后到东平湖金山坝、220国道整治现场、大清河南堤加固工程、防汛物质储备仓库实地查看，详细了解防汛责任落实、重点工程维护、防汛物资储备、应急预案完善等防汛工作落实情况。

同日 燃气行业“临沂金誉石化爆炸着火事故”教训分析研判会议召开。副县长李生广带领与会人员到城区部分燃气经营、储存企业实地查看，重点了解全县危化品专家排查隐患整改落实情况。会议传达国务院安委会办公室关于临沂金誉石化事故的情况通报，相关企业负责人就汲取事故教训、加强安全防范工作表态发言。

6月24日 全县创建国家卫生县城领导小组召开第五次考核调度会议。会议肯定县审计局、疾控中心以创卫促工作，以工作保创卫，分头包保和赵桥村建立长效机制，推进创卫工作的做法。县创建国家卫生县城领导小组印发《国家卫生城镇暗访调研工作手册》。县委副书记宫庆会讲话，要求坚持问题导向，把创卫工作做深做细。

同日 后屯社区创卫指挥部召开“七月亮彩行动”谋划筹备会议。县委常委、组织部部长王强指出，创卫工作启动以来，后屯社区创卫指挥部深入开展“五月亮剑行动”和“六月亮装行动”，指挥部成员单位和网格干部群众大力发扬敢打硬仗、连续作战的作风，强力推动各项任务高标准落实，创卫工作取得阶段性明显成效，进一步坚定打赢创卫攻坚战的信心决心。

6月26日 安山·运河小镇项目投资与合作座谈会暨签约仪式举行。中国城镇化促进会常务理事、中国能源集团联盟董事局主席、中国农业技术生物质能源委员会副主任范爱国，县委副书记、县长刘玉，县委常委、常务副县长陈传帅，县委常委、组织部部长王强出席仪式。

6月27日 县人大常委会主任刘思宏带队深入部分企业、创卫指挥部和社区建设工地，看望慰问高温条件下坚持工作和生产建设的一线劳动者，为他们送去茶叶、矿泉水、西瓜等清凉消暑用品。

6月28日 省直机关工委、省海洋与渔业厅、市政府在东平县联合举办“放鱼养水，保护生态环境”党员志愿者主题活动。省直机关工委书记张圣中，省海洋与渔业厅厅长王守信，市委副书记张涛及省市有关部门负责人参加活动。县人大常委会主任刘思宏、县委副书记赵家杰陪同。

同日 市治理违建指挥部第一考核组对东平县治理违法建设情况进行半年考核。县委常委、副县长宋鸿鹏陪同活动。

6月29日 全县行业扶贫调度会议召开。县委副书记宫庆会要求各部门单位要围绕省级贫困村、市级贫困村、县级重点插花村的全面脱贫，做到“扶贫对象、资金投入、实施项目”三个精准，落实“工程质量、完成时限、优质服务”三个到位，确保扶贫工作重点村年内全面达到“五通十有”标准，村集体经济年收入达到3万元以上，贫困人口“两不愁三保障”目标全面实现。

同日 山东发展投资集团公司党委书记、董事长孟雷，山东省丝路投资公司总经理王洲明，红星美凯龙发展中心经理赵凯一行到东平县考察易地扶贫搬迁和旅游文化工作。县委副书记、县长刘玉，县委常委、副县长宋鸿鹏（挂职）陪同考察。

6月 东顺集团研发生产的“顺清柔”产品，荣登2017年度“中国500最具价值品牌”榜单。

本月 东平电商产业园获全国首批“星创天地”称号后，又被农业部认定为“全国首批农村创业创新基地”。

本月 东平县被水利部确定为第二批国家高效节水灌溉示范县。

7月

7月1日 东平县举行纪念中国共产党成立96周年暨讲好党建故事、奉献东平发展大会。赵德健讲话，刘玉主持会议。宫庆会宣读《中共东平县委关于命名先进基层党委、先进基层党支部、优秀共产党员、2016年度村级工作擂台赛“总擂主”“十佳擂主”“优秀擂主”的决定》。宣讲团分别就5名同志先进典型事迹作宣讲报告。县领导刘祥涛、刘思宏、赵家杰（挂职），县委常委及副县级领导出席会议。

同日 县委副书记、县长刘玉到梯门镇东瓦庄村、大屯村走访慰问中华人民共和国成立前老党员、生活困难党员和贫困群众。县人大常委会副主任王成明参加活动。

同日 《今日东平》报社与东顺集团联合举办“东顺·清顺柔杯”《美丽东平——变化在我身边》征文大赛即日起开始征稿。旨在讴歌东平通过实施“三大工程”和创建国家卫生县城活动的新发展、新面貌、新变化。

7月3日 县人大常委会主任刘思宏到戴庙镇南杨庄村、陆庄村走访慰问中华人民共和国成立前老党员和生活困难党员，并调研指导计划生育工作。副县长程鹏，县人大常委会党组成员、办公室主任吴绪月参加活动。

7月4日 泰安金融控股集团东平分公司、泰安市融资担保有限公司东平分公司揭牌仪式举行。县委副书记、县长刘玉和泰安金控集团董事长王鲁生共同为两分公司成立揭牌；泰安金控集团总经理文学松、副县长李生广分别在揭牌仪式上致辞。

同日 市委农村工作领导小组副组长陈湘安带领市直有关部门负责同志到东平县考察防汛工作。副县长李广义陪同活动。

同日 组织收听收看全市化工产业安全生产转型升级专项行动动员部署视频会议。县委副书记、县长刘玉，县委常委、办公室主任靳庆新参加收听收看。

同日 东平湖综合整治七月集中行动部署会议召开。县委常委、政法委书记陈锋，县人大常委会副主任王成明参加会议。

7月5日 东平县举行招商引资和项目建设指挥部工作会议暨东平水浒岛安山古镇、美丽中国20万吨/年橡塑油生产项目签约仪式。县委副书记、县长刘玉致贺词。县委常委、常务副县长陈传帅，副县长李生广出席签约仪式。

同日 省地震局副局长李远志到东平考察地震科普馆和农村民居地震安全示范工程建设情况。县委常委、副县长宋鸿鹏陪同活动。

同日 “实干为民筑富路，脱贫奔康颂党恩”大型消夏文艺活动在老湖镇凤凰家园社区举行首场文艺演出。县委常委、宣传部部长张立国，县人大常委会副主任牛之春，副县长程鹏、县政协副主席赵永恕与社区群众一起观看演出。

7月5—6日 省林业厅副巡视员李成金带队到东平县督导自然保护区保护管理工作。市政府办公室副主任葛宝文，县委副书记宫庆会，副县长、县公安局局长王洪亮陪同活动。

7月6日 县委常委、副县长、城市违法建设治理和环境提升指挥部指挥宋鸿鹏到县经济开发区调研督导违建治理工作。先后到闫村、徐村、韩庄实地查看，了解违建治理工作推进情况，并就相关问题现场提出整改意见。

同日 全县招商引资和项目建设调度会议召开。县委常委、常务副县长陈传帅主持，县委常委、统战部部长徐彩虹参加会议。听取上半年全县招商引资和工业项目建设情况，就工作推进中遇到实际问题进行研究探讨。

同日 市农工办调研组到东平县调研省级美丽乡村建设工作。县委常委、宣传部部长张立国陪同活动。

7月7日 县委副书记、县长刘玉主持召开县政府2017年第四次常务会议。听取打造资本小镇孵化器园区、组建国有资产运营公司、2017年事业单位招聘情况汇报；研究县政府重大行政决策程序规定。陈传帅、宋鸿鹏（挂职），程鹏、李广义、王洪亮、李生广、尹双明出席会议。

7月8日 东平县创建国家卫生县城工作调度会议召开。县领导刘玉、刘祥涛、刘思宏等参加现场检查并出席会议。县领导到15个社区实地察看，听取有关情况汇报，并进行现场评分。县委副书记、县长刘玉主持会议。县委副书记宫庆会安排部署下步创卫工作。副县长程鹏宣布现场检查得分情况。后屯社区、龙山社区，宿城社区牵头单位负责人作表态发言。县卫生和计划生育局、县食品药品监督管理局、县市场监督管理局负责人作交流发言。

同日 第七届全民健身运动会太极拳比赛举行，全县46名太极拳爱好者参加比赛。

7月10日 东平县召开农村基层组织集中整顿暨干部作风转变推进会。县委副书记、县长刘玉讲话。县委副书记宫庆会主持会议并就落实会议精神讲意见。县委常委、组织部部长王强传达《东平县农村基层组织集中整顿实施方案》。县委常委、纪委书记徐宗才就聚焦扶贫领域整治和查处群众身边不正之风和腐败问题讲意见。县政协主席刘祥涛，县人大常委会主任刘思宏，县委常委及副县级以上领导出席会议。

7月11日 县委常委、常务副县长陈传帅到沿湖五个乡镇督导财税收入“百日攻坚”行动，通过实地查看、听取汇报、座谈交流等方式，详细了解财税收入情况，并就抓好财源建设和税收征管工作提出要求。

7月12日 县委副书记、县长刘玉带领有关部门负责同志到新天地粮油有限公司现场办公，就企业建设运营工作进行研究部署。

同日 县十八届人大常委会举行第三次会议。听取全国人大推进县乡人大工作和建设经验交流会会议精神的汇报；审议通过县人大常委会《关于开展“做履职表率、当奔康先锋”主题活动的实施意见》（草案）《关于对承担东平县重点工作重点项目部门单位评议监督的办法（试行）》（草案）和《关于东平县城市管理的暂行规定》（草案）；审议通过县政府《关于东平县2016年县级财政决算（草案）的报告》，审查批准2016年县级财政决算；审议通过县政府《关于成立山东平安昌顺融资担保有限公司的报告》和《关于将东平县产业直投基金纳入财政支出预算的报告》；审议通过县政府《关于东平县环保工作情况的报告》；表决通过人事任免事项。县人大常委会主任刘思宏主持会议并对下步工作提出要求。副主任侯圣玉、李元申、陈兰芳、王成明、牛之春，党组成员、办公室主任吴绪月出席会议。副县长王洪亮、县人民法院院长张海鹏列席会议。

7月13日 桓台县副县长毕宝峰一行到东平县考察学习创卫工作。县委常委、统战部部长徐彩虹，副县长程鹏陪同活动。

同日 县人大常委会主任刘思宏到所包保“三强”企业九鑫集团有限公司调研。县人大常委会党组成员、办公室主任吴绪月陪同活动。

7月14日 县委副书记、县长刘玉主持召开县委常委（扩大）会议。会议进一步安排部署违法建设治理工作。县各大班子领导、副县级以上领导干部出席会议。刘玉讲话。县委常委、常务副县长陈传帅传达市委书记王云鹏在全市治理违法建设行动推进会议上的重要讲话精神。县委常委、组织部部长王强通报涉公单位、个人违法建设情况，传达《关于转发市治理违建领导小组〈关于充分发挥全市党员干部和“两代表一委员”示范带头作用全力推进违法建设治理行动促进

重点项目建设的意见〉的通知》。

7 月 15 日 全县河长制工作推进会议召开。副县长李广义参加会议。

7 月 17 日 后屯社区召开推进"红色党建行动"暨党建工作站授牌工作会议。县委常委、组织部部长王强参加会议。

7 月 18 日 省淡水渔业研究院与东平县签订战略合作协议。省编办事业单位监督管理局调研员、省淡水渔业研究院外部监事翟登建，省淡水渔业研究院副院长朱永安，市南水北调管理局局长李旭光，县委副书记赵家杰，县委常委、副县长宋鸿鹏参加活动。

同日 副市长张红旗带队到东平县勘察泰山山水林田湖生态保护修复工程试点项目开展情况。先后到大汶河戴村坝人工湿地项目现场、东平湖八里湾泵站、银山采石场、南水北调出水口等现场进行察看，听取情况汇报。县委书记赵德健，县委常委、常务副县长陈传帅，县委常委、办公室主任靳庆新陪同活动。

7 月 19 日 县委书记赵德健主持召开县委常委会议。传达学习中共中央政治局常委、中央纪委书记王岐山在扶贫领域监督执纪问责工作电视电话会议上的讲话精神，学习中央关于巡视工作最新精神和《中国共产党巡视工作条例》。

同日 东平县举办推进"两学一做"学习教育常态化制度化专题党课。县委书记赵德健主持，以《伟大的中国共产党》为题，利用多媒体课件授课，讲述在中央党校学习过程中的所学所思所感所悟。县政协主席刘祥涛，县人大常委会主任刘思宏，县委副书记宫庆会，县委常委、副县级以上领导干部、各乡镇（街道）、各部门单位主要负责人参加学习。

同日 市政协副主席徐恩虎一行到东平县考察精准扶贫工作。县政协主席刘祥涛、副主席王成生陪同活动。考察组一行先后到夏谢五村扶贫养殖项目和朝阳庄异地扶贫搬迁项目实地察看，听取相关情况汇报。考察组对东平县精准扶贫工作取得的成绩给予肯定，对下一步工作提出要求。

7 月 20 日 工业信息化部节能司节能处处长尤勇，国家开发银行评审二局副局长李西新一行到东平县调研工业绿色信贷项目。县委书记赵德健陪同调研。调研组一行先后到东顺集团生活纸生产项目、中煤东顺清洁能源有限公司东平经济开发区集中供热项目现场实地察看，听取企业发展历程、安全环保管控和未来发展思路等方面的情况汇报，并与企业负责人就企业当前生产经营形势，生产成本、技术研发等方面的问题进行交流。

同日 全县教育综合提升工程城区学校建设推进会召开。县人大常委会主任、县教育综合提升工程领导小组组长刘思宏，副组长、县人大常委会副主任陈兰芳，副组长、副县长程鹏参加活动。

同日 县政协考察全县公安工作。县政协主席刘祥涛，副主席赵永昶、吴绪季、王成生、孟光，秘书长李存社参加考察。县委常委、政法委书记陈锋，副县长、县公安局局长王洪亮陪同活动。

7 月 21 日 县委副书记、县长刘玉主持召开全县山水林田湖生态保护修复工程调度会议。

同日 省委第八巡视组巡视东平县工作动员会召开。巡视组组长刘志青作动员讲话，省委巡视工作领导小组成员孙丰华就配合做好巡视工作提出要求，市委副书记张涛出席会议，县委书记赵德健主持会议并作表态发言。县委和县人大、政府、政协领导班子成员及其他市管干部，正县级老同志和上届退下来的副县级老同志，纪委领导班子成员，组织部副部长，县委巡察办主任，乡镇（街道）党政正职，县直部门（单位）主要负责人，市以上驻东平各单位主要负责人参加会议。

同日 市调研组到东平调研督导山石开采综合整治工作。副县长、县公安局局长王洪亮陪同活动。

7 月 22 日 东平县开展创建国家卫生县城第七次检查考核。县领导赵德健、刘玉、刘祥涛、刘思宏、宫庆会、程鹏等参加现场检查并出席会议。与会人员先后到15个社区创卫网格实地察看，并进行现场评分。县委副书记、县长刘玉主持并讲话。县委副书记宫庆会总结点评前段创卫工作，安排部署下一步工作。副县长程鹏通报现场考核得分情况。考核成绩优异的3个创卫网格和3个A类职能部门作典型发言。

同日 组织收听收看全省环境保护突出问题综合整治攻坚动员大会。县委书记赵德健，县委副书记、县长刘玉，县政协主席刘祥涛，县人大常委会主任刘思宏，县委常委、办公室主任靳庆新，副县长、县公安局局长王洪亮参加收听收看。

7月23日 收听收看全省国有企业改革发展工作会议。县委书记赵德健，县委副书记、县长刘玉，县政协主席刘祥涛，县人大常委会主任刘思宏，县委常委、常务副县长陈传帅，县委常委、县委办公室主任靳庆新，县法院院长张海鹏，县检察院检察长张亮参加收听收看。

7月24日 组织收看全省支持非公有制经济健康发展工作会议。县委书记赵德健，县委副书记、县长刘玉，县委常委、常务副县长陈传帅，县委常委、统战部长徐彩虹，县委常委、办公室主任靳庆新，县人大常委会副主任侯圣玉，县政协副主席王金艳参加收看。

7月25日 市扶贫办在东平组织召开易地扶贫搬迁工作座谈会。市扶贫办副主任臧玉海、副县长李广义参加座谈。

同日 东平湖综合整治8月攻坚行动部署会议召开。县委常委、政法委书记、东平湖综合治理暨“百亿产业计划”指挥部总指挥陈锋主持。县人大常委会副主任王成明、县政协副主席王成生参加会议。

同日 泰安市副市长、县委书记赵德健，县委副书记、县长刘玉到泰安军分区、泰安市武警支队、泰安市消防支队走访慰问驻泰安部队官兵，向他们致以节日问候，共叙军民鱼水深情。县委常委、人武部政委王有敏，县委常委、办公室主任靳庆新，副县长程鹏参加活动。

7月26日 县委书记赵德健考察指导全县防汛工作。副县长李广义参加活动。先后到城区龙王沟看守所段、东平湖防汛物资储备仓库、大湖围坝王台段除险加固工程、八里湾泄洪闸、金山坝、戴马河实地查看。详细了解洪涝灾害预案制定、防汛设备运行、联保机制建立，以及物资储备、应急抢险队伍建设、值班值守、人员包保等情况。

7月27日 东平县举行新旧动能转换暨县工业联盟第三期“平湖财智论坛”报告会。会议邀请中央党校教授金江军作新旧动能转换专题辅导报告。县委书记赵德健，县委副书记、县长刘玉，县政协主席刘祥涛，县人大常委会主任刘思宏，县委常委及副县级以上领导干部出席报告会。

同日 省农业厅厅长王金宝一行到东平调研黄河滩区脱贫迁建农业产业发展情况。市委农村工作领导小组副组长陈湘安，县委副书记、县长刘玉，副县长李广义陪同活动。

同日 市委副书记张涛到东平县调研大汶河、东平湖及黄河滩区居民迁建工程。县委书记赵德健，县委副书记宫庆会陪同活动。张涛先后到大汶河东平段戴村坝、东平湖金山坝、黄河滩区居民迁建工程耿山口安置点实地查看并现场听取汇报，了解东平县河长制落实、大汶河有关情况和东平湖、黄河滩区居民迁建工作开展情况。

同日 市政协主席周桂萍到东平县调研“三强”企业培植情况。县委副书记、县长刘玉，县政协主席刘祥涛，县政协副主席赵永恕，县政协秘书长李存社陪同活动。

7月29日 县委副书记、县长刘玉主持召开县政府2017年第五次常务会议。听取建筑安全施工、特种设备、商贸流通、工业企业、民用爆破、消防安全、市政工程、道路交通安全生产工作及东平县安全生产工作情况的汇报。副县长李生广传达省市领导关于安全生产工作的重要指示精神。刘玉讲话。县委常委、常务副县长陈传帅，副县长王洪亮、李生广、尹双明（挂职）出席会议。

7月30日 东平湖综合整治工作调度会议召开。县委常委、政法委书记陈锋，县人大常委会副主任王成明，副县长、县公安局局长王洪亮参加会议。

7月31日 财政部、国土资源部、环保部联合勘察组到东平县勘察泰山山水林田湖生态保护修复工程试点项目。市委副书记、市长李希信，副市长张红旗，副市长、县委书记赵德健，县委副书记、县长刘玉陪同活动。勘察组一行先后到银山镇西茂王废弃采石场、东平湖生态保护区生态多样性现场实地查看，通过听取汇报、实地勘察等方式，了解东平县山水林田湖生态保护修复工程试点项目开展情况。勘察组对东平县目前开展山水林田湖生态保护修复工程试点项目实施情况给予肯定。

同日 县委书记赵德健主持召开县委常委（扩大）会议。会议传达学习习近平同志在深度贫困地区脱贫攻坚座谈会上的讲话、在省部级主要领导干部专题培训班开班式上的讲话精神；传达学习省委书记刘家义同志近期在部分重要会议上的讲话以及省市有关文件精神；听取全县安全生产工作情况汇报。县委副书记、县长刘玉，县委副书记宫庆会、赵家杰，县委常委出席会议。县政协主席刘祥涛，县人大常委会主任刘思宏及县人大、县政府、县政协领导列席会议。

同日 县委常委议军会议召开。县委书记赵德健，县委副书记、县长刘玉，县委副书记宫庆会、赵家杰（挂职），县委常委出席会议。县政协主席刘祥涛，县人大常委会主任刘思宏，副县长程鹏列席会议。

8月

8月1日 泰安军分区副司令员吴伟到东平检查指导征兵工作。县委常委、人武部政委王有敏汇报全县征兵工作总体情况和下一步打算。

同日 县人大常委会副主任牛之春、副县长程鹏、县政协副主席赵永恕走访慰问部分优抚对象和困难现役军人家庭，为他们送去慰问金、慰问品和党委政府的关怀祝福。

同日 县政协召开九届三次常委会议。副县长李广义代表县政府通报全县上半年经济社会发展运行情况；审议通过县政协《关于全县精准扶贫工作情况的调研报告》；审议通过有关人事事项。县政协主席刘祥涛，副主席赵永恕、吴绪季、王金艳、王成生、孟光，秘书长李存社出席会议。

8月2日 县委书记赵德健主持召开东平县环境保护突出问题整改攻坚暨中央环保督察保障工作会议，动员部署全县环境保护突出问题综合整治攻坚工作。县领导刘祥涛、刘思宏、宫庆会、赵家杰等出席会议。

8月3日 县人大常委会主任、内河防汛指挥部指挥刘思宏，县委常委、统战部部长、内河防汛指挥部常务副指挥徐彩虹检查督导内河防汛工作。

同日 市环保局到东平检查“散乱污”企业整治和10蒸吨及以下燃煤锅炉淘汰工作。县委常委、办公室主任、滨河新区彭集街道党工委书记靳庆新，副县长李生广陪同活动。

8月4日 市委书记王云鹏到东平县调研指导防汛工作。先后到大湖围坝王台段除险加固工程、八里湾泄洪闸实地查看，详细了解防汛工程建设和防汛工作准备情况，肯定东平防汛准备措施。市委常委、秘书长宋洪银，副市长、县委书记赵德健，县委副书记、县长刘玉，县委常委、办公室主任靳庆新，副县长李广义陪同活动。

同日 东平县餐饮住宿商会成立暨首届会员代表大会召开。

8月5日 全科盟—东平县战略合作框架协议签约仪式举行。市委常委、副市长展宝卫在签约仪式后会见全域科研院所科技成果转化联盟代表。中科院科研院所科技成果转化联盟理事长霍国庆，县委书记赵德健，县委副书记、县长刘玉，县委常委、常务副县长陈传帅出席签约仪式。

同日 创建国家卫生县城进行第八次检查考核。国家卫生城市评审专家辛正参加活动并做创卫工作指导。县委书记赵德健，县委副书记、县长刘玉，县政协主席刘祥涛，县人大常委会主任刘思宏，县委副书记宫庆会，副县长程鹏及包保创卫网格的县级领导干部参加活动。

8月7日 县委书记赵德健主持召开县委常委（扩大）会议。传达省委书记刘家义在全省脱贫攻坚推进会上的讲话精神；传达《泰安市脱贫攻坚工作问责办法（试行）》；听取山水林田湖项目情况汇报；全县环保工作情况汇报；打造资本小镇孵化园区情况汇报。县委副书记、县长刘玉，县政协主席刘祥涛，县人大常委会主任刘思宏，县委副书记宫庆会及副县级以上领导干部参加会议。

同日 县委副书记、县长刘玉调研全县交通规划建设工作。先后到东平街道百户庄、泰安港老湖作业区、王李屯、220国道与拟建环湖西路交叉处、泰安港银山作业区等规划建设现场实地查看，详细了解项目规划设计和前期准备工作进展情况，就破解项目推进过程中存在的困难和问题提出要求。

8月8日 “不忘初心砥砺前行”泰安公安铁军先进事迹报告会到东平举行。县委书记赵德健，县委常委、政法委书记陈锋，副县长、县公安局局长王洪亮会见报告团成员，与广大公安干警、武警和消防官兵一起聆听报告。

8月9日 省政协副主席翟鲁宁带队到东平专题调研“采取稳定脱贫措施、建立扶贫长效机制”有关工作。市政协主席周桂萍、副主席徐恩虎，县委副书记、县长刘玉，县政协主席刘祥涛、副主席赵永恕陪同活动。

8月10日 县创卫办公室印发《“城市是我家创卫随手拍”活动方案》。时限为8月10至10月10日。号召群众对日常生活中发现的有违于文明、健康、卫生原则的行为，均可用手机、相机、行车记录仪等工具进行抓拍，并附简要说明。通过东平手机平台、《今日东平报》微信公众平台、“东平创卫”微信公众平台，予以曝光。上传图片真实有效，移动等几家通讯公司奖励1024兆流量。

8月11日 共青团东平县第十七次代表大会胜利召开。县领导赵德健、刘玉、刘祥涛、刘思宏等出席开幕式。县委书记赵德健在开幕式上讲话。

8月12日 全县山石矿山综合整治工作动员会议召开。县委副书记宫庆会，县委常委、常务副县长陈传帅，副县长李生广出席会议。

同日 全县企业扶贫行动推进会议召开。县委副书记宫庆会，县委常委、统战部部长徐彩虹，县人大常委会副主任陈兰芳，副县长李广义，县政协副主席、工商联主席王金艳参加会议。

8月14日 县委副书记、县长刘玉调研督导环境保护工作。实地查看东顺集中供暖项目、垃圾处理厂、饮用水6号水井、污水处理厂、沿湖餐船整治现场，详细了解各项目点运营和整改情况，现场督办发现的问题，听取相关情况汇报。县委常委、政法委书记陈锋，县委常委、副县长宋鸿鹏参加活动。

同日 县委书记赵德健主持召开东平县花海项目规划汇报会。县委副书记宫庆会，浙江森禾花之炫景观工程有限公司董事长姜珉、总经理王宗标出席会议。

8月15日 根据创建国家卫生县城需要，县委、县政府召开城区建筑渣土管理整治工作会议，安排部署县城区建筑渣土管理整治工作。县委副书记宫庆会，县委常委、副县长宋鸿鹏参加会议。

同日 东平县召开环保突出问题整改工作推进会议。针对当前环保突出问题整改工作，进行再部署、再强调、再推进。县领导赵德健、刘玉、刘祥涛、刘思宏、宫庆会，县委常委及副县级以上领导出席会议。赵德健主持会议并讲话。

8月16日 县委理论学习中心组辅导报告会举行。邀请中央党校文史部文学博士、副教授林雅华作辅导报告。县委书记赵德健，县委副书记、县长刘玉，县政协主席刘祥涛，县人大常委会主任刘思宏，县委副书记赵家杰，县委常委及副县级以上领导干部出席报告会。

同日　市地税局党组书记、局长郝玲一行到东平调研“三强企业”税收情况，实地查看东顺集团生活用纸生产线，并就“三强企业”生产运营及税收情况与相关人员进行详细交流。县委常委、常务副县长陈传帅陪同活动。

同日　刘玉主持召开县政府2017年第六次常务会议。听取环保工作、东平县公立医院法人治理结构建设、资本小镇启动暨瑞星集团上市情况汇报。县委常委、常务副县长陈传帅，副县长程鹏、李广义、王洪亮、李生广、尹双明出席会议。

8月17日　接到中央环保督察组交办件后，县委书记赵德健带领相关职能部门负责同志，第一时间赶往旧县乡旧县二村、旧县三村山石开采企业，从快查处、调度，督办、从严处理中央环保督察组交办案件办理情况。翌日，按照中央环保督察组交办件，县委书记赵德健带领相关部门负责人，赶往县经济开发区督导中央环保督察组交办案件落实情况。副县长、县公安局局长王洪亮参加督办。

8月19日　东平县开展创建国家卫生县城第九次考核。国家卫生城市评审专家辛正参加活动并做创卫工作指导。县领导赵德健、宫庆会、王强、徐彩虹等参加现场检查并出席会议。与会人员先后到15个社区创卫网格实地察看并打分，观看创建国家卫生县城专家模拟暗访拍摄的图片。县委书记赵德健主持召开创建国家卫生县城工作调度会议。辛正结合现场检查情况，对东平县创卫工作暗访情况进行讲解并点评。副县长程鹏宣布各网格模拟暗访得分及职能部门考核评分情况。赵德健、宫庆会分别讲话。

8月20日　县委副书记宫庆会主持召开山石矿山企业综合整治调度会议。县委常委、常务副县长陈传帅，副县长、县公安局局长王洪亮参加会议。

8月21日　市委常委、统战部部长李灿玉到东平县督导环保工作。县委书记赵德健，县委常委、政法委书记陈锋，县委常委、统战部部长徐彩虹，副县长王洪亮陪同督导调研。市委常委、统战部部长李灿玉一行深入接山鑫象石料厂、县经济开发区集中供热项目、老湖镇东平湖餐船整治、旧县乡顺康沙石销售有限公司等现场，察看山石整治、节能减排、餐船治理等环保领域整治情况。

8月22日　副县长程鹏调度创卫工作十项集中行动开展情况，听取各网格和督导组有关情况汇报，研究探讨破解困难问题的办法措施。23日上午，程鹏带领县创卫办相关人员赴15个社区创卫网格现场督导，逐一查看“十乱”问题、棚户区改造、街道不畅等创卫重点突出问题解决情况，就有关工作提出整改要求和意见建议。

同日　中国电影股份有限公司董事长、党委书记喇培康一行到东平县考察影视旅游产业发展等工作。县领导赵德健、刘玉、陈传帅、宋鸿鹏（挂职）陪同活动。

8月23日　县委副书记、县长刘玉主持召开创卫工作“十项集中行动”调度会议。并对城区垃圾处理站、公共厕所和农贸市场规划建设工作进行督导检查。

同日　县政协主席刘祥涛，县道德文明建设领导小组副组长、县委常委、宣传部部长张立国到斑鸠店镇斑鸠店村、银山镇派出所慰问“中国好人”李道明、李浩、王瑞光，并送去“中国好人榜”牌匾、鲜花及慰问金。

8月24日　市委宣传部副部长韩西德到东平县调研四德榜和爱国主义教育基地建设工作。县委常委、宣传部部长张立国陪同活动。

同日　全县校园周边环境专项整治工作会议召开。县委常委、政法委书记陈锋出席会议并讲话，副县长、县公安局长王洪亮主持会议。

8月25日　市委书记王云鹏到东平县调研脱贫攻坚工作暨督导环保突出问题。市委常委、秘书长宋洪银，副市长张红旗，县委书记赵德健，县委副书记、县长刘玉，副县长王

洪亮陪同调研。

同日 县第十八届人大常委会第四次会议召开。县人大常委会主任刘思宏，副主任李元申、陈兰芳、王成明，县人大常委会党组成员、办公室主任吴绪月出席会议。县委常委、副县长宋鸿鹏（挂职），县人民法院院长张海鹏、县人民检察院代检察长赵平原列席会议。会议听取、审议《县政府关于2017年上半年东平县国民经济和社会发展计划执行情况的报告》《县政府关于2017年上半年东平县及县级财政预算执行情况的报告》《县政府关于东平县旅游业发展情况的报告》及人事任免事项。

8月26日 县创卫办公室印发《关于推广后屯社区“街长制”管理的通知》。

8月28日 副市长张红旗到东平县调研东平湖水质。张红旗一行先后到戴村坝、八里湾泵站、东平湖餐船整治现场进行调研。在听取相关部门负责人东平湖水质情况汇报后，张红旗对东平县工作取得的成绩给予肯定。

8月29日 省科技厅副厅长张士新带队到东平县调研科技扶贫工作开展情况。副市长成丽、副县长李生广陪同活动。

9月

9月1日 全县石料“去存量、清场地、点对点供应”和城乡建设用地增减挂钩涉及村庄拆迁工作会议召开。县委常委、常务副县长陈传帅，县委常委、办公室主任靳庆新参加会议。

同日 县委书记赵德健主持召开县委常委（扩大）会议。传达学习习近平总书记有关报道文章第二篇《山海情怀赤子之心》；传达全省部分县（市、区）党委书记脱贫工作专题培训班会议精神、市委常委会研究环境保护突出问题整改措施有关精神、全市脱贫攻坚推进会议精神，听取并研究《十四届县委第一轮巡察工作方案》；听取扶贫领域涉农资金整合情况。县委副书记、县长刘玉，县委副书记宫庆会、赵家杰（挂职），县委常委出席会议。县政协主席刘祥涛，县人大常委会主任刘思宏，副县级以上领导列席会议。

9月3日 东平县开展创建国家卫生县城第十次考核。县领导赵德健、刘玉、刘祥涛、刘思宏等参加现场检查并出席会议。与会人员先后到各个社区创卫网格实地察看。县委书记赵德健主持召开东平县创建国家卫生县城工作调度会议，会前与会人员共同观看创建国家卫生县城专家模拟暗访拍摄的图片。赵德健、刘玉分别讲话。刘玉同部分包保网格县领导、牵头部门负责人签订责任书。县委副书记宫庆会宣布各网格模拟暗访得分及职能部门考核评分情况。

同日 县城街长制工作推进会议召开。县委副书记宫庆会，县委常委、组织部部长王强，县委常委、副县长宋鸿鹏以及各包保创卫网格县级领导参加会议。

9月4日 全县校车工程暨佛山小学、东平街道中心小学建成启用仪式举行。泰安交运集团党委书记邹兰东，县委书记赵德健，县委副书记、县长刘玉，县政协主席刘祥涛，县人大常委会主任、县教育综合提升工程领导小组组长刘思宏，副组长、县人大常委会副主任陈兰芳，副组长、副县长程鹏出席仪式。

同日 县委副书记、县长刘玉到梯门镇调研督导脱贫攻坚工作。在东瓦庄村生态示范园，详细了解扶贫产业培育、运营和市场销售等情况，并就大棚种植、管理技术、带动贫困群众脱贫等有关问题与基地负责人探讨交流。

9月5日 省水利移民管理局局长赵振林到东平调研移民工作。县委副书记、县长刘玉，副县长李广义参加活动。

9月6日 中国体育彩票山东省第二十六届钓鱼锦标赛“尚酷杯”钓鱼比赛在东平湖国家垂钓基地圆满落幕。县政协主席刘祥涛出席闭幕式，并为获胜选手颁奖。

9月8日 县委副书记、县长刘玉主持召开城乡规划委员

会2017年第三次会议。审议《东平县供电专项规划》《东平县移动通讯基站专项规划》；审议2017—41号地块、清华苑小区北地块规划设计条件；审议光大北地块建筑高度调整；审议《联发观天下项目修建性详细规划》。县委常委、常务副县长陈传帅，副县长程鹏、李广义、李生广参加会议。

同日 远邦集团董事长吕学哲一行到东平考察城市建设、旅游产业发展情况。县委常委、常务副县长陈传帅参加座谈。

9月9日 东平县召开2017年教师节庆祝大会。县委书记赵德健、县委副书记、县长刘玉分别讲话，县委副书记宫庆会宣读县委、县政府《关于给予县教育局嘉奖的通报》。副县长程鹏宣读县委、县政府《关于表彰奖励教育工作先进单位和先进个人的决定》。县领导刘祥涛、刘思宏、陈兰芳、赵永恕出席会议。

同日 2017年度新兵入伍欢送大会召开，欢送首批107名新兵光荣入伍。县委常委、人武部政委王有敏主持欢送会，副县长尹双明出席。

9月10日 中国体育彩票山东省第七届全民健身运动会钓鱼比赛在东平举行。省体育总会秘书处副调研员孙建勇，省钓鱼协会常务副秘书长郭剑平，副县长尹双明参加开幕式。晚，中国体育彩票2017年山东省钓鱼文化节闭幕。省钓鱼协会常务副秘书长郭剑平，县政协主席刘祥涛，副县长程鹏参加闭幕式。

9月11日 全县政法工作座谈会召开。县委书记赵德健，县委副书记宫庆会，县委常委、政法委书记陈锋，副县长、县公安局局长王洪亮，县法院院长张海鹏，县检察院代理检察长赵平原出席会议。

同日 县委书记赵德健主持召开全县山石资源开采会议。要求把“一户一口、两控四全和二十五条”作为山石资源整治目标，做到减量增效，控制范围，规范开发，推进开采企业正规化运营。县委副书记宫庆会，县委常委、政法委书记陈锋，副县长、县公安局局长王洪亮参加会议。

同日 县创卫领导小组办公室印发近期创卫重点工作。公布20个重点部位加大整治力度。

9月12日 全县开发企业助力创卫表彰大会召开。县委副书记宫庆会讲话，肯定开发企业作为县城建设者、先行者组织者，以强烈的使命意识和社会责任感为创卫做出的贡献。县委常委、宣传部部长张立国宣读《东平县开发企业助力创卫捐资表彰决定》，泰安嘉和房地产开发有限公司等47家捐资企业受到表彰。县政协主席刘祥涛，县委常委、副县长宋鸿鹏，县人大常委会副主任陈兰芳，副县长程鹏，县政协副主席赵永恕参加会议。

同日 市人大常委会主任唐福泉到东平调研工作，并看望基层人大代表。实地察看接山镇朝阳庄易地扶贫搬迁项目、彭集街道人大规范建设现场、白佛山文化产业园、东顺集团等。副市长、县委书记赵德健，市人大常委会党组成员、秘书长李起峰，县人大常委会主任刘思宏，县委常委、办公室主任、滨河新区（彭集街道）党工委书记靳庆新，县人大常委会党组成员、办公室主任吴绪月陪同活动。

同日 县人大常委会主任刘思宏带队督查创卫工作问题整改落实情况。先后到香山街、影剧院网吧、新建公厕、站厕一体垃圾压缩中转站以及博物馆实地查看，详细了解创卫工作进展及存在突出问题整改落实情况。县委常委、副县长宋鸿鹏，副县长程鹏参加活动。

9月13日 县委书记赵德健主持召开县委常委（扩大）会议。传达学习习近平总书记有关报道文章第三篇《改革争先击水中流》；传达市保障中央环保督察工作协调联络组《关于继续做好中央环保督察信访件办理工作的通知》、全市环保突出问题整改及转办案件办理情况调度会议精神。县委副书记、县长刘玉，县政协主席刘祥涛，县人大常委会主任刘思宏，县委副书记宫庆会，县委副书记赵家杰，县委常委及副县级以上领导参加会议。

同日 县委副书记、县长刘玉督导检查创卫工作问题整改落实情况。县委常委、组织部部长王强，县人大常委会副主任侯圣玉、副县长程鹏参加活动。

同日 县委全面深化改革领导小组召开第二十七次会议，传达学习中央全面深化改革领导小组第三十六次会议精神和市委改革会议精神，讨论审议《东平县农村集体经济组织管理办法（试行）》《东平县农村集体经济组织成员资格认定指导意见》《东平县农村集体经济组织登记管理办法（暂行）》《东平县农村股份经济合作社股权证书管理办法》等有关改革文件，研究部署下部改革工作。县委书记赵德健主持，县委副书记、县长刘玉，县委副书记宫庆会，县委副书记赵家杰、县委常委参加会议。县政协主席刘祥涛、县人大常委会主任刘思宏及副县级以上领导列席会议。

9 月 16 日 全县创建国家卫生县城工作调度会议召开。县委书记赵德健主持会议，县委副书记、县长刘玉讲话。县政协主席刘祥涛，县人大常委会主任刘思宏，副县长程鹏及包保创卫网格的县级领导干部参加会议。

9 月 18 日 县委副书记、县长刘玉主持召开县政府 2017 年第九次常务会议。会议研究东平县残疾人十三五规划、东平县深化“放管服”改革进一步优化政务环境暨综合行政执法体制改革、推进农业水价综合改革、居民用天然气实行阶梯价格等工作。县委常委、常务副县长陈传帅，县委常委、副县长宋鸿鹏（挂职），副县长程鹏、李广义、王洪亮、尹双明（挂职）出席会议。

同日 县委副书记、县长刘玉督导检查城区创卫工作。县委副书记宫庆会，县委常委、组织部部长王强，县委常委、副县长宋鸿鹏、副县长程鹏，副县长、县公安局局长王洪亮，县政协副主席王成生参加活动。

同日 由新华社山东分社和河南分社组成的黄河滩区居民迁建调研分队到东平县采访黄河滩区居民迁建工作。县委常委、宣传部部长张立国，副县长李广义陪同活动。

9 月 19 日 全县安全生产专题辅导报告会举行。邀请国务院参事室特约研究员、国家安全监管总局原党组成员、总工程师黄毅作安全生产专题辅导报告。县委副书记、县长刘玉，县政协主席刘祥涛，县人大常委会主任刘思宏，县委副书记宫庆会，县委副书记赵家杰，县委常委及副县级领导干部参加会议。

9 月 20 日 瑞星集团与航天工程公司大规模干煤粉气流床气化技术开发及示范项目推进工作会在北京召开。县委副书记、县长刘玉，航天工程公司总经理姜从斌，瑞星集团党委书记、董事局主席、首席科学家孟广银出席会议。

9 月 21 日 创卫街长工作推进会议召开。县委副书记宫庆会，县委常委、组织部部长王强，县人大常委会副主任李元申，副县长程鹏，县政协副主席王金艳、王成生出席会议。

9 月 23 日 市委统战部副部长、调研员薛其福带领各民主党派有关负责人到东平县调研脱贫攻坚项目建设工作。县委副书记宫庆会，县委常委、统战部长徐彩虹参加活动。

9 月 25 日 东平召开县脱贫攻坚暨“三大工程”建设推进会议。县委书记赵德健讲话。县委副书记、县长刘玉主持会议并传达《全市脱贫攻坚推进会精神》。县委副书记赵家杰（挂职）通报督导考核情况。县委常委、纪委书记徐宗才围绕扶贫领域监督执纪作部署安排。县领导刘祥涛、刘思宏等出席会议。

9 月 26 日 在北京举行的“将改革进行到底”地方经验报告会暨第三届中国地方改革创新成果新闻发布会上，东平县委副书记宫庆会作为中国地方改革创新成果典型地区代表，所作《以农村产权改革攻坚长效脱贫》的发言，受到与会领导好评。

同日 市招商引资和项目建设领导小组指挥部到东平调研重点项目建设工作。县委常委、副县长宋鸿鹏参加座谈。

同日 组织收看全省开放型经济发展大会。县委书记赵德健，县委副书记、县长刘玉，县人大常委会主任刘思宏、县委常委、常务副县长陈传帅，县委常委、办公室主任靳庆新参加收看。

9月27日 组织收听收看泰安市贯彻省重点工作推进会工作会议。县委副书记、县长刘玉，县政协主席刘祥涛，县人大常委会主任刘思宏等县各大班子领导参加收听收看。

9月28日 中国文联副主席、全国政协常委覃志刚到东平县考察白佛山文化建设工作。省政协常委、省文联党组书记于钦彦，副市长、县委书记赵德健，县委常委、宣传部部长张立国陪同活动。

同日 2017中国·东平“八里香”杯旅游商品展销暨美食烹饪大赛在东平街道史楼村开幕。全县三十多家旅游商品企业参加展销活动，十九支队伍参加美食烹饪比赛。评出烹饪比赛一、二、三等奖和优秀奖。省、市旅游部门和县领导参加活动。

9月29日 县委常委（扩大）会议召开。县委书记赵德健主持会议，传达学习习近平总书记有关报道文章第四篇《开放发展风气帆张》，习近平总书记关于信访工作的重要指示和孟建柱、杨晶同志在第八次全国信访工作会议上的讲话精神，中共中央办公厅关于印发《党的十八大以来中央巡视工作总结》的通知，传达市级相关通报、通知文件，听取东平县秸秆禁烧工作情况通报。县领导刘玉、宫庆会、县委常委出席会议。县政协主席刘祥涛，副县级以上领导列席会议。

9月 县农业局、县法院、县司法局成立泰安市首家“农业承包纠纷多元化解中心”。

10月

10月1日 东平湖移民避险解困工程之一凤凰家园社区党群服务中心揭牌仪式举行。县委书记赵德健要求中心统筹整合资源，建立开放式服务平台，树立服务型党建工作理念和东平特色党建工作品牌，成为全县党建工作的“一面旗帜”。县委常委、组织部部长王强、县委常委、宣传部部长张立国出席仪式。

10月8日 创建国家卫生县城长效机制建设座谈会召开。县委副书记、县长刘玉要求全县各级“迎着困难上，坚决打胜仗”“一级干给一级看，一级带着一级干”，坚持网格化、常态化、精细化引领，坚持标准，提升境界、增强责任心，充分发挥支部书记作用，把锻造创卫文化和东平人固有的秉性结合起来，激发潜能，集中智慧，确保创卫成果持续巩固，长治久安。

10月9日 县委书记赵德健，县委副书记、县长刘玉检查督导十九大安保维稳工作。副县长、县公安局局长王洪亮，副县长李生广参加活动。

同日 组织收看全国贯彻落实《关于深化教育体制机制改革的意见》电视电话会议，副县长程鹏参加收听收看。

同日 县委副书记、县长刘玉、副县长李生广现场调研装配式建筑选址工作。10日，泰安市旅游经济开发区党工委书记、高铁新区建设发展中心主任杨荣和到东平调研装配式建筑项目选址情况。副市长、县委书记赵德健参加活动，县委常委、办公室主任靳庆新，副县长李生广陪同。

10月10日 省政府调研组到东平调研山水林田湖生态保护修复工程试点项目。市委副书记、市长李希信，副市长张红旗；副市长、县委书记赵德健，县委副书记、县长刘玉，县委常委、常务副县长陈传帅陪同活动。

10月12日 东平县城乡建设用地增减挂钩项目投资合作签约仪式举行。山东建邦控股集团董事长陈箭，副市长、县委书记赵德健，县委常委、常务副县长陈传帅出席仪式。

同日 创建国家卫生县城街长培训会召开。国家卫生城市评审专家辛正，在充分肯定前期创卫工作成绩基础上，重点围绕巩固提升创卫成果、迎接技术评估准备、推进街长制规范运行和加强创卫长效机制建设进行讲解授课。县委副书记宫庆会主持，包保各创卫网格的县级领导参加会议。

10月13日 《泰安日报》版刊登《“党员街长”编制城市靓丽风景线》。

同日 县委副书记宫庆会带队督导调度农业招商引资和重点项目建设工作，副县长李广义参加活动。实地查看了接山镇汉世伟黄徐项目片、东平街道水乡垂钓风情园、州城街道荣业达科技有限公司、新湖镇宝岛热带风情园，详细了解各项目建设推进和管理运行等情况，就下步项目提升、招商引资提出要求。

同日 县委书记赵德健主持召开县委常委（扩大）会议，传达省市十九大安保维稳工作会议精神。县委副书记、县长刘玉，县委副书记宫庆会、赵家杰、县委常委出席会议。县政协主席刘祥涛，县人大常委会主任刘思宏及副县级领导干部列席会议。

10月14日 全县“万众一心、共建美好家园”深入创卫实践活动启动仪式举行。县领导赵德健、刘玉、刘祥涛、刘思宏、宫庆会、赵家杰等各大班子领导出席仪式，社会各界3000多名创卫志愿者参加。县委副书记、县长刘玉动员讲话。宫庆会主持仪式。

同日 中国工程院院士、山东农业大学教授束怀瑞到东平调研果树、蔬菜产业发展情况，实地考察梯门镇东瓦庄设施蔬菜基地、西沟流泉灵农场，老湖镇凤凰家园社区、花海项目区，提出指导性意见和建议。县委书记赵德健、副县长李广义平陪同活动。

10月15日 县委副书记、县长刘玉主持召开计划生育后进单位“五职责任人”约谈会议。县委副书记宫庆会，县委常委、纪委书记徐宗才，副县长程鹏参加会议。

10月16日 县创卫领导小组办公室印发《关于下发〈东平县创建国家卫生县城管理长效机制的通知〉》。涉及25个与创建国家卫生县城相关的系列，均制定出台长效管理机制。

同日 中共十九大安保维稳工作专项调度会议召开。县委书记赵德健，县委副书记、县长刘玉，县委副书记宫庆会，县委常委、常务副县长陈传帅，县委常委、办公室主任靳庆新，副县长、县公安局局长王洪亮，副县长李生广，县检察院代理检察长赵平原出席会议。

10月17日 第四个国家扶贫日。举办全县脱贫攻坚成果展，集中展示精准扶贫、精准脱贫工作成果，进一步浓厚“人人关心扶贫、人人支持扶贫、人人参与扶贫”良好氛围。县委书记赵德健，县委副书记、县长刘玉，县政协主席刘祥涛，县委副书记宫庆会、赵家杰等各大班子领导参观展览。

同日 在全省脱贫攻坚先进典型座谈会上，耿山口村党支部书记耿进平荣获“全省脱贫攻坚先进个人奋进奖”。

10月18日 县委组织集中收听收看党的十九大开幕式盛况。“不忘初心，牢记使命，高举中国特色社会主义伟大旗帜，决胜全面建成小康社会，夺取新时代中国特色社会主义伟大胜利，为实现中华民族伟大复兴的中国梦不懈奋斗”的大会主题醒目入心。县委书记赵德健，县委副书记、县长刘玉，县政协主席刘祥涛，县人大常委会主任刘思宏，县委副书记宫庆会，县委副书记赵家杰，县委常委、副县级领导参加收看。

10月23日 全市扶贫领域监督执纪问责工作现场推进会在东平召开。市委常委、纪委书记郝红讲话，副市长、县委书记赵德健致辞。县委副书记宫庆会、县委常委、纪委书记徐宗才参加活动。

同日 县委副书记、县长刘玉带队督导调研重点项目建设和10月底集中开工项目准备工作。

同日 县委副书记、县长刘玉主持召开2017年下半年全市招商引资和重点项目建设推进会议。县领导陈传帅、宋鸿鹏、靳庆新、李广义、李生广参加会议。

同日 县委副书记、县长刘玉到中联美景水泥有限公司调研项目建设和企业生产运行情况。实地查看80万吨水泥粉磨项目和废弃石灰石资源综合利用现场，听取企业项目建设和生产运行情况汇报，了解企业需要协调解决的困难问题，并与有关部门单位负责同志研究解决的办法和措施。

10月24日 县委书记赵德健主持召开“两区共建”工作座谈会。县发改局、接山镇分别汇报交流“两区共建”特别是产业发展情况，与会其他乡镇和部门主要负责人结合各自实际先后发言。县委常委、常务副县长陈传帅，县人大常委会副主任王成明，副县长李广义参加会议。

同日 县委书记赵德健会见泰安山沙服饰有限公司约旦客商默罕默德·沙拉维先生，赞赏外商投资东平所做贡献，代表县委接受所赠锦旗。

10月25日 县人大常委会考察教育综合提升工程实施情况。先后到彭集街道中学（新校）、清河小学、明湖中学、实验中学、银座爱贝幼儿园、青峰山实验学校、接山镇中小学等地，实地查看学校项目建设和教学管理现场，听取相关负责人工作汇报。县人大常委会主任刘思宏，副主任侯圣玉、李元申、陈兰芳、王成明、牛之春，县人大常委会党组成员、办公室主任吴绪月参加考察，副县长程鹏陪同活动。

同日 县委副书记、县长刘玉主持召开信访工作调度会议。要求各级各部门要切实履行职责，大力弘扬从严从实、勇于担当的作风，面对困难不退缩、面对群众诉求不推诿，全力以赴把信访工作抓实、抓细、抓深。县领导陈传帅、宋鸿鹏、靳庆新、李生广参加会议。

10月26日 山东省第二十三届环卫工人节。东平举行庆祝活动，隆重表彰辛勤奉献的56名优秀环卫工人。县委副书记宫庆会出席会议并讲话，县委常委、副县长宋鸿鹏主持会议。

同日 县委常委、组织部部长王强到平湖社区创卫网格调研创卫街长制落实情况。县政协副主席王成生参加活动。

10月27日 全县创建国家卫生县城明查工作调度会召开，共同收看《创建国家卫生县城暗访反馈视频》，副县长程鹏讲话。县委副书记宫庆会，创卫网络牵头单位、创卫职能部门主要负责人；县创卫办有关工作人员；15个社区书记，东平街道、经济开发区所辖城中村书记、主任参加会议。

10月28日 县委书记赵德健，县委副书记、县长刘玉等各大班子领导带头深入创卫实践。

同日 县委书记赵德健主持召开县委常委（扩大）会议。传达学习《中共山东省委关于认真学习宣传贯彻党的十九大精神的通知》，听取县贯彻落实中共十九大精神初步安排。县委副书记、县长刘玉，县委副书记宫庆会、赵家杰，县委常委出席会议。县政协主席刘祥涛，县人大常委会主任刘思宏和其他副县级领导列席会议。

同日 东平爱心帮慈善公益协会携手县派第一书记为旧县乡山沃村60岁以上老人送去御寒棉衣，并看望慰问贫困群众。

同日 县委召开全面深化改革领导小组第二十八次会议。研究关于深化放管服改革，进一步优化政务环境的实施方案；东平县综合行政执法体制改革实施方案；东平县群团改革方案；县总工会、团县委、县妇联和科协系统改革实施方案。县委书记赵德健主持，县委副书记、县长刘玉，县委副书记宫庆会、赵家杰，县委常委出席会议。县政协主席刘祥涛，县人大常委会主任刘思宏和副县级领导干部列席会议。

同日 “丁酉年祭罗大典”在东平街道“贯中园”景区举行，旨在推动罗贯中文化的研究与弘扬。

10月30日 县十八届人大常委会举行第五次会议。县人大常委会主任刘思宏主持会议，传达学习中国共产党第十九次全国代表大会精神；审议通过县政府《关于全县2017年财政监督工作情况的报告》《关于2017年县级预算调整方案（草案）的报告》；听取县政府《关于2016年度县级预算执行和其他财政收支审计查出问题整改情况的报告》；审议通过县政府《关于全县教育综合提升工程实施情况的报告》；表决通过了人事任命事项。

同日 全县总河长会议暨第一次专题会议召开。听取全面实行河长制工作情况和工作制度起草情况汇报，研究安排部署近期重点工作，审议全面实行河长制工作制度。县委书记赵德健出席会议并讲话。县委副书记、县长刘玉主持会议。县委副书记宫庆会，副县长程鹏、李广义、王洪亮、李生广参加会议。

10月31日 县委副书记、县长刘玉督导部分重点项目建设推进工作。深入各企业生产车间和项目建设现场实地查看，听取项目建设推进、开工筹备以及企业生产经营、创新研发等有关情况，重点了解各部门单位围绕破解困难问题采取的办法措施。县委常委、副县长宋鸿鹏参加活动。

同日 县委副书记、县长刘玉主持召开环境保护突出问题整改工作推进会议。县人大常委会副主任王成明，副县长、县公安局局长王洪亮参加会议。

同日 县委副书记、县长刘玉调研工业企业发展情况。先后到鑫香面粉、长河肥业、水泊食品等企业，实地察看企业的生产线、生产车间，详细了解企业生产经营、管理模式、技术改造等情况，仔细询问企业发展过程中遇到的问题和困难。副县长李生广、王广昌参加活动。

同日 县委书记赵德健到州城街道、老湖镇、旧县乡和斑鸠店镇督导调研精准扶贫工作。采取随机抽查方式，对2016年已脱贫户、2017年未脱贫户、危改户进行走访调查，详细了解基层扶贫基础工作。县委副书记宫庆会、副县长李广义参加活动。

11月

11月1日 县政协考察全县教育重点工作推进情况。先后到实验中学、明湖中学、东平街道中心小学、清河小学、彭集中学新校、高级中学、青峰山实验学校和接山镇中学、中心小学等地，实地察看学校基础设施建设和教育重点项目推进情况，听取相关情况介绍。县政协主席刘祥涛，副主席吴绪季、王金艳、王成生、孟光，秘书长李存社及部分常委、委员参加考察。副县长程鹏陪同活动。

同日 市金融办主任任树凯和泰安商业银行董事长展鹏到瑞星集团考察。实地察看瑞星集团粉煤气化工程操作室、航天炉装置区、人工湿地和药业葡萄糖车间，详细了解企业在运营、管理、融资、技术研发、发展规划等方面的情况。县委副书记、县长刘玉，副县长李生广参加活动。

同日 山东平安昌顺融资性担保有限公司揭牌。公司注册资本3亿元，主要为东平符合产业政策、品牌效应高，信用记录佳、财税贡献大的县域企业和“三农”提供融资担保服务。市财政局副局长王庆涛、县委副书记、县长刘玉等领导出席揭牌仪式。

11月2日 全县美丽乡村建设现场推进会召开。

11月4日 县委书记赵德健主持召开县委常委会议。传达省委十一届二次全会精神、市委十一届四次全会精神；听取关于召开东平县委十四届二次全会的情况汇报；听取《中共东平县委关于深入学习宣传贯彻党的十九大精神加快全面小康东平建设进程的意见（讨论稿）》起草情况汇报。县委副书记、县长刘玉，县委副书记宫庆会、县委副书记赵家杰及县委常委出席会议。县人大常委会主任刘思宏列席会议。

同日 中国体育彩票“克赛尔”杯钓鱼竞技赛在东平湖国家垂钓基地举行。来自山东、河北、河南、江苏、北京等地190余名选手同台竞技，在切磋交流中享受垂钓乐趣。县政协副主席吴绪季参加开幕式。

11月7日 县委副书记、县长刘玉主持召开全县工业项目建设推进会。指出，项目建设是县域经济发展的强大引擎和重要支撑，关系发展质量，决定发展后劲。全县上下要紧

紧抓住当前项目建设的黄金时间，同心协力，攻坚克难，坚决打赢项目建设攻坚战。县委常委、副县长宋鸿鹏参加会议。

11月8日 县委副书记、县长刘玉主持召开饰品小镇项目规划讨论会。在听取项目规划设计情况后，刘玉指出，饰品小镇项目是东平抢抓产业转移机遇、立足饰品加工基础、积极培育发展的劳动密集型产业平台，对增加劳动就业岗位、推进脱贫攻坚等工作具有重要促进作用。

11月11日 县委理论中心组举行学习十九大精神研讨会。县委书记赵德健指出，党的十九大报告明确提出中国特色社会主义进入了新时代，标明了我国发展新的历史方位，也吹响了向新目标奋进的嘹亮号角。新时代就要有新思想、新精神、新气象、新状态，新使命要有新作为，要为实现新三步走的战略目标不忘初心、勇挑使命，为人民幸福、民族复兴而不懈努力。县政协主席刘祥涛，县委副书记宫庆会、赵家杰和县委常委参加学习。

11月13日 副县长程鹏带队督导检查创卫暗访问题整改落实情况。先后到一担土在建农贸市场、副食品加工厂家属院、汶河街中段施划道路标线现场和护驾村农贸市场等地，察看各问题整改项目推进落实情况。

11月14日 全县美丽乡村建设工作会议召开。县委副书记宫庆会，县委常委、统战部长徐彩虹，县委常委、办公室主任靳庆新，县人大常委会副主任王成明，县政协副主席王成生参加会议。

11月15日 县委书记赵德健督导检查城区冬季供暖工作。县委常委、副县长宋鸿鹏参加活动。

同日 全县“贯彻中共十九大提升安全感”工作动员大会召开。县委常委、政法委书记陈锋出席会议并讲话，副县长、县公安局局长王洪亮主持会议；县法院院长张海鹏、县检察院代检察长赵平原参加会议。

11月17日 《大众日报》头版刊载文章《东平党员干部认领“责任田》，记述东平县在创卫工作中实行街长责任制的做法。

11月21日 泰安市依法行政联系点工作座谈会在东平县召开。市政府法制办调研员毕思忠，县委常委、常务副县长陈传帅，县委常委、副县长宋鸿鹏参加会议。

同日 东平县举办首届纺织服装产业博览会。省服装协会秘书长张春华、副县长李生广及各界领导嘉宾参加开幕式。

11月23日 县委副书记、县长刘玉督导检查农贸市场建设工作。在一担土农贸市场、护驾村农贸市场、建材园区农贸市场、张庄农贸市场等地，刘玉现场查看工程推进，听取项目施工建设单位情况汇报，全面了解各项目的总体规划和各功能区建设进展情况。县委常委、副县长宋鸿鹏参加活动。

11月25日 县委书记赵德健，县委副书记、县长刘玉等各大班子领导分别到各创卫网格参加卫生清扫活动。

同日 县委副书记、县长刘玉调研全县交通基础设施项目建设情况。深入105国道无盐南龙山、皮子山、清水坦等路段现场踏勘，听取交通公路部门关于全县交通项目规划、105国道二期改建项目、泰东高速规划、243省道改建、宁梁高速等项目情况汇报。副县长李生广参加活动。

11月29日 南水北调扶贫产业园二期工程奠基仪式在老湖镇后埠子村举行。县委常委、副县长宋鸿鹏参加活动。

同日 市人力资源和社会保障局副局长周民到东平征求“三强”企业对人社工作的意见建议。在瑞星集团、九鑫集团、东顺集团等地，了解各企业经济运行、项目建设等情况，并就人才培养、管理培训等工作与企业负责人深入沟通交流，征求各企业的意见建议。副县长李生广参加活动。

同日 县委常委、副县长宋鸿鹏带队督导检查城区环境卫生治理工作。到城区部分街道实地察看，现场检查督导城区环卫保洁、垃圾清运及公厕运营维护等工作，并就发现的问题现场提出整改要求。

12 月

12 月 1 日 县人大常委会考察全县公安工作。县人大常委会主任刘思宏，副主任李元申、陈兰芳、牛之春，县人大常委会党组成员、办公室主任吴绪月参加考察。县委常委、政法委书记陈锋，副县长、县公安局长王洪亮陪同活动。

12 月 2 日 中国体育彩票第八届全民健身运动会半程马拉松比赛举行，来自全县各行各业的千余名干部群众踊跃报名参与，共享运动快乐。县政协主席刘祥涛、县人大常委会主任刘思宏、县委副书记宫庆会等领导参加起跑仪式，为广大选手助跑加油。

12 月 3 日 县委副书记、县长刘玉带队赴泰安高铁新区考察学习工程项目建设成本控制经验做法。县委副书记宫庆会，县委常委、纪委书记徐宗才，县委常委、副县长宋鸿鹏，副县长李广义参加活动。

12 月 4 日 县人大常委会召开包保脱贫攻坚“三大工程”部门单位进行评议监督工作部署会议。县人大常委会副主任侯圣玉主持会议，县人大常委会副主任王成明传达《东平县人大常委会关于包保脱贫“三大工程”的部门单位进行评议监督的实施方案》。

12 月 6 日 县违法建设治理指挥部组织县执法局、公安局、市场监管局和消防大队、供电公司、后屯社区创卫网格等部门单位 100 余人，依法强制拆除西山路中段三联家电楼后一处大型违建。

同日 县委理论中心组集体学习。县委书记赵德健主持，学习《关于新形势下党内政治生活的若干准则》和《中国共产党党内监督条例》有关内容，交流心得体会。县委副书记、县长刘玉，县政协主席刘祥涛，县人大常委会主任刘思宏，县委副书记宫庆会、赵家杰及县委常委参加学习。

12 月 9 日 县政协委员学习贯彻中共十九大精神培训班开班。县政协主席刘祥涛主持开班仪式并作动员讲话，邀请中共山东省委党校科学社会主义教研部教授、邓小平理论教研室主任王秋波和县委党校讲师分别就如何做一名合格的政协委员、学习贯彻中共十九大精神、构建“亲清”政商关系等作专题辅导报告。县政协副主席王金艳、王成生、孟光，县政协秘书长李存社参加培训学习。

同日 东平县 2017 年渔业行业关键技术培训正式开课，邀请山东省渔业技术推广站副站长董济军、梁瑞青研究员等专家担任授课讲师。参训学员 330 人次，选取渔业技术指导员和各乡镇渔业龙头企业、渔业专业合作社示范社负责人及养殖大户 23 人，先后到南京市水产科学研究所、高淳区、微山县和鱼台县参加实地观摩培训。

12 月 12 日 县委副书记、县长刘玉主持召开限期解决环保突出问题整治工作调度会议。要求各级各部门深入贯彻全市突出环境问题整改工作部署，聚焦难点，逐个突破，确保高质量完成环保突出问题整改工作。县委常委、副县长宋鸿鹏参加会议。

12 月 13 日 全县人大工作座谈会召开。听取各乡镇（街道）人大主要负责人工作情况汇报。县人大常委会主任刘思宏要求各乡镇（街道）人大围绕党委中心工作大局，敢于担当，积极作为，发挥好地方国家权力机关职能作用，推动经济社会持续健康发展和民主法治建设。副主任侯圣玉、李元申、王成明、牛之春，县人大常委会党组成员、办公室主任吴绪月参加会议。

12 月 14 日 县委副书记、县长刘玉主持召开县政府党组会议，专题研究省委巡视组反馈县政府党组问题整改工作。要求县政府党组成员牢固树立“四个意识”，思想和行动与省委决策部署保持高度一致，主动认领整改任务，抓好巡视整改工作。县委常委、常务副县长陈传帅，县委常委、副县长宋鸿鹏，副县长李广义、王洪亮、李生广、王广昌参加会议。

12月15日 全县基层党建创新书记项目观摩调度会议召开。与会人员先后到接山镇汉世伟周徐项目、彭集街道苇子河村、沙河站镇前河涯村、老湖镇凤凰社区、后屯社区大党委实地察看，重点了解龙头企业带动、壮大村集体经济、过硬支部建设、新型农村社区党建、城市社区党建等基层党建创新书记项目推进情况。县委书记赵德健，县委副书记宫庆会，县委常委、组织部部长王强，县委常委、办公室主任靳庆新参加活动。

同日 全县村“两委”换届选举工作动员部署暨乡镇（街道）党（工）委书记情况汇报会议召开。县委书记、县村“两委”换届选举工作领导小组组长赵德健，县政协主席刘祥涛，县人大常委会主任刘思宏，县委副书记、县村“两委”换届选举工作领导小组常务副组长宫庆会，县委副书记赵家杰以及联系乡镇（街道）的副县级领导干部，和县村“两委”换届选举工作领导小组全体成员出席会议。

12月18日 县人大常委会主任刘思宏、副县长程鹏到戴庙镇督导村“两委”换届工作。听取戴庙镇村“两委”换届工作准备情况、存在的重点难点问题和下步打算，与该镇有关负责人就相关问题进行分析探讨，并就进一步做好村“两委”换届工作提出明确要求和指导性意见。

同日 迎接创建国家卫生县城明查工作部署会议召开，县委副书记宫庆会主持会议并讲话，副县长程鹏就迎接明查工作进行安排部署。县领导王强、宋鸿鹏、侯圣玉、李元申、王洪亮、王金艳、赵平原参加会议。

12月19日 县人大常委会考察县人民法院工作。县人大常委会主任刘思宏，副主任侯圣玉、李元申、陈兰芳、王成明，县人大常委会党组成员、办公室主任吴绪月参加考察。县人民法院院长张海鹏陪同活动。

12月20日 县委召开常委会议，听取县人大常委会、县政府、县政协、县法院、县检察院党组2017年工作汇报。县委书记赵德健主持会议并讲话。县委副书记、县长刘玉，县政协主席刘祥涛、县人大常委会主任刘思宏，县法院院长张海鹏、县检察院代检察长赵平原分别代表县政府、县政协、县人大常委会和县法院、县检察院党组汇报交流2017年工作。

同日 县委书记赵德健主持召开县委常委会议，听取县委常委2017年工作汇报和2018年工作思路。县委副书记、县长刘玉，县委副书记宫庆会、赵家杰、县委常委参加会议。县政协主席刘祥涛、县人大常委会主任刘思宏列席会议。

12月21日 全县第四期局乡级领导干部学习贯彻中共十九大精神专题培训班开班。省委党校党建部副教授孙玉华以“从党章发展看中国共产党人的奋斗历程”为题，对中共十九大精神进行深入解读。

12月21—22日 国家卫生县城技术评估专家组到东平评估国家卫生城创建工作。省专家组组长、东营市爱卫办副主任曲健、泰安市卫计委副主任陈增江等，听取东平创卫工作情况汇报，观看创建国家卫生县城专题汇报片。县委书记赵德健，县委副书记宫庆会，副县长程鹏，各创卫网格包保县领导参加评估汇报会。专家组领队、省卫生计生委疾控处处长赵吉来等，高度评价东平创卫工作，宣布各项指标达到国家卫生县城标准要求，拟建议省爱卫办向全国爱卫办推荐东平县城为国家卫生县城。

12月22日 东平县创建国家卫生县城通过省级技术评估，获得申报国家卫生城市的“入场券”。年内，东平县围绕“推进易居立县、建设美丽东平”目标，坚持党委领导、政府主导、部门联合、社会参与，以网格化、常态化、精细化“三化引领”为抓手，创新实施“条块结合”“创卫街长制”等制度，创建国家卫生县城工作取得阶段性成果。全县累计出动21.6万人，宣传车2013辆，印发宣传单35.2万份，清理广告牌匾2.3万块。投入资金1.25亿元，新增环卫设施9197个，拆除违建

44.06万平方米，清理垃圾61.7万吨，维修主次干道934条，新增绿化面积18.8万平方米，处理乱停乱放7.6万件，门前五保落实17837户。城市基础设施进一步完善，卫生管理水平显著提升，城市环境面貌和市民文明素质全面提升。

12月26日 市委统战部副部长、市工商联党组书记高树顺带队到东平开展2017年营商环境创新考核。县委常委、统战部部长徐彩虹主持并汇报相关工作。市考核组通过听取汇报，查看项目现场，对东平营商环境创新表示肯定。副县长李生广，县政协副主席、工商联主席王金艳参加集中评议会议。

12月27日 县委副书记、县长刘玉主持召开县城乡规划委员会2017年第五次会议。审议修建性详细规划；审议信德阳光城项目修建性详细规划调整；审议天坤国际花园二、三期方案修建性详细规划及三期用地规划控制条件确定；审议帝景郦城修建性详细规划及商业地块规划控制条件确定；审议部分房屋权属登记遗留项目用地性质调整事项。县委常委、常务副县长陈传帅，县委常委、办公室主任靳庆新，县人大常委会副主任牛之春，副县长李广义、王洪亮、李生广，县政协副主席孟光参加会议。

同日 县委召开常委会议，传达学习全省经济工作暨金融工作会议精神，安排部署下步工作。县委书记赵德健主持会议并讲话，县委副书记、县长刘玉传达全省经济工作暨金融工作会议精神。县委副书记宫庆会及县委常委参加会议；县政协主席刘祥涛、县人大常委会主任刘思宏列席会议。

12月28日 县委书记赵德健调研全县农村产权制度改革工作，实地察看县农业局农村产权改革展览馆。要求向深化改革要动力，促进农业经济、农村社会和农民权益的全面提升，让农民在改革攻坚中有更多的获得感。

同日 县委副书记、县长刘玉主持召开县政府2017年第十二次常务会议。研究山东大学国家大学科技园泰山分园建设方案后，强调与山东大学合作建设科技园区是推动县域经济高质量发展的重要举措。要求按照“优势互补、真诚合作、共同发展”的原则，把园区打造成科技成果转化、高新技术企业孵化、创新创业人才培养、创新资源聚集辐射的区域创新中心，有力助推经济发展实现质量变革、效率变革、动力变革。县委常委、常务副县长陈传帅，副县长李广义、王洪亮、李生广、王广昌出席会议。

12月29日 由县人民政府主办、县史志办公室承编的《东平年鉴（2017）》出版发行。该年鉴突出东平特色，涉及148个部门单位，全面记述东平2016年度社会经济发展、党政管理、精神物质生态文明建设等各项工作业绩。开启落实国家和省市史志编修“一年一鉴”要求新开端。

12月 东顺集团“清顺柔”系列产品在全国30多个省市设立营销中心和销售办事处，与1000多个国内外大中型KA集团及商超连锁3万家门店合作，实现全国性品牌的跨越式升级，年实现销售收入超过60亿元。

县情概览

环境·资源·人口

【位置面积】 东平县位于山东省泰安市西南部，黄河下游，地处北纬35° 46'24" 至36° 10'20"，东经116° 02'52" 至116° 39'44" 之间，东与肥城市毗邻，南与汶上县、梁山县接壤，西部隔黄河与东阿县、阳谷县、河南省台前县相望，北与济南市平阴县搭界，居大汶河下游，县东西最大横距55.5公里，南北最大纵距45公里。全县土地总面积1343平方公里，占泰安市总面积的17.7%。

【建置沿革】 东平古称东原。唐虞夏商时期属徐州。西周，境内置须句、郚、宿等诸侯国。春秋，须句属鲁；郚属齐；宿属宋。秦代实行郡县制，境内置须昌县、无盐县、张县，均属薛郡。西汉，增置富城、章县，时五县先后属大河郡、东郡和东平国（国治宿城）。三国魏，撤章县，另四县沿属东平国。西晋，东平国治迁须昌（今埠子坡）。东晋，改东平国为东平郡(郡治宿城)。北周，境内须昌、寿张（即秦代张县）二县属鲁州。隋代，须昌、宿城二县属郓州。唐贞观元年（627年），宿城县并入须昌县。景龙元年（707年），复置宿城县。贞元四年（788年），宿城县改名东平县。太和四年（830年），改东平县为天平县，两年后天平县并入须昌县。五代，须昌、寿张县沿属郓州。后唐同光元年（923年），改须昌县为须城县。庆历二年（1042年），置京东西路安抚使于郓州（须城），大观元年（1107年），升郓州为大都督府。宣和元年（1119年），改郓州为东平府（治须城）。元太祖十五年（1220年），严实在须城立行台，领山东西路行中书省兵马总管，辖54州县，西至太行山山西林县（红旗渠），东至泰莱山区，北至德州，南至江苏省邳县，历时48年，是东平历史上面积最大、经济文化最为繁荣之时。后置东平路总管府。至元九年（1272年），改东平府为东平路，直隶中书省。明洪武八年（1375年），东平府降为州，宿城县并入，属济宁府。洪武十三年（1380年），改隶兖州府。东平州时辖汶上、东阿、平阴、阳谷、寿张5县。清雍正八年（1730年），升东平州为山东布政使司的直隶州，领东阿、平阴、阳谷、寿张四县。雍正十三年（1735年），撤直隶州为散州，属泰安府。1913年，改东平州为东平县，属济西道。1928年，裁道制，直属山东省政府。1935年，属省第一实验区行政长官公署。1939年9月，东平县抗日民主政府成立，先后属泰西行政委员会和泰西专员公署。1941年6月至1942年7月，先后属冀鲁豫第一、第二专署。1945年5月，东平解放，属冀鲁豫第八专署。1947年7月，属冀鲁豫第七专署。1948年5月，复属泰西专署。1950年5月，属泰安专署。1958年12月，撤平阴县并入东平县。1959年10月，撤销东平县，恢复平阴县，其县境大部属平阴县。1962年1月，恢复东平县建制，复属泰安专署。1985年8月，泰安地区改为泰安市，东平县沿属。

【行政区划】 2017年，全县辖

2个乡、9个镇、3个街道办事处，706个行政村，10个社区居委会。其中，商老庄乡35个村，旧县乡30个村，接山镇52个村，大羊镇37个村，梯门镇42个村，老湖镇71个村，斑鸠店镇40个村，银山镇44个村，戴庙镇48个村，新湖镇54个村，沙河站镇65个村，州城街道71个村，彭集街道53个村，东平街道个村，县经济开发区村。

【人口状况】 2017年，全县出生人口12826人，出生率15.8‰；死亡人口3743人，死亡率4.6‰；自然增长率11.2‰。年末常住人口76.33万人，其中城镇人口32.72万人，农村人口43.61万人。

【民族概况】 2017年底，全县有少数民族18个，分布在全县14个乡镇，107个村。人口共计4300人，其中回族4100人，另外17个少数民族有蒙古族、藏族、苗族、侗族、白族、土家族、哈尼族、傣族、傈僳族、黎族、景颇族、彝族、壮族、布依族、朝鲜族、满族、佤族，共200人。回族在县内居住相对集中，符合大分散小群居的特点。回族农村人口分布：州城街道，787人，分布在北门、西门、牌坊；老湖镇，1626人，分布在展营、王台、展庄、西一、西三、西四、九女泉、桓村、冯庄、郭楼；东平街道，670人，分布在马庄、宿城、西辛庄、高范村；新湖镇，182人，在西王庄；商老庄乡，93人，分布在大安山、新光村；梯门镇，217人，在李所村；大羊镇，116人，分布在东南村、杜村；沙河站镇，35人，在沙北村；戴庙镇，145人，在戴庙村。全县有4个少数民族村，分别是东平街道马庄村、新湖镇西王庄村、老湖镇展庄村，州城街道北门村。17个少数民族人口，大多是由于工作、婚姻等原因，迁入东平，居住分散。

【气候特征】 东平县属于暖温带大陆性半湿润季风气候，在“中国气候区划”中为ⅢB–2，即南温带半湿润鲁淮区，在“山东省农业气候区划”中为Ⅱ4a.b，即鲁西南半湿润温暖农业气候区、尼泽丘陵和沿湖农业气候区。其特点是雨热同季，干湿明显，冬季寒冷少雪，春季干燥多风，夏季炎热多雨，秋季天高气爽，冬夏长而春秋短，四季分明。

2017年全县平均气温14.8℃，极端最低气温–8.4℃（1月20日），极端最高气温36.1℃（7月3日）；2017年全县总降水量740.0毫米，较历年平均降水（614.3毫米）偏多125.7毫米；2017年全县平均日照2154.8小时，较历年平均日照（2354.2小时）偏少199.4小时；夏季多为东南风，冬季多偏北风，2017年平均风速为1.9米/秒，最大风速13.5米/秒。

东平县主要灾害性天气有旱涝、暴雨、冰雹、大风、干热风、霜冻、低温、连阴雨等，以干旱危害最重，为本地主要农业自然灾害。

2017年东平县气温、降水、日照与历年平均对照表

表1

要素 / 数值 / 月份	气温		降水		日照	
	数值（℃）	与历年平均	数值（毫米）	与历年平均	数值（小时）	与历年平均
一月	0.9	+1.7	9.9	+4.7	123.9	−40.9
二月	4.1	+1.7	4.7	−3.8	155.9	−1.4
三月	8.8	+0.8	4.1	−12.2	208.7	+9.6
四月	16.1	+1.2	41.1	+15.2	215.6	−17.3
五月	22.4	+2.0	34.5	−21.2	307.6	+56.8
六月	25.0	−0.6	147.8	+72.8	218.6	−6.5
七月	27.8	+0.8	322.4	+158.1	163.8	−32.2
八月	26.3	+0.5	99.2	−48.0	183.9	−24.3
九月	22.2	+0.9	19.7	−39.2	169.7	−26.6
十月	14.1	−1.1	53.7	+20.2	106.9	−86.6
十一月	7.9	+0.4	2.2	−15.3	170.3	−2.6
十二月	2.0	+0.9	0.7	−5.6	129.9	−27.4

【土地资源】 全县土地总面积13.39万公顷。山区丘陵占30.6%，宜种植耐旱作物，发展林（果）牧业；平原占31.1%，是粮食、瓜菜的主要产地；涝洼地（包括水面）占38.3%，可发展水生经济植物和淡水养殖。

【水资源】 县内可利用的地表水、地下水及大量过境客水，总计2.47亿立方米（其中地表水和客水9429万立方米；地下水1.52亿立方米），国民经济各部门需水总量1.86亿立方米；平水年余3426万立方米；偏枯年缺3426万立方米。

【生物资源】 粮食作物主要有小麦、玉米、地瓜、高粱、谷子、大豆、水稻等。经济作物主要有花生、芝麻、棉花、油菜、蔬菜等。

木本植物主要有毛白杨、钻天杨、垂柳、国槐、刺槐、青桐、香椿、榆树等。经济树种主要有苹果、梨、桃、杏、樱桃、无花果、花椒、核桃、柿子、枸杞、葡萄、山楂、石榴、枣、油桃、银杏等。其中大羊薄皮核桃被评为中国地理标志名优产品。观赏植物主要有龙柏、塔柏、千头柏、罗汉柏、金钱松、南洋杉、金丝垂柳、龙爪槐、樱花、蜡梅、珠兰、茶花、牡丹、米兰、海棠、月季、玫瑰、木香、无花果、绣线菊、象牙红、白兰花、丝锦木、铁线莲、夜来香等。现有古树逾万株，主要有黑钩叶、车梁木、银杏、侧柏、乌柏、血柏、栎树等，其中银山镇腊山黑钩叶树龄已有500余年，被称为“山东第一树。”

水生植物主要有藕、芡实、菱角、苇、蒲草等。

水生动物以东平湖、稻屯洼最多，主要有中华绒毛蟹、甲鱼、虾、蚌等。鱼类主要有鲫、鲤、鲢、草鱼等。

畜禽品种主要有牛、羊、猪、鸡鸭等。东平鲁西黄牛为全国四大良种牛主要之一，役肉兼用。小尾寒羊为稀有品种。东平县被列为全省小尾寒羊保种基地。

【矿产资源】 境内发现矿种（含亚矿种）15种，占全省已发现矿产总数150种的10%，其中能源矿产2种、金属矿产2种、非金属矿产10种、水气矿产1种。探明储量的主要有铁、煤、水泥用灰岩、页岩、白云岩、木鱼石、建筑用砂、矿泉水等。铁矿探明储量54675.67万吨，居山东省第三位，泰安市第一位，分布于彭集镇和老湖镇水河一带，平均品位在30%左右，开发潜力较大，易于规模开采，属东平县优势资源。煤矿分布在戴庙镇境内，有效含煤面积30平方公里，煤储量9907.8万吨，天然焦储量7195.0万吨，开发论证工作正在进行中。水泥用灰岩探明储量39138.9万吨，页岩探明储量5414.72万吨，白云岩储量2000万吨以上，木鱼石储量60万立方米，建筑用砂储量3000万立方米。具有资源量大、分布广、开采技术条件简单、运输方便的特点，利于规模化、集约化开发。另有矿泉水储量1120立方米/日，为优质矿泉水。

【旅游资源】 东平县有4000多年的历史，文化底蕴深厚，旅游资源丰富，名胜古迹众多，自然景观优美。境内黄河、古运河、大汶河、东平湖纵横交错，水浒文化、运河文化、佛教文化、儒学文化等相互交融，是旅游资源大县。全县有以东平湖为核心的自然景观、以水浒文化为代表的人文景观400余处，全省分布的五大类41个亚类旅游资源中，除滨海风景外，东平有40个亚类。境内有国家级景区、景点5处（国家级重点文物保护单位3处：白佛山石窟造像、洪顶山摩崖刻经、京杭大运河东平段；国家级公园2处：腊山国家森林公园、稻屯洼国家城市湿地公园），省级重点文物保护单位8处，市级重点文物保护单位10处。素有“小洞庭”之称的东平湖，是历史上“八百里水泊”的唯一遗存水域，三面环山，湖中有岛，山水相映，景色优美，旖旎多姿。1985年，东平湖被山东省人民政府公布为省级风景名胜区。腊山素有“山奇雄，峰奇秀，岩奇险，石奇美”之称，自古被誉为“小泰山”“小岱峰”。

腊山国家森林公园 1997 年被评为“全国森林公园十大标兵”之一。位于县城西侧的白佛山石窟造像，2001 年 6 月被批准为全国重点文物保护单位。稻屯洼苇蒲吐翠、鱼跃鸟鸣，瓜果飘香，2005 年，被建设部批准为国家城市湿地公园。2011 年，“江北都江堰”——戴村坝，被水利部命名为“国家级水利风景区”。2014 年 6 月，戴村坝作为大运河的重要节点成功入列世界遗产。2017 年 8 月，经中国地名文化遗产保护专家委员会鉴定，确认东平县为中国地名文化遗产千年古县。

经济和社会发展综述

【经济综合】 经济总量平稳增长。全县实现生产总值（GDP）396.53 亿元，比上年增长 6.4%。其中，第一产业增加值 44.58 亿元，增长 2.8%；第二产业增加值 182.19 亿元，增长 4.9%；第三产业增加值 169.76 亿元，增长 9.0%。产业结构调整稳步推进。三次产业比例由上年的 11.8∶46.0∶42.2 调整为 11.2∶46.0∶42.8。一、二、三产业对生产总值增长的贡献率依次为 4.8%、36.3%、58.9%，分别拉动经济增长 0.3、2.3、3.8 个百分点。就业形势保持稳定。全县新增就业再就业 6850 人，城镇登记失业率 2.73%，低于 3.5% 的控制目标。新增农村劳动力转移就业 10875 人，全县人力资源市场体系继续健全完善，高校毕业生等重点群体就业得到有效解决。市场主体规模不断扩大。年末全县已注册个体工商户 26136 户，从业人员 75566 人，资金数额 343395 万元；私营企业 4600 户，从业人员 37400 人，注册资本 2632068 万元。

【农林牧渔业】 生产平稳增长。全县实现农业产值 77.7 亿元，按可比价格（下同）同比增长 3.7%。实现农业增加值 45.5 亿元，同比增长 3.6%。其中，种植业增加值 25.2 亿元，同比增长 4.9%；林业增加值 0.6 亿元，同比增加 6.3%；牧业增加值 9.4 亿元，同比增长 8.0%；渔业增加值 9.2 亿元，同比减少 9.2%。林业生态建设进展顺利。林业生产较快发展。全县完成造林面积 683 公顷，其中，经济林面积 14 公顷，防护林面积 121 公顷。木材产量量 84622 万立方米，增长 11.7%。国家森林公园 1 处。畜牧业生产保持稳定。肉类总产量 4.4 万吨，比上年增长 5%。禽蛋产量 3.1 万吨，增长 0.7%。牛奶产量 1.2 万吨，增长 7.1%。渔业生产稳中有升。全县水产养殖面积 5.6 万亩，水产品总产量 7.2 万吨，淡水养殖产品产量 5.1 万吨，捕捞产量 2.1 万吨，比去年增长 33%。机动渔船 4534 艘，总吨位 3895 吨。农村生产生活条件持续改善。农业机械总动力 83.56 万千瓦，同比增长 4.4%。拥有拖拉机 12144 台，其中大中型拖拉机 5046 台。农用排灌机械 14405 台，收获机械 5293 台。农村自来水普及率达到 96%。农田水利建设扎实推进。农田有效灌溉面积 78.6 万亩，其中，节水灌溉面积 61.47 万亩。综合治理水土流失面积 13.56 万亩。

2017 年东平县主要农产品产量统计表

表 2　　单位：万吨

产品名称	产量	比上年增减（%）
粮食	63.8	5.5
夏粮	32.3	2.5
秋粮	31.5	8.8
棉花	0.5	21.3
油料	2.1	1.8
蔬菜	82.3	23.1
园林水果	1.2	9.7

【工业】 工业生产稳中向好。全县规模以上工业（全年主营业务收入2000万元以上的工业企业）增加值同比增长3.6%，全年增幅呈稳步发展态势。在全县统计的27类行业中有多数行业实现同比增长，部分行业增幅较低。工业企业效益平稳增长。全县310家规模以上工业企业实现主营业务收入948.8亿元，同比下降13.3%；利润52.5亿元，利税67.3亿元，分别下降13.0%和13.3%。工业结构进一步优化。从产值增幅来看：黑色金属矿采选业累计完成产值25.6亿元，同比下降7.9%；农副食品加工业累计完成产值185.1亿元，同比增长8.2%；酒、饮料和精制茶制造业累计完成产值8.5亿元，同比下降28.6%；纺织业累计完成产值48.7亿元，同比增长7.7%；纺织服装、服饰业累计完成产值85.0亿元，同比增长22.3%；造纸和纸制品业累计完成产值54.3亿元，同比增长20.1%；化学原料和化学用品制造业累计完成产值158.1亿元，同比增长6.7%；橡胶和塑料制品业累计完成产值51.3亿元，同比下降10.6%；电力、热力生产和供应业累计完成产值1.0亿元，同比增长42.9%。

2017年东平县主要工业产品产量统计表

表3

	产量	单位	增长（%）
小麦粉	67.3	万吨	5.2
饲料	68.3	万吨	-18.3
精制实用植物油	11.6	万吨	0
纱	0.9	万吨	-55.0
布	4.0	亿米	33.3
帘子布	0.8	万吨	-20.0
服装	3442.3	万件	6.1
机制纸及纸板	15.6	万吨	20.0
合成氨（无水氨）	121.1	万吨	1.9
橡胶轮胎外胎	2076.3	万条	-9.9
硅酸盐水泥熟料	112.1	万吨	9.5
商品混凝土	278.4	万立方	3.5
钢材	—	吨	—
锻件	13.3	万吨	-15.3
汽车	—	万辆	—
摩托车整车	—	万辆	—
白酒	4360.0	千升	-8.2
彩色电视机	—	万台	—
家用电冰箱	—	万台	—
家用洗衣机	—	万台	—
微型计算机设备	—	万台	—
发电量	1.6	亿千瓦时	64.3

【固定资产投资】 固定资产投资稳中趋缓。全县固定资产投资完成353.2亿元，增长9.5%。从投资在建项目看，计划投资5000万元及以上项目完成投资194.4亿元。投资结构优化调整。第一产业完成投资14.2亿元，同比增长10.1%；第二产业完成投资154.9亿元，同比下降10.5%，其中，技术改造投资149.1亿元，同比增长11.5%，投资额占工业投资的96.3%；第三产业完成投资184.1亿元，同比增长26%。三次产业投资结构由去年同期的3.9∶52.1∶44调整为4∶43.9∶52.1。基础设施投资加大。全县基础设施投资81.7亿元，同比增长32.6%，占总投资的23.1%。其中，水利、环境和公共设施管理业完成投资30.6亿元，同比增长10.1%；教育业完成投资12.3亿元，同比增长173.3%;交通运输、仓储和邮政业完成投资28亿元，同比增长53%;文化、体育和娱乐业完成投资2.3亿元,同比增长6.5%;房地产业完成投资63.9亿元，同比增长122.6%。民间投资平稳运行。民间投资完成330.6亿元，同比增长20.6%，增速高于全部投资11.1个百分点，占全部投资的比重由上年同期的83.4%上升为93.6%。

【房地产业】 2017年，房地产开发经营企业37家，完成投资11.4亿元，同比增长19%；商品房销售面积39.9万平方米，同比增长 22.9%；商品房销售额 14.3 亿元，同比增长 37.3%。从结构看，住宅销售面积 38.2 万平方米，同比增长 28.7%；商业营业用房销售面积 0.84 万平方米，同比增长 17.2%。

【建筑业】 建筑业实现增加值 31.76 亿元，同比增长 6.4%。27 家资质以上建筑企业完成总产值 62.21 亿元，同比增长 0.4%，其中 6 家二级资质以上企业完成 25.7 亿元。

【国内贸易】 消费品市场平稳运行。社会消费品零售总额 171.13 亿元，比上年增长 10.0%，比上年提高 0.9 个百分点。其中，限额以上单位完成消费品零售额 129.05 亿元，同比增长 6.6%，占零售总额的 75.41%；限额以下单位实现零售额 42.08 亿元，占零售总额的 24.59%。城乡市场呈同步增长发展态势。限额以上单位中，城镇消费品零售额 104.09 亿元，比上年增长 7.2%；乡村消费品零售额 24.96 亿元，增长 5.9%，与上年相比，城乡增速差距由 5.66 个百分点缩小至 1.3 个百分点。热点商品销售兴旺。从消费的商品构成看，多类保持较快增长。服装鞋帽针纺织品类增长 9.2%，家用电器和音像器材类增长 11.2%，中西药品类增长 9.4%，家具类增长 13.1%，石油及制品类增长 12.7%。

【对外经济】 全年实现进出口总值 40734 万元。其中，进口总值 7263 万元，同比减少 70.3%；出口总值 33471 万元，减少 9.6%。对外经济合作进展顺利，实际利用外资 1728 万美元，增长 55.0%。

【交通】 2017 年，全县公路、水路共完成旅客运量 590 万人次，比上年减少 10.74%；完成货运量 4544 万吨，减少 8.05%。年末公路通车里程 2768 公里，其中高速公路通车里程 34.5 公里。

2017 年客货运输量及增长速度统计表

表 4

	旅客				货物			
	运输量（万人次）	比上年（%）	周转量（万人公里）	比上年（%）	运输量（万吨）	比上年（%）	周转量（万吨公里）	比上年（%）
合计	590	−10.74	42150	−11.51	4544	−8.05	551168	−18.44
公路	590	−10.74	42150	−11.51	4544	−8.05	551168	−18.44
铁路	—	—	—	—	—	—	—	—
水路	—	—	—	—	—	—	—	—

【旅游业】 2017 年，全县旅游工作以创建东平湖—白佛山国家 AAAAA 级旅游景区和国家全域旅游示范区为总抓手，强力推进旅游产业发展。全县拥有国家 A 级旅游景区 15 家，新增 1 家。2017 年，全年共接待游客 670 万人次，同比增长 9.9%；实现旅游综合收入 40 亿元，同比增长 8.6%。

【财政税收】 2017 年，全县实现一般公共预算收入 114816 万元，可比增长 2.1%。其中各项税收 80682 万元，可比增长 12%，税收收入占一般公共预算收入的比重为 70.3%。各项税收中，一般增值税 14888 万元，改增增值税（含营业税）15515 万元，企业所得税 1698 万元，分别增长 65.6%、−26.2% 和 −26.7%。全县一般公共预算支出 379962 万元，增长 9.3%。对教育、文化体育与传媒、社会保障和就业、医疗卫生与计划生育、住房保障的支出分别为 85638 万元、3818 万元、56962 万元、45708 万元和 17061 万元，分别增长 1.8%、66.9%、11.8%、3.1% 和 70.2%。

【金融】 2017 年末，全县人民币各项存款余额 272.29 亿元，比年初增加 32.62 亿元，增长 13.61%。其中，住户存款余额为 208.16 亿元，比年初增加 17.94 亿元，增幅 9.43%；非金融企业存款 27.2 亿元，比年增

增加5.94亿元，增幅27.96%；广义政府存款余额36.78亿元，比年初增加9.34亿元，增幅34.06%。年末全县金融机构人民币各项贷款余额177.66亿元，比年初增加11.75亿元，增幅7.08%。其中，住户贷款余额为79.7亿元，比年初增加13.19亿元，增长19.77%。非金融企业贷款余额为97.96亿元，比年初减少1.41亿元，降幅1.42%。

【教育】 投资8亿元，新建学校11处，改扩建32处，佛山小学等33个项目投入使用。教育装备水平持续提升，被评为“省教育信息化示范县”。着力实施校车工程，44辆标准化校车投入运营。继续强化队伍建设，新招聘教师300人。教育教学质量再创新高，高考本科录取2416人，2人考入清华大学，中考位次在全市再次前移。

【科技创新】 2017年，全县获市级以上科学技术奖3项；申请国内发明专利115件，授权11件。瑞星粉煤气化二期工程顺利投产，无水葡萄糖项目快速推进，在中国香港成功并购上市，结束东平没有上市公司的历史。瑞星集团被评为“山东省节能突出贡献企业”，列入省智能制造首批示范企业，跻居中国化肥制造业百强第8位。东顺多功能纸和高速纸机生产线试生产，省“工业绿动力”示范项目清洁能源二期工程投入运营，“顺清柔”以92.85亿元的价值跻身中国最具价值品牌500强。九鑫电镀工业园加快建设。润声印务、星光实业、鲁玻包装等持续推进“机器换人”，金山橡塑、容业达、龙美生物、泰牛科技等加快成果转化，一批中小企业快速成长。新东岳“新智机械”“速至摩托车胎”被评为山东名牌产品，社汇酒业“唐龙一品液”被评为山东老字号。瑞星干煤粉气化技术工程被列为国家重大技术专项，沃普粮食干燥机获评“山东省首台套技术装备”。新东岳、九鑫生物被认定为高新技术企业，新增科技型中小微企业13家、研发平台13家。山东大学泰山科技园加快规划建设。

【文化事业】 2017年，全县有博物馆1个，公共图书馆1座，群众艺术馆、文化馆1座，文化站14个，农村文化大院716个。国家级文化产业示范基地1个，全国重点文物保护单位4处，省级文物保护单位13处。

【医疗卫生】 2017年，全县拥有医疗卫生机构573个，其中，医院9所，疾病预防控制机构1所，妇幼保健机构1个，乡镇卫生院10所，社区卫生服务中心（站）13个，诊所（卫生所/门诊部/医务室）85个。各类卫生机构拥有床位数2886张，比2016年增加189张；卫生技术人员3262人，其中执业医师及执业助理医师1206人，增加72人；注册护士1304人，增加10人。婴儿死亡率2.34‰。

【城乡建设】 东岳广场、北京湾等项目加快建设，政法大楼、利民大厦等投入使用。城区新增房地产开发面积49.54万平方米，新建农贸市场4处、改造提升2处，修建道路16公里，施划停车位1.7万余个，新建改建公厕31处，改造提升绿地60万平方米。加快小城镇建设，老湖水浒影视小镇、银山东平湖生态旅游小镇列入省级特色小镇名单。浮粮店列入省级传统村落名录。

【环境保护】 全力推进东平湖综合整治，12.6万亩网箱网围全部拆除，21只水上餐船彻底取缔，再现一望无垠的秀水碧波。认真落实“河长制”，县乡村三级河长组织体系全面建立。扎实开展“清河行动”，清除河湖违法事项443处。强化生态修复保护，完成造林2.4万亩，山水林田湖生态保护修复试点项目得到国家批复。以中央和省环保督察为契机，铁腕推进山石河砂开采整治、畜禽养殖场关闭搬迁、“散乱污”企业治理、燃煤小锅炉淘汰、秸杆禁烧等工作，圆满完成市政府下达的节能减排任务。

【社会保障】 社会救助事业稳步推进。2017年，全县最低生活保障救助 26571 人，同比减少 5.6%，其中：城市 1005 人，同比减少 10.6%，农村 25566 人，同比减少 5.4%。发放最低生活保障金 6414 万元，同比减少 4.3%, 其中：城市 392 万元，同比减少 8.2%，农村 6022 万元，同比减少 4.0%。社会保障体系建设日趋完善。2017 年，全县参加城镇职工养老保险人数达 82131 人，同比增加 1070 人。全县参加城乡居民养老保险人数 468906 人，同比增加 30460 人。参加基本医疗保险人数 70.9 万人（含城镇居民），同比增加 5965 人。参加失业保险的 49528 人，同比增加 377 人。参加工伤保险的 68655 人，同期减少 1040 人。

精神文明建设综述

【概况】 2017 年，全县精神文明建设紧紧围绕县委、县政府中心工作，服务发展大局，以建设“文明东平”为目标，不断深化乡村文明行动，努力提高公民道德素质和社会文明程度。成功推荐“中国好人”2 人，“山东好人”10 人，“泰安好人”14 人。斑鸠店镇李道明、李浩父子及银山派出所民警王瑞光荣登“中国好人”榜，县第二实验小学关雨赫、杜怡忻、王鹏程等 10 余人荣登“山东好人”榜。彭集街道马流泽村、接山镇后口头村被评为第五批省级“乡村文明家园”建设示范村（居）。

【公民道德素质提升】 社会主义核心价值观深入人心。从机关单位到学校企业，从街头巷尾到居民楼栋，处处传递着正能量，社会主义核心价值观正在广大市民中入脑、入心。组织开展“弘扬优秀家风家训”主题活动，把传承优秀家风家训融入到道德建设之中，融入到社会主义核心价值观宣传教育之中，不断推动社会主义核心价值观扎根千万家庭。会同旅游局等单位，做好假期文明旅游公益广告宣传，营造浓厚的文明旅游氛围。迎接中共十九大胜利召开，在全县公共场所张贴展示“砥砺奋进的五年·文明的力量”宣传挂图，影响和带动广大市民自觉践行社会主义核心价值观。“身边好人”推荐工作成绩显著。县文明办积极组织，将推荐工作纳入文明创建测评体系，进行量化管理，累计报送好人线索 4 万余条，全县上下好人好事涌现不断、凡人善举捷报频传。2017 年，新增省、市级文明单位、村镇 23 个。道德模范评选活动深入开展。2017 年，广泛开展第六届全县道德模范评选活动。通过与全县移民避险工程、精准扶贫等重点工作相结合，推选出一大批作出重要贡献、具有重大影响的成熟典型。从 187 名候选人中，评选出第六届全县道德模范 10 名，在全社会兴起学习道德模范、崇尚道德模范、争当道德模范的热潮。“民间设奖奖百姓”活动影响不断升级。社会各界积极参与，广大群众热情支持，掀起了全民崇德向善、文明和谐的热潮。评选活动坚持向农村基层、向发展一线、向重点项目聚焦，让更多的道德模范受到表彰和奖励，激发全县人民干事创业热情，营造向上向善的社会氛围。《大善东平人》系列丛书编撰工作接近尾声。

【乡村文明行动】 移风易俗深入开展。坚持以红白理事会的建立与完善为着力点，狠抓宣传教育，大力倡导婚事新办、丧事简办，以灵活多样的形式、实实在在的举措，破除陈规陋习。先后出台《关于进一步推动移风易俗工作的实施方案》《东平县喜事新办丧事简办指导标准》两个文件，从制度上对移风易俗给予规范，要求各村重新选举红白理事会，切实做到名单和章程公示上墙。同时，组成四个督导组对全县移风易俗工作展开督导检查，对检查中发现的《目标责任书》签订不及时、宣传标语不醒目、群众满意度不高等问题，及时反馈，并限期整改。针对群众红白理事会知晓率低的问题，通过印发移风易俗宣传挂历，制作移风易俗微电影《老吴的算盘》等，重点对红白理事会、乡村文明等进行全方位宣传。城乡环卫一体化扎实推进。县文明办因地制宜、坚持“干就干好”的理念，把开展城乡环卫一体化工作，当作改善农村环境、统筹城乡发展、促进文明县建设的生动实践。结合全县“三大战役”的开展，分批次组织乡镇（街道）及部门人员到先进地区学习考察。县文明办牵头，与环卫处一同深入乡镇村居，每周不间断检查督导城乡环卫一体化工作开展情况。积极配合市督导组完成全县14个乡镇（街道）检查考核和采访报道，为乡村文明行动有效开展和深入推进奠定基础。“美丽乡村”建设强势推动。县委、县政府成立美丽乡村建设领导小组，每月开展一次考核，由县各大班子成员以及所有副县级以上领导干部对14个乡镇（街道）进行现场打分。县文明办以城乡环卫一体化、移风易俗工作为抓手，依托文明一条街、文体小广场，积极组织开展各类活动，强力推进美丽乡村建设。

【精神文明创建】 省级文明县复审顺利进行。自2015年成功创建为省级文明县起，县文明办坚持务实创建、为民创建，推进文明县创建工作常态化，确保文明创建加大力度、保持热度并深入推进。2017年夏季，组织专业人员不顾酷暑，对近年来创建工作形成的经验材料和制度成果，进行整理存档，确保文明创建具有高质量档案支撑。在省级文明县复审中，此项工作受到专家好评。文明单位创建水平明显提升。继续实施《东平县文明创建千分考核办法》，实行文明创建工作督导考评机制，文明创建有序开展、有章可循。年度复查中，8个工作小组依据考核标准和实际工作完成情况，对全县150多家文明单位、村镇、社区进行量化打分，对文明创建工作开展较好的单位树立典范，对创建工作不力的单位给予黄牌警告。进一步规范省市县级文明单位、村镇、社区的推荐评选和复查考核工作，不断扩大文明单位创建的覆盖面，加大基层单位在文明单位中的比重，推动创建活动向基层延伸，新增省、市级文明单位、村镇23个。群众性文体活动蓬勃发展。为讴歌党的光荣历史，赞颂党的辉煌业绩，同时，也为集中展示全县经济和社会发展的新成就，展示全县各条战线及乡镇（街道）新建社区建设取得的新成果，反映全县广大干部群众立足本职、努力工作、以实际行动迎接党的十九大胜利召开的崭新风貌，成功举办2017年消夏广场文艺晚会，用异彩纷呈的文艺节目与全县人民共同分享发展成果。晚会改变往年集中在一个广场演出的做法，组织文艺队伍到老湖镇凤凰社区、州城街道湖韵苑社区、斑鸠店镇侯河社区、银山镇耿山口社区以及清河上城广场、县城城区社区等进行巡回演出，累计演出9个场次130多个节目，以群众喜闻乐见的文艺方式将脱贫攻坚“三大工程”宣传巧妙融入到精彩节目中，寓教于乐，把全县精神文明建设提高到新层次。此次晚会演员人数之多，演出规模之大，在全县尚属首次。《山东宣传信息》对活动举办情况，进行专题报道。志愿服务发展势头强劲。县文明办加大统筹协调和指导力度，整合全县各系统志愿者力量，完善基层志愿服务体系，努力推动志愿服务成为常态。利用“五一”、清明、端午等节假日，组织开展志愿服务活动20多场次。为配合全县创卫工作深入开展，举办后屯社区“文明诚信示范街”创建、“文明居民公约”践行活动，组织省市级文明单位志愿者，入商铺发放《东平县商业街文明诚信经营公约》和《争做文明诚信经营者倡议书》。良好的志愿服务得到上级部门表彰，在全市志愿服务基地授牌仪式上，彭集街道敬老院、东平街道赤脸店、东平汽车站被授予泰安市志愿服务基地荣誉称号。

【未成年人思想道德建设】 主题教育有声有色。县文明办依托各学校，坚持推进核心价值观教育进课堂，把核心价值观渗透到学校教学和管理全过程。组织各学校统筹开展“泰安国学小名士”经典诵读活动，引导未成年人继承优良传统，提高道德素养。经过分赛，三名选手代表东平县参加市级复赛并获奖。继续开展“做一个有道德的人”“我们的节日”“中国梦我的梦”等主题活动和“向国旗敬礼”网上签名寄语活动，让中国梦和社会主义核心价值观在未成年人身上入眼、入耳、入脑、入心。活动阵地不断壮大。随着逐年加大建设力度，未成年人思想道德建设初步实现活动有阵地，经费有保障。2017年，县文明办积极拓展未成年人校外活动平台，推进公益性文化体育设施向未成年人免费开放，进一步加强戴村坝博物馆、公民道德教育馆等市级未成年人思想道德建设教育基地与学校的双向联系，促进公共场馆教育资源与学校教育教学有机衔接，打造未成年人益德益智第二课堂。牵头组织实施乡村学校少年宫建设，通过努力争取，建成乡村学校少年宫15所，实现各乡镇全覆盖。按照建、管、用相结合的原则，乡村学校少年宫坚持因地制宜，突出地方特色，打造特色项目，开展美德少年评选、童心向党歌咏比赛、优秀童谣创作与传唱等一系列德育实践活动。书法、乒乓球等多项少年宫成果展示活动，均取得较好名次。成长环境日趋优化。由文明办、教育、文化、工商、公安等部门协调制订方案，加强学校周边商业网点管理，强化校园周边治安秩序整治，有效净化学校及周边治安环境。组织全县文明单位开展“手拉手”结对互助活动和关爱农民工子女志愿服务活动，为未成年人提供温馨的成长环境。

【服务经济社会发展】 县文明办创新方式，加大力度，充分发挥自身作用，积极主动地服从和服务于全县经济社会发展，为“打赢脱贫攻坚战，筑实富民强县路，全面建成小康东平”作出积极贡献。在乡村文明行动“百镇千村”建设示范工程中，推荐彭集街道马流泽村、接山镇后口头村为第五批省级“乡村文明家园”建设示范村(居)，争取资金40万元，提升村庄环境。年初，积极组织乡村少年宫建设项目申报工作，全力争取上级财政资金支持，商老庄渔乡子弟学校被列为中央级项目，争取资金15万元，进一步增添学校少年宫的生机和活力。根据县政府安排，县文明办负责承办部分人大议案和政协提案答复工作，收到议案、提案后，及时研究办理意见，提出切实可行的落实措施，每项建议都以公文形式严谨答复，解决人大代表、政协委员关心的热点、难点问题。创卫工作正式启动后，为将工作落到实处，坚持把“创卫”和“文明”相结合，组织全县省级文明单位志愿者进入片区清理垃圾，用实际行动感染和带动群众自觉加入到创卫队伍中来，推动各项工作任务的顺利完成。

中国共产党东平县委员会

书　记　　赵德健
副书记　　刘　玉
　　金海明（挂职，4月止）
　　宫庆会
　　赵家杰（挂职，2月起）
常　委　　赵德健
　　刘　玉
　　金海明（挂职，4月止）
　　宫庆会
　　陈传帅
　　王　强
　　徐宗才
　　陈　锋
　　王有敏
　　宋鸿鹏（挂职）
　　张立国
　　徐彩虹（女）
　　靳庆新

县委办公室

主　任　　靳庆新
副主任　　白常顺（常务）
　　刘　华（4月止）
　　王圣运
　　郑玉寅
　　贾圣华
　　王　磊（4月起）
　　李　锋（4月起）
主任科员　　孙汝国
副主任科员　　陈士民
　　展黎明

县委政策研究室

副主任　　赵　锐
　　李　晔（4月起）

县委全面深化改革领导小组办公室

主　任　　靳庆新
副主任　　吴同春
　　王清鹏

县机要保密局（密码管理局）

局　长　　王兴玉
副局长　　王　伟

县委、县政府督查局

局　长　　王　磊
副局长　　张　辉（4月起）

县接待办公室

主　任　　叶宝军（4月止）
　　张　华（4月起）
副主任　　张　华（4月止）
　　李　锋（4月止）

县委维护稳定工作办公室

主　任　　贾圣华

县扶贫开发领导小组办公室

主　任　　宫庆会（兼）
常务副主任　　王圣运
副主任　　尚梦峰（4月止）
　　李思合（4月止）
　　李红新（4月起）
　　吴绪科（4月起）
　　薛　萍（女，4月起）

县委巡察工作领导小组办公室

主　任　　王　璐（4月起）
副主任　　展　飞（4月起）

县委巡察组

副组长　　叶海军（4月起）
　　郭亚军（4月起）
　　周　斌（4月起）
　　吕修建（4月起）

中国共产党东平县委组织部

部　长　　王　强

副部长　杜　军（常务，正科）
韩道平（正科）
李思合（正科）
徐金枫（女）

县委党员干部现代远程教育中心

副主任　展　飞（4月止）
李宝奎（5月止）
安　磊（4月起）

县人才工作办公室

副主任　唐先辉

县党员电化教育中心

主　任　郑　鹏

县组织员办公室

主　任　李　弋

县下派干部工作办公室

主　任　郭亚军（4月止）
于　龙（4月起）

副局级组织员

臧国庆

主任科员

刘含民

中国共产党东平县委宣传部

部　长　张立国
副部长　王文霞（常务，正科）
李　萍（女，正科）
张业民（4月止，正科）
陈其冬
尹燕勇（4月起）
李海运（4月起）

县新闻中心

主　任　陈淑锋
副主任　秦敬畦

县精神文明建设委员会办公室

主　任　李　萍（女）
副主任　郑志勇
顾泉岚（女）

县网络宣传管理办公室

主　任　李俊卿（4月止）
徐家文（4月起）

文化体制改革和文化产业发展办公室

主　任　张　晶（女）

中国共产党东平县委统一战线工作部

部　长　徐彩虹（女）
副部长　王　璐（常务，4月止，正科）
杨桂华（常务，4月起，正科）
展延山（正科）
孙培锋（正科）
井长征
展延才（4月起）
侯庆科（4月起）
副主任科员　侯庆科（4月止）

台湾工作办公室

主　任　展延山

民族与宗教事务局

副局长　展延才（4月起）
马学河（4月起）

中国共产党东平县委政法委员会

书　记　陈　锋
副书记　陈吉贵（常务，正科）
徐庆勇（正科）
焦　阳（女，正科）
杜召锋（正科）
副主任科员　陈治孝
刘海霞（女）

县社会治安综合治理委员会办公室

主　任　徐庆勇（兼）
副主任　蒋恩振
闫　晓

县矛盾纠纷调处中心

主　任　林淑清（女，正科）
副主任　冯大鹏

东平县机构编制委员会办公室

主　任	赵庆国
副主任	孟　宏（正科）
	王庆胜
	王晓晨（女）

县事业单位监督管理局（4 月，由县事业单位登记管理局更名）

副局长	穆明智
	叶海军（4 月止）
	郭亚军（4 月起）

县机构编制实名制管理中心

主　任	侯　军（女）

中国共产党东平县委县直机关工委

书　记	巩栋仁
副书记	杨振华
	何振建（女）
武装部长	刘　彬
副主任科员	翁建民
	陈其刚

中国共产党东平县委、东平县人民政府信访局

局　长	郑玉寅
副局长	李明训　（正科）
	陈云珠
	张传晶
副主任科员	王宝顺
	谢　磊
	孙善立

中国共产党东平县委老干部局

局　长	韩道平（4 月起）
副局长	王可水
	张庆伟（4 月起）
主任科员	郑志恒
副主任科员	张庆伟（4 月止）

县老干部活动中心

主　任	包　骏
副主任	马彦浩
	丁连新
	于庆海

县老年大学

副校长	张　峰（4 月止）
	孙庆路
	张　颂（女，4 月起）

县关心下一代工作委员会办公室

主　任	赵冰心（女，4 月止）
	战东鹏（4 月起）

中国共产党东平县委党校（东平县行政干部学校）

校　长	赵德健
常务副校长	王玉堂
副校长	徐玉营
	陈吉宏
	张　冰
机关党委书记	张　卫（正科）

办公室

主　任	于　洋

教学研究室

主　任	李　泉

业余教育科

科　长	孙向文

工　会

主　任	郭道信

县行政干部学校

副校长	宋学军
副主任科员	刘　娟（女）

东平县史志编纂委员会办公室（中国共产党东平县委党史办公室）

主　任	王圣雨
副主任	张作彬
	杨福中
	李姗姗（女）

主任科员　姜广智
副主任科员　彭广德
　周　燕（女）

东平县档案局（馆）

局（馆）长　王明生
副局（馆）长　李　勇
　陈　涛（4月止）
　叶贵亮
　刘　勇（4月起）
副局级干部　吕修栋
　梁兴众（8月止）

中国共产党东平县委、东平县人民政府农村工作办公室

主　任　尚梦峰（4月起）
副主任　李　鹏（4月止）
　刘道忠（4月起）
　黄修振
　王全振

中国共产党东平县纪律检查委员会

书　记　徐宗才（回族）
副书记　王　龙（常务）
　张新燕（女）
常　委　袁昌民（1月止）
　田汝明
　武　军
　李　明
　李　新（1月起）
正局级纪检监察员　马　军
　陈　环（女）
　吕庆文
副局级纪检监察员　郑　超

办公室

主　任　李　新

宣传部

部　长　马　军

组织部

部　长　栗文华

党风政风监督室

主　任　田汝明（兼）
副主任　刘　根
　梁　燕（女）

信访室

主　任　李栋华

案件审理室

主　任　武　军（兼）

案件监督管理室

主　任　李　明（兼）

第一纪检监察室

主　任　邹兰和

第二纪检监察室

主　任　唐道才

第三纪检监察室

主　任　马　华

县廉政教育中心［隶属于东平县纪委机关（监察局）管理，正科级事业单位］

主　任　熊德平
副主任　王科研
　刘　浩

第一纪工委（监察分局）

书　记（局长）　袁昌民
副书记（副局长）　赵庆岱
　谷志勇

第二纪工委（监察分局）

书　记（局长）　吴绪花（女）
副书记（副局长）　张明晋
　刘洪涛

第三纪工委（监察分局）

书　记（局长）　赵开平
副书记（副局长）　周庆国
　亓玉坤
正局级纪检监察员
　赵义杰（女）

第四纪工委（监察分局）

书　记（局长）　王兆华
副书记（副局长）
郑兴福
孙红专（女）
正局级纪检监察员
牛树平

第五纪工委（监察分局）

书　记（局长）　刘学深
副书记（副局长）
公　杰
正局级纪检监察员
纪学祯

第六纪工委（监察分局）

书　记（局长）　陈守勇
副书记（副局长）
井娓娓（女）
马延河
正局级纪检监察员
王吉善

东平县监察委员会

主　任　徐宗才（12月起）
副主任　王　龙（12月起）
张新燕（女，12月起）
委　员　田汝明（12月起）
赵方德（正科，12月起）
武　军（12月起）
李　明（正科，12月起）

东平县人民代表大会常务委员会

党组书记　刘思宏
副书记　何振泉（8月止）
侯圣玉
主　任　刘思宏
副主任　何振泉（1月止）
尹承海（1月止）
侯圣玉（1月起）
李元申（不驻会）
陈兰芳（女）
王成明（1月起）
牛之春（1月起）

县人大专门委员会

法制委员会

主任委员　胡传亮（1月起）
副主任委员　王　雁（1月起）

财政经济委员会

主任委员　赵庆国（1月起）
副主任委员　张尚东（1月起）

教育科学文化卫生委员会

主任委员　徐金华（1月起）
副主任委员　张来合（1月起）

城乡建设与环境资源保护委员会

主任委员　桑胜军（1月起）

农业与农村委员会

主任委员　瞿　军（1月起）
副主任委员　袁恒常（1月起）

民族侨务外事旅游委员会

主任委员　张玉涛（1月起）

县人大常委会工作及办事机构

办公室

主　任　吴绪月
副主任　李　靖（4月起）
主任科员　夏信华（6月止）
刘元安（7月止）
樊祥文
张　勇
李传一
韩圣侠
副主任科员　李　靖（4月止）

法制工作委员会

主　任　王　雁

财政经济工作委员会

主　任　张尚东
副主任　陈吉国（正科，4月起）

教育科学文化卫生工作委员会

主　任　张来合

副主任　　李茂平（正科）

人事代表工作委员会

主　任　　傅立福

副主任　　巩树斌

研究室

主　任　　蒿树常

副主任　　修　建（4 月起）

农村经济工作委员会

主　任　　袁恒常

主任科员　　张其峰

信访室

主　任　　于化伟

副主任　　李晓光

预算工作委员会

主　任　　李明东

副主任　　侯庆泉

老干部服务中心

主　任　　宫衍义

东平县人民政府

党组书记　　刘　玉

党组副书记　　陈传帅

县　长　　刘　玉

副县长　　陈传帅

宋鸿鹏（挂职）

程　鹏（女）

李广义

王洪亮

李生广

尹双明（12 月止）

王广昌（科技，挂职，9 月起）

县人民政府办公室

党组书记　　宋长山

主　任　　宋长山

副主任　　李玉健

杨桂华（4 月止）

马俊峰

王宪海

马　峰　（4 月起）

陈兆伟（女，4 月起）

主任科员　　王宪海

王安伟

袁恒元

司建刚

孙长春

县人民政府调查研究室

主　任　　杨桂华（4 月止）

马　峰（4 月起）

副主任　　马　峰（4 月止）

县人民政府法制办公室

副主任　　孙常林

付海红（女）

县民族宗教事务办公室

副主任　　展延才（4 月止）

县政府应急管理办公室

主　任　　吴国栋

副主任　　陈兆伟（女，4 月止）

贾思恩（4 月起）

县人民防空办公室（东平县民防局）

主　任　　陈晓驰

副主任　　陈瑞华

县金融工作办公室（东平县地方金融监督管理局）

副主任　　孙海林

张革新

东平县发展和改革局

党组书记　　吴同春

局　长　　吴同春

副局长　　孙允剑

赵典鲁

赵传良

副主任科员　　裴国鹏

县服务业办公室

主　任　　樊庆峰

副主任　　刘曰军

县铁路建设管理办公室

主　任　　李剑虹（女）

县重点建设项目办公室

主　任　　王　琳

东平县经济和信息化局

党委书记　　赵广文
局　长　　赵广文
副局长　　王长龙
　　陈　峰
　　王明太
主任科员　　郭　峰（8月止）
　　孙培文
副主任科员　　程汉忠
　　穆　萍（女）
　　薛　萍（女）

县企业家协会

秘书长　　岳建静（女）
副秘书长　　王云波（4月起）
副局级干部　　丁庆岭

东平县人民政府节约能源办公室（县节能监察大队）

主　任　　刘　鹏（4月止）
　　徐　征（4月起）

县民营经济发展局

局　长　　王长龙（4月止）
　　刘　鹏（4月起）
副主任科员　　刘桂柱
　　尹祚岭

县教育局

党委书记　　何　冰
局　长　　何　冰
副局长　　郑善民（正科）
　　刘立新（正科）
　　徐庆功（正科）
主任科员　　李建业
副主任科员　　肖兴跃

县教育科学研究中心

主　任　　王延国
副主任　　王　建
　　陈振华
　　段久良
副局级干部　　孙相卿
　　马　宏（女）

县人民政府教育督导室

副主任　　邱国牛
　　史　猛
　　袁秀芝（女，正科）
副局级干部　　郑　永
　　张崇杰

县科学技术局

党组书记　　张茂节
局　长　　张茂节
副局长　　王士华（正科）
　　魏翊学
　　王淑云（女）
副主任科员　　陈兆征
　　傅巍翠（女）
　　张德坤
　　陈存海

县知识产权局

局　长　　林冬梅（女）

县地震局

局　长　　何西恒

县公安局

党委书记　　王洪亮
副书记　　李玉亭（4月止）
　　郭兴华（4月起）
　　孟亚胜（4月起）
政治委员　　李玉亭（4月止）
　　郭兴华（4月起）
纪委书记　　王更连（女，4月止）

局　长　王洪亮
副局长　郭兴华（4月止）
孟亚胜
马扶军
主任科员　郭兴华（4月止）
王更连（女，4月止）
刘吉常
苏树平
赵兴盛
方振峰
刘德柱
陈召光
李爱国
张维平（9月止）
张传庆
李亚庆
孙长峰
张恭杰
孙　锋
副主任科员　马　明
轩　强
王　炜
孟宪忠
孙　勇
尹承生
刘明友
侯　光
穆明海
吕修海
尹承广
郑　华
陈　平
武传法
李　贞（女）
刘升平（女）
陈　光
陈卫东
刘根岱
夏广文
彭衍敏
程玉伟
张敬彬
董军林

指挥中心

主　任　贺继华
政治教导员　刘建民

政治处

主　任　姜红蕾（女）

警务督察大队

大队长　李　峰
政治教导员　郑兴民

国内安全保卫大队

大队长　张慧娟（女）
政治教导员　郝志伟

刑事侦查大队

大队长　安　龙（正科）
政治教导员　邢召才

治安警察大队

大队长　于家伟（正科）
政治教导员　陈　涛

经济犯罪侦查大队

大队长　刘德柱
政治教导员　唐守君

交通警察大队

大队长　李保华（正科）
政治教导员　姜景桥（正科）

特巡警大队

大队长　陈继勇
政治教导员　张善军

东平派出所

所　长　崔延龙
政治教导员　陈　辰

州城派出所

所　长　张德志
政治教导员　徐兴涛

接山派出所
所　长　　薛其祯
政治教导员　　石　宁

大羊派出所
所　长　　刘明会
政治教导员　　孙胜利

梯门派出所
所　长　　萧志刚
政治教导员　　孙庆法

老湖派出所
所　长　　赵永华
政治教导员　　吴中军

旧县派出所
所　长　　孙海涛
政治教导员　　郑海新

斑鸠店派出所
所　长　　张立志
政治教导员　　刘范勇

银山派出所
所　长　　史朝运
政治教导员　　陈　超

戴庙派出所
所　长　　唐先存
政治教导员　　谢　群

商老庄派出所
所　长　　侯庆辉
政治教导员　　司广福

新湖派出所
所　长　　薛卫国
政治教导员　　肖兴猛

沙河站派出所
所　长　　林凡春
政治教导员　　巩如运

彭集派出所
所　长　　周生军
政治教导员　　姜　宁

经济开发区派出所（12 月，由工业园区派出所更名）
所　长　　陈召光
政治教导员　　王志川

湖上分局
政治教导员　　周长林

黄河派出所
所　长　　邢召法
政治教导员　　刘兴文

县监察局
局　长　　王　龙（12 月止）
副局长　　武　军（12 月止）
李　明
侯晓鹏

县民政局
党委书记　　李　强
党委副书记　　刘衍强
局　长　　李　强
副局长　　刘衍强（正科）
李玉侠
石　芸（女）
副主任科员　　马庆华
王太营
侯家鲁

社会福利中心
主　任　　侯　林　（正科）

双拥办
主　任　　孙允军

民间组织管理局
局　长　　李彦琦

城乡最低生活保障局
局　长　　田茂红
副局级干部　　李昌学

军队离休退休干部休养所
党支部书记　　李　强
所　长　　袁　涛

县司法局

党组书记	张　斌
局　长	张　斌
副局长	李西宝
	张绪阔
	孟昭兴
主任科员	赵化国
	董光斋
副主任科员	张传明
	孙承武

县公证处

主　任	林建华

县财政局

党委书记	蔡绪卿
局　长	蔡绪卿
副局长	马启金
	李友民（4月止）
	冯　剑
	魏宏斌　（4月起）
主任科员	王恒文
	牛连胜
副主任科员	牛　勇
	唐守山

县农业综合开发办公室

党组书记	井胜利
党组副书记	李允平
主　任	井胜利
副主任	马　明
	赵鹏飞

县财政国库收付中心

主　任	张　斌
副主任	陈书国

县政府投融资管理中心

主　任	李友民（4月起）
副主任	张　涛
	魏宏斌（4月止）
	赵　峰（4月起）

县财政投资评审中心

主　任	赵国富

县住房资金管理中心

主　任	李建贞（女）

县乡镇财政管理局

局　长	陈海涛

县政府非税收入管理中心

局　长	刘忠民

县政府采购管理办公室

主　任	王　刚（12月止）

县财政监督局

局　长	黄根瑞

县财政信用资金管理处

主　任	赵　峰（4月止）
	崔　丽（女，4月起）

县人力资源和社会保障局

党委书记	李学东
纪委书记	宋义峰（4月止）
局　长	李学东
副局长	宋　钢（正科）
	侯召民（正科）
	孙　凯
主任科员	陈吉勇
	侯昭武
	马立常
	侯庆卫
	郭卫华（4月起）
副主任科员	刘庆明（11月止）
	李渊尧
	宋学军
	孙庆乐

县劳动监察大队

大队长	解培民

县劳动人事争议仲裁院

院　长	潘高峰（4月起）
副院长	潘高峰（4月止）
	郭树军

县人才交流服务中心

主　任	宋义峰（4月起）
副主任	王庆需（4月止）
	董怀利（4月起）

县社会保险事业局

党总支书记	杨启润（4月起）
局　长	何国平
副局长	杨启润（4月止）
	魏国庆
	冯大伟
	林召华（4月起）
副局级干部	刘玉山

县劳动就业办公室

党总支部书记	郭卫华（4月止）
	刘再胜（4月起）
副书记	王运阳（4月起）
主　任	郭卫华（4月止）
	王运阳（4月起）
副主任	王运阳（4月止）
	赵　鹏（4月起）
	陈　兵
	陈全刚
副局级干部	梁延光
	唐先奎（4月止）
	郭兴科（6月止）
	李世民（7月止）

县国土资源局

党委书记	刘景倩
副书记	刘范勇（正科）
纪委书记	展　忠
局　长	刘景倩
副局长	方　颖（女）
	张绪海
副主任科员	冯永清
	刘德强

县土地收购储备中心

党支部书记	李笃祥（10月起）
主　任	李笃祥（10月止）
	刘　忠（10月起）
副主任	刘　忠（10月止）
	马　军
	陈西强
副主任科员	李功军

县土地资产监管中心

主　任	张爱国

县土地开发综合整治中心

党支部书记	陆书宏
主　任	展恩水

县国土资源执法监察大队

大队长	姜传如
副大队长	解树平
	解西春
	李兆会
主任科员	唐守功
副主任科员	巩　平

县住房和城乡建设局

党委书记	彭　宏
局　长	彭　宏
副局长	刘东平
	李宏力
主任科员	韩福贞
副主任科员	朱东升
	张益环（女，7月止）

县园林绿化局

局　长	徐志钧
副局长	侯绪彬
	赵　伟
副主任科员	孙常来

县规划局

党组书记	方　震（女）

党组副书记　李　冰
局　长　方　震（女）
副局长　孙　涛
主任科员　李　冰

县交通运输局

党委书记　陈其林
纪委书记　孔令萍（女）
局　长　陈其林
副局长　赵方厚
　　刘庆法
　　魏烈华
主任科员　郜宗星
副主任科员　李　伟
　　郑晓峰
　　王其峰
　　陈振元

县道路运输管理处

主　任　孟文谦（4 月起）
副局级干部　吕　军

县交通运输监察大队

大队长　吴同坚（4 月止）

县交通局东平分局

局　长　徐国强

县交通局银山分局

局　长　石　军

县农村公路管理办公室

党支部书记　吴同坚（4 月起）
主　任　王笃兵
副局级干部　刘桂林

县地方海事处（县航务管理处）

处　长　展宝国
副处长　孙家臣
　　张　健

县水利局

党委书记　魏宏程
局　长　魏宏程
副局长　王　军
　　王　凯
　　孟召军
副主任科员　王启志
　　宋　轩
　　尚家安
　　谢　平

县水资源办公室（县农村供水管理办公室）

副主任　方　华
　　巩树乐

县引湖电灌管理总站

党支部书记　薛卫华　（4 月止）
站　长　薛卫华　（4 月止）

县东平湖引黄灌溉管理处

主　任　杨周勇

河道管理局（县砂资源管理局）

党支部书记　唐守福
副书记　谢兴庆
局　长　谢兴庆
副局长　刘振鲁
　　李玉宝
　　颜士库（11 月止）
副局级干部　崔秀才
　　刘跃环

县农业局

党委书记　孙培冉
局　长　孙培冉
副局长　王少祥（正科）
　　郑因胜（4 月止，正科）
　　吴绪季（副处级）
　　李　鹏（4 月起）
主任科员　刘　鹏
副主任科员　刘琰冰

县农业产业化办公室

主　任　郭　军（4 月起）
副主任　郭　军（4 月止）
　　王贵刚

蔚大青
刘　洋（4 月起）
正局级干部　张久伟

县农村经营管理办公室（县减轻农民负担办公室）

党支部书记　郑因胜（正科，4 月起）
主　任　田　敏
副主任　包　东
井立义

县农业技术推广研究中心

主　任　王承水

中央农业广播学校东平县分校（县农村科技教育培训中心）

校　长　肖培军

县文化广电新闻出版局

党委书记　徐天成
副书记　侯召雨
局　长　徐天成
副局长　侯召雨
陈立辉
李庆昌
主任科员　贾传春
副主任科员　王秀芳（女）
吴绪河
郑允振

县博物馆（县文物管理所）

馆　长　辛宪铭
副馆长　杨　浩
张　炜

县卫生局

副书记　蒋雪莲（女）
陈建军
副局长　蒋雪莲（女，正科）
陈建军
于月霞（女）
副主任科员　李　莉（女）

县爱国卫生运动委员会办公室

党支部书记　瞿庆元
副书记　王笃军
主　任　瞿庆元
副主任　李明东

县人口和计划生育局

纪检组长　石卫珍（女）
副局长　亓孝学
刘彩凤（女）
吴绪晟
副主任科员　张荣芳（女）

县流动人口计划生育办公室

主　任　侯晓峰（女）

县计划生育协会

党支部书记　陈吉国（4 月止）
党支部副书记　李　民
会　长　陈吉国（4 月止）
副会长　耿立群
战　楠
副局级干部　吴同宇

县计划生育服务站

站　长　王志公
副站长　杜　玲（女）
吕修勇
董桂花（女）

县卫生和计划生育局

党委书记　李子武
局　长　李子武

县审计局

党组书记　陈本坤
局　长　陈本坤
副局长　张立生
韩桂云（女）
主任科员　展东升
张立生

副主任科员	巩　锋
	周广生
	马元明
	王成民
	贾思江

经济责任审计办公室

主　任	牛升安

县政府投资审计专业局

局　长	高　庆

县环境保护局

党组书记	孙玉河
副书记	尚福爱
局　长	孙玉河
副局长	尚福爱
	张景富
	郑志强
主任科员	梁勇军
副主任科员	刘海剑

县环境监察大队

大队长	亓　君（女）

县污染物排放总量控制办公室

主　任	陈　晖（女）

东平湖人工湿地水质净化工程管理办公室

副主任	王　伟
	齐　鸣（女）

县统计局

党组书记	张宗祥
局　长	张宗祥
副局长	付崇勇
	尹承民
	颜海荣（女）
主任科员	马　涛

县安全生产监督管理局

党组书记	赵自强（4 月起）
副书记	赵自强（4 月止）
纪检组长	于庆保（4 月止）
局　长	赵自强（4 月起）
副局长	赵自强（4 月止）
	彭衍胜
	于庆保（4 月起）
	马　伟
主任科员	赵自强（4 月止）
副主任科员	井立新
	韩永勃

县安全生产行政执法大队（12 月，由县安全生产监察大队更名）

大队长	修　建（4 月止）

县粮食局

党委书记	王旭鹏
局　长	王旭鹏
副局长	吴绪科
	王保平
	蒋典将
主任科员	梁兆平
副主任科员	张胜元
	孟晓林
	井立中
	夏庆广

县国有粮食购销公司

经　理	彭昌毅
副经理	刘少国
	方　群
副局级干部	徐兴平
	蒿庆河

县食品药品监督管理局（东平县食品安全委员会办公室）

党组书记	刘思山
局　长	刘思山
副局长	冯殿光
	杨　军
副主任科员	李传伟

县食品药品稽查大队

队　长	王　凯

县市场监督管理局

党组书记	林昭宏
局　长	林昭宏
副局长	王艳辉（女）
	任德胜
	赵鹏程
纪检组长	李　林
	张　松（4月止）
副主任科员	王延群
	杨圣涛
	杨士平
	邱卫国

企业注册局

局　长	赵　健
副主任科员	李渊英（女）

公平交易局

局　长	张宏伟
副主任科员	赵崇启

城区所

指导员	刘利明

东平所

所　长	吴勋生
指导员	马学环（女）

彭集所

所　长	尹承华

银山所

所　长	李宏国
指导员	刘学新

州城所

所　长	李　强
指导员	孟宪鲲

斑鸠店所

所　长	吴东风

新湖所

所　长	魏　涛

接山所

所　长	王　勇

老湖所

所　长	张　宏

沙河站所

所　长	何树学

县物价局

党组书记	侯　强
局　长	侯　强
副局长	林怀来
	吴庆先
副主任科员	王耀华

县机关行政事务管理局

党组书记	张　玲（女）
副书记	李　翔
局　长	李　翔
副局长	杨　民
	李志勇
	李　旭
正局级干部	杨绪宝
副局级干部	李存军
	杜玉亭
	李传林

县房地产管理局（东平县住房委员会办公室）

党组书记	孙延俭
副书记	郑玉田（4月起）
纪检组长	周志强（4月止）
局　长（主任）	孙延俭
副局长（副主任）	井立方（4月止）
	郑玉田（4月止）
	陈　涛（4月起）
	马春明（女）
	周志强（4月起）
副主任科员	牛家寨
	郭　诚

吴兴海
陈　雷（2月止）
郭树常

城市房屋征收与补偿管理办公室（县房地产开发办公室）

主　任　　郭树常

县东平湖管理委员会

党委书记　　李茂忠（副处级，7月起）
党委副书记　　王成明（副处级）
纪委书记　　侯　勋
主　任　　王成明（副处级）
副主任　　叶桂军（正科）
李心久（正科）
井立方（正科，4月起）

调水管理科

科　长　　付茂鲁

玉斑堤引水闸调水管理处

主　任　　张吉杰（4月起）

综合科

科　长　　雷　敏（女，4月起）
正局级干部　　王成民

县东平湖管理综合执法局

党总支书记　　齐　轲（4月起）
局　长　　张士才（4月止）
赵广泉（4月起）
副局长　　齐　轲（4月止）
王　志
尚红星

县东平湖移民管理局

党委书记　　张汉玺
副书记　　陈允国（4月起）
局　长　　尚梦峰（4月止）
陈允国（4月起）
副局长　　陈允国（4月止）
陈国营
李吉明
张　峰（4月起）
副局级干部　　曹荣寨

县水产局

党委书记　　蔚大华
副书记　　赵广泉
局　长　　蔚大华
副局长　　赵广泉（4月止）
杨　军
刘　博
刘桂祥（4月起）
主任科员　　赵广泉（4月止）
副主任科员　　刘桂祥（4月止）
刘建国
李文启
崔衍勇
陈振东

县林业局

党委书记　　陈　磊
纪委书记　　吴玉振
局　长　　陈　磊
副局长　　马道春
刘桂胜
李兰轩
副主任科员　　张树军
巩翠萍（女，6月止）
李翠莲（女）

森林公安局

局　长　　许登峰
政治教导员　　王成强

森林公安局腊山林区派出所

所　长　　李进宝
政治教导员　　杨士勇

县第二苗圃

主　任　　马忠新

县腊山林场（腊山国家森林公园管理局）

场　长（局长）　董光春
副场长（副局长）　张吉杰（4月止）
　　李厚义
　　黄理振

县农业机械管理局

党委书记　宁晓民
副书记　邹成林
局　长　宁晓民
副局长　邹成林
　　王成峰
　　李忠恕
主任科员　邹成林
　　巩全仁（1月止）
副主任科员　杨修运
　　王和平
　　孟广斌
　　于瑞甫
　　于洪才（1月止）

县畜牧兽医局

党委书记　李廷珍
副书记　赵广清
纪委书记　戴淑华（女）
局　长　李廷珍
副局长　赵广清
　　杨启敏
　　吴兴顺
副主任科员　刘养方
　　李西代
　　郑为忠
　　杨吉明
　　高树所

县市政公用事业局

党委书记　程　波
副书记　张树敏
局　长　张树敏
副局长　陈兆军
　　任泽庆
　　王学奎
副局级干部　许洪胜

县市容环境卫生管理处

处　长　董光辉（6月止）
　　赵敬亭（6月起）

县广播电视台

党委书记　王洪波
副书记　范　伟
纪委书记　李大庆
台　长　王洪波
副台长　李永胜（正科）
　　王保文
　　孙　明
正局级干部　王　健
副局级干部　梁　涛
　　郑允广

县体育局

党组书记　李　健
副书记　徐明全（4月止）
局　长　李　健
副局长　徐明全（4月止）
　　王继强
　　宋广玲（女，4月起）
主任科员　徐明全（4月起）
副主任科员　薛卫华（4月起）

体育总会办公室

主　任　张格水（4月起）

县旅游局

党组书记　刘　华（4月起）
局　长　刘　华（4月起）
副局长　刘　华（4月止）
　　郑德生

王　伟
宋广玲（女，4月止）
副主任科员　牛晓燕（女）

旅游信息咨询服务中心（副科级全额事业单位）

主　任　宫一良（4月起）

县扶贫工作办公室

党组副书记　刘道忠（4月止）
李继龙（4月起）
主　任　王圣运
副主任　刘道忠（4月止）
林召华（4月止）
李继龙（4月止）
李红新（4月起）
许　超（4月起）
副主任科员　郭凤乐
王善本

县东平湖风景名胜区管理委员会

党委副书记　刘文强
主　任　刘文强
副主任　李建利
陈　慧（女）

水浒古镇景区管理区

主　任　李福云（女）

千年宋城景区管理区

主　任　刘文祥

清河公园景区管理区

主　任　毕忠良

县经济合作局（中国贸促会东平县委员会、中国国际商会东平商会）

党组书记　杨　宾
党组副书记　王立勇
局　长　杨　宾
副局长　王立勇
陈兆成
李吉龙

县公路局

党总支书记　陈其林　（4月止）
刘庆法（4月起）
副书记　于宪彬
局　长　陈其林
副局长　范　丽（女）
赵广军
傅海涛
副局级干部　李　强
陈　鹏
郝树礼

县商务局

党组书记　靳飞鹏
副书记　尚家泰
尹逊峰
局　长　尚家泰
副局长　尹逊峰
侯　辉
贾承强
副局级干部　刘　洋（女）
主任科员　徐玉国
杨保财（2月止）
副主任科员　孙宗彦
侯庆来
李延清
杨东升（5月止）

县城市管理综合执法局（东平县城市管理综合执法大队）

党组书记　张士才
副书记　张胜群（4月起）
局　长　张士才
副局长　张胜群（4月止）
于其洪
孙　杰（4月起）

	王长波（4月起）

县供销合作社联合社

党委书记	陈建国
副书记	郭　芮
理事会主任	郭　芮
理事会副主任	李长锋
	高　杨
	张　丽（女）
正局级干部	张荣朴
副主任科员	丁庆忠（上挂）
	白昭国（9月止）
副局级干部	白关彦
	翟克连（1月止）
	孙　杰（4月止）

县行业管理办公室

党委书记	李福所
副书记	王　强
纪委书记	赵民生
主　任	王　强
副主任	郭兆全
	陈雪梅（女）
	韩洪泉
正局级干部	朱　智
副局级干部	于瑞章
	侯庆福（9月止）
	刘召林（12月止）

县国有资产管理局

党委书记	赵黛芳（女，4月止）
	叶宝军（4月起）
副书记	赵黛芳（女，4月起）
	徐敬东
局　长	赵黛芳（女）
副局长	徐敬东
	郭　峰
	周　峰（4月起）

东平经济开发区

党（工）委书记	安吉格
副书记	王成元（4月起）
纪工委书记	陈　伟
副主任	王成元（4月起）
	张茂进
副局级干部	姜春霞（女）
	张　军
	李加坤

县老龄工作委员会办公室

党组书记	叶桂东
主　任	叶桂东
副主任	贺金玉
	于瑞香（女）
主任科员	于崇来
副主任科员	杜恒清（11月止）
	孙丽萍（女）

县南水北调办公室

党组书记	张德明
副书记	赵建华
	赵　鹏（4月止）
主　任	赵建华
副主任	唐守才
	魏丽华（女）

县政务服务中心管理办公室（1月，由东平县公共行政服务中心更名）

党委书记	李玉健
主　任	李玉健
副主任	杨明生
	方　强
	孙瑞华（女，4月止）

县矿产业管理委员会

党委书记	解庆常

主　任	解庆常
副主任	孙开成
	王洪海
副局级干部	周脉生
	蒋志国

县检验检测中心

党组书记	张德奎
党组副书记	公　民
主　任	公　民
副主任	赵　明
	张之文
	董光辉（6月起）

中国人民政治协商会议东平县委员会

党组书记	刘祥涛
副书记	赵永恕（12月止）
主　席	刘祥涛
副主席	赵永恕（12月止）
	侯宪平（1月止）
	吴绪季（不驻会）
	王金艳（女，满族，不驻会）
	王成生
	孟　光（不驻会）
秘书长	李存社

办公室

主　任	李存社
副主任	孙安政
主任科员	陈光金
	彭　城
	陈大宝
	常传玉
	孙安政

研究室

主　任	张型社
副主任	刘　坤

县政协提案委员会工作室（4月，由县政协学习提案委员会更名）

主　任	颜炳金（9月止）
副主任	张广波
主任科员	张广波（4月起）

县政协经济委员会工作室（4月，由县政协经济科技委员会更名）

主　任	梁吉震（12月止）

县政协科教文卫体资源环境委员会工作室（4月，由县政协社会文教委员会更名）

主　任	侯家民

县政协学习宣传和文史资料委员会工作室（4月，由县政协文史资料委员会更名）

主　任	徐衍亮
副主任	常传玉

县政协社会法制和民族宗教侨务外事委员会工作室（4月，由县政协社会法制和民族宗教委员会更名）

主　任	李渊峰

县政协老干部服务中心

主　任	李　勇（正科）

县人民法院

党组书记	张海鹏
副书记	栾启虎
政治处主任	车丽伟（女）
纪检组长	赵广生
代理院长	张海鹏（1月止）
院　长	张海鹏（1月起）
副院长	栾启虎
	孟亚洲
	李　炎
正局级审判员	栾启虎
	孟亚洲
	李　炎
	车丽伟（女）
	赵广生
	马海涛

秦玉芬（女）
王　宏
孔凡安
刘万金
李培福
齐乃平
陈可征
赵树亮
董秀珍（女）
孙兆波
赵　杰
马华玉（4月起）
梁　华（4月起）
王金辉（4月起）

副局级审判员　陈　军
梁　冰
井长生
李彦勇
李道广
董广兴
卜祥海
姜吉存
刘曰赓
马忠雨
梁彦宏
王衍春
赵景岐
苗　勇
唐秀娥（女，4月起）
刘庆超（4月止）
马华玉（4月止）
梁吉益（4月止）
梁　华（4月止）
王金辉（4月止）
尹爱荣（女，12月止）

主任科员　梁吉益（4月起）
郑大鸣（9月止）

副主任科员　李传玖（4月起）

审判委员会专职委员

张继明
刘万金（5月起）

执行局

局　长　张立华

副局长　陈　伟
陈可征（4月止）
刘庆超（4月起）

司法确认办公室

主　任　孙兆波

行政监察室

主　任　马华玉

县人民检察院

党组书记　张　亮（8月止）
赵平原（8月起）

副书记　徐翊忠
黄　进

纪检组长　夏卫东

代理检察长　赵平原（7月起）

检察长　张　亮（7月止）

副检察长　徐翊忠
赵方德（12月止）
张晓伟
赵平原（挂职，7月止）
赵平原（7月起）

正科级检察员　田汝同
解培君
孟宪德
郑善明
张清芝
李　明（4月止）
李长奇
袁爱民（女，1月止）
赵庆勇
赵大为
石广全
孟凡兰（女）

	秦　宏（女，4月起）
	李　刚（4月起）
	周　强（4月起）
副科级检察员	李新清
	姜　鹏
	张　勇
	刘庆静
	秦　宏（女，4月止）
检委会专职委员	张　霖
	吴　鹏（5月止）
	马道军（5月起）

反贪污贿赂局

局　长	赵方德（12月止）
副局长	周　强（4月止）
	刘政卿（4月起）
	梁　伟（4月起）

反渎职侵权局

局　长	马道军（4月止）
	李　明（4月起）
副局长	李　刚（4月止）
	刘政卿（4月止）
	李永生（4月起）
	刘　洋（女，4月起）

彭集检察室

主　任	梁　伟（4月止）
	宋　扬（4月起）

银山检察室

主　任	宋　扬（4月止）
	赵传平（4月起）

州城检察室

主　任	李永生（4月止）
	贾杨梅（女，4月起）

宿城检察室

主　任	郭庆拨（4月起）

县总工会

党组书记	展长顺
主　席	展长顺
副主席	徐广三
	张吉民（正科）
主任科员	陈培典
副主任科员	王广胜
	魏　锴

共青团东平县委员会

党组书记	刘荣星（2月止）
	郑　燕（女，4月起）
书　记	刘荣星（2月止）
	郑　燕（女，4月起）
副书记	郑　燕（女，4月止）
	张龙基
	赵冰心（女，4月起）

县妇女联合会

党组书记	刘美莲（女）
主　席	刘美莲（女）
副主席	熊卫华（女）
	黄启真（女）

妇女儿童工作委员会办公室

主　任	刘　丽（女）

县工商业联合会（总商会）

党组书记	孙培锋
主席（会长）	王金艳（女，满族，兼职）

工商业联合会（总商会）副主席（副会长）

孙培锋（常务）
杨复春
郑龙强

工商业联合会副主席

孟广银（不驻会，3月止）
陈树明（不驻会）
刘　虎（不驻会）
王得朋（不驻会，3月止）
王家科（不驻会，3月止）
姜春霞（女，不驻会）
彭倩倩

（女，不驻会，3月起）
宋有锋（不驻会，3月起）
王爱国（不驻会，3月起）
赵德胜（不驻会，3月起）
总商会副会长　王爱国（不驻会，3月止）
李吉庆（不驻会，3月止）
赵永康（不驻会）
安业贵（不驻会）
李天保（不驻会，3月止）
高兴海（不驻会，3月起）
姚来华（不驻会，3月起）
刘培训（不驻会，3月起）
秘书长　孙秀芝（女）
副主任科员　肖兴春
丁庆本

县科学技术协会

党组书记　巩汝靖
主　席　巩汝靖
副主席　蒋士清
孙国栋
主任科员　仲光明
副主任科员　邓红旗

县社会科学界联合会

主　席　张业民（4月起）
秘书长　李海运（4月止）
李俊卿（4月起）

县文学艺术界联合会

主　席　王德生
秘书长　尹燕勇（4月止）

县残疾人联合会

党组书记　杜　平
理事长　杜　平
副理事长　孙建新
侯庆国
主任科员　苏传伟
副主任科员　王清梅（女）

县人民武装部

党委第一书记　赵德健（县委书记兼）
书　记　王有敏
副书记　谭海军（12月起）
政　委　王有敏
部　长　谭海军（12月起）
副部长　郝立峰（7月起）
军事科长　刘　超（7月起）
政工科长　张洪强（3月止）
罗井全（7月起）
后勤科长　乔　政（3月止）

县民兵训练基地

党支部书记　刘　波
主　任　李茂国
副局级干部　焦历军

县民兵装备仓库

主　任　张龙超

中国人民武装警察部队泰安市支队东平县中队

中队长　李　峰（6月止）
徐怀乾（6月起）
指导员　孔亚军

县公安消防大队

大队长　丁代兴
教导员　常业雷（6月止）

乡镇街道

州城街道

中共州城街道工作委员会

书　记　仲光亮
副书记　杨爱华（女）
王　力（11月止）

组织委员　高　峰
宣传委员　刘文红（女）
武装部部长　常永康
党委委员　李建章

中共州城街道纪律工作委员会

书　记　刘长福

州城街道人大工作委员会

副主任　黄永强

州城街道办事处

主　任　杨爱华（女）
副主任　程　龙
陈敏义
刘征超
李振涛

安全生产监督管理办公室

副主任　田　蕾（女，4 月起）

东平街道

中共东平街道工作委员会

书　记　许洪顺
副书记　郑兴利
路　刚
党委委员　吴绪凯
组织委员　郑迎新（女）
宣传委员　张春华（女）
武装部部长　周文广

中共东平街道纪律工作委员会

书　记　刘含芬（女）

东平街道人大工作委员会

主　任　郭明山

东平街道办事处

主　任　郑兴利
副主任　潘晓东
刘善国
徐延斌
李　宁

安全生产监督管理办公室

副主任　吴同祥（4 月起）

副乡级干部

张　勇
张培义
陈昭斌
赵敬亭（6 月止）
刘明岩
王成平
王培林
王庆东（2 月止）
贾传珍

接山镇

中共接山镇委员会

书　记　王　冰
副书记　李振兴
郭光喜
组织委员　陈　丽（女）
宣传委员　李云霞（女）
武装部部长　李　强
党委委员　解　婷

中共接山镇纪律检查委员会

书　记　陈　雷

接山镇人民代表大会

主　席　陈振柱
副主席　徐复居

接山镇人民政府

镇　长　李振兴
副镇长　田宝柱
王　伟
李　征
靳兆磊

安全生产监督管理办公室

副主任　瞿庆来

副乡级干部

裴　勇
李卫东
井慧兰（女）

大羊镇

中共大羊镇委员会

书　记　张格柱
副书记　吴晓剑
　　　　李　军
组织委员　史延杰
宣传委员　李家宁
武装部部长　李家宁

中共大羊镇纪律检查委员会

书　记　孔庆军

大羊镇人民代表大会

主　席　王树元
副主席　崔兆国

大羊镇人民政府

镇　长　吴晓剑
副镇长　辛　颖
　　　　赵　辉（女）
　　　　聂桂芳（女）
　　　　孟祥军

安全生产监督管理办公室

副主任　齐阔田

梯门镇

中共梯门镇委员会

书　记　牛　东
副书记　常传奎
　　　　彭　杰
组织委员　王瑞雪
宣传委员　孙和臣
武装部部长　孙和臣

中共梯门镇纪律检查委员会

书　记　吴子东

梯门镇人民代表大会

主　席　赵士伟
副主席　李允彦

梯门镇人民政府

镇　长　常传奎
副镇长　刘德利
　　　　胡咏梅（女）
　　　　陈　涛
　　　　何金凤（女）

安全生产监督管理办公室

副主任　颜泽臻

老湖镇

中共老湖镇委员会

书　记　李茂忠
副书记　史金龙
　　　　吴衍涛
组织委员　王　超
宣传委员　王笃兴
党委委员　郭　玲
武装部部长　李家东

中共老湖镇纪律检查委员会

书　记　张振鸿

老湖镇人民代表大会

主　席　李明全
副主席　马季斌

老湖镇人民政府

镇　长　史金龙
副镇长　牛昌敏
　　　　董　慧（女）
　　　　李本军
　　　　董景伟

安全生产监督管理办公室

副主任　侯庆周

乡村规划建设监督管理办公室

副主任　贾　勇（4月起）

副乡级干部　刘　鹏

旧县乡

中共旧县乡委员会

书　记　徐国庆
副书记　乔曙光
　　　　董光庆

组织委员　徐兴铭
宣传委员　张德成
武装部部长　张德成

中共旧县乡纪律检查委员会

书　记　师广生

旧县乡人民代表大会

主　席　丁继胜
副主席　李怀峰
　　　　杨庆森

旧县乡人民政府

乡　长　乔曙光
副乡长　赵　华
　　　　任淑华（女）
　　　　耿庆轩
　　　　李会峰（女）

安全生产监督管理办公室

副主任　王传峰

副主任科员

范加坤
张庆胜

斑鸠店镇

中共斑鸠店镇委员会

书　记　范思安
副书记　李传科
　　　　陈志贵
组织委员　宫衍锋
宣传委员　李心领
武装部部长　李心领

中共斑鸠店镇纪律检查委员会

书　记　樊仁海

斑鸠店镇人民代表大会

主　席　徐　敏（女）

斑鸠店镇人民政府

镇　长　李传科
副镇长　贾朋兴
　　　　闫传军
　　　　刘万文
　　　　单兴芬（女）

安全生产监督管理办公室

副主任　马　晓

主任科员

陆书鹏

银山镇

中共银山镇委员会

书　记　李振福
副书记　姚来涛
　　　　杨　振
组织委员　任泽福
宣传委员　陆相壮
武装部长　陆相壮

中共银山镇纪律检查委员会

书　记　王长东

银山镇人民代表大会

主　席　陈建国

银山镇人民政府

镇　长　姚来涛
副镇长　陈　涛
　　　　张　政
　　　　陆春雷
　　　　王　娟（女）

安全生产监督管理办公室

副主任　陈大雷

主任科员

刘景海
刘瑞林

副主任科员

刘传生
常景田
闫传良

副乡级干部

陈玉霞（女，9月止）
孙继华

戴庙镇

中共戴庙镇委员会

书　记　王建军
副书记　宋衍东
　　　　米厚章
组织委员　葛　冰

宣传委员	王继国
武装部部长	王继国

中共戴庙镇纪律检查委员会

书　记	史存锋

戴庙镇人民代表大会

主　席	刘振元
副主席	李广庆

戴庙镇人民政府

镇　长	宋衍东
副镇长	张　斌
	吕　梅（女）
	齐道功
	郭玉杰（女）

安全生产监督管理办公室

副主任	郭道民
主任科员	刘胜利
副主任科员	宋太亮

商老庄乡

中共商老庄乡委员会

书　记	齐宝鹏
副书记	潘　军
	李红新（4 月止）
	侯　铖（4 月起）
组织委员	赵法奎
宣传委员	巩树君
武装部部长	巩树君

中共商老庄乡纪律检查委员会

书　记	侯　铖（4 月止）
	张　松（4 月起）

商老庄乡人民代表大会

主　席	张洪强
副主席	宋纯志

商老庄乡人民政府

乡　长	潘　军
副乡长	屈克锋
	夏春生
	武树强
	翟春华

新湖镇

中共新湖镇委员会

书　记	郭　东
副书记	桑　鹏
	王太华
组织委员	朱梅英（女）
宣传委员	李洪武
武装部部长	李洪武

中共新湖镇纪律检查委员会

书　记	钟　彦

新湖镇人民代表大会

主　席	孙明辉

新湖镇人民政府

镇　长	桑　鹏
副镇长	李成卫
	解洪革
	侯　云（女）
	侯　功

安全生产监督管理办公室

副主任	赵传杰

沙河站镇

中共沙河站镇委员会

书　记	李便宁（女）
副书记	李　杰
	陆继帅
组织委员	马新来
党委委员	李广金
宣传委员	郑志娟（女）
武装部部长	徐兴建

中共沙河站镇纪律检查委员会

书　记	陆书志

沙河站镇人民代表大会

主　席	彭　飞
副主席	李兴才

沙河站镇人民政府

镇　长　李　杰

副镇长　张　强

苏庆国

侯召贞

李存孝

安全生产监督管理办公室

副主任　董衍军

主任科员　李作林

副乡级干部　王广文

彭集街道

中共彭集街道工作委员会

书　记　靳庆新

副书记　王　乾

刘圣玉

党委委员　张　良

组织委员　侯绪静（女）

宣传委员　孟倩倩（女）

武装部部长　郝　明

中共彭集街道纪律工作委员会

书　记　李　鹏

彭集街道街道人大工作委员会

主　任　陈广福

彭集街道办事处

主　任　王　乾

副主任　张　华

吕坤建

陈召国

高　军

安全生产监督管理办公室

副主任　何振军（4 月起）

乡村规划建设监督管理办公室

副主任　彭　涛（4 月起）

社会事务办公室

副主任　苏翠玉（女，4 月起）

滨河新区

东平县滨河新区管理委员会

党工委书记　靳庆新

主　任　靳庆新

副主任　李　震

屈克志

财税管理服务中心

主　任　姜建华（4 月起）

经济发展服务中心

主　任　孙长存（4 月起）

社会事务服务中心

主　任　万　磊（4 月起）

东平现代国际物流园区管理委员会

党委书记　陈鲁宁

党委副书记　郭晓光

主　任　靳庆新（兼）

副主任　陈鲁宁

郭晓光

蒋　磊

上级驻东平单位

东平县国税局

党组书记　王兴云

纪检组组长　周自强

局　长　王兴云

副局长　李　霞（女）

陈全奎

主任科员　侯庆甫

东平县地税局

党组书记　李　涛

纪检组组长　张　群

局　长　李　涛

副局长　张观存

田茂雷

李　建
主任科员　王宝灿
副主任科员　赵广秀
程　涛
孟宪礼
李　明
韩　晖（12月起）

直属征收局

局　长　李　平（女）

稽查局

局　长　宋广强

新城中心税务所

所　长　王晓辉

彭集中心税务所

所　长　尹燕飞

老湖中心税务所

所　长　王明富

州城中心税务所

所　长　韩　晖（12月止）

银山中心税务所

所　长　刘成金

旧县中心税务所

所　长　孟宪礼（主持工作）

东平县邮政局

党委书记　昃　鹏
纪委书记　李志刚
总经理　昃　鹏
副总经理　李志刚
谢　林

东平县新华书店

党支部书记　亓　勇
副书记　韩　涛
经　理　亓　勇
副经理　孔庆峰

东平县气象局

党支部书记　尹虎城（10月止）
王玉河（10月起）
局　长　尹虎城（10月止）
王玉河（10月起）
副局长　王尚勇
韩振成
纪检员　刘庆春

东平县供电公司

党委书记　刘丙春（8月止）
刘玉峰（8月起）
副书记　李　飞
纪委书记　柳绪栋（8月止）
梁　健（8月起）
经　理　李　飞
副经理　刘玉峰（8月起）
袁荣亮
徐　浩（8月止）
田希民
柳绪栋（8月起）
工会主席　梁　健（8月止）
蔚　洋（8月起）

东平湖管理局东平管理局

党组书记　黄宜更（1月止）
杜延成（7月起）
纪检组组长　薛兴常
局　长　黄宜更（1月止）
杜延成（7月起）
副局长　王庆宝（2月止）
杜延成
（主持工作，7月止）
总　工　王　平（3月起）
工会主席　程　平（5月起）

东平黄河河务局

党组书记	牛永生（5 月起）
副书记	牛永生（主持工作，5 月止）
纪检组组长	林英宽
局　长	牛永生（5 月起）
副局长	牛永生（主持工作，5 月止）
	祖光德（10 月止）
	张　民
工会主席	陈　健（4 月止）
	朱永军（4 月起）
总　　工	侯庆伟

中国人民银行东平县支行

党组书记	张继轩
纪检组组长	张衍栋
行　长	张继轩
副行长	展东文
	徐吉常
主任科员	谷　平

中国工商银行股份有限公司东平支行

党总支书记	刘再民
纪检书记	刘建民
行　长	刘再民
副行长	赵静波
	刘建民

中国建设银行股份有限公司东平支行

党总支书记	王光敏（5 月止）
	韩尚祯（5 月起）
行　长	王光敏（5 月止）
	韩尚祯（5 月起）
副行长	张燕玲（女）
	刘汉峰（5 月起）

中国农业银行东平县支行

党委书记	亚　军（1 月止）
	阴玉洪（1 月起）
副书记	赵　峰（12 月起）
纪委书记	薛均广
行　长	亚　军（3 月止）
	阴玉洪（3 月起）
副行长	薛均广（5 月止）
	邢　伟
	赵　峰

中国农业发展银行东平县支行

党支部书记	刘广涵（4 月止）
	王　峰（4 月起）
行　长	刘广涵（4 月止）
	王　峰（4 月起）
副行长	张　明（7 月止）
	肖立明（7 月起）
	吴　晶（女，7 月起）

中国银行股份有限公司东平支行

党总支书记	刘　超
行　长	刘　超
副行长	高　翔（7 月止）
	杜延森
	陈　军（7 月起）

山东东平农村商业银行股份有限公司

党委书记	吴国栋
副书记	田汝会
纪委书记	王长江
董事长	吴国栋
监事长	汪　振
行　长	张淑斌
副行长	王聘国
	郭德成
	崔　勇

董事会秘书　王延松
行长助理（营业部总经理）
张烈峰

中国邮政储蓄银行东平县支行

党支部书记　徐文强
行　长　徐文强
副行长　杨祥桥
李　洋

东平沪农商村镇银行股份有限公司

党支部书记　魏　超
行　长　魏　超
副行长　郑　群

泰安银行东平支行

党支部书记　赵　玉
行　长　赵　玉

中国人寿保险公司东平县支公司

经　理　郑志波
副经理　曲　艺（12 月止）

中国人民财产保险股份有限公司东平支公司

党组书记　徐庆华
经　理　徐庆华
副经理　朱　峰
杨文静（女，7 月起）

泰山石油股份有限公司东平分公司

党支部书记　颜丙武
经　理　孙兆巍（11 月止）
姜　峰（11 月起）

东平县盐务局（盐业公司）

党支部书记　王　磊
局　长（经理）　王　磊
副局长（副经理）　苏文泉
李桂申（7 月起）

东平县烟草专卖局（山东泰安烟草有限公司东平营销部）

党支部书记　郑善国（11 月止）
李恩宝（11 月起）
局　长（经理）　郑善国（11 月止）
李恩宝（11 月起）
副局长（副经理）　王　磊
副主任科员　李源春
赵　红

泰安市住房公积金管理中心东平县管理部

党支部书记　侯绪印
主　任　侯绪印
副主任　邴　永
刘　芹（女）

中国联合网络通信集团有限公司东平县分公司

党委书记　范国栋
纪委书记　张　宾
总经理　范国栋
副经理　陈　文
张　宾
宋澄昊

中国移动通信集团山东有限公司东平分公司

党支部书记　杨升华
纪检委员　任　勇
经　理　杨升华
副经理　任　勇

中国电信股份有限公司东平分公司

党支部书记　张丰硕
总经理　张丰硕

副总经理　程　国（9月止）

县属事业单位

东平高级中学（东平县第二中学）

党总支书记　赵景喜
副书记　马振强
校　长　赵景喜
副校长　王志鹏
孙西河
孟　磊

东平明湖中学（东平县第三中学）

党总支书记　张久民
副书记　蔚成银
校　长　张久民
副校长　范思杰
张宪科
王　进
邓兆军

东平县第一中学

党支部书记　杜兆迁
校　长　张培齐

东平县东原实验学校（东平县第四中学）

党支部副书记　张乐宽
校　长　张乐宽

东平县职业中等专业学校

党总支书记　张久芳
副书记　刘再胜（4月止）
张宪章
校　长　张久芳
副校长　张贵军
韩翠贤
李来蓉（女）

东平县教师进修学校

党支部书记　刘再胜（4月止）
王庆需（4月起）
校　长　张久芳

东平县技工学校

党支部书记　张久芳
校　长　刘再胜（4月止）
王庆需（4月起）

东平县实验中学

党总支书记　梁永久
校　长　殷复科

东平县佛山中学

党支部书记　董在龙
校　长　张　起

东平县人民医院

党总支书记　王　斌
副书记　李　征
张东晟
院　长　李　征
副院长　孟　光
张东晟
刘贵真（女）
刘天野

东平县中医院

党支部书记　宁　梅（女）
副书记　王　勇
院　长　王　勇
副院长　马　彪
尚福香（女）
赵学刚
梁　波

东平县第一人民医院

党总支部书记	郑灵红（女）
副书记	陈功鹏
院　长	郑灵红（女）
副院长	陈功鹏
	张振祥
	李春玲（女）

东平县第三人民医院

党支部书记	赵　伟
院　长	梁儒栋

东平县疾病预防控制中心（东平县卫生局卫生监督所）

党支部副书记	曹修存
主　任	李元申（副处级）
副主任	杨传水
	李传法
	陈宗勇

中国共产党东平县委员会

重要会议·决策

【县委全体会议】 十四届一次全委会议 1月18日在县城召开。选举产生县委常委10名：赵德健、刘玉、宫庆会、陈传帅、王强、徐宗才、陈锋、张立国、徐彩虹、靳庆新。赵德健当选县委书记，刘玉、宫庆会当选为县委副书记。县委常委通过选举产生的县纪委常委、书记、副书记名单。通过县委关于加强自身建设的决定。

十四届二次全委会议 11月4日在县城召开。学习贯彻中共十九大和十九届一中全会精神，传达学习省委十一届二次全会和市委十一届四次全会精神，听取和讨论赵德健同志受县委常委会委托作的工作报告，审议通过《中共东平县委关于深入学习宣传贯彻党的十九大精神加快全面小康东平建设进程的意见》。

【全县重要会议】 全县经济工作会议 2月3日召开。会议贯彻落实中央、省、市经济工作会议，总结2016年经济工作，安排部署2017年工作任务。县委书记赵德健，县委副书记、县长刘玉，县政协主席刘祥涛，县人大常委会主任刘思宏，县委副书记宫庆会等各大班子领导以及县法院院长，县检察院检察长、县政府经济顾问出席会议。

全县党群政法工作会议 2月4日召开。县委书记赵德健，县委副书记宫庆会，县委常委、组织部部长王强，县委常委、政法委书记陈锋，县委常委、人武部政委王有敏，县委常委、宣传部部长张立国，县委常委、统战部部长徐彩虹，县委常委、办公室主任靳庆新出席会议。

赵德健与部分乡镇（街道）党（工）委书记签订落实全面从严治党主体责任承诺书，与部分乡镇（街道）党（工）委书记、县直部门主要负责人签订了基层党建工作目标责任书；县委副书记宫庆会，县委常委王强、陈锋、王有敏、张立国、徐彩虹、靳庆新分别安排党群政法有关工作。

全县"提标增能 提质增效"大讨论动员暨脱贫攻坚"三大工程"誓师大会 2月5日召开。县委书记赵德健，县委副书记、县长刘玉，县政协主席刘祥涛，县人大常委会主任刘思宏，县委副书记宫庆会，县委常委、县人大、县政府、县政协等各大班子领导出席会议。

赵德健代表县委、县政府与部分乡镇（街道）党（工）委书记，县直部门主要负责人签订《2017年度脱贫攻坚责任书》，宫庆会宣读《中共东平县委关于在全县开展"提标增能 提质增效"大讨论活动的实施意见》《中共东平县委东平县人民政府关于表彰2016年度脱贫攻坚先进单位及先进个人的决定》。

【重要决策】 年内，县委共制定发布重要决策文件14件。

制定印发《关于加强全县金融人才队伍建设的实施意见》《关于深入推进农村集体产权制度改革的实施意见》《关于开展"一村（社区）一法律顾问工作的实施意见》《东平县

"1233"脱贫攻坚实施意见》《关于明确2017年经济社会发展目标任务落实争先进位责任的通知》《关于在全县开展"提标增能 提质增效"大讨论活动的实施意见》《关于推进"美丽东平"建设的实施意见》《关于进一步加强关心下一代工作的意见》《关于抓党建促脱贫两年攻坚行动的实施意见》《关于建设过硬党支部的意见》《关于认真学习宣传贯彻党的十九大精神加快全面小康东平建设进程的意见》《关于建立完善经济社会发展重点工作推进机制的通知》《关于表彰东平县第四届劳动模范和"建设新东平"劳动奖章获得者的决定》《关于命名先进基层党委、先进基层党支部、优秀共产党员、2016年度村级工作擂台赛"总擂主""十佳擂主""优秀擂主"的决定》。

【概况】 县委办公室内设秘书科、行政财务科、文档科、督查科、信息科、政工科、后勤科6个行政科室，政研室（改革办）、机要保密局、信访局、接待办、督查局、改革办6个正科级单位，维稳办1个副科级单位。行政编制27人，工勤编制3人，事业编制10人。2017年，认真学习贯彻中共十八大、十八届历次全会和十九大精神，深入贯彻落实习近平新时代中国特色社会主义思想，扎实开展"提标增能、提质增效"大讨论、"重效率、勇担当、作表率"主题活动，推动"两学一做"学习教育常态化制度化。以开展工作规范、制度规范"双规范"活动为契机，着力加强机关规范化建设，业务工作和党建工作均实现新突破，迈上新台阶。顺利通过省级文明单位复审，获得全市党的十九大安保维稳工作先进集体、全市密码工作先进单位、全市履行人口与计划生育职责先进单位等荣誉称号。

【政策调研与信息】 县委政研室配备主任1名，副主任2名。先后起草县十四次党代会、经济工作会、创卫考核会、深改领导小组会等讲话材料300余篇，全省脱贫攻坚推进会、全市美丽乡村建设现场会等汇报及发言材料30余篇。紧紧围绕县委决策部署、领导关心关注、群众反应强烈的热点难点问题，完成脱贫攻坚、村级集体经济发展、生态东平等课题的调研工作，为领导科学决策提供参考。《党建统领抓扶贫、成方连片拔穷根》《关于家事审判制度改革的调查》等10余篇文章在中央和省市级刊物发表，1篇被评为全省党委政研系统优秀成果三等奖。加强党委信息员队伍建设，建立健全信息定期报送、通报机制，在全县营造全员抓信息的浓厚氛围。把热点难点问题作为信息采编的主要渠道，累计向省市委信息机构报送信息1000余篇，完成市委约稿200余篇，省委约稿3篇；市委采用100余篇，省委采用19篇，中央办公厅采用1篇。举办第三期党政办公室主任暨第六期公文秘书培训班，参训人员达150余人，强化文秘队伍整体能力素质。制定出台《县委全面深化改革领导小组工作要点》，明确10大项66项具体改革任务，严格落实会议制度、文件制度等各项制度，共召开领导小组会议8次，审议通过各类改革文件23个。农村产权改革攻坚长效脱贫典型做法在国家层面的座谈会上交流发言，家事审判制度改革得到国家最高人民法院肯定推广。

【督查工作】 督查局为正科级全额事业单位，核定编制11人，隶属于县委办公室。内设综合科、督办科。做好重点工作督查。把县委一号文确立的52个重点项目，"三大工程""三大战役"、精准扶贫、项目迎检等重点工作，纳入2017年度重点督查事项，明确责任，跟踪督办；对上级交办、领导批示、紧急事项等，按照《紧急督查工作办理制度》，立接立行、立督立办，并将落实结果及时报送领导审阅。全年共开展督查489次，形成《东平督查》7期、《督查专报》54期。建立

健全督查工作制度，以制度促规范，以执行提质效。印发《督查工作要点》，对全县重点工作、重点任务细化分解、序时推进；制定《督查工作台账管理制度》，一事一账、挂账销号；探索实行任务清单、责任清单、问效清单“三张清单”制度，使督查工作有抓手、易考核、可量化。注重与业务部门沟通联系，开展联合督查，会同相关部门对全县经济社会发展、招商引资和项目建设、创卫拆违等工作进行督查，并将督查结果作为乡镇街道、部门单位评先树优和兑现奖惩的重要依据。

【保密与机要】 机要保密局为正科级单位，行政编制5人，配备局长1名，副局长1名。2017年，机要保密局认真贯彻执行中央、省、市机要保密工作的法律法规和方针政策，按照县委、县政府赋予的相关职能履职尽责，在全市机要保密专项督查中获“优秀”等次，被评为2017年全市密码工作先进单位。基础设施管理。严格落实核心密码双人监管、业务局长直接管理制度，实行大交班制度，定期对设备运行情况及相关材料进行排查维护，确保核心密码绝对安全。坚持重大节假日开展普通密码业务检查，定期对商用密码、主渠道计算机、通信设备、在线监控、门禁系统等基础设施进行检查、维修，确保安全。指导各科室配备涉密计算机、“三合一”设备，实现办公室保密工作规范化。电报管理。按照《山东省密码电报安全保密管理办法》，落实“首办负责制”“双章”流程制、“双线”办理制、“双不”借阅制、月末归档制。坚持完善“密码电报办理六项规程”，创新建立不驻会县级领导电报传阅机制。保密管理。开展保密检查，顺利迎接上级保密检查，更新保密检查设备，对各单位门户网站、重点计算机实行24小时监控。加强人员培训，对新普密使用人员培训2次，指导检查4次。内部管理。规范稳点资料管理，层层签订《密码安全保密责任书》，严格执行个人事项年度报告和重大事项报告制度。制订《机要保密局日常操作规程》，严格考勤和交接手续，严格实行昼夜值班制度，密码通信机房严禁非机要人员进出。严格落实24小时值班制度，在各级8次电报应急演练中，电报收取时间均控制在1分钟内。

【维稳工作】 县委维护社会稳定工作办公室，副科级单位，隶属县委办公室。内设协调指导科、督查调研科，配主任1人。坚持源头预防，全力做好涉军、民师等重点群体稳定工作，牵头成立全县安保维稳指挥部，抽调公安、民政、人社等相关部门的精干力量，做好政策指导、隐患督导，先后42次召开涉军群体稳定工作会议，确保涉军政策落实到位、重点人员稳控到位。做好重要节点稳定工作。在全国“一带一路”峰会和全国“两会”、中共十八届七中全会、中共十九大等时期，按照“五个不发生”和“一人不进京”的目标，维稳办超前谋划，提前进驻县公安局，从15个部门抽调26名精兵强将，开启5+2、白加黑24小时工作制度。坚持每天下午4点召开分析研判会，排查解决隐患问题，实行每天两次全面调度和专项工作主管部门“双调度”制度；对24个涉稳群体，68件重点信访案件和45起涉法涉诉案件进行包案化解，对1326名重点人员纳入情报平台，及时预警预报。建立常态教育训诫转化工作机制。牵头公安机关、对涉及到的乡镇（街道）和部门不稳定人员持续开展教育、训诫、转化工作，建立涉军领头人员教育、训诫、转化长效机制。

【接待工作】 县接待办公室为正科级全额事业单位，隶属于县委办公室。核定编制7人，其中主任1名，副主任2名。2017年，接待全国人大代表3人，地厅级以上领导241人次，接待来宾和客商215批次4300人次，党政考察团10批165人次。根据中央八项规定和《东平县党政机关国内公务接待管理办法》的规定，精心设计公务接

待审批表，涵盖接待对象、人数、到达和离开时间、客团联系人、活动安排，由单位主要领导签字。对每一项接待工作的事前准备、事中协调、事后总结，建立一整套系统、详实的程序和规范。在接待服务中，按照“住宿有房号、就餐有桌号、出门有车号”的要求，周密安排，逐项落实。对重要的接待活动，把食宿、交通、活动安排等各个环节的工作打印成册，让参与接待的人员和客人对食宿住行、活动日程一目了然。在接待活动中，突出“精细化”“人性化”的要求，对每次活动的来宾报到迎送、食宿交通安排等都认真准备、周密安排，让客人吃的有味、住的舒适、看的满意。

（陈　义）

【概况】　县委组织部内设办公室、研究室（新闻和网络宣传科）、组织员办公室、组织科、干部科、干部监督科（举报中心）、干部教育科、干部档案信息工作科。下属副科级全额事业单位县党员电化教育中心、县下派干部办公室，股级全额事业单位县党建信息传媒中心。正科级全额事业单位县委党员干部现代远程教育中心，内设综合科、技术科、课件制作科。正科级全额事业单位东平县人才工作办公室，内设人才开发科、人才服务科。2017年，有行政编制13人，事业编制14人。

2017年年内，围绕县委中心工作，突出从严治党主线，抓班子、带队伍，抓基层、强服务，健机制、聚人才，在服务全县发展大局的实践中，强化责任担当，迎着困难上、坚决打胜仗，各项工作取得新突破。“党员街长制”和突出“四个在前头、党建引领促脱贫攻坚”的做法，得到中央省市组织部门肯定。党员街长制得到市委常委、组织部部长高尚山同志批示，在《新华社要情动态》和《中国组织人事报》刊发。“村级工作擂台赛”的经验，得到市委组织部肯定，并在全市推广。中央电视台新闻联播报道老湖镇凤凰社区和银山镇耿山口社区党群服务中心揭牌仪式。国地税局以党建促共建，助推精准扶贫做法得到省委组织部肯定。开通“东原星语”微信平台，“灯塔—党建在线”实现全覆盖，等等，创造出一大批叫得响、过得硬的组工创新品牌。

【干部管理监督】　圆满完成乡镇领导班子换届选举工作。大力加强领导班子和干部队伍建设，坚持“20字”好干部标准，按照县委提出的“实在实干实绩”用人导向，围绕全县发展大局，放手选用能干事创业的干部，一大批基层经验丰富、在脱贫攻坚“三大工程”、创卫工作中挑大梁、敢担责、表现突出的干部被选拔到重要岗位。强化干部培养锻炼，选派5名优秀年轻干部到市直部门单位挂职，开阔视野、提升境界；选派部分年轻干部到乡镇（街道）和重点项目一线学习锻炼，提高实际工作能力。从县直部门单位抽调76名干部到移民避险解困社区安置点工作，抽调30名干部到县创卫办集中办公，提高干部群众工作能力。加大在重点工程项目和急难险重任务一线考察识别干部力度，制定出台《关于坚持在重点工程项目和急难险重任务中培养考察使用干部的意见》，健全完善一线考察识别干部工作机制，先后3次到脱贫攻坚“三大工程”和创卫工作一线考察了解干部，全面掌握干部综合表现情况。进一步提升干部选任工作规范化水平，制定出台《县管干部选拔任用工作流程》《关于规范中层干部选拔任用工作的通知》，对乡镇（街道）、县直部门单位选拔中层干部工作严格规范，防止干部“带病提拔”。突出抓好换届后领导班子思想政治建设，强化对领导干部政治历练和行为监督。建立组织信访定期分析制度，健全完善提醒、函询诫勉制度，提高干部监督工作水平。健全完善提醒、函询诫勉《实施细则》，聚焦扶贫领域，对16个县直部门单位、34名干部通报批评。

发挥全县经济社会发展综合考核"指挥棒"作用，强化考核结果运用，与干部使用、奖惩、教育、管理结合起来，树立鲜明导向。

【人才队伍建设】 2017年，培养省金融之星1人，市专业技术拔尖人才2人，市乡村之星1人，市青年科技奖1人，省有突出贡献技师1人，市首席技师1人，新增高技能人才967人，瑞星集团被认定为省博士后创新实践基地，瑞银公司被认定为市级技师工作站。推进人才工作站建设，打造招才引智平台。制定《东平县桑梓人才工程实施方案》，县镇分别建立人才信息库，搜集整理东平籍在党政军民学等领域有一定成就、影响力的专家、科研人员、企业家、经营管理人员、专业技能人员，及1990年以来在东平挂职工作过的各级领导信息。筹建北京、广州、济南、青岛人才工作站，发挥推介东平、牵线搭桥、引进资源的前沿联络部作用，实行"一站、一部门、一服务专员"运行机制，开展招才引智活动。2017年8月，在北京召开在京东平籍人才恳谈会，引导在外人才回乡创业，为家乡招才引智。实施人才梯次培养工程，打造育才用才平台。举办"九鑫杯"职业技能大赛、创客培训营等活动，评选有突出贡献技师、首席技师。实施企业家队伍梯次培养工程，组建全县工业联合会（联盟），开设"平湖财智论坛"，选派26名优秀企业家参加研修班，到先进企业游学，先后邀请张永伟、包政、白刚等专家教授作辅导报告。采取政府购买服务形式，邀请专家团队对鲁玻包装、东顺集团等企业进行调研诊断。11月，联合县经信局、县财政局、县金融办在中央财经大学举办首届金融人才和"三强"企业负责人培训班，提升素质，推进银企融合。启动山大科技园泰山分园建设，搭建引才聚才载体。会同县科技局、县滨河新区，推进山大科技园泰山分园建设，以高端人才引进、科技成果转化、创业项目孵化、区域发展研究为重点，完成规划设计、办公室内部设施建设，规划建设公共服务区、综合办公区、项目孵化区等，推进与山大的全面战略合作。

【基层组织建设】 全县基层党委51个，基层党支部1805个，党员44154人，其中男性37023人，女性7131人。2017年，出台《关于健全十项制度，进一步严格和规范党的组织生活的意见》，印制"两学一做"学习教育"十簿十表"，实行组织生活纪实制度，基层组织建设进一步规范。把重点项目建设作为过硬支部建设的"主阵地"，在急难险重任务前提升一批、巩固一批。利用7—9月三个月的时间，开展农村基层组织集中整顿行动，109个问题村全部得到转化提升。结合庆七一活动，选取各领域、各行业在全县经济社会发展中做出突出贡献的先进个人和集体，重点进行培树。以县委名义命名10个先进基层党委、100个先进基层党支部、245名优秀共产党员，弘扬正气、激发士气。扎实推进农村党支部书记队伍建设。分经济强村、脱贫重点村、乡村旅游村、特色产业村等5个类型对支部书记开展专题培训，组织到寿光、临沂等先进地区学习，与寿光市优秀村党支部书记结成20个发展帮扶对子，帮助带富致富。实施农村党支部书记"育苗换代"工程，建立农村后备干部人才库，举办村级后备干部培训班，着力解决村级后继乏人的问题。争取上级补缴党费894.41万元，用于修缮办公场所、支持集体经济薄弱村发展产业项目等。争取强村固基工程财政扶持资金1239万元，扶持项目130个。争取补助资金80万元，在凤凰社区等4个新型社区开展农村区域化党建试点。开展"红色党建行动"，加大城市社区党建探索和创新。把过硬支部建在创卫攻坚第一线，党旗飘扬在急难险重任务最前沿，1.2万名党员干部参与创卫攻坚，创出干部新作风、社会精气神、城市新亮美和群众满意度，298名党员街长成为一道靓丽的红色风景线。把城区划分为45个党建工作网格，分别建立党支部。从县直机关企事业单位、“两新”组织、党员商户、城市社区中选派党员街长，明确环境巡查员、部门协调员、党建指导员、群众宣传员“四员”职责。成立东平县红星团，组织机关企事业单位党员加入志愿者服务队，参与脱贫攻坚、创卫等中心工作。在县城主要路口建立一批党建工作站，由网格单位进行包保，定期在网格内开展志愿服务活动。中国组织人事报对党员街长制做法进行专题报道。

【抓党建促脱贫】 下发《抓党建促脱贫两年攻坚行动实施意见》，细化分解40项重点任务，明确责任时限，逐项破题攻关。始终坚持党建引领一条主线，深入推进新型农村社区、产业园区“两区共建”，全面实施移民避险解困、黄河滩区迁建、易地扶贫搬迁“三大工程”，扎实开展雁阵行动、靶向行动、住村行动“三大行动”，形成“1233”党建扶贫工作大格局。中央政策研究室《学习与研究》以《党建统领抓扶贫，成方连片拔穷根》为题刊发东平县做法，领导干部干在前头、过硬支部挺在前头、群众工作做在前头、“两区共建”谋在前头“四个在前头”做法在《泰安党建》刊发。按照“四个在前头”的工作要求，全县成立24个一线指挥部，109支扶贫工作队，2818名党员干部分别包保2~3户贫困户；坚持围绕扶贫工作建设过硬支部，不断深化“村级工作擂台赛”，开展党员“三率先三带头”活动，涌现出一大批舍小家顾大家，第一个拆自己房屋，最后一个选房的先进典型。银山镇耿山口村党支部书记耿进平被授予全省脱贫攻坚先进个人奋进奖。

【第一书记工作】 2017年，省市县共选派第一书记240名，其中省派整体脱贫第一书记工作队10名，省派第一书记42名、市派挂职干部及第一书记63名（到社区任职1名）。县委选派136名县直机关干部到村担任第一书记，实现省市贫困村、软弱涣散村、移民避险解困村第一书记全覆盖。省委从组织、发改、财政、国土、住建、水利等10个省直单位抽调10名处级干部组成整体脱贫第一书记工作队，累计争取项目资金8.75亿元。制定第一书记管理考核办法，对县派第一书记实行周报表、月调度、季观摩、年考核，督促第一书记切实发挥指导帮带作用。健全第一书记工作运行机制，举办第一书记工作擂台赛。明确行业扶贫部门业务局长联系第一书记，定期召开政策对接会，帮助落实扶贫项目。组织第一书记到县内、宁阳参观村级经济发展典型村，学习先进经验。编撰印发富民强村典型案例《强村之路》，为第一书记帮助集体增收、群众致富提供借鉴。任职以来，省市县第一书记累计入户走访群众3.38万户，组织党员干部外出学习1518人次，帮助村里健全各项规章制度260余项。开展每月主题党日、重温入党誓词、为党员上党课等活动。在道路建设、电网改造、农田水利、文化娱乐等方面积极争取，实施一大批基础设施建设项目。累计实施扶贫开发项目420个，争取项目、资金、物资合计4378万元；承接实施行业扶贫项目312个，投资8704万元，使帮包村面貌发生明显变化，村级各项事业得到长足发展，实现8230名贫困人口稳定脱贫。

【干部教育】 把学习贯彻习近平新时代中国特色社会主义思想和中共十九大精神作为首要政治任务，举办党的十九大精神专题学习班和各类主题班次234期，培训各级干部1.4万人次。加强上级组织部门调训干部教育管理，全年完成省、市调训任务29期，调训各级领导干部130余人次，累计调训时间超过1500天。举办浙江大学县域经济发展专题研讨班，培训学员110余名，重点是加强领导干部队伍建设，提升领导干部科学发展和履职能力。举办两期全县新任职局乡级干部能力提升专题研修班，以全面学习贯彻中共十八大历届全会和省第十一次党代会精神，提高新任职局乡级领导干部的政治理论素质和履职能力为主要内容，重点培训各乡镇（街道），县直各部门、各单位近年来新提拔（重用）的局乡级领导干部120余人。

【远程教育】 顺应“互联网+党建”新形势，发挥“一微两平台”作用，即“东原星语”微信公众号、“灯塔—党建在线”和“东平党员之家”综合管理服务平台，2.6万名党员关注“东原星语”和“东平党员之家”，全县1800多个党组织、4.2万名党员纳入“灯塔—党建在线”，实现党组织和党员双覆盖；“东平党员之家”设立工作动态、创卫快报、聚焦十九大、组织工作、理论书库等栏目，发布信息7000多条。“东原星语”微信公众号制作50期，发布经验做法、典型人物信息近300条。学好用好“灯塔—党建在线”，采取“层层把关，逐级审核”方式，对党员和党组织基本信息实行“三查”，确保信息采集准确有效，开展党员“双找”活动，全县查找到357名长期“失联”党员，纳入党组织有效管理。完成全部采集信息的党员实名制注册，注册率达100%。组织开展“灯塔—党建在线”中共十九大精神学习竞赛活动，督促县直各部门、各乡镇（街道）采取有效措施，最大限度地使广大党员参与学习竞赛活动。做好村“两委”成员学历教育报名考试工作，全县有66名村“两委”干部获得报名资格，圆满完成招生任务，39名村“两委”干部被省电大录取。

（刘建波）

【概况】 县委宣传部设办公室、理论科、宣传科、文教科、企业宣传科、新闻外宣科、县精神文明办公室7个科室。辖东平报社、县文产办、县网络办、县新闻中心、县文字艺术界联合会、县社会科学界联合会6个事业单位。年内，全县宣传思想文化工作紧紧围绕“打赢脱贫攻坚战、筑实富民强县路、全面建成小康东平”战略目标，坚持正确的政治方向，提高政治站位，主动担当、积极作为、狠抓工作落实，全县宣传思想文化工作取得新突破，为全县经济社会发展提供强有力的思想保证、精神动力和舆论支持。

【理论学习】 制定印发《关于进一步做好党的十九大文件、文献和辅导读物出版发行工作的通知》《关于做好学习贯彻党的十九大精神宣讲工作的通知》《关于进一步加强和规范政治理论学习的实施意见》《关于组织全县各级党委（党组）理论学习中心组学习党的十九大精神的通知》等学习考核制度，让理论学习有章可循。坚持理论联系实际，把“两学一做”作为党委（党组）中心组和党员干部学习的重要任务，突出抓好理论学习、专题研讨、心得交流等环节，深入开展“书记讲党课”等活动，增强严守党的政治纪律和政治规矩的自觉性、坚定性。

组织开展《习近平总书记系列重要讲话读本》《全面小康热点面对面》《从严治党面对面》《习近平的七年知青岁月》《党的十九大报告》（单行本）《习近平谈治国理政》（一二卷）等理论读物学习，邀请泰山学院马克思主义学院副教授、博士李聪、玫德集团工会主席周长峰、中央党校文史部文学博士、副教授林雅华等高层专家作专题报告。十九大召开后，邀请北京大学马列主义学院陈培永研究员结合学习《矛盾论》《实践论》解读党的十九大精神。县委中心组开展“习近平总书记纪念万里同志诞辰100周年座谈会讲话辅导报告”“两学一做”“两条例两准则”“党的十九大精神的学习宣传贯彻”等集体学习23次；组织开展全省“中国梦·党在心中”百姓宣讲活动，形成故事类宣讲稿件2篇，曲艺类宣讲稿件2篇。

理论期刊《东平论坛》以征文专刊形式宣传阐释习近平“7·26”重要讲话和中共十九大精神；出版《东平县社区知识读本》，介绍与社区居民生产生活息息相关的科普知识；完成2016年度市社科课题结项工作，6项课题结项，其中1项被评定为优秀。完成2017年度市社科课题立项工作，6项课题立项，其中1项被批准为重点课题。组织社科骨干深入基层宣讲，普及社科知识。

【社会宣传】 着力推进“四德工程”建设。印发《关于进一步加强和改进善行义举四德榜建设工作的通知》，推进“四德”榜建设向更高层次、更高水平迈进。对所有乡镇、街道、县经济开发区和县直部门、单位以及部分企业等“四德”榜上传工作人员80余人进行培训。全县875个实体榜全部按照优榜标准进行更新或重建，四德榜网络上传工作实现四个百分之百。全县建成道德文化主题广场、社区11处。其中，县级社会主义核心价值观主题公园在龙泉湖公园落成。确定“大善东平”道德品牌，广泛宣传道德模范、身边好人等各类先进典型事迹，形成以王炳兰为代表的东平人崇德向善的良好形象。印发《关于开展孝善扶贫行动的实施方案》，让孝德典型引领孝善扶贫，让更多的人争当孝老敬老的典型，强化孝老敬老观念，在全社会形成孝老敬老的良好风尚，推动农村有子女的贫困老人精准脱贫。着力抓好社会宣传工作。印发《中共东平县委宣传部关于加强公益性社会宣传的实施意见》《十九大精神社会宣传实施方案》等，在重点位置建设一批示范作用强、宣传效果好的大型政治类公益广告，加强党和国家政策、方针的宣传力度，尤其是十九大精神社会宣传工作，激励和引导全县人民紧密团结在以习近平同志为核心的党中央周围，把思想统一到中共十九大精神上来，把力量凝聚到落实大会提出的各项重大决策部署上来。抓好各类媒体和社会媒介刊播展示，推出更多适应网络、微信等新媒体传播的作品，让公益广告“动起来”“活起来”。加大乡村中国梦、社会主义核心价值观、十九大精神公益广告宣传力度，增强融合力、渗透度，形成处处彰显健康向上的浓厚氛围。

【新闻宣传】 在市级以上主流媒体刊发（播）重头稿件1100余篇，展示全县在脱贫攻坚、民生工程、农村改革、经济建设等重点工作中取得的成果，为全面建成小康东平营造良好舆论环境。在央视新闻频道播出六集系列片《东平湖移民搬迁记》；首期黄河滩区居民迁建工程耿山口社区搬迁登上“中央新闻联播”；央视军事农业频道“美丽中国乡村行”播出纪录片《黄河流过的村庄》，第六集以《耿山口之变》为题对东平县黄河滩区居民迁建工程进行报道；《人民日报》、新华社山东分社社长分别带队记者到东平县调研采访黄河滩区迁建工作；《人民日报》头版头条刊发稿件《给60万群众稳稳的家》，对东平县黄河滩区迁建工作给予重点提及，另刊发稿件《农家听心声 无地移民迁新居》《新技术领跑脱贫路》；新华社推出《世纪大改道 为了186万黄河滩区居民美好生活》；《新华社·山东 要情动态》刊发《道德建设“三部曲”演绎“大善东平”》《东平“股份合作”探路农村产权改革》等;《大众日报》刊发《告别滩区 乔迁新居》《移民村提起了精气神》《东平教育打开希望之门》《清网净湖迎来秀水碧波》等20余篇重头稿件；“山东新闻联播”刊播《全面拆除东平湖水上餐厅 还湖于民》《举杯同庆 共享团圆》《十九大时光 为了明天更美好》《滩区群众搬新家 欢天喜地迎新年》；齐鲁频道对凤凰家园移民社区、耿山口社区搬迁分别进行全程电视直播和网络直播;耿山口搬迁当日，20余家中央、省、市媒体进行现场报道;在《泰安日报》刊发头版头条稿件《潮起东平》《不愿让您走》《千年古县 荣归东平》《美丽乡村山水间》等。荣获《泰安日报》新闻报道先进集体。另外，在齐鲁网、大众网、鲁网、中华泰山网等网站刊发稿件550余篇。

【文化建设与文化产业】 以群众文化生活满意度提升为中心工作，全面铺开文化惠民工

程。送戏下乡演出400余场次，吸引群众30万人次观看；提高“百姓大舞台·我是大明星”活动覆盖面，举办乡镇决赛14场，发掘基层文艺人才400余名，群众自排自演节目220多个，引导10万群众参与；放映农村公益电影7000场次，观众达到73万人次，合格率100%；切实加强村级人才队伍培训，全县累计培训1000余人；实施村级综合文化服务中心建设和农家书屋提升工程，基层文化服务中心建成率在90%以上，农家书屋到位图书5万册；实施村级历史文化展示工程，已经整理120个村史材料。积极参加市级部门举办的文艺活动。组织近百人的队伍参加在泰安市举办的“喜迎十九大·永远跟党走”大合唱文艺会演，获得6个县市区中第二名的好成绩；与泰山区、宁阳县联手举办两区一县“喜迎十九大国画作品展”，以生动形象的艺术形式表现建党、新中国成立以来社会主义事业取得的伟大进步和家乡的巨大变化，引起广泛好评。牵头组织举办“飞扬中国梦　舞动齐鲁情”广场舞大赛活动。牵头组织“飞扬中国梦　舞动齐鲁情”广场舞大赛。活动历时一个多月，吸引城乡100多只广场舞队伍参加，举办选拔赛、初赛、决赛共计16场，最终评选出两只队伍参加市赛，县委宣传部获得优秀组织奖、文化馆志愿者代表队获得三等奖、州城街道南门代表队获得最佳人气奖等佳绩。认真组织齐鲁文化之星推荐上报工作。有两人当选2017年度齐鲁文化之星。

【网络宣传与管理】 2017年，累计报送网络舆情100多期，排查21起易引发群众性事件的网络舆情。接受群众提问500余条，回复并解决事关群众切身利益的民生问题474件。在本地论坛贴吧匿名发表评论500余条，评论文章1.76万篇次。同时县网络办不断总结网络舆情处置和舆论引导经验，先后在《山东宣传信息》《支部生活》《泰安市网络舆情》等刊物发表。“山东手机报·泰安东平”已覆盖县、乡、村三级党员干部群众，拥有订阅用户16.4万人，共发送251期。6月19日，东平县作为手机报推进先进单位在“山东手机报新媒体西部片区发展工作部署暨山东手机报编辑培训会议”上做典型发言。联合各媒体同步推出东平县移民避险解困社区建设、东平湖综合整治、创建国家卫生县城等工作成就和相关主题的宣传报道。与《人民日报》和央视相关频道报道、大众网泰安、齐鲁网泰安、中国网山东等网媒同频合拍，形成集团宣传规模效应。手机报栏目增设“东平发布”“扶贫攻坚”“便民信息”“教育视窗”“卫计专栏”等流动栏目，符合读者要求。宣传内容更具权威。与东平电视台、东平报社结合，将其优秀典型、重头稿件等通过手机报及时对外发布。表现形式更具人气。以读者更易接受、更接地气的文字、图片、音频和视频链接等综合体方式进行推送，深受读者喜爱，共发布周末版20期，进一步提升宣传效果。积极鼓励指导各网络团体发挥互联网传播优势，深入挖掘本地文化和流行文化，创作出《东平妹子2》系列喜剧、原创《东平湖》MV、《割麦子》等系列网络文艺作品。1月，联合东平信息港等单位组织举办全县第一届网络春晚，并通过网络全程直播，县级网络春晚为全市首创。利用“泰山文化传播奖”载体，在全县范围内广泛宣传发动，争取用表现方式灵活多样、深得群众喜欢的正能量作品，推动特色网络文化建设。在搜集近百篇作品中，精选30篇作品参加全市举办的第六届“泰山网络文化传播奖”评选。加强与东平吧雷锋团、东平信息港青年志愿者团队、东平生活网志愿者团队、微公益志愿者团队等多个网络社会公益组织的交流合作，传递网络正能量，取得良好社会效果。严厉惩治处理直接利用网络违法犯罪20人；打击网络谣言违法人员10人，其中行政拘留2人，教育训诫8人；协助抓获各类犯罪嫌疑人90人。先后两次联合县委统战部、县公安局

组织召开“新媒体人座谈会”，全县7家知名新媒体参加座谈，共同为全县经济社会发展营造良好网络舆论氛围。

（赵研博）

统一战线

【概况】 以构建大统战格局为目标，巩固统战阵地，强化基础保障，实现强基固本。建体制。成立县委书记任组长，县委副书记和统战部部长任副组长，县直各有关部门主要负责人为成员的统战工作领导小组；积极构建大统战格局，原县民族宗教事务管理办公室隶属县政府办公室，调整为县民族宗教事务局，与统战部合署办公。建网络。全县14个乡镇(街道)、93个县直部门和重点企业、医院、学校均设立统战工作办公室，配备统战委员15人，统战工作负责人180人，统战干事30人，统战联络员986人；对党外知识分子和“两新”组织集中的11个单位、信教群众比较集中的15个村、两处宗教活动场所，均聘请统战工作联络员，形成“纵到底、横到边”的基层统战工作网络。建制度。制定乡镇（街道）、县直部门统战工作考核办法，强化督导考核。

【教育培训】 加强统战干部队伍建设，增强履职能力。采取集中培训、以会代训等形式，加强对统战干部的教育培训。7月，组织17名统战干部参加市委统战部组织的基层统战干部培训班。加强党外代表人士队伍建设，增强服务能力。建立315人的党外代表人士人才库，实行一人一册、动态管理，扩大选人用人视野，延长统战工作触角。

【民主协商】 制定完善《中共东平县委关于做好政党协商的实施意见》，健全民主党派、工商联、无党派人士知情明政机制。研究制订《中共东平县委2017年度政党协商计划》，先后开展专题协商、重要人事安排协商和调研协商三个方面的活动。有219件政治协商成果均按规定程序予以反馈。

【扶贫解困】 扎实推进民主党派“同心扶贫攻坚行动”。9月，市委统战部在东平召开“同心扶贫攻坚行动”推进会。全年各民主党派为东平县累计捐赠折款313.6万元。组织268名党外代表人士与800户贫困户结为帮扶对子。全年党外代表人士共为贫困户捐赠物资折款61.9万元，现金7.3万元。山东宝地城市广场总经理孙虎城出资5万元，为新湖镇贫困户潘庆英改造危房。

【非公经济调研】 组织开展全县非公有制经济调研，形成《关于全县非公有制经济发展情况的调查报告》，县委主要领导作出批示。先后举办3次非公经济高端论坛，组织6批次青年企业家到高校参加高端培训。召开工商业企业家峰会，成立工商业慈善协会、餐饮住宿商会、特产商会。

【民族宗教工作】 扎实推进民族团结进步。开展少数民族帮扶，投资60万元，实施州城街道北门街、老湖镇展庄村光伏发电项目。开展“民族团结进步”宣传月活动，引导少数民族群众自觉维护民族团结进步大好局面。积极引导宗教适应经济社会发展。深入开展新修订《宗教事务条例》学习宣传，深化“和谐宗教活动场所”创建活动，引导信教群众爱国爱教、团结进步。全市五大宗教界捐资30万元，建设东平街道大井村光伏发电项目。健全宗教工作机制。召开全县宗教工作会议，县、乡、村宗教事务网络进一步健全完善。

（马学河）

对台工作

【概况】 中共东平县委台湾工作办公室和东平县人民政府台湾事务办公室，一个机构、两块牌子。正科级单位，列县委序列，与县委统战部合署办公。2017年年内，县台办认真贯彻落实省、市委对台工作会议精神，加强对台各领域交流合作；围绕富民强县建设，突出抓好经贸合作和台资项目建设；发挥水浒之旅、水韵东平的优势，抓好乡村旅游项目建设；发挥梁氏宗亲的作用，积极做好三梁文化建设，深化两岸交流。全年办理赴台人员16人，接待台湾团体3个，接待台胞、台属、台商87人次；加强东平对外宣传工作，在中央、省台办网站发表稿件6篇，圆满完成各项工作任务。

【对台经贸交流】 2017年年内台湾华泰实业公司董事长林百志、贺升汽车科技股份有限公司总经理陈杰荣、朱致平先生一行两次到东平对接房车生产项目，县委副书记、县长刘玉，县委常委、统战部部长徐彩虹陪同到企业考察。9月1日—4日，按照市政府的要求东平县组团参加在潍坊市举行的第23届鲁台经贸洽谈会。县政府党组成员、经济开发区党工委书记安吉格为团长，县政府办公室、县台办、县经信局、县经合局、县民政局、县住建局、县商务局、县农业局、县旅游局等县直部门负责人为成员，组成代表团参会。按照省市台办工作部署要求，突出东平县与台湾现代服务业、现代农业、医养健康、旅游产业等重点领域合作，有针对性地参与各项专题活动，强化产业承接、平台对接、精准链接，着力推动对台招商引资、招才引智，在橡胶、现代农业、休闲旅游业等方面与台湾客商达成协议。

【文化交流】 7月9日，“海峡两岸·情重泰山”——台湾中学生中华成人礼活动在东平举行。县委常委、统战部部长徐彩虹，副县长、公安局局长王洪亮，县台办主任展延山陪同活动。来自台湾的青年学生及教育界人士50余人兴致勃勃的乘船游览东平湖湿地、参观水浒影视城。水浒影视城先后献上《审武松》、鲁智深倒拔垂杨柳、中华传统武术、中国民间艺术、山东梆子等艺术表演。

【联谊服务】 按照省市台办要求，为深入开展两岸民间交流，对去台人员、台属情况进行调查摸底。开展台湾鲁籍陆配情况调研，摸清台湾东平籍陆配情况，为做好在台陆配团结、影响和服务联谊工作奠定基础。

（展　飞）

【概况】 2017年，县委党校坚持以中共十八届五中、六中全会精神和十九大精神为指导，牢牢把握党校姓党这一根本原则，立足大局谋划，围绕中心办学，紧扣主业主课，努力做到“县委有号召、党校有行动，基层有所呼、党校有所应，干部有需求、党校有作为”，各项工作在原有基础上又有新突破。先后在全省党校工作座谈会和全省党校业务指导工作会议上作典型发言。4月1日出版的《山东党校报》头版头条报道县委党校创新发展的做法；上海《现代领导》开辟“聚集党校”专栏，对东平党校的做法进行系统报道；上海市报告文学作家赵进一慕名赶来东平进行实地采访调研，采写的长篇报道刊发在6月26日《领导科学报》上，在社会上和系统内引起强烈反响。先后接待省直机关党校、德州市委党校和23个县级党校、200多人到东平考察交流工作，涉及济南、威海、济宁、德州、淄博、潍坊、东营、日照、菏泽、临沂等13个市；承办武城县委党校优秀中青年干部培训班，提高对外影响力和美誉度。

【学习研究宣传中共十九大精神】 按照县委统一部署，组织机关全体党员集中收听收看中共十九大开幕会，认真聆听习近平总书记的报告。十九大闭幕后，在个人自学的基础上，先后召开党小组会、支部党员大会和县委党校理论中心组集体学习会，对中共十九大报告进行深入学习、研讨，畅谈学习体会。在组织深入学习的基

础上，组织教研人员推出一批有分量的理论文章，在报刊公开发表23篇。积极参加党的十九大精神理论研讨。申报全省党校系统“党的十九大精神专项研究课题”14项。在“山东社科论坛——全省党校系统学习宣传贯彻中共十九大精神理论研讨会”上，县委党校作为全省唯一的县级党校参加会议并发言。在全市党校系统学习贯彻中共十九大精神理论研讨会上，县委党校提交的19篇论文全部获评优秀论文，占获奖论文总数的1/5，杨小草作为优秀论文作者代表在会上作交流发言。会同县委宣传部、县社科联共同举办全县社科理论界深入学习贯彻党的十九大精神理论研讨会，党校5名同志在会上作研讨发言。按照县委统一部署，抽调7名同志组成县委党的十九大精神宣讲团，到各乡镇、街道和县直各大系统巡回宣讲48场次，听讲人员5302人次。分4期对全县局乡级领导干部进行集中轮训。

【党员干部培训】 按照“培训规模最大化，培训质量最优化”的要求，强化顶层设计，统筹谋划、推进，突出主体班次，兼顾专题培训，先后举办全县局乡级领导干部学习贯彻十八届六中全会和十九大精神专题培训班、农村（社区）党支部书记培训班、县直机关新任党务干部培训班、县政协委员学习贯彻十九大精神培训班等，全年共举办培训班21类34期，培训干部4626人次。坚持并完善领导干部上讲台、先模人物上讲台、党校校长上讲台、高层专家上讲台、兼职教师上讲台、优秀学员上讲台等“六上讲台”制度。泰安市副市长、县委书记赵德健，县委副书记、县长刘玉等领导同志先后为培训班学员上课，增强干部教育培训的权威性。先后邀请国防大学江波教授、省委党校林学启教授、天津市委党校毛元生教授、山东财经大学宿玉海教授、市委党校牛兰春教授等高层专家授课，提高办学层次。对局乡级领导干部和农村（社区）党支部书记实行分类培训，增强针对性和精准性。采取“党校+高校”“课堂+现场”“县内+县外”相结合，使培训形式更加灵活多样，增强培训的实效性。通过建立乡镇分校和村级教学点，形成以县委党校为龙头、乡镇分校为骨干、村级教学点为补充的党员干部教育培训网络，不仅扩大党校工作的覆盖面，而且通过送教到基层、培训在乡村，方便农村学员、锻炼教师队伍。

2017年12月14日，全县第一期局乡级领导干部学习贯彻党的十九大精神专题培训班开班。国防大学政治学院教授江波作题为“深刻领会把握党的十九大新思想新观点新论断”的辅导报告 （杨小草 供稿）

【科研工作】 春季和秋季学期开学后，第一时间组织机关所有人员集中进行新课试讲。结合在全县开展的“重效率、勇担当、作表率”主题活动，围绕“担当”这一主题，组织6名年轻人员集体备课、反复试讲，增加新课储备。中共十九大召开后，第一时间集中组织教研人员围绕学习贯彻党的十九大精神进行试讲。党校机关25人全年发表文章427篇，人均17篇，月均36篇，其中，在学报类期刊发表学术论文8

篇。全年共申请并获准省、市立项课题24项，是获准立项课题最多的一年。其中省委党校立项课题1项，省委党校党的十八届六中全会精神专项研究课题11项，市社科联立项课题5项，市委党校立项课题7项。先后组织教研人员参加各种层次理论研讨会12场次，30人次，获奖论文49篇。其中，有两人受邀参加中国社会科学院马克思主义研究院“第八届马克思主义中国化”学术论坛，县委党校作为全省唯一参会单位参加贵州大学“马克思主义与中国路研究”学术论坛，3位参会代表在会上作学术发言；在2017年山东省党校系统管理学年会暨“山东省社会管理创新软科学研究基地”学术研讨会上，提交的8篇论文中，2篇获评一等奖，4篇获评二等奖，2篇获评三等奖，并作交流发言；在山东省中国特色社会主义经济研究会2017年年会暨学术研讨会上，提交的4篇论文全部获评一等奖，并作主题发言；在“当代中国马克思主义论坛——全国党校系统深入学习贯彻习近平总书记‘7·26’重要讲话精神暨十八大以来马克思主义中国化成就与经验理论研讨会”上，县委党校应邀参加会议。这都标志着县党校的科研实力和学术水平又上一个新台阶。

【队伍建设】 坚持党建引领，队伍素质全面提升。深入开展“双提双增”大讨论和“重效率、勇担当、作表率”主题活动。结合党校实际，制定具体的活动方案，组织机关人员围绕“怎么看、怎么办”展开讨论。重点解决工作问题。开展“一周一堂党课轮流讲”，从主要负责同志开始，领导班子成员、支部班子成员，轮流讲党课、重点谈体会，全方位查问题、深层次找原因、瞪着眼抓整改。召开专题组织生活会，开展民主评议党员。县委党校机关党支部被泰安市委命名为“泰山先锋”红旗党支部，成为全市党校系统唯一获此殊荣的党支部。从2017年下半年开始，将周一例会改为支部党员大会，进一步坚持并完善“三会一课”制度，使党建工作氛围更加浓厚，成效更加明显。2017年年内，先后有两名人员5次走出东平、走出泰安，赴成武、肥城、日照等地讲课。青年教师杨小草在全市党校系统教学观摩竞赛中荣获第二名，并获省委党校“优秀教学奖”，郭颖先后被推选为出席泰安市第十一次党代会的代表、被评为东平县第四届劳动模范，马凤峰被县委授予优秀共产党员荣誉称号，邢彤彤被评为县第五届“十大杰出女性”，刘季沙被评为第十二届“东平县优秀青年标兵”，李泉受到县第一书记工作办公室和县下派干部工作办公室的书面表彰。

2017年9月18日，全县第一期新任职局乡级领导干部能力提升专题研修班在县委党校举行开班式
（杨小草　供稿）

【后勤保障】 2017年，以县委、县政府在全县开展创建国家卫生县城活动为契机，坚持从“墙壁粉刷、校门改建、地面整修、违建拆除、死角清理、美化净化”入手，对硬件设施和校园环境进行综合改造、整治，全面提升党校形象。累计投入资金50多万元，粉刷墙壁7300平方米，硬化路面1800平方米，拆除违建360平方米，

清理“小菜园”2000平方米，清运垃圾560立方米，新增绿化面积220平方米。一是经常性工作与集中行动结合。在做好经常性工作的基础上，每周二、四、六早晨6点到8点为实施“美丽校园”行动集中活动时间，机关人员全员参与。6月5日至11日，组织开展“美丽校园”攻坚周行动，每天上午忙“攻坚”，下午干业务。先后组织机关人员开展集中行动63次。二是全员参与与骨干带动结合。成立由党校主要负责人为组长，分工校长、工会主任和2名情况熟、有经验的工作人员为成员的“五人攻坚小组”，全权负责“美丽校园”行动的总体谋划、指挥调度和督促检查。三是专业人员、专业设备施工与机关人员义务劳动结合。在发动机关人员积极参与、主动请战的同时，适时动用专业人员、专业设备进行施工作业，大大加快施工进度。四是面上整治与重点突破结合。本着先易后难的原则，在抓好面上清理整治的同时，对卫生死角、违规建筑等重点工作，选准突破口，抓住关节点，集中力量，各个击破，同时，认真做好“双联四包”、第一书记驻村、户籍管理、招商引资、计划生育、老干部、安全保卫、机要保密等方面工作。

（徐玉营　杨小草）

【概况】　2017年年内，县编办认真贯彻执行上级机构编制政策法规和县委、县政府工作部署，按照围绕中心、服务大局、保障重点的工作理念，把机构编制工作放在全县经济社会发展的总体格局中来思考和谋划，切实当好县委、县政府的参谋助手，为推进和谐发展、跨越发展提供有力保障。县编办被评为“全省《机构与行政》宣传工作先进单位”，继续保持“市级文明单位”称号。

【机构编制管理】　行政机构设置。将县民族宗教事务办公室更名为县民族与宗教事务局，与县委统战部合署办公，县民族与宗教事务局在县政府序列中保留名称。将县事业单位登记管理局更名为县事业单位监督管理局，为县机构编制委员会办公室内设机构。为进一步创新和完善行政执法体制机制，组建综合行政执法局，暂作为县政府直属行政执法机构。事业机构设置。设立县机构编制电子政务中心、县体育总会办公室、县白佛山风景名胜区发展服务中心。县经济开发区财税分局更名为县经济开发区财政局，隶属东平经济开发区管理委员会管理；为县机构编制实名制管理中心核增事业编制5名。调整规范县供销合作社联合社的领导职数，明确配备理事会主任1名，副主任2名，监事会主任1名，副主任1名。县疾病预防控制中心经费形式由财政补贴调整为财政拨款。编制计划使用。全年合理安排机关事业单位编制使用计划381名，其中，行政50名，参公管理5名，事业326名。

【综合行政执法体制改革】　在深入调查研究的基础上，拟定《东平县综合行政执法体制改革实施方案》。10月28日，县委全面深化改革领导小组召开第二十八次会议，对综合行政执法体制改革工作进行专题研究。11月11日召开全县深化放管服改革暨综合执法体制改革工作会议，下发《关于东平县综合行政执法体制改革实施方案的通知》。12月22日东平县机构编制委员会下发《关于综合行政执法体制改革工作有关机构编制事项的通知》，综合设置执法机构，明确人员编制来源，健全保障机制。全县整合设立8支行政执法队伍，其他部门（单位）不再单独设置执法队伍，整合相应执法职责由部门直接承担或由一个内设机构承担，完成第一批综合行政执法人员划转工作。梳理从事生产经营活动事业单位，摸清机构编制、实有人员、运转情况和盈亏等情况，建立改革工作台账，对县迎宾馆、县自来水公司实行扎口管理。深化事业单位分类改革，全面摸底排查，对长期不开展业务工作且无在职人员的县科学技术协会下属县科普服务中心、县畜牧兽医局下属县小尾寒羊研究所予以撤销，并报市编办备案。根据全县人员控制总量核算情况，四所公立医院人员控制总量均在2000名以下，按照文件要求，均配备理事长兼任党组织书记、院长兼任执行理事、专职党组织副书记兼任执行理事各1名，副院长2名。

【简政放权推进政府职能转变】根据国务院、省和市关于调整行政权力事项的通知要求，分两批调整县级行政权力事项459项，其中取消116项，新增170项，承接80项，变更91项，整合2项，规范行政权力，促进政府部门依单履职、依法行政。编制县乡两级公共服务事项目录。县直部门（单位）公共服务事项594项，乡镇（街道）公共服务事项239项。建立健全乡镇（街道）行政权力清单制度，乡镇行政权力事项85项，街道行政权力事项27项。深化放管服改革，开展简政便民行动。清理县乡两级证明、盖章类材料。保留188项，减少38项；规范村（社区）证明材料清单工作，编制并公布证明材料清单16项；规范年检和政府指定培训，面向社会公布年检事项49项，培训事项25项；开展“零跑腿”和“只跑一次”改革，梳理公布全县第一批“零跑腿”事项9项，“只跑一次“事项65项。

【事业单位监督管理】 2016年度绩效考核结果，及时通报部门单位，并督促抓好问题的整改。完善2017年度绩效考核方法步骤、指标体系、结果使用等，列入考核范围的事业单位219家。在对全县公立医院全面摸底的基础上，筛选确定县人民医院、县中医院等四家公立医院作为改革对象。各医院根据实际组建起由9—13人构成的理事会，分别召开首届理事会成立大会和第一届理事会会议，审议医院章程。选派26名外部理事、4名外部监事参与到医院运行工作中，各医院按照法人治理的机制体制，扎实有效开展各项工作。全年共办理事业单位法人设立登记3家，变更登记39家，注销登记7家，并予以公告；开展事业单位业务范围清单化管理工作，重点对教育系统111个事业单位进行业务范围清单审核；开展事业单位“双随机一公开”监管工作，按要求对8家事业单位进行重点检查，发现问题1家，并下达整改通知书，限期进行整改；按照要求，对49条事业单位登记管理信息导入“信用信息双公示平台”予以公示。按照分级管理原则，完成全县25个党政群机关的统一社会信用代码信息变更工作。加强网上名称规范管理和应用，扎实推进政务公益专用中文域名注册工作，全县706个机关事业单位进行中文域名注册，注册率100%，完成省市下达的工作任务，保持机关事业单位中文域名注册全覆盖。

（宋　杰）

9月30日，县编办组织全体党员干部在赵桥社区开展以“走进社区迎国庆创卫一线党旗红”为主题的党日活动　（宋　杰　供稿）

县直机关工委工作

【概况】 2017年，中共东平县委县直机关工作委员会内设工会工委、团工委、妇工委3个职能科室，辖县直机关人武部。定编7人，机关行政编制6人，工勤人员编制1人。2017年，县直机关工委以“走在前 作表率”为总要求，以严肃党内制度落实为重点，以项目化为载体，坚持抓基础工作，抓重点项目，强督导检查，全力推动“两学一做”学习教育常态化制度化，统筹推进、全面提升机关党建工作水平。先后荣获“山东省机关党建宣传报道先进单位”“山东省机关党建调查研究与实践创新先进单位”“泰安市机关党建工作先进单位”，2017年度泰安市市级文明单位。

【过硬党支部建设】 确立2017年度为“支部能力提升年”，提升党支部组织力，推动全面从严治党向基层延伸、向纵深发展。制定《2017年度县直机关党建项目》实施党建项目管理，调整充实19名机关党建工作督导员加强督导检查力度。举办县直机关党务干部培训班。组织党务干部先后到滕州、费县、五莲县参观学习，组织部分优秀党组织书记到新泰市学习过硬党支部建设经验。完成县直机关支部集中换届，调整充实机关党务干部。县直机关90个党组织书记进行现场述职。

【“两学一做”学习教育常态化制度化】 坚持把政治思想建设摆在首位，以理论学习中心组为龙头，着力推进“两学一做”学习教育常态化制度化。开展“双提双增”大讨论活动，通过“职责是什么、工作缺什么、下步怎么办”大讨论、“对照学、对口学、拓展学、现场学”“四学”交流活动、领导干部讲党课活动、召开组织生活会、“支部能力提升”书记谈等活动，多措并举推动“双提双增”大讨论开展，《东平县委县直机关工委多措并举强化“双提双增”大讨论实效》在山东机关建设网站进行交流。联合人社局制定《关于严肃工作纪律和机关“衙门”作风专项整治行动实施方案》，全年开展3次工作纪律和机关“衙门”作风专项督导检查。以“双提双增”“重效率勇担当作表率”为主题召开组织生活会，并对党员进行民主评议。设立支部书记讲坛、机关党建督导员讲坛，组织开展“十九大精神进基层”宣讲活动，县直机关七大口分别举行宣讲推优活动。

【基层党组织建设】 2017年，制定《县直机关党的组织生活工作规范》，指导“三会一课”、民主生活会和组织生活会、民主评议党员、谈心谈话、党员定期汇报思想等政治生活的开展，全面贯彻落实从严治党要求。成立县人民法院、县市场监管局2个机关党委、县行管局1个党总支和县巡察办、县卫计局、县国税局开发区税务分局、县民兵训练基地等党支部，撤销合并12个党组织，所属151个党支部全部完成选举换届。组织151个党支部3935名党员在“灯塔—党建在线”综合管理服务平台进行信息登记并完成网上注册。举办县直机关入党发展对象培训班，110人参加学习培训。县委组织部、县直机关工委联合开展机关党建工作综合考核。全年共转接党员组织关系341人次，接收预备党员36名，为43名预备党员办理转正手续。严格落实党建主体责任，不断强化党风廉政建设，全年查办违纪案件7起，11名党员领导干部受到党纪处分，其中开除党籍4名。停止1名失联党员党籍。

【机关党日活动】 坚持完善活动制度，不断提高活动和学习效果，逐渐形成一套规范化、常态化的党员活动长效机制。开展“迎新春送温暖”党日活动，为包村贫困户送食用油、面粉等生活用品。“参观‘三大工程’”，近距离感悟抓党建促脱贫成效。践行“美丽城区”建设行动，共同努力创造优美、洁净、清新的城市环境。开展“送温暖”党日活动，为老党员、困难党员送慰问金和党的关怀。组织预备党员在烈士陵园举行集体宣誓，强化党性。开展“爱心送温暖”党日活动，为包村贫困户送棉衣、棉被。与“第一书记”村大羊镇李庄村共同开展“文明乡村行动”暨走访贫困户“送温暖”党日活动，清理卫生，走访贫困群众。刊发《东平机关党日活动》4 期，55 个机关党组织的 55 次活动被评为“最佳党日活动”。

【服务中心工作】 按照县委县政府创建国家卫生城市工作部署，县直机关工委发出《“创卫”行动当先锋　真抓实干作表率》倡议书，要求亮明党员身份，争做创卫行动急先锋；喊响党员口号，担当创卫行动践行者；树立党员形象，勇当创卫行动推动者；践行服务宗旨，巩固创卫行动成果。联合县卫计局党委成立县创卫办临时党总支并召开成立大会，建立健全组织机制、工作机制。以党建引领创卫，以党建服务创卫，以党建推进创卫，组织机关党员志愿者开展 AAAAA 服务，先后动员机关党员志愿者 1.2 万人，集中攻克拆违、创卫、基建等重点任务 10 多项。服务脱贫攻坚。2017 年，机关工委选派“第一书记”调整到大羊镇李庄村担任“第一书记”，先后翻修村委大院、购置办公家具和办公设备，建设健身广场一处，争取健身器械 9 件套、多功能音响一部。分别开展“迎新春送温暖”和“爱心送温暖”活动，为斑鸠店镇魏河村、王庙村、北枣园村贫困户送食用油、面粉和棉衣、棉被等生活用品。组织包村干部开展贫困户家庭收入摸底调查走访活动，全面掌握贫困户家庭收入情况。开展“十九大精神进村入户”主题党日活动，在所包村宣传中共十九大精神。在“第一书记”村大羊镇李庄村开展“文明乡村行动”暨走访贫困户“送温暖”党日活动。

【机关党建文化】 按照“建阵地夯基础、抓教育重文化、树形象强作用”的原则，建立“东平机关党务干部之家”和“东平机关党建工作交流”两个党建工作微信群，利用新技术新媒体进行党建交流、通报情况、介绍经验、传递信息等。制定《县直部门党建文化阵地建设要求建议方案》，确立“阵地标准化、管理规范化、活动经常化”目标。从县城东出口西至白佛山建设党建文化一条街，在县委西广场建设党建文化广场，在县城主要广场和人员密集路段建设党建文化宣传栏，营造集政治文化、党建文化、价值文化、廉政文化、行为文化“五位一体”党建文化氛围。联合县委组织部开展“支部党旗红”摄影展，从不同角度展示广大机关党员干部在创卫攻坚、脱贫攻坚等战线上不畏艰难、扎实肯干的精神面貌。联合县总工会、体育局举行“工会杯”喜迎十九大·庆国庆东平县第七届全民健身运动会机关职工篮球赛，活跃机关文化生活。

【群团武装】 2017 年，县直机关群团组织积极发挥桥梁纽带作用，先后组织开展“青年志愿服务月”活动、“打赢创卫攻坚战 团员青年勇争先”活动、“服务旅游 青春闪光”青年志愿服务活动、“圆梦微心愿”活动等主题活动。完成民兵应急连、医疗救护分队、勤务保障分队、通信分队、交通运输分队、装备维修分队、水上救援分队花和供水设施抢修分队共计654名民兵整组、点验、集训任务；指导县直机关适龄青年在全国征兵网进行兵役登记和征兵报名工作，组织县直预征对象参加征兵体检，圆满完成征兵任务。被评为全县武装工作先进单位。

（陈其刚）

【概况】 2017 年，全县离退休干部 7083 人，其中离休干部 101 人，退休干部 6982 人。副县职以上离休老同志 2 名，退休老同志 48 名。老干部局以“让党委、政府放心，让老干部满意”为目标，认真落实离退休干部政治、生活待遇，着力解决老干部工作中面临的重点、难点问题，全县老干部工作实现新提高。

【加强和改进离退休干部工作】以县委办公室、县政府办公室名义印发《关于进一步加强和改进离退休干部工作的实施意见》，对做好新形势下离退休干部工作作出全面部署。实施意见提出，按照中央、省委、市委、县委关于全面做好离退休干部工作的要求，牢牢把握为党和人民的事业增添正能量的价值取向，以充分体现离退休干部特点和优势、更好服务党委政府工作为方向，积极稳妥推进离退休干部工作转型发展，激励广大离退休干部为推动全县经济社会持续健康发展贡献智慧和力量。

【离退休干部服务管理】坚持和完善老干部阅读文件、参观考察、参加重要会议和重大活动、情况通报和在职干部联系离退休干部等各项制度。5月份，转发省委老干部局等六部门关于进一步规范组织离退休干部开展活动的通知，对组织离退休干部开展活动、走访慰问离退休干部、离退休干部用车、查体、经费标准等做出明确规定。春节、老人节全县各级普遍对老干部进行走访慰问。10月份组织县级老同志进行参观考察，召开全县老干部情况通报会。编发老干部《情况通报》4期。结合创卫对老干所进行整治提升，全面绿化美化亮化，受到住所老同志一致好评。年内，对上争取离休干部“两费”帮扶资金100万元。将2017年度离休干部医药费统筹标准提高到每人2.2万元。协调做好离休干部医药费保障工作，最大限度满足离休干部就医需求，不断提高医疗服务质量和老干部满意度。健全离休干部困难帮扶救助机制，对易地安置、生活困难离休干部及遗属进行慰问救助。

【党的建设和思想政治建设】全县有离退休干部党员4101名，占离退休干部总数的57.9%，占全县党员总数的9.64%，建有离退休干部党支部70个。开展离退休干部过硬党支部创建活动。下发《关于全县离退休干部和老干部工作者认真学习宣传贯彻党的十九大精神的通知》，在全县离退休干部中开展“畅谈十八大以来变化、展望十九大胜利召开”和“建言十九大”活动。在6月底召开的庆祝建党96周年全市离退休干部党员座谈会上，退休干部李来芹作典型发言。7月对全县离退休干部党建情况进行督导检查。

【老干部文化生活与发挥余热】开展“大喜夕阳红”最美老干部（老同志）评选活动。围绕创卫工作，成立由289名老同志组成的五老志愿者创卫服务队，作为全县“万众一心、共建美好家园”深入创卫实践活动万人誓师大会独立方队，参加启动仪式，并在金汇街建立老干部活动实践基地。县老干部活动中心、县老年大学参加学习和活动的老干部、老年人达1262名，开设20个教学和活动科目。在第七届全省老干部文化艺术节中，东平县书画

组织县级干部参观美丽乡村建设项目　　（张庆伟　供稿）

类获二等奖一名、优秀奖一名；第六届全市老干部文化艺术节上，朗诵比赛获得二等奖一名、三等奖一名。开展“齐鲁夕阳红、五彩中国梦”大型群众才艺展演，第六届全市老干部文化艺术节、第七届全省老干部艺术节节目选送工作。到乡镇、社区举办消夏文艺晚会四场。十九大召开、老人节前后，先后举办欢庆十九大“老少同乐相聚重阳”文艺晚会、“欢庆十九大”县老年大学艺术团乡镇敬老院巡回演出等活动，为中共十九大胜利召开营造良好氛围。采取措施，推进老年教育进社区工作。

【关心下一代工作】 以县委名义制定印发进一步加强关心下一代工作的意见文件，对关工委组成人员进行了充实加强。召开全县关心下一代工作会议。6月20日，在全市第一家成立老年大学关工委，为发挥老年大学人才优势和组织优势，服务青少年工作奠定良好基础。12月份召开全县关工委工作现场会。

（张庆伟）

【概况】 2017年，县委党史办公室扎实开展“重效率、勇担当、做表率”主题活动，认真学习贯彻党的十九大精神，围绕中心，服务大局，认真履行职能，创新工作方式方法，在党史资料征研、党史书籍编辑、宣传教育等方面均取得丰硕成果，被评为全市党史工作先进集体。

【党史征集和研究】 征编《改革开放实录》。这是为纪念改革开放40周年而编写的一部资政书籍。自市委党史办公室下达编写任务后，安排专人靠上抓，成立课题研究组，加大催稿、指导、修改力度。全县征集稿件70篇。选出精品30余篇，约35万字，上报市党史办。《东平县改革开放实录》完成初稿，转入修改加工阶段。征编“社会主义建设时期县委书记口述史”。清理重要历史脉络，收集整理历任县委书记李铮、崔俊峰、郑建栋的口述资料，计3万余字。编纂出版《东原星火——万里在东平早期革命活动资料》一书。被中共中央办公厅作为唯一读本，在人民大会堂举办的纪念万里诞辰100周年座谈会上公开发行。万里亲属和专家学者认为，这是记述万里早期革命活动的资料最全、内容最详实的一部书籍。2017年，《东原星火》获山东省优秀史志成果奖、全省党史优秀成果著作类二等奖。参与编纂《爱在乡土间》。按县委组织部安排，抽出专人收集整理资料，重点展示省、市委派驻东平农村30名“第一书记”，在贫困库区、山区农村实施精准扶贫，进村入户，亲情帮扶、迅速改变穷困面貌的事迹及经验。全书30万字，2017年3月由中国文化出版社出版发行。

【党史宣传教育】 开展党史书籍进学校、进社区等活动，充分发挥党史书籍为大众服务的作用。2017年，先后向县高级中学、县明湖中学、县职教中心等中小学，以及州城街道、彭集街道、唐营社区捐赠党史书籍6000余册，广泛宣传东平县红色文化，得到乡村、学校、社区的一致好评。清明节期间，先后在《今日东平》报发表《南城暗哨》《留得功名在世间》等纪念文章。4月25日，《今日东平》报以“敬业实干见成效”为题，大篇幅报道县党史办公室所取得成绩。6月，协助州城街道分类整理万里同志遗物，并按照北京舍和堂的摆设，还原万里同志用过的物品。积极协助县民政局对县烈士陵园进行改扩建，烈士陵园景观墙的设计，以及文字的内容严格把关，使其符合东平的特点，尊重历史事实。在金汇商业步行街东首建设党建馆面积达200平方米，于7月17日举行开馆仪式。

【创卫工作】 在参与全县创卫行动中，虽然人少，但任务下达后，不等不靠，坚持工作、

创卫两不误，派出专人靠在指挥部，并在入户摸底、拆除违建、打扫卫生中都能够做到全体出动，集中精力打歼灭战，所在的宿城社区在连续6次的检查验收中分别取得优异成绩。

（杨福中）

【概况】 2017年，接待来县上访863起3961人次，办理群众来信278件，网上投诉信访事项574件，领导信箱87件。1件国家信访局督办事项和8件省信访局交办事项全部结服，市交办27件（含纯稳控12件）全部办结。在全国、省、市“两会”和省党代会、党的十九大等重要时期均没有发生有影响的信访问题。为维护全县社会政治大局稳定及经济发展做出积极贡献。

【落实信访领导责任制】 年初，县委、县政府与各乡镇（街道）、县直各部门签订《信访工作年度目标责任书》，下发《东平县2017年信访工作要点》，年底按照《东平县2017年信访工作考核办法》对各乡镇（街道）、县直各部门进行考核评定。按照党政同责、一岗双责的要求，制定下发《关于进一步强化县级党政领导公开接访和包保重大疑难案件工作的通知》，提前排出县级党政领导干部2017年公开接访日程，并为每名县级党政领导筛选2件疑难信访事项作为重点包保案件，推动疑难问题妥善化解。各乡镇（街道）、各单位逐级签订责任书，层层明确目标、压实责任，构建起自上而下的信访工作责任体系。

【信访工作规范化建设】 结合全县“提标增能 提质增效”大讨论活动，在全县开展以“组织建设规范化、工作制度规范化、工作程序规范化、工作行为规范化、接待场所规范化”为主要内容的信访工作规范化标准化建设活动，举办信访基础业务规范化建设工作专题培训班，并对基层信访事项网上办理工作人员实行轮流上挂培训锻炼，推动乡镇（街道）和县直部门信访工作上台阶、上水平。在8月份全市信访工作规范化建设检查中，列全市第一名。县委、县政府将原就业办办公楼一、二层确定为信访局新办公场所。

【信访积案化解】 制定下发《关于开展信访积案集中治理活动的通知》，以来县集体上访、到市赴省进京上访和非正常访为重点，梳理排查交办66件信访积案，全部落实县级党政领导包案，责任单位也逐案明确包保领导和具体负责人，成立专门班子靠上处理。对上级交办和督办案件，一并纳入集中治理范围。年内上级交办案件36件，其中1件国家信访局督办事项和8件省信访局交办事项均已结服，市信访局（市信访联席办）交办27件（含纯稳控12件），已全部办结。县信访局实行副科级以上领导干部包保乡镇、部门制度，采取巡回实地督导、重点个案督办等方式，帮助责任单位理案情、出路子、定措施、促化解。强化通报，在全县范围内对信访积案化解情况进行专题通报。

【重要敏感时期工作机制】 全国“两会”期间，实行单位主要负责人签订《重点信访人员稳控承诺书》制度，强化责任单位的化解稳控责任。会同县维稳办、政法委、网络办、公安局制定中共十九大期间指挥工作、会商研判、督查督导、社会环境管控、舆情引导管控、驻京值班等六项工作机制，推动工作规范开展。规范驻京值班人员行为，制定6条驻京值班工作纪律，筑牢最后一道防线。

（张兴业）

东平县人民代表大会

重要会议

【县十八届人民代表大会第一次会议】 1月19—23日，在县城召开。出席会议代表273名，列席人员144名。会议审议通过代县长刘玉作的《东平县人民政府工作报告》、县人大常委会主任刘思宏作的《东平县人大常委会工作报告》、县法院代院长张海鹏作的《东平县人民法院工作报告》、县检察院检察长张亮作的《东平县人民检察院工作报告》，表决通过各项有关决议。会议批准《东平县2016年国民经济和社会发展计划执行情况的报告与2017年国民经济和社会发展计划》《东平县2016年县级财政预算执行情况和2017年财政预算》。经过大会选举，刘思宏当选为县第十八届人大常委会主任；侯圣玉、李元申、陈兰芳（女）、王成明、牛之春当选为县第十八届人大常委会副主任；刘玉当选为县人民政府县长，陈传帅、程鹏（女）、李广义、王洪亮、李生广当选为县人民政府副县长；张海鹏当选为县法院院长；张亮当选为县检察院检察长。会议共收到代表提出议案、建议104件，其中确定议案7件，会后由县人大各专门委员会继续审议和办理；建议97件，会后由县人大常委会办事机构及有关组织办理，并限时答复代表。

【县十七届人大常委会第三十八次会议】 1月13日召开。会议审议通过县政府《关于2016年财政预算调整方案(草案）的报告》；《关于政府系统办理县十七届人大五次会议代表建议、批评和意见情况的报告》（草案）；县人大常委会人事代表工作委员会《关于县十七届人大五次会议代表所提建议、批评和意见办理情况的报告》（草案）；听取、审议县人大常委会主任会议关于接受部分县、乡（镇）选举委员会成员辞职请求的报告；听取、审议县人大常委会《关于召开县第十八届人民代表大会第一次会议的决定》（草案）；《关于召开县第十八届人民代表大会第一次会议的方案》（草案）；《县人大常委会工作报告》（讨论稿）；县十八届人大一次会议主席团、秘书长名单（草案）；议案审查委员会主任委员、副主任委员、委员名单（草案）；计划与预算审查委员会主任委员、副主任委员、委员名单（草案）；县人大常委会关于设立东平县第十八届人民代表大会专门委员会的议案；县人大常委会代表资格审查委员会《关于东平县第十八届人民代表大会代表资格的审查报告》；县人大常委会《关于表彰县十七届人大五次会议优秀代表议案建议和先进承办单位的决定》（草案）；投票表决通过人事任命事项。

【县十八届人大常委会会议】 3月3日，县十八届人大常委会第一次会议召开。会议传达学习市十七届人大一次会议精神；审议通过东平县人大常委会2017年工作要点（草案）；《东平县人大常委会关于加强自身建设的决定（草案）》。

县人大常委会主任会议提请通过代表资格审查委员会组成人员名单（草案）；表决通过人事免职事项。5月12日县十八届人大常委会第二次会议召开。传达学习中共中央办公厅印发《关于推进“两学一做”学习教育常态化制度化的意见》和中共东平县人大常委会党组《关于开展“重效率、勇担当、作表率”主题活动的实施方案》；听取审议《东平县人民代表大会常务委员会议事规则》（草案）；《东平县人民代表大会专门委员会工作规则》（草案）；听取审议县政府关于脱贫攻坚“三大工程”建设情况的报告和东平湖综合整治情况的报告；表决通过人事免职事项。7月12日，县十八届人大常委会第三次会议召开。会议听取全国人大推进县乡人大工作和建设经验交流会会议精神汇报；审议通过县人大常委会关于开展“作履职表率、当奔康先锋”主题活动的实施意见（草案）；《关于对承担全县重点工作重点项目部门单位评议监督的办法（试行）》（草案）；《关于东平县城市管理的暂行规定》（草案）；审议通过县政府《关于东平县2016年县级财政决算的报告（草案）》，审查批准县级财政决算；审议通过县政府《关于成立山东平安昌顺融资担保有限公司的报告》和《关于将东平县产业直投基金纳入财政支出预算的报告（草案）》；听取审议县政府《关于全县环保工作情况的报告》（草案）；表决通过人事免职事项。8月25日，县十八届人大常委会第四次会议召开。会议听取、审议《县政府关于2017年上半年全县国民经济和社会发展计划执行情况的报告》《县政府关于2017年上半年全县及县级财政预算执行情况的报告》《县政府关于全县旅游业发展情况的报告》；投票表决通过人事任职事项。10月30日，县十八届人大常委会第五次会议召开。会议传达学习中国共产党第十九次全国代表大会会议精神，审议通过县政府《关于全县2017年财政监督工作情况的报告》《关于2017年县级预算调整方案（草案）的报告》《关于教育综合提升工程实施情况的报告》；听取县政府《关于2016年度县级预算执行和其他财政收支审计查出问题整改情况的报告》；表决通过人事任命事项。

【人事任免】 2017年，依法任免县人大常委会机关和县“一府两院”工作人员80人次，其中任命54人次，免职26人次。

【代表工作和代表活动】 代表培训工作。5月26日，县人大常委会举办县十八届人大代表履职培训班，邀请省人大常委会人代工委处长陈树斌作辅导报告，全国人大代表、淄博市原山林场党委书记孙建博，全国十届、十一届人大代表、泰安市人大常委会委员、泰山职业技术学校院长助理、教授王元成介绍了履职经验，全体县人大代表、各乡镇（街道）人大全体干部、县人大常委会机关各委室的人员共计320余人参加。开展“作履职表率、当奔康先锋”主题活动。出台关于开展“作履职表率、当奔康先锋”主题活动实施意见，9月14日，召开主题活动现场推进会议和座谈会。主题活动开展以来，各级代表接待选民5000余人次，提出建议2000余条，创办、领办、招商引资新上项目260个，帮助贫困群众解决困难和问题1000余件。“双联”工作。县人大常委会进一步完善组成人员联系代表、代表联系选民“双联”制度，35名常委会组成人员采取走访、座谈、信函等多种形式，分工联系238名县人大代表；出台《县人人代表接待选民日制度》，每月15日确定为县人大代表接待选民日，定期接待选民。

【规范化建设】 加强乡镇人大规范化建设。结合换届，配齐配强乡镇（街道）人大主席（主任）、副主席（副主任）和专职工作人员，出台《乡镇人大规范化建设的指导意见》《基层人大工作规则》《东平县乡镇级人民代表大会筹备组织细则》等规章制度。6月，在全国人大召开的推进县乡人大工作和建设经验交流会上，彭集街道人大工委作为全省唯一的乡镇（街道）人大，就加强规范化建设、创新代表工作的做法作典型发言。加强人大代表小组建设。将273名县人大代表划分为16个代表小组，出台《关于加强人大代表小组建设的意见》，按照阵地建设"六有"（有组织、有场所、有制度、有计划、有活动、有档案）标准，逐步实现代表活动室和代表小组活动的规范化。

【监督评议】 创新出台《关于对重点工作重点项目承担部门单位的评议办法》，12月5—20日，对包保脱贫攻坚"三大工程"的24个部门、单位进行监督评议，评议结果向县委报告、向部门通报。并针对"两区共建"中存在的问题提出整改意见，督促有关部门单位认真抓好整改落实，促进重点工程的顺利实施。

【人大信访】 2017年，县人大常委会共受理群众来信来访48件次。均已交办、转办、督办完结，办结率100%。

【考察调研】 2017年，县人大常委会对东平湖综合整治情况、全县脱贫攻坚"三大工程"建设情况、《中华人民共和国食品安全法》实施情况、创建国家卫生县城工作、全县环境保护工作、全县旅游业发展情况、全县安全生产工作情况、代表议案和重点建议办理情况、教育综合提升工程实施情况、全县医药卫生体制综合改革情况、全县公安工作、县人民法院工作、县人民检察院工作、上半年全县国民经济和社会发展计划执行情况、县级预算执行情况及部门预算编制情况、全县农业产业化发展情况、全县乡镇财源建设情况、全县电商产业发展情况等进行考察、检查和调研，作出决议、决定和审议意见32项，推动县委重大决策部署的贯彻落实，促进"一府两院"工作开展。

（张克强）

东平县人民政府

综　述

2017年，县政府工作部门26个，有政府办公室、发展和改革局、经济和信息化局、教育局、科学技术局、公安局、监察局、民政局、司法局、财政局、人力资源和社会保障局、国土资源局、住房和城乡建设局、交通运输局、水利局、农业局、文化广电新闻出版局、卫生和计划生育局、审计局、环境保护局、统计局、安全生产监督管理局、粮食局、食品药品监督管理局、旅游局、市场监督管理局。监察局与县纪律检查委员会机关合署办公，列入县政府工作部门系列，不计入政府机构个数。县政府办公室挂县政府法制办公室牌子；县人力资源和社会保障局挂县外国专家局牌子；县文化广电新闻出版局挂县文物局牌子；县卫生和计划生育局挂县中医药管理局牌子。

重要会议

2017年，县政府召开常务委员会议12次。

【县政府第一次常务会议】　1月9日，县委副书记、代县长刘玉主持召开县政府2017年第一次常务会议。县委副书记、副县长宫庆会，县委常委、县政府党组副书记陈传帅，县委常委、副县长宋鸿鹏（挂职），县委宣传部部长、副县长张立国，副县长程鹏，县人大常委会党组副书记、副县长侯圣玉，副县长、公安局局长王洪亮参加会议。会议听取2016年主要经济指标完成情况和2017年计划安排，《县政府工作报告》《计划工作报告》《财政工作报告》起草情况，县财政2016年任务完成和2017年安排，研究妇女儿童发展“十三五”规划，机关事业单位增资方案。

【县政府第二次常务会议】　1月24日，县委副书记、县长刘玉主持召开县政府2017年第二次常务会议。县委常委、常务副县长陈传帅，副县长程鹏、李广义、王洪亮、李生广、尹双明（挂职）参加会议。会议听取2016年度经济社会发展综合考核情况、全县脱贫攻坚暨“三大工程”建设誓师大会筹备情况、2016年度脱贫攻坚先进单位及先进个人表彰决定、全县经济工作会议、县政府（扩大）会议、县政府廉政工作会议筹备情况、2016年全县安全生产工作情况和2017年工作打算、全县安全生产工作会议筹备情况、“六五”普法依法治理工作表彰汇报，研究县委、县政府《关于明确2017年经济社会发展目标任务落实争先进位责任的通知》、2017年县政府经济顾问拟聘任人选、县全民健身实施计划（2016—2020）、县重点产业发展扶持专项资金管理办法。

【县政府第三次常务会议】　4月28日，县委副书记、县长刘玉主持召开县政府2017年第三次常务会议。县委常委、常务副县长陈传帅，县委常委、副县长宋鸿鹏（挂职），副县长程鹏、李广义、王洪亮、李生广、尹双明（挂职）参加会议。会议听取全市安全生产工作会议精神及非煤矿山、危险化学品、烟花爆竹领域安全生产监管、建筑施工领域安全生产监管工作情况、公安缉毒工作、深化广电改革工作、县级公共事项、乡镇权力清单和公共服务事项目录编制情况汇报，研究《2017年度经济社会发展综合考核实施意见》《县招商引资项目发展扶持规定》《全面实行河长制工作方案》《关于推进工业经济转型升级的若干政策》《关于鼓励银行金融机构支持东平县发展的意见》《加强诚信金融建设打造“诚信东平”的实施意见》《法治政府建设实施纲要（2017—2020）》《政府投资项目管理办法》《政府投资建设项目审计监督办法》以及城乡环卫一体化工作表彰事宜。

【县政府第四次常务会议】 7月7日，县委副书记、县长刘玉主持召开县政府2017年第四次常务会议。县委常委、常务副县长陈传帅，县委常委、副县长宋鸿鹏（挂职），副县长程鹏、李广义、王洪亮、李生广、尹双明（挂职）参加会议。会议听取打造资本小镇孵化园区、组建国有资产运营公司、2017年事业单位招聘情况汇报，研究县政府重大行政决策规定。

【县政府第五次常务会议】 7月29日，县委副书记、县长刘玉主持召开县政府2017年第五次常务会议。县委常委、常务副县长陈传帅，副县长王洪亮、李生广、尹双明（挂职）参加会议。会议听取建筑施工安全生产工作情况、特种设备安全生产工作情况、商贸流通安全生产工作情况、工业企业、民用爆破安全生产工作情况、消防安全生产情况、市政工程安全生产工作情况、道路交通安全生产情况、全县安全生产工作情况汇报。

【县政府第六次常务会议】 8月16日，县委副书记、县长刘玉主持召开县政府2017年第六次常务会议。县委常委、常务副县长陈传帅，副县长程鹏、李广义、王洪亮、李生广、尹双明（挂职）参加会议。会议听取涉军工作、全县公立医院法人治理结构建设工作情况、资本小镇启动暨瑞星集团上市情况汇报，研究环保工作。

【县政府第七次常务会议】 8月26日，县委副书记、县长刘玉主持召开县政府2017年第七次常务会议。县委常委、常务副县长陈传帅，县委常委、副县长宋鸿鹏（挂职），副县长程鹏、李广义、王洪亮、李生广参加会议。会议听取中央环保督察组交办案件办理落实情况、财政增收“百日攻坚”行动任务完成情况及财政收入“提质增效百日攻坚”行动打算、“清河行动”工作推进情况汇报。

【县政府第八次常务会议】 9月4日，县委副书记、县长刘玉主持召开县政府2017年第八次常务会议。县委常委、常务副县长陈传帅，县委常委、副县长宋鸿鹏（挂职），副县长程鹏、李广义、王洪亮、李生广、尹双明（挂职）参加会议。会议听取城乡建设用地增减挂钩节余指标交易事宜、教师节大会筹备情况汇报。

【县政府第九次常务会议】 9月18日，县委副书记、县长刘玉主持召开县政府2017年第九次常务会议。县委常委、常务副县长陈传帅，县委常委、副县长宋鸿鹏（挂职），副县长程鹏、李广义、王洪亮、尹双明（挂职）参加会议。会议听取残疾人十三五规划、全县深化放管服改革进一步优化政务环境暨综合行政执法体制改革工作动员会议筹备情况、推进东平县农业水价综合改革工作、居民用天然气实行阶梯价格、三轮车、四轮代步车集中整治工作情况、财政供养人员领取移民直补资金的处理意见的汇报。

【县政府第十次常务会议】 9月29日，县委副书记、县长刘玉主持召开县政府2017年第十次常务会议。县委常委、副县长宋鸿鹏（挂职），副县长李广义、王洪亮、李生广参加会议。会议听取江苏江河集团到东平县办学情况、教育部教育教学装备精准扶贫项目事宜汇报。

【县政府第十一次常务会议】 12月6日，县委副书记、县长刘玉主持召开县政府2017年第十一次常务会议。县委常委、常务副县长陈传帅，县委常委、副县长宋鸿鹏（挂职），副县长程鹏、李广义、王洪亮、李生广、尹双明（挂职）参加会议。会议听取《东平县安全生产举报管理办法》《东平县安全生产约谈制度规定》《东平县生产经营单位安全生产不良记录“黑名单”管理暂行办法》《东平县重大安全生产事故隐患挂牌督办办法》4个规范性文件起草情况、2017年度政风行风测评评议工作筹备情况、《关于东平县开展综合行政执法相对集中行政处罚工作方案》、违法建设治理工作、免缴和返还部分重点项目相关税费情况、中小学校长职级制改革情况、人口核减结余资金使用建议方案的汇报。

【县政府第十二次常务会议】 12月28日，县委副书记、县长刘玉主持召开县政府2017年第十二次常务会议。县委常委、常务副县长陈传帅，副县长李广义、王洪亮、李生广、王广昌（挂职）参加会议。会议听取县城区居民用水实行阶梯价格、县城区普通住宅物业服务收费标准的汇报，研究山东大学国家大学科技园泰山分园建设方案。

县政府办公室工作

【概况】 县政府办公室内设秘书科、政工科、督查室、县政府调查研究室、文书处理科（保密科）、信息科、综合科、行政财务科、外事侨务办公室、经济社会科、东平县人民政府应急管理办公室、电子政务办公室、民生服务管理办公室13个职能科室。行政编制44名，事业编制10名，工勤人员编制12名。配备主任1名，副主任5名；调研室主任1名；应急办主任1名，副主任1名。

【督查工作】 办公室督查室对县委、县政府重大决策、领导指示批示和县人大及其常委会通过的决议、决定，对《政府工作报告》以及市政府下达的《县市区重点目标任务分解》等文件涉及的80多项具体任务进行重点跟踪督办；对县政府常务会、县长办公会和专题会议决定事项，坚持定期督查、定期通报。办理国务院大督查热线转办事项7件，办理省委巡视组转办来信事项6件，办理省长信件2件、市长信件11件，县长信件118件，领导批示45件。人大议案建议、政协提案324件，办结率、满意率均达到100%。编发政务督查通报12期，领导呈阅件15件；先后参与及配合完成省市督查活动80余次，圆满完成中央及省环保督查、重点民生事项督查、八项规定落实情况督查、上级扶持资金建成资产核查、大气水污染防治、移民社区建设、教育大班额化解、农村土地集体产权改革、农村无害化厕所改造、温暖过冬、路域环境整治等重大督查活动，有力推进了领导决策和各项工作落实。

【经济社会发展督导考核】 围绕县委、县政府中心工作，跟踪督导调度全县经济主要指标和重点工程项目完成情况；参与起草制定《关于明确年度经济社会发展目标任务落实争先进位责任的通知》；修订完善年度经济社会发展综合考核奖惩实施办法；谋划好全市招商引资和项目建设检查考核有关工作；筹备全县经济运行形式分析会议和全县经济工作会议，起草相关文件（县委、县政府关于明确年度经济社会发展目标任务落实争先进位责任的通知；考核结果情况的通报；年度政府经济顾问聘任建议方案；目标责任书签订）等各项工作，确保年度经济社会发展综合考核工作零差错，为县委、县政府表彰提供详实可靠的依据。

【应急管理】 2017年，先后

修订各乡镇、街道总体预案15个，防汛、化工、矿山安全等专项预案10个，水上交通安全、地质灾害救援部门预案21个。严格落实突发事件信息报告制度，建立一支845人的应急信息员队伍，实现单位和乡镇、村居、企业全覆盖；联合35名应急管理专家组成员开展各类检查督导和辅导报告70余次。成功组织东平湖防汛演练、危化品泄露事故处置演练、电力系统反事故应急演练、“齐鲁百店万人”消防安全大演练、白佛山景区安全综合演练等一系列演练活动200余次，参演人数超过3万人次。投资4万余元建成“视联网”应急指挥系统，实现与省市应急平台的互联互通；举办安全教育专题培训班，企业安全管理提升培训班，食品安全专题培训班等10余次；广泛开展多形式、多层次、全方位的应急知识宣教活动300余次。建立快捷高效的应急联动机制，妥善协调处置、化解突发事件15起。

【文书处理】 全年接收处理国务院、国务院办公厅、省政府、省政府办公厅文件691件，市政府和市政府办公室文件332件，市级电子通知、督查通报、会议通知、部门文件1100余件，县级政务专网来文1200余件。本着实事求是、迅速准确的原则，严格按照来文处理程序进行规范处理。对印发的公文，按照《山东省〈党政机关公文处理工作条例〉实施办法（试行）》《东平县人民政府办公室关于进一步规范公文处理提高办文效率的规定》要求，严格公文报送和运转时限，严肃会签纪律，提高公文质量，多次荣获市级公文处理先进单位。

【调研文稿】 围绕县委、县政府中心工作，着眼全局性、战略性、前瞻性问题和人民群众、社会各界普遍关心的热点难点问题，有计划、有重点地开展调查研究，形成具有较高质量和较高参考价值的调研报告20余篇，为领导决策和推动工作发挥重要作用。认真组织开展全县政府系统优秀调研成果评选并积极组织参加省、市政府系统优秀调研成果评选工作。做好领导讲话、工作汇报和各类文件的起草审核工作，共起草审核各类文稿1370余件，所起草审核文稿符合政策法规和客观实际，准确反映领导意图，具有较强针对性、指导性和可操作性。

【信息工作】 全年向省、市报送政务信息1179篇（条）。其中，被国务院办公厅采用8篇；省专报采用8篇，省报国办采用29篇，省普刊采用6篇；市专报采用5篇，市特刊采用1篇，市要情快报采用2篇，市普刊采用29篇，市报省办采用112篇。《东平县立足抓安居谋乐业扎实推进黄河滩区脱贫迁建工程》信息，在全省政务信息联系县第二十八届网络年会上被评为二等奖。在全市政务信息工作年度考核中，名列第4名。

【电子政务】 2017年，山东省政府网站绩效评估，东平县政府门户网站列全市各类政府网站第1名，全省县级政府网站第44名，新增各项内容7141条，接受群众网上信件1476件，答复率100%。政务内网全年平稳运行。组织开展2017年度东平县政风行风测评评议，分五类测评评议部门单位106个。完成东平县政务信息资源目录编制工作，梳理61个部门单位政务信息资源目录4053项，形成台账资料3000余页。新建东平县政府信息公开专栏，主动公开政府文件、财政预决算、项目进展等政府信息8741条。受理政府信息公开申请12条，严格办理程序，规范化、痕迹化、流程化做好答复工作，实现县政府办公室政务公开工作年度零复议。制定下发方案，将72个部门单位纳入考核范围，填补全县政务公开工作量化评分考核空白。

【民生服务】 东平县“12345”为民服务热线，由泰安市政府便民电话受理中心统一受理，通过“12345”政府公共服务平台派发至东平县政府，由东

平县政府办公室民生服务管理办公室按照“属地管理、分级负责”和“谁主管、谁负责”的原则，分发至相关乡镇街道、县直部门、事企业单位并督促办理，县民生服务管理办公室工作人员与群众核实部门办理情况，再统一反馈市便民电话受理中心。12345 热线电话受理人民群众日常生产生活中一般综合信息，包括建议、投诉、感谢、举报、求助、咨询 6 种类型。开通至 12 月 30 日，共办理市“12345”派发电子工单 17270 余件，2017 年度办理 10203 件，其中举报类 14 件，求助类 9696 件，咨询类 65 件，建议类 212 件，投诉类 218 件，交由东平县政府办理的转办工单均办理完毕，群众关心的实际问题得到解决。分析汇总电话工单及时，每月分析报告、季度分析报告，供领导决策参考。对于集中反映的长期难以解决的疑难问题进行集中专项整治。加大对承办单位热线考核力度，制定具体考核办法，对全县 14 个乡镇及各热线承办单位进行考核，将热线电话考核成绩纳入县科学发展考核。

【法制工作】 加强统筹部署，推进法治政府建设。起草《东平县法治政府建设实施纲要（2017—2020 年）》，提请县委县政府印发，涵盖 7 个方面任务、45 项具体措施，安排部署法治政府建设。修改完善《2017 年度依法行政考核实施细则》，12 月底完成评议考核，根据考核结果评选出 14 个执法先进单位和 24 名执法先进个人。健全决策机制，做好法律服务保障。修订《东平县重大行政决策程序规定》，明确重大行政决策范围，细化公众参与、专家论证、风险评估、合法性审查和集体讨论决定等法定程序具体规则。加强对政府法律顾问的服务管理，新聘、续聘 7 名专家、律师为县委、县政府法律顾问。加强制度建设，提高政府文件质量。严格落实规范性文件制定程序，全面落实规范性文件统一登记、统一编制登记号、统一公布制度，未经“三统一”的规范性文件一律无效。严格落实《关于进一步加强政府公文合法性审查工作的通知》，参与起草、审核各类文件、纪要、公告等 41 件，其中规范性文件 3 件，政府公告 4 件，其他政策性文件 34 件，确保政府出台的文件、纪要、公告等均合法有效。落实规范性文件定期清理制度，年内，清理 2016 年 12 月 31 日之前出台的东平县规范性文件，保留 10 件，废止 5 件，修订 2 件。强化执法监督，严格规范公正文明执法。印发《全面推行行政执法公示制度·执法全过程记录制度·重大执法决定法制审核制度实施方案的通知》，明确推进三项制度的工作任务、具体要求、完成时限等，稳步推进三项制度落实。严格执行行政执法人员持证上岗和资格管理制度，年审换发执法证件 1032 件，其中有 641 名执法人员经考试合格后予以换发。组织 242 名新上岗执法人员进行执法证件申领考试。严格认定执法人员资格，全面清理现有执法证件，共注销执法证件 121 件，杜绝不具有执法资格执法人员从事执法活动。做好行政执法案卷评查工作，发现问题及时反馈相关部门，督促整改，规范行政执法行为。依法化解矛盾纠纷，维护社会稳定。畅通行政复议渠道，严格办案程序，依法审结案件，化解行政争议。全年收到行政复议申请 87 件，受理 54 件，撤销或确认违法 7 件，纠错率 13%。做好行政应诉工作，年内办理行政应诉案件 27 件。发挥泰安仲裁委员会东平分会作用，通过仲裁方式，化解合同纠纷 27 件，涉案标的额 11 亿元，有效保障双方当事人合法权益，实现定纷止争、案结事了。

（王明星）

【概况】 东平县史志编纂委员会办公室为正科级参公管理事业单位。内设人秘科、史志

编研科、党史征研科、革命纪念设施管理科；编制8人。实有在编8人。年内，扎实开展“重效率、勇担当、做表率”主题活动，认真学习贯彻中共十九大精神，围绕中心，服务大局，认真履行职能，创新工作方式方法，在党史史志资料征研、年鉴编纂、基层志编修、党史书籍编辑、宣传教育、党史史志论文编写、期刊编发等方面均取得阶段性成果。县史志办继续保持“市级文明单位”称号。

【志书编纂与出版】 3月，县史志办公室编撰的《东平风物志》由中国文化出版社出版发行，精装16开本，52万字。该书文图并茂，突出东平县地方特色和时代特色，以丰富的内容、翔实的资料、简洁的文字，将东平灿烂辉煌的历史沧桑，神奇瑰丽的风景名胜，底蕴丰厚的遗址古迹，特色浓郁的地域民俗风情文化、名垂丹青的先贤志士、美味可口的特产佳肴等进行全面客观记述。2017年，启动《东平县中医院志》编修工作。《后亭村志》《尚流泽村志》完成材料收集，形成初稿后，史志办根据村志编修规范，对两村志初稿认真进行审核，提出上百条修改意见予以反馈，待进一步补充完善后正式出版。《东平县教育志》根据审查修改意见进行完善，年底基本定稿。

【年鉴编纂与出版】 根据省市史志部门“一年一鉴”的部署要求，县委、县政府高度重视《东平年鉴（2017）》编纂工作。4月6日，县政府召开《东平年鉴（2017）》编纂工作动员会。县委办公室、县政府办公室印发《关于做好东平年鉴编辑出版工作的通知》，明确全县各单位承编任务、时间进度和质量要求。《东平年鉴（2017）》征集资料150余万字，编纂人员采珠撷英，去芜存菁，六易其稿，形成书稿60余万字。设置24个栏目：特载、大事记、县情概况、政党·群团、政权政协、法治·军事、综合经济管理、东平湖·旅游、农业和农村工作、工业·信息产业、经济开发区、民营经济·招商引资、商务、财政·税务、建设·环保、交通·邮政、金融、科技·教育、文化·体育、卫生健康与计划生育、民政·民生、乡镇街道、人物、附录、索引等。11月中旬，交付山东润声印务有限公司印刷，12月由线装书局正式出版发行。主编王圣雨，副主编张作彬，杨福中，李姗姗。书号ISBN978-7-5120-3071-8，16开本，454页，1000册。9月，由县统计局主编的《东平统计年鉴（2016）》出版。全书分为综合、农业、工业、能源、建筑业固定资产投资、房地产、批发零售贸易餐饮业、县乡基本情况、住户一体化调查、从业人员和职工工资、财政·金融、社会·科技11个部分。是一部全面反映东平县国民经济和社会发展情况，正确认识东平县情、交流社会信息、制定政策、指导工作的资料性工具书。主编张宗祥，副主编：马涛、傅崇勇、尹承民、颜海荣。东平润声印务有限公司承印，全书408页，印制250册。

【信息化建设】 2017年，强化地情网站建设。全年完成报送并采用信息556篇，其中，山东省情网采用14篇，泰安市情网站采用20篇，东平县情网站更新发布东平时政、史志动态522篇。做好电子数据录入。完成录入《东平风物志》《东原星火——万里在东平早期革命活动资料专辑》《灾难与抗争》《中共东平历史大事记（2004—2014）》《乡情》2017年1、2期等，共120万字。被省史志办公室通报表彰为“山东省情网先进供稿单位”。

【方志馆建设】 县方志室设在县政府办公楼501室，面积50平方米，藏书10000余册，全年服务社会查阅资料2000余人次。2017年年初，根据中国地方志指导小组办公室和省史志办公室关于加强方志馆建设的部署和要求，县史志办公室呈报县委、县政府批准，新方志馆与新建档案馆一并建设，在县城南部某小区选定了建设地点，计划建筑面积1000平方米。

【地情书编纂】 2017年年初，配合县委、县政府成方连片抓党建、促脱贫实施东平湖移民避险解困工程，县党史史志办、县东平湖移民管理局启动编修《使命——东平湖移民后期扶持10年回眸》一书，收集资料40余万字，图片200余幅，全面展示10年间，县委、县政府贯彻落实国家和省市大中型水库移民后期扶持政策，扎扎实实做好东平湖移民后扶工作的历程及成果。该书资料翔实，装帧精美，主编王圣雨、尚梦峰。由中国文化出版社出版发行，批准书号：ISBN978-988-35385-5-8，济南世同华印印刷有限责任公司印制，16开本，298千字，1000册。《乡情》是县史志办公室坚持10年编辑出版的季刊，44—52印张，面向全国东平老乡和全县党政部门乡镇街道发行。旨在服务于县委、县政府中心工作，宣传推介东平，促进招商引资和经济发展，内容涵盖时政、古今人文传统文化、特色名优产品、旅游景点简介、族谱家风传承、党史史志编研成果等。由于期刊栏目新颖，内容丰富，查阅与积累资料功用兼备，连续多年被评为全省优秀地情资料期刊，两次在全省史志工作会议上介绍办刊经验。年内出版3期，第一期为合订本，印刷1600册。

【服务社会】 注重发挥党史、志鉴书籍执政教化育人作用，积极开展史志书籍进学校、进社区等活动。2月20日，向县职教中心捐赠志鉴、党史、期刊等各类书籍1万多册，深受师生欢迎，学校开展读东平历史，做优秀学子，为家乡贡献才智活动。3月30日，在新湖镇唐营社区举行“捐书移民社区，助推文明建设”活动，并给村党员干部上了一堂生动的党课。清明节期间，在《今日东平》报发表《南城暗哨》《留得功名在世间》等纪念文章。4月25日，《今日东平》以“敬业实干见成效”为题，大篇幅报道县党史史志办勤勉工作取得成绩。

【学术交流活动】 县史志办公室坚持经常性志书和地情资料编撰规范和理论研讨活动，每逢一部志书出版发行，都组织全办人员进行总结分析，肯定特色优点，找出瑕疵不足，以利在指导志书编修中，扬长避短，引为鉴戒。根据省史志办公室召开全省方志理论研讨会的部署要求，结合指导《唐营村志》编修出版的过程，县史志办撰写《突出村情特色 打造村志精品 带动全县村志编修——东平推进〈唐营村志〉编修与利用的做法与体会》研讨文章，11月7—8日，在曲阜市召开的全省方志理论研讨上做了经验交流。11月15日，在淄博市周村召开的全省方志期刊座谈会上，东平县就如何办好方志期刊作《树立创新理念 打造优秀期刊》典型经验介绍，受到与会人员好评。

（杜 梅）

【概况】 东平县档案局与县档案馆合署办公，下设秘书科、档案管理科、业务指导科、法规科教科。人员编制15人，实有工作人员8人，其中馆员2人、助理馆员3人。2017年，认真贯彻执行《中华人民共和国档案法》《山东省档案条例》，改革完善档案管理机制体制，优化档案资源建设，创新档案安全保管措施，提升档案信息化水平，加强档案馆、室基础设施建设，开展档案监督与指导，加大档案宣传，提高全县档案工作科学化管理水平。鉴于落实省政府加强和规范综合档案馆建设的需要，将新档案馆建设列入规划并完成选址工作。10月，被评为“全省档案宣传工作先进集体”；12月，被评为“市级文明单位”“全市档案宣传工作先进集体”。

【档案馆藏与开发利用】 2017年，馆藏档案135个全宗、98342卷，56459件。接收文书档案5352件，包括人大常委会544件，农业局463件，团委193件，妇联241件，卫生和计划生育局560件，纪委596件，史志办173件，州城305件，广播电视局142件，安监局972件，检察院846件，党校317件等。档案馆为党政机关指导工作，落实党的各项政策，编史修志等方面提供大量档案史料。全年接待查档1598人次，提供利用档案5600卷（件）。档案编研工作取得显著成绩。编研整理《东平县档案馆指南》、年度大事记等。

12月1日，山东省档案工作科学化管理示范单位测评会在东平县供电局二楼会议室召开

（吴守红　供稿）

【档案监督与指导】　认真贯彻落实《山东省档案工作科学化管理规范》和《实施〈山东省档案工作科学化管理规范〉测评办法》，加强对各单位档案工作指导，锐意进取、开拓创新，全县档案工作普遍得到加强和改进。开展培训。3月16日，召开全县档案工作培训会。会上，详细讲解国家档案局令第8号《机关文件材料归档范围和文书档案保管期限规定》《归档文件整理规则》《全宗卷规范》《全宗指南编制规范》和《实施〈山东省档案工作科学化管理规范〉测评办法》。开展档案工作科学化管理测评工作。业务指导科坚持上门指导，深入到申报档案工作科学化管理示范单位，查看各类档案资料归类整理情况，累计指导100余次。至年底，县财政局、县地方税务局、县公安局、国网山东省电力公司东平县供电公司4个单位，顺利通过“档案工作科学化管理示范单位”验收，9个单位通过“档案工作科学化管理先进单位”验收。

【档案信息化建设】　县档案局（馆）始终把加快档案信息化建设作为提高档案管理现代化水平和服务水平的重要工作。至2017年年底，建成档案目录数据库16万余条，原文数据库30万页及部分照片和多媒体数据库，档案信息化建设实现新突破。

【档案法制宣传教育】　县档案局把档案法制宣传教育列入重要议事日程，坚持档案宣传与各项业务工作同部署、同落实，以此推动其他各项业务工作开展。2017年，重点开展“国际档案日”系列宣传活动、纪念《中华人民共和国档案法》颁布30周年法治宣传教育活动。通过制作宣传条幅、印发档案法规、媒体宣传报道、参观标准化档案管理示范单位等丰富多样的形式，提高公民档案意识，增强档案法制观念，推进依法治档，促进档案事业科学发展。

（吴守红）

【概况】　东平县机关行政事务管理局（简称县行管局）内设秘书科、财务科、基建科、行政科、保卫科、技术科、安全生产监督管理科、节能管理科，核定编制25人。下设后勤服务中心，自收自支股级事业单位，人员25人。全局干部职工46人。设局长1人，党组书记1人，副局长3人。负责四个机关办公区行政事务管理工作。2017年，坚持服务为本，不断提升服务水平，在公务用车、办公用房、会议服务、公

共机构节能、基建维修、安全保卫、卫生保洁等方面，提供优质高效的后勤保障服务。被评为2017年度全县安全生产工作考核优秀单位。

【后勤保障服务】 坚持服务宗旨，发挥后勤服务资源最大作用，促进后勤保障服务工作科学化、规范化、精细化。加强物业管理工作，确保水、电、汽、暖管网的正常运转。全年各处办公区公共部位开水器、自来水、卫生洁具、电气、灯具、暖气、门窗等各项维修维护服务5000余次。一季度，为保障县直机关家属院安全用电，会同县供电公司通过对上争取资金300万元，对县直机关家属院高低压线路、配电室、电表、开关等设施设备进行升级改造，更换高压线600米、低压线1320米，安装电缆线38100米、分线箱26个、电表箱129个；同时整改移动通信线路6600米，囊括移动公司、联通公司、电信公司多个通信线路。加强美化绿化日常管理，机关办公环境更加优美。保持广场及办公区清洁、绿化，加大对物业公司的日常监督与管理，严格按照物业合同委托事项进行检查，发现问题督促整改。绿化工作，制定严格、高标准工作制度，确保绿化面积花草生长旺盛，达到三季有花，四季常青。春季投入5万元，对机关办公区、家属区进行绿化种植工作。

【公共机构节能】 按照省、市事务管理局关于公共机构节能工作要求，脚踏实地做好公共机构节能工作，健全机构，落实责任，夯实能耗统计工作基础，多措并举，完善数据统计上报。做好工作对接，督促好节能数据催报、统计，确保节能数据准确。通过政府内网、电话督导、邮件催报等途径，完善填报数据；利用远程网络、微信等方式加强能耗统计单位的业务沟通和交流，及时解答各统计单位的疑难问题，开展业务指导。宣传造势，开展节能宣传周活动和能源紧缺体验活动。发挥公共机构节能先进单位表率示范作用，围绕全县节能宣传周“绿色生活、绿色办公、绿色消费”主题，广泛宣传节约能源资源和生态文明理念，节约理念深入人心。

【公务用车管理】 依靠县公车改革领导小组支持，建立公务用车信息化管理平台，健全各项规章制度，推进公务用车管理规范化。对车辆、人员、安全管理、监督考核等都作出详尽规定，公务用车管理中心严格按照派车审批程序派车，实现科学调度、合理安排，车辆和人员管理实现优质高效。10月24日、25日，县乡两级127辆公车，全部安装车载卫星定位系统终端，进入“北斗”调度管理系统，实现便捷派车、高效用车、透明管车、有效督车。加强驾驶员队伍思想作风建设，严明组织纪律。邀请县交警队宣教中心同志详细讲解交通安全知识，提高汽车司机遵守道路交通法律法规，辨识道路通行条件，安全行车的自觉性。

【办公用房】 科学规划办公用房，坚持“集约办公、合理配置”，完成原检察院、原法院、利民大厦办公用房调整入驻工作。原检察院、原法院办公场所作为机关第三办公区，入驻12家单位，办公人员325人，解决民政局婚姻登记处、旅游局旅游咨询中心办公场所，方便对外服务。利民大厦作为第四办公区，为县政务服务中心办公场所，面积9778平方米，设置82个服务窗口。调整县人社局、县社保局、县就业办、县人防办到大厦办公。县监察委办公用房，经县领导批准，与县纪委等有关部门多次协商，本着有效整合办公资源，便于规范管理，确定县检察院、县纪委、县监察委、县巡察办、县六个纪工委集中在新检察院办公楼办公，由行管局统一管理。

【基建维修】 2017年，助力全县创卫工作，认真抓好基建维修，地面硬化。投资60多万元，将机关办公区及家属区清理出的空地，全部硬化和绿化。投资14万元，进行墙体粉刷，粉刷县直机关家属院1—8号楼、14—23号楼楼道，总面积

12327.5 平方米；房屋维修维护。投资 6.6 万元，进行房屋防水、门窗玻璃更换。受到县创卫指挥部好评。

【会务中心服务】 全年承担大小会议服务 710 场次。创新手段，多措并举，推进会务中心服务工作，确保会务效果。有效利用现代化设施设备实施管理，保障各项会议顺利召开。第一季度，投入 20 万元，为 101 会议室增加视频设备，提高会议效果和质量。会议室日常管理，始终按照管理科学化、服务精细化，做好会议室使用登记，提前做好会议室设备检查和调试工作，及时处理异常情况。建立健全会议室管理使用规定和会议室服务规范，做到会前充分准备、会中热情周到、会后认真总结。

【安全生产管理】 严格落实安全生产责任制，做好安全生产大检查，坚持问题导向，每周一巡查，每月一次大检查。按照县安委会工作部署，开展春季安全生产大排查、安全生产月等专项行动，集中检查办公区、家属区基础设施，及时消除安全隐患。开展消防安全演练，组织全局干部职工及县直机关保卫人员，参加夏季消防演练，增强消防安全意识。强化安全保卫工作监管，运用现代安全监管系统，完善办公大楼治安防控体系，实行 24 小时不间断监控，杜绝社会治安案件发生；严格登记管理外来人员和车辆，实现全年安全运营生产无事故。

（李明明）

【概况】 2017 年，东平县政务服务中心管理办公室认真贯彻省市县深化“放管服”改革的决策部署，坚持服务群众，服务企业，提标增能，提质增效，实施政务服务标准化，窗口管理规范化，资源交易阳光化，群众办事便捷化的“四化”工程，政务服务工作取得新突破。全年办理业务 18.2 万件，办结率 100%，收费 30.7 亿元。公共资源交易中心发布工程建设项目招投标、政府采购中标及变更公告 224 件；组织现场招投标会议 99 场，交易额 20 亿元。通过招投标，节省财政资金近千万元。被县委、县政府授予“全县双提双增活动先进集体”“全县先进基层党支部”等称号。

【政务服务标准化】 2017 年年初，县政府办公室出台《关于进一步加强政务服务中心建设，推进行政审批制度改革的意见》，提出“三集中三到位”改革明确要求；2017 年年底，县政务办又出台《东平县政务服务中心授权首席代表资格条件和审批权限管理办法》。窗口单位授予本单位窗口首席代表相应的审批和管理权限，由其代表单位直接在窗口履行审批和管理职责，以提高窗口现场办事效率。印发建设项目审批服务指南。县政务服务中心管理办公室汇总印制《东平县基本建设项目审批服务指南》，发到各相关窗口、办事企业，受到广大用户好评。梳理工业项目手续办理流程，给出各手续需提交材料的填写模板。

【窗口管理规范化】 制定窗口及工作人员考核办法。研究出台《东平县政务服务中心窗口及工作人员考核办法》，每月讲评通报 1 次工作情况，每季度开展 1 次工作考核，按季度评选优质服务窗口和优质服务标兵并通报各进驻单位。出台社会监督员聘任管理办法。从人大代表、政协委员、纪检、宣传、机关工委等部门和新闻媒体中聘请社会监督员 10 名，召开座谈会，认真听取监督员对政务服务中心各窗口实施服务情况的监督检查和评议。监督员向县政务服务中心反映、收集自己或他人对服务窗口的意见和建议，参加政务服务中心组织的相关会议，了解各窗口单位工作的法规、政策和工作程序。

【资源交易阳光化】 公共资源交易平台建成运行。组织专人到新泰、宁阳、肥城等地参观学习公共资源交易中心建设运行情况，集中人员、集中资金、集中力量，加快公共资源交易平台建设步伐。协调县编办、住建局、财政局、国土局、发改局、中行等单位，建成公共资源交易平台，6月8日正式投入运行。整合国土局的土地使用权出让、财政局的政府采购等，纳入平台统一交易，实现公正、公平、公开。建设工程网上报名系统助力公共资源交易电子化招投标进程。启用网上报名系统，正式将电子化招标、投标系统建设推向日程。组织开展网上报名系统、电子化招投标运用学习班，邀请建筑业施工经营负责人、招投标文件编制人员及预算编制人员前来学习，聘请专家给学员授课，实际上机操作讲解建设工程网上报名系统流程和电子化招投标过程。

【群众办事便捷化】 结合“放管服”改革，优化功能布局，多单位进驻窗口，将政务服务中心分为社会民生服务区、市场准入服务区和项目建设服务区、联合办税等四大功能区。下一步，国地税联合办税进驻中心，努力实现“进一扇门，办多个事”目标。各窗口单位启动容缺预审机制，实现高效服务。市场监管局窗口推进工商登记改革，助力项目建设和经济发展。帮助北京客商在东平成功注册企业，仅用一天多时间，创造出新时期“东平速度”“东平形象”，受到县政府主要领导肯定。房管局窗口设置自助查询机，方便群众自助办理查询业务，节省时间，提高办事效率。

【“三大工程”项目办理】 东平是全省移民大县，东平湖移民避险解困、黄河滩区村庄迁建、山区群众易地扶贫搬迁“三大工程”，列为县委、县政府中心工作。县政务服务中心管理办公室围绕三大重点工程搞服务，先后到银山镇耿山口村黄河滩区迁建项目现场、老湖镇移民迁安避险解困工程水浒社区现场、接山镇朝阳庄异地扶贫搬迁建设项目现场调研座谈，认真总结“三大工程”前期工作经验，专门制作东平县“三大工程”项目建设手续及办理时限流程图，及时调度汇总进展情况，所有工程开工手续，4月底一次性全部办结。

【新政务服务中心大厅】 与县城建开发公司对接，查看新政务服务中心施工进度，确定入驻时间；与县移动公司、联通公司、电信公司联系，确定通网工程方案与时间；与县人社局、人防办、行管局等沟通对接，确定办公室及窗口布局；10月24日，发布政务服务中心大厅搬迁公告；28—29日，利用周末时间搬迁入驻新政务服务中心。县政务办安装调试安防监控系统，安排人员昼夜巡逻，购置等候椅，安装开水炉，为前来办理业务的群众提供基本需求服务，保证业务正常运转。新政务服务中心三层，一、二层为政务服务中心窗口，一层是社保类办理事项窗口；二层集中人社、就业、市场监管、住建、规划、国地税、房管、中介服务类窗口；3层为公共资源交易中心和人社系统办公区。公共资源交易中心有开标室、评标室、专家抽取室等。楼层入口

东平县政务服务中心　　（鲍长江　供稿）

处设有引导牌，方便市民办事。借新政务服务中心搬迁之际，就业办、农村产权交易中心窗口进驻中心。

【全员参与创卫】 广泛宣传，摸底排查。县政务办主任带队，组织专人对片区金汇街所包路段进行深入走访调查，形成情况问题台账。发动片区单位、商户和住宅区群众支持参与创卫，政务办工作人员详细登记单位、商户、住宅区等负责人和联系方式，协助商户签订门前五包责任书，发放创卫明白纸，详细讲解创卫工作重要性。重拳出击，拆除违建。九鑫花园住宅区南侧有11间车库，2007年建成，占用原属于阳光街部分位置。车库建成后均出售到小区住户名下，拆除违建阻力很大。县政务办与九鑫花园物业公司协商，详细讲解创建国家卫生县城的大势背景；深入违建车库住户家中登门拜访，讲解创卫意义及违建危害。经入户耐心动员、召开违建住户听证会，违建车库住户全部同意拆除车库。5月31日，与后屯社区创卫办、县执法局、县公安局相关人员一起到违建车库现场，督促拆违。多种设备轮番上阵，晚9点，11间车库全部拆除清理完毕。全员清扫片区，巡查巩固成果。领导干部带队，前往片区进行卫生清扫，清理乱贴乱画，劝离乱停乱放车辆。坚持巡查机制，每个网格指定一名巡查责任人，具体负责网格内巡查，组建轮巡整治小组，所有人员轮流巡查，错时值守，集中巡查所包网格片区重点路段，及时解决反弹问题。9月初，开始新一轮创卫攻坚。安排专人从早晨5点至晚上11点，不间断巡查，压实沿街商户门前五包责任，劝导行人按规范停放车辆，组织开展创卫志愿者服务活动，清扫街面及家属院等卫生，不留死角，巩固创卫成果，受到县创卫指挥部表彰。

（鲍长江）

【外事工作】 因公出国（境）审批管理。坚持统筹安排、总量控制原则，2017年年初编制全县因公出国（境）计划申报，严控计划外团组和无实质性出访目的团组出访。严格执行出国计划量化管理机制，严格控制党政干部一般性出国考察任务，严格控制出国经费预算和支出。全年审核因公出国（境）14个团组24人，其中，拒绝不符合规定出访团组4个8人，因某些原因4个团组6人未成行。因公护照（通行证）管理。每批团组出行前，发放出国须知，提醒出国（境）人员遵守外事纪律和注意归国时间；要求出访人员归国后及时总结出国情况，按时上交出访报告、出访日志，认真执行证照管理制度，确保护照收缴率达到100%。做好服务企业工作。推进企业“走出去、请进来”，加大APEC商务旅行卡宣传、申报、管理工作，为企业“走出去”提供便利条件。

【侨务工作】 2017年，重点做好两项工作：一是依法护侨。认真贯彻落实《中华人民共和国归侨侨眷权益保护法》《山东省归侨侨眷保护条例》，坚持“以人为本，为侨服务”宗旨，大力开展侨法宣传，强化服务意识，开展归侨侨眷关爱工程，妥善处理涉侨信访。在教育上，优先安排华侨、归侨及港澳同胞子女入学入托，严格执行华侨、归侨及港澳同胞子女考生加分政策，切实帮助归侨侨眷，维护其合法权益。二是侨务扶贫。在省市外侨办支持下，深入困难归侨侨眷家中走访慰问，争取上级侨务扶贫资金1.36万元，慰问贫困归侨侨眷13人次。三是发挥侨力，推进和谐社会建设。经市县外侨办推荐，东平滨河新区侨眷刘静雅当选泰安市人大代表，光荣出席泰安市人代会；市外侨办还协调泰安市金达房地产公司，为东平佛山小学无偿捐献图书，价值100万元。

（王明星）

中国人民政治协商会议东平县委员会

【概况】 4月21日，根据东委发〔2017〕40号文，政协东平县委员会学习提案委员会、经济科技委员会、社会文教委员会、社会法制和民族宗教委员会、文史资料委员会主任、副主任、主任科员，相应改任政协东平县委员会提案委员会工作室、经济委员会工作室、科教文卫体资源环境委员会工作室、社会法制和民族宗教侨务外事委员会工作室、学习宣传和文史资料委员会工作室主任、副主任、主任科员。2017年年内，县政协召开九届一次全委会议，召开常委会议6次，开展专题调研3次，专项调查4次，重点协商座谈2次，转交70个承办单位办理提案219件，编发社情民意信息128条。县委、县政府主要领导对调研协商形成的3个报告作出重要批示。县政协获“市级文明单位”“全省政协宣传工作先进单位”“全省政协系统社情民意信息工作先进集体”等称号。9月，县政协编撰的《东平文化通览》，被山东省政协文史委评为“优秀文史书刊二等奖”。

【政协九届一次全委会议】 1月18日至1月21日，政协第九届东平县委员会第一次会议在县城召开。会议听取和讨论中共东平县委书记赵德健讲话；听取和审议八届县政协常委会工作报告和提案工作报告；与会委员列席东平县第十八届人民代表大会第一次会议；听取并讨论县政府工作报告及其他有关报告；选举产生政协第九届东平县委员会主席、副主席、秘书长和常务委员。审议通过政协第八届东平县委员会常务委员会工作报告；审议通过政协第九届东平县委员会第一次会议常务委员会提案审查情况的报告；审议通过政协第九届东平县委员会第一次会议政治决议。

【县政协常委会议】 2017年，县政协召开常委会议6次。1月13日，县政协召开八届二十一次常委会议。协商通过《关于召开政协第九届东平县委员会第一次会议的决定》（草案）和建议议程（草案）；审议通过《政协第八届东平县委员会常务委员会工作报告》（讨论稿）；审议通过《政协第八届东平县委员会常务委员会提案工作报告》（讨论稿）；协商通过《政协第九届东平县委员会委员名单》（草案）；审议通过有关人事事项。1月21日，县政协九届一次常委会议召开。县委书记赵德健应邀参加会议并讲话。刘祥涛围绕如何认识人民政协的地位和作用、如何发挥好政协常委会的作用以及加强常委会自身建设当好表率讲意见。3月15日，县政协召开九届二次常委会议。审议通过县政协2017年工作要点，政协第九届东平县委员会关于设立专门委员会的决定，审议通过县政协《关于在全体委员中深入开展“五个一”活动的意见》。8月1日，县政协召开九届三次常委会议。听取县政府《全县上半年经济社会发展运行情况通报》；审议通过县政协《关于全县精准扶贫工作情况的调研报告》；审议通过有关人事事项。10 月 13 日，县政协召开九届四次常委会议。审议通过县政协《关于全县“散乱污”企业整治和燃煤小锅炉淘汰情况的的调研报告》和《关于东平湖综合整治和渔业产业发展情况的调研报告》。12 月 25 日，县政协召开九届五次常委会议。听取部分常委作的述职报告；审议通过有关人事事项。

【调研活动】 调研全县精准扶贫工作。3 月至 6 月，调研组深入到乡镇（街道）、县直相关部门和部分企业，通过听取汇报、走访座谈、实地查看等方式，认真进行调研了解，找出东平县扶贫工作中存在的问题，提出加快推进产业扶贫，搞好资金整合，强化干部包保责任，凝聚社会扶贫合力，推进保障兜底工程，严格督导考核等六项对策及意见建议，形成《关于全县精准扶贫工作情况的调研报告》。调研全县“散乱污”企业。8 月，县政协会同县环保局，深入到有关乡镇，对全县“散乱污”企业取缔和 10 蒸吨 / 小时及以下燃煤锅炉淘汰工作情况进行实地调研，召开由县经济开发区管委、环保局、经信局、公安局、市场监管局、国土局等部门负责人参加的座谈会，广泛听取各部门意见。形成《关于全县“散乱污”企业整治和燃煤小锅炉淘汰情况的的调研报告》，提出 5 条意见建议。调研东平湖综合整治与全县渔业生产工作。7 月至 10 月，县政协对东平湖综合整治与全县渔业生产情况进行调研。形成《关于东平湖综合整治和渔业产业发展情况的调研报告》。考察全县防汛工作。6 月 13 日，考察组一行实地察看龙王沟看守所段清障治理、石龙口水库运行情况、白吉河园区段治理、东平湖大湖围坝王台桥南段除险加固、金山坝、石洼闸除险加固、银山镇战屯村移民迁安等有关防汛准备工作情况，听取副县长程鹏代表县政府对今年防汛工作总体情况的全面介绍，就做好全年防汛工作提出意见建议。考察全县公安工作。7 月 20 日，视察组一行先后到彭集街道鲁屯警务室、东平街道护驾社区警务室、赵桥社区消防体验馆、县公安局新业务技术用房等进行实地查看并召开座谈会。主席、副主席和参加考察的委员对东平县公安工作中存在的问题提出意见建议。考察全县旅游产业发展情况。10 月 20 日，考察组实地察看白佛山景区、凤凰社区拓展基地、浮粮店和昆山景区等现场。县委常委、常务副县长陈传帅介绍全县旅游产业发展情况。参加考察的各位委员对全县旅游产业发展提出意见和建议。考察全县教育重点工作推进情况。11 月 1 日，考察组先后到实验中学、明湖中学、东平街道中心小学、清河小学、彭集中学新校、高级中学、青峰山实验学校以及接山镇中学、中心小学等地，实地查看学校基础设施建设情况和重点项目进度情况，听取副县长程鹏代表县政府所做的情况介绍。考察组对东平县教育事业发展提出有针对性的意见和建议。

【提案工作】 九届一次会议共收到提案 224 件，经审查立案交办 224 件。涉及经济方面的 52 件，占立案数的 23%；涉及城建交通环保方面的 98 件，占立案数的 44%；涉及科教文卫体方面的 53 件，占立案数的 24%；涉及党建、组织、人事方面的 21 件，占立案数的 9%。向县委、县政府选送重点提案 30 件。提案办复率 100%，委员对提案办理满意率 100%。8 月 15 日，县政协召开重点提案办理督查督办面复会。副主席赵永恕、吴绪季参加会议。赵永恕一行先后到接山镇卫生院、实验中学、金汇坊、佛山小区、郭王路大修现场以及沙河站中学进行现场督查，详细了解提案落实进度、落实效果以及存在问题。各承办单位分别汇报提案办理情况，提案人代表就提案办理情况发表意见和建议。

【学习培训】 12月9日，县政协举办政协委员学习贯彻中共十九大精神培训班。邀请山东省委党校科学社会主义教研部教授、邓小平理论教研室主任王秋波，县委党校两位优秀教师，分别就“如何做一名合格的政协委员”“学习贯彻十九大精神、构建‘亲清’政商关系”等进行专题辅导。

【联系贫困户活动】 根据县委“打赢脱贫攻坚战”的部署和要求，将“联系一个贫困户”列入委员“五个一”活动内容，为委员履职搭建新平台。全县有190多名委员参与产业扶贫、教育扶贫、科技扶贫、医疗扶贫、文化扶贫等各具特色的帮扶活动，联系帮扶贫困村118个、贫困户346户，累计走访慰问贫困户、困难老党员900余人次，捐款捐物合计100余万元，反映社情民意390条。围绕年度重点工作，提出“金点子”、好建议280余条；80家委员企业助推扶贫攻坚，设置虚拟岗位150余个，为部分贫困户发放补助金，助其尽快实现脱贫。

【民间设奖奖百姓活动】 县政协按照县委部署，牵头开展全县“民间设奖奖百姓”活动。2017年，有18家企业和个人设立孝老敬亲、好媳妇、和谐家庭、优秀学生、最美环卫工人奖等22个奖项，发放奖金50.8万元，评选奖励各类道德模范274人。

【慈善扶贫】 儒原扶贫超市是县政协2017年主抓的一项重点工作。利用儒原城市广场新建库房2000平方米，建设慈善扶贫超市。主要救助精准扶贫建档立卡或遭遇天灾人祸造成生活贫困家庭。商品来源一是群众捐赠，二是利用“慈善月”捐款、社会爱心人士及企业认捐基金，采购相关生活物品。至2017年年底，共募集善款450万元，衣物4万余件，图书6800册，生活用品2300件，电器200余件。2167名包村干部在超市购买商品，走访、慰问困难群众7609户，发放面粉、食用油、衣服等生活用品价值36.6万元。

（徐衍亮　常传玉）

纪检 监察

【概况】 年内，全县纪检监察组织和广大纪检监察干部以迎接、学习、贯彻中共十九大为主线，认真贯彻落实上级纪委、县委决策部署，忠诚履行党章赋予的职责，扶贫领域监督执纪工作成效明显，反腐败高压态势持续巩固，党风政风全面好转，监督体系不断完善，问责力度不断加大，党员干部廉洁自律防线层层加固，纪检监察队伍建设常抓不懈，纪检监察工作取得新成效。

【重要会议】 1月18日，中共东平县第十四届纪律检查委员会第一次全体会议召开。选举产生新一届县纪委常委会，并报县委十四届一次全会批准通过。2月4日，中共东平县第十四届纪律检查委员会第二次全体会议召开。深入学习贯彻中共十八届中央纪委第七次全会、省纪委十届八次全会、市纪委十届八次全会精神，回顾总结2016年全县纪律检查工作，研究部署2017年工作任务。县委书记赵德健出席会议并讲话，县委常委、纪委书记徐宗才代表县纪委常委会作工作报告。11月4日，中共东平县第十四届纪律检查委员会第三次全体会议召开。深入学习贯彻中共十九大和省委十一届二次全会、省纪委十一届二次全会、市委十一届四次全会、市纪委十一届二次全会、县委十四届二次全会精神，对全县纪检监察系统学习宣传贯彻中共十九大精神工作作出部署。

【重大改革】 加强党内监督，做好“政治体检”。4月，县委巡察机构成立。设立中共东平县委巡察工作领导小组办公室（简称县委巡察办），为县委巡察工作领导小组日常办事机构，列入县委工作部门序列，设在县纪委，主要承担全县巡察工作的统筹协调、组织指导、联络督查、政策研究、制度建设、监督管理、服务保障等工作。设立4个县委巡察组，在中共东平县委巡察工作领导小组领导下承担巡察任务，主要对巡察对象执行《中国共产党章程》和其他党内法规，遵守党的纪律，落实全面从严治党主体责任和监督责任等情况进行监督。9月1日至11月20日，4个巡察组紧扣全面从严治党“六项纪律”“三大问题”，对承担精准扶贫脱贫攻坚任务较重的4个乡镇街道和4个县直部门开展十四届县委第一轮巡察。在全面巡察过程中，重点开展扶贫领域专项巡察，着力发现扶贫领域侵害群众利益问题。12月11日起，根据十一届泰安市委第二轮巡察工作动员部署会议提出的“市县巡察工作上下联动”要求，配合市委巡察组做好对东平街道等4个乡镇（街道）开展市委第二轮巡察工作，同时，巡查28个省定扶贫工作重点村。11月18日，县委召开县委常委会，传达学习上级监察体制改革会议精神，研究部署开展县改革试点工作。会上，成立东平县深化监察体制改革试点工作小组，县委书记任组长（施工队长），负责组织、宣传、政法、监察等工作的县级领导担任副组长，11名相关单位主要负责人任成员。领导小组下设3个工作组，从县纪委机关、县委办公室、县委组织部、县委宣传部、县委政法委、县人大机关、县编办、县财政局、县人社局、县公安局、县检察院、县机关行政事务管理局等单位抽调人员组成集中办公，承担具体工作任务，集中精力做好改革试点办公室工作。12月19日、26日，县纪委班子成员分别与县检察院拟转隶的19名同志逐个见面座谈，了解思想动向。

【重点工作】 4月11日，省委常委、省纪委书记陈辐宽到东平主持召开泰安、临沂、聊城、菏泽4个市纪委书记座谈会，要求聚焦扶贫领域，坚决整治和查处群众身边的不正之风和腐败问题；8月23日至24日，陈辐宽到东平县检查督导扶贫领域监督执纪问责工作，召开座谈会，要求整体脱贫工作东平要走在全省前面，脱贫攻坚监督执纪问责工作东平要走在最前面；12月12日，陈辐宽不下通知、不打招呼、不设路线，轻车简从、直接进村、直接入户，先后调研接山镇前寨子村和东平街道大井村，对东平县精准脱贫工作给予充分肯定，同时指出存在问题。2017年，县纪委认真学习中央纪委扶贫领域监督执纪问责工作电视电话会议和全省、全市脱贫攻坚推进会议精神，严肃整治和查处扶贫领域群众身边的不正之风和腐败问题，全年查处扶贫领域问题68起92人，党政纪处分19人，问责26起16人，问责党组织16个。逐级传导压力，倒逼责任落地生根。开展正风肃纪专项行动，县纪委主要领导约谈14个乡镇街道、县经济开发区和相关牵头整治单位主要负责人，县纪委常委班子成员分别同所联系乡镇街道、县直部门单位党政主要负责同志、纪委负责同志及相关人员开展廉政谈话，压紧压实各级责任。各乡镇街道、县经济开发区党（工）委书记、纪（工）委书记，29个县直部门单位主要负责人，716个村居党组织书记分别作出书面承诺，确保扶贫领域问题自查、整改、处理到位。确定6个乡镇街道（1个市级，5个县级）为聚焦扶贫领域整治和查处群众身边不正之风和腐败问题重点督导单位，落实县纪委常委包保责任制，加强对联系乡镇街道专项行动的督促指导，督促排查扶贫领域问题108个。坚持快查快处，全力核查重点问题线索。对省纪委、省委巡视组交办的问题线索逐案分析研判，落实纪委常委包保责任，快查快处。省纪委集中交办的10件问题线索全部按时办结，立案9件，处理党员干部38人，党政纪处分21人，问责18人。强化自查自纠，核查监督同步进行。下发《关于进一步加大问责力度坚决杜绝扶贫领域腐败问题的通知》，召开专题会议，部署安排14个乡镇街道、县经济开发区和29个涉及扶贫领域的县直部门单位开展扶贫领域问题自查自纠。各乡镇街道、县经济开发区按照贫困户贫困村必到、领取扶贫款物的村户必到、扶贫项目必到“三个必到”原则，对扶贫领域问题开展拉网式排查。各乡镇街道报告扶贫领域问题205个，收回不规范使用资金695.6万元（由各乡镇重新安排扶贫项目，县扶贫办监督验收），处分7起14人，给予相关责任人诫勉谈话处理46件，通报批评、批评教育等组织处理63件。

【监督执纪问责】 节奏不变，持续巩固反腐败高压态势。严格执行《工作规则》要求，加强规范问题线索管理处置。进一步畅通信访举报渠道，全方位、深层次、多渠道挖掘问题线索，全年接收各类信访举报543件次。接收省委巡视组交办问题线索100件，初核后了结91件，立案9件，给予党政纪处分17人，其中开除党籍2人，留党察看1人，党内严重警告7人，党内警告7人；采取组织处理等方式处置20人，其中诫勉谈话11人，批评教育7人，谈话提醒2人；移送司法机关3人。不断提高依纪依法安全办案的能力和水平，扎实推进标准化谈话室建设，县乡纪委全部新建走读式谈话室，并通过市纪委验收。把准用好监督执纪“四种形态”，全县共立案135件，结案130件，给予党纪政纪处分150人，其中轻处分

92人，占61.33%；重处分58人，占38.67%；第一种形态处置86人次，第二种形态处置92人次，第三种形态处置21人次，第四种形态处置37人次。把落实中央八项规定精神、纠正“四风”问题作为净化党风政风、提振党心民心的重点，紧盯老问题，关注新动向，保持高压态势。一个节点一个节点坚守，开展全方位、多频次明察暗访，看住重点区域、关键少数，及时发现和核查“四风”问题线索。全年开展明察暗访95次，检查机关、企业、酒店、农家乐、旅游景点等重点场所60处，发现疑似问题线索12个，查实3个，处理3人，追责2人。牵头正风肃纪专项整治，将作风建设工作任务细化成8项，分解到11个牵头部门单位，全面排查问题线索，发现问题24个，全部按要求进行整改。驰而不息纠治“四风”问题，及时受理群众举报，从严从重查处违反中央八项规定精神14起15人，问责5起5人，通报曝光8起9人。严格执行《中国共产党问责条例》和《中共山东省委实施〈中国共产党问责条例〉办法》，用好问责利器，对党的领导弱化、党的建设缺失、全面从严治党责任落实不到位、执行“六大纪律”不力、推进党风廉政建设和反腐败工作不坚决不扎实、巡视巡察发现问题拒不整改或整改不到位的，坚决问责，实行“一案三查”，点名道姓通报曝光，让失责必问、问责必严成为常态，持续释放越往后执纪越严的强烈信号。全年党内问责35起17个党组织21人，其中党政纪处分2人；领导干部问责25起38人，其中党纪处分8人、组织处理30人。县、乡两级通报曝光135起201人，通报党组织16个。

【纪律教育】 强化日常教育监管，着力加强纪律建设，将纪律教育纳入党员干部日常培训内容。认真开展“廉政教育周”活动，向全县副科级以上党员干部发送廉政短信5200条，在县电视台连续一个月播放廉政公益广告，全县4万党员干部接受廉政教育。强化警示教育，对3起“一把手”违纪违法典型案例进行通报，编撰印发《扶贫领域腐败和作风问题案例警示录》，组织观看警示教育片200余场，开展专题党课120场次，引导广大党员干部筑牢拒腐防变思想防线。

【队伍建设】 强化理论教育，每月5日、20日定期学习党的政治理论和习近平总书记系列重要讲话、上级纪委会议精神，增强“四个意识”，提高政治站位和政治觉悟。加强机关党建工作，着力推进县纪委机关“两学一做”学习教育常态化、制度化，认真开展民主评议党员、组织生活会、党课交流等活动，积极开展“双提双增”大讨论、“严纪律、重效率、勇担当、作表率”主题实践、过硬支部建设和示范支部建设等活动。强化自我监督，从严管好自己、管好家人，主动净化朋友圈，守住做人处事用权交友底线。坚持严管厚爱，对有苗头性问题的及时约谈提醒，抓早抓小，打造忠诚干净担当的纪检监察干部队伍。

（马延河　解树文）

工商联 人民团体

东平县工商业联合会

【概况】　县工商联行政编制人员7人，执行委员会委员51名，常务委员会委员17名，副主席10人（含不驻会），总商会副会长8人（含不驻会）。2017年，县工商联举办和承办各类论坛讲座6场次，培训680余人次。组织非公企业负责人赴南方发达地区考察学习；帮助会员企业解决重大生产经营性问题5件，协调协商会员企业问题20件，外向型会员企业达到10家。被省工商联评为五好县级工商联，泰安市市级文明单位。

【组织建设】　积极推进县级组织及乡镇、街道基层组织建设，按照有地点、有人员、有经费、有活动、有成效的“五有”要求，切实发挥基层工商联组织作用，通过组织建设强化会员服务，进一步提升推动工商联工作和非公经济发展。3月，东平县工商联举行第八次代表大会，选举产生新一届工商联领导班子。2017年年底，共有各类会员企业1985家（人），囊括全县各大、中、小、微企业，涵盖重点企业和各类流通、服务等行业。加快行业商会建设，新建东平县工商业慈善协会、东平县餐饮住宿商会、东平县特产商会。坚持将“建立组织、发挥作用、科学管理”有机结合，拓宽全县各企业间交流与合作渠道。

【参政议政】　先后推荐18名非公有制经济人士为县政协委员，全县有55名非公经济人士，分别担任省市县人大、政协、工商联等部门社会职务。工商联界别的人大代表和政协委员，围绕全县关注的非公经济发展、社会发展和民生热点难点问题，提出8项有价值的意见和建议。

【社会公益活动】　2017年，以县政协为主导，工商联助推“民间设奖奖百姓”活动开展，引导各会员企业参与“民间设奖奖百姓”活动，奖励各类道德模范、优秀贫困学生、技术创新人才。在“百企帮百村”脱贫攻坚行动中，非公企业设置虚拟岗位1111个，帮扶建档立卡贫困户增加就业收入。对上争取和宣传发动社会爱心人士，帮助贫困村发展农村基础设施建设和科教文卫等事业，在群众居住、行路、吃水、用电、就医等民生工程上给予支持，改善贫困村及贫困户的生产生活条件。各类捐赠折合资金200余万元。

（孙秀芝）

人民团体

东平县总工会

【概况】　2017年，县总工会组织干部职工认真学习贯彻中共十九大精神和习近平新时代中国特色社会主义思想，扎实推进“两学一做”学习教育常态化制度化，不断提高干部职工思想政治素质，对标先进，扎实工作，提质增效，争创一流，围绕全县工作大局，突出“服务职工、服务发展”职能，深化职工权益维护工作，大力开展先模人物评选、职工体育运动等活动，为建设和谐幸福魅力新东平做出贡献，县总工会被评为2017年度泰安市工会工作先进单位。

【职工解困脱贫】 2017年，救助全县困难职工、农民工381名，发放生活救助金40万元。救助患病困难在职职工8人，发放医疗救助金12.86万元。开展帮扶送教育活动，对全县困难女职工家庭的20名子女进行救助，每人发放助学金1000元；在“金秋助学”活动中，为6名考上大学的困难职工子女每人发放助学金2000元。开展职工解困脱困工作，在档困难职工由492户减少到244户，解困脱困248户，占在档总户数的50.4%。

【“夏送清凉”活动】 开展“夏送清凉”活动，拨付活动经费10万元。购买茶叶、西瓜、矿泉水等防暑食品，慰问17家企事业单位、10家街道社区、15家创卫网格等一线干部职工，彰显工会组织对职工的关怀关心。

【安全生产】 按照省市县人民政府的部署要求和省市总工会的安排，制定下发《2017年危化企业“查身边隐患、保职工安全、促企业发展”活动实施方案》。与危化行业主管部门一起，以化工行业转型升级改造为契机，层层发动广大职工，深入查找身边隐患，并建立有奖举报制度。4500余名危化企业职工直接参与“查保促”活动。查出隐患近千条，发放奖励资金10万余元，职工生命安全和健康权利得到保障。

【百日建会行动】 6月起，以“强基层、补短板、增活力”为目标，集中时间，全力以赴，强力推进非公有制企业工会组建，扩大工会组织有效覆盖，最大限度地把广大职工吸纳到工会组织中来，为职工搭建维护权益平台。制定“百日建会集中行动”实施方案，落实县总工会干部包保企业责任制，确保百日建会取得成效。2017年，新建工会147个，其中，新建机关工会38个，事业单位工会22个，企业工会87个。

【职工就业技能培训】 7月，在斑鸠店镇举办“东平县总工会困难农民工解困脱困食用菌技术培训班”，邀请泰安市农科院食用菌研究所所长安秀荣到培训班讲授食用菌养植技术；8月，在州城街道举办“东平县总工会困难职工解困脱困缝纫技术培训班”，聘请东平县蓝鹰技校教师就服装裁剪缝纫技术和服装加工进行培训；9月，在东平电子商务产业园举办“东平县总工会困难职工解困脱困电子商务培训班”，聘请淘宝大学讲师授课，就电商知识和网店运营进行系统培训。

【企业工资集体协商】 3月，在全县规模以上企业中，开展工资集体协商工作，转发泰安市总工会《关于工资集体协商提质增效及“集中要约行动月”活动的通知》。县总工会成立3个督导组，到各个企业进行督导，促进全县规模以上企业开展工资集体协商工作。签定工资专项协议132份，占应签企业数的92%。工资集体协商建制率达到85%。

【职工技术创新竞赛活动】 围绕加强管理、提高质量、降低成本、增进效益、安全生产等，开展技术创新、技术创造等各类竞赛活动，制定全县企业深化技术创新竞赛活动方案，全县有58家大中型企业结合自身实际，组织开展内容各异、形式多样的技术竞赛活动，涉及20多个工种，近万名职工直接参与。7月20日，经过层层筛选，由马超凡等3人组队，参加全市“山东·巴伐利亚”产业工人焊接技术大赛选拔赛，取得好成绩。与卫计委联合，举办全县卫计系统医师技能大赛和护士护理技能大赛。

【评选先模】 开展省市先进单位和个人评选推荐工作。3月，经层层推选，向市总工会推荐7名“泰安市振泰奖章”

候选人，向省总工会推荐1名“富民兴鲁”候选人和省级工人先锋号——县地税局县直征收局，均获得表彰。开展第四届东平县劳动模范评选表彰工作。评选出第四届劳动模范20名、建设新东平劳动奖章30名。4月28日，县委县政府隆重召开表彰大会，发放奖金7万元。

【职工体育活动】 6月4—5日，根据市总工会安排，东平组织职工参加在淄博市体育场举办的全省第七届职工运动会。县总工会从各企事业单位报名的40名运动员中，挑选10名跳绳技术好的职工，认真进行赛前训练。比赛中，取得团体赛较好成绩。县公路局女职工吴同燕，参加单人跳绳比赛，凭着强健的身体和顽强的毅力，在全省数千名参赛选手中，荣获单人排名第13名，受到省组委会表彰奖励。组织职工参加全县第八届全民健身运动会半程马拉松比赛。12月2日，县总工会组织瑞星集团、中联水泥、水利建筑安装公司等7家企业的59名职工，参加全县第八届全民健身运动会半程马拉松比赛，县总工会为每名参赛职工购买价值300元的运动服，比赛取得较好成绩，助推全民健身活动开展。

【女工委工作】 3月，组织开展“维权行动月”活动。印发《中华人民共和国劳动法》《女职工劳动保护特别规定》等宣传材料2000份，女职工专项集体合同签订率95%以上，女职工合法权益得到保障。“妈妈小屋”建设工作，全县建成“妈妈小屋”55个。开展“双送活动”，5月，邀请县人民医院医务人员，到县职工服务中心为职工义务查体。6月，聘请专家举办女职工心理健康咨询讲座，300余名女职工参加学习，认识心理健康的重要。组织女职工参加市“弘扬优秀家风，助力文明创建”演讲比赛活动。东平湖风景名胜区管理委员会推选的选手张月臣，荣获全市二等奖。认真开展“法律护我行——女职工维权知识答卷”活动，印发《女职工劳动保护特别规定》《劳动合同法》《中华人民共和国社会保险法》《女职工保健工作规定》《山东省人口与计划生育条例》等宣传资料，提升女职工依法维权的意识和能力，全县有72个单位、8160人参加活动，成效显著。

【创卫工作】 县总工会党组认真贯彻县委县政府决策部署，积极认领承包网格工作任务，圆满完成创卫拆违工作任务。在护驾村网格和工人文化宫家属院整治工作中，工会干部发放各类宣传资料5000余份，整治整平土地18000平方米，清理垃圾15000吨，拆除违建设施700平方米，总投资40万元。在全县第三次创卫考核工作大会上，县总工会代表协包部门作典型发言，受到县委领导肯定。

【“双联四包”活动】 4名副局级干部分别包保接山镇3户贫困户，坚持每周到村与贫困户见面，及时了解掌握贫困户脱贫进展情况，为贫困户送上慰问金、面粉等生活用品。国庆节，为每一户贫困户送上慰

2017年3月27日，东平县总工会组织开展“女职工维权行动月”活动
（魏　锴　摄）

问金1000元。2017年春节前，包保干部慰问12户困难群众。每户群众发放一袋面粉、一桶油，每村5000元现金。年底，12户贫困户收入超过省定贫困线标准，实现全部脱贫。

【参与“三大工程”建设】 县总工会作为旧县乡陈山口社区建设领导小组组长单位，认真贯彻县三大工程建设指挥部意见，积极谋划社区规划建设，细致周密的做好拆迁群众思想工作，循序渐进，实现应签拆迁安置协议548户，实签548户，建设区内应拆迁60户，实拆迁60户，保证社区规划建设顺利开展。2017年年底，23幢住宅楼顺利交付使用，群众按时搬迁到楼房居住。抓好产业培植工作，依托浮粮店村崖居部落，发展精品民宿、湿地旅游、赏荷垂钓等旅游项目，规划2年内建成管理规范、效益明显的AAA级景区，项目带动就业300余人。引进济南康洁集团无纺布加工项目，投产后能够安置劳动力200人，带动其他就业500人，年利税200万元。

【工会改革】 根据省市总工会改革指示精神和县改革领导小组要求，县总工会认真调研，广泛征求广大职工和编办、财政局、发改委等部门意见，认真起草“东平县总工会改革实施方案”，并获市总工会和县改革领导小组通过。

（魏　锴）

中国共产主义青年团东平县委员会

【概况】 共青团东平县委员会机关设办公室、组织部两个部室，辖东平县青少年活动中心。行政编制5人，机关工勤编制1人。基层团（工）委42个，团支部（总支）1223个，专兼职团干部1439人。

2017年，团县委紧紧围绕“打赢脱贫攻坚战、筑实富民强县路、全面建成小康社会”的奋斗目标，坚持从严治团，创新工作思路，在服务党政大局中出实招，在做好青年工作中见实效，在夯实基层基础中求实绩，团的建设和工作实现了新的发展，被评为泰安市“红旗团委”。基层团组织涌现出“山东省五四红旗团委”1个，“山东省优秀团员”1名，“山东省青少年维权先进个人”1名，“泰安市五四红旗团委”2个，“泰安市五四红旗团支部（总支）”3个，“泰安市优秀青年工作者”6名，“泰安市优秀团员”7名。

【开展青春扶贫行动】 召开青春扶贫誓师大会，成立助力脱贫攻坚青年突击队30余支，采取“共青团+社会组织+志愿者”模式，整合共青团和社会组织及爱心人士等各类资源，全面开展“凝聚青春力量　助力脱贫攻坚”主题系列活动。3月，开展青年志愿服务月，发动86个青年文明号集体、16家青少年维权岗、30余支青年志愿服务队，开展政策宣传、农业生产设施维护检修、农业生产技术指导、爱心助学、爱心义诊、爱心慰问等志愿服务，送去慰问金和米面油等慰问物品价值5万余元，资助贫困学生150余人。开展“圆梦微心愿”活动，通过“青春泰安”“东平信息港”微信平台，以化名方式发布建档立卡贫困儿童微

2017年4月8日，团县委组织20名贫困儿童开展“拥抱春天·与爱同行——贫困儿童踏青活动”

（孔凡高　供稿）

心愿，广泛动员团代表、青联委员、社会爱心人士等认领微心愿，共认领微心愿259个，救助资金累计近5万元；开展“金晖助老——青春扶贫志愿者行动”，招募160名青年志愿者，与80名65岁以上的建档立卡留守、失独贫困老人结成帮扶对子，常态化开展以“啦一次家常、整理一次家务、清理一次个人卫生、送一次生活用品、送一件过冬衣物”为主要内容的“为老人当一天儿女”主题志愿服务，陪老人啦家常，帮老人做家务，为老人送棉衣、油、米等用品，志愿者累计开展活动520余次；开展“希望工程圆梦行动”，积极争取省市团委、县民政局、县移民局等单位，儒原实业有限公司、中联美景水泥有限公司等企业大力支持，为全县所有建档立卡家庭高考新生提供每人4000~10000元的资助，资助金额39.7万元，帮助贫困高考新生圆梦大学；开展“牵手孤儿·爱满全城”资助孤儿活动。通过微信平台线上征集，经过走访核实，列出建档立卡事实孤儿救助清单，针对孤儿需求提供“一对一”精准帮扶；实施“彩虹村——服刑人员未成年子女”救助项目，对所有满足条件的建档立卡家庭提供人均1000元慰问金和慰问礼包；开展“创业青年牵手助困”活动，依托青年创新创业联谊会，号召创业青年投身社会扶贫。青年创新创业联谊会先后为贫困户送去80余套棉衣，为乡镇敬老院、学校、贫困户送去爱心土豆5万公斤，为27名建档立卡贫困儿童送去助学金17000余元助学金；开展“青少年文化艺术行”志愿扶贫活动，协调团省委，邀请省话剧院到贫困儿童集中的老湖镇王台小学、展营小学演出高水准儿童剧；开展“拥抱春天·与爱同行——贫困儿童踏青活动”，组织建档立卡贫困儿童代表到白佛山、博物馆、戴村坝、史楼村等参观，并赠送书籍。

【开展青春创卫行动】 开展“小手拉大手 共创卫生城”活动。各学校通过宣传栏、广播站、电子显示屏等媒介，利用升旗仪式、主题班（队）会等载体，举办主题绘画比赛、征文比赛、手抄报比赛、黑板报比赛、演讲比赛，知识竞赛等形式，持续对学生进行创卫知识宣传教育，达到“教育一个学生，影响一个家庭，带动整个社会”的目的，形成“全民动手，全员参与”的生动局面。以家长会、家长微信群、飞信群等为平台，发放《致学生家长的一封信》，组织观看《东平创卫宣传片》，根据家长不同的职业，不间断地对家长进行分类宣传，引导家长积极支持、全面参与创卫，为学生做出榜样。以签订《家庭卫生公约》为契机，学生和家长互相监督，争当卫生家长、卫生学生。在上下学期间，开展卫生监督岗、“随手拍”活动，曝光学生及家长的不卫生行为，在学校宣传栏、家长微信群进行通报。同时，鼓励学生进行“随手拍”，晒出室外公共楼道、小区、村（居）、经营商铺门前的卫生情况，在班级栏内和家长微信群内进行展示评比，作为学生评先树优的依据，奖优罚劣，督促学生和家人将创卫落到实处。联合县教育局开展全县中小学生创卫征文比赛，优秀作品拍摄成微视频在东平电视台等平台展播；开展“小手拉大手 文明交通行”“守护斑马线”活动，在学校附近设置“红领巾交通岗”，号召学生争当“文明交通小卫士”，学生和家长在上下学高峰期通过对不文明交通行为劝导，为文明交通行为点赞等方式，督促过往行人、车辆遵守交通规则，同时宣传交通安全知识，影响带动广大市民践行文明交通；开展“打赢创卫攻坚战 团员青年勇争先”主题活动。开展创卫宣传活动。组建团员青年创卫宣传队，对广大市民进行创卫知识、健康知识宣传教育，提高广大市民对创卫的知晓率，使创卫工作深入人心。开展卫生整治活动。成立创卫攻坚青年突击队，开展垃圾清运、卫生清扫、小广告清除、乱涂乱画清理、公共设施擦洗、卫生死角治理等集中活动。开展文明劝导活动。组织青年志愿者担当文明引导员，对不卫生、不文明行为进行劝导，引导广大市民全力维护创卫成果。开展创卫督查活动。主动联合职能部门，对行业整治情况进行督查劝导，督促商户做好“门前五包”和店内卫生达标。在全县团员青年中选配创卫“副街长”，引导广大团员青年全力投身创卫工作；开展“拒绝车窗抛物 倡导文明行车”车载垃圾桶公益派送活动。为公交车、私家车等配送车载垃圾桶，控制行车过程中垃圾的产生。

【开展团青凝心聚力行动】 举办团干部“双提双增”专题培训班，邀请县委常委、组织部部长王强围绕“团青成长”讲专题党课，到脱贫攻坚“三大工程”现场参观，学习攻坚克难精神，举办“提标增能，我该怎么办”专题讨论；举办团青“凝心聚力”培训班，邀请专家讲授习总书记讲话、“互联网+”、新媒体应用等知识，以共青团东平县第十七次代表大会召开为契机，进一步将团员青年的思想和行动统一到全县发展大局上来，凝聚更多的优秀青年投身“三大工程”、“三大战役”及“三大重点”工作一线，进一步坚定广大团员青年的理想信念，增强围绕中心、服务发展的大局意识，提升新时期新形势下开展共青团工作的能力和水平；团代会后，组织开展“服务旅游 青春闪光”青年志愿服务“十一”黄金周活动、“小手拉大手 抵制秸秆禁烧”活动、团员青年助力秋季秸秆综合利用和禁烧工作，“美丽乡村行动 团员青年当先”等活动。举办“共青团系统学习党的十九大精神辅导报告会”，争做学懂弄通十九大精神的排头兵，以朝气蓬勃的精神面貌、昂扬奋进的工作状态和踏实肯干的务实作风，积极投身全县发展大局。

【服务青年创新创业】 依托东平县青年创新创业联谊会，定期组织开展青年创业沙龙，举办创业青年与金融机构牵手见面会，为创业青年学习先进管理模式，了解融资路径，增强创新发展能力提供智力支持。帮助创业青年实现“信息共享、资源互补、携手进步、抱团发展”，提升全县青年创业的凝聚力和影响力；积极对接农业银行、邮政储蓄银行、农村商业银行等金融机构，扎实做好“鲁青担保贷”“鲁青基准贷”，为创业青年申领相关贷款提供便利和帮助，年内累计发放贷款400余万元，激发全社会创新创业活力；加强与县就业办等部门合作，举办青年创业培训班、创客训练营，创业明星评选等活动，激励引导有创业意愿的青年积极创新创业，在全社会营造鼓励创业、帮助创业的良好氛围。

【基层团建】 加强基层团组织建设。落实《中国共产主义青年团基层组织“三会两制一课”实施细则》，按照“党团活动同开展，党团组织共建设”的原则，做到党团各项活动同步推进，有效推动团组织活动制度化、规范化。加强团干部队伍建设。全面落实共青团改革要求，构建“小机关、强基层、全覆盖”的组织体系，建立专职、挂职、兼职干部任用制度，力求配齐配强团的领导班子，推进机关扁平化改革，转变职能，下移重心，强化基层，提升效能。严把团员入口关。严格落实《关于加强新形势下发展团员和团员管理工作的意见》《中国共产主义青年团发展团员工作细则》，学期初制订发展计划，实行预审制度、编号管理，自2014年以来，严格团员发展管理，经过三年努力，初中团学比基本控制在30%以内，高中团学比控制在60%以内。保持团员的先进性和光荣感。

（孔凡高）

东平县妇女联合会

【概况】 2017年，县妇女联合会深入学习贯彻习近平新时代中国特色社会主义思想、中共十八届五中六中全会和中共十九大精神，充分发挥职能作用，凝聚妇联干部干事创业强大合力，千方百计为全县大局服务，想方设法为妇女儿童尽责，为打赢脱贫攻坚战、筑实富民强县路、全面建成小康东平做出贡献。先后被省妇联评为省城乡妇女岗位建功先进集体、省幸福进家活动先进单位，被市委市政府授予妇女儿童工作先进集体，被市妇联授予城乡妇女岗位建功先进单位、泰安市家庭教育工作先进集体。2017年度全县经济社会发展综合考核，因成绩突出，被评定为党政综合及群团类先进单位。成功推荐商老庄乡王炳兰家庭荣获全国“最美家庭”称号，在省妇联、省禁毒委办举办的“不让毒品进我家”知识竞赛活动中获优秀组织奖，在省妇联儿童部、省网上家长学校举办的山东省儿童少年“传承好家风·共圆中国梦”书画摄影大赛中获优秀组织奖。

【贫困母亲救助】 为100名建档立卡贫困户家庭的母亲每人发放资助金500元，共计5万元。开展“关爱贫困母亲”保险捐赠活动，向全县100名贫困母亲免费赠送总值500万元保额的意外伤害保险。与帮包村积极对接，到商老庄乡薛庄村、老湖镇马凉庄村、接山镇上遂城东村、辛庄村、走访慰问贫困户，帮助他们谋划脱贫路子，开展各项送温暖活动，为贫困家庭送去慰问礼品、慰问金，价值2万多元。

【贫困儿童救助】 省妇女儿童活动中心、市妇联、市妇女儿童活动中心及社会爱心人士，在大羊镇中心小学举行“爱心大篷车”送温暖活动捐赠仪式，向全县农村困难儿童捐赠救助金5万元，资助50名贫困学生，每人500元，赠大羊镇中心小学体育用品。联合县司法、教育、团委开展“爱心助学送温暖”活动，为30名家庭贫困的高中生发放每人800元救助金，共计2.4万元。组织发动“爱心妈妈团”下基层，“三八”前夕，县检察院妇委会带领20人组成的爱心妈妈团队，到东平街道中小学，为孩子们赠送爱心礼物，并在学校开展普法宣讲活动；县移民局巾帼志愿队带着油、面粉等礼物到州城街道、老湖镇移民社区走访慰问23户贫困留守儿童家庭。组织开展“争做爱心妈妈　情牵留守儿童”活动，有287名爱心人士争当爱心妈妈，定期开展关爱留守儿童活动。6月1日，各大班子主要领导分五组带队深入15个学校，为孩子们送去价值6万元的图书、体育用品、玩具等，向全县100名贫困儿童、留守儿童发放助学金3万元。

2017年1月13日，“爱心大篷车”送温暖活动捐赠仪式在大羊镇中心小学举行。省妇女儿童活动中心、市妇联、市妇女儿童活动中心及社会爱心人士向农村困难儿童捐赠救助金和体育用品　（熊卫华　供稿）

【妇女儿童权益维护】 11月，举办专题培训班，对各乡镇（街道）妇儿工委主任、副主任、联络员进行“十三五”规划专题培训，解读规划内容，分解职责任务。与县法院联合举办以“维护妇女权益　共建和谐家庭”为主题的“三八”妇女节普法宣传活动。发放《中华人民共和国妇女权益保障法》节选、《反家庭暴力法》解读和《家事审判系列指南》等普法宣传材料，从妇女权益保障、婚姻家庭等角度向群众讲解妇女维权方面的法律规定，并就人身安全保护令申请、离婚起诉、应诉、农村妇女土地权益、夫妻财产分割、妇女权益保护等法律问题进行现场解答，发放资料2000份。以“12338”妇女维权热线和维权服务站为依托，做好信访接待工作，共接待来信来访79件，处结率100%。

【创卫工作】 主要负责人参与网格工作，分工负责人和一名工作人员靠在一线具体抓，全体人员多次参加环境整治集中活动，为网格创卫圆满成功做出突出贡献。到15个网格参观学习，征求意见，听取建议。组织巾帼志愿者到希望桥、老副食品加工厂、金汇街5A党员服务站、韩山街、黄山街、西山路等，开展创卫宣传、清扫垃圾、小广告清除等活动36场次。多次组织服务队到相关社区开展文明创卫宣传活动，县中医院、住建局、东平生活网等各行各业的巾帼志愿者积极参加，向群众发放《创卫文明明白纸》《做文明市民倡议书》《生活垃圾分类指导手册》等宣传资料15000份。组织婚姻家庭咨询师围绕家庭教育、亲子关系、夫妻关系等问题，向商铺、过往群众，进行现场答疑解惑，为引领更多家庭重视、参与、支持卫生整洁工作，营造良好生活环境。

【扶贫攻坚】 成立东平县巾帼编织协会，组织妇女培训学习，构建起县、乡、村三级编织服务网络，辐射到全县14个乡镇街道70多个行政村，1000多名贫困妇女。通过培训，掌握“中国结”、手链等编织技术。老湖镇编织点巧手会员320人，编织中国结12000套，编织手链9000余条，编织门前脚垫9吨，平安果6000余个。在中共十九大召开前夕，协会会员编织“巾帼心向党·喜迎十九大”“党旗”，深受市场欢迎。依托接山制帽、沙河站柳编等项目，开展培训、孵化、服务，切实帮助妇女实现增收致富。

【妇女创业创新】 5月9日、11月14日举办两期新农村新生活培训班。各乡镇（街道）分工负责同志、妇联主席，女村支部书记、村主任，部分村（社区）妇联主席、副主席、执委，移民村部分妇女骨干、“巾帼巧手”近400人先后参加培训。邀请有关专家就手工编织、疾控防控、家庭教育、家庭·家风·家教、妇女权益维护等内容，为学员作培训。深化“双学双比”“巾帼建功”活动，激发城乡妇女为经济社会发展建功立业。全县新增市级城乡妇女岗位建功先进集体两个、城乡妇女岗位建功先进工作者两名、巾帼文明岗3个、巾帼建功标兵5人、巾帼增收带头人3人、三八红旗集体4个、三八红旗手8名、维护妇女权益先进集体3个、维护妇女权益先进个人4名，涌现县三八红旗集体15个、三八红旗手111名、巾帼建功标兵92名。强化招商引资，引进投资380万元，开办馨灵之韵瑜伽项目，运营良好。

【“最美”系列荐选】 开展好媳妇、巾帼创业、和谐家庭、最美家庭等推荐评选工作，推动良好家风形成。推荐评选出“泰禾好媳妇”10名、“仓园好媳妇”10名、“馨香巾帼创业”10名、“和谐家庭”10个。3月3日，对评选出的10个“最美书香家庭”和10个“书香家庭”进行表彰。5月24日，成功推荐商老庄乡王炳兰家庭荣获“全国最美家庭”称号，成为全市唯一获此殊荣的家庭。

【“十大女杰”评选】 联合县委宣传部、县人社局组织开展东平县第五届十大女杰评选活动。经过各单位积极推荐、评委会认真评定，社会各界广泛监督和相关部门严格审核，评选出十名杰出女性、十名优秀女性。3月3日举行表彰大会，4名“十大杰出女性”代表从不同侧面讲述她们立足岗位、顽强拼搏、建功立业的先进事迹，展示东平杰出女性的时代风采。加大女企业家、巾帼致富带头人宣传推介力度，成功推荐东平县彭倩倩当选泰安市“十大杰出女企业家”。

【文明新风培树】 组织巾帼志愿者深入到县城居民小区、村农户家中，进行整治家庭卫生宣传。组织妇联干部，开展美化居住环境、养成良好卫生习惯活动。组织部分镇村妇联主席、妇女代表，开展新农村新生活培训活动，帮助农村妇女养成打扫居室卫生、清理乱堆乱放、预防疾病传播意识，养成良好卫生习惯。以开展创建国家卫生城为契机，号召和引导全县妇女特别是城市妇女、巾帼志愿者、创卫工作女督导员、文明劝导员等，从自己做起，从小家做起，为改变、美化县城容貌做贡献。对本单位创卫重点治理责任区域，定期进行清扫和检查督促，对区域内的商铺、住户和过往行人等进行爱护环境人人有责宣传，起到巩固创卫成果示范带动作用。

【妇联改革】 成立专门工作小组，深入调研、广泛征求意见，起草改革方案，在县委常委会议上审核通过后予以下发。加强对乡镇（街道）妇联改革工作调度指导，推动村（社区）妇代会改建妇联工作全面完成。改建后，全县村（社区）妇联有妇联主席716人，副主席775人，其中兼职副主席615人，有执委5243人，基层妇女工作力量不断增强，为妇女儿童事业发展奠定坚实基础。

【作风建设】 举办全县妇联系统学习贯彻中共十九大精神培训班，邀请县委党校教师王芮作《新思想引领新时代——深入学习贯彻党的十九大精神》专题辅导。扎实开展“重效率、勇担当、作表率”主题教育活动，推进“两学一做”学习教育常态化制度化。各级妇联干部转变作风，扎扎实实为妇女儿童办实事、办好事，在妇联系统形成勇于开拓创新、争创一流业绩的良好氛围。

【基层阵地巩固】 发挥妇女之家作用，强化妇女儿童家园项目建设管理，拓展延伸妇女工作领域，让广大妇女在身边就能找到妇联组织，得到及时帮助，妇联组织真正成为妇女的“温暖之家”和坚强阵地。各基层阵地开展政策宣传、卫生保健、科技服务、维权服务、广场舞培训等活动62场次，参与妇女6860人。

（熊卫华）

东平县科学技术协会

【概况】 2017年，东平县科学技术协会（简称县科协）机关行政编制5人，实有5人，配备主席1名，副主席2名。下属事业单位1个，全额事业编制2人，实有2人。2017年，全县有企业科协14个，乡镇、街道科协14个，农技协8个，学会4个。14个乡镇（街道）建立老科协工作委员会，县直部门建立14个老科协专业委员会，建立村级老科协150个。

【实施全民科学素质纲要】 2017年，继续深入贯彻落实《全民科学素质行动计划纲要》，坚持“政府推动，全民参与，提升素质，促进和谐”的方针，充分发挥县全民科学素质工作领导小组成员单位职能作用，强化全民科学素质工作，促进全县全民科学素质工作全面实施。做好第十三批泰安市青年科技人才标兵评选与推荐工作。由县委组织部、人社局、科协共同推荐候选人4名，其中县人民医院医生林枫获泰安市青年科技人才标兵荣誉称号。联合科技局召开科技工作者座谈会，县卫计局、农业局、水利

局、林业局、畜牧局、经信局、经济开发区等单位选派科技工作者代表参加会议。建立“科技工作者之家”微信群，更好的与科技工作者进行沟通交流。

【农村科普】 组织开展精准扶贫专家服务行动，县科协征求14个乡镇（街道）贫困村专家需求，充分发挥“科技工作者之家”的组织优势、专家优势、技术优势，以省科协开展的“精准扶贫专家服务行动”为契机，以贫困村需求为导向，积极争取省市专家支持，最终选派5名专家进行技术扶贫，其中市林果专家2名，县林果专家1名、畜牧专家1名、农业专家1名。5名专家将在全县11个贫困村开展为期1年的技术扶贫工作。市县扶贫专家坚持每月至少一次到所联系村进行技术指导和帮扶。2017年，举办各类技术培训班35期，受训人员6000多人次，为精准扶贫、精准脱贫提供技术支撑。

【青少年科普活动】 联合教育局，精心组织广大中小学生参加第32届泰安市青少年科技创新大赛、泰安市第二届青少年科技智力运动会航空航天模型比赛。精心组织山东省科普影院东平进校园巡展活动。巡展活动启动仪式在县明湖中学举行，省市县领导及明湖中学部分师生参加仪式。科普影院采用车载一体化设计制作，放映时全自动展开，安装24座三自由度电动平台座椅，全高清3D投影，特效设备俱全，满足全天候工作，是国内第一台“5D流动特效影院车”，分别在县明湖中学、彭集中学巡回播放，巡展时间两周，有4000余人参观体验。认真组织山东省“2017年青少年科普报告百校行”活动，有5名科普专家在全县10所中小学做精彩科普报告，3200名中小学生参加，受到广大师生一致好评。联合县教育局，在县内组织全国青少年信息学奥林匹克联赛。10月，通过积极运作，泰安赛区初赛在东平高级中学设考点，1360名中学生参加，其中有40名考生进入复赛。

【社区科普】 充分利用社区科普活动室、图书室、宣传栏、科普橱窗等各种文化设施和休闲场所，向居民普及科学文化知识，抵制封建迷信活动。同时，积极开展科普示范社区及“科学·关爱·和谐”示范乡镇（街道）、社区创建工作。在社区积极开展一系列科普活动，开展卫生健康、生活常识等各类讲座，发放科普宣传材料5000份。

【科技示范推广】 按照《关于实施2017年山东省基层科普行动计划的通知》（鲁科协发〔2017〕27号）要求，县科协与县财政局密切协作、精心策划，优选精优项目，积极向上申报推荐。安山大米行业协会和东平街道佛山社区通过省科协评审，获奖补资金20万元。县财政局以东财教指〔2017〕41号文进行批复。老湖瑞青玫瑰种植基地通过市科协评审，获奖补资金3万元。

【企业科协】 发挥县经济开发区科协及企业科协组织作用，在企业开展一系列科普创新活动。高度重视科技信息推广应用工作，帮助企业解决应用难题。邀请专家到瑞星集团、新东岳集团进行专业培训，引导企业提升认识、转变观念、主动应用、快速转化，增强企业科技工作者运用科技信息进行技术创新的能力。科技信息网络版分别在瑞星集团、新东岳集团、东顺集团成功应用，向企业引进欧美、日等先进国家的专利技术，推广应用到企业创新发展中，提高企业科技创新能力。组织瑞星集团等4家企业参加泰安市一线创新工程师暨科技信息推广应用专题培训班，对深入推进科技信息推广应用工作，加强企业创新人才培养，提高企业自主创新能力，起到积极的推进作用。

【老科协工作】 认真宣传贯彻上级老科协会议精神，创新工作载体，积极搭建平台，发挥老科技工作者的作用，不断加强自身建设，提升服务水平。建设老科技工作者之家，发挥老科协在全县经济社会发展中

的作用。2017年，有1人获省级老科协工作先进个人，4人获市级先进个人，3个单位获市老科协先进集体，2个基地获市级老科协示范基地。

【开展“双提双增”大讨论】 全县“双提双增”大讨论活动动员会后，县科协成立大讨论活动领导小组，制定《关于开展“提标增能 提质增效”大讨论活动的实施方案》。2月13日，召开动员会，制定集体学习时间表，印制学习笔记本。采取集体学习和个人自学的方式明确学习重点，并通过撰写笔记、交流心得体会等方式深化学习效果，提高学习质量。2月14日，组织全体机关干部参观“三大工程建设”，分别到老湖镇凤凰家园社区、水浒社区、滨湖社区参观学习。2月20日，开展讲党课活动。党组书记、主席讲党课。全体机关干部撰写个人剖析材料，找准自身存在问题，分析原因及整改措施。为把自身存在的问题找准找全，改深改透，县科协广泛开展谈心谈话活动，征求各方面意见。主席与班子成员、班子成员与各科室人员谈心交心，征求意见，找出问题根源，提出整改措施。3月20日，组织召开专题组织生活会，深刻查摆机关支部存在的问题，开展批评自我批评，促进班子团结和各项工作开展。

【创卫重效率、勇担当】 召开“重效率、勇担当、作表率”主题教育活动动员会，认真学习县委相关文件，统一思想，提高认识。积极开展创卫工作。成立由科协主席任组长、副主席任副组长的创卫领导小组。机关党支部书记盯靠在赤脸店创卫指挥部一线，加大人力、物力、财力投入，全力推进包保的赤脸店社区创卫网格内的环境综合整治工作。全体党员干部36次集中卫生打扫。出动人员累计480余人次，清理垃圾45吨，清理广告牌27块，清理乱贴乱画140平方米，印发明白纸、宣传单600份，拆除违建4处33平方米，动用机械20台，粉刷墙面180平方米。

【参与重点工程】 县科协为县移民避险解困工程派驻老湖镇凤凰家园社区工作组组长单位，认真履行“监督、协调、服务”工作职责，同老湖镇指挥部人员融为一体，积极开展工作。一是坚持公正、公平、公开原则，精心组织群众选房，严格按照拆迁安置的办法进行操作，得到群众拥护和支持。二是扎实做好拆迁工作。与镇指挥部一起逐村分析情况，先易后难，对6个村排出顺序，逐村进行，发动村干部带头拆迁。三是登门拜访，排忧解难。群众搬迁入住社区后，组织人员到住户家中了解情况，收集问题，责成物业及有关人员及时处理。组织举办社区安全用电、用气知识培训，帮助群众搬得进、稳得住。2017年年底，凤凰社区搬迁1480户，入住率达96%。6个村全部实现拆旧住新。社区内首座省级绿色幼儿园使用，招生350人。10月1日社区行政服务中心正式启用，为社区居民提供全程服务。12月上旬、中旬县人大常委会对包保“三大工程”县直24个部门，进行民主评议，县科协包保的凤凰社区得分98.5分，取得“三大工程”第二名、移民社区建设第一名的好成绩。

（袁 静）

东平县文学艺术界联合会

【概况】 2017年，东平县文学艺术界联合会坚持以社会主义先进文化为引领，以服务人民群众为宗旨，以习近平总书记北京文艺工作座谈会讲话精神及十九大精神为指导，在服务大局、品牌创新、精品创作、文艺惠民、队伍建设、机制创新六个方面实现新突破。全县有7个文艺协会，15名文艺工作者因成绩突出受到奖励，7名县作协会员成为泰安市作家协会会员，2名会员被评为“齐鲁文化之星”。

【文学艺术活动】 2月26日，成功举办2017“联发·观天下”杯东平县少儿春节联欢晚会。

到场人数达1000余人，演出时间两个半小时，以“唱出你的梦想、舞出你的活力”为主题，弘扬社会主旋律，激发正能量，展现少年儿童精神和艺术才华。2月25日，组织协调有关书法家成立羲献书院。以“提高书法爱好者艺术水平、扩大书法家艺术交流、推介当地书法艺术精品”为宗旨，通过电子商务与实体书馆同步发展的经营方式，运用综合媒体、期刊、展览、拍卖等多种推广手段，为县内书法家和书法爱好者提供艺术交流多维发展平台。5月27日，组织举行弘扬中华传统文化座谈会暨东平清河上城文化示范社区揭牌仪式，成为东平传播传统文化的一个亮点。6月起，联合县文明办、县文广新局、县广播电视台等单位，共同举办“中国梦·东原情”消夏广场文艺晚会，活动历时2个月，在老湖镇、银山镇、州城街道新建社区及县城驻地演出8场次。7月起，组织东平县戏曲家协会，在虹桥社区、县影剧院等公共场所连续举办6场第二届戏曲消夏晚会，在炎炎夏日为广大市民送去一份戏曲文化大餐，受到社会各界好评。6月20日成功举办“供水杯”脱贫攻坚劳动者最美摄影展。征集摄影作品300余幅，充分表现东平县“打赢脱贫攻坚战、全面奔小康”活动中，涌现出的先进劳动模范，以及在三大工程建设、三大战役推进等重点工作中涌现出的先进典型人物。9月26日，成功举办“喜迎十九大　共筑中国梦”两县一区国画作品展。展出200余幅国画作品，是东平、宁阳和泰山区三地书画家精心创作的精品力作，富有浓郁的地方特色和生活气息，多角度讴歌两县一区社会民生取得的辉煌成就，和三地人民昂扬向上的精神风貌。年内，在中国体育彩票2017年山东钓鱼文化节上，成功举办书法、美术、摄影作品联展。钓鱼文化节由中国钓鱼运动协会、山东省钓鱼协会、山东省体育彩票管理中心、泰安市体育局、东平县人民政府联合主办。这次钓鱼文化节县文联获优秀组织奖。组织20余名东平县文艺家协会会员，参加在徂徕山革命老区举办的中国文联文艺志愿服务团，走进泰安徂徕山革命老区开展慰问演出活动。

【对外交流】　1月18日，积极争取协调，“三生万物”亓军、福宽、洪峰三人书画作品巡展在东平博物馆成功举办。北京凤凰岭美术馆名誉馆长、荣宝斋画院导师张培武，民革中央画院画家、中山书画院常务副院长刘清廷，东平县政府副县长程鹏，县文联主席王德生及三位画家出席开幕式。张培武山水画精英班学员及东平县美术家协会全体会员、县艺术中学学生300余人参加开幕式。举办这样高规格、高水平画展，东平尚属首次，有效促进东平县绘画艺术工作者开阔眼界，提高绘画水平。

【服务社会】　继续办好综合性文学艺术刊物《东平湖》更好宣传东平，设计精益求精，内容加大反映东平历史文化及风土人情的作品数量，让人们感受到东平的山美、水美、人更美。《东平湖》成为东平的一张名片。围绕县委、县政府重点工作，出版《东平湖》脱贫攻坚专刊，宣传脱贫攻坚典型，动员鼓舞全县人民积极投身脱贫攻坚伟大事业。配合全县旅游，挖掘南堂子村、浮粮店村、史楼村历史文化旅游资源，组织文学艺术研究人员编写《神奇的土地美丽的传说》历史故事书。调动各协会积极性，开展下乡采写历史故事、收集小说散文诗歌素材、摄影等采风活动。发挥评奖导向激励作用，按照文学艺术评定奖励办法，开展评奖工作，做到程序规范、公平、公正。

【提高全县文学艺术水平】　2017年，高标准完成迎宾馆展板设计制作更换工作，创新设计出版《印象东平》画册。5月26日，协调东平县民间组织管理局、东平县民间文艺家协会，在县城联合举办社会组织助力精准扶贫工程—草编工艺培训班，14个乡镇40余青年农民学习到一技之长。积极组织筹办水

韵东平“僧安道一奖”全国书法、篆刻作品展。这次书法作品展，由山东省书法家协会、东平县人民政府主办，东平县文联承办。9月27日，书法作品评审工作结束，共收到来稿作品3951件，经评审委员会严格评选，评出入展作品201件。中国书协副主席、山东省文联副主席、山东省书协主席、山东大学艺术学院院长顾亚龙担任评审委员会主任。12月底至2018年1月，书法作品展在县博物馆、济南、北京等地先后展出。举办全国书法展，东平历史上尚属首次，对宣传东平、扩大东平知名度具有十分重大的意义。

【水浒诗刊】 由东平水浒诗院创办。2017年，水浒诗院县内诗作爱护者60多人，网络诗作爱好者200余人。他们认真学习习近平新时代中国特色社会主义思想和在全国文学艺术联合会座谈会上的讲话，坚持诗作贴近实际、贴近群众、贴近生活，为全县经济社会发展服务的方针，主动参与全县创建国家卫生县城、推进移民避险解困、黄河滩区和山区群众异地搬迁扶贫攻坚三大工程，创作出一大批讴歌新时代、新气象、新变化的好诗好歌好书法作品。全年编印《水浒诗刊》四期，刊登各类词牌诗作800余首，其中，讴歌创卫的诗作200余首，赞美东平大好河山的诗作400余首，歌颂人民群众美好生活的诗作200余首。其中有100余首诗作被国家级诗刊和省市县级报刊采用。诗院副院长袁庆柱创作歌曲《歌唱祖国》，参加中央电视台节目展演，获特等奖。副院长兼编辑部主任张意中在全国各类文学期刊发表诗作20多首。诗院四人参与创卫《蝶变》一书创作编辑工作，受到县创卫指挥部领导好评。

（吕 峰）

东平县社会科学联合会

【概况】 东平县社会科学联合会为正科级全额事业单位，编制3人，设主席1名，秘书长1名，办公室工作人员1名，隶属于县委宣传部领导。2017年，县社科联围绕县委、县政府中心工作，团结和依靠广大社科工作者，充分发挥“桥梁”和“纽带”作用，在探索中发展，在规范中完善，在创新中提高，扎实有效地做好理论武装、社科普及、课题调研、阵地建设等工作，圆满完成各项工作任务。

【社科理论研讨会】 12月29日，在县图书馆二楼多媒体会议室（国学讲堂）举办全县社科理论界深入学习贯彻中共十九大精神研讨会。各乡镇（街道）党（工）委宣传委员，县直各党委分工负责人；县委宣传部、县委党校、县社科联有关人员70余人参加。县委常委、宣传部部长张立国出席会议并讲话，市委党校教授、科研处处长张建勇应邀出席会议并进行总结点评。研讨会上，来自全县各乡镇（街道）、县直部门15名代表，用PPT课件形式，从不同角度分享学习十九大精神的体会和收获，他们结合各自工作实际谈体会、谈落实十九大精神的具体工作措施，受到好评。

【编辑《东平论坛》】 2017年，围绕全县“提标增能、提质增效”大讨论活动、学习习总书记“7·26”重要讲话和中共十九大精神，推出三期专刊。从创刊始，《东平论坛》已出版68期，日渐成为社科工作者发表成果的园地、学术交流的平台、普及社科知识的主阵地。利用报刊及新媒体传播社科知识。

【课题研究】 2017年，市社科6项课题立项，其中《东平县农村一二三产业融合发展的调查与思考》被批准为重点课题，《孙复儒学思想在当代社会的现实意义》《提高基层党员干部法治思维和依法办事能力研究》《泰安市特色小镇建设研究——以东平县老湖镇水浒影视小镇为例》《构建“亲”“清”新型政商关系问题研究——以泰安市东平县为例》《互联网+视野下农村电子商务的发展——以东平县为例》立项为一般课题。积极推荐县社科工作者参评泰安市第三十一次社会科学优秀成果奖，课题《落实，领导工作的最终归宿和价值体现》获论文和课题类三等奖。县委党校徐玉营被聘请为第四批泰安市社会科学专家。围绕全县经济社会发展中的重点问题，组织理论骨干深入调查研究，形成有价值的调研成果。

【社科普及基地】 利用场馆、公共场所和历史人文资源，建立社科普及基地。东平县公民道德教育馆被省委宣传部、省社科联命名为第十批山东省社会科学普及教育基地；东平街道办事处被评定为山东省第三批社会科学普及示范乡镇（街道），东平街道平湖社区被评定为山东省第三批社会科学普及示范村（社区）、老湖镇凤凰家园社区被评定为山东省第四批社会科学普及示范村（社区）；东平街道国学讲堂、石马村文体小广场被命名为泰安市第四批社科普及教育基地；罗贯中纪念馆被表彰为泰安市优秀社会科学普及教育基地。2017年，推荐彭集街道、接山镇、老湖镇申报市级社科普及示范乡镇（街道），推荐银山镇耿山口社区、州城街道湖韵园社区申报市级社科普及示范村（社区）。

【丁酉年祭罗大典】 2017年10月28日，在东平街道罗贯中纪念馆举行丁酉年祭罗大典。来自县内外的专家学者、罗氏族人代表、各界群众500余人，齐聚贯中纪念馆贯中堂前，隆重纪念罗贯中诞辰702周年。上午9时，随着典仪一声“起户”，仪式正式开始。伴随电视剧《三国演义》背景音乐，参加活动的师生代表齐声诵读《三国演义》开篇词，接着诵读祭文。之后，东平街道、贯中社区、东平县罗贯中文化研究会、罗氏族人代表分别向罗贯中塑像敬献花篮，瞻仰塑像。参加活动的各界群众参观纪念馆。仪式结束后，专家学者对罗贯中著作进行学术研讨，并进行成果交流。活动开展情况在凤凰网、新华网、大众网等各级媒体宣传报道，形成良好的社会影响。2015年起，东平县连续3年举行祭罗大典。

（李俊卿）

法治 军事

法治政府建设

【概况】 县政府办公室加挂县政府法制办公室牌子。2017年，认真贯彻中共十八大、十八届历次全会和中共十九大精神，依据《东平县法治政府建设实施纲要（2017–2020年）》确定的目标任务，尽职履责，开拓创新，扎实高效推进法治政府建设，为全县经济社会健康快速发展，“打赢脱贫攻坚战、筑实富民强县路、全面建成小康东平”提供强有力法治保障。年底，落实《东平县2017年度经济社会发展综合考核实施意见》和《2017年度依法行政考核实施细则》，有15个单位被评为全县行政执法先进单位，25人被评为全县行政执法先进个人。

【依法履行政府职能】 2017年初，以部门单位涉及到的法律法规和部门“三定”规定为依据，编制县乡两级公共服务事项目录，梳理出县直部门单位公共服务事项594项，乡镇122项，街道117项；乡镇行政权力事项85项，街道27项。建立公共资源交易管理体制，将土地使用权和矿业权及国有（集体）产权等项目，纳入统一公共资源平台交易。推进简政放权。印发《关于深化放管服改革 进一步优化政务环境的实施方案》，开展削权减政、流程再造、精准监管、体制创新、规范用权五大行动，确立50项具体改革任务。落实行政权力、责任和中介服务清单动态管理机制。全年调整县级行政权力事项459项，其中，新增行政权力事项170项，取消116项，承接省、市政府下放管理层级的80项，变更要素91项，整合2项。清理规范县级行政审批中介服务事项6项。清单变动情况及时在网站公示公开。市场监管。2017年，印发《东平县全面推行“双随机一公开”监管工作实施方案的通知》，随机抽查事项清单、检查对象名录库和执法监察人员名录库，随机选派执法检查人员，抽取情况和结果及时向社会公开。全年随机抽查事项294项。公共服务。启用县政务服务中心新大厅，推进乡镇（街道）政务平台应用。审核梳理县乡两级现有证明、盖章类材料，县直部门单位保留119项，乡镇（街道）保留69项。清理相关证照年检及与证照核发等挂钩的政府指定培训，证照年检保留49项，政府指定培训25项。下发《关于编制公布“零跑腿”和“只跑一次”事项清单的通知》，确定全县“零跑腿”事项75项，“只跑一次”事项390项。全面开展东平湖综合整治和“净湖行动、“清河行动”．总投资51.6亿元的山水林田湖生态保护修复试点项目获国家批复。迎接中央环保督察，全县畜禽养殖场关闭搬迁、“散乱污”企业整治、山石资源开采、燃煤锅炉淘汰等问题得以有效整改。创新社会治理。开展“企业安全生产主体责任落实全面深化年”活动，推进“食安东平”创建活动，开展社会治安综合治理“冬春季攻势”暨平安东平行动，圆满完成十九大安保维稳任务。

【完善依法行政制度体系】 落实规范性文件制定程序。坚持统一登记、统一编制登记号、统一公布制度，未经“三统一”的规范性文件一律无效。督促有关部门在规定时限内，向社会公开已发布的规范性文件。政府文件监督管理。落实《关于进一步加强政府公文合法性审查工作的通知》，凡未经审查或审查未通过的政府公文，一律不得提交政府全体会议或政府常务会议研究讨论。2017年，交由县政府法制办参与起草、审核各类文件、纪要、公告等41件。及时修订、废止与上位法或当前形势不符的规范性文件，清理2016年12月31日之前出台的规范性文件，保留10件，废止5件，修订2件。

【推进行政决策科学化、民主化、法治化】 健全完善重大决策合法性审查制度，决策承办单位拟定出决策方案（草案）后，由县政府法制办召集政府法律顾问共同审查，未经县政府法制办审查并提出意见的重大决策和涉法事务，政府不作决定。2017年，县政府依法实施了自来水阶梯水价、天然气阶梯气价、东平湖综合整治等5项重大行政决策。推进政府法律顾问制度。新聘、续聘7名专家、律师为县委、县政府法律顾问。全县40个部门单位、14个乡镇（街道）均聘任了法律顾问。2017年，县政府法制办牵头组织研究复议诉讼案件、文件合同、提供涉法咨询等50余件。严格行政决策责任追究。重大行政决策作出后，定期调查、评估决策执行情况。建立重大行政决策终身责任追究制度及责任倒查机制，对决策严重失误或者依法应该及时作出决策但久拖不决造成重大损失、恶劣影响的，严格追究相关责任人员责任。

【健全行政执法体制机制】 出台《东平县综合行政执法体制改革方案》，整合设立8支行政执法队伍：以城市管理为基础，将住房城乡建设、城乡规划、国土资源、人防、文化、旅游、体育等领域的全部或部分执法权纳入综合执法范围，组建1支综合行政执法队伍，实行跨部门、跨领域综合执法；结合大部门体制改革，规范市场监督、食品药品、安全生产、卫生计生、交通运输、农业和人力资源社会保障等领域的内部综合行政执法，建立7支执法队伍。规范行政执法行为。科学编制行政执法权力运行流程图，明确执法步骤、环节和时限，通过网站向社会公开。印发《全面推行行政执法公示制度执法全过程记录制度重大执法决定法制审核制度实施方案的通知》，稳步推进三项制度落实。定期评查行政执法案卷。印发《行政执法投诉举报暂行办法》，强化社会监督，约束各执法机关及其工作人员行政执法行为。严格行政执法人员持证上岗和资格管理。2017年，年审行政执法证件1032件，经网上考试合格准予通过年审641名。组织242名新上岗执法人员执法证件申领考试。严格资格认定，注销执法证件121件。

【强化行政权力制约监督】 坚持重大事项向县人大常委会报告、向县政协通报制度，就经济社会运行情况等重大事项，全年向县人大常委会报告工作18次，向县政协通报工作5次。多次向工商联、各人民团体和社会各界人士征求对政府工作报告、“三大战役”、“三大工程”、东平湖综合治理等工作的意见建议，改进政府相关工作。认真研究办理县人大代表议案建议104件、政协委员提案224件。支持人民法院依法受理行政案件。强化政府内部层级监督和专门监督。修订《东平县行政执法评议考核细则》。完善审计制度，对公共资金、国有资产、国有资源和领导干部履行经济责任情况实行审计全覆盖。完善社会监督和舆论监督机制。建立对行政机关违法行政行为投诉举报制度，畅通举报箱、电子信箱、热线电话等监督渠道，方便群众投诉举报、反映问题，依法及时调查处理违法行政行为。开展行风政风评议。发挥报刊、电视等传统媒体监督作用，建立健全网络舆情监测、收集、研判、处置机制，推动网络监督规范化、法治化。政务公开。成立全县政务公开工作领导小组，督促乡镇（街道）、部门单位成立相应机构。政府信息聚焦重点领域，设专栏公开重大项目建设、教育、环保、扶贫、食品安全等领域，确保群众知情权。

【健全矛盾纠纷多元化解机制】2017年，全县各类调解组织发展到900个，专（兼）职调解队伍2300多人。加强诉调对接平台、专业化解平台和政法各部门“互联网+”平台等载体建设，全力提供矛盾纠纷“一站式”多元化解服务。梳理修订完善行政复议工作规则，提高行政复议公信力。2017年，收到行政复议申请87件，受理54件。印发《关于进一步改进和加强行政应诉工作的意见》，全年办理行政应诉案件27件，审结23件。发挥东平县仲裁发展促进会作用，通过仲裁化解合同纠纷27件，涉案标的额11亿元，实现定纷止争、案结事了。起草《东平县行政调解办法》。开展矛盾纠纷大排查、大调处活动，逐一建台账、压责任，促落实。8月，全市信访工作规范化建设检查，东平县位列第一名。

【全面提高依法行政能力】 领导干部坚持学法制度。县长办公会、县政府常务会集体学法，由县政府法制办会同相关部门，研究确定学习内容，增强学习针对性和实效性。2017年，先后学习《法治政府建设实施纲要》、环境保护、财税、金融等方面的法律法规和政策规定，参加人员扩大到县政府相关部门单位主要负责人，提高各级领导干部依法办事能力，增强法治政府建设自觉性。坚持法治素养和法治能力用人导向。把法治观念强不强、法治素养好不好作为衡量干部德才的重要标准，把能不能遵守法律、能不能依法办事作为考察干部的重要内容，优先选拔使用法治素养好、依法办事能力强的干部。落实领导干部任前法律知识考查和依法行政能力测试制度。组织全县副科级以上领导干部参加普法考试，考试成绩作为年度考核和任职、晋升的依据，为法制政府建设奠定人才法制素养和依法行政基础。

（孙长林）

【概况】 县委政法委内设办公室、调查研究室、政工科、执法督查科4个职能科室，下属1个正科级全额事业单位东平县矛盾纠纷排查调处中心，与县社会治安综合治理委员会办公室等合署办公。共有行政编制12人，事业编制4人，工勤编制1人。负责领导和管理全县政法工作，指导、协调各乡镇（街道）、县直各部门落实社会治安综合治理各项工作及防范和处理邪教工作。2017年，全县政法综治机关主动适应新形势，应对新变化，坚持以人民为中心，以社会和谐稳定为根本的政法综治工作理念，以更高水平“平安东平建设”为追求目标定位，统筹兼顾，拼搏实干，创新推进，取得了显著成效。

【维护国家安全和政治安全】 圆满完成十九大安保维稳任务。紧紧围绕“三个一切”政治要求，建立健全情报信息收集、分析、研判机制，对1310名涉稳人员，做到关口前移、源头管控、情报先行，核查重点人员轨迹179条，成功预警拦截10人。对各类信访中的违法行为，训诫65人，治安拘留26人，实现非访入刑零突破。2017年，全县赴省、进京上访同比分别下降28%和15%，在十九大安保工作中，东平县实现零进京、零非访“双零”工作目标；持续强化反邪教工作，深入开展“敲门行动”，对邪教违法犯罪露头就打，破获“全能神”邪教案件7起，抓获邪教人员30人，治安拘留22人，教育训诫7人，打掉“全能神”窝点12处，收缴邪教宣传品400余件。强力推进反恐处突工作，召开全县反恐怖工作会议 2 次，破获“战某某宣扬恐怖主义、极端主义案”。

【护航经济社会发展】 围绕扶贫攻坚“三大工程”、东平湖综合整治、创卫拆违、村“两委换届”等重点工作，深入开展“打霸治痞、优化环境、护航发展”专项行动，对阻碍重点工程项目建设、破坏企业生产经营、干扰村“两委”换届选举的团伙势力、村痞恶霸，以及滋事闹事等各类违法犯罪，露头就打，扫障清碍。破获刑事案件 197 起，刑拘 121 人，逮捕 42 人，移送起诉 179 人；查处治安案件 321 起，治安拘留 353 人；打击处理寻衅滋事等黑恶霸痞类案件 22 起 39 人，团伙 4 个成员 22 人；规范市场经济秩序，集中开展假币、洗钱、金融、财税、证券、商贸、知识产权、涉众型经济犯罪等八大领域的打击风险型经济犯罪专项行动，破案 15 起，刑拘 37 人，逮捕 8 人，起诉 20 起 43 人。

【维护生产经营秩序】 以保民生顺民意为重点，组织开展打假利剑、打击非法转移倾倒处置危险废物、环境综合整治等专项行动，立行政案件 15 起，行政拘留 17 人；立刑事案件 10 起，刑拘 22 人，逮捕 9 人，移诉 15 起 21 人，营造安全有序的生活环境。以优化重点工程项目、重点企业及周边治安环境为重点，深入开展综合治理行动，持续清查各类重点场所、人员及违法犯罪线索。启动特巡警大队重点巡防，派出所常态化巡防工作机制，抽调 30 名蛟龙突击队队员组成专业巡防队伍，围绕重点工程项目、企业周边，加强日常巡逻力度和密度，有效防范破坏重点项目建设和企业生产经营的问题发生；制定出台《东平县政法机关护航发展实施方案》，成立政法机关护航发展领导小组。在全县 130 个重点工程（项目）、企业，分别落实 1 名中层以上政法干警长期联系服务，统一制作护航发展联系卡，开展定期走访，及时掌握治安情况，接受法律咨询求助，协助解决法律问题，协查妨碍工程项目、企业违法犯罪。共开展走访服务 1640 次，帮助解决实际问题 630 余件。

【深化涉法涉诉信访改革】 突出涉法涉诉信访问题解决，通过实行联合接访、集中攻坚化解、强力督查督办等措施，化解案件 68 件，化解率 87.2%，其中积案 23 件，化解率 88.5%，来县上访和政法部门信访受理量明显下降，案件办结率和群众满意率明显提高。成立涉法涉诉信访化解指导工作组，出台《涉法涉诉信访化解指导工作细则》，召开案件研判会议 5 次，开展执法检查和社会调查 6 次，评查案卷 12 件，对发现的 5 件执法程序瑕疵，督促部门进行补正。推进律师参与化解和代理法涉涉诉信访，组织律师接谈来访群众 120 余人，通过法律途径依法引导解决 70 件，参与化解重点案件 13 件，均实现息诉罢访。

【夯实平安建设基础】 推进城乡网格化服务管理，在全县城乡社区划分网格 1707 个，配备专（兼）职网格管理员 1707 名、网格协管员 1086 名，覆盖率 100%。同时，建立网格管理员联系军队退役人员制度，在优抚对象中选聘 176 名同志担任涉军专职网格管理员，在涉军维稳工作中发挥了积极作用。探索推进“技防示范村”建设，在全县先行确定 15 个村居（社区）培树带动，研发电视治安防控平台，推行“十户联防”模式，有效压降各类案件发生；推进社区警务工作，建立 1 名民警、2 名辅警、若干网格员的“1+2+N”城区警务模式和农村“一村一警务助理”，机制创新强化了基层群防群治力量。

【严打整治】 保持严打高压常态化。坚持一个战役接着一个战役，持续组织开展“冬春季攻势暨平安东平”“重大刑事案件防控”“校园周边环境整治”“贯彻中共十九大精神、提升居民安全感”“冬春季严打整治”等一系列严打整治行动，破获刑事案件 465 起，抓获犯罪嫌疑人481人；审查起诉368件558人，审查逮捕99件126人；审结刑事案件246件。全县刑事案件同比下降21.2%。

【治安防控立体化】 大力深化“天眼、灯闪、巡检”工程。扎实推进“天眼工程”四期建设，健全完善日常维护和应急值守机制，7处治安卡口、52处电子警察、4210个监控探头高效运转，在线率保持90%以上。“巡检工程”改进升级，在农村，多模式建立巡防队伍，开展多种形式的群防群治，配发基层巡逻队伍治安保险巡逻电动车100余辆，增强了巡防实效。推动特巡警等专业巡防力量向农村倾斜，实现村村见警；在城区，加强特巡警专业巡防，车巡、步巡、犬巡、武装巡逻齐推并进，并与各机关企事业单位内部力量有机衔接，最大限度地屯警街面，增强震慑。全县可防性案件发案883起，同比下降37.38%，“110”报警率全市最低。

【东平湖综合整治】 东平湖综合整治涉及11个乡镇（街道）、2万多户群众，整治任务极其繁重，困难压力巨大。在做好群众工作的基础上，重拳整治乱圈乱占、非法捕捞、扰乱秩序等违法犯罪，处理80人，刑拘76人。“清网净湖”全面完成，腾空水面13万亩，调售存鱼1.5万吨，21家水上餐饮场所全部取缔，清理储砂园区和储砂点100余个、储砂320万立方米，圆满完成工作任务。

【矛盾纠纷多元化解机制】 加强县乡村三级调解网络体系建设，成立正科级县调处中心，15个乡镇（街道）调处中心，716个村级调委会，县直各系统、单位设立专门机构，全县各类调解组织发展到900余个，专（兼）职调解队伍2300多人。健全完善联席会议、排查调处、信息报送、分流交办、多元对接、应急处置、考核奖惩等制度，规范工作运行。争取财政专项资金30万元，在全市率先实施“以案定补、以奖代补”矛盾调处机制。进一步加强5处诉调对接平台、11个专业化解平台和政法各部门“互联网+”平台等载体建设，全力提供矛盾纠纷“一站式”多元化解服务。探索创新管区排查调处阵地建设和“警民联调”“企调对接”新模式。共排查各类矛盾纠纷1895件，调处成功率98.2%，防止群体性上访36起、民转刑案（事）件27起。

【风险隐患排查整治】 明确15个牵头单位及56个责任单位，坚持属地排查和系统排查、经常性排查和定期排查相结合，以村居（社区）和重点场所、部位为基本单位，组织各级力量全方位开展排查。排查出来的风险隐患，逐级建档上报、分析研判、归口分流、挂账消号。共排查整改暴力恐怖重点场所部位隐患271个、群体性事件隐患39个、个人极端事件隐患284个、安全事故隐患2333个。坚持突出重点，摸排出40名易肇事肇祸精神障碍患者，全部与监护人签订有奖监护协议，及时将9名严重患者送医救诊；开展各类交通安全隐患专项整治行动100余次，查处各类交通违法行为24.3万起；对宾馆、网吧、物流、高层建筑、危爆物品等重点行业、场所，累计清查1.8万家次，整治违法违规82家。

【政法队伍建设】 坚持党建引领，起草《全县政法机关党组织向县委请示报告重大事项的实施意见》。突出“两学一做”学习教育常态化制度化主线，持续组织开展“双提双增”“重效率、勇担当、作表率”、党的十九大精神学习等教育实践活动，扎实开展“周五讲堂”活动。按照“政治过硬、业务过硬、责任过硬、纪律过硬、作风过硬”的总要求，着力加强政法队伍思想政治建设，突出素质能力建设，重点加强内部监督机制建设，深入推进创人民满意工作，政法机关整体形象和能力水平明显提升。政法各部门及基层单位获市级以上荣誉称号23个，其中全国范围4个，省级以上12个。县法院成立由51人的党员“辉耀天平”志愿服务队，制作特色鲜明的队徽、队旗，持续开展普法宣传、脱贫帮扶、走访慰问、卫生整治等志愿服务，锤炼党员党性、密切党群关系；县检察院全力打造“互联网+党建”创新品牌，提升机关党建工作整体水平。全县双提双增大讨论活动中，县委书记赵德健批示全县各级开展向县检察院学习活动。职务犯罪侦查党支部被市委授予“泰山先锋红旗党支部”；县公安局深入开展“强执行、铸铁军”大讨论活动，广泛进行优秀共产党员”“铁军警队”“铁军卫士”评选，国保大队被公安部授予“全国优秀公安基层单位”荣誉称号；县司法局积极构建遍布城乡的公共法律服务网络，着力打造法律援助服务实体、热线、网络“三大平台”；县民政局深入开展“建组织、扩覆盖”活动，县虹慈公益中心被泰安市委命名为“泰山先锋红旗党支部”称号。

（李文龙）

公 安

【概述】 2017年，东平县公安局立刑事案件706起，破案456起，刑拘277人，提请逮捕122人，移送起诉301人；查处行政案件1470起，行政拘留960人。全县公安机关牢固树立“四个意识”，牢牢把握“四句话、十六字”总要求，坚持固本强基、稳中求进，出色完成打赢中共十九大安保维稳攻坚战、基层基础建设开局攻坚战、铁军建设深化攻坚战“三大攻坚战”核心任务。县公安局国内安全保卫大队被公安部评为“全国优秀公安基层单位”，档案室被省档案局评为“全省档案科学化管理示范单位”，局团委被团省委表彰为“山东省五四红旗团委”，涉爆物品管理办公室被省公安厅表彰为“全省缉枪治爆专项行动成绩突出集体”，东平派出所被省公安厅表彰为“‘迎接十九大 忠诚保平安’主题活动先进集体”，梯门派出所、旧县派出所旧县社区警务室被省公安厅表彰为“全省公安机关基层基础建设三年攻坚战2017年度成绩突出集体”，交通警察大队车辆管理所被省公安厅表彰为“一等管理水平车辆管理所”，另有42个单位受到县市级表彰，10人受省公安厅表彰，14人被市公安局记个人三等功，103人受县市级表彰。

【安保维稳】 紧紧围绕公安部党委的决策部署，针对全县社会治安重点问题，组织开展集中打击整治行动，着力清源治乱，打击目标对准命案、爆炸、涉枪、街头“两抢一盗”等突发违法犯罪活动。全力控好控稳全县刑事、治安警情。强化公共安全防范措施，狠抓道路交通、消防隐患排查和安全防范措施，落实坚决遏制重特大交通、火灾事故发生。深入开展易制爆危险化学品安全管理和缉枪治爆集中统一行动，在全县公安机关形成“一切围绕十九大，一切为了十九大，

2017年10月1日，东平县公安局举行“迎接十九大 忠诚保平安”暨喜迎国庆节升国旗仪式
（刘建民 供稿）

一切服务十九大”的深厚氛围。十户联防模式成效显著，工作经验被省厅、市局推广。坚持科技强警，推进Y库、一标三实、天眼工程建设，在无人机、警犬技术练兵比武中取得优异成绩，“深孔爆破炸药探测锥”荣获全省公安机关“优秀创新成果奖”。

【服务全县中心工作】 2017年，全力服务“三大工程”建设、东平湖综合治理、环境综合整治、创卫、精准扶贫等重点工作，为全县经济发展创造优质环境。稳步推进刑事科学技术、作战单元、技侦工作站建设，深入推进重大刑事案件、涉众型经济犯罪和食药环境违法犯罪防范打击工作，三年禁毒人民战争、反邪教工作始终保持全市领先位次，6起命案全部告破，成功侦办“2017.8.29非法买卖制造枪支”“9·19交通肇事”“7·26污染环境”等大要案，连续四年破获公安部毒品目标案件，发起并成功收网打击经济犯罪全国集群战役4起。应急处突、反恐防范工作成效显著，补充招录特巡警队员，推进特巡警营房改造，提升实战能力。基础保障能力实现质的提升，新业务技术大楼建成启用，高标准建成示范档案室、刑事科学技术室、执法办案中心，全市公安机关实战型指挥中心建设暨基层基础攻坚现场会、全市公安特巡警建设暨基层基础攻坚现场会在东平县召开。深入推进受立案改革，完成办案场所升级改造，开展执法大检查、执法突出问题“清障行动”，执法质量考核位列全市第一。

【队伍建设】 始终将队伍建设置于核心位置，持续深化公安铁军建设，强抓规范，强制入轨，从严监督执纪问责，全力打造过硬公安队伍。推进“两学一做”常态化、制度化，开展“强执行、铸铁军”大讨论活动、“重效率、勇担当、作表率”主题活动和“挑毛病、找问题、严整改、强执行”百日整治提升活动，组织开展悼念革命烈士、民警退休仪式、升国旗仪式、主题演讲比赛、微型马拉松等活动。6月8日，召开全县公安队伍建设工作会议。发挥典型示范引领作用，开展“共产党员示范岗”“优秀共产党员”“铁军警队”“铁军卫士”评选，利用新闻媒体、微信公众平台宣传正面典型，向市公安局推荐铁军警队20个、铁军卫士32人，国保大队被公安部授予“全国优秀公安基层单位”荣誉称号，被县委评为“红旗党支部”。组织开展“廉政教育周”，正风肃纪专项行动和经常性网上警示教育，规范辅警、警车、枪支管理，改进督察方式，开展四不两直、红蓝对抗督察，加强违规违纪案件查办，从严核查群众举报投诉、来信来访问题，严肃查处轻微违规违纪问题。强化队伍正规化建设，狠抓精细化管理，积极推行党员干部、骨干民警、新警、辅警分类管理。加强机关单位管理，落实派出所一日生活作息制度，组织民警参加上级各类培训，4人被市局评聘市级兼职教官，2人入选省厅2017年齐鲁公安英才标兵型人才。积极落实生日祝福、生病住院探望、健康体检、

2017年9月14日，泰安市公安机关特巡警拉练在东平县举行　（刘建民　供稿）

人身意外伤害保险等多项从优待警措施，激发民警干事创业激情活力。

【犯罪侦查】 全县6起命案全部破获，破案率连续8年保持100%。重拳打击黑恶霸痞势力，严厉打击阻碍干扰重点项目施工建设、破坏企业生产经营的团伙势力、村恶霸痞，打击涉恶类人员82人，打掉团伙12个，抓获团伙成员56人。发挥作战单元龙头作用，强化打击盗抢专业队建设，快侦快破“两抢一盗”多发性侵财犯罪案件和新型网络电信诈骗案件，破获盗抢案件750起，抓获犯罪嫌疑人164名；破获电信诈骗案件30起，抓获犯罪嫌疑人25名。加大公开通缉追逃力度，追回各类逃犯205人。深入推进全省三年禁毒人民战争，查毒源、清毒害，吸毒人员纳入重点人员管控率100%，破获毒品案件23起，抓获犯罪嫌疑31人，缴获毒品2.4公斤，连续四年侦办公安部毒品目标案件；查处涉毒行政案件106起，行政拘留74人，铲除罂粟5200余株。积极防范和打击各类经济犯罪，受理经济犯罪案件39起，破案15起，刑拘40人，提请逮捕11人，起诉17起51人，抓获网上逃犯30名，挽回经济损失760万元，破获汇通农作物种植专业合作社非法吸收公众存款案、耿某行非法吸收公众存款案等大要案件。集中开展对假币、洗钱、金融、财税、证券、商贸、知识产权、涉众型经济犯罪八大领域的打击，开展打击风险型经济犯罪“云端2017”专项行动，发起张某明等人虚开增值税专用发票案、许某坤等人非法经营案、林某等人销售假冒注册商标的商品案、东平某服装有限公司虚开增值税专用发票案4起全国性集群战役，参战集群战役27起。以保民生为基本工作理念，组织开展打假利剑行动、打击保健品会销类违法犯罪整治行动、打击非法转移倾倒处置危险废物专项行动、环境综合整治等专项行动，严厉查处山石业无证经营、非法排污等违法行为，下达环保责令整改违法行为决定书560份，立行政案件18起，行政拘留18人；立刑事案件17起，刑拘22人，提请逮捕9人，移诉15起21人。完成刑事科学技术室、食品快检实验室、毒品实验室、解剖实验室建设。投资114万元，购置派出所现场勘验设备，刑事科学技术实现质效并增。

【社会治安治理】 强化巡逻防控，加强城区特巡警专业巡防，车巡、步巡、犬巡、武装巡逻相结合，实行交通高峰、中午、夜间时段重点巡防，将日常巡防与交通拥堵疏导、警情先期处置等工作有机结合起来，根据发案情况调整巡逻频次和密度。农村地区派出所警力与村级治保组织、巡逻队联合巡逻，农忙、节假日差时巡逻。落实助学岗、校园固定勤务措施，召开全县校园安全工作会议，监督学校完善人防、物防、技防措施，规范校车管理，构筑平安上学路。加强宾馆、网吧、KTV、物流等行业场所监管，组织开展集中清查行动18次，清查各类场所1.8万家次，整治违法违规场所82家，约谈主要负责人25人。强力推进反恐处突工作，落实平台轨迹核查、重点情报盯控措施，在全市率先引进车站人脸识别核录系统，建立民族议事会制度，制作反恐暗访片，召开全县反恐怖主义工作会议，破获了“战某强宣扬恐怖主义、极端主义案”。开展“全能神”围剿战，共破获邪教案件17起，抓获邪教人员151人，取缔窝点12处，创新“查打管控”工作法。严厉惩治“黄赌”违法犯罪，取缔赌博窝点19个，查破刑事案件8起，行政案件29起，刑拘11人，行政拘留120人，全部顶格处理。加强互联网和舆情巡查管控，制定涉警舆情应急处置实施方案，建立119人的兼职舆情引导员队伍，与县委宣传部建立舆情联合导控机制，掌控本地QQ群、微信群120个，巡查舆情7万余条，导控各类敏感舆情4000余条，查处通过网络散布不实言论、诋毁政府案件8起，治安处罚5人。推进四期“天网工程”建设，建立完善日常维护和应急值守机制，实现对突发性警情的同步视频追踪录像，27 处治安卡口、52 处电子警察、4210 个监控探头高效运转，监控在线率保持 90% 以上。深入开展社会治安综合治理“冬春季攻势”暨平安东平行动、“打霸治痞、优化环境、护航发展”专项行动，组织誓师大会、警力展示活动，召开新闻发布会 3 次。行动中破获刑事案件 197 起，刑拘 121 人，提请逮捕 42 人，移送起诉 179 人，抓获在逃人员 58 人；查处治安案件 321 起，治安拘留 353 人。全力服务东平县避险解困、黄河滩区脱贫迁建、易地扶贫搬迁“三大工程”、东平湖综合整治、创建国家卫生城市等重点工作，破获非法捕捞水产品案件 18 起，处理 81 人，其中，刑拘 77 人；严厉惩处张贴小广告等违法犯罪行为，处理违法人员 917 人。

【交通管理】 2017 年，全县汽车保有量 6.9 万辆，机动车驾驶人 11.1 万人。全年发生交通事故 1497 起，死亡 63 人，伤 441 人，经济损失 69.33 万元，同比分别下降 18.06%、22.22%、51.22% 和 39.31%。紧紧围绕“降事故、保安全、保畅通”主线，深入推进“三个不发生”创建活动，筑牢十九大安保道路屏障。加大交通秩序整治力度，强化路检路查，全警全时空，加强重点路段、重点时段的管控力度，深入开展城区交通环境治理、严重交通违法行为集中查控、酒驾治理等专项行动，建立交警与派出所、特巡警联勤查控的常态化勤务模式。开展各类专项整治行动 110 余次，查处各类交通违法行为为 30 万余起，其中超载 6145 起、超员 623 起、酒后驾驶 1000 起、涉牌涉证 3104 起、超速 28494 起。建立专业交通事故追逃队伍，共发生逃逸事故 25 起，破获 24 起，破逃率 96%。制定事故责任认定集体讨论制度，实现全年重大案件无异议。严抓“营转非”客车管理，建立督办工作台账，张贴“营转非”客车标识式样。狠抓大中型客货车年检率和报废率，共督办逾期未年检车辆 517 辆、报废车 63 辆。实施公路安全生命防护工程，完善交通基础设施建设，强化交通事故预警宣传，14 个乡镇全部建立交通管理服务站，城区增设禁停标志 200 余套，停车泊位 1.4 万个，安装隔离护栏 2800 米，其他防护设施 405 处。

【110 报警服务】 年内，110 报警平台接警 75977 起（另电话报警 2000 余起），有效报警 17685 起，其中刑事类 737 起、治安类 3682 起、交通事故类 6344 起、群众求助 3947 起、纠纷类 2924 起、其他 51 起。强力推进实战型指挥中心建设，建立情报平台一体化管控机制，强化全国情报协作，推进交警、特巡警、东平派出所指挥室建设，实行网格化布警、可视化调警，投资 500 余万元，建成 350 兆数字集群基站 4 处，配备对讲机 318 台，一线民警电台配备率达到 91%，实现全县全覆盖。6 月 29 日，全市公安机关实战型指挥中心建设暨基层基础攻坚现场会在东平县召开。

【户籍、身份证管理】 年底，全县常住人口 812502 人，出生 16219 人，死亡 9365 人，迁入 3434 人，迁出 6016 人（截至 2017 年 11 月 30 日）。深化户籍制度改革，规范审批手续，严格限制城镇居民到农村落户，放宽县域落户条件。加强流动人口服务管理，深化居住证制度，全面登记、准确掌握流动人口基本情况，着力提升流动人口治理能力和服务水平，录入流动人口 15723 人，出租房屋 4732 间，办理居住证 457 个。全面开展居民身份证异地办理、挂失申报、丢失招领工作，审核、签发异地证 2948 人，受理异地办证 180 人，受理挂失申报 2056 人。认真组织开展无户口人员落户工作，加强调查取证及档案核查，受理申请补落人员 1378 名，其中成年无户口人员补落 62 人。完成无相片人员清理工作，清理无相片人员 550 人。加强重点人口管控工作，1532 名重点人口全部录入治安综合管理信息平台。全年共收到刑满释放文书148份，监外执行人员文书53份。

【看守监管工作】 看守所共收押684人，出所605人（取保410人，投牢93人，缓刑24人，刑满释放56人，临时羁押带走19人，执行死刑1人，其他2人）。推进警务模式改革，科学设置岗位、明确职责任务、健全勤务制度，构建起实时、科学、高效的现代勤务机制。规范在押人员管理，严格执行在押人员一日生活制度，严把收押、提讯、会见、就医、出所等各类关口；强化重点人员管理，单独建档，针对性教育；严抓监所安全集中检查和日常巡查，发挥科技手段效能，提升监情动态收集、研判、处置能力，消除安全隐患。全年开展谈话3500余次，安全检查50余次，联合武警、驻所检察室组织清监查狱活动26次。拘留所共拘留595人，其中行政拘留568人，司法拘留27人。实施拘留所改造工程，完善基础功能，实现办公区、拘留区、生活区分离，拘留区内划分休息生活、管理教育、就医保管、训练活动四个区域；强化内部安全保障，安装视频监控系统、门禁系统、应急报警系统，彻底消除安全隐患；规范日常监管，严格执行被拘留人一日生活制度，全面落实拘留所管理教育新模式。5月29日，顺利通过拘留所等级评定验收。

【重大案件】 张某明等人特大虚开增值税专用发票案成功侦破。8月，县公安局在前期做实调查取证工作的基础上，经公安部经侦局批准，发起张某明等人虚开增值税专用发票案全国性集群战役。经查，自2012年1月起，犯罪嫌疑人，张某智、张某明等人先后通过东平某纺织有限公司、东平县某贸易有限公司、东平某金属材料有限公司等多家公司取得增值税专用发票后，再通过下线中间人大肆向山东、吉林、江苏等全国15个省市自治区83家企业开出销项发票900余份，价税合计10163万元，税额计1470万元，该案抓获犯罪嫌疑人21人。

省公安厅督办"3·24"污染环境案成功侦破。3月24日，县环保局联合山东省环境信息与监控中心对县污水处理厂进行检查，发现该公司自动检测设备采样管管线被断开，设备无法采集水样。3月27日，县环保局将王某晔严重污染环境案移交县公安局。接到案件线索后，县公安局高度重视，立即组织开展侦查工作。经查，3月23日，犯罪嫌疑人王某晔值班时发现氨氮超标，便伙同孙某于19时30分采取将水桶接满自来水后挂到自动采样设备进水口处的方式，影响自动采样设备监测，导致自动采样设备无法正常采集污水厂出水口水样，监测数据失真。经视频查控、技术研判、实地走访，积极主动开展侦破工作，抓获犯罪嫌疑人5人。

省公安厅督办"7·26"污染环境案成功侦破。7月，县公安局接群众举报，称大羊镇有人利用废旧轮胎非法炼制柴油，严重污染环境。接到报案后，县公安局立即联合县环保局、大羊镇政府，对该非法生产厂家进行查处。经现场核查，该厂炼油项目产生的50余吨废渣属于危险废物，未采取"三防"措施，擅自堆放在厂区。县公安局经过摸排调查、分析研判，抓获犯罪嫌疑人2人。经查，自2017年5月起，犯罪嫌疑人张某宝伙同宋某利在滨州、邹平等地收购废旧轮胎55吨，非法炼制柴油12吨，产生有毒物质50吨。

省公安厅督办"李某等人非法经营案"成功侦破。5月18日，县公安局根据县烟草专卖局提供线索，在县城一烟酒超市内，将正在贩卖假冒伪劣卷烟的李某抓获，当场查获假冒伪劣卷烟112条。循线深挖，发现其贩卖的假冒伪劣卷烟均来自安徽代某。办案民警转战安徽、浙江、济宁等地，最终摸清了以代某为首，通过网络购买假冒伪劣烟然后向外贩卖的非法经营团伙。6月14日，民警在浙江温州将犯罪嫌疑人代某、翟某梅抓获归案。2018年1月10日，在济宁市将魏某聘抓获归案。查获假冒伪劣卷烟1000余条，涉案价值40余万元。

（刘建民　刘德见）

【概况】　2017年，县人民检察院内设机构共21个，其中副局（科）级机构6个。干警86人，其中党组成员7人，副科级以上干部35人。年内，认真学习贯彻中共十九大会议精神，全面落实县十四次党代会、十八届人大一次会议决议，忠实履行法律监督职责，大力加强过硬队伍建设，各项检察工作迈出坚实步伐。先后52个集体和个人受到市级以上表彰，单项工作2次被县委主要领导批示，县委县政府作出全县党政机关向县人民检察院学习的决定。

【反贪污贿赂检察】　保持查办职务犯罪力度不减、节奏不变，立查贪污贿赂案件17件17人，其中县处级干部2人，科级干部1人。经市院交办，立查泰安航天特种车有限公司原总经理李某某行受贿窝案7件7人，为国家挽回经济损失3000万元。密切关注惠农政策落实，坚决惩治严重危害民生民利犯罪，集中查办扶贫领域职务犯罪17人，其中危房改造领域6人。积极开展追逃追赃专项行动，追缴赃款3300万元，同比增加19.6%。

【反渎职侵权检察】　全年共立查渎职侵权案件6件7人，全部为民生领域特大案件。在省委巡视期间，快速查办“村两委”成员骗取渔民上岸补助金一案3人，第一时间化解信访矛盾，赢得群众信任和满意。进一步深化侦防一体深度融合，做到信息即时共享，办案时人员统一调度。在查办交通稽查部门案件过程中，反渎干警全员参与侦查讯问、取证工作，有力推动了工作开展。

【刑事检察】　认真履行审查逮捕、提起公诉职能，主动参与“打非治违”“打霸治痞”等专项行动，严厉打击各类刑事犯罪，共办理审查逮捕案件121件162人，审查起诉425件685人，所办案件均实现无错捕漏捕、无错诉漏诉、无无罪判决、无超期审查的“四无”目标。正确适用宽严相济刑事政策，依法作出不捕不诉决定32人，开展羁押必要性审查9人，促进刑事和解27件。为破解轻微刑事案件“上访”绑架逮捕难题，创新推出“赔偿保证金”制度，减少犯罪嫌疑人不必要的羁押，维护社会和谐，在全市创新成果推广会上做了典型发言。健全完善“捕、诉、监、防、帮”一体化未检工作机制，探索“教育基地＋学校＋家庭”帮教工作模式，组织中小学生法治教育活动16期1000余人次，被评为“全国青少年普法先进单位”。围绕促进生态美丽东平建设，深入开展打击破坏环境资源犯罪专项行动，依法批捕起诉非法采矿、非法捕捞、污染环境等刑事犯罪46人，组织党员志愿者积极投入创建卫生县城工作，用“检察蓝”全力护航“生态绿”。

【刑事执行检察】　拓展刑罚执行监督深度，发现监管安全隐患问题22个，书面纠正违法17个，顺利通过二级规范化驻所检察室评定验收。针对监管场所的特殊性，抓重点，抓落实，切实贯彻落实相关规定，维护监管场所良好秩序，保障被监管人员合法权益，向看守所发出书面纠正违法通知书10次。认真履行社区矫正监督工作职责，开展社区矫正检察5次，联合检察2次，向司法局发出书面纠正违法通知书5次，向法院发出书面纠正违法通知书5次。积极推进财产刑执行专项检察工作，清查“五类犯罪”247件，监督涉财产刑共247人次，罚金刑856万元，全部进入强制执行程序。

【民事行政检察】　延伸民事行政监督广度，受理民行监督案件79件，提请抗诉和建议再审10件，办理民事行政公益诉讼诉前程序8件，发出检察建议74份，办理环境资源领域行政公益诉讼诉前程序案件4件。办理的泰安鸿运化工有限公司污染环境案，监督刑事立案4人，全部被判处有期徒刑，并采用公开送达形式向环保局发出检察建议，邀请人大代表、政协委员、人民监督员到会监督。抓好民行再审和提抗工作质量，注重民行案件具体审查方法的总结和运用，加大再审检察建议书和提请抗诉报告书的说理性，切实提高民行办案质量，发出建议再审改判案件3件，检察建议书内容均被法院采用。

【控告申诉检察】 打造集检务公开、来访接待、控告申诉等多功能于一体“一站式”便民服务中心，健全完善群众诉求有序分流、快捷处置、热情服务工作机制，依法及时妥善处理群众反映的问题，共接待群众来访132批225人，受理群众举报（控告）线索26件，移送民事诉讼监督案件5件，被高检院评为“全国文明接待室”。重大节会期间，严格落实信访维稳值班制度，坚持双休日、节假日照常接访，落实领导带班接访，确保24小时信访维稳通信畅通，妥善处理集体访、告急访，积极化解矛盾，圆满完成党的十九大维稳任务。更加注重派驻检察室职能作用发挥，共接待群众来访142人次，

山东省检察机关首家青少年法治教育基地在东平检察院揭牌　（高　阳　供稿）

提供法律咨询247人次，化解社会矛盾61件。进一步加大刑事救助力度，对陷入困境的被害人及其近亲属给予力所能及的帮助，发放救助金8万余元。

【职务犯罪预防】 坚持惩防并举，加大预防力度，组织廉政警示教育53场1800人次，提供行贿档案查询4000余次，提出预防建议11份，惩防年度报告被县委领导批示肯定。围绕全县易地扶贫搬迁、农村危房改造、白佛山文化旅游区、库区移民避险解困等重大项目开展同步预防，深入建设单位和建设工地开展警示教育，深入施工现场15次，开展预防咨询26次，对承建人员开展警示教育5场次，发放宣传资料1000余份，参与监督活动52次，收到良好预防效果。全面启动“预防邮路”活动，与邮政局联合聘请44名预防职务犯罪志愿者，将职务犯罪预防知识送到千家万户。全市预防工作会议在县人民检察院召开，工作经验被市院推荐上报省院，职务犯罪年度报告被县委领导批示肯定。

【诉讼监督检察】 加大刑事诉讼监督力度，共监督立案8件，监督撤案3件，提出刑事抗诉5件，追捕追诉43人。着力保障群众“舌尖上的安全”，持续开展危害食品药品安全犯罪专项立案监督，依法批捕制售假药、有毒有害食品等犯罪17人。开展破坏环境资源专项立案监督活动，突出山石、水资源丰富的地域特点，建议水产部门移送案件4件8人。

【检察技术】 建设一个中心，研发智能接待、检务通、人脸识别等系统，运用大数据手段，建设阳光检务中心，促进司法效率提升，树立检察品牌形象。打造两大平台，研发“一卡通”

平台，集名片、门禁、会议签到等功能于一体，推动检务保障提质增效；建设数字检委会平台，资料网上流转、会议网上管理，全程跟踪同录，确保高效决策。用活三个软件，深度应用全国统一业务系统，研发案件辅助评估、庭审指挥评议、警务管理等外挂型、辅助型“杀手锏”，切实服务办案，支持庭审，保障办案安全。

（高　阳）

法院

【概况】　县人民法院有21个内设机构和宿城、彭集、州城、银山4处人民法庭，在职人员122名。2017年，围绕“努力让人民群众在每一个司法案件中感受到公平正义”的工作目标，坚持司法为民、公正司法主线，忠实履行宪法法律赋予的神圣职责，全面加强审执工作，扎实推进司法改革，强化自身建设，共受理各类案件7547件，结案7476件，结案率99.1%。

【执法办案】　积极参与“平安东平”建设，全年审结刑事案件407件，判处犯罪分子612人。严厉惩治非法上访行为，特别是以寻衅滋事罪，从严从快判处长期非访的孟某有期徒刑4年，有力维护正常信访秩序。不断加强未成年人案件审判工作，刑事审判庭被评为省级“青少年维权岗”创建单位。不断加强商事审判，审结商事案件1130件，标的额6.1亿元。围绕改革发展大局，出台为推进富民强县、建设小康东平提供司法保障的意见，妥善审理互保联保案件，帮助县内重点企业解除因担保产生的信用危机，保障企业正常经营。审结各类民事案件3430件，加大调解力度，调撤率达61.1%，化解大量矛盾纠纷，维护了社会和谐。严格履行司法审查职能，促进行政争议实质性解决，共审结行政诉讼案件69件，审查、执行非诉行政执行案件56件，保障行政执法权威。围绕基本解决执行难的部署要求，执结案件1811件，执结标的额4.7亿元，推动“诚信东平”建设。县“两办”印发《关于支持人民法院基本解决执行难问题的意见》，县人大常委会审议通过《关于进一步推动人民法院执行工作的意见》，构建起综合治理执行难新格局。

【司法改革】　2017年，在圆满完成首批43名法官入额遴选工作基础上，全院组建27个审判团队、6个执行团队，85%以上的司法人力资源配置到办案一线，实现审判资源优化配置。不断加大改革力度，探索总结出以家事案件审理中心为平台、以专业化和社会化团队为支撑、以“心理疏导、亲情修复、多元化解”为内容的家事审判模式，家事案件调撤率达71.64%，离婚案件和好率同比提升8个百分点。联合妇联、民政等部门建立反家暴庇护中心和未成年人探视中心。拍摄首部家事审判微电影《合欢树下》。与中国法学会婚姻法学研究会、中国政法大学合作开展家事审判改革课题研

2017年11月20日，县法院刑庭向受害单位发放涉案款物　（李　娜　摄）

究。在全国和全省法院改革试点推进会上，县法院均作典型发言，甘肃、广西、陕西等省内外多家法院到东平县法院学习交流。

【突破“执行难”】 县法院把2017年作为基本解决执行难的关键之年、攻坚之年、见效之年，倾“全院之力、全院之智”攻克执行难，努力维护胜诉当事人合法权益，推动“诚信东平”建设。创新执行方式方法，开展执行会战，实行团队执行、悬赏执行等做法，用足用好强制执行措施，对216名被执行人采取拘传措施，28人司法拘留，彰显“失信必惩”的强大震慑。

【队伍建设】 加强组织建设，成立院机关党委，将原有8个党支部重新调整为11个党支部，成立由离退休党员干部组成的老干部党支部。成立党员志愿服务队，在志愿服务中磨练党员意志。开展学习培训，加强对年轻干警的培养，坚持从优待警，顺利完成新审判大楼建设和整体搬迁入驻工作，营造干事创业的良好氛围。持续抓好中央八项规定精神的贯彻落实，防止“四风”问题反弹回潮，县法院未发生一起违法违纪事件。

（栾启虎　侯传蒙　陈国超）

司法行政

【概况】 东平县司法局有干部职工70人，其中：局长、党组书记1人，副局长3人，主任科员2人，副主任科员2人，行政编制50人，全额事业编制6人，机关工勤3人，差额事业11人。设秘书科、政工科、法制宣传科、律师公证管理科、法规教育科、基层工作科、装备财务科和社区矫正科8个职能科室和法律援助中心、“148”协调指挥中心、公证处以及14个乡镇（街道）司法所。2017年先后被泰安市委、市政府授予“市级文明单位”；被泰安市司法局评为“优秀公证处”；被县委、县政府授予“人民满意政法单位”“公正执法先进单位”等称号。

2017年4月12日，县法院在某小区强制腾空房屋执行现场　（李　娜　摄）

【法制宣传教育】 以七五普法为载体，普法宣传稳步推进。法律进机关不断深入，法律进学校形式多样，法律进乡村扎实推进，法律进社区不断丰富，法律进企业逐步加强。整合资源，成立普法宣讲团，赴各乡镇、学校、企业，针对各自关注和新颁布的法律法规、政策进行讲解。2017年，举办法制讲座10余场次，受教育群众1万余人次。开展“12·4”宪法宣传活动。落实“谁执法谁普法”责任制，对全县司法机关和行政执法机关进行督导检查。坚持领导干部集中普法考试制度，全县有1000余名副科级以上领导干部参加。

【公证事务】 东平县公证处有公证员4名，公证员助理和公证工作人员7名，内设办证大厅、公证技术室、办证保密室、档案室等工作机构。根据自然人、法人或其他组织申请，依照法定程序对民事法律行为、有法律意义的事实和文书的真

2017 年 11 月，全县领导干部普法考试 （刘振安 供稿）

实性、合法性予以证明。年内，深入贯彻落实习近平新时代中国特色社会主义思想和党的十九大精神，积极服务于社会主义和谐社会和社会主义新农村建设，按照抓教育打基础，抓班子带队伍，抓管理强素质，抓服务树形象的工作思路，积极拓宽公证法律服务领域，形成以房地产公证为主导，以国有土地使用权出让公证为龙头，以国有资产流转公证为新的增长点的大公证格局。2017 年，为国家机关、社会团体、企事业单位、公民或其他组织办理各类公证事项 100 余种 2000 多件，出具的涉外公证书发往 60 多个国家和地区，充分发挥公证的职能作用，受到上级业务部门和社会各界好评。

【律师工作】 2017 年，辖区有 8 家律师事务所，执业律师 40 人。全体律师积极参与涉法信访接待工作，按时保质保量完成每月 10 日、25 日的县领导接访日活动。成立县政府法律顾问团，为每一位县领导安排一名律师担任法律顾问，指派法雅律师事务所主任王鲁平担任县政府法律顾问。顾问团积极履行职责，参与全县工程立项、招商引资、外商谈判、国企改制、土地征用、拆迁以及重大信访案件研究讨论，充分发挥律师的参谋和助手作用。年内，参加县长办公会 10 余次，提出法律建议 20 余条，多数被县政府采纳。全县律师的努力工作，得到县委县政府认可，一名律师被选为市人大代表，一名律师被选举为县政协常委。

【人民调解工作】 按照“标本兼治，预防为主，防范在先，把握主动”的原则，积极探索维护社会稳定新路子，加大矛盾纠纷排查调处工作力度，构建起全覆盖组织网络，建设高标准工作场所，建立规范化运行程序，打造出高素质的调处队伍。实施强有力的考核奖惩，建立完善富有东平特色的多元化矛盾纠纷排查调处新机制，有效破解大量影响社会稳定的热点难点问题，促进全县社会和谐稳定。实行“以案定补、以奖代补”奖励机制，针对矛盾纠纷的类型、调解难易程度等给予不同金额的补贴，提高调解员的积极性，全县各级调解组织共排查调处各类矛盾纠纷 2460 件，调处成功 2445 件，调处率 100%，调处成功率 99.4%。

【社区矫正工作】 下发《基层司法所管理考核办法》《社区矫正实施细则》《社区矫正工作重大事项报告制度》等，着力规范矫正衔接、教育帮扶、考核奖惩等各个工作环节，管理更加严密。抓好警示教育、分阶段教育，对 300 名社区服刑人员进行手机实时定位监管，利用远程视频系统先后开展全县社区服刑人员视频集中法制教育 12 次。严格分类管理，执行宽严相济刑罚政策，有效防止社区服刑人员脱管、漏管现象发生，最大限度预防和减少社区服刑人员重新违法犯罪。全县在矫社区服刑人员 486 人，累计解矫 2177 人。落实解除矫正与签订帮教协议同步、矫正帮教工作人员衔接同步、管控教育与帮扶救济同步“三个同步”工作法，实现社区矫正与安置帮教的无缝对接。在开展日常监管的同时，积极引导和扶持刑满释放人员就业，动员社会各方面力量共同参与安置帮教工作，形成各有关部门分工负责、齐抓共管的良性工作机制，帮助他们解决生活困难，真正融入社会。2017 年，新增依法解矫人员 358 人，全部纳入安置帮教管理，帮教率、安置率均 100%。

【法律援助工作】 法律援助中心为全额事业单位，编制 3 人，均为法学专业，其中二级律师一名，三级律师一名。适应困难群众法律援助需求，扩大援助工作覆盖面，做到应援尽援。县司法局在深入调研的基础上，以“在最近的距离，最短的时间，为群众提供最优质的法律援助服务”为目标，提出“打造城乡半小时法律援助圈”构想，把法律援助接待站点建设放在各项工作前头，健全县、乡、村三级法律援助网络，规范“12348”法律服务热线咨询服务，建立县级法律援助人才库，推行“菜单式”援助服务，建立差别化援助案件补贴制度。2017 年，共办理各类法律援助案件 497 件，其中有较大影响的 46 件，为受援人避免、挽回经济损失 2000 万元，实现零投诉，赢得社会广泛赞誉。

【基层法律服务】 全县共有基层法律服务所 20 个，法律服务工作者 93 人。按照便民、利民的原则，健全县、乡、村三级公共法律服务网络。积极打造县法律服务大厅，整合服务职能，推出公证员、法律援助人员、律师、基层法律服务工作者轮流值班等服务举措，实现“一站式办公”“一条龙服务”，成效显著。依托各司法所，建立公共法律服务工作站，悬挂“法律服务室”标牌，将法律服务范围、法律服务承诺等制度全部上墙公示，让寻求法律服务的群众“找得到、看得见、信得过”。提高“一村一法律顾问”覆盖率，落实补助经费。在村（社区）设立司法行政工作站，方便群众就近接受法律咨询和法律服务。充分发挥面向基层，贴近群众的优势，努力为基层的社会稳定和经济发展提供法律服务。2017 年共为 142 家企事业单位担任法律顾问，办理民事、经济诉讼代理案件 585 件，办理非诉讼法律事务 2953 件，解答法律咨询 6750 人次。取得了良好的社会和经济效益。

【创卫工作】 县司法局为全县创卫工作范村社区牵头单位，坚持党建引领和问题导向，以提高居民生活质量为目标，持续用力，研究制定社区街长制工作实施方案，督导商户“门前五包”责任落实，推进社区管理精细化、长效化，实现“街街有人管，事事有人做”，网格创卫工作取得优异成绩，确保东平县顺利通过省技术评估专家的验收。创卫期间，先后投入资金 800 余万元，清理垃圾 4.3 万吨，涂刷墙面 2.6 万平方米。

（刘振安　张立功）

东平县人民武装部

【概况】 东平县人民武装部（简称县人武部）为中国人民解放军序列建制，正团级单位。县委书记兼任县人武部党委第一书记，县人武部部长参加县政府常务办公会议，政委任县委常委。辖东平县民兵训练基地、东平县民兵武器装备仓库 2 个地方全额拨款事业单位，编制分别为 10 人和 7 人。年内，在分区党委和县委县政府的坚强领导下，紧紧围绕党在新形势下的强军目标，着力铸军魂，聚力抓中心，大力改作风，全县武装工作取得新进步。

【思想政治建设】 坚持学习习近平关于国防和军队建设重要论述，开展“维护核心，听从指挥”主题教育，组织“适应新体制、谋求新作为”讨论、“四查四看”和党员承诺践诺等活动，全体人员维护核心，听从指挥的信念更加坚定自觉。在民兵预备役人员中开展“勿忘历史、珍惜未来”宣传教育、“双十佳”评比和“得象杯”知识竞赛等活动，强化他们关心支持国防的责任意识。

【战备训练演练】 修订完善1个计划和7个战备方案，掌握处置各种突发事件主动权；健全民兵情报信息网络，有效提升重要信息及时处理能力；投入近60万元购置民兵应急处突装备器材，基层武装部战备器材储备基本达到标准；全年组织4期民兵预备役人员集中训练，参训560人次，完成训练时间336小时。组织现役干部和基层武装部长体能、军事技能等重难点科目训练，军事素养得到新提升。

【兵员征集】 坚持早动手、早筹划，健全组织，抓实兵役登记，搞好宣传发动，有效激发适龄青年参军热情，提高兵员征集质量；实行“点对点”“面对面”校园征兵激励办法，大学生入伍热情保持良好势头。顺利完成年度征兵任务，再次实现“零退兵”目标。

【正规化建设】 贯彻依法治军、从严治军方针，加强专武干部培养教育，严格落实每月例会和请示报告制度，专武干部队伍实现“纪律严、反应快、形象好”的管理目标。开展“百日安全竞赛”活动，狠抓重要部位和涉密载体管理，单位继续保持正规有序，安全发展的良好态势。

【双拥共建】 充分发挥桥梁纽带作用，积极协调军地双方开展形式多样的双拥共建活动。先后组织2000余名民兵预备役人员，积极参与“平安东平”建设、创建卫生城市等活动，有效发挥生力军作用。严格落实领导包保责任制，积极开展扶贫帮困活动。坚持做好涉军维权工作，全年共接待34起复转军人、军属来信来访，均得到满意答复和较好处理，有效维护了军地稳定。

（王延亮）

【概况】 武警中队主要任务是加强对监门的警戒控制，防止犯罪嫌疑人脱逃、混逃；制止在押人员行凶、破坏、骚乱和暴乱；防范和打击不法分子袭击执勤目标，劫夺在押人员等犯罪活动；协助看守所预防和处置灾害事故。

【思想政治工作】 东平县武警中队坚持联系执行任务实际，做好干部战士思想政治工作。把塑造革命军人核心价值观作为军队政治工作的目标要求，大力弘扬听党指挥、能打胜仗、作风优良的革命传统。坚持党对军队的绝对领导在部队官兵中入心入脑。

【加强作风建设】 中队按照上级有关要求，坚持和贯彻党的群众路线，增强自身政治自觉、行动自觉，注重反对形式主义、官僚主义、享乐主义和奢靡之风。为实现强军目标提供坚强作风保证。平时通过加强作风建设，把部队带的有生机、有活力，形成上下一心抓战斗力的浓厚氛围，进一步巩固和发展团结友爱和谐纯洁的内部关系。

【提升保障能力】 按照战备制度有关规定，加强后勤保障能力，实现后勤物资摆放标准化、标签化，对各式物资进行分类存放。规范保障机制，制订各种情况下的保障预案。中队党支部定期分析研究后勤保障形势，做到规范有序。

（刘建民 刘德见）

【概况】 东平县公安消防大队辖两个中队，有官兵和合同制消防员、消防文员76人，执勤车辆11台，担负着全县14个乡镇（街道），2个工业园区，1个风景名胜区、180家重点单位的防火监督和抢险救援任务。2017年，被东平县人民政府安全生产委员会表彰为“2017年度企业安全生产主体责任深化年活动先进单位”；被山东省公安消防总队评为“安全工作先进大队”；被泰安市公安消防支队评为“2017年度全市公

安消防部队先进单位”。在支队举办的第二十五届登泰山比赛活动中，东平县公安消防大队获团体第二、大队组干部个人第一、中队组干部个人第二的优异成绩。现役27人受支队嘉奖，4人获优秀警官称号，8人获优秀士兵称号，14人获支队训练标兵称号，3人被市支队记三等功，8人获市“优秀专职消防员”称号。

【灭火救援】 消防大队严格按照配档要求，深入开展实战化练兵活动，提升灭火救援能力。定期组织中队开展熟悉演练活动，对重点单位进行熟悉了解，详细学习消防控制室、自动灭火设施等设备的使用方法。定期组织战例研讨，学习研究优秀案例，开展专题讨论，提升部队指挥作战水平。全年共接出警994起，其中火警848起，抢险救援130起，社会救助16起。成功处置“8·13”洲际泰亚麻纺织厂房火灾、“9·13”青河畔景住宅火灾、“12·10”兴州纸业厂房火灾、“12·22”泰禾农业油罐火灾等一系列火灾事故，确保辖区消防形势安全稳定。

【部队建设】 2017年，根据工作需要，支队党委对东平县消防大队党委班子进行调整，进一步激发工作活力，推动各项工作深入开展。新一届消防大队党委充分调动全体官兵积极性，严格落实军政主管分工负责制，要求党委成员以各自岗位为出发点，明确分工、各司其职；消防大队以执法规范化建设为抓手，中队以打造东平消防铁军为契机，不断提高监督执法及灭火抢险救援指挥能力。消防大队一直坚持党委集体领导制度，班子成员之间坦诚相见，在官兵普遍关注的焦点、热点问题上消防大队党委不搞一言堂和“暗箱”操作。同时，坚持党务公开制度，对消防大队的党务工作进行公示，使大队党务工作做到公开、透明，接受官兵监督，全体官兵参与部队建设的积极性显著提高。

【火灾防控】 年初，提请县政府召开2017年全县消防工作会议，县政府与各乡镇（街道）、各有关部门签订《2017年度消防工作目标责任书》，明确政府主导、部门监管、单位主体责任，严格落实“党政同责、一岗双责、齐抓共管”和“管行业必须管安全、管业务必须管安全”要求。县政府严格执行消防工作联席会议制度，定期召开会议分析、研究、解决消防工作中的困难和问题。县住建、安监、文化等部门依法将消防安全作为行政许可事项审批前置，牢控消防安全源头。教育、民政、住建、工商、质监、旅游等部门建立完善部门联动、联合执法等工作机制，深入开展行业、系统内火灾隐患排查整治工作，促进消防工作健康开展；大队提请县委、县政府组织开展高层、石化、电气等专项综合治理行动，借势全县拆违创城活动，整治消除大批区域性火灾隐患。并联合各部门开展检查活动，大打消防安全隐患排查整改攻坚战，一批消防安全混乱区域和突出问题得到有效整改。特别是十九大安保工作期间，借力总队、支队下沉警力，开展专项整治活动，切实保障十九大期间全县火灾防控形势的和谐稳定。2017年，检查单位2196家，整改隐患5887处，责令三停26家，临时查封38家，罚款115.15万元。

【监督执法】 突出监督重点，抓好对消防安全重点单位的监督管理。根据《机关、团体、企业、事业单位消防安全管理规定》要求，坚持日常监督检查和错时检查，适时组织消防联席会议，提请政府各职能部门履行各自监管职责，确保联动，形成齐抓共管的消防工作新格局。督促重点单位签订层层消防安全责任书，落实防火安全责任制。以法规、制度督促单位落实负责人为本单位消防安全第一人。强化依法监督，规范执法行为。建立和完善消防执法责任制和内部监督制约机制。为明确职责范围，年初对大队执法监督人员工作进行分工；规范执法行为，坚持消防执法工作例会制度，定期对所开展的消防监督执法工作进行回顾和评析，热点和难点问题集体研究对策，及时发现和纠正消防执法中存在的问题。从受理、办理、审批等各个环节抓起，处处事事贯彻“严格执法，热情服务”的原则，全面提高消防执法的形象建设。

【宣传教育】　积极推进消防宣传活动，设立LED大屏播放消防知识，在重点乡镇与主要干道安装宣传广告牌。通过政府购买形式，为消防体验馆新增“智慧用电”模拟体验装置。开展“十万烟感进家庭”活动，在全县大型住宅社区定时定点发放。落实“消防宣传进军训”活动，对全县中小学开展专题培训。开通消防微信公众平台，累计关注用户13367人。在县电视台播出“消防伴你行”专题栏目12期，发放资料18000份，播放视频50余条。在“119宣传月”期间，提请县委县政府协调多部门共同举办宣传月活动启动仪式，全力营造社会消防宣传氛围。

（刘建民　刘德见）

【概况】　东平县人民防空办公室（简称县人防办），正科级事业单位，编制7人，在岗人员5人。设综合科、工程管理科、指挥通信科。2017年，认真贯彻落实县委、县政府和上级人防部门决策部署，开拓创新，真抓实干，人民防空各项工作取得明显成效。在全市军政联合考核中位居第一名；保持“泰安市精神文明建设先进单位”和“全县行政执法先进单位”荣誉称号。县人防办窗口被政务服务中心评为“优质服务窗口”。

【人防指挥通信体系】　防空警报网建设。投资50多万元，改频升级全县19台警报控制终端设备。使其具有完备的自检功能，新增上电防误鸣功能，大幅提高智能化水平。9月18日，在佛山中学成功组织东平县防空防灾警报试鸣暨佛山中学师生应急疏散演练活动，警报试鸣率100%。健全完善《防空警报器维护管理规定》，与相关责任单位签订《防空警报设施维护管理协议》，落实防空警报器社会化管理责任。升级改造机动指挥所。投资2万元升级改造机动指挥所，安装调试宽带多媒体集群通信系统相关设备和VPN专网4G通信系统，实现全市人防机动指挥所的互联互通。县人防办在东平湖南岸成功组织指挥通信保障综合应急演练。演练人员统一着人防训练服，佩戴人防标识，按照应急出动程序，重点演练紧急出动、机动指挥所开设、应急网络搭建、应急信息提供等科目内容。县机动指挥所先后与市人防办地下基本指挥所、机动指挥所和兄弟县（市、区）机动指挥所互联互通，县人防办通过指挥平台向市人防办报告机动指挥应急保障演练情况，整个演练活动展示出东平人防良好形象和指挥通信装备、指挥应

2017年12月4日，县人防办在东平湖南岸组织指挥通信保障综合应急演练　（陈均晓　摄）

急保障能力等信息化建设成果，受到领导好评。

【人防工程建设管理】 防空地下室易地建设费征收管理。全年征收易地建设费1852万元。2017年，全县累计征收易地建设费8715万元。对按规定缴费的项目，严格按窗口初审、科室审核、主任办公会议确认的程序办理，有效杜绝少缴、漏缴行为发生。推进结建防空地下室建设。坚持“以建为主、以收促建、应建尽建”原则，强化服务，严格监管，推动结建防空地下室建设规范有序发展。批准结建防空地下室项目4个。10月15日，某防空地下室竣工验收，填补全县空白，提前完成省市党委、政府下达任务。至2017年年底，全县共批准建设人防工程项目14个。6月27日，在全省人防工程建设管理工作现场会议上，东平人防办做典型发言，全省县(市、区)中仅有2家，县政府办公室《信息参考》(2017年第19期)专刊印发人防工程建设管理经验做法。

【人防宣传教育】 开展人防宣传教育“五进”活动，即进机关、进学校、进企业、进网络、进社区。制定落实《东平县人防宣传教育工作实施意见》，主动向党政机关领导赠送《中国人民防空》《人防信息》等报纸杂志。与教育部门配合，加强在校学生人防知识教育。为学校配发《人防知识读本》1万多册，受教育中学生1万多人。配发学校有实验中学、州城二中、佛山中学、东平街道中学、明湖中学和银山中学等。开展社会宣传。充分利用国防教育日、全国防灾日、普法宣传周、安全生产月、警报试鸣日等重要时点，设立宣传咨询站，布置宣传图板，悬挂过街条幅，发放宣传材料，广泛开展形式多样的人防宣传活动，传播人防特色文化，人防宣传教育做到横向到边、纵向到底，增强了全民防空防灾意识，全社会更加关注人防、认识人防、了解人防、支持人防。

【坚持依法行政】 牢固树立围绕中心、服务大局行政理念，健全执法制度，规范执法程序，强化业务培训，提高依法行政能力。全面落实各级“放管服”改革要求，扎实推进权利清单和责任清单制度落实，健全完善责任追究制度，优化行政审批流程，将许可和审批事项全部纳入政务服务中心人防窗口办理。部分审批项目时间要求急，开展主动上门服务、绿色通道服务、节假日预约服务，为企业提供便利。落实清理规范行政审批中介服务项目，取消人防工程施工图设计审查费。扎实开展人防执法巡查。拉网式巡查城区未办理人防审批项目，建立健全执法台账。督促城区未办理人防审批项目单位尽快办理相关手续。拒不办理手续者，按执法流程立案办理。人防办被评为全县行政执法先进单位，1名工作人员被评为全县行政执法先进个人。

【创卫拆违见实效】 按照县创卫指挥部要求，业务工作与创卫拆违工作同安排、同部署、

2017年6月16日，县人防办在全县安全生产月活动现场宣讲防空知识
（陈均晓　摄）

同落实。制定创卫工作实施方案，细化责任分工，分工领导包片区，责任人包点，落实责任追究制度。重点突破，确保落实。开展地毯式巡查，摸清创卫网格内52家商铺、托幼所、饭店等情况，签订《赵桥社区创卫“门前五包“责任书》。发放《致居民的一封信》500余份，制作宣传条幅7条，挂社区主次干道、背街小巷。张贴门前五包责任牌，形成全民参与、共同创卫氛围。加大监督检查力度，督促整改突出问题，坚持制止违反创卫工作相关规定行为。清理乱搭乱建18处，帮助26户业主自我拆除违建，共拆除违建1300平方米，清除建筑垃圾1500吨、生活垃圾500吨。落实街长制。推行街长+巡查员+环卫工人模式。每天两巡查，督促环卫工人打扫卫生，沿街商铺做好“门前五包”。

【人防自身建设】 按照从严治党要求和党内政治生活制度，时刻牢记为民服务宗旨，讲政治、顾大局、守纪律。落实党风廉政建设主体责任和“一岗双责制度”，强化岗位廉政风险防控和重要环节监督管理；遵守廉政准则和中央八项规定，反对四风，整治慵懒散。开展“两学一做”和“提标增能、提质增效”“重效率、勇担当、作表率”等教育活动，认真学习中共十八大、十九大及习近平总书记系列重要讲话精神，学习《中国共产党章程》《中国共产党党内监督条例》《中国共产党纪律处分条例》《中华人民共和国行政许可法》，学习《习近平总书记的成长之路》《习近平的七年知青岁月》等，组织观看《榜样》教育片，教育引导党员干部牢固树立共产主义信念，增强纪律意识、法律意识，弘扬担当精神，营造学习先进、崇尚先进、争当先进的良好氛围。组织“双联四包”，干部积极参与全县扶贫攻坚活动。副科级以上干部联系村对接，制定帮扶包保计划和发展经济的办法措施；进村入户走访慰问困难群众，把组织的温暖送到困难群众手中。帮扶的新湖镇赵村、李楼村，包保困难户均如期脱贫。

（陈均晓）

经济管理

发展和改革

【概况】 2017年，县发展和改革局围绕县委、县政府中心工作，加强计划管理，积极引导服务业发展和重大项目建设，进一步优化升级行政审批工作，快速推进“十三五”易地扶贫搬迁和黄河滩区居民迁建重点工程实施，全力助推脱贫攻坚工作。县发改局被县委、县政府表彰为经济社会发展综合考核成绩突出单位、全县督查工作考核成绩突出单位、全县政务信息工作考核成绩突出单位、政风行风测评成绩突出单位、全县“优质服务窗口”等称号。

【计划管理】 2017年年初，县发改局推进年度经济目标计划管理，以新旧动能转换为引领，深化供给侧结构性改革，促进产业转型升级，提升产业竞争力；以招商引资和项目建设为抓手，扩大投资，增强发展后劲；注重统筹协调，加快城乡一体化；大力改善民生，提升群众幸福指数，经济社会不断发展。2017年，全县完成生产总值391亿元，同比增长6.5%；固定资产投资363.6亿元，增长9.5%；社会消费品零售额172亿元，增长10.5%；一般公共预算收入11.5亿元，增长0.6%；城镇居民人均可支配收入2.82万元，增长8%；农村居民人均可支配收入1.44万元，增长9%。

【重点项目建设】 2017年，东平县“十三五”易地扶贫搬迁被列入省重点建设项目；山东润银生物化工有限公司航天超大型粉煤气化工程、东平买卖惠农村电商现代化仓储物流、山东祥瑞药业有限公司年产12万吨无水葡萄糖等14个项目列入市级重点建设项目，总投资71.9亿元；全县重点建设项目52个，总投资136.97亿元，当年计划投资71.98亿元。其中，工业类项目30个，农业类项目4个，服务业类项目13个，基础设施和社会事业类项目5个；重点推进项目18个，其中工业项目11个，服务业项目3个，基础设施和社会事业项目4个，重点项目建设为做大做强县域经济提供有力支撑。

【固定资产投资管理】 2017年，全县累计完成固定资产投资353.2亿元，增长9.5%。其中，项目投资341.8亿元，同比增长6%；房地产投资11.4亿元，同比增长19%。第一产业投资14.2亿元，同比增长10.1%；第二产业投资154.9亿元，同比下降10.5%；第三产业投资184.1亿元，同比增长26%，三次产业占比由上年同期的3.9∶52.1∶44，调整为4∶43.9∶52.1，三次产业投资结构日趋优化。基础设施投资增速继续加快。全县基础设施完成投资81.7亿元，占总投资的23.1%，同比增长32.6%。

【对上争取工作】 认真研究国家投资政策，协调有关部门做好项目包装及报批资料准备，符合项目全提报，最大限度争取上级部门的资金支持。坚持平时工作和利用活动集中争取相结合，组织“进京双对接”“西

2017 年 3 月 7 日，山东省发改委稽查办到东平县易地扶贫搬迁朝阳庄社区调研（徐　文　供稿）

洽会”等活动，对上争取实现重大突破。2017 年，共争取资金 2.74 亿元，其中中央、省级易地扶贫搬迁补助 9921 万元，棚改基础设施类资金 8540 万元，涉及银山耿山口等 13 个棚户区，黄河滩区居民迁建工程省级资金 2340 万元，争取东平经济开发区集中供热热力管道建设项目“一圈一带”专项资金 950 万元。华凯机械制造、迅发有机蔬菜人才经费各 75 万元。

【服务业发展】　2017 年，围绕全县发展目标，结合新旧动能转换，强化措施，强力推进，服务业发展势头良好。旅游业继续保持较快增长态势，全县接待境内外游客 670 万人次，实现旅游总收入 40 亿元，同比分别增长 9.9%、8.6%。项目建设稳步有序推进，东顺时代广场商业综合体、浮粮店乡村旅游等项目完工运营；白佛山文化旅游区、东原阁文化广场等项目进展顺利。金融保险、健康养生、家政服务等新兴服务业不断发展，电子商务模式广泛应用，电商产业园入驻企业达到 112 家，成为全国首批农村创业创新基地、省级青年创业孵化基地。2017 年，全县完成服务业增加值 169.76 亿元，按可比价同比增长 9.0%，服务业增加值占地区生产总值比重达到 42.81%，同比上升 0.63 个百分点；全县完成服务业固定资产投资 184.1 亿元，同比增长 26.0%，高于全县固定资产投资增幅 16.5 个百分点，成为拉动全县经济增长的重要力量。

（徐　文）

【概况】　2017 年年末，全县市场监督管理系统在职干部职工 214 人，其中：公务员 103 人，事业人员 106 人，工勤 5 人。2017 年，紧紧围绕助力发展、维护安全、保障民生等工作重心，定方向、明思路、谋对策，砥砺奋进、干在实处、强化作为，为全面建成小康东平做出积极贡献。县市场监督管理局连续 18 年保持省级文明单位荣誉，在政风行风测评评议中，获行政执法类第一名。

【企业注册登记改革】　9 月 1 日起，县市场监管局根据《山东省人民政府办公厅关于贯彻国办发〔2017〕41 号文件推进“多证合一”改革的实施意见》的要求，全面推行“多证合一”“一照一码”。发放宣传材料 700 余份，“多证合一”营业执照 258 张，向社会公布 27 大项 123 小项“最多跑一次”和“零跑腿”审批服务项目清单。全面实行“网上申报、网上受理、网上审核”，群众往返市场监管部门的次数大大减少。2017 年底，全县新增各类市场主体 4867 户，同比增长 30.83%，新增资本 70 亿元，同比增长 26.24%。其中企业 1011 家，个体工商户 3778 户，农民专业合作社 78 户。全县市场主体累计达到 3.25 万户，同比增长 18.46%；期末注册资本（金）393.1 亿元，同比增长 23.74%；个体私营经济带动就业人数 1.88 万人。其中企业4856家，个体工商户2.6万户，农民专业合作社1655户，分别比上年同期增长28.5%、17.63%、5.82%。

【企业年报工作】 按照“早起步、稳推进、严考核”的思路，有序推进市场主体年度报告工作，县市场监管局下发《关于加快推进年报工作进度工作攻坚方案》《关于认真贯彻省工商局年报公示工作督查的通知》等文件，对各类市场主体年报工作进行动员并部署相关年报工作。2017年全县企业年报率93.85%；个体年报率100%；农民专业合作社年报率99.87%。

【商标注册管理】 2017年，全县注册商标1800件，驰名商标6件，山东省著名商标8件，国家地理标志商标3件，有中国名牌产品1个，山东名牌产品14个，山东服务名牌3个，山东名牌农产品2个，1家企业荣获泰安市市长质量奖，实施名牌战略取得明显成效。新注册商标21件。新东岳的“速至”摩托车轮胎评为山东名牌产品。中顺集团“哈里贝贝”获批国际马德里商标。

【涉企帮扶】 为企业搭建政策宣传、学习培训、品牌培育、融资洽谈的交流平台，组织“校企产学融合、助推民企发展”项目对接洽谈活动，引进、转化科技成果，吸引、培养高层次人才，在泰山学院与东平企业之间“牵线搭桥”，加快推进全县经济社会各项事业发展。儒原实业公司、金龙橡胶制品、兴村土地合作社、鲁玻包装有限公司等多家企业与泰山学院达成合作意向。针对动产抵押登记监管工作出现的新情况、新问题，切实做好应对工作，规范登记程序，着力帮助企业扩大融资途径，盘活存量资产，为支持全县企业发展提供强大的资金动力。在工作中坚持做到上门服务，延时服务，简化办事流程，缩短办事时限。2017年，办理动产抵押物登记36件，抵押物价值金额20.8亿元，担保主债权9.4亿元。其中山东润银生物化工股份有限公司，最高额抵押1.13亿元，融资8600万元；东顺集团股份有限公司，从银行借贷金额8747万元，抵押物估值1.56亿元；山东祥瑞药业有限公司，从银行最高额抵押借贷金额7500万元，抵押物估值8562万元。

【重点领域监管】 2017年，对全县范围内的66家加油站进行成品油抽检119批次，其中10批次样本不合格。案件已全部立案处理，并将处理结果及时向全社会进行公示。对全县8家煤炭销售点进行抽检20个批次的，其中6个批次样品不合格。不合格样品已全部立案处理。在格式条款整治工作中，出动执法人员116人次，检查企业18家，检查格式条款51条，约谈企业3次，下达责令整改通知书1份，纠正违法违规格式条款2条。组织开展对傍名牌违法行为的检查，查处假冒名牌服装110件，处罚款1.5万元。做好网络监管工作，全年共检查网站106个（次），实地检查网站经营单位31家，研判建档1251家，实现建档率100%，补录监管平台网店确实信息2461条，删除一户多档网站215个，删除重复建档网站3家。

【市场监督管理】 2017年年初，县市场监管局开展为期三个月的“净市场·惠民生”专项整治行动，先期对工作进行充分部署，举行启动仪式，印发行动方案，全县各乡镇悬挂相关条幅，春节期间在电视台连续播发有关专项行动通告，扩大专项整治社会影响力。活动中，该局检查经营户2380户，发现违法行为160起，下达责令整改160次，立案21起，结案16起，罚没款11万元；接到投诉举报36起，全部处理完毕，查处侵犯“六个核桃”注册商标专用权产品76箱，假冒白酒270箱，假冒“顺清柔”系列纸巾25箱，侵权“净水器”15台，查处禁止发布的人民币纪念册136套，挽回经济损失55万元。

【特种设备监管】 深入开展“企业安全生产主体责任落实全面深化年”活动，强化企业安全生产主体责任意识，继续开展特种设备隐患“大排查、快整治、严执法”集中行动和特种设备安全生产大检查活动。以电梯、大型游乐设施、涉氨制冷特种设备、盛装危化品移动式压力容器、大型电站锅炉为整治重点，从特种设备安全隐患排查、整治、执法、监督四个方面，对全县186家特种设备使用单位进行拉网式检查。发现隐患32处，下达指令书14份，责令限期整改。强化对安全隐患检查的力度，对列入整治范围的9个乡镇(街道)及工业园区的41家涉氨冷库开展专项整治。关停11家，改氟利昂制冷的3家(大羊、戴庙、开发区各1家)，整改后经过验收合格并且办理特种设备注册登记22家，正在整改的5家(斑鸠店镇1家、银山镇2家、旧县乡1家、戴庙镇1家)。配合公用事业局牵头对全县6家液化石油气站，查处各类安全隐患42项，并采取整改措施。

【消费者权益保护】 围绕“网络诚信消费无忧”年主题，在电影院广场设立主会场，各行政执法职能部门、诚信企业设立地方名优产品区、服务“三农”区、打假扫劣成果区三大展示区开展活动。活动中，悬挂宣传条幅20条、图板32块，发放《中华人民共和国消费者权益保护法》小册子6000余份，接待消费者咨询37人次，受理投诉10件。整合原两局举报投诉平台，有机结合舆情、信访等工作，改进处置规范和流程，从建立制度入手，完善健全“12315”值班制度、投诉处理机制、建立疑难投(申)诉局领导领办等制度，提升消保维权工作水平。全年受理投诉583起，处结率100%，为消费者挽回损失200余万元。针对消费者关注的医疗、供热、房地产、流通领域商品质量等，加大大案查处力度，树立执法权威。

【计量监督检查】 企业安全防护用计量器具备案5家，100余台。2017年，进一步规范法定计量检定机构的各项管理要求和工作行为，确保量值传递能力和计量检定/校准(检测)工作质量，组织开展自查自纠，开展旅游市场计量器具专项检查，检查企业20余家，检查计量器具100余台件。同时，对生产加工企业，化工企业，加油站、液化气站、医院、学校、纯净水厂等企业进行计量器具的强检和周检，超市商品量、定量包装生产企业、贸易市场的专项检查，共检测各类计量器具3600多台件，商品净含量抽样检测46个批次。在取暖季来临之前对光源热电、新东岳集团进行能源计量监督检查，确保全县重点用能企业能源计量器具管理使用的安全有效。

【创卫工作】 在创建国家卫生县城过程中，县市场监督管理局作为佛山社区牵头单位，不讲理由、不提条件、不摆困难，动用铲车、挖掘机、装载车辆820台次，清理垃圾7600余吨，移除果树3200颗，清理小菜园410处，柴垛461处，铺设人行道302米，新增绿化面积6100平方米，清除狗窝、鸡窝40余处，拆违73处，建成跨白吉河排污管道。同时向焦村社区居民宣传创卫工作，发放佛山社区明白纸1500份，通过实实在在的行动展现自身良好形象。

【队伍建设】 自机构合并后，县市场监管局随即明确业务科室工作职能，将内勤科室进行合并，理顺内部交叉关系，形成分工明确、职责明晰、科学高效的工作机制；同时根据工商质监职能合并后的实际情况，进一步梳理、修订、完善县局机关管理、组织人事、政务公开、行政执法等方面的制度、规定，增强制度的针对性和可操作性。并加强规章制度执行情况的监督检查，保障制度落实。强化全面从严治党的主体责任、监督责任。坚持和完善党组定期讨论和研究党建工作制度。优化基层党建考核评价机制。结合全县“重效率、勇担当、作表率”主题活动及“两学一做”

县市场监管局党员干部参观老湖镇凤凰社区　　（李淑君　供稿）

常态化制度化活动的开展，建立党建责任清单落实情况“月度推进、季度督查、半年通报、年终考评”工作机制，加大督查考核和问责力度。充分发挥党组中心组学习的示范引领作用，组织各支部开展学习交流会、中层干部学习体会文章评选等活动，认真落实好“三会一课”制度。组织党员干部在党旗下重温入党誓词、到执法一线、进创卫一线、党日活动，广泛开展党员上街志愿服务。全面提高全局干部的业务水平、综合素质和应对复杂问题的能力，组织各类培训 12 次，参训人员 800 余人次。

（李淑君）

食品药品监督

【概况】　县食品药品监督管理局，内设综合科、政策法规科、食品生产监管科等 8 个职能科室，在 14 个乡镇均设立派出机构。实有行政人员 75 人，事业人员 16 人。2017 年，出动执法车辆 5146 车次，执法人员 1.1 万人次，检查各类经营单位 5865 户次，下达责令改正通知书 4983 份，处理有效投诉举报 143 起，完成监督抽样任务 1610 批次，查处各类食品药品案件 201 起，移送公安机关 6 起，罚没款 322 万元。县食品药品监督管理局被县委、县政府授予“平安东平建设先进单位”“全县行政执法先进单位”“全县应急管理工作先进单位”“全县政务信息先进单位”等荣誉称号。

【监督检查】　积极履行食安办综合协调职责，组织各食品安全职能部门全面排查食品安全隐患，对食用农产品种植养殖、食品生产加工、流通、消费等各环节开展检查整治行动。明确政府、企业、监管部门的三方责任体系。县政府与各乡镇、街道及各相关部门签订《2017 年度食品（药品）安全目标责任书》，将食品安全工作纳入政府年度目标考核，实行重大食品安全事故“一票否决”制度。认真履行部门监管职责。与全县中小学校（含托幼机构）食堂、食品生产企业、大型食品流通企业、餐饮经营业户分别签订食品安全责任书，与所有药品经营单位签订药品安全承诺书，进一步强化企业第一责任人意识和风险防控意识。以乡镇食品药品监管所为单位建立监管网格，细化巡查监管责任，构建“监管有人抓、案件有人办、市场有人巡、责任有人担”的县乡村三级网格化监管体系，提高食品药品监管水平。扎实开展食品安全保障工作。2017 年，顺利完成十九大、两会、白佛山庙会、中高考、国际美食节等重大活动及重要节日的食品安全保障工作，实行驻点监督、全程监管，完成保障任务 32 次。

【监督抽检】　2017 年，制定食品安全监督抽检工作方案，明确抽样范围，确定抽样种类，落实抽样责任，把抽检任务分解到稽查队和各个监管所。强化抽样质量，突出抽检的问题性、靶向性，提高抽检覆盖率，为食品质量安全监管提供技术依据。按照 2‰的抽检任务，全年完成抽检 1610 批次。

【专项整治】 坚持问题导向，强化专项整治。围绕群众关心、问题突出的重点地区、重点环节和重点品种，开展各类专项整治。特别是旅游景区、农村集体聚餐、食品“三小”、小作坊、小餐饮、食品摊点加工生产、夜市烧烤、牛羊肉、阿胶类食品、病死猪肉、畜禽水产品、毛皮动物胴体、农产品、网络食品经营、中药饮片、保健食品、计生药具、问题疫苗及上级通报的假劣药品等专项整治活动，及时查处不合格产品，消除食品药品安全隐患。加强学校及其周边食品安全监管。联合县教育局、安监局等部门开展春、夏季学校安全集中整治行动，进一步全面排查清理学校食堂食品安全风险隐患，督促指导学校建设标准化学校食堂。对学校周边的食品店、餐饮店、食品摊贩等开展集中整治，检查学校食堂 160 余家次，摸排校园周边小摊贩 268 家，下达责令整改意见书 297 份。深入开展药品流通领域和医疗器械集中整治。确定“抓紧一条主线，突出四项重点，落实四项措施”的工作思路，扎实推进专项整治稳步开展。先后开展药品零售企业专项整治“回头看”活动、中药材（饮片）市场专项整治、药品零售连锁企业专项整治行动、城乡接合部和农村地区药店诊所药品质量安全集中整治、医疗器械专项整治等专项执法检查。共检查规范 670 多家药品、医疗器械经营使用单位，查处违法违规案件 80 余件。在“农村卫生室规范经营”行动中，充分发挥药品票据核查的技术优势，对重点单位开展审计式核查，先后查处多家乡村卫生室非法渠道采购药品案。

2017 年 8 月，县食药监管局开展“后厨卫生风暴行动”，依法取缔无证经营业户
（李　哲　供稿）

【创卫工作】 针对食品行业整治和包保网格牵头部门（赵桥社区）的双重压力，完善“党组统筹、局长牵头、副职负责、干部靠上”的创卫组织领导体系，采取指挥部领导下的大兵团式作战，形成了指挥部下设 1 个攻坚组和 15 个创卫包保小组（“1+1+15”）层层明确的责任体系，建立授权赋责、交互检查、比拼晾赛的激励体系，实行严管重罚、盯紧靠死、失职追责的问责体系。采取“关、停、提、改”等措施，对无证业户坚决取缔，督促持证业户整改达标，以“5 + 2”“白 + 黑”的坚守，撸起袖子加油干，实现创卫工作和行业监管的有效结合。

（李　哲）

物价管理

【概况】 2017 年，县物价局认真履行全县价格调控、价格管理、价格监督、价格服务职能，切实做好各项物价管理工作。被山东省物价局授予“全省价格监测优秀单位”。

【价格调控】 做好价格监测预警预报工作，服务政府决策。2017 年，价格监测向市局调控科报送农副产品居民生活消费品 54 个品种零售价格监测数据 36 次、涉农产品及服务价格28个品种监测数据36次、成品油价格36次、家电价格36次，基本监测96次、与群众生活密切相关的农副产品价格日报表每日1次，新增迁建物资价格7个品种每周一次，并及时写出价格分析报告上报；推进“泰安·价格通”工作，积极做好以全面、实时、比价为鲜明特色的价格公共服务平台，为市民日常生活提供高效的一站式查询服务；制定完善公立医院药品和医疗服务费用监测报告制度。加强医院药品和医疗服务费用监测预警能力，及时跟踪了解药品价格和医疗费变化情况，提高药品和医疗服务价格调控的科学性和时效性，为各级领导提供决策依据。根据省市局要求，把新增7个品种的迁建物资价格监测工作作为一项重大政治任务，每周三及时准确采集上报市局。“五一”“十一”期间，组织开展旅游市场价格巡查，对全县景区旅游景点门票价格执行情况及周边停车场、商铺、宾馆饭店等明码标价执行情况进行巡查，巡查采取“边巡查、边规范、边宣传”方式，做到巡查一个点，规范一周边，免费发放价格标价签5000张，价格政策宣传单500份，解答价格咨询100人次，净化良好的旅游环境。同时，开展市场价格巡查，认真做好明码标价、价格预报预警工作。提高信息报送质量。认真采集和上报各类价格监测数据，及时分析市场价格动态，确保监测工作的科学性和准确性。全年完成各项价格信息及分析报告20篇，及时为县委、县政府及上级物价部门提供决策依据。

【价格管理】 严格按照省、市决策部署，稳妥推进全县重点领域价格改革，主动适应价格改革的新形势、新要求，对省、市下放到县上的价格收费权限，做到接得住、管得好，对完全由市场形成的价格做到放得开、管得好。落实“放管服”作为推进价格机制改革的重点来抓。认真落实“双随机、一公开”制度。组织人员完善市场主体名录库，调整变更执法检查人员名录库，制定随机抽查事项清单和“双随机、一公开”监管工作实施细则，并严格组织实施。严格落实各项收费政策。结合各级简政放权和涉企收费，清理公布行政事业性收费目录和涉企行政事业性收费目录，取消或停征的行政事业性收费，政策全面落实到位。完成县天然气阶梯气价、污水处理费等价格改革，实现用户按用量的多少实行阶梯式价格，企业、居民均明显受益。报请市局批复高级中学、明湖中学学生公寓收费、东平湖游船票价标准。会同教育、财政部门制定校车服务收费标准，制定戴村坝、聚义岛、滨湖生态园、贯中园门票价格，制定出台殡葬基本服务项目收费标准。

2017年3月15日，志愿者服务队开展价格政策宣传活动（牛树森 供稿）

【农产品成本调查】 保质保量完成上级布置下达的各项专项调查工作任务。按照上级的工作安排，深入基层和农户开展调查研究，及时调查、并编写上报“农户存、售粮情况调查”和“农资购买情况调查”；积极做好小麦、玉米成本预测调查工作。通过深入农户了解以及结合全县农业发展状况和农产品价格走势分析等，对小麦、玉米的生产成本情况进行预测调查，及时形成分析材料向上级和县政府报告，并且努力提高成本预测的准确性和前瞻性。经省、市物价局批准，东平县开展马铃薯目标价格保险试点，这是在开展大白菜目标价格保险的基础上，新增加又一个蔬菜品种。参保范围由大白菜目标价格保险涉及的大羊、接山两个镇，新增加沙河站、梯门、州城三个乡镇（街道）。试点区域马铃薯种植面积0.8万亩，有51个村、347户、0.71万亩投保，参保率达90%以上。2017年，实际价格低于目标价格，根据出险赔偿条款规定每亩赔付参保户228.57元，全县马铃薯参保民户共获得162.49万元的赔付金。

【物价检查】 开展行政事业性收费、行业协会商会、中介服务机构、经营服务性等36个单位涉企收费情况进行检查，33个单位价格政策执行到位，2个单位价格行为不规范，1个单位有价格违法行为，按照法律法规的有关规定，对价格行为不规范的单位进行责令整改，对价格违法行为进行立案查处；联合县房管局开展商品房销售和房地产中介服务机构明码标价检查，对存在问题的经营者进行责令整改，进一步规范商品房价格秩序；发挥“12358”全国价格举报管理系统呼叫平台系统作用，实行专人值守呼叫坐席，及时接听电话。即时答复举报投诉、咨询的案件，不能即时答复的，提交处理平台。整合东平“互动之窗”“网络问政”“东平民声在线”及来访、来信等投诉举报，由“12358”平台系统处理。全年受理举报投诉、咨询案件110件，答复率100%。

【价格认证】 突出价格认定公共行政职能的工作导向，全力推进价格认定机构转型和职能转变，推动价格认定事业持续健康发展。全年完成价格认定案件85件，标的额308万元，其中刑事案件64件，涉案金额166万元；行政案件21件，金额142万元。为行政、司法部门办案提供可靠的价值依据。

（牛树森）

【概况】 2017年，县统计局按季度分别对统计范围内的农业、畜牧业、工业、投资、建筑业、房地产业等重点行业进行调研，围绕季度经济指标完成情况，撰写全县经济运行分析，为县委、县政府了解全县经济运行总体形势提供参考。走访调研贸易、电子商务、信息化、交通运输、物流、机动车修理、旅游、卫生等行业，了解各行业、各企业运营现状、遇到的困难、发展诉求、发展前景等，摸清行业发展情况。落实工业经济月度形势分析制度，实现与经信局数据共享，提高统计服务的针对性和及时性。加大与科技局、节能办合作力度，共同分析研究全县高新产业发展、节能降耗等工作，并对重点能耗企业进行调度和监测。

【“四上”企业发展】 县委、县政府制定“四上”企业（规模以上工业企业、资质等级建筑业企业、限额以上批零住餐企业、限额以上服务业企业）奖励扶持办法，既扶持企业，也奖励部门、乡镇（街道），并把“四上”企业新增个数纳入全县经济社会发展年度考核，有奖有惩，充分调动工作积极性。2017年，新增“四上”企业23家，其中服务业7家，工业10家，贸易6家。完成“四上”企业联网直报、生产总值、第一产业增加值、农产品产量、畜禽监测、劳动工资、“四上”企业及“5000万元以上在建项目”审批、规模以下工业抽样调查、规下服务业调查、工业品价格、能源、文化产业等统计工作任务。

【统计基础建设】 抓好机构设置和责任落实。制定《东平县统计基层基础建设年实施方案》，下发《东平县统计基层

基础建设工作领导包保乡镇（街道）、经济开发区的通知》，严格按照包保分工对各乡镇（街道）、开发区进行调研摸底，梳理出问题清单。抓好资金保障和督导检查。筹集资金为各乡镇（街道）、开发区统一制作上墙制度牌匾，拨给每个乡镇（街道）统计基层基础建设资金3～5万元（其中东平街道、彭集街道各5万元），用于配置相关软硬件设施。投入2万余元建立全县统计系统基层基础信息化网络平台，上传下达、信息互动、资源共享等更加快捷高效。对乡镇（街道）、经济开发区实行一周一小调度，一月一大调度。各责任包保领导对乡镇（街道）、县经济开发区、联网直报单位定期督导，对问题多、困难大、进展慢的乡镇（街道），约谈分工负责人，帮助分析问题症结，抓好整改。抓好外出参观学习确保成效。组织各乡镇（街道）、经济开发区分工领导、统计站工作人员赴临沂沂南县、滨州邹平县参观学习，组织两个示范乡镇的统计人员赴宁阳县八仙桥街道参观学习，开阔视野，拓宽思路，借鉴经验做法，提高认识，提振信心。抓好梯次建设示范带动。根据乡镇（街道）不同的经济条件和统计工作基础，划分三个批次，确定帮扶办法和目标要求，先育样板树标杆，再示范带动依次推进。东平街道、彭集街道作为第一批统计基层基础建设示范乡镇，工作进展迅速，取得阶段性成果。两街道统计站全部建立完善村居协管员制度、部门联络员制度、企业聘任制度，并以党委政府红头文件形式印发执行，真正实现“一站多点”“数出一门”；细化人员分工，做到任务明确，职责清晰；邀请县档案局专人指导档案整理工作，分年度、分专业高标准整理归档1692卷，企业全部实行一企一档；办公场所粉刷完毕，上墙制度、宣传图板全部就绪，笔记本、彩色打印复印一体机、宣传用的电视屏幕等硬件设施全部到位；统计“双基”（基层统计网络、基础工作）系统程序调试完毕，统计人员信息和电子档案索引正紧张有序录入中，统计宣传片进入后期剪辑阶段。

【统计改革】 抓好贸易统计调查项目全过程数据质量管控。对批发、零售、住宿、餐饮四个行业按照制度要求、平台审核要求、上级查询要求认真审核企业数据，及时整理相关问题说明上报。加强综合数据质量控制、逻辑关系控制、趋势变动控制、结构变动控制。对报表数据变动较大的一些企业，及时跟踪查询，分析评估。做好固定资产投资统计三轨上报，应对好统计方法改革。加强对乡镇（街道）、园区和企业的业务培训，以及与县督查、发改、经信、住建、招商等部门的联系，及时了解项目特别是5000万元及以上新开工项目信息，完善项目手续，认真核实入库上报条件，确保项目不重不漏。做好住户一体化调查样本轮换工作。制定具体的工作计划，明确工作进度和职责分工。印刷摸底表、建筑物清查表和调查小区地图绘制专用纸，购置填表用品和绘图工具。调查小区确认完毕后立即召开辅助调查员业务培训会，讲解摸底调查建筑物清查方法、注意事项以及入户调查前的准备工作等。培训后，各相关单位按照工作部署迅速行动，合理安排样本轮换工作进度，加强指导，发现困难及时解决，确保高质量完成大样本住宅摸底调查工作。做好基本单位名录库年报、季报，调查单位审核确认，一套表单位核查等工作。乡镇（街道）单位名录信息上报后，严格按照单位信息表依次变更和剔除，补录新增法人单位和产业单位，修改表内及表间错误、重名重码错误。根据“厚道鲁商”倡树行动工作安排，开展好专业培训，做好评审评价。根据省统计局通知要求，召开会议安排部署全县“一套表”调查单位核查工作，乡镇（街道）按属地原则负责对辖区内抽中的单位进行核查，县住建局、房管局等相关部门以及局内各专业人员也参与进来，配合指导核查工作。

【农业普查】 按照上级部署，做好普查的组织、协调、培训、宣传、核查等工作，确保普查数据如实反映全县十年来农业发展成就。入户登记阶段，抓好数据的采集、整理和核实，对17.5万户普查登记对象进行访问登记，工作中严格执行普查方案、现场登记各项制度，确保现场登记入户率、签字率均达到100.0%。数据录入和上传阶段，完成录入上报17.2万余户农户表、1847户规模表和1277个单位表。数据审核验收阶段，修正6万多条强制性审核错误，审核11万余条非强制性错误，普查数据顺利通过省、市验收。

（张　毅）

审计工作

【概况】 2017年，县审计局完成审计项目48个，其中，预算执行审计6个，经济责任审计38个、政策跟踪审计1个，县委、县政府交办“三大工程”跟踪审计3个。查出违规金额1312万元、管理不规范金额2.61亿元。向被审计单位及其主管部门提出审计建议143条，向有关部门移送案件线索3起。被审计署授予“全国审计系统通联工作先进单位”，被省内审协会授予“内审工作先进单位”，被县委、县政府评为经济社会发展综合考核成绩突出单位、行业扶贫成绩突出单位、全县“三大工程”工作成绩突出单位，平安东平建设成绩突出单位。

【预算执行审计】 2017年，对县财政局2016年县级预算执行情况、县地税局2016年度税收征管质量审计，县民政局、原县卫生局、原县计生局、原县质监局2016年预算执行情况开展审计，重点关注财税政策贯彻落实、专项资金整合统筹、存量资金盘活使用、预算执行管理、预算草案编制、预决算公开以及部门预算管理、行政事业单位国有资产管理和中央八项规定等执行情况。查出违规金额88.66万元、管理不规范金额2227.33万元，提出审计意见和建议23条。撰写《县级预算执行和其他财政收支的审计工作报告》和《县级预算执行和其他财政收支审计查出问题整改情况的报告》，为县委、县政府加强预算管理、为县人大强化监督预算执行提供依据，发挥审计的参谋助手作用。

【经济责任审计】 2017年，组织开展领导干部任期经济责任审计38个（其中，县委组织部委托项目30个；泰安市审计局授权乡镇（街道）党委书记离任审计3个，县委常委部门主要领导干部离任交接审计5个）。查出主要问题金额2.31亿元，上报审计结果报告33篇，提出并被审计单位采用建议108条。较好地发挥经济责任审计在干部监督管理和促进经济健康发展中的重要作用。

【政策跟踪审计】 2017年，根据上级审计机关统一安排，对县公立医院改革政策措施落实情况审计。对发现的问题，提出审计建议，协助相关单位对查出问题进行整改，做到完

开展税收征管质量审计　　（夏　冰　供稿）

成审计任务和服务地方经济发展的和谐统一。

【民生项目审计】 2017年，根据县委、县政府工作安排和年度审计计划，组成审计组，对移民避险解困、易地扶贫搬迁、黄河滩区迁建“三大工程”开展跟踪审计，重点关注资金使用的效益、效率和效果，揭示和反映落实政策不到位以及资金分配、管理方面存在的问题，有效推动各项惠民政策落实到位。在移民避险解困跟踪审计中，发现违规违纪问题线索3起，移送案件所在乡镇纪委进行处理。

【内部审计】 2017年，积极探索以风险为导向，以控制为主线，以治理为目标的审计新模式，加强对乡镇（街道）和县直各部门单位的内审工作的指导。对县城建开发公司内审工作开展情况进行调研，形成专题调研报告。认真做好内审工作培训、后续教育培训工作，组织内审单位参加岗位证书考试2次，考取内部审计师14人。

（夏　冰）

安全生产监督管理

【概况】 2017年，全县安监系统执法检查生产经营单位2207家（次），依法查处隐患和问题3728条。立案56起，罚款65.4万元。全县生产安全事故16起，死亡9人，均为生产经营性道路交通事故，事故起数、死亡人数分别比上年下降27%、25%，全县安全生产形势总体稳定，被省政府安委会表彰为全省“安全生产月”活动先进单位。

【安全生产目标管理】 2017年，按照“党政同责、一岗双责、齐抓共管”要求，推行“党委领导、政府监管、行业管理、企业负责、社会监督”安全生产责任制。修订完善《东平县安全生产目标管理责任制考核奖惩办法》《东平县安全生产黄牌警告、重点管理办法》。确定4月、11月分别为“企业安全生产主体责任落实对标检查月”“企业安全生产主体责任落实考核月”，累计对标检查、考核企业304家。对全县33个红色风险点和71个橙色风险点研究制定600余条管控措施，并明确岗位、班组、车间、公司相关责任人的监管责任；12月中下旬，县政府安委会办公室从乡镇（街道）、县有关部门抽调有关人员组成考核组，对安全生产目标责任完成情况进行年终考核，各乡镇（街道）和安委会成员单位均未突破安全生产控制指标。

【风险预控体系建设】 先后召开全县风险预控体系建设座谈会、现场会和推进会，加大推进力度，搞好示范带动。制定并印发《东平县区域安全生产风险评估工作实施方案》，各级定期进行风险预判，形成风险评估报告，在全市率先绘制出区域风险分布图；充分发挥15个专业安委会办公室的作用，深入开展危化品、建筑施工、市政工程等重点行业领域风险预判工作；推荐瑞星集团、中联美景2家企业为省级标杆企业，新东岳集团等18家、33家企业被分别确定为市、县级标杆企业。督促指导各乡镇（街道）、县直有关单位继续深化两体系建设通则学习宣贯，加大标杆企业培树力度，2家省级标杆企业已基本完成创建任务。全县310家企业排查建档各类风险点3039个，其中一级风险点33个，二级风险点71个，三级风险点1493个，四级风险点1442个，制定管控措施9713项。启动安全生产微信公众号，通过发布安全动态、法律法规、警示信息、安全常识、事故快讯等内容，快速把安全生产的声音传达到最基层。建立“东平县红橙色风险管控微信群”，在重点时段实行高危风险点管控日报告制度，确保风险可控在控。

【安全隐患排查】 2017年，按照“全覆盖、零容忍、严执法”的要求，依据季节特点，围绕不同重点，一月一个主题，一月一次行动，加大专项执法、联合执法力度，开展不间断地隐患排查整治。1月，针对烟花爆竹经营旺季的特点，组织安监、公安等部门开展联合执法，严厉打击非法经营烟花爆竹行为，查处收缴非法烟花爆竹200余箱、300余万头，治安拘留7人。2月，围绕春运安全，公安、交通运输等部门强化执法力量，查纠超员超载酒驾等各种道路交通违法行为。3月，组织县住建局、安监局、消防大队、供电公司等相关部门，对全县“移民避险解困、黄河滩区迁建和易地扶贫搬迁”三大工程涉及的35个建筑施工项目进行联合执法检查，提出整改意见279条。4月，组织县交通运输局、县安监局、景区管委、黄河河务局、地方海事处组成联合检查组，开展全县水上交通安全联合检查，对5家涉水乡镇（街道）和12家水运企业发现67条隐患问题督办整改。5月，组织县安监局、消防大队、供电公司、气象局开展加油站专项执法检查，检查加油站69家，查出隐患问题358项。同时，抽调乡镇（街道）、县安委会成员单位人员并聘请安全生产专家组成督查检查组，组织开展“县乡联动”执法检查活动，对14个乡镇（街道）、经济开发区、30个县直部门领导干部“一岗双责”、企业主体责任落实等方面工作进行督查检查，共查出隐患问题387项。6月，组织县消防大队、安监局、供电公司对全县113家小型服装加工点开展联合专项检查，查出隐患问题160条。7月，按照省市化工产业安全生产隐患大排查、快整治、严执法紧急行动的统一部署，结合全县实际，围绕危险化学品生产企业专家“诊断式”评估、僵尸企业关闭、七大专项行动，排查整治各类安全隐患936条。8月，对人员密集型工业企业消防安全、“三无”船舶治理、山石开采非法生产行为等方面开展专项执法检查。9月，开展安全生产核查督查，对14个乡镇（街道）、经济开发区、30个县直部门进行专项核查督查，对核查督查中排名后三位的乡镇、部门由县政府分工领导进行约谈。10月，集中开展十九大安全生产保障专项行动，县政府安委会成立安全生产稳控指挥部，抽调重点行业领域的人员集中办公，下设综合组、督导组和应急值守组，分别由县安监局的三个副局长任组长，一天一调度、一天一督查、一天一通报，通报查出问题55项，印发简报13期。11月，开展企业安全生产主体责任考核月活动，通过对标考核，将全县规模以上企业划分为ABCD四个等级，实行分级分类监管。

【安全生产执法监察】　牢固树立“检查必执法”的理念，通过分线全员执法、划区域执法、借力专家执法、异地交叉执法、借势执法和常态化突击夜查，全县安监系统执法检查生产经营单位2207家（次），依法查处隐患和问题3728条。立案56起，罚款65.4万元。

【安全教育培训】　6月1日，举行第16个“安全生产月”活动启动仪式暨安全警示教育活动，集中观看安全生产警示教育片《塘沽大爆炸》。6月16日，组织公安、住建、消防、交通等30个安委会成员单位，在平湖广场隆重举办以“全面落实企业安全生产主体责任”为主题的“安全生产月咨询日”活动。相继组织开展安全生产宣讲进企业活动、“安全生产志愿服务宣讲进社区”活动、“乡镇（街道办事处）长（主任）和企业家谈安全生产”活动，邀请杜邦集团举办“落实企业主体责任”主题辅导讲座，邀请国务院参事室特约研究员、国家安监总局原党组成员、总工程师黄毅作专题辅导报告，并通过东平电视台、东平手机台进行直播，观众近10万人；以“东平安监”微信公众号为载体在全县范围内广泛开展“东平移动杯”安全知识有奖竞答活动。活动期间，“东平安监”微信公众号实现朋友圈曝光10万次。在全县689个村居（社区）配备819名专（兼）职安全生产网格员和494名协管员；

12月，组织开展“中小企业安全培训援助工程”，聘请省级安全生产专家对安全生产法律法规、双重预防机制、有限空间、动火作业和危化品作业等内容进行授课，免费为中小企业提供安全培训服务，累计培训企业高危作业人员500余人；强力推进企业标准化建设工作，中联美景通过国家一级标准化企业的专家评审，润银化工、新东岳集团、东顺集团、星光塑料、社汇酒业、九鑫工具等企业顺利通过二级标准化企业复审。金马帘子布、星光实业、泰安交运集团东平公司、供电公司等四家企业被市安监局命名为2017年度安全文化建设示范企业。

（韩永勃）

国有资产监督管理

【概况】 县国有资产管理局内设综合科、计划财务科、行政事业资产管理科、资源资产管理科、企业资产管理科、统计评价与绩效考核科6个科室。在编在职干部15名。2017年，县国资局紧紧围绕国有资产监管中心任务，不断细化创新行政事业单位资产管理方式，积极稳步推进国有企业改革改制，努力探索完善国有企业绩效考核评价体系，持续加强财务管理能力建设，全面提升国有资产运营水平，各项工作高效开展，成效显著。被泰安市委评为“市级文明单位”；被县委评为“2017年度平安东平建设成绩突出单位；机关党支部被县委评为“先进基层党支部”。

【县属企业改革】 2017年，县国资局严格执行上级政策规定，认真履行工作程序，做好改制企业相关业务工作。全年拨付企业改制资金1164.28万元。进一步盘活闲置资产，旧县粮所国有划拨土地已被旧县征用，为旧县经济社会发展服务，取得改制企业资产收益191.39万元，保护改制企业职工权益，实现“活资产、保稳定、得效益”的目标。2月，光源木业有限责任公司土地经过招拍挂程序，以6559万元的总价成交，已缴纳土地出让金3279.5万元，财政拨付土地成本2700万元，兑付企业改制费用2372万元。全力配合国土部门与改制企业主管部门为县供销合作社联合社办理原棉麻公司家属区两处共计8740平方米国有划拨土地使用权证书；为县行业管理办公室办理原物资局剩余划拨土地258.81平方米的国有土地使用权证书。

【行政事业单位资产年报和产权登记】 2—3月初，开展全县2016年度行政事业单位资产报表编报和产权登记工作，汇编行政事业单位共115户，资产总额43.5亿元，其中固定资产20.4亿元，资产总额比年初增加8.3亿元，增长幅度为23.6%。全县行政事业单位负债总额为18.5亿元，资产负债率为42.5%，资产负债率与上年相比增长2.7%；净资产总额为25.0亿元，增加3.8亿元，较上年增长17.9%。在年报工作中，着力抓好人员培训，落实责任到人，保证行政事业资产数据详实。圆满完成资产年报及产权登记工作。

【政府资产报告试点工作】 5月24日，召开2016年度政府资产报告试点工作会，统计上报编报范围内单位、部门经管的国有资产。会议对全县2016年度政府资产报告试点工作进行动员和部署，提出政府资产报告工作的具体要求、并对政府资产报告工作的推进与落实做出布署和安排；同时对政府资产工作报告系统软件的应用及相关报表的填报开展业务培训，并公布政府资产报告试点工作网络交流平台，方便各单位参会人员进行沟通交流、分享经验，确保报告编制工作按时保质完成。共统计上报部门、单位44家，政府经管资产总价值31.3亿元，其中政府储备物资0.2亿元，公共基础设施6.3亿元，自然资源资产6.5亿元，保障性住房等其他经管资产1.3亿元。

2017 年 2 月 16 日，全县 2016 年度企业国有资产统计评价与绩效考核工作会（巩　政　供稿）

社保基金等受托代理现金资产 17 亿元。

【国有资产配置】　参照中央、省、市出台的有关国有资产配置文件，印发《东平县行政事业国有资产配置管理暂行办法》和《东平县行政事业单位部分通用设备配置标准(2017试行)》文件，进一步规范资产配置备案登记工作流程，提升资产监管精细化水平。

【国有资产监管】　充分利用互联网技术，通过门户网站的形式搭建“东平县国有资产动态监管平台”，实现行政事业单位及国有企业的现有资产、待处置资产、已处置资产、资产变动情况等动态监控。设立“资产处置”模块，将领导信息、管理员信息、竞买人信息统一录入系统，通过审核的竞买人可以参与竞买，工作人员及公证处等可以通过处置平台随时监督竞买情况，通过网络公开处置的方式，确保资产处置公开、公正、公平和阳光操作。同时与现有在政务内网运行的行政事业资产管理平台相结合，对行政事业单位和国有企业资产情况进行动态管理和查询，全面记录各类资产信息，形成来源可溯、去向可查、监督留痕、责任可究的完整信息链条。通过前期软件系统的调试运行和网络拍卖规则制度的调整完善，9 月 20 日，首次采用自建网络平台对部分公车进行公开处置，资产处置网络化优势明显，资产处置平均溢价率达到 61%，远高于上半年资产处置溢价平均水平。

【国有资产处置】　2017 年，严把国有资产处置审批程序关，通过公开拍卖方式进行处置、出租国有资产，全过程由县公证处公证，切实做到公开透明。至年底，行政事业单位国有资产有偿使用收入 435.9 万元。其中车辆和设备处置收入 41.5 万元，房屋土地租赁收入 394.4 万元；国有企业处置收入 448.6 万元。国有资产的公开处置遵循市场定价的处置模式，防止国有资产流失，实现资产评估价值基础上的增值。

【国有企业统计评价】　全县汇编国有企业 24 户，资产总额 43.7 亿元，与上年相比减少 1.9 亿元，负债总额 29.8 亿元，与上年相比减少 1.1 亿元，所有者权益总额 13.9 亿元，与上年相比减少 0.8 亿元。

【融资管理】　2017 年，新增国有企业 7 家。县国资局抽调专人与县财政局、金融办等单位组成工作组，协助山东平安昌顺融资性担保有限公司开展筹备，于 11 月 1 日正式揭牌营业，公司注册资金 3 亿元。同时，以山东博恒资产经营有限公司等国有企业为融资主体，在县内“三大工程”建设、全县义务教育薄弱学校改造工程、棚户区改造、105 国道改扩建等项目建设发挥重要作用。加强与财政投融资中心的业务对接，严格资金拨付手续。2017 年，累计拨付各乡镇项目建设资金 1.65 亿元。为 6 家国有企业办理 14.31 亿元的融资贷款业务。同时，加强国企聘用人员监管

和融资风险防控。严格公司招聘人员的报批管理制度，完善企业人员进入退出机制；严格执行《国有企业重大事项报告规定》，落实国有企业重大事项报批报备管理，最大限度降低各类风险，严防遗留问题和国有资产流失情况发生。

【创卫工作】 县国资局在确保各项本职工作开展的同时，严格按照片区包保任务落实责任，抽调精干力量采取一切必要措施靠上工作。出动300余人次、清运垃圾、渣土2500余吨、清理背街小巷11条，改造老旧小区1处，完成各项创卫工作任务。

（周　峰　巩　政）

【概况】 2017年，县检验检测中心紧紧围绕全县社会经济发展大局，严格执行检验检测有关法律法规，加强检验检测能力建设，积极发挥省级检验检测技术公共服务平台作用，为政府执法监督部门提供技术支撑，为县域企业创新发展搞好服务，为人民群众消费安全提供技术保障。县检验检测中心被县委、县政府评为县级文明单位。

【检验检测工作】 县检验检测中心拥有有高效液相色谱仪、气相色谱仪、原子吸收分光光度计、原子荧光光谱仪、紫外分光光度计、微波消解仪、酶标仪等各类精密仪器设备130余台套。依据《检验检测机构资质认定管理办法》《实验室资质认定评审准则》等规定要求，组织编制《质量手册》共六章4万余字，明确中心的质量方针目标，建立质量管理、程序控制、技术要求、应急处置等各项规定；编制程序文件35个，对样品管理、药品试剂管理、仪器设备维护和检定、原始记录、清洁消毒、废弃物处置、检验报告的制作发放、内部审核、管理审核、期间核查、能力比对验证、人员培训考核等做出规定。全年检验检测食品465批次，比上年增长15%，其中：企业委托检验284批次、政府性监督检验181批次。

【内部质量控制】 中心严格按照检验检测有关法律法规及《检验检测机构监督管理办法》《检验检测机构资质认定评审准则》要求，不断加强内部质量管理。先后完成实验室《质量管理手册》《质量管理程序文件》的修订、换版工作；3月，按照国家质检总局和国家标准委的要求上报“检验检测机构”统计信息；4月，按要求对实验室全面质量管理情况进行自查，并根据《评审准则》中规定的165个项目提交自查报告；5月，分别接受市、县质量监督部门针对“检验检测机构”内部质量管理控制情况的监督检查，现场检查评价情况为良好。

【标准审查变更】 国家食品标准处于整合期，调整变更频繁。中心明确专人开展标准查新工作，并于4月份组织技术力量对所有检验认证项目进行全面筛查，对需要变更的70个检验项目标准进行梳理上报，并一次性通过省质监局标准审查专家组的审核评查。通过变更使用国家新的检验检测方法标准，锻炼技术队伍，提升检验检测能力。

【能力验证】 6月中下旬，按照省质监局工作要求，组织开展食品检验项目中日落黄、柠檬黄、胭脂红项目的能力验证工作。这次能力验证工作时间紧、任务重；中心专门成立由主任担任组长的技术工作小组，先后对检验检测设备、标准物质、药品试剂、人员操作、环境条件等进行验证及比对试验，确保各项检验数据结果科学准确，并按照时限要求将能力验证结果报送第三方评估机构“深圳市华测检测认证集团股份有限公司”，能力验证结果为全部合格。

【党建工作】 2017年，县检验检测中心党组制定《关于推进“两学一做”学习教育常态化制度化的实施方案》和《关于建设过硬党支部的实施意见》，进一步严肃党的组织生活制度，充分发挥党员领导干部的模范带头作用。党支部在网上开通“山东e支部”，16名党员全部注册登录“灯塔——党建在线”。中心在经费十分困难的情况下，为党员提供固定活动场所，购买投影仪、显示器，组织党员观看专题片和电视直播，制作悬挂党建知识图版。5月26日，组织党员到台儿庄战役纪念馆参观学习，开展党员重温入党誓词活动。6月下旬，在县党员志愿者协会指导下，经党员自愿报名，组建东平县检验检测中心党员志愿者服务队。七一前夕，中心党支部召开专题组织生活会并开展民主评议党员活动；中心“双联四包”干部和第一书记分别到梯门镇西梯门村、东梯门村、山头村、花篮店村和新湖镇辘轳吊村等帮包村开展讲党课活动。8月2日至10日，组织观看专题片《将改革进行到底》，8月29日，中心建设过硬支部的做法在全县进行交流。

【宣传工作】 充分利用政务网站、东平党员之家微信平台、《今日东平》、山东手机报等宣传媒体和网络平台，广泛宣传中心党建、创卫和检验检测业务工作，全年通过各类新闻媒体发表宣传信息76篇。积极参与“3·15”国际消费者权益日宣传活动，通过设置宣传展板、悬挂“公平公正检验 共治共享食品安全”条幅，检测技术人员现场为群众讲解如何快速辨别真假白酒、红酒、黑米、婴幼儿奶粉、蜂蜜，如何快速辨别地沟油，如何避开农药残留超标的蔬菜等食品安全常识，发放中心简介、食品快检常识等宣传资料1800余份，接受群众咨询200余人次，免费为6户县城居民开展室内空气质量检测。

【精准扶贫】 “双联四包”干部和第一书记坚持常年到所包梯门镇西梯门村、东梯门村、山头村、花篮店村，深入贫困户家中进行实地走访，分析致贫原因，区分不同家庭情况建档立卡，制定不同帮扶措施，帮助他们寻找一条适应自己脱贫致富的路子。6月1日，积极开展“六一爱心行动”，到帮包村新湖镇辘轳吊村幼儿园，向孩子们送去书包、文具盒等节日礼物，精心组织开展“六一爱心行动”，向贫困儿童传递党和政府的温暖。9月底，开展中秋节慰问贫困户活动。10月17日，开展“喜迎十九大 走进贫困户”活动。10月28日，开展重阳节走访慰问活动。

【创卫工作】 中心出动创卫工作人员800余人次，投资5万余元，动用大型机械70余台次，清扫街道2.8万平方米，清理花池4500余平方米，清理户外广告800余处，清运建筑、生活垃圾5500余吨。中心多次受到佛山社区创卫指挥部表扬，中心党支部被指挥部推荐为创卫模范党支部，有一名街长被指挥部推荐为优秀街长。

【人才队伍建设】 招考1名研究生充实检验检测队伍。选派3名业务骨干到中认科研（北京）标准化研究院参加内审员培训，到山东中质华检、潍坊华辰海润检测等第三方检测机构以及新泰、肥城、宁阳等市县参观学习，加强岗位培训，提倡继续教育学习，鼓励技术人员平时收集资料，撰写论文，经过不懈努力，全年在国家级刊物上发表3篇论文，有1人晋升为助理工程师，有3人晋升为工程师。

（宫　华）

东平湖·旅游

东平湖

【概况】 东平湖位于县境西部，北纬35°31′~36°20′，东经116°00′~116°30′。东临凤凰山，黄花园、州城、吴桃园等村、镇及湖东排渗河，西濒黄河和京杭运河。北起清河口门，南至金线岭围堤，大汶河在此汇流入黄。东平湖上距桃花峪357公里，下距入海口429公里。总面积627平方公里，其中老湖区（一级湖区）209平方公里，新湖区（二级湖区）418平方公里，常年平均水面124平方公里，蓄水量为40亿立方米，是山东省第二大淡水湖，也是中央直属的全国特大型平原水库之一。

东平湖历史悠久，经历了大野泽、梁山泊、安山湖、东平湖四个时期，是中国古典名著《水浒传》中八百里水泊的唯一遗存水域。清咸丰五年（1855年），黄河夺大清河改走现行河道后，由于淤积抬高，在黄汶交汇洼地，逐渐形成东平湖自然滞洪区。1958年，国务院批准，将东平湖自然滞洪区扩建为综合利用的平原水库。1963年改为二级运用，“以防洪为主，有洪蓄洪，无洪生产”。新中国成立至21世纪初叶，东平湖先后7次分滞黄河洪水。库区人民为完成黄河防汛任务，几经移民、返迁，做出巨大牺牲和贡献，长期陷于贫困状态。东平县是全国第二、山东省第一移民大县，20世纪50年代东平湖24.5万移民，为执行“四保”任务，实施搬迁。进入21世纪后，国家实施大中型水库移民后期扶持，每年拨付资金扶持移民发展生产和改善居住条件。中共十八大以来，党中央、国务院和山东省委、省政府把东平湖移民列为精准扶贫的对象，在东平湖沿岸实施大规模避险解困、安居乐业扶贫工程，至2017年底，住宅区和产业区工程建设取得重大进展。

东平湖三面环山，绿水青山的自然风光，景色秀丽迷人。沿湖国家级湿地公园，水之柔、苇之绿、鸟之奇、景之秀的天然风貌，给游人舒雅、恬静、浪漫的原生态享受。东平湖风景区，是国家旅游总局推出的“水浒”旅游热线核心景区、游山嬉水的绝佳去处。湖岸“七十二山峰”险峰幽壑，道教胜迹、石刻艺术溶为一体，腊山被誉为“小岱峰”，东平湖史上号称“小洞庭”。运河之心的戴村坝被联合国列为世界非物质文化遗产，三教合一的白佛山为国家级非物质文化遗产，投资30亿元精心打造的白佛山文化产业园已开园接待游客。乐居东平湖，可近看梁山、南游曲阜、北走泰山、西览景阳岗、光岳楼、曹子建墓等，胜景重重，古迹处处。历史上，周穆王曾来此狩猎，隋代瓦岗军首领李密曾在此留驻，唐朝药王孙思邈曾在此采药行医，道教全真龙门派始祖邱处机在此修行。这里又是程咬金、阮氏三雄的故乡，晁盖、吴用等初上梁山的起义根据地，水泊梁山的北路门户，自唐宋以来，腊山庙会延续至今。

21世纪初，国家实施南水北调东线工程，于2012年5月竣工通水，东平湖除承担黄河

防汛任务外，又增加调蓄供水功能，其重大战略地位更加凸显。南水北调，从长江下游江苏省扬州都泵站开始，十三级提水通过八里湾泵站进入东平湖。东平湖作为南水北调东线工程的主要调蓄湖，分两路向北穿黄向鲁北及天津自流输水，向东经济平干渠向济南及胶东半岛自流输水。作为国家南水北调、山东西水东送的重要枢纽和水资源地，又是“蓝黄战略”水资源配置中黄河的滞洪水库，担负着助推天津、鲁北和济南都市圈经济和社会发展，保障西部经济隆起带水环境安全的东平湖，其生态环境的保护和水质的洁净达标以及沿湖移民群众的脱贫奔康，关乎国家和社会发展大局，备受国家水利部门和世人关注，成为对各级政府尤其是东平地方政府综合治理、统筹协调能力的重大考验。

南水北调东线工程的竣工和京杭运河两湖段的复航，事实上改变了东平湖作为黄河单一蓄滞洪区的定位，东平湖的管理日趋复杂。东平湖的堤防工程和分洪闸、泄洪闸等防汛设施由黄河管理委员会下属的东平湖管理局东平管理局、东平湖管理局东平黄河河务局管理，其规格为副处级；作为南水北调东线工程的八里湾泵站、陈山口出湖闸、魏河出湖闸、子路穿黄工程由南水北调东线工程运营机构管理，其规格为副处级、处级；京杭运河的八里湾船闸等由市以上交通部门管理；东平湖其他事务及相关事项由县政府有关职能部门管理。

东平湖管理委员会

【概况】 县东平湖管理委员会（简称县湖管委）为副县级事业单位。核定事业编制15名，配备主任1名，副主任3名。内设综合、调水管理、玉斑堤引水闸调水管理处三个副科级科室，财务、开发规划、八里湾泵站调水管理处三个股级科室。2017年，县湖管委深入贯彻落实中共十八届历次全会和习近平系列讲话精神，结合开展“两学一做”和“双提双增”活动，以东平湖综合整治、保护东平湖生态环境为重点，认真履行县政府赋予的各项统筹协调职能职责，切实做好东平湖用水管理、保护开发、利用调度、合理配置、有偿使用等工作，圆满完成各项统筹协和东平湖治理任务。

【清网、销鱼、转产】 鉴于保护东平湖生态环境和南水北调东平湖调蓄水质达标的需要，2017年，县湖管委围绕“清网、销鱼、转产”三大工作重心，按照县委、县政府总体部署，大力开展东平湖及周边综合整治工作。全年共清理网箱网围占用水面12.6万亩，倾销湖内存鱼1614万公斤。采取具体措施六项：一是加强领导，层层落实责任。年初，成立东平湖综合整治指挥部，县级领导分别担任指挥、副指挥，办公室设在县湖管委。按照“属地管理”原则，明确沿湖乡镇（街道）党政一把手为第一责任人，靠前指挥，现场办公；落实包保责任制，副乡级干部、包村干部，包村包户制，责任到人。二是强化舆论宣传。1月8日，召开东平湖网箱网围集中整治动员会，县政府发布《关于东平湖网箱网围集中整治的通告》，明确规定东平湖养殖区面积控制在2万亩以内。2月12日，发布《关于彻底取缔东平湖投饵养殖的通告》。利用县电台、电视台、《今日东平》、《泰山晚报》东平读本、东平手机报、东平报微信平台、手机短信等七大新闻媒介，广泛开展政策宣传；通过悬挂横幅、张贴标语公告、发放致东平湖区广大渔民的一封信、播放大喇叭等形式，形成强大的舆论声势。组织宣传队伍在沿湖重点村庄开展巡回宣传，接受群众咨询。三是调研走访，与群众交心。坚持鼓励养殖户自清、镇村帮助清理、依法强制拆除相结合。动员相关镇村干部逐村、逐户走访调查，了解群众诉求。通过深入宣传政策、讲解法律法规，对比算账，分析利弊，晓之以情理，争取群众的最大理解支持。利用在外工作人员、亲朋好友等，参与动员养殖户自行退出养殖，自行拆除各类网箱网围设施。四是加强巡查执法，拆除网围网箱。协调组织水产局、环保局等部门，出动9只执法船，组成水上巡查队伍，实行不间断巡查，发现私设网箱网围，坚决予以拆除；发挥公安机关的职能作用，坚持以打开路，重拳出击，抽调特巡警大队20名警力，三辆巡逻车，与沿湖派出所组成巡逻队伍，沿重点村庄、重点地段常规巡逻，摸排调查重点人员与线索，发现违法犯罪，坚决予以打击，营造严打重治高压态势，形成震慑作用。五是取缔投饵，销售存量鱼苗。首先拓清鱼苗存量。县湖管委牵头环保、市场监督、畜牧兽医、公安等部门，组成鱼饲料市场整顿工作组，调查走访沿湖乡镇鱼饲料生产、经营业户，逐村逐户核实养殖户鱼苗存量，发放明白纸，下达告知书，严禁销售进湖饲料。发现投饵养殖行为，追究饲料经营业户责任。鱼苗销售。经过摸排，东平湖除暂养区投放的鱼苗，需要处理鱼苗约有1000万公斤。各乡镇与养殖户签订自行处理协议书，提高自行销售主动性；乡镇帮助养殖户出路想法，动员尽快出售；县水产局与外地客商联系，引进运销大户来东平购买鱼苗。严查安机投饵行为。在沿湖重点暂养区设立警务室，安装高清监控设备，24小时有效监控，依法严厉打击“安机投饵”“偷投偷喂”等行为。六是引导转产转业。湖管委把库区群众对美好生活的期盼作为东平湖综合整治出发点，通过策划项目、争取资金扶持、开展技能培训，引导帮助沿湖群众转产转业。帮助村集体策划出一批生态旅游、畜禽养殖、湖产品深加工、农家乐等产业项目，扩大就业岗位，增加群众收入；协调移民、水产、畜牧等八个相关部门，全面对上争取，落实资金、技术支持等优惠政策，推进村级产业项目落地；协调人社、就业部门，加大转产渔民技能培训，广谋就业岗位，引导富余农村劳动力向非农业和城镇服务业转移，解决广大渔民群众的后顾之忧，东平湖综合整治三大重点工作取得初步成效。

【餐饮船只、场所及违建整治】 8月起，按照中央环保督察和省市县环保督察整改领导小组指示精神，东平湖综合整治指挥部积极开展湖区餐饮船只整改和沿湖违建工作。8月14日，召开东平湖取缔湖区餐饮场所暨违法建设清理工作专题会议。8月15日，指挥部责成县湖管委牵头，组织环保局、公安局、市场监管局等部门联合属地乡镇，对沿湖21只餐船全部予以查封，令其停止营业。8月16日始，对污染水体的餐饮船只进行拆解、分割，共拆除餐饮船21艘。取缔东平湖周边违章建筑、违规餐饮场所。坚持“属地管理、部门配合、全面推进”原则，采取镇、村干部包村包户，做好深入细致的思想工作，鼓励湖边餐饮店户主动退出经营，违章建筑物自行撤除，逾期不拆除者，有执法队强行拆除。共计拆除东平湖周边违章建筑、违规餐饮场所79家。

【南水北调东平湖调水】 2017年，县湖管委与南水北调管理

2017年2月，县湖管委组织开展航道保护宣传活动 （刘国庆　供稿）

单位和黄河流域管理机构加强协调，及时获取每日调水水情，掌握东平湖水位变化，切实做好老湖水情监测工作，确保东平湖运用水位40.5米和水生态安全。在东平湖水位较低时，及时向省市南水北调管理部门反映情况，停止东平湖向外调水，维护库区群众的正常生产生活秩序。全年协调完成调水8.6亿立方米。

【引黄济湖工程】 东平湖是大汶河来水的承载主体，大汶河流域来水多少，决定着东平湖的蓄存水量。受地理区位和气候条件影响，一旦遭遇连续干旱、上游来水不足时，东平湖生态环境极易遭到破坏。县湖管委把做好引黄济湖协调工作作为重要职责，规划建设引黄济湖工程，从梁山县国那里引黄闸引黄河水，经戴庙引黄灌区总干渠自流至二级湖堤，在桩号7+750处新建进湖闸，实现黄河向东平湖自流调水，保持东平湖合理水位。湖管委会同水利局协调市县黄河部门，推动引黄济湖工程尽快实施，协调联合成立供水公司，完善相关手续，协调南水北调争取供水指标，发挥大汶河来水、黄河来水最大效益，以保护东平湖生态环境和水质安全，促进当地经济社会发展。

【创卫工作】 2017年4月，全县创建国家卫生县城工作部署会议后，湖管委组织干部职工积极参与，按照创卫标准，认真做好办公区的改造升级、卫生清扫。每次社区集中活动，机关干部全员上阵，主动承担网格内难度最大的地段清扫。成立湖管委党员志愿服务队，发挥共产党员的先锋模范作用，每天安排至少2名机关干部到社区集合，宣传政策、清扫路面、清理垃圾。至年底，经连续奋战8个多月，圆满完成县创卫领导小组安排的各项任务，为全县创建国家卫生县城通过验收做出贡献。

（刘国庆）

东平湖管理综合执法局

【概况】 县东平湖管理综合执法局隶属于东平县东平湖管理委员会，实有编制人员19人，设局长1名，党总支书记1名，副局长2名。有执法监督、规划监督、清河执法中队、老湖执法中队、大安山执法中队5个职能科室。2017年，围绕贯彻落实中共十八大精神和开展“两学一做”活动，立足于保护和改善东平湖区生态环境，促进湖区经济社会可持续发展，按照县委、县政府总体部署要求，以“清网净湖”为总抓手，发挥排头兵、先锋队作用，积极投身东平湖及周边综合整治集中行动，全年共拆除网箱6.7万架、网围8万亩，销售和转运存鱼1614万公斤，拆除餐饮船舶21艘，违章建筑79处，关闭取缔违规餐饮场所25家，全面实现东平湖区“三没”“四无”目标，即：没有网围网箱、没有餐船、没有违章建筑；无网箔、无竹竿、无漂浮物、无污染源头，为保护东平湖生态环境，发展东平湖旅游做出贡献。2017年，被评为全县行政执法工作先进单位、“平安东平”建设先进单位，受到县委、县政府表彰。

【综合整治宣传】 牵头组织沿湖8个乡镇（街道）和15个相关县直部门通过流动宣传车、张贴宣传标语、横幅、发放明白纸、设立咨询台等方式，全方位不间断的宣传《县政府通告》和《致全县广大渔民的一封信》及相关法律法规。集中宣传咨询活动，摆设宣传咨询点9处，悬挂横幅50条，张贴通告500余份、标语130条、出动宣传车328台次、发放明白纸7600份、现场解答群众咨询367人次，为集中整治创造出良好舆论氛围。执法人员进村入户，与群众面对面、心交心，耐心细致地向沿湖群众讲法规，讲政策，使他们充分认识绿水青山就是金山银山与靠山吃山、靠水吃水的辩证关系，认清保护好东平湖水质安全，既是造福子孙后代的民生工程，也是贯彻落实中央环保督察整改和确保一湖清水永续北送的政治任务。通过给群众对比算账，分析利弊，动之以情、晓之以理，得到群众理解支持。许多群众自觉退出湖内养殖，自行拆除养殖设施、违章建筑。在确保群众少受损失的前提下，推进依法清理工作顺利进展。

【网箱网围清理】 1月8日，东平湖网箱网围设施集中整治动员会召开。县政府成立东平湖综合整治领导小组，制定《东平湖网箱网围设施集中整治工作实施方案》，与沿东平湖、大清河乡镇（街道）签订目标责任书。按照63号县长令要求，坚持事不过夜，迅速行动，执法局成立由局长任组长的整治领导小组，兵分东西两个“战区”，切实抓好《实施方案》落实。利用处罚权集中优势，严格执法，重点打击违法违规养殖行为。把握时间节点，倒排工期，依照“一根竹竿不留、一片网围不剩、一斤鱼不存”目标要求，于12月25日前，彻底清除水面上所有的网箱网围、竹竿和存鱼，“清网净湖”取得全面胜利。此后安排执法队员，与相关单位密切协作，强化值班巡查，严防死守，严格管控各乡镇网箱网围清理水域，防止反弹，杜绝私自乱圈乱占水面、电鱼、禁渔期捕鱼等各类违法行为，巩固集中整治成果。

【严打非法投饵】 实施南水北调工程后，作为重要调蓄功能的东平湖，确保水质清洁达标，关乎亿万用水群众的饮水安全与身体健康。饵料养鱼是重要的水污染源，必须严加治理。2017年，综合执法局一线执法人员全勤到岗，分工负责人靠前指挥，兵分“水路”和“陆路”两条线，实现24小时执法无缝隙，全覆盖进行巡查监管，依法严厉打击“安机投饵”“偷投偷喂”等行为，形成强有力的震慑。在沿湖群众中逐步形成违规必究的敬畏感和遵纪守法的自觉性。

2017年4月17日，东平湖集中售鱼清网 （刘红彦 供稿）

【清理违建与餐船】 各执法中队把维护沿湖环境秩序作为重要监管职责，认真贯彻落实东平湖综合整治工作现场会议精神、县人大视察东平湖综合整治提出的建议。6月，中央环保督察组下发关于全国生态保护相关问题的通报，涉及到东平湖自然保护区存在的问题。县委、县政府连夜召开会议，研究整改措施。东平湖管理综合执法局紧跟上级部署，逐乡镇（街道）、逐村、逐户下达《限期改正通知书》，安排执法人员进村入户，宣讲相关政策，对违章建筑和湖区内餐船逐一排查，依法进行拆除，劝导沿湖群众禁止随意搭建，避免不必要损失。加大力度查处辖区乱摆乱放、无证施工等违法行为。全年清理乱摆乱放广告牌28处，查处违章施工7起，制止乱倒渣土、垃圾行为11起。坚持依法执法、公正执法，柔情执法，一视同仁，不讲人情，对违章建筑和湖区内餐船坚决拆除，赢得沿湖群众拥护支持。

【查处“三无”船舶】 各中队按照县长63号令，联合景区管委、水产局、海事处等单位，认真行使处罚权限，对各游船码头无证船舶、非法营运、挂桨机非法载客等“三无”船舶违法行为，加大查处力度。针对一些游客贪图便宜，乘坐“三无”船舶的现象，执法人员加强水上和路上巡查力度，发现违法船舶，给予严厉处罚。制止小划船非法载客26船次，查扣“三无”船舶一艘，挂浆机非法载客一艘，保证旅游船只规范运营，促进水上旅游秩序安全稳定。2017年，朱士民被评为全县行政执法工作成绩突出个人，李敏被评为全县优秀共产党员。

【湿地保护】 东平湖国家湿地公园，位于东平湖滨，南起州城街道王庄村旧址，北至老湖镇二十里铺村，西起老湖镇后仓村旧址，东至水浒古镇码头。此生态景观长廊，为东平生态文明建设的名片。县执法局严格落实东平湖湿地保护规划，依法严厉打击在东平湖湿地及裸露土地上乱搭乱建、乱开乱挖、乱栽乱种、焚烧芦苇、乱挖芦根等破坏生态环境的违规违规行为。3月，通过调查取证、听证、立案，依法查处老湖镇赵××违规种植，破坏湿地150余亩案件，并给以严厉处置。各中队坚持认真巡查和接报案，全年扑灭芦苇起火点9次，其中联合消防中队，扑灭较大火势5次。确保湿地以水之柔、苇之绿、鸟之奇、景之秀的自然风貌，给游人以舒雅、恬静、浪漫的原生态享受。

（朱士民　刘红彦）

东平湖渔业

【概况】 东平县水产局为正科级事业单位，全额拨款编制20名，其中局机关13名，水产技术推广站7名。内设人秘、生产科技、财务、安全生产管理四个科室。辖县水产技术推广站、渔政监督管理站、山东渔业船舶检验局东平检验站、山东渔港监督局东平监督站、县第一、第二淡水养殖试验场、渔业有限责任公司。差额拨款编制30名，经费自理编制22名。

2017年，围绕渔业增效、渔民增收和渔区可持续发展，扎实推进渔业重点工作，狠抓项目建设，加强东平湖渔业资源和生态保护，全县渔业生产呈现出养殖规模化生产、品种结构逐步优化、渔业社会化服务体系基本健全、产业化生产格局逐步形成的良好局面，全县水产业持续、稳定、健康发展。连续多年保持市级文明单位称号，被评为年度全省渔业示范县、全省渔业与海洋先进集体。

【渔业品种与产量】 2017年，全县水产养殖面积5.6万亩，实现水产品产值15.4亿元。完成水产品产量7.21万吨，其中捕捞产量2.14万吨，养殖产量4.97万吨，主要有鲤鱼1.42万吨、草鱼9900吨、鲢鱼5400吨、鲫鱼3500吨、鳙鱼2300吨、鲶鱼1100吨、乌鳢1000吨、青鱼700吨、河蟹1300吨。

【人工增殖放流】 2017年，投资720万元，向东平湖放流各类优质鱼蟹苗种2920万尾只，同比增加1740万尾（只）。其中，根据省海洋与渔业厅有关通知要求及近年东平湖渔业资源状况，投资500万元，于4月11日至19日、7月14日，向东平湖投放优质鱼蟹苗种1850.41万尾（只），包括均在100毫米以上鲢鳙鱼609.52万尾、青鱼152.77万尾、草鱼403.87万尾、鲤鱼318.078万尾，扣蟹366.17万只。按照《山东省渔业资源

2017年4月，东平湖投放优质鱼蟹苗　　（白静静　供稿）

修复行动计划项目管理办法》《淡水渔业资源增殖放流项目管理办法》和《山东省渔业资源修复行动计划专项资金管理管理办法》规定，投资 220 万元，于 4 月 11 日至 19 日、6 月 6 日，向东平湖投放优质鱼蟹苗种 1191.38 万尾，其中 100 毫米以上鲢鳙鱼 366.08 万尾、草鱼 184.02 万尾，50 毫米以上黄河鲤鱼 432.46 万尾、扣蟹 208.82 万只，保障和提升东平湖渔业生态环境。

【推广渔业新品种、新技术】 乌鳢、河蟹、大青虾、黄颡、黄河鲤、甲鱼等品种成为东平水产养殖主导品种。2017 年，重点推广池塘低碳高效循环水生态养殖技术，引进鲈鱼、翘嘴红鲌、罗非鱼、黄河鲤鱼等名优品种，进行池塘低碳高效循环水生态养殖试验。7 月 18 日，省淡水渔业研究院与县政府签订政产研服用战略合作书，为东平水产业发展注入技术活力。推进“三品一标”（无公害农产品、绿色食品、有机农产品、农产品地理标志）认证工作，有县第一淡水养殖试验场、县仓园人家农业开发有限公司等 9 家单位认证为无公害，甲鱼、鲤鱼、草鱼、大青虾、乌鳢、鲢鱼、鳙鱼等 7 个水产养殖品种获得国家无公害认证，认证面积 2.16 万亩。组织县第一淡水养殖试验场和县水产技术推广站成功申报“东平湖大青虾”和“东平湖鲤鱼”国家农产品地理标志产品登记工作，保护范围为整个东平湖 25 万亩水域。全县“三品一标”认证率达到 87.8%。

【对上争取及重点项目】 2017 年，完成对上争取资金 1748 万元，其中增殖放流项目 720 万元，东平新湖金岸现代渔业示范区项目 200 万元，渔业精准扶贫项目 828 万元。强力抓好重点项目实施：圆满完成人工增殖放流项目，向东平湖放流各类优质鱼蟹苗种 2920 万尾只。东平新湖金岸现代渔业示范区项目，建设园区标准化养殖池塘和配套设施，已上报项目立项方案。休闲渔业项目投资 800 万元，建设仓园人家休闲渔业公园、东平湖休闲渔业公园、昆仑山休闲渔业公园、县第一淡水养殖试验场休闲渔业公园。投资 100 万元，实施现代渔业发展平台项目，初步形成养殖、运销、加工、休闲渔业发展格局，各业发展平衡、结构合理、效益良好，全省最大淡水渔业“放心鱼”生产基地初见端倪。落实渔业精准扶贫，投资 600 万元，实施泰安市渔用绳网生产加工项目，安置贫困户就业实现脱贫。投资 228 万元，在 6 个贫困村，分别建设观赏鱼养殖大棚；推进东平湖国家级水产种质资源保护区项目，总面积 2800 公顷，保护和增殖东平湖日本沼虾、黄河鲤、乌鳢、黄颡鱼、鳜鱼、甲鱼等种质资源、经济物种及其生长繁育环境。保护区为常年禁渔区。争取省厅项目资金 1200 万元，在老湖镇辛店铺村南东平湖水域建设生态渔业观光平台项目。投资 800 万元，在老湖镇旅游码头北土地、水域区域建设 200 米渔港码头，2017 年年底两个项目完成立项。

【渔政监督管理】 县渔政监督管理站下设老湖、大安山、清河 3 个分站，配有渔政执法船 3 艘，执法快艇 3 艘，冲锋舟 3 艘，承担全县的渔政管理、渔港监督、渔船检验、水产品质量监管、渔业安全生产等工作。提升渔业资源养护水平，全面落实禁渔区、禁渔期（4 月 1 日至 7 月 31 日）和捕捞许可证制度，完善落实水域养殖证制度和东平湖水面管理使用办法。2017 年年初，开展东平湖综合整治，全方位、无死角、拉网式对东平湖及周边环境进行集中整治，腾空水面 12 万亩，拆除网箱 6.7 万架、网围 8 万余亩，调出销售湖内存鱼 15 万吨。深入推进“平安渔业建设”，加强养殖生产管理，规范养殖生产秩序，严厉打击电鱼、毒鱼、稠网密箔、绞网等违法作业行为，查处“三无”（无船名船号、无渔船证书、无船籍港）“三证不齐”（检验证、登记证、捕捞许可证）渔业船舶，严查渔业船舶非法载客载货行为。按照《渔业船舶检验条例》规定，完成年度渔业船舶检验工作，历时2个月，组织专业人员，高标准检验全县渔业船舶4500余艘。

【水产品质量安全监管】扎实开展水产品质量安全及水产品抗生素、禁用化合物及药物残留专项整治活动，做好养殖环节渔业投入品使用监管。全年组织渔业执法大检查3次，出动执法人员72人次，对县孟良鱼药门市部等2家渔药投入品经营门店和县第一淡水养殖试验场等10家养殖生产单位、12个养殖场户集中执法检查。水产品质量安全检测工作，严格把关，将全县养殖典型场户、标准化养殖基地、渔业专业合作组织等，纳入省水产品质量检测数据库。开展水产品质量检测11批次，检测样品84个，检测合格率达100%，逐批次逐品种送样，委托检测东平湖渔业资源增殖放流苗种，并发布信息，将检测结果向社会公布，确保上市水产品达到国家无公害标准。

5月，组织开展第十六个全国"安全生产月"宣传活动（白静静 供稿）

【渔业安全生产】2017年，深化"大快严"集中行动和专项整治，加大暗查暗访、跟踪督查，强化事故隐患排查治理力度。全年组织渔政、船检、港监执法人员1736人次，深入渔区、渔港码头和渔船集中停泊点开展执法检查，查处违法违规行为12起，处罚12起，罚金5600元。深化安全宣传教育，增强渔民安全意识，与每艘渔船主签订《东平县渔业船舶安全生产责任书》。利用"安全生产月""五一""十一"和渔业船舶集中检验等时间节点，大力宣传渔业船舶安全生产知识，印发《东平湖渔业船舶作业须知》《宣传政策规定、惠及渔民群众——2017年渔船检验及渔业生产明白纸》等宣传资料1.2万份。强化渔船修造企业监管，落实企业安全生产主体责任，督导6家获得资质认定渔船建造企业，按照山东渔业船舶检验局论证选定的7、8、9米三种标准船型推广选用。监管渔船修造秩序，杜绝低质量渔船和"三无"渔船的产生，确保渔业生产安全。做实渔船检验暨"专家查隐患"工作，与有关乡镇组成联合工作组，在9月至11月，集中审验，排查全县境内登记的机动渔船，整治安全隐患34项。按照"一船一档"及时整理、归档渔船检验档案，编制渔业船舶"一行一册"安全生产监管数据库，加强渔船安全生产监管平台建设。加强应急值守，修订完善《东平县渔业生产安全事故应急救援预案》，建立与气象、交通海事等部门应急协调联动和快速反应机制。严格执行领导干部到岗带班、重要节假日24小时值班制度、渔业水上事故信息报告制度，确保突发渔业安全事件及时有效进行处置、准确上报。

（白静静）

东平湖移民管理局

【概况】东平县东平湖移民管理局干部职工68人，其中，全额事业编制19人，自收自支49人。设局长1人，党委书记1人，副局长3人。内设人秘、财务、移民管理、质量监督、开发管理、安监办六个职能科室；下设东平湖开发工程处、综合服务中心、移民培训中心三个自收自支事业单位。14个乡镇均设立移民开发办公室。2017年，学习贯彻中共十八大精神和习近平总书记系列讲话，开展“两学一做”活动，继续抓好国家和省市县关于大中型水库移民相关政策的贯彻落实，在做好东平湖移民直补资金发放、移民人口核减及项目扶持常规型工作的同时，积极参与组织实施东平湖移民避险解困、精准扶贫工程，做好移民技能培训、信访维稳、招商引资及创建国家卫生县城工作。2017年，保持全国移民后期扶持先进单位、省级文明单位，全省信访工作先进单位等荣誉称号。

【移民后扶政策落实】 直补资金发放。国家对大中型水库移民实施后期扶持政策已12年。2017年，继续按照县政府《关于东平县大中型水库移民后期扶持资金发放工作实施方案的通知》，整体搬迁村移民实行资金直补。依据《库区移民资金领取指南》规定的发放范围，切实做好移民直补资金发放工作。坚持每季度发放一次，每人每次发放150元。资金直接由国库划入在农村信用联社（农村合作银行）营业部开设的移民个人专用账户，以存折“惠农一卡通”的形式发放。由乡镇政府负责，凭本人身份证（或户口簿）领取。至年底，共计发放移民直补资金9620万元。移民人口核减。落实县政府《关于做好大中型水库移民后期扶持期内人口核减登记工作的通知》，继续做好政策规定的移民人口核减工作。凡是户口迁出本村、死亡、被收监执行的，逐人进行登记造册。每季度核减一次，被核减人员取消扶持资格，全年共核减移民人口4920人，其中死亡核减1638人。人口核减资金由县政府收回专户储存，统筹用于移民工程项目建设。分散安置村项目扶持。全县有255个村5.99万人实行项目扶持。2017年，规划项目210个，总投资3600万元，组织实施项目168个，占规划项目的80%，其中完成项目109个，占实施项目的65%。

【移民避险解困工程】 东平湖移民避险解困工程，是县移民局规划争取的国家重点精准扶贫项目。自实施以来，县移民局积极投入人力物力和精力，抢抓进度、狠抓落实，明确目标责任，扎实推进工程建设进度，坚持问题、问效、问需、问计、问责“五问”导向，倒排工期、挂图作战，强化现场调度、现场解决问题，保证工程建设顺利推进。至2017年年底，一期工程规划建设的7个移民社区，完成投资10.7亿元，建设楼房299栋，建筑面积85.32万平方米，其中完成主体封顶282栋，具备回迁条件的260栋，完成搬迁入住4076户，13776人，其中帮扶对象3172户、11423人。二期工程4个社区，完成投资6.68亿元，建设楼房233栋，开工建设190栋，4900套房屋，建筑面积51.78万平方米，完成封顶160幢，旧房拆除1079户。三期工程3个社区，完成投资3.52亿元，建设楼房160幢，开工建设116栋，完成封顶47幢，正在楼层建设的69幢，3200套房屋，建筑面积

老湖镇凤凰社区移民文化活动广场 （孙其朋 供稿）

35.22万平方米，完成旧房拆除55户。

【对上争取与小额贴贷】 2017年，认真做好各类项目的考察论证，并做好呈报联络督办工作，分批次争取2016年度结余资金和小水库帮扶项目88个，总投资1.06亿元，完成整个工作量的95%。立足于鼓励引导库区移民就业创业，县移民局认真做好纳入贴息范围的贷款工作，通过进行资格审核，全年落实库区纳入贴息范围的贷款1.1亿元，涉及贷款户516户，贴息金额320万元。

【精准扶贫】 按照县委、县政府工作部署，依托省市移民主管部门精准扶贫相关政策，抽调专人成立机构，梳理数据，拓清底子，整合政策全力攻坚。全年争取到位精准扶贫专项资金5285万元，用于库区建档立卡贫困移民产业扶持，增加贫困移民收入。工作中，充分征求贫困移民代表、移民村、乡镇（街道）意见，科学规划精准扶贫项目110个，其中，实施完毕并通过竣工验收项目53个，剩余57个项目，待前期勘测设计后投入建设，14个脱贫项目编制完毕实施方案，进入招投标阶段。

【招商引资】 年内，完成招商引资2个，到位资金2600万元。河北省依之天都裘毛加工项目，注册名称为山东博泰有限公司，设在老湖镇移民产业园区。依托老湖镇传统特种动物养殖，发展裘毛深加工，总投资3000万元。其中投资1350万元，建设万只特种动物养殖基地，办理征地程序100亩，10月，特种动物良种全部到位。建设裘毛深加工以及裘毛成品展厅。项目采取公司+养殖户发展模式，带动一批移民群众就业，依托养殖增加收入。烟台羊绒加工项目，在老湖镇宋园村建设，引进烟台客商投资1250万元，建设服装加工厂，注册名称为山东嘉诺有限公司，公司占地10亩，建设两层服装加工车间，面积2000平方米。

【移民技能培训】 2017年，举办移民村干部、精准脱贫项目培训班5班次，培训移民干部、群众401人。按照移民避险解困“两区共建，统筹发展”原则，依托库区原有移民扶持项目和特色产业，结合各自资源禀赋和区位优势，在征求移民意愿的基础上，相继开办电子商务、农家乐、渔家乐、农副产品加工、大棚蔬菜种植等培训班。有针对性的为库区移民群众提供致富技术，拓宽移民致富途径，扩大就业渠道，为解决移民搬迁就业安置问题，提供“智力”支持。

【信访维稳】 2017年，县移民局带着对库区移民的深厚感情，充分考虑移民群众的合理诉求，以高度事业心和强烈的责任感，认真负责地做好信访工作。成立移民信访领导小组，建立公开接访制度。每月1日和16日为局级领导干部公开接访日，每月召开一次信访干部例会，听取信访工作情况汇报，及时排查信访因素和苗头，耐心做好移民群众思想政治工作，及早研究解决问题的办法和措施。确保各类矛盾纠纷发现得早、化解得了，控制得住，处理得好。2017年，共接待移民信访120人次，均给予合理解决，没有发生一起越级上访案件，保持全省信访工作先进单位称号。

（孙其朋）

南水北调

【概况】 东平县南水北调办公室为正科级全额事业单位，定编5人，设主任1人，副主任1人。2017年，按照“定准位、站好队、建项目、调好水”的工作思路，深入贯彻落实中共十八大和十八届历次全会以及习近平总书记系列讲话精神，结合开展“两学一做”教育，围绕“重效率、勇担当、作表率”和“双提双增”大讨论活动，认真抓好东平湖蓄水影响处理工程完工验收和尾工建设，做好对上争取途经区域群众生产生活安置补偿和开发扶持及包村脱贫工作，积极参与国家卫生城市创建，圆满完成上级交办的各项任务，被泰安市南水北调工程建设管理局授予“南水北调工程建设管理工作先进单位”称号。

【调水协调】 2017 年，根据南水北调东线工程利用东平湖进行调蓄长江水，汛期不调水，非汛期进行蓄水调节的功能定位，牢固树立“献一腔无限忠诚、保一湖碧水北送”工作理念，在南水北调东线工程通水运行期间，切实做好通水运行保障各项工作，协调工程沿线相关乡镇、村，克服多种困难，协助做好水质保障以及沿线群众人身安全、工程安全保障工作，在规定时间内圆满完成调水任务。1 月至 6 月，调入东平湖内水 7.15 亿立方米。10 月 1 日，开启年度第二次调水，至年底调入东平湖水量 1.45 亿立方米。自 2013 年 5 月实施调水起，累计调水 17.15 亿立方米。

【工程项目验收】 2017 年，根据《南水北调东线一期东平湖蓄水影响处理工程征地移民方案》《东平湖蓄水影响处理工程移民安置规划项目管理办法》《南水北调东线一期东平湖蓄水影响处理工程移民安置规划项目实施方案》及上级相关文件，把做好南水北调东平湖蓄水影响处理工程项目验收作为工作重点。6 月 14—15 日，通过“南水北调东线一期东平湖蓄水影响处理工程移民安置规划项目完工验收”；8 月 24—25 日，顺利通过“南水北调东线一期东平湖蓄水影响处理工程征地移民县级验收”。9 月 14—15 日，顺利通过南水北调东线一期东平湖蓄水影响处理征迁安置省级技术验收。

【增殖放流】 2017 年 6 月，在东平湖库区实施 6 次增殖放流项目，投放四种适合在东平湖生长的鱼苗，其中：鲢鳙 7.5 万公斤、鲤鱼 4.5 万公斤、草鱼 3 万公斤、扣蟹 0.33 万公斤，合计金额 297 万元。项目实施完毕，将促进东平湖开发利用效益。

【移民扶贫项目】 策划实施库区移民扶贫项目三个：1. 在老湖镇前、后埠子村建设标准化厂房一座，面积 7140 平方米，概算投资 670 万元。项目实施后，年可实现利税 100 万元，带动周边 600 多名群众就业，有 300 多名贫困群众实现脱贫致富，人均年收入 3 万元。2. 蟹香大米深加工配套项目。在州城街道建设标准化厂房一座，面积 820 平方米，概算投资 279 万元。项目实施后，年可实现利税 40 万元，带动周边 300 多名群众就业，100 多名贫困群众实现脱贫致富，人均增收 1 万元。3. 技能培训项目，概算投资 60 万元，沿湖 800 名移民群众进行驾驶员、特种作业等技能培训，增强其就业能力。

【征地移民资金管理】 2017 年，在征地移民资金管理使用上，严格按照相关要求，对征地移民资金实行专户存储，专款专用，严禁以各种名目挪用、挤占。委托北京中天正审计事务所，全程跟踪审计移民安置规划项目实施情况，逐项核定项目建设工程价款支付数额。4 月，顺利通过国调办审计组征地移民资金年度审计。

【招商引资与对上争取】 2017 年，引进北京轻舟建筑装饰工程有限公司（东平分公司）投资 500 万元，从事建筑装饰专业设施与施工，业务范围从家庭装饰装修扩展到公共建筑项目装饰装修领域，预算年销售收入 1400 万元，投资利润率 15%—20%。洽谈引进山东祥盛电气有限公司投资 500 万元，从事母线槽、电缆、不锈钢制品、铜制品、配电箱等电气设备的制造和销售，资金已全部到位，生产经营正常。借助国家工程实施机遇，积极开展对上争取工作。全年到位项目建设资金 1950 万元，投入东平湖蓄水影响处理工程生产开发项目后，产生较好经济和社会效益。

（罗海龙）

东平湖管理局东平管理局

【概况】 东平湖管理局东平管理局系全民事业单位，隶属山东黄河河务局。职工281人，其中公务员17人，事业人员69人，养护公司32人，工程处30人，离退休133人。内设办公室、工程管理、水政、防汛办、人事劳动教育、财务、经济发展办、黄河派出所8个科室。辖大清河北堤、解河口、韩村、流泽、二道坡等5个管理段，代管养护第三分公司、工程处2个直属企业。

2017年，认真贯彻落实山东黄河河务局、东平湖管理局和东平县委、县政府的工作部署，学习中共十八大、十九大精神以及习近平总书记系列讲话精神。以防汛保安全为中心，加强防汛、工程管理、河长制建设、巩固清河行动和禁采成果，真抓实干，较好地完成全年各项工作任务。东平管理局先后被评为“东平湖管理局绩效考核先进单位”“山东省档案工作科学化管理先进单位”。

【防汛任务及工程规划】 承担接山、彭集、东平、老湖、州城、商老庄、沙河站、新湖等乡镇（街道）行政区域内大清河、东平湖滞洪区防洪工程建设与管理任务及防汛职责，履行该区域内大清河、东平湖水政水资源管理职能。切实抓好各项防汛责任制落实，做好防洪预案和工程抢险实施方案。对防汛队伍进行培训，加强防汛知识的学习，提高抢险实战能力。6月6日至7日，举办防汛抢险培训班，东平湖管理局黄河专业抢险队第二支队全体人员参加培训。6月22日，会同东平县人民武装部在东平湖二级湖堤大安山段进行防汛抢险演练。开展巡堤查险、修做反滤围井、捆抛柳石枕、编抛铅丝笼、医疗救护、应急电力通信抢修等防汛抢险项目。7月11日至12日，举行防汛抢险实战演练，进一步提高青年骨干抢险队员防汛抢险实战技能。同时认真落实以行政首长负责制为核心的各项防汛责任制度，签订防汛安全责任书；制定《东平湖大清河防汛工作意见》《各级洪水机构设置与人员安排意见》《防洪工程抢险责任制》《班坝责任制》等多项防汛规章制度；根据工程管辖范围和防指领导人员调整情况，将防汛任务层层分解，责任到人，确保工程防守不留死角；全力做好黄河东平湖蓄滞洪区防洪工程移民迁占补偿工作，确保项目顺利实施；顺利完成基层段所危房改建工程和东平县天然气中压输配管网大清河穿越专项补救工程档案整理工作；开展“黄河防汛宣传月”活动，采取多种形式加强对防汛形势和防洪法的宣传；对防汛抢险机械设备进行排查隐患，检修故障，完成维修保养工作；做好防汛物料储备工作，确保各类防汛物料落实到位。

地处商老庄乡的老湖区二级湖堤及栅栏板　（邹　旭　供稿）

【推进河长制建设】 2017年，按照东平县河长办要求，做好“一河一策”方案编制，完成河湖调查，河长公示牌安设等基础性工作。坚持问题导向，突出抓好“清河行动”，按照“横到边、竖到底、全覆盖、无盲区”要求，参加河道面貌大为改观，恢复正常河道管理保护秩序，营造全社会共同关心、爱护、保护河（湖）的良好局面，河道流域环境保护取得阶段性成效，实现“河畅、水清、岸绿、

景美”的治理目标。全面履行水政管理职责，着力提升河道监管综合效能，突出抓好河道巡查、大清河禁采监管、老湖区采砂管理、清河行动、全国法制宣传日宣传、河道管理范围内非防洪工程建设项目监管等重点工作，不断提高依法治河、依法管理的能力和水平。

【防洪工程管理】 认真落实日常管理和维修养护责任制，确保工程强度，保持工程良好面貌。全力开展安全生产工作，认真落实安全生产“一岗双责”，把安全生产责任落实到各个环节；签订安全生产责任书，私家车安全协议，全员签订安全生产承诺书；强化安全生产网格化管理，严格执行安全生产月检查制度和飞检制度，安全管理常抓不懈，全年实现安全无事故；着力开展工程难点治理，基本解决工程管理范围内违章建筑、乱堆乱放等问题；加强树株管理，圆满完成春季植树任务；认真做好财政部水利工程维修养护项目清理评估，八里湾泄洪闸运行管理督查问题整改落实；落实水利工程管理考核自检，做好土地利用项目调查，新增养护经费测算，三、四类水闸安全应急措施的制定，工程管理内业资料整理等工作，使工程管理更加规范化、制度化、精细化。

【水资源保护宣传工作】 围绕“水与就业”和“落实五大发展理念，推进最严格水资源管理”主题，全面开展“世界水日”和“中国水周”水法宣传活动。3月22日，与县水利局、河道局联合在县城繁华地段进行普法宣传；3月22日至28日“水周”期间，组织全局干部职工参与2017年“世界水日”“中国水周”网上答题活动；3月23日至24日，派出宣传车、执法车，安排水行政执法人员6人，参加市局统一组织的联合宣传活动；组织水政科、黄河派出所全体人员和管理段段长进行法律法规知识学习。水周宣传活动期间，出动宣传、执法车2辆，设立水法宣传咨询站1处，悬挂宣传横幅16幅，制作广播宣传材料1件，散发宣传资料3000余份，接受群众咨询80余次，张贴宣传画20幅，广泛宣传水法律法规，切实增强沿湖沿河群众遵守水法律法规的自觉性，收到很好社会宣传效果。

东平湖主要泄洪闸门之一八里湾泄洪闸 （邹 旭 供稿）

【水政工作及“清河行动”】 立足于维护良好水事秩序，确保大清河、东平湖防洪安全，保障沿湖河群众的生命财产安全，2017年，强化砂资源禁采监管，每周四次以上到大清河、东平湖区域进行监督检查，及时制止违法采砂行为，严厉打击、查处非法采砂案件。加强河道巡查，及时发现、查处各类水事违法案件。认真执行《黄河河道管理巡查报告制度》，严格履行执法巡查职责，按照“突出重点、兼顾一般”原则，在正常巡查基础上，实施夜间及凌晨巡查，高密度、多频次、突击性巡查重点河段、重点区域；明确落实巡查责任，强化日常巡查，预防为主，查防并举，使违法水事案件消除在萌芽状态。全年累计派出执法人员600人次，巡查160次，巡查里程5300公里。巩固禁采成

果，强化大清河禁采和东平湖老湖区采砂管理。东平湖老湖区采砂管理，认真贯彻落实《黄河下游河道采砂管理办法（试行）》，按照《关于东平湖（老湖区）近期采砂实施方案的批复》制订砂资源日常长效监管工作计划，按批复中规定的可采区、禁采区、开采量、堆沙场等，落实监管措施。同时，根据《办法》规定，加强河道采砂日常管理，确保所有采砂船只在规定的可采区域内进行采砂作业。全年出动堤防巡查200车次，人员800人次，截断违规采砂辅道5条，查处近堤违规采砂案件1起，维护防洪工程安全。做好河道管理范围内非防洪工程建设项目监督管理工作。落实乡镇(街道)为“清河行动”主体责任，有关单位部门配合的联合执法机制，依法清除民房、农用房等违法建筑物，全面禁止非法堆砂、养殖、种植、乱堆乱弃垃圾等违法活动，清理整治岸线乱占滥用、多占少用、占而不用等突出问题。针对彭集街道和州城街道违法现象严重问题，开展“三个到位”专项执法和集中整治行动，确保依法查处到位、责任追究到位、整改落实到位。

【党建与精神文明建设】 年初，认真学习党的十八大和十八届六中、七中全会精神，听取、讨论习近平总书记会议报告，制订2017年党建工作计划；结合开展“两学一做”和“道德讲堂”“党日”活动，深化学习效果。3月，在学雷锋纪念日，组织志愿服务队，与黄委机关党委共同开展绿色堤防义务植树志愿活动，与县属有关单位联合举办消夏文艺晚会。依托城乡牵手共建活动，志愿服务队深入老湖镇前茶棚村，为孤寡老人送温暖、帮扶慰问贫困群众，全年组织捐款4万余元和部分生活用品。围绕东平湖旅游产业发展和“创建全国卫生文明城市”，开展志愿服务活动，推选街长负责赤脸店街道卫生清理及日常管理工作。经常性集中人力物力，对周边环境清障整修，清除违章搭建棚、户，为优化东平湖生态环境，创建全国卫生文明城市做出贡献。党风廉政建设方面，局党组认真落实党风廉政建设主体责任。2017年，与各单位、部门签订《党风廉政建设目标责任书》和《党风廉政建设承诺书》，开展廉政宣传教育和廉政约谈，健全廉政工作制度，提出“两个责任”落实、中央八项规定精神贯彻落实、廉政风险点防控、工程建设再监督再检查、纪检监察人员自身建设五个方面具体要求，开创党风廉政建设工作新局面。

【八里湾泄洪闸】 八里湾泄洪闸由原八里湾引水闸改建，位于二级湖堤15+086处，设计过流能力450立方米/秒，排涝流量18.82立方米/秒。该闸结构形式为开敞式，共7孔，孔口尺寸宽8米，高3.5米，其中有一孔为低孔，孔口尺寸宽8米，高3米。闸身总宽62.8米。闸门为平面钢闸门。八里湾泄洪闸建成后，增加东平湖老湖南排水出路，变过去无控制向新湖分水为有控制分水，减少爆破二级湖堤启用新湖区滞洪的几率，通过该闸实现新、老湖联合控制运用；使东平湖老湖洪水初步具备相机南排条件。汛期一旦北排入黄受阻，可以利用该闸通过流长河连通司垓闸向南四湖紧急泄水。

（邹　旭）

东平黄河河务局

【概况】 东平黄河河务局系全民事业单位，隶属东平湖管理局，职工214人，其中事业人员105人，公务员23人，企业职工86人。机关设办公室、水政水资源、工程管理、防汛办、人事劳动教育、财务、党群工作、经济发展管理办8个科室及水政监察大队及信息管理站。下设戴庙管理段、银山管理段、斑鸠店管理段、进湖闸管理所、出湖闸管理所、旧县管理段等6个运行观测机构。

【防洪与蓄滞洪运用】 东平黄河河务局承担分滞黄河洪水及排泄东平湖洪水任务，管理黄堤、湖堤、黄湖共同堤，分洪闸、

泄洪闸、防倒灌闸，险工及控导工程。2017年，按照来大水，防大汛的要求，把分泄洪闸列为防守重点，坚持汛前启闭实验，确保涵闸运行正常。对国家常备料物进行清点、查库，做到账、卡、物、表四相符，对各项防汛料物进行防潮、防虫处理，各项机械、照明设备进行试用、维修上油。积极探索防汛抢险设备和抢险物料社会化储备模式。组织抢险队在徐巴什控导1号坝开展黄河防汛实战演练。按要求组建二支50人的企业抢险队。完成4处控导工程根石加固、2处特大汛项目实施和庞口闸裹头应急修复工程。指导开展防汛技术培训，加强防汛专业队伍建设。

【工程建设与管理】 所辖黄河河道36.30公里，管辖堤防工程16段，全长36.33公里；险工工程1处，25段坝岸，全长3.60公里；控导工程7处，121段坝岸，全长12.17公里；分泄洪涵闸7座，其中分洪闸3座，总设计分洪流量8500立方米/秒（石洼闸分洪流量为5000立方米/秒，林辛闸分洪流量1500立方米/秒，十里堡闸分洪流量2000立方米/秒）；出湖闸2座，总设计泄水流量2500立方米/秒（陈山口闸泄洪流量为1200立方米/秒，清河门闸泄洪流量1300立方米/秒）；庞口防倒灌闸2座，设计流量为900立方米/秒。2017年，全面铺开辖区内石洼、林辛、十里堡三闸除险加固工程和东平湖蓄滞洪区防洪工程。抽调全局精干力量，派出两名班子成员靠上抓，全力做好迁占赔偿、现场监督和外围协调工作，确保工程建设顺利实施。强化维修养护管理，创新管理体制，完善管理措施，工程管理运行机制进一步规范。全年签订维修养护合同6份。其中日常维修养护合同3份，专项维修养护合同2份，协助签订监理合同1份。完成工程养护土方2.92万立方米、草皮养护补植60.6万平方米，硬化堤顶21.8公里，养护石方5305立方米，根石加固4005.5立方米，动用机械1082个台班，养护工日19693个。

【水法宣传教育】 2017年，扎实做好水法规普法工作，在“中国水周”“世界水日”和“全国法制宣传日”集中开展形式多样的水法宣传活动，共出动宣传车辆12辆次，投入人力100人次，悬挂横幅14幅，张贴标语210条，发放宣传材料2000余份，沿黄受众达8万人次。组织水法规知识考试，增强群众水法规意识，取得明显成效。

【水行政执法机构建设】 成立水政监察大队，由水政与派出所加强配合，统一行动，继续加大依法治河、依法行政力度，继续开展沿黄山体禁采活动。实行每周定期两次巡查和不定期监管制度，遏制盗采行为，配合地方政府开展山体复垦工作。全年立案查处违法开采案3起，处罚违法盗采分子3名，依法扣押违法开采设备8台，现场警告14人。加强河道堆砂监管力度。加大对重点区域、重点部位的巡查，累计清除黄河河道砂石料厂44处，共3万立方米。对东平湖依法实施监管。坚持日常巡查制度，配合地方政府开展湖域岸线监管、网箱网围集中整治、东平湖综合治理等工作。全年完成河道巡查211次，巡查里程达7300余公里，查处各类水事案件10余起。配合地方政府开展“清河行动”和中央环保督查整改工作。局成立由两个局领导带队、4个管理段所和3个机关部门人员参加的5个工作小组，配合县直有关部门及沿黄、湖乡镇开展综合执法行动，全年共清除河道及工程管理范围内违法建设项目64个，其中东平湖18个、黄河46个。

【防洪重点与抗洪抢险】 6月5日，召开全县黄河防汛工作会议，部署黄河防汛工作，落实各项防汛责任制，层层签订责任书3.7万份，修订完善《防洪预案》《防洪工程抢险方案》等，开展“黄河防汛宣传月”活动。8月1日、11日，荫柳科控导工程先后两次发生根石坍塌险情，坍塌长度达42~44米，坍塌高度4.38~4.96米，成为整个汛期山东黄河唯一出险的工程。险情发生后，省市局领导高度重视，亲自到现场指导抢险，通过采用抛散石和压盖铅丝笼的方式及时进行抢护，共抛石904方，动用人工584个，确保工程安全和防洪安全。

【精神文明与党建工作】 围绕“弘扬正能量，倡树新作风”，稳步推进精神文明建设工作。在全局范围内开展“职工风采”点赞活动，全年推送点赞“岗位标兵2批25名。县黄河河务局保持市级精神文明单位荣誉称号。落实离退休职工“两项待遇”，开展大病救助工作，组织在职和退休职工缴纳大病救助基金。开展“夏送清凉”活动。举办“迎三八”趣味运动会。组织全体职工进行健康体检。加大对基层段所的基础设施建设，不断改善职工的工作生活环境。开展“慈善月”捐助和“国家扶贫日”捐赠活动，共捐助善款2.28万元，捐赠物品255件。把党的建设放在首位，以党的建设统领各项治黄工作。牢牢抓住主体责任，认真履行“一岗双责”，把党的建设与业务工作深度融合，贯穿始终。深入推进“两学一做”学习教育常态化制度化，党员干部坚持做示范、树标杆。积极探索“互联网+”党建工作模式，利用“灯塔——党建在线”、党建微信工作群、“微党课”等新载体，有针对性地对党员干部进行教育，提高政治素质和业务素质。驰而不息纠正“四风”，坚持以上率下，不折不扣落实中央八项规定精神和省局七项规定，强化纪律执行，抓早抓小，防微杜渐，标本兼治，做到干部清正、单位清廉。修订印发党风廉政建设主体责任清单，层层压实责任。开展“党风廉政宣传月”活动，召开警示教育会议，开展各类提醒谈话16次、114人次。围绕县局党风廉政建设任务，召开7次局党组会议、12次中心组理论学习会议和16次中层以上干部会议，对党风廉政建设和作风建设等方面工作进行专题学习5次。继续完善廉政风险防控体系。对局属单位廉政风险防控工作“飞检”5次，营造良好的政治生态。

（毛明辉）

【概况】 2017年，县委、县政府高度重视旅游业发展，充分发挥旅游主管委局主观能动性，利用东平丰富的旅游文化资源，抓住创建东平湖—白佛山国家AAAAA级旅游景区和国家全域旅游示范区机遇，整合资源、优化布局、抢抓项目，借助白佛山、东平湖景点特色，努力打造“禅山义水”品牌，构建全域旅游发展格局，全县旅游产业实现又好又快发展。全年接待游客670万人次，同比增长9.9%，实现旅游综合收入40亿元，同比增长8.6%，其中乡村旅游接待游客223万人次；实现旅游项目投资近10亿元，新增AAA级旅游景区1家，发展国际旅行社1家，旅游经济运行平稳向好。

东平县东平湖风景名胜区管理委员会

【概况】 东平县东平湖风景名胜区管理委员会于2009年7月成立，为正局级全额事业单位，内设人秘、财务、市场开发、安全管理四个科室。下设水浒古镇景区管理区、清河公园景区管理区、六工山景区管理区、千年宋城景区管理区4个副局级自收自支事业单位和一个国省企业——东平水浒旅游开发有限责任公司。有干部职工378人，其中，全额事业编制9人，自收自支17人，企业职工352人。

2017年，县景区管委按照“双提双增”大讨论活动和“重效率 勇担当 做表率”主题活动的工作要求，以“东平湖—白佛山”国家5A级景区创建为契机，围绕国家卫生县城创建，严格落实环保督查和自然保护区问题整改，以景区“六要素”建设为着力点，突出特色小镇建设，强化招商引资、项目建设和增收节支，创新宣传营销和日常管理，景区形象和承载力大幅提升，实现地方财政收入 2101 万元。

【队伍建设】 景区管委在夯实“2016 巩固完善提升年”成果基础上，确立“提质增效规范管理”工作定位。狠抓日常管理，向管理要效益，以管理促发展。一是积极推行“一线工作法”，真正做到“责任在一线落实、问题在一线解决、管理在一线规范、服务在一线提升”。二是建立健全岗位责任目标考核管理制度、员工日常管理制度、票务管理制度等十九项制度，同时制定《员工手册》，实现管理制度化、规范化、精细化。落实领导带班制、岗位轮流制、末位淘汰制、AB 角制等工作方法，充分调动干部职工的工作积极性。部门主管以上中层人员编到班组、安排到片、具体到点，真正将工作责任落实到点、夯实到人，实行定员、定岗、定位、定责，逐步形成一把手管面、副职和主管管片、班组长管点的网格化管理模式，促进景区管理经营水平和工作效能提升。三是强化职工岗位培训，利用冬闲季培训在职员工，培训内容涉及水浒文化、员工素质教育、环境保护、安全生产、法律常识等十多项专题。通过培训，员工整体素质、景区形象和美誉度明显提升。

【创新旅游市场营销】 与山东途瀚电子商务有限公司合作，建立山东第一家旅游类微信直播平台——东平直播频道，通过该频道将东平旅游信息推向全球。东平旅游宣传官方微博点击率超过 40 万次，官方微信平台点击率超过 30 万次，东平旅游网点击率超过 50 万次，在县级旅游景区网络宣传平台中名列前茅。7 月，荣获山东旅游区县微信影响力排行榜第二名，8 月，获第一名。

【东平湖风景名胜区】 东平湖总面积 627 平方公里，是《水浒传》中描述的“八百里水泊”唯一遗存水域，南水北调东线工程的重要水利枢纽，是国家 AAAA 级旅游景区、国家水利风景区、全国自驾游基地。东平湖及周边地区，是当年水浒英雄主要活动区域，流传着宋江攻打东平府、水泊战高俅等水浒故事 200 多个，传承着尚武重义、畅饮豪放、扶危济困的水浒豪情。东平湖景区是国内水浒传说遗迹最密集、传说故事最集中，水浒风貌保留最完好，形象最真切的旅游地，是唯一能够让人体会到水泊与山寨、山阔与水险、芦荡与港汊并存的水浒文化发源地。站在东平湖畔，可以领略“山排巨浪、水接连天”的浩森水面，感受“大碗喝酒、大块吃肉”的水浒遗风。全县有水浒影视城、六工山水浒大寨、戴村坝、稻屯洼国家湿地公园、罗贯中纪念馆、东平古城、东平湖湿地公园、聚义岛、昆山景区、黄石悬崖景区、石碣村等数十个景区景点，众星拱月般的镶嵌在东平湖周围。景区内精心编排的宋江迎宾、燕青打擂、忠义堂议事、府衙审案、端王府蹴鞠、武大郎卖炊饼等几十项水浒演绎活动，为游客活读水浒故事，体验水浒文化，提供便利条件。东平湖景区成为一座集文化体验、风情展示、休闲度假、影视拍摄、游客集散于一体的综合性风景名胜区，也是中国最大的水浒文化主题公园和江北最大的影视拍摄基地。2017 年，更新完善水浒文化游、东原文化游、湿地生态游、佛教文化游、影视探班游等多条精品旅游线路，吸引越来越多国内外游客前来“活读水浒、畅游水泊”。

【东平湖观音文化旅游度假区】 项目依托原有湖心岛自然环境及开发基础，将慈航普度、礼佛禅修作为重点打造内容，增强游客体验性，打造集湖泊观光、佛教文化、慈航普度、水浒文化等多种体验于一体的东平湖休闲度假胜地。该项目总投资 12 亿元，由主岛、东后岛、西后岛组成，主岛占地 180 亩，在提升岛内配套设施基础上，扩建藏梅寺，规划朝拜场所，增加禅修体验功能，扩充寺庙景观，加强游客体验性。东后岛清淤填岛达 46 高程，占地 30 亩以上，新建 108 米观音造像等景观设施。西后岛清淤填岛达 46 高程，占地 20 亩以上，建设以禅修礼佛、素食餐饮、禅茶养生、休闲度假为主的建筑群及配套设施。2017年，景区管委多次登门与海南普世南山集团洽谈对接，邀请集团董事长实地考察，9月中旬，第三十一届泰山国际登山节期间，与海南普世南山集团正式签约，被列为泰安市重点项目。

【旅游硬件提升】 景区管委立足实际，开拓创新，努力营造高品位旅游环境，2017年，重点实施四项工程。一是景区绿化工程。种植槐树、栾树、合欢树、银杏、红枫、皂角、柳树、红叶石楠3万株；二是旅游厕所提升工程。高标准改造、维修东平湖景区11座旅游厕所，更换配套设施，竣工后顺利通过省、市旅发委及相关部门的验收；三是维修维护工程。鉴于水浒影视城双面城墙因常年风化齑粉和排水不畅，影响景区游览形象，且存在安全隐患，筹措资金，组织人力对双面城墙廊道及踏步进行维修加固。四是清河公园维修维护工程。配合助力国家卫生县城创建，争取资金，安排人员，整体修缮损坏严重的堤北雕塑广场、踏步、花园、路口挡墙、厕所及堤南木栈道、道路外跨踏步，补栽苗木近10万株。通过以上工程，各旅游景点面貌焕然一新。

【重点旅游活动】 2017年，认真总结往年举办特色旅游活动的经验，制定本年度旅游活动规划，延续承办的旅游活动有水浒影视城春节大庙会、东平油菜花节、水浒影视城功夫文化节、水浒影视城中华百艺文化节等重要旅游活动。

水浒影视城春节大庙会　已连续举办四届。2017年，安排舞龙舞狮、大巡游、水浒人物风情秀、民间绝活等上百项演艺活动，吸引10万多人次参加，成为县域周边具有较大影响力的庙会。拉动消费6000万元，旅游收入400万元。

东平油菜花节　4月1日，由县政府主办，景区管委、旅游局、东平街道承办的第六届东平湖油菜花节，在东平街道史楼村举办。同时启动“东平湖杯”微电影大赛、旅游摄影大赛。油菜花盛开期间，东平湖沿路黄花金灿，吸引上百万人观瞻拍摄，成为东平湖旅游特色景观。

水浒影视城功夫文化节　每年“五一”期间举行，是一项丰富旅游产品，传承东平习文修武水浒文化的节庆活动。2017年是连续举办的第四届。期间，吴桥杂技、老天桥绝活、水浒好汉达人秀、民间技艺大比拼等功夫，来自全国各地，汇聚一城。绝技绝活硬功夫，为游客带来强大视觉震撼。受众人数7万余人，拉动消费5000万元，增加旅游收入300万元。

水浒影视城中华百艺文化节　一项专门服务于“十一”黄金周旅游客源的节庆活动。本年是连续举办的第五届。演艺节目有：刀梯绝艺、狮王聚艺、水浒武艺、民间杂艺、多彩手艺、美味厨艺等上百项艺术，各具特色，美轮美奂，让游客一城赏百艺，一日越千年。受众人数15万余人，拉动消费7000万元，增加旅游收入700万元。

【东平水浒旅游开发有限责任公司】 2009年1月成立，公司注册资本5000万元，公司员

2017年，春节大庙会

（潘志伟　供稿）

2017 年，中华百艺文化节在水浒古镇举行　　（潘志伟　供稿）

工 413 人，管理人员 56 人，本科以上学历 99 人。内设办公室、工会、财务、工程、安监、导游部、市场营销中心、招商办 8 个部门。辖水浒影视城、腊山、六工山、聚义岛、戴村坝、清河公园（东原阁）、滨湖生态园 7 个景区，中心码头、大安山码头、银兴码头、老湖码头 4 个码头和东平水浒文化酒店管理有限公司 1 座主题文化酒店。按照《中华人民共和国公司法》和公司章程有关规定，设立董事会，实行董事长负责制，按照现代企业制度的要求，建立符合公司法的现代企业制度、问责机制和管理体制。公司主要收入来自景区门票、游船船票及酒店住宿餐饮收入。公司按照“水浒之旅　水韵东平”主题定位，突出休闲度假、养生养老、体育文化会展三大功能，突出抓好旅游项目开发建设和招商引资，强化宣传促销和景区管理，丰富旅游要素，优化旅游环境，公司健康稳定发展，实现较好经济和社会效益。

【东平湖特色旅游景点】　东平湖　素有“小洞庭”美称，三面环山，湖中有岛，山水相映，风光秀丽，是人们休闲旅游的好去处。1985 年，被省政府列为省级风景名胜区。2010 年 10 月，东平湖景区成功创建为国家 AAAA 级景区，被水利部授予“国家水利风景区”称号。

腊山国家级森林公园　东临东平湖，西距黄河 6 公里。其主峰海拔 258.4 米，素有“山奇雄，峰奇秀，岩奇险，石奇美”之称，自古被誉为“小泰山”“小岱峰”。腊山国家森林公园占地 723.3 公顷，绵延 15 公里，有大小 72 座山峰，三清宫、老虎洞、玉皇阁、邱祖阁、碧霞元君祠、瞰湖亭等 40 余处景点。腊山上的道教音乐，被列为国家级非物质文化遗产。站立山顶远眺东平湖，烟波浩淼，水天一色，堪称鲁西佳景，旅游胜地。1996 年被批准为国家级森林公园。1997 年被评为“全国森林公园十大标兵”之一。

司里山　位于东平湖西岸，海拔 105 米，山势景色之美让人叹为观止。传说是晁盖最初聚义的地方。山顶有千佛岩，高 11 米，南北长 17 米，东西宽 33 米。远望似石匣，近看如城堡。偏西处有一南北石峡，宽 2 米，走进石峡抬头望天，天空狭窄，成“一线天”。千佛岩镌刻佛像 770 多尊，从正面至右侧，佛像按历史朝代排列有序，依次为南北朝、唐、宋、元、明、清，体现出东平湖悠久的历史文化和东平人民的聪明才智。

洪顶山景区　位于东平湖东岸，旧县乡屯村铺村，与腊山、六工山隔湖相望，是东平湖旅游的重要节点。面积 1200 亩，是一处集休闲、娱乐、旅游、书法修学、佛教文化研究为一体的综合性景区。景区内自然、人文景观非常优美，山险石奇，林茂草丰。国家级文保单位洪顶山摩崖刻经就在该处。刻经为南北朝著名书法家安道一书写，总面积近 1400 平方米。其中最引人注目的是“大空王佛”四个大字，“佛”字高约 5 米，宽 4 米，笔画宽达 20 多厘米，被称为“大字鼻祖”。景区内有一处溶洞群，溶洞弯转曲折，景观奇特；由于洞内常年受水冲刷，洞两壁石墙造型千姿百

态，风光无限。

聚义岛　位于东平湖中心，曾是水浒七雄智取生辰纲后聚义的地方。周边水连蓝天，山接白云，若值秋夜，皎月如镜，细浪耀金，渔火闪烁，远山如黛，听鱼嬉水波，轻涛拍岸，宛若世外桃源。岛上藏梅寺隐约可见，佛音袅袅，香火缭绕，南北香客，纷至沓来，游仙境求佛缘，悠悠古今情，都在一览中。聚义岛自然环境优越、湖岛风光得天独厚，按照水浒文化现代演绎与生态资源复合开发的理念，逐步打造成为集湖泊观光、文化展示、休闲度假于一体的生态度假特区和温泉养生岛。

戴村坝景区　位于县城东部南城子村附近，为中国古代水利工程的一大杰作，始建于明朝永乐九年（1411 年），距今有 600 年的历史。省级文物保护单位。大坝气势磅礴，雄伟壮观，坝体设计巧妙、造型美观，虽历经数百年，任洪水千磨万击，岿然不动，有”大运河之心”“天下第一坝”之誉。戴村坝博物馆由序厅、运河之心、戴坝修筑、科学治水、治水名人、运兴东平，以及 3D 影院组成，通过文物、模型、图片等多种形式，辅以声、光、电等现代科技手段，全面展示戴村坝悠久的历史和卓绝的设计思想。2017 年 3 月，戴村坝被水利部确定为国家水情教育基地。

水浒影视城　坐落在东平湖东岸，是新版《水浒》主场景拍摄地，以《水浒传》中描述的人物故事为背景，充分展现水浒故里历史风貌和民俗人情，水浒影视城总投资 4 亿元，占地 376 亩，主要建设王爷府、太师府、太尉府、青楼、樊楼、瓮城、御龙坊、东京汴梁御道、紫石街等仿宋代建筑，古风浓郁，工艺精湛，细致逼真，进入城中，犹如跨入历史；漫步城中，宛若畅游千年。水浒影视城已经成为集文化体验、风情展示、休闲度假、影视拍摄、游客集散于一体的综合性旅游服务区。在圆满完成新版《水浒》拍摄后，又吸引《剑侠情缘》《楚留香新传》《卜案》《四手妙弹》《白玉堂》等 300 余个剧组的签约入驻。2017 年，拍摄影视片有：《忽必烈》《杨门女将》《猫妖展昭》《神探狄仁杰》《少年水浒》等 30 余部影视剧。

六工山水浒大寨　依东平湖和六工山而建，总投资 2 亿元，占地面积 620 亩，其中山寨占地 120 亩，水寨占地 400 亩，忠义堂占地 100 亩。山寨建在湖平面 22 米高的的悬崖上，南北长 136 米，东西宽 132 米，气势雄伟，蔚为壮观，建有一关、二关、三关、忠义堂、议事厅、瓮城、点将台、擂石阵。水寨中有古战船 10 艘，瞭望台 2 个，水上平台 3600 平方米，是水军作战基地，并以吊桥和天桥平台与山寨连接，水寨周围有万亩天然湿地，芦苇丛生，是当年水浒英雄操练水军，奇袭官兵之处。

清河公园　位于县城南部，依大清河而建。是一处集休闲度假、游客集散，观光垂钓于一体的大型滨河公园。总投资 3 亿元，规划面积 68 万平方米，主要包括旅游码头、码头服务区、观光垂钓区、主题雕塑广场、生态停车场及休息站等，是休闲、度假、避暑的胜地。

滨湖生态园　滨湖生态园滨临风景秀丽的东平湖黄金岸线南侧，由河海大学设计院有限公司规划设计。项目以生态文化为载体，分为观光塔、生态文化体验区和湖产品展销区，为游客进入旅游区提供接待服务、特色渔产品展销、生态文化展示的场所。项目三大分区特色鲜明，观光塔建筑面积 648.4 平方米，共七层，为三重檐，建筑形式采用仿宋代建筑，斗拱巨大，出檐深远，屋顶舒缓。湖产品展览区建筑面积 115.2 平方米，店铺林立，商品丰富，主要经营各种渔具、渔家服饰、鱼制品和各种湖鲜，充分展现北方渔耕风貌特色，宋代仿古建筑配合水体景观使游客在北方城市也能感受到犹如临安街景般的水巷风情。生态文化体验区建筑面积 380.8 平方米，深入挖掘、整合东平湖丰厚的生态文化资源，打造旅游特色精品，再现历史悠久

的传统渔耕文化与北方水乡的民俗风情。

（潘志伟）

东平县旅游局

【概况】 2017年，县旅游局根据县政府赋予的职能职责，以创建东平湖—白佛山国家AAAAA级旅游景区和国家全域旅游示范区为总抓手，整合资源、优化布局、抢抓项目，做好以白佛山、东平湖为核心的“一山一水”文章，努力构建全域旅游发展格局，助推旅游产业又好又快发展。东平湖—白佛山国家AAAAA级旅游景区、昆仑山国家4A级旅游景区工作进展顺利。腊山景区成功建国家AAA级旅游景区。2017年，全县接待游客670万人次，同比增长9.9%，实现旅游综合收入40亿元，同比增长8.6%，其中乡村旅游接待游客223万人次；旅游项目投资近10亿元，新增AAA级旅游景区1家，发展国际旅行社1家，旅游经济运行平稳向好。县旅游局被评为全县安全生产先进单位、平安东平建设先进单位、全县信访工作先进单位，被大众日报泰安分社评为新闻报道先进单位。

【项目建设】 以新旧动能转换为契机，加大旅游载体建设，强化项目支撑，加快资源优势向经济优势转化。一是强化调度督导，推进重点项目建设。主动与市文旅体指挥部对接，融入泰山大旅游格局。与海南普世南山旅游公司对接，督促白佛山文化产业园加快建设进度，力争尽早开园。银山镇南堂子村旅游景点，按照创建国家AAAA级旅游景区要求，与相关单位、部门合作建设滨湖木屋度假区，游客服务中心，生态停车场等项目，并实施九龙峪旅游开发项目，完成玻璃栈桥及登山道路建设。推进“厕所”革命，累计完成新建、改扩建旅游厕所29个，争取省级旅游扶贫资金60万元，实施巩楼村乡村旅游项目和棘梁山景区进行提升改造项目。

【招商引资】 采取“走出去，请进来”方式，先后赴北京、浙江、安徽、青岛等地开展旅游资源推介和招商工作。创新市场运作方式和融资渠道，加大与中影集团、派格传媒、海南普世南山、远邦控股、香港华原国际、东方园林等企业的对接合作力度，重点打造东平湖观音文化旅游度假区、老湖镇水浒影视特色小镇、水浒岛安山古镇等项目，着力打造以旅游业为核心的“东平湖百亿产业”。其中，香港华原国际已在东平注册成立旅游开发公司，项目规划正在编制。旅游局切实搞好服务，助推项目尽早落地。

【宣传营销】 立足于全方位提升东平旅游知名度，开展多渠道、立体式推介，打造东平旅游“金名片”。一是精心策划节庆活动。先后策划举办第六届油菜花节、“崖居部落·印象浮粮”特色民俗体验活动、影视城端午民俗文化节、稻蒲荷香环球美食节、浮粮店美利达山地自行车邀请赛、“古村落里的春天”摄影大赛、“梦幻水泊——竹筏亲水”以及旅游商品展销会、美食烹饪大赛、环湖徒步大赛、东平摄影大赛、百艺文化节等水浒文化旅游月系列节庆活动。二是强化广告宣传。投资100万元，在中央电视台播放为期一年的旅游宣传片。针对济南市场，与途翰电商达成宣传营销战略联盟。三是组织媒体采风活动。组织开展“春满泰安”全域旅游全媒体水韵东平行活动、“最美是乡情”金秋采风等活动，《中国旅游报》、《大众日报》、《齐鲁晚报》、泰安电视台等数十家媒体都以较大版面或在重点时段对东平旅游大篇幅宣传报道。四是“走出去”宣传。组织景区开展省内外旅游推介活动，积极参加省旅发委开展的走进“泉城济南”“仙境海岸”旅游促销活动，参加无锡举办的运河联盟年会。组织旅行社借助登山节系列活动，与天津、济南、青岛、日照、泰安等客源市场，与当地重点旅行社对接，积极撬动周边客源市场。五是借力新媒体宣传平台，开展网络营销，微信、互联网直播，不断完善、丰富东平旅游网在线订票、在线咨询功能，及时发布假期旅游攻略。

【依法监管】 按照“全覆盖、零容忍、严执法、重实效”的要求，全面落实旅游安全责任。先后开展“春季战役”“夏季战役”和“企业安全生产主体责任落实全面深化年”等大检查活动。“十一”黄金周和十九大期间，对游船、酒店、景区、乡村旅游点进行拉网式检查，落实24小时安全值班制度，消除安全隐患。推进依法治旅。认真贯彻《中国人民共和国旅游法》和《全县旅游总体规划》，加大旅游法规宣传力度。全年累计检查A级景区、旅行社、星级饭店等旅游企业21次，处理各类投诉4件，整改安全隐患25处，处结率和满意度均100%。

【抓创卫　促旅游】 2017年，县旅游局围绕全县创建国家卫生县城和旅游中心工作，深入开展“两学一做”“提标增能提质增效”大讨论和“重效率、勇担当、作表率”学习教育活动，全局上下凝心聚力，干事创业。秉承“抓创卫就是抓旅游，抓创卫最能促旅游”理念，强化责任，扎实开展创卫工作。包保的白吉河段全长1公里，涉及6个单位、4个小区。制定白吉河路段创卫整改方案，坚持问题导向，实行挂销号制度，逐项排查，问题不解决，不销号。坚持两个“六点半”工作法，早上六点半和下午六点半，组织全员前往包保区域日常巡护和卫生清理工作，保证事不过夜，达标无反弹。通过制作固定宣传标语、设立宣传栏等，深入街头巷尾宣传“创卫”意义。局班子成员带头参与创卫，攻坚阶段常常工作到凌晨，全体同志放弃节假日，坚持在一线，勇当创卫先锋。网格创卫验收评审中，荣获第一名1次，第二名2次。通过创卫，全县山清水秀，处处清洁靓丽，增强对游客的吸引力。

（宫一良）

农业和农村工作

综 述

【概况】 东平农业和农村工作部门有县扶贫工作办公室、县新农村工作办公室、县农业局、县农业综合开发办公室、县农业机械管理局、县林业局、县水利局、县河道局等。2017年，全县农业和农村工作以脱贫攻坚、“美丽乡村”建设、推进富民强县、建设幸福东平为主线，各部门通力合作，整合各方面资源，充分利用国家扶持农业农村发展的优惠政策，积极开展对上争取和招商引资工作。加强农业基础设施建设，改善农业农村生产条件和生活环境，全县实现农业总产值77.69亿元，农村居民人均可支配收入达到14315元。扶贫攻坚成效显著。全年发放各类惠农资金1.9亿元、移民直补资金1.1亿元、农业保险赔偿2000余万元。省、市级贫困村退出58个，贫困人口脱贫6106户14429人。利用扶贫专项资金3792万元，策划实施产业项目48个。全县金融扶贫贷款累计发放6.9亿元，帮扶贫困群众1.2万人。农业绩效大幅度提升。粮食总产达到63.83万吨，蔬菜总产30万吨；新认证“三品一标”产品15个，其中无公害9个，绿色食品1个，有机食品5个，认证面积25万亩；“东平湖鲤鱼”被列入国家地理标志保护产品。新增规模农业龙头企业11家、农民专业合作社140家、家庭农场118家。汉世伟现代循环农业产业园中套、黄徐基地投入运营，水泊食品被评为省重点农业龙头企业。东平县被确定为“国家高效节水灌溉示范县”，农田水利项目县绩效考评再获省优秀等次。县农业局继续保持省级文明单位称号，被评为全国农业综合执法示范窗口、全市社会经济发展综合考核先进单位。新农村建设步伐加快。建成美丽乡村286个，全县美丽乡村覆盖率达到40.51%；东平街道被列为全省乡村连片治理试点乡镇，老湖水浒影视小镇、银山东平湖生态旅游小镇入选省级特色小镇，接山镇朝阳庄村、旧县乡浮粮店村分别入选中国和省级传统村落名录。县农工办被评为经济社会发展综合考核成绩突出单位。农业机械化快速推进。全县农机总动力达到108.6万千瓦，拖拉机1.1812万台；联合收割机0.3605万台；种植业耕种收综合机械化水平达到95%。县农机局被评为全省农机化信息宣传标兵单位。水利设施建设助推扶贫和农业高效。实施省级贫困村通水工程，解决9个行政村、1.12万人的吃水问题。总投资3600余万元，用于农田水利项目，新打、改造机井、治理排涝沟道、改造桥涵、管道、配套机电设备、建设高效节水灌溉项目，东平被水利部确定为“第二批国家高效节水灌溉示范县”；农田水利项目县绩效考评再获省优秀等次。水利局被评为“全省水利系统先进集体”。畜牧业实现规模产业项目引领。坚持规模发展与防疫治污并重，引进海南普世南山集团和北京市地质勘察技术院，分别规划投资6亿元、13.5亿元。在接山镇建设和牛养殖生态农业产业园和沼气池及沼气高值利用项目。全县畜牧业发展前景可观。林果业推进绿色发展。全县完成成片造林10935亩，新建完善农田林网10500亩；“三边”绿化71.85公里；全民义务植树170万株。森林安全防火实现腊山和城区周边林区视频监控全覆盖。东海子村核桃基地被评为“全国核桃示范基地”，县滨湖国家湿地被评为“山东省最美湿地”。河道管理走上法制化轨道。落实河长制责任主体，设置河长制公示牌669个，接受社会监督。全年稽查巡查沿河湖路程10万余公里，认真落实防汛常备队伍，完成大汶河东平接山段标准化堤防提升工程，县河道局被市委、市政府授予市级文明单位。

【概况】　2017年，全县省市级贫困村退出58个，贫困人口脱贫6106户、14429人。利用扶贫专项资金3792万元，策划实施产业项目48个。全县金融扶贫贷款累计发放6.9亿元，帮扶贫困群众1.2万人。“三大工程”12个社区建设完工，8个社区实现回迁入住，5700余户、1.8万名群众喜迁新居。免除和发放各类助学资金1750万元，资助1.1万人次；办理生源地助学1890人、贷款1489.2万元，为20名基层就业大学生发放学费补偿金29.3万元。创建就业扶贫基地2家，设立就业扶贫车间14家，安置建档立卡贫困人员237人，发放奖补资金23.7万元。投资520万元，对13处乡镇敬老院进行提升改造。农村低保标准每人3650元，发放最低生活保障金6022万元、五保供养资金1234万元、残疾人补贴1322万元。为149名孤儿发放救助资金115万元。全年社会捐助资金455.7万元，各项捐赠物资折款108.4万元，总计564.1万元。

【精准识贫】　开展动态调整。制定工作方案和实施细则，严把信息采集、民主评议、公示公告、档案审核“四个关口”，跟进完善各类信息资料，确保贫困人口建档立卡识别准、精准退出效果实。进行数据比对。对2017年扶贫对象动态调整的数据，建立扶贫、财政、人社等10个部门信息比对机制，围绕有无财政供养人员、是否有种粮大户、是否有大型农机具、是否开办公司企业、是否购车和存款等情况进行比对、核实、修正，确保录入国务院扶贫办公室系统的贫困户以及新识别纳入和返贫的贫困群体的信息准确无误，提高动态调整数据质量。完善信息平台。在精准识别的基础上，建立“户有册、村有簿、镇有档、县有网”的精准扶贫信息平台，构建起县、乡、村三级完整的贫困人口信息资料库，真正实现底数清、信息实、情况明。

【扶贫资金管理】　创新“两会两审批”拨付制度（“两会”即乡镇申请资金会议纪要、县级研究审批会议纪要，“两审批”即项目单位申请资金拨付须经县乡两级把关审批），实行资金到项目、核算到项目、报账拨款到项目，实现全过程封闭式运营，确保扶贫资金安全高效使用。对23个部门的35项涉农涉贫政策资金进行梳理，打破部门、行业界限，实行100%整合用于扶贫，重点培植发展前景好、带动能力强的产业扶贫项目。全年整合各行业涉农资金1.4亿元，新建扶贫项目22个。协调各商业银行开展“免担保、免抵押、财政贴息”的扶贫小额信贷工作，研究推出16项扶贫金融产品。全县金融扶贫贷款累计发放6.9亿元，帮扶贫困群众1.2万人。由县国资部门牵头，对扶贫资金形成的资产进行调查摸底，建立完善扶贫资产的清理清查、台账管理、运营评估、风险管控等各项制度，保障扶贫资产的安全运行、保值增值。

【产业扶贫】　引进安徽汉世伟集团，建设3处大型母猪繁育基地，并通过家庭农场、集体农场、致富农场、众筹农场

4种模式进行代养，实现贫困户脱贫、群众致富、集体增收。接山镇制帽加工、彭集街道滨河钢构、商老庄乡科海菌业等一大批龙头企业已成为东平扶贫的砥柱项目。依托来料加工投资少、见效快、劳动密集、市场成熟、受益直接的特点，广泛发展纺织服装、玩具加工、柳编加工、假发制造、工艺品制作等扶贫工厂，让贫困群众足不出村就能实现就业增收。发挥优势、突出特色，积极发展食用菌、特种动物、有机蔬菜、林果、大蒜等扶贫农场，培育专业合作社和种养大户，通过“公司＋合作社＋贫困户”等方式，带动贫困群众增产增收。因地制宜实施旅游扶贫，把“绿水青山”变成“金山银山”。东平街道实施稻蒲荷香提升、牌子村采摘观光、前辛庄村景观走廊、百户庄度假村等旅游扶贫项目，安置就业250人，带动贫困人口脱贫致富。

【项目扶贫】 县里成立由扶贫、发改、国土、农业等部门组成的项目评审委员会，对项目选择、规划设计、受益分配等逐个评审，把好“准入关”；县扶贫办坚持每周一调度，对已竣工项目聘请第三方评估验收，确保项目见到实际效益；乡镇实行“一个项目、一套班子”的包保机制，严格按照“招投标”程序确定建设主体，签订建设合同，确保按照节点要求投产见效。全县70个专项扶贫和行业扶贫项目，全部实现当年建设、当年见效。沙河站镇重点依托镇域特色产业，谋划发展鸿泰柳编、思云纸业等投资收益项目和北场村蔬菜大棚、孙村藤编加工、西杨楼村玩具加工等扶贫项目，实现贫困人口受益全覆盖，提高贫困人口收入水平。所有项目抓收益。接山养猪和制帽产业、沙河站柳编、商老庄黑木耳、戴庙服装加工、银山和旧县乡村旅游、彭集滨河钢构等项目已初具规模，杂交构树、生态采摘、富硒蔬菜、美国肉鸽等一批扶贫项目快速兴起。

编制脱贫的梦想——彭集街道后亭村残疾贫困户潘小菌为网上订单加工手工艺品
（王　康　供稿）

【“三大工程”建设】 移民避险解困、易地扶贫搬迁、黄河滩区迁建“三大工程”取得重大进展。2017年，28个社区全部开工。坚持倒排工期、挂图作战，配齐机械、开足马力，实行建筑材料“点对点”供应，全力以赴抢工期。老湖镇整合资源力量投入移民避险解困工程，顺利实现凤凰、滨湖2个社区9468人回迁入住；州城街道湖韵苑社区一个月内完成全部6个村拆迁回迁任务；旧县乡陈山口社区坚持将群众工作做深做透，顺利实现搬迁回迁。银山镇耿山口社区成为全省黄河滩区迁建工程中第一个实现搬迁回迁的社区，马山头社区、南北刘社区顺利完成主体建设。至2017年年底，“三大工程”已有12个社区建设完工，8个社区实现回迁入住，5700余户、1.8万名群众喜迁新居。在全国“两会”、中共十九大期间，中央和省级媒体纷纷报道东平县库区、滩区搬迁的盛况。

【两区共建】 坚持园区与社区同步建设，重点引进成长性

好、带动力强的劳动密集型项目。凤凰社区水利扶贫产业园区、湖韵苑社区服装加工园区、后亭社区滨河钢结构园区、尹山庄社区制帽产业园区、西王社区服装加工园区等一批特色产业园区已投产运营，安置贫困人口2000余人。旧县无纺布加工、大羊盛世长青电缆等项目正加快建设。接山镇朝阳庄社区将旧村、山林和耕地流转给南山集团，一期投资2亿元开发乡村旅游、发展海岛和牛养殖。尹山庄、后亭、西王和王台社区，利用社会资金开发建设商铺，增加居民收入。

【行业扶贫】 教育扶贫。实施以义务教育改薄、扶贫工作重点村学校结对帮扶、贫困家庭学生资助、贫困留守儿童关爱为主的扶贫“323”工程，让每一个贫困孩子有学上、上好学。2017年免除和发放各类助学资金1750万元，资助1.1万多人次；办理生源地助学1890人、贷款1489.2万元，为20名基层就业大学生发放学费补偿金29.3万元。健康扶贫。通过积极对上争取，投资2亿元的“大病不出县——国家级重点学科专项精准扶贫工程”、中国远洋海运集团精准扶贫两个项目落户东平，山东瑞阳制药公司捐赠药品48万元；实施“市乡”和“县乡”医疗机构结对帮扶、卫生院基础设施建设提升、基层卫生人才培养、基本公共卫生服务、基层中医药服务能力、村卫生室标准化建设“六大工程”，推进“先诊疗后付费”服务模式，实施“两免两减半”优惠政策，为贫困患者减免各项医疗费用170万元，打响“珍爱生命，拥抱健康”服务品牌。就业扶贫。深入开展“春风行动”，直接提供扶贫就业岗位2000多个。组织培训机构到贫困村开展免费培训，举办就业扶贫新春培训季、农村电商培训等活动20余期，确保贫困人员“愿培尽培”。创建全国就业扶贫基地2家，设立就业扶贫车间14家，安置建档立卡贫困人员237人，发放奖补资金23.7万元。结合脱贫攻坚“三大工程”和美丽乡村建设，积极开发农村社区保洁、保绿等公益性扶贫岗位，分批安置建档立卡贫困人员364人，通过公益性岗位安置实现就业脱贫这一做法，被评为2017年度全市人社系统“十佳创新工作”。救助扶贫。投资520万元，对全县13处乡镇敬老院进行全面提升改造，将农村低保标准提高到每人每年3650元，发放最低生活保障金6022万元、五保供养资金102.5万元、残疾人补贴1322万元。对142户因病致贫家庭、143名孤儿实施救助，发放救助资金150万元；将重度听力言语残疾人纳入重度残疾人护理补贴发放范围，按标准足额发放困难残疾人生活补贴和重度残疾人护理补贴，为深度贫困家庭提供基本生活保障。

【社会扶贫】 开展“同心扶贫攻坚行动”。县委统战部牵头，积极争取全市7个民主党派和党外知识分子联谊会与县内8个乡镇（街道）结对帮扶，268名党外代表人士与800户贫困户结对帮扶，打造“心系贫困、聚力攻坚”扶贫品牌。2017年，实施各类扶贫产业项目5个，用于项目扶持、捐资助学、送医助教、生活救助等资金累计455.7万元，各项捐赠物资折款累计108.4万元，总计扶贫资金物资564.1万元。开展“百企帮百村”活动。县工商联积极引导全县68家企业结对帮扶32个贫困村；引导县内25家企业，针对年老体弱、因病因残致贫、丧失劳动能力的贫困户设置虚拟岗位951个，每个岗位工资标准在2000元以上，帮扶金额达201.6万元。探索推行孝善扶贫。下发《关于开展孝善扶贫行动的实施方案》，建立村级孝善养老理事会，与有条件子女签订赡养合同，对无子女或子女无养老条件的，通过集中供养、邻里互助、志愿扶贫等形式改善生活质量。商老庄乡、沙河站镇、彭集街道率先推动孝善扶贫落地落实，探索出“老有所养”的脱贫之路。组建成立“慈善扶贫超市”，已有2167名扶贫包保干部在超市购买面粉、食用油、衣服等生活用品，走访贫困户7609户，惠及贫困群众3.1万人。动员雷锋团、爱心协会、慈善总会等公益组织，开展“送温暖、献爱心”走访慰问贫困户活动80次，帮扶贫困人口3800人，提高生产生活水平。

扶贫项目

【汉世伟集团】 2016年3月，江苏汉世伟集团落户接山，在中套村、黄徐庄村规划用地2000亩、总投资10亿元建设汉世伟现代农业循环产业园项目。一期工程建设大型母猪繁育场，养殖规模3万头，每年繁育能力60万头，实行“公司+家庭农场”的生产模式，利用公司高端育种技术，将繁育猪仔分散到家庭农场、扶贫养殖基地进行代养，实行统一回收，全力打造“安全美味”的生猪全产业链，开拓健康、环保、安全、高效的猪产业。前寨子村“强富”家庭农场第一批1280头育肥生猪已出栏，实现盈利20余万元，第二批生猪已入栏育肥。接山镇整合7个省市贫困村专项扶贫资金在周徐村建成周徐集体农场，并将该农场租赁给汉世伟集团，租金为126万元。2017年，汉世伟项目为接山镇分红90余万元。

【泰安鸿泰工艺品有限公司】 位于东平县沙河站镇驻地，是一家专业柳帘加工销售的出口企业，主要经营柳、竹、木、藤、棕、草工艺品加工销售。现有电动编织机等设备50台套，建有烘干室10间，车间2000平方米，仓库2400平方米，现有职工60人，下属12个加工点，辐射带动1000余人。产品主要销往美国，澳大利亚及欧盟等国家及地区。2017年，实现出口交货值500万元。

【东瓦庄蔬菜大棚项目】 东瓦庄村位于梯门镇东北部，九顶凤凰山西临，三面环山，全村468户，1780人，土地面积3850亩。2017年，利用中央扶贫专项资金100万元，建设29个蔬菜大棚，优先让贫困户承包，承包费的70%按入股比例分红，30%村集体留作发展基金。新种植优质苹果、葡萄、猕猴桃110余亩，并聘请专业技术人员进行技术指导，确保产品质量。通过该项目的实施，增加贫困人口的土地流转收入、务工收入以及分红收入。2017年，该镇73户贫困家庭、126人，分红10.17万元。

接山镇黄徐庄扶贫项目区养猪场　　（尹燕飞　摄）

【接山镇制帽加工项目】 2017年，接山镇结合扶贫政策提供车间、劳动力合作模式，规划建设9处扶贫制帽企业，主要生产各类运动帽、太阳帽、棒球帽、高尔夫帽等100多种系列产品。2017年，完成生产总值3亿元，税收1000万元。泰安佳源、派昌、顶姿、雅冠四家制帽企业，实现“当年签约、当年开工、当年投产”，安置就业800多人，其中贫困人口62人，年生产加工系列帽子600多万顶。

【省水利厅扶贫产业园】 省水利厅第一书记扶贫产业园项目，涉及老湖镇西四、贾村、陈辛庄、后仓、刘庄、后埠子、辛店铺等7个省派第一书记帮包村，园区规划建设劳动密集型产业项目3个，扶持建档立卡贫困人口148户389人。其中利用

苍邱一村64岁村民蒋元英在顶姿帽业有限公司工作　　（尹燕飞　摄）

2017年省财政扶贫专项资金300万元，建成通用厂房3000平方米，已经租赁给当地一家绳制品企业。引入青岛即发集团，发展服装加工项目，利用南水北调资金建设厂房7000平方米，投入资金760万元，项目已经开工建设；引入诸城外贸集团，发展肉制品加工项目，利用水库移民扶持资金建设厂房5000平方米，投入资金1202万元。厂房建成后租赁给企业经营，租金收益首先确保贫困户脱贫，优先吸纳贫困户就业，可使贫困户年人均增收2000元以上。

（王　康）

新农村工作

【概况】　2017年，全县实现农业总产值77.69亿元、农村居民人均可支配收入14315元，分别比上年增长3.6%、8.8%；落实对上争取涉农资金8.18亿元，其中，移民避险解困、易地扶贫搬迁、黄河滩区迁建“三大工程”资金4.42亿元，移民直补和后期扶持资金1.45亿元，扶贫资金1.14亿元，农田水利项目县资金2800万元；黄河滩区迁建新增外迁安置25个村、6595户、20742人，规划建设5个社区；实施省级美丽乡村示范村建设项目4个、市级美丽乡村示范村建设项目8个；对照省《美丽乡村建设规范》，建成美丽乡村286个，全县美丽乡村覆盖率达到40.51%；东平街道被列为全省乡村连片治理试点乡镇，老湖水浒影视小镇、银山东平湖生态旅游小镇入选省级特色小镇，接山镇朝阳庄村、旧县乡浮粮店村分别入选中国和省级传统村落名录。县农工办被评为经济社会发展综合考核成绩突出单位、全县“乡村文明行动”成绩突出单位。

【农业产业化】　新增规模以上农业龙头企业11家、农民专业合作社140家、家庭农场118家；新认证“三品一标”产品4个，认证面积5万亩。“东平湖鲤鱼”被列入国家地理标志登记产品，水泊食品公司被评为农业产业化省级重点龙头企业。泰安新天地粮油有限公司食用油加工、京鲁时代生态循环农业产业园、安山·运河小镇等重点项目签约落地。重点打造现代循环农业产业园、东平湖花海田园、民俗旅游示范区、生态渔业等十大农业产业园区，总投资5.1亿元的汉世伟现代循环农业产业园中套、黄徐基地投入运营，探索出家庭农场、集体农场、众筹农场、致富农场等四种养殖模式，带动群众特别是贫困群众增收脱贫。高标准实施千亿斤粮食、戴庙引黄灌区等一批农业基础设施项目，东平被确定为“国家高效节水灌溉示范县”，小型农田水利重点县绩效考评再获省优秀等次。

【脱贫攻坚】　2017年，全县省市贫困村退出58个，贫困人口退出6106户14429人。移民避险解困、易地扶贫搬迁、黄河滩区迁建“三大工程”29个社区加快推进，其中12个社区建设完成，8个社区1.8万人实现回迁。《人民日报》、新华社、中央电视台、《大众日报》等媒体对“三大工程”建设经验进行广泛深入报道。产业扶贫让8232名群众精准受益，滨河新区扶贫、接山制帽等产业园区加快建设，乡村旅游、柳编、电子商务、特色养殖等产业快速形成，为贫困群众稳定脱贫提供了强力保障。

2017年9月12日，泰安电视台记者在银山镇南堂子村旅游码头拍摄美丽乡村专题片 （周长生 供稿）

【美丽乡村建设】 成立由县政府主要领导任组长，49个部门负责人为成员的美丽乡村建设领导小组，实行安排部署、推进落实、督查考核“三同时”，建立健全美丽乡村建设长效机制。将美丽乡村建设纳入全县经济社会发展考核体系，设立年度美丽乡村建设奖补资金390万元。各乡镇（街道）建立村庄评比晾晒机制，完善奖惩措施，形成美丽乡村建设比学赶超的良好氛围。加快推进农村道路、厕所、供电、学校、住房、饮水、供暖“七改”工程，解决9个村、1.12万人的吃水问题；完成农村危房改造503户、农村无害化卫生厕所改造4.7万户，新建农民健身广场79处，建成村级综合文化服务中心654个，进一步改善农民群众生产生活条件。争取省、市级美丽乡村示范村建设项目奖补资金640万元，实施美丽乡村示范村建设项目12个，其中，省级美丽乡村示范村项目4个（大羊镇南留屯村、旧县乡浮粮店村、接山镇朝阳庄村、银山镇南堂子村），市级美丽乡村示范村项目8个（银山镇玄桥村、戴庙镇南杨庄村、大羊镇毕庄村、东平街道张庄村、商老庄乡官场村、彭集街道小孟村、新湖镇范洼村、沙河站镇蔡庄店村）。全县城市建成区以外的286个村达到美乡村标准，其中，A类美丽乡村60个，B类美丽乡村226个，美丽乡村覆盖率达到40.51%。泰安电视台先后播出银山镇南堂子村、旧县乡浮粮店村、东平街道史楼村、彭集街道马流泽村的美丽乡村纪录片。2017年9月11日至15日，泰安电视台泰安新闻《泰安美丽乡村行》栏目组到银山镇南堂子村、旧县乡浮粮店村、东平街道史楼村、彭集街道马流泽村开展美丽乡村采风活动。9月，全省美丽乡村建设现场会，推广南堂子村美丽乡村建设经验。

【农村综合改革】 国家大中型水库移民避险解困试点、全国扶持村级集体经济发展试点、全省黄河滩区居民迁建试点取得阶段性成果，农业水价综合改革扎实推进，水权水市场改革通过省级验收，供销社农业社会化服务供给水平进一步提升。农村集体产权制度改革不断深化，探索“土地资源份额化、扶持资金股份化、迁居社区化”的分类推进农村集体产权制度改革模式，完成国家第二批农村改革试验区试点任务。2017年9月26日，在北京举办的“将改革进行到底”地方经验报告会暨第三届中国地方改革创新成果新闻发布会上，向全国推介东平县“以农村产权改革攻坚长效脱贫”的做法。

（周长生）

农 业

【概况】 2017年实现农业产值77.7亿元，按可比价格（下同）同比增长3.7%。实现农业增加值45.5亿元，同比增长3.6%。农村居民人均可支配收入14406元，增长9%。全年粮食播种面积135.28万亩，总产63.83万吨，比上年增加5.5万吨。蔬菜面积13万亩，总产30万吨；新认证“三品一标”产品15个，其中无公害9个，绿色食品1个，有机食品5个，认证面积25万亩；东平湖鲤鱼获得国家农产品地理标志。新增规模农业龙头企业11家、农民专业合作社140家、家庭农场118家。县农业局继续保持省级文明单位称号，被评为全国农业综合执法示范窗口、全市社会经济发展综合考核先进单位。

【农业结构调整】 按照现代农业发展要求，充分发挥农业资源和区位优势，加快农业结构调整步伐，打造特色农业产业。全县蔬菜面积13万亩，总产30万吨；汉世伟现代循环农业产业园中套、黄徐基地投入运营，水泊食品公司被评为省重点农业龙头企业。斑鸠店镇大蒜种植面积5万亩。年产蒜薹3万吨，优质蒜头9万吨；镇内有大蒜批发市场一处，恒温库45座，库容量达5万余吨；基本上形成“龙头企业+基地+农户”的产业化经营模式，使大蒜产业的主导地位得到巩固和提高。

【科技创新与推广】 深入推进农业科技进村入户，在全县培养186名农业技术指导员，其中农民技术指导员132名，培育科技示范主体493个，发展辐射带动户4900多户，建立村级服务站132个。先后推广农作物新品种16个，其中，小麦品种6个（济麦22、鲁原502、良星66、良星99、泰农18、烟农21）、玉米品种6个（郑单958、德单5、京农科728、鑫瑞25、登海618、登海605）、大豆品种4个（齐黄34、菏豆20、菏豆12、中黄13）。粮食高产栽培技术得到大面积推广应用。2017年小麦、玉米双季秸秆还田面积达到120万亩以上，占播种面积的90%以上。小麦精量半精量播种面积65.2万亩，小麦宽幅精播面积37万亩，占播种面积的52.8%，小麦“一喷三防”实现全覆盖。玉米“一增四改”技术推广面积42万亩，“一防双减”推广面积10万亩。

【农产品品牌建设】 制定《东平县农产品品牌建设实施方案》，明确2017—2020年农业品牌建设的目标任务、工作重点和推进措施。新认证“三品一标”产品15个，其中无公害9个，绿色食品1个，有机食品5个，主要是小麦、玉米、大豆、杂粮、西红柿、核桃、山楂、肉牛、肉羊、生猪等农产品。东平湖鲤鱼获得国家农产品地理标志、认证面积25万亩。

【新型农业经营主体】 2017年，全县新增规模以上龙头企业10家，达到188家，东平湖水泊食品有限公司被评为省级重点农业龙头企业；新增农民

2017年4月，县农业局组织农技专家为新型农业经营主体讲解小麦新品种
（王 蕾 供稿）

专业合作社 140 家，达到 1500 家；新增家庭农场 118 家，达到 448 家。新认定农民合作社市级示范社 19 家，家庭农场示范场 8 家，示范社、示范场分别达到 187 家、59 家。

【产业融合发展试点】 科海菌业是农业产业化市级重点龙头企业，实行“公司+合作社+农户”的运行管理模式，为种植户提供优良黑木耳菌种、技术指导、干品回收、信息服务等，帮助贫困户增收致富。2017 年，县农业局以科海菌业为主体，实施一、二、三产业融合发展试点项目，惠及商老庄乡 10 个村、70 户、131 名建档立卡贫困户。当年，实现分红 3.93 万元。

【农村集体产权制度改革】 2017 年，全县有 468 个村启动产权制度改革，其中完成清产核资 412 个，成员界定结束 386 个，制定新型集体经济组织章程 312 个，进行资产量化 308 个，开展股权登记 286 个，办理注册手续 241 个，发放股权证书 225 个。

【农村政策落实】 2017 年，落实“三补合一”补贴面积 70.01 万亩，每亩补贴 125 元，共计补贴金额 8751 万元。认真做好农业政策性保险工作，小麦政策性保险投保面积 52.45 万亩，占种植面积的 75%；玉米投保面积 41.74 万亩，占种植面积的 82%。全县小麦、玉米因倒伏、热害等灾害，获得保险赔偿 2190 万元。落实减轻农民负担“一票否决”制度，开展涉农乱收费、乱摊派治理，做好“一事一议”筹资监管。

（王　蕾）

【粮食作物】 县内主要粮食作物为小麦、玉米、大豆，分别占全县粮食播种面积的 51.8%、37.4%、9.7%；占粮食总产量的 50.6%、44.1%、4.2%。2017 年，全县粮食播种面积 135.28 万亩，总产 63.83 万吨。其中，小麦种植面积 70.03 万亩，单产 461.1 公斤，总产 32.29 万吨；玉米种植面积 50.65 万亩，单产 559.0 公斤，总产 28.31 万吨；大豆种植面积 13.18 万亩，单产 203.1 公斤，总产 2.67 万吨。杂粮主要以谷子为主，常年种植谷子 0.6 万亩，主要集中在旧县、老湖、梯门、大羊等山区乡镇，接山镇、东平街道部分丘陵地区也有零星种植。单产 247.6 公斤，总产 1343.7 吨。主要种植品种有“千金不倒”（地方品种）、济谷 17、济谷 19、济谷 20。

【油料作物】 全县油料作物以花生为主，花生面积 7 万亩左右，以夏直播为主，花生平均单产 320 公斤，总产 2.2 万吨以上，主要集中在彭集、沙河站、州城等乡镇（街道）。主栽品种为鲁花 8 号、花玉 16、花玉 19、山花 7 号、白沙果等，花生良种普及率 80% 以上。

【蔬菜】 县内蔬菜产品种比较丰富，各类蔬菜种植面积连年稳定在 13 万亩左右、总产 30 万吨以上。常年种植的品种有叶菜类、瓜类、茄果类、根茎类、葱蒜类、豆类、水生菜类等十二个大类 30 多个主导品种。优势种植类主要是大蒜、大白菜、马铃薯、莲藕、大葱等，其中大蒜种植面积 6 万亩，大白菜 2.2 万亩、马铃薯 1.5 万亩、莲藕 0.5 万亩、大葱 0.2 万亩。

【食用菌】 全县栽培的食用菌有木耳、银耳、双孢菇、香菇、平菇、鸡腿菇、灵芝、鸡枞菇等，其中木耳、双孢菇、香菇栽培面积相对较大，产业化水平较高，分别有 930 亩、50 万平方米和 70 亩，其他种类零星种植。产品分布在商老庄乡、新湖镇、戴庙镇、旧县乡、彭集街道和大羊镇。

2017 年东平县主要农产品产量及增长速度情况表

表 5

产品名称	单位	产量	比上年增减（%）
粮食	万吨	63.8	5.5
夏粮	万吨	32.3	2.5
秋粮	万吨	31.5	8.8
棉花	万吨	0.5	21.3
油料	万吨	2.1	1.8
蔬菜	万吨	82.3	23.1
园林水果	万吨	1.2	9.7

（王　蕾）

【概况】　县农业综合开发办公室（以下简称“开发办”）内设综合科、土地治理项目科、产业化发展项目科。工作人员 7 人，其中主任一人，副书记 1 人，副主任 2 人。2017 年，落实农业开发项目 9 个，争取财政资金 1747 万元，全部用于农业综合开发项目精准扶贫工作。编制切实可行的扶贫工作实施方案，完成县委、县政府交办的“三大工程”包保，创建卫生县城、包保贫困户等各项重点工作。

【党建工作】　按照县委、县政府的部署和要求，深入学习十九大精神，全面理解把握习近平新时期中国特色社会主义思想的深刻内涵，结合自身实际，撰写学习体会。同时，召开专题会议，总结经验，改进工作方式方法，进一步提升干部队伍责任担当、干事创业、争先创优的意识。学习《农业综合开发制度汇编》等理论知识，提高工作人员的业务技能，确保农业开发工作的有效开展。

【信息宣传】　2017 年，县开发办分别在《中国财经报》发表 2 篇、《大众日报》发表 1 篇、《财政情况》发表 1 篇关于财政农发工作的信息报道，并在《泰安日报》正面报道东平县农发工作 8 篇，县政府门户网站发表信息 22 篇，通过加大对农发工作的宣传力度，营造新时期农发工作的良好氛围，为开展下一步工作提供强有力的舆论保障。

【土地治理项目】　2017 年，实施 4 个土地治理项目，即：梯门镇 0.3 万亩高标准农田建设项目；州城街道 0.3 万亩高标准农田建设项目；彭集街道后亭村 0.2 万亩高标准农田建设项目；梯门镇陈楼村 0.25 万亩高标准农田建设项目。总投资 1439 万元，其中，中央财政 1027 万元，省级财政 370 万元，市级财政 42 万元。共治理面积 1.05 万亩，新打机井 99 眼，维修机井 26 眼，埋设地下低压电缆 17.23 公里，埋设地下输水管道 62.39 公里，建设桥涵 75 座，开挖疏浚排水沟 3.44 公里，新修维修机耕路 14.04 公里。项目涉及 14 个乡镇、街道办事处的 58 个村（含经济开发区驻驾村），其中省级贫困村 10 个、市级贫困村 45 个。鼓励施工单位吸纳有劳动能力的贫困户承担管道、电缆埋设、道路修整等工作，通过发给其工资，增加收入；鼓励有特长的贫困户参加项目管理，看管物料、监督工程质量等工作，通过发给其劳务报酬，增加收入；项目建成后从灌溉增产、减少成本增加效益方面增加收入，建后管护时吸收合适的贫困户参与工程管护增加收入。通过项目的实施，使 663 户贫困户受益。

【产业化发展】　2017 年，实施两大产业发展项目，扶持林果业和畜牧业，包括5个子项目，即：由梯门镇东瓦庄蓝天林果专业合作社实施的300吨优质葡萄种植新建项目；由大羊镇后魏雪泰安市文元农业科技有限公司实施的180吨优质核桃种植扩建项目；由接山镇溢隆奶牛养殖专业合作社实施的320头奶牛标准化养殖扩建项目；由梯门镇西沟流泉霿农场实施的年产500吨优质樱桃种植基地扩建项目；由八里香食品有限公司实施的年产2万吨畜禽肉制品深加工流动资金贷款贴息项目。总投资为553万元，其中财政资金308万元，单位自筹245万元。项目主要建设葡萄种植钢架结构高标准大棚24个，标准化养殖畜舍1栋，新打机井2眼，新建蓄水池1座，水槽12个，牛舍围栏500米，60吨地磅1台，给水管道200米，排污渠道200米，埋设滴灌146.51亩，PVC管道9600米，出水口192个，架设地埋电缆300米，低压线800米，电护栏500米，新建6米宽水泥硬化路200米，3米宽水泥硬化路3100米，购置STSD-16-2-2.5隧道式果蔬烘干机2套，引进优质葡萄苗19000株、待孕奶牛20头，香玲核桃苗木18000株。同时，根据扶贫要求，项目共扶贫10个贫困村，涉及贫困人口217人。开发办针对项目涉及的贫困人口制定具体扶贫措施，在实施的产业化发展项目利润中拿出财政投资资金的5%～10%进行分红帮扶和到企业合作社打工领取工资帮扶；对建档立卡的有劳动能力贫困人口，安排到扶持的企业或者合作社中就业，增加工资收入。企业、合作社对打工贫困人员，从利润中拿出等同于财政总投资平均1%～5%的资金用于工资发放，并有工资发放记录签字表，确保工资及时发放到贫困人员手中。对建档立卡的无劳动能力贫困人口，在扶持的企业或者合作社实施的项目中定额持股（干股），按不同比例、贫困程度拿出等同于财政资金投入的5%分红，分红时，逐人在分红册上签字按手印，确保分红资金分到群众手中，并跟踪拍照留存。从而增加贫困人口收入。

【三大工程包保工作】 县农业综合开发办为黄河滩区居民迁建二期工程银山镇马山头社区项目建设的包保单位，2017年2月16日正式开工。指挥部成员按时靠在项目建设现场进行一线指导，帮助镇、村两级协调解决项目建设中存在的难题。并定期召开工程建设调度会，听取施工单位、监理单位、建设单位对项目建设情况的汇报，对施工中发现的问题进行分析研究，听取各方的意见，研究具体的改进方案。确保实现两区共建，使广大群众及时得到更大实惠。

【创卫工作】 加强领导，健全工作组织，明确一名分工领导具体负责护驾村社区创卫工作。投入资金15余万元，出动工作人员1600人次，机械20余台辆。对责任区域内的76家沿街商铺占道经营、门前乱贴乱画、垃圾存放、广告牌违章搭建及小街、小路两侧的垃圾堆放、违章建筑等问题开展集中清理。发放门前五包责任书、创卫宣传单、行业卫生标准等材料400余张。积极配合执法部门以及护驾村村委，

2017年度泰安市东平县接山镇溢隆奶牛养殖专业合作社320头奶牛标准化养殖改扩建项目——高标准钢架结构奶牛养殖棚 （李 聪 供稿）

对责任区域内的4000多平方米的违建进行拆除；修复小区内破旧墙面40平方米，清运垃圾10余吨，硬化地面150平方米，绿化面积100多平方米。加强宣传教育，设计制作14块展板，其中健康教育知识宣传栏8块，创卫宣传板6块，并在责任区域内的明显处进行悬挂。明确一名单位工作人员为责任区域内街道的“街长”，并配备卫生清理设备，对责任区域内的卫生实施管控。

（马　明　李　聪）

【概况】　全县农机总动力108.6万千瓦，拖拉机11812台；联合收割机3605台；种植业耕种收综合机械化水平达到95%。2017年，坚持“立足大农业、发展大农机、服务新农村”的战略思想，走“农民自主、政府扶持、市场引导、社会服务、共同利用、提高效益”为主要特征的农业机械化发展道路；以购机补贴为依托，以技术服务为基础，以安全生产为保障，促进全县农机化全面协调可持续发展。县农机局被评为全省农机化信息宣传标兵单位。

【农机科技推广】　积极推广先进适用的农机化新技术、新机具。2017年，争取中央和省市农机购置补贴资金1985万元，补贴农民720户，机具1248台，带动农民投入6027万元。借助购机补贴政策的推动，把小麦免耕播种机和玉米联合收割机作为补贴重点。2017年4月，县农机局召开农机新技术新机具展销会，以瞄准国内外农机新技术、新产品为目标，突出展示国内外农业机械新产品、新技术和未来发展趋势，为农民购买先进、适用的农机提供咨询、供货渠道。2017年，实施深松整地作业10万亩，落实补贴资金350万元。

【农机培训】　2017年4月21日至23日，县农机局召开农机展销会，各乡镇农机管理站长、农机合作社理事长、意向购机户共1100余人参加，对购机人员全员培训；8月26日至28日，组织500余人参加泰山国际农机博览会；利用第一书记帮扶计划深入老湖镇和新湖镇牛圈村举办培训班，培训农民70余人；12月2日，组织机关干部30余人，到新湖镇霍庄参加玉米全程机械化烘干机械演示会，学习塔式烘干机工作原理；全年举办拖拉机、联合收获机驾驶员培训班6期，新训拖拉机、联合收割机驾驶员107人；利用其他各类现场会培训新型职业农民200余人次。

【农机修配管理】　根据《农业机械维修管理规定》，对农机产品经营市场进行检查监督，开展打假专项治理活动，维护农民的合法权益。严格按照审批程序和标准，新增农机维修网点2个，换发技术合格证42个，审批信息全部上传到全国维修管理系统。根据职业技能鉴定基本理论、国家职业资格证书制度、鉴定工作流程，办理66个职业资格证书，其中拖拉机驾驶员37人、联合收获机驾驶员16人、农机修理工13人。接待来电来访投诉、咨询案件5起，对每一个投诉件案件都做到认真接待，耐心调解，对于调解不成的建议仲裁或进行诉讼。

【农机安全监理】　农机监理站积极开展农机安全和隐患排查治理活动，检验拖拉机、联合收割机1431台次，挂牌756台，办理驾驶证340（件）；签订农机安全生产责任书156份；开展农机安全联合执法，纠正各类农机驾驶操作违章321人次。其中集中力量整治变型拖拉机40台，举办“三夏”“三秋”农机安全生产培训班4期，完成预定目标。省农机化信息网发表71篇，省监理网信息发表102篇，《山东农机化》杂志发表论文2篇，市农机局信息网118篇。

【农机跨区作业】　2017年，全县工商注册登记的农机专业合作社达到164个，各类农机大户740余个。麦收季节，农

2017 年 6 月，省领导到东平检查“三夏”生产　　（王　磊　供稿）

机局组织 210 台次小麦收割机到河南等省开展跨区作业，组织 300 台次大型农业机械开展跨区机收、机耕。提前检修农机具 3700 余台套。

（王　磊）

【概况】　围绕推进农业供结侧结构改革，立足畜牧业实际，发挥地方资源优势，优化产业结构，提高疫病防控水平，保障畜产品质量安全，全县畜牧业保持平稳发展。2017 年，全县牛、羊、生猪、家禽存栏量分别达到 1.42 万头、29.23 万只、19.8 万头、561.49 万只，创建省级标准化示范场两家。

【畜禽粪污资源化利用】　以建立规范化畜禽养殖污染防治长效机制为目标，严格按照相关法律法规科学划分畜禽养殖“三区”，并及时进行下发公布。研究制定《东平县禁养区内畜禽养殖关闭搬迁方案》，成立县、乡两级指导服务工作队，培训养殖场户 300 余户，发放指导服务表 1200 余份。开展畜禽粪污专项整治活动，全面推行“13421”改造，全县限养区、适养区内规模养殖场 230 家，配建设施 222 家，配建率达到 96.5%。

【畜牧产业化】　汉世伟公司母猪繁育基地位于接山镇周徐庄村和中套村，总投资 6.5 亿元，建筑面积约 9 万平方米。项目于 2017 年 8 月全部建设完成，存栏母猪 2.4 万头，年繁育仔猪 60 万头。依托汉世伟，现合作家庭农场 7 户，已经出栏 2900 头，存栏 6000 头，正在建设 5 户，养猪效益良好。引进海南普世南山集团，在接山镇投资建设和牛养殖生态农业产业园项目，规划投资 6 亿元；引进北京市地质勘察技术院，在接山镇投资建设沼气池及沼气高值利用项目，规划总投资 13.5 亿元。

【动物疫病防控】　贯彻落实农业部、省、市重大动物疫病防控工作会议精神，早部署、早安排，及时召开由各乡镇（街道）兽医站站长参加的全县重大动物疫病防控工作会议，制定《东平县 2017 年重大动物疫病集中免疫行动实施方案》，层层签订重大动物疫病防控行政管理责任书，落实县包乡镇、乡镇包村、村包户责任制，全县有免疫牛 6.4 万头、羊 47.32 万只、猪 63.24 万头，家禽 882.18 万只；高致病性禽流感、猪口蹄疫、牛口蹄疫、羊口蹄疫、高致病性猪蓝耳病、猪瘟、小反刍兽疫应免密度均达到 100%。扎实做好常规疫情监测。共检测口蹄疫血清样品 2380 份、禽流感血清样品 3560 份、小反刍兽疫血清样品 255 份、免疫抗体分别为 82%、85%、91%。免疫抗体均达到有效保护；扎实做好免疫效果监测和分析评估与流行病学调查工作。年内开展常规流行病学调查 120 次（调查重点村 240 个、散养户 2400 个、规模养殖场 120 个）、定点流行病学调查 48 次（调查规模饲养场 240 个）。5 月 27 日，顺利通过市畜牧兽医局对全县的春防检查；11 月 2 日，通过省畜牧兽医局专家组对国家动物疫情测报站（山东东平）及实验室的考核验收。

【畜产品安全监督】 加强执法能力建设。举办动物卫生执法培训班19期，下发宣传资料6000余份，进一步提高执法人员、检疫人员的理论和实践操作水平，提升畜禽养殖户、兽药饲料经营业户的守法经营自觉性。规范执法行为，严格执行“六条禁令”。规范出具检疫证明，强化检疫证章标志的管理，健全屠宰环节驻场（厂）检疫各项工作制度，完善屠宰检疫各项工作记录。严把入场检验、宰前待宰巡查、屠宰检疫检验、宰后检疫处理“四关”，做到检疫人员到岗，屠宰检疫行为到位，特别是实行生猪检疫与“瘦肉精”等违禁物品检测同步进行。严格监督执法，严打违法行为。开展“守护舌尖安全”专项整治活动、打击畜产品质量安全违法犯罪“百日行动”、生猪屠宰监管扫雷行动、生鲜乳专项整治活动、农资打假专项行动、兽药饲料市场专项整治活动及渔业投入品专项整治活动，累计出动执法人员1280人次，办理各类案件12起，结案率达到100%，取缔生猪私屠滥宰窝点6个，罚没13.1万元，查处一起鱼饲料无证生产案件，罚没款4.8万元，移交公安部门处理1件，刑事处罚1人。强化病死畜禽无害化处理监管工作。加强对病死动物及其产品无害化处理的监管，落实“四不准，一处理”规定。监督本辖区内动物养殖场（小区、户）、屠宰企业、贩运人做好病死、死因不明动物及病害动物产品的无害化处理，建立健全无害化处理监督登记制度，对发现收购、贩卖、加工病死畜禽情节严重的违法行为，及时移送当地公安机关依法处理。

（赵广清　郭　浩）

林果业

【概况】 2017年，全县完成成片造林1.09万亩，新增造林6653亩，更新造林4282亩；新建完善农田林网1.05万亩；“三边”绿化71.85公里；全民义务植树170万株。新建森林防火蓄水池30个、护林房30间，县城和腊山林场各建一处防火监控室，实现腊山和城区周边林区视频监控全覆盖。国家滨湖湿地公园项目建设一期工程全面完工。东海子村核桃基地被评为“全国核桃示范基地”，县滨湖国家湿地被省林业厅、省广播电视台评为“山东省最美湿地”。

【林业生态建设】 着力培植以核桃为主的特色经济林基地。利用北部山区乡镇、街道梯田地堰、土层较厚的荒坡荒地大力发展核桃产业。老湖镇、梯门镇、旧县乡早计划、早动手，大力发展核桃，起点高，面积大，成效突出。积极引进名优经济林新品种，试种成功后进行大面积推广。旧县乡吉城四村引进奇异果试种成功后，种植面积扩大到200亩；梯门镇引进猕猴桃，年内种植面积100亩，奇异果和猕猴桃的引进和推广填补县内特色经济林空白。加大以“三边”绿化为主的绿色通道生态保护带和农田林网建设，重点抓好331省道、济荷高速公路、大清河及黄河两侧林带的更新和完善提升。州城街道、新湖镇、戴庙镇、老湖镇等用材林造林规模大、效果好；彭集街道林网建设由单一杨树品种向绿化树种发展，经济价值和社会效益显著提高，推进全县春季植树造林工作快速发展。大力发展林业为主的生态旅游。梯门镇东瓦庄承包土地300亩，引进葡萄、草莓、苹果、梨等矮化早熟品种，建设春、夏、秋各季节段有果可摘的现代采摘园。积极与市林业局沟通对接，争取移民社区绿化资金167万元；已到位扶贫资金50万元，其中老湖镇凤凰社区、滨湖社区各20万元，州城街道湖韵苑社区10万元。

【森林资源保护】 认真贯彻落实全国国土绿化和森林防火工作电视电话会议和全省森林防火工作电视电话会议精神，

注重“五个抓”：即抓森林火灾防范的工作部署、抓森林防火的宣传教育、抓野外火源管理、抓森林防火预案落实情况的督查、抓森林火灾案件的侦破。通过逐级抓落实，细化森林防火工作的各项任务和责任，把防火措施落到实处。全县新建森林防火蓄水池30个，腊山林场建设森林防火视频监控1处，县城周边安放红外线高清监控2处，视频监控1处。腊山林场投资100万元，建设森林防火通道3公里。做好林业有害生物监测、预报，完善林业有害生物预测预警，建设应急体系。6月3日，开始对全县进行杨扇舟蛾、杨小舟蛾、美国白蛾等食叶害虫飞机喷药防治，9月进行补防，飞防面积41.5万亩。加大执法力度，强化东平湖湿地保护区的管理，适时开展专项执法行动，严厉打击乱砍滥伐林木、乱占滥用林地、乱捕滥猎野生动物、乱采滥挖野生植物、无证采伐、运输、加工等涉林违法活动，维护正常的林业生产经营秩序。依法加强林地的保护和管理，严格征占用审批，形成“总量控制、定额管理、合理供地、节约用地、占补平衡”的林地管理机制。打造“最美湿地”名片，投资100万元对滨湖国家湿地公园进行修复保护，已完成建设拐点界桩198个，设置标示性界碑10处，科普宣教牌5处，大型户外高炮三面标志牌1处，中型户外反光双面标志牌5处，小型户外单立柱两侧双面标志牌4处。

【深化林权配套改革】 认真贯彻中央《关于全面推进集体林权制度改革的意见》，深入推进综合配套改革，为解放和发展林业生产力注入新活力。对全县公益林和部分经济林购买林业保险，有效保护全县森林资源，保护林农果农财产安全；引导林业组织规模化、专业化、集约化经营，全县现有林业龙头企业20家，林业合作社152个，省级林业龙头企业3家，省级林业合作社10家。建立健全林权管理服务中心，加强林权流转的监管，实现林权流转的规范化、便民化。

2017年6月，梯门镇雨季荒山造林现场 （杨 军 供稿）

【职业农民培训】 2017年，县林业局派技术人员，深入乡镇、街道，田间地头举办果树技术培训班，讲解果树发展形势和各个物候期的实用技术，推广果实套袋、夏季修建、配方施肥、节水灌溉、无公害农药应用等。举办新型职业农民培训2期，培训农民1000人次，印发宣传资料1万份，使果农增强信心，掌握管理技术，提高收入。

【全民义务植树】 2017年，全县各级深入贯彻落实《东平县全民义务植树管理办法》，坚持做好全民义务植树工作，县各大班子领导、各乡镇、部门单位积极参加义务植树活动。全面启动村镇绿化，突出搞好道路绿化、庭院绿化和围村（镇）林建设，全民义务植树160万株，带动全县村镇绿化再上新台阶。认真抓好绿化先进乡镇和先进村的评选推荐活动，发挥典型带动作用，使全县村镇逐步形成“村在林中，房在树中，人在绿中”的绿化格局，达到生产发展，村容整洁和人居环境良好的目标。

（杨 军）

腊山林场

【概况】 国有东平县腊山林场与腊山国家森林公园管理局合署办公，为正科级自收自支事业单位，下设办公室、财务科、森保站、规划基建科、森林消防巡逻大队、旅游经营管理科六个职能科室。现有在职事业人员20人，退休职工8人。腊山林场分为腊山、六工山、昆山、金山四个林区，总面积为1.1万亩，有林地面积8768亩。

【开发建设】 腊山国家森林公园占地1.1万亩，绵延30华里，公园景点众多，72座山峰各有特色。其主峰海拔258.4米，素有“山奇雄，峰奇秀，岩奇险，石奇美”之称。加之它与东平湖山水相依，天光照水，碧波浩渺，百舸扬帆，美不胜收，构成独特的游览风景区。自古被誉为“小泰山”“小岱峰”。腊山林场围绕“建设生态大县，打造绿色东平”目标和“保护林业资源，发展林业产业，打造林业生态”三大任务，投资150万元，建设六工山、昆山及腊山护林房3处，投资240万元，修通防火道路7千米，安装腊山、昆山、六工山防火视频监控系统，实现森林防火视频全覆盖。

【森林资源管理】 2017年，腊山林场把提高森林资源培育质量作为工作重点，加大抚育管理力度。中幼林抚育4000亩，病虫防治5000亩，总投资50万元。在昆山、腊山、六工山林区岩石裸露比较明显的地段，种植侧柏等树种，荒山造林200亩，成活率80%以上。同时抓好“三防”（森林火灾、森林病虫害、乱砍滥伐林木、乱征滥占林地、乱捕滥猎野生动物等破坏森林资源）体系建设。对林区内乱占林地、非法采石等行为进行地毯式排查，严厉打击破坏森林资源的行为，有效的保护森林资源。

（李厚义　王善龙）

2017年4月，县森林消防专业队开展林区引水上山防火演练

（李厚义　供稿）

水利

【概况】 2017年，投资388.3万元，对胜利渠、白吉河、龙王沟进行全面疏通清障；实施省级贫困村通水工程，解决9个行政村、1.12万人的吃水问题。农田水利项目县建设涉及接山、戴庙、商老庄三个乡镇，总投资2921.45万元，新打机井129眼，改造机井150眼；治理排涝沟道26千米，改造桥涵114座，管道190.52千米，机电设备279台套。建成高效节水灌溉面积2.67万亩，项目全部完工并顺利通过市级验收。争取资金300万元，建设高效节水灌溉项目7个，新增高效节水灌溉面积3050亩，被水利部确定为“第二批国家高效节水灌溉示范县”；农田水利项目县绩效考评再获省优秀等次。水利局被评为“全省水利系统先进集体”。2017年3月，戴村坝被水利部确定为国家水情教育基地。

【防洪抗旱】 健全防汛机构，明确防汛责任。做好隐患排查和问题整改，城区以排水沟渠、泄洪通道为重点，对环绕县城的20余公里胜利渠进行彻底清理；投资360万元，对白吉河、龙王沟进行全面疏通清障，确保城区度汛安全。督促山区乡镇对水库、塘坝检修加固。平原、湖区乡镇（街道）对内涝区域进行重点排查，并整改落实。编制审查各类防洪预案。严密关注天气变化，科学分析雨、水、工情，做好强降雨的应对工作。投资516万元，建设防汛监测预警系统平台，建立基层防御组织体系，提高山洪灾害防御能力，实现防汛预警数字化、信息化、智能化，保障全县人民群众度汛安全。

【水利工程建设与管理】 投资359.73万元，治理河道1.22公里，主要建设项目为河道疏挖、防渗、两侧边坡砌护；维修、新建浆砌石拦河坝4座，白吉河经济开发区段治理工程顺利完工并验收。除险加固的水库两座（东柿子园、双塔刘庄），总投资242.14万元，已全面开工建设。投入资金28.3万元，对胜利渠进行疏通治理，清理渠系23.2公里，确保渠道发挥功能效用。

【水资源管理】 优化取水许可审批流程，将取水许可和水资源论证进行整合审批，2017年，全县审批发放取水许可证13个，审查建设项目水资源论证报告9个。加强用水计划管理。根据用水单位近三年实际用水情况，按照不高于20%的比例确定并下达年度用水计划，并严格执行月调度、季考核工作。开展入河排污口综合整治，排查入河排污口13个，按照"一口一策"制定分类处置措施，年底前整治工作全面完成。按照市级下达年度用水总量控制指标，合理分配各行业用水指标。联合环保局编制《东平县饮用水水源地保护区综合整治方案》并下发到各乡镇（街道），6月底完成整治。认真开展取用水户信息核实登记和调查确认工作；取水许可管理范围内41家水资源纳税人均已完成调查确认，并录入省级信息系统；排查无证取水单位79家，已进行信息核实登记，拟待上级政策出台后纳入规范化管理。2017年12月1日，省水利厅专家验收组对东平县水权水市场制度建设试点工作进行综合验收评估，以95分顺利通过。

【水行政执法】 根据《中华人民共和国水土保持法》，修订《东平县水土保持监督管理办法》，印制《水利法律法规知识问答单行本》。2017年水政监察大队加大执法力度，水行政处罚实现历年来零突破，办结案件3起。全面推进水行政执法责任制工作的落实，周密组织、强有力地开展"执法突击活动"，对县区所有自备井单位逐一排查，开展用水单位摸底调查与水法知识宣传工作。2017年下达处罚告知单8件，责令停止水事违法行为通知书28件，责令停止水土保持违法行为通知书36件，查处非法打井5件、结案4件，处罚决定书3件、结案3件，排查用水单位174家，其中自备井单位81家。查处无证或取水证过期

2017年3月22日，在县城东山路流动宣传点开展"世界水日""中国水周"宣传活动
（吕　杰　摄）

的非法自备井3处，有效推动城区关闭自备井工作的进程。严格落实《2017年东平县河湖执法检查活动的实施方案》，大力展开河湖执法监管工作，逐级落实责任，加大执法范围和执法力度，不断提高监管能力和水平，维护良好的河湖管理秩序。

【农村饮水安全】 实施2017年省级贫困村通水工程，总投资302.15万元，其中申请省以上财政资金270万元，地方配套资金32.15万元。涉及辛店铺村、刘庄村，接山镇中套村、周徐村、西杨郭庄村、辛庄村，旧县乡王古店三村，东平街道大井村、百户庄村共9个村。受益人口1.12万人，其中省定贫困人口1867人。实施过程中对贫困户进行政策扶持，免去应由住户出资建设的入户工程建设费用，贫困户减少支出400元；鼓励有工作能力的贫困户承担管沟开挖、回填及其他合适的工作，通过发给其工资，增加收入，日均工资80元。高标准完成农村供水消毒设施配置及建设，并顺利通过验收。

【水土保持】 小流域综合治理。完成老湖镇后埠子望山、大羊镇后魏雪和梯门镇柿子园小流域综合治理建设项目的规划编制工作。2017年年底，后埠子望山小流域综合治理项目施工建设已基本完成，总投资137.36万元，治理面积2.67平方公里；完成白佛山小流域综合治理示范项目初步设计编制工作，报送市水利局审批。顺利通过东平县坡耕地综合治理、土安小流域治理、西北村小流域治理和彭集小清河生态修复工程的竣工验收。对县境内的生产建设项目下达水土保持执法通知书60份，新编制完成并审批水土保持方案35个。完成银山镇顾庞村社区，老湖镇水泊社区、浒源社区建设项目等20个水土保持方案的审批工作，有效遏制开发建设项目造成的人为水土流失；落实2017年山东省水土保持生态建设任务指标，东平县生态治理目标为3平方公里；计征收山石开发企业水土保持补偿费347.7万元，房地产开发企业水土保持补偿费20万余元。

【农业水价综合改革】 按照上级要求，结合县内实际，编制完成县级实施方案，由县政府办公室正式下文。委托北京新水源景科技股份发展有限公司编制东平县农业水价综合改革技术方案。农业水价改革相关配套文件包括农业供水价格管理办法、农业水权交易管理办法，农业用水精准补贴与节水奖励办法初稿已经完成，已经和有关部门进行积极对接。2017年，结合项目县工程建设及高效节水灌溉工程建设，已完成4万亩水量计量设施配置任务，年节水120万立方米。

【农田水利项目县建设】 2017年，农田水利项目县建设涉及接山镇、戴庙镇和商老庄乡三个乡镇，项目总投资2921.45万元，包括中央财政资金2000万元，省级财政800万元，县级财政配套资金100万元，农民投劳折资21.45万元。建设主要内容为：新打机井129眼，改造机井150眼；治理排涝沟道26千米，改造桥涵114座，管道190.52千米，机电设备279台套。戴庙镇西金山片区发展管道灌溉面积0.97万亩；商老庄乡官场片区发展管道灌溉面积0.64万亩；接山镇席桥片区发展管道灌溉面积0.96万亩，发展喷灌0.1万亩。

年内，完成投资2921.45万元，建成高效节水灌溉面积2.67万亩。项目已全部完工并顺利通过市级验收。争取资金300万元，建设高效节水灌溉项目7个，新增高效节水灌溉面积3050亩。东平县被水利部确定为“第二批国家高效节水灌溉示范县”。2017年12月在水利部举办的国家高效节水灌溉示范县研讨会上作典型发言。

【“强村固基”农田水利项目】 2017年，“强村固基”农田水利工程总投资590万元，全部为市级财政投资。设计全县14个乡镇、街道及经济开发区65个村，其中19个省市级贫困村，项目已经全部完成项目建设。主要建设项目与规模：

2017 年 4 月 1 日，戴庙引黄灌区主干渠节水改造工程竣工　（卢广鼎　摄）

新打配套机井、铺设管道、新建生产桥、改造引水渠等。项目规划时优先将贫困户的农田水利工程列入建设范围；实施过程中鼓励有工作能力的贫困户承担管沟开挖、回填及其他合适的工作，通过发给其工资，增加收入；项目建后从灌溉增产、减少投资方面增加收入；建后管理时可以吸收合适的贫困户参与工程管理增加收入。对于不能参与项目建设及管护的贫困户，新建的水利项目承包给用水协会，通过分红的方式支持扶贫。项目实施后，项目区耕地灌排条件得到明显改善，农作物种植增收明显，贫困户农业耕作省工、省时，亩均增收 300 元，人均增收 235 元。

【戴村坝国家水情教育基地】　2017 年 3 月 15 日，戴村坝凭借着“京杭大运河之心”和世界文化遗产的地位，被水利部确定为国家水情教育基地。山东省仅此一家。戴村坝水情教育基地总占地面积 2 万平方米，采用实物（戴村坝）+ 博物馆的方式进行全方位立体式水情教育活动，内容丰富。戴村坝博物馆展厅面积 2500 平方米，建筑主体以“s”型折线平面围合建筑的内院，可容纳观众 600 人以上。整体设计与周边自然环境巧妙融合，周边建设有观坝亭、听坝平台等多个配套景观设施；中间根据自然地形建设生态湿地公园；北端是展示现代水利工程的引水工程展示馆。戴村坝博物馆内部按照“运河文化长廊”和“古代水利科技库”的设计理念，由序厅、运河之心、戴坝修筑、科学治水、治水名人、运兴东平等展厅及 3D 影院组成，通过 300 余件馆藏文物、模型、图片等多种形式，辅以声、光、电现代科技手段，充分展现戴村坝悠久的历史以及京杭大运河的灿烂文化。

（陈　欣）

【概况】　2017 年，按照“生态安全、依法规范、绿色环保、持续发展”的工作目标，汛前整修堤防 10 千米、清除杂草 3.5 万平方米、修整土牛 100 多个；落实防汛常备队 14 人、抢险队 4000 人、预备队 1.1 万人，确保沿河群众安全度汛。投资 59.19 万元，实施大汶河接山段标准化堤防提升工程，9 月底完工；设置河长制公示牌 669 个，落实责任主体，接受社会监督。全年稽查巡查路程 10 万公里，处置涉砂案件 2 起，配合东平湖管理局查处 2 起、扣押盗采船只 2 艘，移交县国土资源局办理 1 起。县河道局被市委、市政府授予市级文明单位。

【水法宣传】　积极利用“世界水日”“中国水周”的时机，采取张贴标语、悬挂条幅、发放宣传单、出动宣传车和定点宣传的方式，大力宣传水法律、法规、河道管理条例、全面实行河长制及砂资源实行国有经营，活动中发放宣传彩页 1000 份，并现场对咨询进行耐心细致解答。通过活动，增强广大群众保护水资源、防治水污染、改善水环境、修复水生态意识，为全面实行河（湖）长制和水生态环境治理营造良好的氛围。

2017年3月23日，开展世界水日中国水周主题宣传活动　（宋忠梅　供稿）

【内河防汛】　大汶河防汛立足于“防大汛、抗大洪、严要求、硬措施”的工作思路，及早做好汛前检查，险工险段修复，行洪障碍清理，做到有水排的出，有涝不成灾；及时召开全县内河防汛工作会议，全面安排部署内河防汛工作，细化任务，落实责任，编制科学性、可操作性的各类防洪预案；落实常备队14人、抢险队4000人、预备队1.1万人，木桩、编织袋、救生衣、铁丝、土工布等防汛物料；24小时值班备勤，牢牢把握住防汛工作主动权，确保沿河群众安全度汛。

【河道工程建管】　实施大汶河东平接山段标准化堤防提升工程：路缘石土方开挖6.53千米、堤坡排水沟土方开挖4千米、堤坡回填6.53千米，路缘石预制安装6.527千米，C15混凝土路肩6.53千米，新建堤坡排水沟4千米，总投资59.19万元。2017年7月28日，开工建设，9月底完工。实行统一管理和分级管理相结合、专管和群管相结合，建立健全各项管理制度，按标准设置6名专职管护队员，配备割草机、洒水车等养护设备和设施；与沿河7个村庄分别签订采伐及绿化合同，及时更新换代，强化护堤林木管理；汛前利用30天的时间整修堤防10千米、清除杂草3.5万平方米、修整土牛100多个；借鉴“电子警察”的模式，沿河路口安装电子摄像头，实行无缝隙、全天候实时动态监控，实现河道管理动态化、数字化、规范化，收到良好成效。

【全面推行河长制】　按照上级的要求，印发《东平县全面实行河长制工作实施方案》，明确总体要求、工作目标、实施步骤和保障措施等，落实县级河长9人，乡级河长115人，村级河长452人，建立起县、乡镇（街道）、村（居）三级河长组织体系，落实管理主体和维护主体。科学选址、细致规划，11月底按要求和时限完成设置河长制公示牌669个（其中：市以上7个、县级42个、乡级620个），落实责任主体，接受社会监督。8月21日始开展“清河行动”，至12月14日，全县查处河湖违法事项443处、清除171.2万平方米。全县河道每2公里配备一名河管员，民间河长、社会监督员、志愿者护河队已到位。全面实行河长制工作在市级考核验收中，荣获优秀等次。

【砂资源禁采】　全县砂资源禁采区域，继续坚持“高压严管、以打开路”的原则，强化监管措施，加大稽查巡查力度，24小时全天候、全河段、无缝隙稽查巡查，对涉砂违法违规案件“快、准、狠”从严查处，及时结案。全年稽查巡查路程10万公里，处置涉砂案件2起，配合东平湖管理部门查处2起、扣押盗采船只2艘，移交县国土资源局办理1起。

【东平湖采砂管理】　开展砂资源管理“规范提升年”活动，对东平湖采砂作业船只安装定位系统，杜绝越界施工。结合道路交通环境综合整治和治超治限行动，对运砂车辆重新进行测量，核定装载高度，明确车辆盖布，禁止湿砂上路等要

求，运砂秩序得到进一步提升。对储砂园区中砂场管理房、堆砂场、回水道、场内运砂道路统一标准，要求园区整洁有序，警示标志齐全，安全措施到位。聘请12人的专业运砂道路维护保洁队，每天定时两次道路平整、四次洒水，保证运砂道路畅通、整洁、无扬尘遗洒。

【砂资源国有经营】 积极探索国有资源经营管理的新路子，实现“采、储、销”一体化运作，建立统一管理、统一经营、统一市场、统一监督的“四统一”模式，砂资源开采经营规范有序、可管可控和砂资源国有效益最大化。研讨拟定《砂资源国有经营实施方案》和《砂资源国有经营内部运行工作方案》；11月13日，按照“属地管理”原则，以“清彻底、全复垦”为目标，进行全县储砂整治，利用1个月的时间，全县清理储砂场97处（含环湖路老湖段两侧10处），管理房93间、2038平方米，机械设备77台，占地590.69亩恢复原貌，同时加快银山昆山储砂园区储砂销售进度，按照《实施方案》的时限、要求，全力推进国有经营运行进度。

【创卫工作】 河道局作为龙山社区创卫工作的牵头部门，实行班子成员包保制，明确责任科室，一包到底。发放《致广大市民的一封公开信》2000份，《创建国家卫生县城明白纸》《创建国家卫生县城行业标准》各1500份，悬挂宣传标语30条。配合县城市管理综合执法局，租赁挖掘机、铲车、运输车，对拆除垃圾进行彻底清理，外运垃圾22车，1100多吨。汇河街111户、138间，4350平方米的违建全部拆除。对整个辖区的主次干道、公共场所、花池路旁、背街小巷及居民小区进行综合整治。河道管理局牵头的龙山社区“创卫”工作在全县明查评比中获得三次第一名、两次第二名，在省级模拟暗访评比中获得两次第一名、一次第二名的优异成绩。

（宋忠梅）

工业 信息产业

工 业

综 述

【概况】 县经济和信息化局内设8个职能科室，所属单位有企业家协会（正科级）、民营经济发展局（副科级）、县人民政府节约能源办公室（副科级）、散装水泥管理办公室（股级）。编制32人，其中：行政编制16人，事业编制14人，工勤编制2人。实有工作人员24人，其中：行政11人，事业13人。局党委班子配备正职1名，副职3名。在职正科级干部4名，副科级干部9名。

2017年，县经信局深入贯彻落实中共十八届五中六中全会和十九大精神，坚持实施“工业强县”战略，以工业经济转型升级暨“十百亿企业培育工程”为统领，狠抓“三强”（区域拉动力强、行业竞争力强、财税贡献能力强）企业培植，强力推进项目建设，全力组织经济运行，实行县级领导包保“三强”企业制度，组建工业联盟，出台一系列扶持措施，设身处地为企业排忧解难，坚定企业家克难化险、逆势发展的信心和决心。确保化工、高档生活纸、矿业、食品、纺织、机械制造和电子材料七大主导产业，支撑全县工业市场总体平稳。310家规模以上工业企业全年实现主营业务收入948.8亿元，同比下降13.3%；利润52.5亿元，缴税15.2亿元，分别下降13.0%和13.3%。

【“三强”企业培植】 2月初，县委、县政府成立工业经济转型升级暨“十百亿企业培育工程”指挥部，办公室设在经信局，扎实推进“三强”企业培植工作。明确工作思路。委托高端智库编制《东平县工业转型升级发展规划》，为东平工业经济发展提供引领和遵循。组织人员到重点培育企业调研，掌握企业生产经营情况，发展思路等，形成《工业经济转型升级暨“十百亿企业培育工程”实施方案》，明确重点培育的26家企业3~5年内发展目标任务。召开推进会议，县主要领导出席讲意见，建立政企双向承诺，县级领导干部包保重点企业、成绩“晾晒”等工作机制。出台扶持政策。牵头起草《关于推进工业经济转型升级的若干政策》，6月，发布实施，包括加大财政扶持、提供融资保障、支持企业创新发展、保障要素资源、强化智力支撑、优化发展环境六个部分24条政策措施。推动问题解决。坚持每季度深入企业调研，梳理汇总制约企业发展各类问题98项。县政府以工作督办单形式下达各相关部门，限时予以解决，经信局会同县政府督查室做好调度，确保问题及时落实，有力推动企业发展。一是企业税收。年底，完成税收15.2亿元，同比降13%，其中增值税实现8863万元，增长122.4%。税款占财政调度70户企业总税款39.2%，比同期提高7个百分点。二是项目建设有序推进。年底，全县工业完成固定资产投资167.3亿元，占全县固定资产投资总额的46%。其中技术改造投资完成104.8亿元，同比增长 7.3%，占工业固定资产投资的 89%。26 家重点企业实施项目 28 项，开工建设 23 个。瑞星集团年产 12 万吨无水葡萄糖项目，厂房建设完成 90%，主机设备安装；100 万吨 / 年高塔尿基复合肥项目土建工程设计完成，桩基施工完成 50%。东顺集团 2 条美卓新月型高档生活纸生产线、1 条多功能生产线项目试产，新建三条线设备基础完工，设备订购；中煤东顺清洁能源集中供热项目快速推进，两台 75 吨高效煤粉锅炉项目正在安装。九鑫机械电镀中心迁建项目，厂房建设完成 90%，设备已订购。中联美景水泥年产 80 万吨水泥粉磨项目，前期准备工作完成，具备开工条件。润声印务双面双色胶印机开机，德国产海德堡八色平板印刷机、八色高速轮转印刷机等全自动无线胶订联动线及配套设备，全部运行。

【项目策划对上争取】 2017 年，认真研究上级有关政策，积极做好项目策划包装，全年争取电力、节能、信息化等资金过亿元。电力方面，将祥瑞药业、中联水泥、九鑫工具 3 家企业，新纳入 2017 年省电力直接交易总电量 7600 万千瓦时，每千瓦时电价低 5 分钱，节支 380 万元。加上润银生物化工、东顺集团、新东岳集团三家老用户，全年核减电费 9093 万元。节能方面，推荐申报省节能奖，瑞星集团被评为“山东省节能突出贡献企业”，获奖 100 万元。；沃普农业装备自主研发移动式粮食干燥机，实现产业化生产，获“山东省优秀节能成果”奖，获得补贴 5 万元。做好专项资金申报，东顺清洁能源和华东纸业的高效煤粉锅炉项目分别获得 400 万元、200 万元；儒原实业高效节能半导体照明应用项目获得补贴 150 万元；帮助 7 处敬老院申请太阳能集热系统指标 50 吨，获补贴 37.5 万元；杰鑫热力公司、儒原实业、斯图华纳空调空气源热泵空调产业化项目、社汇酒业锅炉节能改造 4 个项目上报市级节能专项资金项目，全部列入支持范围，12 月初通过验收后下拨支持资金。推荐东顺集团顺清柔共享本色抽取式面巾纸、九鑫日化高浓度除螨洗衣液，申报工信部绿色设计产品，通过省级评选。东顺集团集中供热项目申报国家 2017 年工业节能与绿色发展重点信贷项目，列入支持计划，获国开行低息贷款 2 亿元。推荐山东科立德环保科技有限公司年产 60 万平方米加气混凝土砌块——板材生产线项目、山东润银生物化工股份有限公司合成氨固体可燃废弃物综合利用项目、中煤东顺清洁能源有限公司高效煤粉锅炉脱硫脱硝除尘系统建设项目、山东德广工贸有限公司脱硫脱硝高效除尘改造、东平杰鑫热力有限公司高效煤粉锅炉节能替代 5 个项目，申报 2018 年中央预算内投资备选项目。信息化方面，推荐东平街道、老湖镇、旧县乡上报山东省信息化扶贫示范镇，争取市财政资金 2 万元，用于信息员培训，4 万元用于创建综合信息服务站示范站，老湖镇获市级扶持资金 20 万元。

【转型提升企业核心竞争力】 8 月 18 日，瑞星集团在深圳与滴达国际举办股权交割仪式，正式成为香港上市公司的控股股东。位列 2017 年中国化肥制造业百强企业第 8 位，荣登 2017 年“山东民营企业 100 强”榜单，其与航天长征化学工程股份有限公司合作的“煤炭清洁高效利用和新型节能技术”重点专项“大规模干煤粉气流床气化技术开发及示范项目”纳入国家重点研发计划，并在科技部高技术研究发展中心立项。东顺集团“顺清柔”品牌价值评估达 92.85 亿，荣登 2017 年度“中国 500 最具价值品牌榜单”，同时列入“山东省百年品牌企业培育工程”。9 月 5 日，东顺济南永芳互联网 + 智能研发制造新动能项目在槐荫工业园区开工建设。九鑫机械工具“呆扳手”市场占有率全国最大，已推荐上报全国制造业单项冠军企业。华东纸业主打可再贴专用纸，与得力、晨光等文化用品巨头建立合作关系，单项产品全国市场占有

率85%。沃普农业装备是国内首家生产移动干燥机的厂家，其自主研发的移动式粮食干燥机被省经信委认定为“山东省首台套技术装备”。祥瑞药业年产12万吨无水葡萄糖项目、年产100万吨玉米淀粉加工项目、沃普农业装备移动式粮食干燥机等3个项目列入工信部2017年导向计划。

【优化工业结构】 九鑫电镀工业园加快建设。润声印务、星光实业、鲁玻包装等持续推进“机器换人”，金山橡塑、容业达、龙美生物、泰牛科技等加快成果转化，一批中小企业快速成长。新东岳“新智机械”“速至摩托车胎”被评为山东名牌产品，社汇酒业“唐龙一品液”被评为山东老字号。瑞星干煤粉气化技术工程被列为国家重大技术专项，沃普粮食干燥机获评“山东省首台套技术装备”。新东岳、九鑫生物被认定为高新技术企业，新增科技型中小微企业13家、研发平台13家。山东大学泰山科技园加快规划建设。从产值增幅来看：黑色金属矿采选业完成产值25.6亿元，同比下降7.9%；农副食品加工业完成产值185.1亿元，同比增长8.2%；酒、饮料和精制茶制造业完成产值8.5亿元，同比下降28.6%；纺织业完成产值48.7亿元，同比增长7.7%；纺织服装、服饰业完成产值85.0亿元，同比增长22.3%；造纸和纸制品业完成产值54.3亿元，同比增长20.1%；化学原料和化学用品制造业累计完成产值158.1亿元，同比增长6.7%；橡胶和塑料制品业完成产值51.3亿元，同比下降10.6%；电力、热力生产和供应业累计完成产值1.0亿元，同比增长42.9%。

2017年东平县主要工业产品产量统计表

表6

工业品名称	产量	单位	增长（%）
小麦粉	67.3	万吨	5.2
饲料	68.3	万吨	−18.3
精制实用植物油	11.6	万吨	0
纱	0.9	万吨	−55.0
帘子布	0.8	万吨	−20.0
服装	3442.3	万件	6.1
机制纸及纸板	15.6	万吨	20.0
合成氨（无水氨）	121.1	万吨	1.9
橡胶轮胎外胎	2076.3	万条	−9.9
硅酸盐水泥熟料	112.1	万吨	9.5
商品混凝土	278.4	万立方	3.5
钢材		吨	
锻件	13.3	万吨	−15.3
白酒	4360.0	千升	−8.2
发电量	1.6	亿千瓦时	64.3

【工业联盟活动】 3月26日，召开全县工业联合会（联盟）成立大会，举行揭牌仪式，县主要领导出席。工业（联合会）联盟成立后，策划五项活动：一是开展“平湖财智论坛”。邀请国务院发展研究中心企业研究所所长张永伟、中科创金融控股集团副总裁贺光锐、中国人民大学商学院教授包政、中央党校金江军教授围绕企业创新、企业融资、企业管理之道和新旧动能转换等内容作辅导报告。二是开展个性化诊断调研。采取政府购买服务形式，聘请华夏基石专家团，全面诊断重点培植的“三强”企业。第一阶段东顺、鲁玻、瑞星三家企业完成诊断改进后，效果良好。三是组织企业中层管理人员培训班。7月初，举办第一季企业中层培训班，邀请实战

派导师尚旭东围绕管理技能提升、团队管理、绩效管理等深入讲解，提升企业中层管理队伍素质。四是开展企业家沙龙。特邀中国人民大学深圳研究院教授、管理学博士白刚作为主讲嘉宾，与瑞星集团、东顺集团、新东岳集团等9家企业主要负责人，就品牌建设、降本增效、用工难等问题探讨交流，为企业发展把脉问诊，理思路、出路子。五是组织企业参加上级各类培训。先后选派12名企业家赴复旦大学参加两期企业金融研修班；选派7名优秀企业家赴浙江大学参加企业管理模式创新培训班；选派19名企业高管分5期参加8—11月举办的泰安市中青年企业家培训班；推荐1名企业家参加省第3期中青年企业家培训班，有效促进企业家素质能力提升。6月30日，举行纺织服装协会成立揭牌仪式，推选出会长、副会长、秘书长、理事、监事等。杭州惠班管理咨询公司丁向征作《企业成长的烦恼》专题辅导报告。协会成立后，资源共享、信息共用，其助推企业发展的收效凸显，周边县市区部分服装企业主动前来对接加入。

【企业安全生产】 扎实开展“企业安全生产主体责任全面落实深化年”活动，组织打好“春夏秋冬”安全生产四个战役，持续推进安全隐患“大快严”行动、百日攻坚、安全生产大检查等活动。强化日常监管。组织企业自查自纠，局安监科每月不定期到所属企业开展安全检查，不断加强“两个体系”创建等工作。开展安全检查50余次，发现各类隐患问题70余条，限期整改；指导企业开展标准化创建，祥瑞制药、九鑫机械工具通过验收。开展专家查隐患活动，聘请煤炭科学总院及化工领域专家，对保利民爆、瑞星集团和14家非危险化学品化工企业开展排查，发现各类隐患140余条。牵头开展劳动密集型工业企业消防安全专项整治，成立5个包保组，分辖区督导检查14个乡镇（街道）和县经济开发区，调查摸底，排查隐患，在51家企业生产现场发现消防安全隐患70余条。2017年年底“回头看”，督促问题整改落实。强化十九大期间安全稳控，按照“网格化实名制”监管要求，重点企业主要风险点值班盯守，强化监管力度，确保安全生产形势持续稳定。

【机关作风建设】 扎实开展“双提双增”活动。召开动员会、出台实施方案、制定配档表等措施，确保活动有制度、有组织、有安排；通过设置文化长廊、制作图版，营造浓厚氛围；组织党员干部赴肥城市、县公路局、县供电公司、易地扶贫搬迁项目参观学习，撰写活动心得体会，引导党员干部树立标杆意识，提升工作标准；局主要领导上专题党课，党员干部撰写个人剖析材料，开展谈心谈话活动，引导机关干部不断实现自我净化、自我完善、自我提升。机关干部队伍建设。清正廉洁教育。制定《东平经信局党风廉洁建设警示教育工作方案》，开展廉洁警示教育周及廉洁建设警示教育活动。成立局机关“静笃读书会”，开展机关讲堂活动，提升党员干部综合素质；顺利完成机关党总支及机关党支部、老干部党支部换届工作；较好完成机关党建考核、“两学一做”学习教育考核、落实全面从严治党主体责任考核、依法行政考核、综合治理考核等工作；中秋节前夕，举办“月满中秋，情满经信”青年干部家庭联谊会，树好“家风”，达到“和睦家庭、和谐机关、幸福生活、快乐工作”。强化学习教育。组织党员赴孟良崮战役纪念馆开展主题党日活动，缅怀革命先辈，接受革命传统教育。组织开展学习宣传贯彻中共十九大精神活动，把广大党员干部的思想和行动统一到中共十九大精神上来。响应县委县政府号召，组织机关干部积极投身创建国家卫生县城活动，圆满完成分配网格创卫任务。

【化工业】 以瑞星集团、新东岳集团、九鑫日化为依托的化工产业已初步形成。瑞星集团股份有限公司是集肥料生产与销售、粮食收储与加工、土地流转、金融服务、科技研发、国际贸易于一体的大型现代化农业集团公司。集团公司总资产175亿元，2017年实现销售收入120亿元，利润1.5亿元。被省政府评为“2017年度山东省节能突出贡献企业”，全国化肥制造业综合排名第8位，“2017年山东民营企业100强”第89位，8月在香港上市。该企业持续进行技术改造和产品、产业结构调整，在完成120万吨尿素平衡改造工程基础上，投资40亿元建设粉煤气化一期、二期项目，实现原料宽泛化、低耗化，每吨尿素生产成本降低400元，吨合成氨煤耗1.3吨，行业竞争优势明显增强，成为全国单厂产能最大、能耗最低的尿素生产企业。立足实际狠抓转调，调整尿素产品结构，投资3.5亿元新建100万吨高塔尿基缓释复合肥项目。扩大下游产品和药用葡萄糖产量，投资2.5亿元“年产20万吨药用级葡萄糖”项目达产，年产12万吨无水葡萄糖项目在建，为全国最大药用葡萄糖生产基地。新东岳集团全年实现主营业务收入11亿元，企业有40万辆电动车、1000万条真空车胎、1000万条丁基内胎、密炼胶、10万吨还原再生胶项目、高档彩色轮胎项目、塑化机等项目。坚持市场导向，以高端产品制造为切入点，调整产品结构，开发新产品、高端产品、高附加值产品，开发生产高档摩托车胎、力车描线胎、力车五彩胎、电动车胎等50多个花纹颜色的品种。研制的电动车真空胎，填补国内电动车真空胎生产空白。“东岳”牌轮胎产品被评为“中国名牌产品”，“东岳”商标被评定为“中国驰名商标”，获市长质量奖。在国内市场不佳形势下，东岳轮胎产量增加28%，企业综合经济指标跻身全国同行业前三位。九鑫日化实施差异化营销战略，“满婷”香皂市场占有率提升。与南京野生植物研究院合作，开发“第五代植物抑螨素”除螨新技术，国内首创，以“青花椒植物抑满素”新品系列成功上市。

【高档纸业】 东顺工业园高档生活用纸业快速发展。2017年生产能力达到40万吨，纸尿裤年生产能力3亿片，卫生巾生产能力6亿片。销售收入达到50亿元，创造东平企业发展奇迹。“顺清柔”品牌价值评估达92.85亿元，荣登“中国500最具价值品牌榜单”“山东省百年品牌企业培育工程”。网络营销日趋完善，“双十一”当天网上营销额突破1.2亿元。企业拥有国际一流日产BF纸机高速生产线18条，全自动后加工生产线35条，意大利发明家纸尿裤生产线2条，湿纸巾生产线8条，卫生巾生产线2条。配备韩国、意大利、美国产后加工生产线。开工建设8条DS2000新月型高速纸机生产线、4条德国多功能纸生产线，具有节能环保、产量大、生产工艺先进等特点，后加工设备全部为国际一流全自动加工设备，打造京津地区、山东省、东三省、晋豫冀四个过十亿元销售市场，其中京津地区和山东省商超市场占有率均在50%以上。多功能用纸项目，主要用于厨卫、设备、汽车、航空、医院等专用擦拭用纸及医疗专用纸，是传统纺织擦拭用品替代品及医疗塑料制品的代替品，填补山东省及江北地区同类产品空白，降低了企业经营风险，提高企业盈利能力。在经济形势总体下行情况下，东顺集团成功收购杭州临安雄鹰集团，净资产增加10亿元，实现销售收入5亿元、出口3亿元；继黑龙江肇东、湖南湘西、杭州临安生产基地后，在杭州富阳启动年产10万吨高档生活用纸项目，产品投向江浙沪及周边市场，打造又一个十亿元市场。在中国经济前沿核心城市建立两个生产基地，引起浙江省杭州市、临安市、富阳区领导高度关注，打破南方企业到北方投资兴业、兼并企业惯例。东顺集团参与制定多项国家行业质量标准，其中造纸能耗国家标准为国内唯一企业制定，突显集团行业品质地位和管理水准。2017年规划建设东顺工业园二区二期工程、黑龙江肇东三期工程、湖南湘西二期两条BF高速纸机生产线，并在京津地区设立生产基地，杭州富阳生产基地一期工程将投产。

【机械制造业】 全县有山东九鑫机械工具有限公司、开元机械、金山橡塑、五金制品等机械制造业企业。矿山机械、塑化机、扳手均形成规模。2017年，呆扳手、梅花扳手、两用扳手销量9800万支。被山东省五金衡器工业协会授予“山东省机械工具产业基地”，辐射鲁西8家机械工具生产企业。同时，九鑫机械工具公司被省轻工联社、省五金衡器工业协会分别授予“金牌企业”和“山东省机械工具产业集群龙头企业”。为全国手动工具生产基地，中国五金制品协会副理事长单位、“中国工具五金30强”企业，山东省五金制品协会副理事长单位。产品国内市场占有率达到40%，出口欧美、东南亚及中东等30个国家和地区。在经济开发区投资5.2亿元，建设九鑫精工产业园项目已达产，电镀中心项目在建设，新上电镀生产线及水处理生产线各一条，配套建设废水治理循环利用工程。项目建成为周边地区最具实力电镀中心，工具产能将快速膨胀。

【食品业】 主要产品为食用油、湖产品、白酒等，有光大油脂、八里香食品、水泊食品、国丹食品、社汇酒业等企业。新天地粮油加工食用油生产线，年可处理大豆60万吨。

【纺织服装】 有东平洲际泰亚麻纺织有限公司、东平金元亚麻纺织有限公司、金马帘子布有限公司。服装产业近年来发展的不少，像山沙服饰、大太阳服饰、海吾伦服装等，均是来料加工型企业，没有自己的品牌。

（王 啸）

【概况】 东平县矿产业管理委员会（简称矿管委）成立于2011年6月，由东平县矿产工业局（2009年6月成立）改建成立，内设办公室、规划发展局、经济运行局、经济合作局、财税分局、人力资源局、安全环保局。编制总数27人，实有在编人员17人。设主任兼党委书记1人，副主任、党委委员2人，副局级干部2人。2017年，矿管委完成一般公共预算收入472.21万元，占全年预算（360万元）的131.17%。山石资源、铁矿实现收入贡献1.64亿元，完成全年任务的91.13%。其中，山石资源税费实现财政贡献1.57亿元，铁矿企业实现税收贡献662.75万元。县矿管委市委、市政府授予“市级文明单位”；县委授予全县“乡村文明行动”成绩突出单位，县安委会授予“全县安全生产工作考核优秀单位”。

【矿业建材】 东平县铁矿资源丰富，铁矿、煤矿、石灰岩资源具有得天独厚的优势。初步探明铁矿石储量超过10亿吨，占全省铁矿石储量的1/3。全县有宏达、建龙、金牛、润辰、百成、盛鑫、庆达7家建成铁矿，受市场影响，大部分一直处于停产或停建状态。彭集、冯家庄2个铁矿段由山钢集团实施开采，年内无进展；戴庙煤矿项目在对上争取中。东平中联美景水泥有限公司拥有日产4000吨新型干法旋窑生产线一条，2012投产以来运行良好。准备新上80万吨水泥粉磨站、废弃石灰石综合利用生产线和商混3个项目。

【信访维稳】 2017年，成立矿产业社会维稳领导小组，明确领导干部督查包保社会稳定责任制度，并不定期深入企业一线监督检查，确保全年无信访案件。

【安全生产】 以“企业主体责任落实全面深化年”为主线，“大排查、快整治、严执法”集中行动为总抓手，坚决打赢“春、夏、秋、冬”四季战役。深入铁矿企业开展各项安全检查28次，督促7家铁矿企业排

3月23—24日，山东科技大学王海亮教授对铁矿企业安全生产进行“把脉问诊”（杜国迎　施振西　摄）

查安全生产一般隐患146项，未发现重大安全隐患，其中立即整改123项，限期整改23项。全年通过政务信息网发布安全工作信息11条，今日东平宣传报导2篇；6月“安全生产月”活动悬挂宣传条幅3条，制作宣传绶带5条，印制发放安全宣传资料1500余份。

【党建工作】　矿管委机关党支部抓党建、提素质、聚合力、促发展，取得一定成效。7月被县委授予“先进党支部”。制定《进一步落实全面从严治党主体责任专项整改工作实施方案》，层层签订全面从严治党主体责任书，制定廉政教育实施方案，组织机关干部观看《永远在路上》《巡视利剑》等专题教育片，集中学习党规党纪，增强机关干部的拒腐防变能力。着力打造“建设绿色矿山，争当矿业先锋”机关服务品牌和“情系矿山、服务先锋”党建品牌，以过硬党支部建设、推进“两学一做”学习教育常态化、制度化为载体，以创卫攻坚、“三大工程”建设为平台，组织全体干部职工亮身份、亮职责、亮承诺，开展形式多样、丰富多彩的党日活动。严格落实“三会一课”、党员活动日制度，启动“道德讲堂”，按照组织程序发展党员、收缴党费、支部换届，每项工作有方案、有影像资料，并整理归档。成立“东平吧雷锋团”矿管委支团，开展定向帮扶贫困学生活动。全体党员加入“东平党员之家”微信公共平台，积极参与“灯塔——党建在线”答题活动，全年在“东平党员之家”发布学习教育信息30余条。

【施策解困】　密切关注铁矿网、我的钢铁网、西本新干线、中国钢铁新闻网等专业网站，及时了解国内外铁矿石市场形势最新变化，定期汇总整理国内外铁矿石价格对比情况，以及山东地区铁矿企业铁精粉销售价格和钢厂铁精粉采购价格，指导企业抓住机遇，积极筹备复工生产。定期深入企业开展专题调研，与企业负责人座谈交流，全面了解企业面临的主要矛盾和问题，积极为企业尽快复工生产建言献策。年内润辰铁矿抓住市场逐渐好转的机遇，生产铁矿石21.9万吨、铁精粉4.18万吨，上缴税金271.66万元。多次与淄博南金兆集团联系沟通，互通信息，商谈东平宏达矿业资产剥离及投融资和复工前的各项工作。

【创卫工作】　4月13日，全县“美丽东平”建设暨国家卫生县城创建和违法建设治理动员会议后，成立矿管委创卫工作领导小组，为创卫工作提供组织保障；创卫期间发放各类宣传材料1000余份，充分宣传发动，调动市民的积极性；与网格内临街商铺签订门前“五包”责任书，签约率达100%；组织集中环境整治150余次，动用各类装载车辆500车次，出动人员800人次，拆违面积1860平方米，清运建筑、生活垃圾7000余吨，硬化路面285平方米，粉刷外墙6600平方米，清理乱贴乱画260平方米，累计投入资金38万元；建立长效机制，设立3名街长、4名副街长、4名志愿者，定期开展巡查活动，按照“万众一心，共建美好家园”活动要求，定期组织全体人员开展创卫活动。

【永久基本农田划定】 按照全县永久基本农田划定意见，及时安排部署，通知铁矿和山石企业及时提报用地需求方案，为山钢集团、泰西煤矿、润辰、金牛、庆达铁矿留足发展空间。

【东平湖湿地自然保护区调整】 积极与县政府、市县林业局、环保局沟通对接，委托相关机构编制规划调整论证报告，并呈报市林业局组织专家评审，林业部门评审已经通过。

【点对点供应】 会同县公安局、县交通局、县公路局等有关部门，自我加压，日夜奋战，9月3日至10月29日，采用“去库存、清场地、点对点”模式，为全县“三大工程”和105国道、省道改建工程累计供应石子、石粉145万吨，为县重点工程建设做出贡献。

【税费征缴】 多次召开调度会，确定山石企业开采规范，提升环境保护水平，严厉打击非法违法开采行为，推动全县山石资源有序、有效开采，严格按照严格执行“乡镇开票、银行收款、公安核药、县级统管”的税费集中征缴程序，财税分局与财政局、国地税等部门全力协调，2017年山石税费征缴1.57亿元。

【矿山综合整治】 8月10日，矿管委作为山石矿山综合整治牵头部门，联合县直相关部门成立山石矿山综合整治巡查督导组、分乡镇包片巡查，按照专项整治行动方案依法依规，对发现的问题从严、从重、从快处理。根据泰安市《关于加快全市山石矿山综合整治工作进度的通知》（泰石整发〔2017〕2号）和县山石矿山综合整治工作领导小组办公室印发《东平县山石矿山综合整治验收标准》（东矿整办〔2017〕2号）要求，先后对四个乡镇、14家企业进行指导性初验，并对初验过程中发现的问题提出指导性意见，督促企业积极整改、提升。通过近四个月的奋战，综合整治取得阶段性成果。

【环保督察工作】 3月份省环保督察，全县山石矿山企业进行环保提升。矿管委作为相关部门，多次与乡镇政府对接，了解山石企业环境整改情况，督促山石企业增加洒水车、雾炮、洗沙池等环保设施，严格按照环保标准整改，配合县环保局对山石矿山企业进行环保验收。8月10日至9月10日，在中央环保督察期间，涉及矿山企业方面牵头工作由矿管委负责，根据县领导批示，无论早晚，财税分局组织相关职能部门前往现场，查看现场情况，与乡镇座谈沟通了解，依据环保反映问题，根据部门分工，相关单位上报材料。财税分局根据相关部门提供的材料，及时汇总交于县环保督察小组，累计牵头山石矿山相关案件5件。

【“双联四包”和第一书记】 “双联四包”领导干部不定期深入帮保联系村，结对联系3户贫困户，与村“两委”班子及老党员交流座谈，探讨脱贫致富政策与新路子，带着党和政府的牵挂及慰问金和生活必须品走访慰问老党员和贫困户。派驻斑鸠店镇八里汀村“第一书记”围绕抓党建促脱贫工作，积极开展“两学一做”“第一书记”上党课等活动；协助村两委争取光伏发电和荣昌制衣两个扶贫项目，投资40万元，产生收益资金3万元；新修干渠2000米，机井12眼、更换变压器4台；圆满完成群众增收和贫困户脱贫的任务。

（李培培）

山东东平宏达矿业有限公司

【概况】 山东东平宏达矿业有限公司位于彭集镇幸福路6号，东临105国道2千米，北距东平县城8千米，交通运输便利。公司成立于2005年5月，由山东宏达矿业股份有限公司投资组建，注册资金3亿元。

矿石储量9986万吨，平均品位29.3%。一期工程投资7.8亿元，建设竖井4条，选矿厂、充填站、生活区和办公区各一处，设计年产铁矿石200万吨，铁精粉48万吨。项目于2006年9月开工建设，2013年4月通过安全验收，取得“安全生产许可证”。公司现有职工387人，另外项目部职工330人，其中在职各类技术人员30余名，高级工程师10名。公司采用侧翼竖井开拓方式，建有主井、副井、东、西回风井，井下主要运输巷及采准工程已完成，逐步进入区域采矿阶段，采取自下而上开采顺序，已开采完毕的小边角矿房及时充填完毕。井下已建成副井进风，东西风井回风的两翼对角式通风系统，主风机3台，分段及独头作业采取局部强制通风，各类局扇40余台。由于铁矿石国内外市场形势严峻，山东东平宏达矿业有限公司于2015年底停产，并持续至今。公司对生产计划进行一系列的调整，暂停铁矿石的生产，对各类设备设施进行稳定有序的升级改造，未出现一例安全事故。

【党建工作】 公司党支部以中共十八大精神为指导，成立以党支部书记为组长的党风廉政建设工作领导小组，深入推进“两学一做”学习教育常态化、制度化。2017年5月21日，召开“建设过硬党支部”推进座谈会，制定具体的实施方案，设立“党员活动室”，完善学习材料及宣传载体。全体党员加入“东平县矿管委党建工作交流”微信公共平台。中共十九大召开后，党支部积极学习《党的十九大报告辅导读本》，全部党员参与“灯塔——党建在线”中共十九大精神学习竞赛活动，并取得较好成绩。公司党支部，于12月27日顺利完成换届选举工作。

【安全管理】 公司认真贯彻落实《山东省生产经营单位安全生产主体责任规定》，已取得二级安全生产标准化资质，秉承“严谨有效、协同有序、执行有力”的企业理念，通过制度规范、严格执行、亲情交融来营造安全生产文化氛围。在8月30日前，完成风险点的排查、确认、管控、风险公告警示、排查消除隐患等相关工作，并将“两个体系”融合到全员安全生产责任制中，融合到企业生产经营全过程、全要素中，全面提升企业安全生产水平，获得县级安全生产“两个体系”建设标杆企业。

【社会维稳】 尽管公司处于暂停产状态，经公司高层研究决定现值守人员待遇不变，暂放假人员继续按时缴纳五险一金并依据法规标准附发工资，于5月7日、9月10日两次召开全体职工大会，与会率100%，未出现一例上访事件。利用矿井排水便利条件，积极配合驻地村耕田灌溉工作，合理利用各种资源，建立良好的村企关系，未出现村企纠纷事件。

【证件延续】 公司积极配合政府各部门工作，6月份完成《民爆物品许可证》的延续工作，11月份完成《采矿许可证》的延续工作，积极缴纳各类税费。于4月份、12月份完成主要人员的职业卫生及安全管理资格证书的办理工作。现公司各类资质证书齐全，手续有效。

【生产工作】 2017年全年处于暂停产状态，公司安设70人进行值守，主要进行矿井排水、设备设施维护及生产工艺改良工作。全年企业维护处于良好状态，随时具备复工条件，对选矿磨前预选工艺成功改良。

（周长立）

东平县建龙矿业有限公司

【概况】 东平县建龙矿业有限公司位于老湖镇梁林村附近，由北京华夏建龙矿业科技有限公司投资兴建，2011年1月26日与香港至诚国际投资有限公司进行股权转让，注册资金8000万元，总资产1.5亿元，固定资产总值2.13亿元，设计生产能力60万吨/年，经营范围：铁矿石采选、铁精粉磨选、购销，矿山物资购销。公司现有职工167人，设总经理、副总经理职位，设立六部一选厂，分别为人事行政部、财企部、供销部、生产技术部、安全部、督察大队部、选矿厂。自 2014 年下半年以来，铁矿石市场持续下滑，使得东平县建龙矿业有限公司于 2015 年底停产，并持续至今。随着近年来铁矿市场的复苏，建龙矿业有限公司会尽快组织复工，为东平县经济发展做出贡献。

【安全工作】 公司自 2015 年以来，认真做好停产期间安全生产工作，切实落实矿级领导值班制度，重点做好停产期间提升运输安全、排水安全、机电设备维护保养、矿区安保等各项安全工作，至今未发生轻伤以上安全事故。

【证照延续】 公司 2017 年停产期间认真做好“采矿许可证“的延续工作，积极缴纳各类税费。并于 4 月份、12 月份完成主要人员的职业卫生及安全管理资格证书的办理工作。现公司各类资质证书齐全，手续有效。

【党建工作】 2017 年，公司党支部以中共十八大精神为指导，完善以党支部书记为组长的党风廉政建设工作领导小组，深入推进“两学一做”学习教育常态化制度化。2017 年 5 月，召开“建设过硬党支部”推进座谈会，制定具体的实施方案，设立“党员活动室”，完善学习材料及宣传载体。全体党员加入“东平县矿管委党建工作交流”微信公共平台。中共十九大召开后，党支部积极学习《党的十九大报告辅导读本》，全部党员参与“灯塔——党建在线”党的十九大精神学习竞赛活动，并取得较好的成绩。公司党支部于 2017 年 12 月顺利完成换届选举工作。

【生产工作】 2017 年全年处于暂停产状态，公司安设 25 人进行值守，主要进行矿井排水、设备设施维护及生产工艺改良工作。全年企业维护处于良好状态，随时具备复工条件。

（王亚洲）

东平县供电公司

【概况】 2017 年，认真贯彻县委、县政府各项部署，提质增效、奋勇争先，成功应对多项挑战、聚力战胜各种困难、圆满完成目标任务，实现历史性发展突破，为县域经济社会发展提供坚强电力保障。实现中共十九大期间供电保障万无一失，得到市供电公司充分肯定。吕翔被评为省电力公司十九大保电先进个人。聚力打赢井井通、中心村、贫困村电网改造攻坚战，惠及 407 个行政村、10.2 万农户，可减少灌溉支出 1800 万元。首次承办省级电力调度专业现场会，向全省领导专家沟通汇报、展示风采。年度行业对标完成等级达到 A+，勇夺泰安市四县公司第一名。及时投运 220 千伏周林站，不惧挑战、迎难而上，自主创新研发湖上作业平台，完成全省首例湖底电缆敷设，彻底解决湖西地区单电源供电历史难题。全力破解县“三大工程”电力配套资金难题，始终把全县大局扛在肩上，全力以赴对上争取、千方百计疏通协调，实现全部项目增入 2018 年农网改造项目，为“三大工程”顺畅推进提供保障。顺利通过山东省文明单位复核。在四县公司首个创成山东省档案管理示范单位。首登泰安市“厚道鲁商”品牌榜。先后荣获山东省安全生产先进单位、山东省管理创新优秀企业、山东省质量管理优秀企业、省公司人力资源、品牌建设先进单位等荣誉称号。公司党委被评为东平县十大先进基层党委。调控运行班作为全省唯一电网班组，荣膺山东省十大创新巾帼文明岗。州城供电所被评为中国最美供电所。

【安全工作】 “零容忍”检查施工现场 1155 处，整改问题 2419 项，《发承包工程管理 30 条禁令》一贯到底。深入开展安全素质提升十大行动，事故案例学习、安全大讲堂、安规考试覆盖2160人次，员工“我要安全”意识明显增强。公司荣获泰安市安全文化建设示范企业称号。推进隐患大排查、大整治，协调园林局处置线下树株2903棵，依法下达客户安全隐患告知书69份，为一线人员增配劳保用品645套，安全环境显著改善。精益运检成效显著，优质高效完成137项春秋检任务，完成110千伏银山等4座变电站老旧设备更换，带电作业1215次，同比增长104%，减少停电时间810小时，增供电量405.8万千瓦时。安装故障指示器1200只，年度配变过载率、线路跳闸率分别同比下降65%、24%。应急保障坚强可靠，修订26项应急预案，圆满完成春节、高中考等86项重大保电任务。

【电网建设】 特高压过境工程全面竣工，通道清理及时率达到100%。主网发展多点开花，220千伏周林、110千伏文秀输变电工程投运，新增变电容量230兆伏安；220千伏龙崮站完成“四通一平”，主体建设加快推进；110千伏郑海输变电工程完成前期工作、纳入2018年实施计划；110千伏桂井输变电工程可研项目获得省公司批复；220千伏司里山、110千伏滨湖输变电工程筹划工作有序开展。中低压电网日臻完善。35千伏向阳输变电工程地上附属物清理全面完成，为年后开工奠定基础。35千伏接山、沙河站增容改造工程送电，区域电网薄弱环节全面消除。配农网累计新建改造10千伏线路146公里、0.4千伏线路333公里，新增配变505台、7.5万千伏安，县域居民电压合格率达98.13%，同比提升1.91个百分点；户均容量达2.63千伏安，跃居泰安四县公司第一位。

【供电服务】 “电能替代”快速发展，418项、5500千瓦分布式光伏项目通过并网审批。因地制宜推广电能替代，新增替代容量7330千瓦，全年替代电量9128万千瓦时，保持泰安四县公司领先。耿山口社区地源热泵——清洁取暖工程投运，实现泰安地区典型引领。“互联网+供电服务”快速发展，完成微信等线上收费52万笔、金额5800万元；建成“多表合一”7566户，农村机井实现即时算费、扫码用电。积极服务白佛山AAAAA景区建设，完成电缆入地改造4.5公里。对接滨湖新区等全县重点项目，办电215户，增容8.7万千伏安，同比增长44.5%。业扩线上受理率100%，办电时限同比压缩16.2%。实施低压运维抢修一体化，抢修时长同比缩短35分钟。精准推进园区线路延伸工程，保障客户充足用电。开展大客户生产性服务67次，赢得广泛赞誉。

【改革创新】 运营管理提质增效，紧紧围绕全年重点工作，开展督办26项，督查112次，实现措施、进度、成效“三到位”。扎实推进家属区“三供一业”分离移交，按时完成协议签订。快速推进“全能型”供电所建设，完成176名供电所员工、农电员工轮训。稳妥推进集体企业改革改制，顺利通过省市公司验收。创新创效成果丰硕，1项成果荣获国家发明专利；9项科技成果、10项QC成果、5项管理创新成果荣获市公司以上级奖项，等级、数量均居四县公司首位。信通运检班、新湖供电所等6个班组被评为省、市级优秀质量班组，刘峰、吴绪蒿等9名职工被评为省市级优秀质量工作者。高文文被评为省公司巾帼建功标兵。旧县供电所、用电检查二班、车辆服务班被评为省公司标杆班组，电网建设班、调控运行班等8个班组被评为省公司进步班组。

【三项建设】 坚持把学习贯彻中共十九大精神作为首要政治任务，建立4类56项重点任务清单，配发学习书籍3160册，领导班子分赴基层讲授党课，各级党组织开展集中学习64场。落实党风廉政建设“一岗双责”，修订下发“三重一大”决策制度3项，领导班子开展廉政约谈39人次。按时完成党组织关系排查，102名农电工党员纳入公司统一管理。

积极推进互联网＋党建，“灯塔”等平台实现党员全覆盖。营销党支部夺得市公司“电网先锋党支部”评选第一名；党建部获省公司政工大讲堂二等奖；机关党支部被评为东平县红旗党支部。队伍建设成绩斐然，李西平被授予“振兴泰安”劳动奖章，李明旭被评为市公司劳动模范，公司员工参加市公司6个专业擂台赛，分获二、三等奖，马泽群参加省公司援疆帮扶、丛干胜等4人借调省公司工作，均获通报表扬。深入开展“我的班组·我的家”主题实践，积极举办职工健步行等文体活动，团队凝聚力进一步增强。本部电子化档案室投入使用，档案管理得到市公司高度评价，公司荣获泰安市档案管理先进单位称号。积极参与全县“创卫”，公司荣获东平县卫生放心单位和五包示范街称号。全面整治消防和交通安全隐患，加强网络安全和保密管理，落实离退休人员两个待遇，企业保持和谐稳定。

（单自新）

信息产业

【概况】 2017年，全县信息化建设成效显著。互联网＋”通信畅通工程推进顺利，泰安铁塔公司驻东平办事处全年新建4G基站60余处，实现无线信号对所有贫困村的覆盖；贫困村宽带全部实现光纤接入能力，接入速度逐步提升至200兆。组织瑞星集团、东顺集团、九鑫日化等12家县重点企业参与省两化融合评估，瑞星集团获得山东省两化融合管理体系贯标试点。在全县99个省市级贫困村配备100余名驻村信息员；接山镇建设4处标准服务站，在大羊马楼创建一处示范站。

联合网络通信山东有限公司东平分公司

【概况】 “中国联合网络通信股份有限公司东平县分公司”成立于2008年12月（以下简称东平联通公司），公司设有综合部、政企客户中心、市场营销中心、建维中心、5个城区营服中心、10个乡镇营服中心。共有员工196人，其中：副总经理以上领导干部5人，上市员工77人。公司紧紧围绕党建、党风廉政建设和生产经营工作中心，认真学习贯彻习近平新时代中国特色社会主义思想和中共十九大精神，认真履行管党治党政治责任，持续深入推进党风廉政建设和反腐败工作，积极作为，奋发进取，党建及精神文明建设工作取得新的进步。公司各项业务得到较快发展，收入连年稳步增长，每年为地方贡献230万元的税收。先后获得“省消费者满意单位”“省价格诚信单位”“市级文明单位”“县级转变政风行风示范窗口”“东平县红旗党支部”等荣誉称号。

【通信建设】 着力精品网络打造，提升网络健壮性：一是及时进行OLT超流量整治改造，累计完成OLT上联改造12台次；二是组织实施C4主干线路隐患整治，累计完成10公里、更换电杆132棵以及多条光缆；三是组织实施LAN改FTTH项目，全年完成4个项目施工以及能力提供、完成LAN设备改制下电190台、改制用户314户；四是实施光衰劣化整治，累计完成骨干传输段落11段，OLT设备至一级分光器145段，一级分光器至二级分光器550段。以市场为导向强化网络支撑能力保障。传输网络方面，为确保OLT上联网络畅通，投资600万元，新增覆盖乡镇驻地以及重点村级局站的3个环网的传输系统；投资450万元，增扩光缆中继路由，投资180万元新增银山汇聚层、实现东西双汇聚模式，全面提升了宽带网络可靠性、健壮性。2017年，新增4G基站25个并已全部开通。实施移动网络的全面升级，全县城乡基站全部升级为4G，4G基站已达到202个，手机上网速率达到100兆。

【企业管理】 坚持以提质增

效为中心，依托内控 ERP 系统的应用，企业基础管理水平得到提高。加强财务管理，按要求完成营业税改增值税工作，狠抓重点成本和业务发展质量的监控，对营收资金账款做到专人管理，严格落实日清月结制度，降低资金管理风险。加强通信网络资源管理，对装移修机和线路维修材料实行台账管理，对网络资源进行全面核查整治，对擅自侵占管线等网络资源的行为依法维权。健全员工培训、考核和评价机制，按照上级公司要求，全面启动前台岗位积分考核管理工作，人工成本向一线员工倾斜，充分体现多劳多得。持续开展员工晋升晋级工作，全年职级晋升 36 人。加大干部交流锻炼工作力度，有多名中层管理干部进行岗位交流，为更多想干事、能干事的优秀员工提供锻炼成长的发展平台，为企业的可持续发展蓄积人力资源。强化安全管理，按照“安全生产月”活动要求，进行跨专业联合安全检查，及时对通信机房、室外基站和办公场所的安全隐患认真排查整治，确保安全生产无事故。积极响应全县创建国家卫生城市号召，多方筹措资金，调配人员及物资，积极完成本单位及包保网格的创卫任务。加强党建和党风廉政建设，企业党委的主体责任和纪委的监督责任得到较好落实，企业的党建工作水平有新提升，基层党组织在规范化上有新进展。认真组织开展“两学一做”学习教育、重温入党誓词活动，完成“四风”整治情况“回头看”，对内部关键领域自查自纠，营造风清气正的企业发展环境。

【通信业务】 公共产品，一是 4G 全国套餐，国内语音拨打和接听均包含普通电话及可是电话，共有存费送机、存费送机、合约惠机等 8 款固定的资费套餐。二是腾讯王卡等大流量套餐，满足用户流量需求。三是固网和融合业务，包含固话、宽带、联通电视等，速率最高可达到 200 兆。集团专属业务，一是 4G 本地行业套餐，适用于聚类市场及乡镇区域的中小企业客户。二是互联网专线，采用光纤独享、PON 接入、LAN 接入等物理接入方式，可提供高速、安全、稳定的互联网接入。信息化应用业务，一是蓝信，可为企业内部员工提供快捷方便、实名可靠的同学录管理、查询、同步服务。二是沃云办公，将客户把单位内部电脑上使用的各类信息化办公系统无缝延伸到智能手机、平板电脑等移动终端上使用。三是智慧舆情，基于海量互联网数据的舆情监测云服务，服务于政府及企事业单位，适用于全行业的移动互联网应用。四是外勤通，使用基站和 GPS 定位，为客户提供外勤人员管理的信息化业务。五是智慧党建，采用移动互联网技术和网格化管理新方式重新定义党建管理。六是智慧计生，为基层计生干部提供计生随访、健康查体、信息督导等信息化管理手段，实现日常计生走访、监管工作的全覆盖。创新型业务，一是 IDC 业务，指利用互联网通信线路、带宽资源，为客户提供物联网、企业上云、服务器托管等业务。二是 ICT 业务，基于网络资源优势，为客户提供集成服务、外包服务、专业服务以及软件开发服务等。

【通信服务】 东平联通公司始终秉承“客户为本、团队共进、开放创新、追求卓越”的服务理念，在完善规范各项通信服务制度的基础上，持续开展服务提升活动，围绕客户口碑评价 NPS 指标的提升，从网络维护、业务、服务三个层面，加大对重点环节的管控，实现服务水平的新突破。实施提速工程，全县城乡联通宽带用户已实现光纤入户，上网速率均可提高到 200 兆。强化营业厅窗口服务，城区中心营业厅配有业务办理咨询员，及时了解客户的需求，引导客户利用自助终端查询缴费、网上办理等业务，缩短客户等待时间。强化网络维护，提升客户感知。营业厅强化装移修调度管控，明确客户有理由投诉和装移修工单责任落实考核机制，并通过集中和高压调度措施，实施重点区域支撑和帮扶，提高工单处理及时率。强化网络故障一点调度和响应机制，严控因发生多站址和传输网络故障而导致客户的通信阻断。严格落实实名制管理，积极配合主管部门，防范打击通信信息诈骗，提升客户认知和企业形象。

（李伟卓）

移动通信集团山东有限公司东平分公司

【概况】 中国移动通信集团山东有限公司东平分公司（简称东平移动公司），设有综合部、业务运营部、建设维护部、集团客户服务中心，城区营业网点4个、乡镇营业网点8个，城区经营部2个、乡镇经营部13个，公司员工115人。2017年，通信业务收入1.8亿元。扎实提升优质服务水平，持续加快网络建设步伐，有力推进数字东平建设，积极履行企业社会责任。各项通信服务工作都取得长足的进步，在同类行业发展中走在前面，为东平经济社会转型发展做出应有贡献。

【客户服务】 为给城区客户提供环境更加温馨、功能更加完善、体验更加一流、服务更加贴心的通信服务窗口，投入大量人力、物力、财力对平湖路营业厅进行装修改造，装修后的营业厅在布局上以开放式、体验式为主，聚焦对客户通信需求的全方位满足，设有业务受理区、终端销售区、终端体验区、4S服务站、自助服务区、咪咕驿站、和家庭演示区等区域。其中，咪咕驿站为全省县级第一个线下咪咕专区，让客户切身体验到高端VR、体感游戏等最前沿的智能科技。深入优化营业网点布局，加强自主渠道在城区覆盖的广度和深度，在城区北部、西部分别建设华联国际营业厅和华龙西苑营业厅，实现办理、咨询、销售、体验等“一站式”通信服务。方便周边客户就进办理、咨询移动业务，满足不同区域客户通信需求。认真做好4G网络质量、流量费用争议、增值业务未确认定制、不良信息发送等热点问题的解决和改善，并通过实施星级服务，做好客户期望动态管理，为客户提供分层次、差异化的服务，促进客户感知的提升。围绕客户体验，改善服务薄弱环节。针对忙时排队等候客户，灵活开展取号排队抽奖活动，缓解客户排队等候焦虑情绪；针对营业员服务营销意识淡薄，开展客户挑刺儿活动。从细节出发，巧妙布置厅内环境，营造温馨的服务环境。

【网络建设】 根据用户需求，相继在县城南城美景、护驾村、高范村、清华园、赵村东、中顺集团、恒运石化、接山刘所、梯门西沟流、斑鸠店中堂子等70处县城和乡村区域建设开通4G基站。以市场需求为导向，由规模建设向精准建设转变，重点攻坚多年遗留的重难点区域，鼎力解决4G弱覆盖区域。累计解决弱覆盖栅格766个，覆盖率达到98.57%。全县4G网络覆盖率达到97%以上，基本实现县城区域及乡镇驻地4G网络深度和广度覆盖，满足广大用户日益增长网络通信需求。仅用48小时完成银山镇耿山口社区通信基站建设，在村民搬迁入住社区前实现网络全方位覆盖，创造当地历史上用时最短开通基站的记录。积极推进宽带中国战略实施，投入巨资建设发展光纤宽带，建设覆盖热点区域1098处，基本实现县城主要街道、小区以及大部分乡村的宽带网络覆盖，其中，农村自然村宽带网络覆盖区域820处，覆盖率达到98.83%，县城小区覆盖278处，宽带覆盖率达到96.87%。现行速率100兆起步，为用户编织一个畅通、优质的有线宽带网，满足广大用户上网需求。

【信息化建设】 充分发挥东平移动在技术、网络、支撑等方面的优势，依托集团专线、物联网、移动云等新技术、新应用，与传统产业深度融合，推动产业新旧动能转换步伐，为数字东平提供强力信息化、网络化支撑。建设县环境保护局视频监控项目。该项目共建设从县环保局至各乡镇山石企业传输数据专线55条，实现环保部门对全县所有采石场的实时监控、大气监测和信息采集，提升环保工作的信息化管理水平，建设县自来水公司数据专线项目。为自来水公司建设开通11条数据传输专线，通过网络数据传输，满足对全县各个水井进行实时监测、信息记录以及防控管理需要，提升自来水公司精细化、科学化管理水平。与县广播电视台开展业务合作，通过“和商务直播”业务进行“中国体育彩票公益慈善晚会”现场直播。晚会由省体育局主办，在东平县体育馆举行，现场依托4G网络，通过4G直播盒子+4G网卡+摄像机全程上传现场实况，用户通过手机终端线上同步观看晚会直播，整个直播过程高清流畅、网络稳定，近1000名用户参与观看，活动直播受到电视台和用户的双向好评和认可。为东平泰燃天然气有限公司建设天燃气管网巡检项目。该项目依托4G网络、移动云和互联网专线等业务，通过搭建天然气管网巡检管理平台，实现指挥调度、管网巡检、管线分析、模拟开挖、资产管理等功能，工作人员可通过手机、电脑终端多种方式接入平台进行相关数据处理，提高客户现有管网养护管理水平和能力，提升燃气公司的信息化、数字化、智能化水平。

【志愿者服务】 东平移动积极履行企业公民社会责任，把宣传防电信诈骗知识、提升中老年群体的防电信诈骗能力作为一项重要工作。组建青年团员志愿服务队，与团县委、镇驻地派出所等单位紧密对接，深入县城大型小区、社区以及乡镇驻地等区域开展主题为“防电信诈骗 保人身安全”公益大讲堂巡讲活动。共组织开展巡讲65场次，受众达1500余人。增强中老年群体的防骗意识，为促进“平安东平”建设贡献应有力量，受到社会各界的一致好评。“公益大讲堂巡讲”已成为东平移动的“特色服务品牌”。作为后屯社区创卫网格驻地单位，积极承担驻地单位在网格创卫活动中的职责，组建创卫宣传志愿服务队，深入网格内沿街商铺大力宣传创卫，向过往行人发放宣传单页，走街串户，向商户耐心细致讲解创卫意义、门前五包等，共组织宣传活动10余次，发放单页1000余份。助力县城创卫活动向纵深推进。成立服务先锋队，在县影剧院广场前开展“3·15”宣传咨询服务活动。设立咨询服务台，向客户宣传重点业务和优惠政策，引导客户放心便捷的使用移动业务；向客户发放“防电信诈骗宣传手册”，讲解防骗、识骗基本常识；主动向客户征询业务及服务流程中存在的问题，收集客户最新的需求和建议。

【便民惠民】 8月底，按照集团公司统一部署，正式推出省内不限流量套餐，引领东平进入流量不限量时代。不限量套餐月话费分为99元、129元、199元三档，除省内流量不限

2017年2月，东平移动组织志愿服务队深入平湖社区，向中老年群体宣传防电信诈骗知识
（徐 超 供稿）

量外，并赠送1000分钟的全国通话，足以满足不同用户的流量和通信需求。其中99元、129元套餐加30元还可享受100兆移动宽带及“魔百和”电视业务，199元套餐包含100兆移动宽带及“魔百和”电视业务。对于省内用户的流量使用量，不作封顶限制。无论是聊微信、刷微博、下载应用软件，还是追剧、看直播、打游戏，做到流量“不限量”，完全不用担心流量超支，无限乐趣随时随地畅享。9月1日起，按照工信部和集团公司统一要求，全面取消手机客户国内电话长途通话费和漫游通话费(不含港澳台地区)，国内主叫通话标准按客户现行资费中的本地市话标准收取。国内被叫免费，客户无需申请、自动生效。此次全面取消手机客户国内电话长途通话费和漫游通话费，进一步让客户享受到价格优惠、服务优质的通信业务，做到信息惠民、政策利民，促进“提速降费”战略的落地。

【企业文化建设】 组织“东平移动第三届趣味运动会”、开展“庆六一·樱桃采摘亲子游”活动、举办“咪咕健步走”活动，增强企业的凝聚力和向心力；7月，与县委宣传部、县文明办等有关单位联合举办“消夏广场文艺晚会”，进一步丰富广大员工业余文体生活，培养员工健康向上、拼搏进取、争先创优的精神。积极参与县委、县府组织开展“慈善月”“助残日”活动，动员广大员工参与捐赠活动，共募集善款4900元，衣物200余件。在建军90周年之际，走进县消防支队等驻军单位，开展慰问活动，向驻地官兵表达深切的问候，送去食用油、大米等慰问品，受到支队官兵的热烈欢迎。7月，公司党支部组织广大党员干部集体观看红色电影《建军大业》。使党员接受一次深刻的爱军爱党爱国思想洗礼，强烈唤起党员们的责任意识和使命感，激励干事创业的激情。

（徐　超）

中国电信股份有限公司东平县分公司

【概况】 2017年，东平电信全面贯彻中共十九大精神，提升企业发展水平，增强企业发展活力，夯实发展基础，积极投入网络建设，为全县广大客户提供优质网络，为全县经济社会发展发挥积极作用。

【网络建设】 2017年，东平公司光纤宽带、4G建设取得显著效果，实现“五高一地”重点区域网络覆盖广域适度、连续相对、浅层绝对、深度针对性领先的目标，力争无线总体覆盖能力具备客户感知优势。4G网络覆盖率达到99%以上，新增800兆基站202个，实现县城区域及乡镇4G网络的无缝覆盖，满足客户互联网手机上网需求。光纤宽带取得显著效果，宽带新接入小区30余个，新增端口11800个，各小区、乡村实现网络覆盖，网络速率50兆起步，主推100兆，满足客户上网需求。同时，积极推进老用户提速活动，对老小区进行免费光改服务，2017年实现光改小区18个，先后为1000余户老用户免费更改FTTH上网，提升用户上网速度，提升用户感知。

【业务发展】 2017年完成收入预算95.94%，全市排名第一，全业务收入全市排名第三。与开发区管委会天眼工程网络传输接入项目，有力的支撑天眼工程的建设；通过云网融合项目，为东平公检法大楼提供“专线+云”服务，实现用户网站部署、系统应用，网络稳定，提供更好的安全保障；为东平矿管委提供数字矿山接入和系统维护业务，提供有力的网络支撑，提高工作效率；和各大酒店开展的酒店联盟业务，通过一根网络，解决酒店高速光纤宽带、高清电视需求，帮助酒店拓展客流量，节省网络投资费用；天翼对讲项目，将手机与对讲合二为一，低辐射、高保密、覆盖广的新一代数字对讲，满足不同行业客户使用需求。通过做实互联网金融，

积极打造“天翼+支付”，所有门店加载翼支付消费区，商品种类齐全，符合条件的电信用户可享受周五满10返5、随机立减优惠等；同时洽谈大型商超，东平儒原城市广场已开通电信翼支付业务，电信用户在超市内购物可享受周五优惠、随机立减优惠等。橙分期业务项目，是翼支付提供给广大消费者的个人信用支付、商品分期消费等金融服务，用户可以凭借个人信用，享受信用分期等服务形式；用户办理后需每月按不同分期档次按时还款即可，大大减少购机门槛，得到用户一致认可。

【客户服务】 公司始终坚持“客户至上，用心服务”服务理念，设身处地为用户着想，千方百计地为用户提供服务，把客户满意作为衡量服务工作的主要标准，全心全意地满足客户需求；厅店内整洁、美观，功能划分合理，对待客户做到“首问负责”；宽带服务以“当日装、当日修”为目标、服务优势显性化；提升公众客户宽带装移机履约准时率，缩短用户等待时长，提示用户感知。

（梁琳琳）

经济开发

东平经济开发区

【概况】 东平经济开发区管理委员会为正科级全额事业单位，编制45人，设主任1人，副主任3人。内设党政办公室、财政局、经济运行局、人力资源局、规划发展局、社会事务服务中心、经济发展服务中心、经合一局、经合二局、安监办、环保办、纪工委。职工77人，其中，副处级干部1人。2017年，经济开发区以招商引资和项目建设为抓手，加快新旧动能转换和企业转型升级，着力培育新的经济增长点，经济总量和发展质量稳步提升。

【基础设施建设】 2017年，开发区投资1184.06万元，实施路面硬化、排水沟等27项建设工程，进一步提升园区品位和档次，为企业营造良好的环境。

2017年东平经济开发区主要基建情况明细表

表7

序号	工程名称	施工单位	合同额/万元
1	路面硬化、排水沟及零星工程	陈其良	106.5631
2	西外环路面维修、检查井维修等零星工程	东平县市政园林工程处	155.0262
3	闫村社区平房、楼房粉刷及零星工程	刘来柱	82.8226
4	开发区信息平台2#楼桌架、挂架及大斜架工程	东平全新装饰有限公司	28.678
5	开发区信息平台2#楼高车挂架、梯型高架、货架工程	东平全新装饰有限公司	28.898
6	开发区信息平台2#、3#改电及零活	东平全新装饰有限公司	26.0346
7	迎检环氧地坪漆工程	东平全新装饰有限公司	28.9238
8	创卫拆违、机械及零星工程	东平全新装饰有限公司	87.6494
9	创卫开发区路面硬化、粉刷工程	宏城置业	29.9735
10	东顺二厂防洪排水渠	宏城置业	15.6803
11	创卫张庄、闫村、孟村、徐村等处墙面粉刷	王树保	28.0091
12	迎检外墙乳胶漆工程	东平县市政园林工程处	27.868

续表

序号	工程名称	施工单位	合同额/万元
13	开发区中心路道路标示线及限高架、限高牌、东顺门口减速带、标牌工程	祥运交通设施公司	34.1746
14	乡镇企业局院内铺设沥青工程	鑫宇建筑工程公司	6.1458
15	平台2#楼粉刷、隔断、套装门安装等工程	滨海装饰工程公司	23.125
16	平台2#楼粉刷、隔断、套装门安装等工程	云天装饰公司	11.2545
17	空调购置	斯图华纳空调公司	24.413
18	电器材料购置	万鑫机电设备公司	2.4205
19	开发区平台2#楼保洁	辉煌家政服务中心	2.845
20	东平饰品小镇景观规划	诚世建筑设计上海事务所	52.6
21	绿源路东西路沥青路面铺设工程	山东东原通达公路工程有限公司	186.2175
22	迎检创卫、路沿石安装等工程	姜朋	101.794
23	星光设备喷漆	2017-7-37	8.9
24	纪委谈话室	2017-8-38	8.5736
25	农机公司家属院	2017-9-39	3.9067
26	教师进修学校	2017-9-40	2.2696
27	木材公司燃料公司粉刷	2017-9-41	69.2935
合计			1184.0599

【招商引资】 以商招商。充分发挥东顺集团、新东岳集团、九鑫集团等大企业的规模和技术优势，培育自己的产业链条和产业体系。招大引强。将“大、高、新”项目作为招商引资主攻方向，争取中央企业、国内外500强企业和高等院校科研院所到开发区建设分厂、设立分院，引进一批带动性强的行业领军企业和龙头项目，提升开发区综合实力。依托九鑫电镀中心，拉长拓宽延伸产业链条，加快五金工具产业园（共享工厂）、饰品小镇等产业平台建设，发挥特色产业聚集示范效应。成功签约的项目有：中煤东顺清洁能源、中煤东顺精细煤粉制备基地、东顺集团多功能纸生产线、安徽北斗航天醇基高清洁能源、美丽中国控股有限公司的美丽中国项目、山东仕科诚隆科技有限公司的液态地膜、济南A型建材、东莞市五金饰品行业协会投资兴建的饰品小镇、尚端公司体外培育牛黄及清源公饮料、淄博蝰蛇机器人制造等项目。杜拉梅橡胶履带、内蒙古润泰新能源、福建省大地管桩、SBS改性沥青防水卷材、有色金属制造、休闲渔具、济南千亚饮水设备、青岛饰品加工等28个项目，通过洽谈达成合作意向。

【项目建设】 2017年，开发区列入县委一号文的项目共有15个，分别是：中煤东顺清洁能源、中煤东顺精细煤粉制备基地、国电东平96兆瓦风力发电、东顺集团多功能纸生产线、县第二污水处理厂、佳鸿科技纳米公司纳米材料生产、九鑫电镀产业园、辉煌公司专用车制造、龙美生物检测试剂盒、双开电力设备公司节能变压器和高压真空断路器、拉马拉日用品有限公司塑料制品、泰牛生物科技公司体外培育牛黄、泰鑫医药中药材加工及医药配送、盛润化工公司医药中间体、中维塑料模壳公司新型建材等。其中，中煤东顺清洁能源热电联产、星光实业智能自动化生产、润声印务规模图书研发基地建设、九鑫电镀产业园、水泊食品这 5 个项目作为全市年终迎检项目。对在建项目明确 1 名包保领导和 2 名包保责任人，一周一调度，每周上报最新进展情况，以时间倒逼进度，以目标倒逼落实，及时了解项目进度、梳理问题，协调发改、财政、国土、环保、规划建设、经合局、金融办等部门，帮助解决项目在建设过程中所遇到的各类困难，确保项目快建设、快投产、快见效。

【重点企业培育】 对东顺、新东岳、九鑫等大企业集团，发挥其自身优势，加快发展配套产业，做长延伸产业链，积极与有关部门对接，争取政策、资金支持，加大研发投入进行技术创新，做强品牌，规范企业运营。对润声印务、金马帘子布、星光实业、长宇镀铝、博达光电、鲁玻医药、洲际泰等处于上升势头的企业，进行重点培育，定期邀请行业专家、知名企业家进行培训、授课，组织外出考察、交流座谈等活动，积极促成辖区企业与外地大集团的合作，拓宽产品市场，帮助企业稳步做强。对天舜机械、水泊食品、龙美生物、华锴机电等企业，结合发展实际，制定奖补政策，并积极与金融部门对接，促进银企合作，帮助企业解决融资难问题，培育其稳步做大，引导企业更新技术、创建品牌，做优质量、做大市场。

【安全环保】 2017 年，开发区逐级签订安全生产目标责任书 3 万余份，督促各企业设立安全监管机构，配备安全生产专（兼）职管理人员，形成开发区安全生产监管网络，实现“网格化、实名制”管理。开展“企业安全生产主体责任落实全面深化年”、安全生产隐患“大排查、快整治、严执法”、安全生产“百日攻坚”等活动，建立风险预判分级管控和隐患排查治理体系，组织 200 余人次参加安全培训和职业卫生培训，确保企业主要负责人、安全管理人员等岗位人员持证上岗。环保方面，精心组织省及中央环保督查，针对查出及反馈的问题逐项整改落实。积极帮助企业办理环评手续，向区内企业宣传环保新政策、新法律，督促企业按照环评要求进行生产经营。2017 年，拆除 17 台燃煤锅炉，对禁养区 8 家养殖场（户）进行关闭搬迁，对 3 家“散乱污”企业进行取缔，并对开发区进行环境影响评价，召开专家评审会，完成散煤治理，为建设生态园区夯实基础。开发区集中供热项目已点炉供热，总投资 10 亿元，占地 160 亩，一期工程建设 1 台 22 吨 / 小时高效粉煤炉和 2 台 75 吨 / 小时高效粉煤炉，同步建设脱硫脱硝环保设施；二期工程建设 1 台 130 吨 / 小时高效粉煤炉。将淘汰经济开发区现有落后燃煤锅炉近百台，环保达到超净排放标准，年节标煤 5.6 万吨，大大增强东平开发区大工业的产业集聚，改善开发区配套功能，完善招商优势。

（李广平）

重点企业简介

【中煤东顺清洁能源项目】 由中国煤科集团与东顺集团联合建设，项目总投资 10 亿元，分两期建设，一期新上 1 台 22 吨、2 台 75 吨高效煤粉锅炉，22 吨锅炉已于 2017 年 3 月投产运行，1 台 75 吨锅炉已建成试运行，第二台 75 吨锅炉正在水压测试；二期新上 2 台 130 吨高效煤粉锅炉，并配套背压发电机组和相关设施。这个项目是全省“工业绿动力”示范项目，具有三个方面的优势：一是技术先进。由国家煤炭科学研究总院提供技术支持，采用高效煤粉锅炉，

年节标煤15万吨，供热、供汽、发电能力大、效率高。二是清洁生产。采用国际先进的环保节能措施，除尘效率近100%，脱硫效率高达98%，脱硝效率89%以上，实现超净排放、绿色发展。三是效益突出。清洁能源项目是开发区功能提升重点工程，替换淘汰落后燃煤锅炉，优化改善开发区能源动力结构，大大提高园区承载和配套能力。

项目达产后，直接解决就业500人，带动就业3000人，年可实现销售收入15亿元、税收1.5亿元。

【九鑫集团】 山东九鑫集团一直以提升品牌影响力为抓手，以一流设备打造一流品质、一流工艺铸就一流品质、一流团队成就一流品质，走出一条独具特色快速膨胀发展之路，形成工具日化为主，多元化、多品牌发展的新格局，综合实力取得实质性跨越。2017年，九鑫集团在东平缴纳各项税金2362.5万元，同比增长14.9%。其中，九鑫工具集团旗下的工具、精工、三金机电、五金工具、汽车工具、外贸、OEM共实现销售收入4.39亿元，利润2253万元，上缴税金1770.5万元。九鑫日化完成销售收入2486.08万元，实现利润600万元，上缴税金180.73万元。日化公司完成皂类加工生产158345件，比2016年增长26.8%；生产加工膏霜及液态类产品4.35万件，折合327.52吨，增长20%；完成销售2486.08万元，增长1.83%；实现销售回款2372万元，增长2.8%，实现利润600万元，上缴税金180.73万元，增加0.9万元。泰九建筑、地产、物业等公司共实现上缴税金411.27万元。

【九鑫电镀产业园】 由山东九鑫机械工具有限公司建设，旨在提升电镀处理工艺，提高产品质量，提高产品档次，增加产品附加值，是企业走科技创新、品牌经营的发展思路的集中体现。项目完成后，可实现电镀废水零排放，有效回收利用重金属资源，实现节能减排目标。项目一期，总投资1.1亿元，占地面积47.32亩。项目达产后新增销售收入3亿元，利税6400万元，创汇2000万美元，可提供200个就业岗位。项目二期，总投资15000万元，占地面积150亩，项目达产后新增销售收入2亿元，利税6500万元，同时提供460个就业岗位。

【东顺集团】 2017年，面对复杂多变的国内外经济和市场环境的挑战，东顺集团圆满完成年初制定的各项目标任务，销售收入实现48亿元，实现利税2.2亿元，总资产已达100亿元，拥有干部员工5600人，集团综合实力取得实质性的跨越。“顺清柔”荣登中国品牌500强，品牌价值达92.85亿元人民币，位列500强的357位，也是泰安市唯一列入国家百年战略品牌工程的品牌。东顺顺清柔系列产品通过美国、欧盟和德国食品级专业检测，“双十一”单日销量突破1亿元，较上年同期增长36%，创单日销售历史新高。东顺新时代广场商业综合体项目，总投资额6亿元，建筑面积6.2万平方米，其中停车位800个，主营生活超市、购物中心、品牌专营店、品质餐饮、儿童娱乐、教育培训、文化传媒等新兴的复合型商业业态。凯瑞餐饮集团、圣豪商业集团、贵和商业集团与东顺集团达成战略合作联盟，以全新升级的商业模式带来东平商业新革命，开启一个崇尚顾客体验、彰显品牌底蕴、时尚消费的新时代，为东平乃至鲁西南市民提供优质生活方式，打造商圈新地标。

【新东岳集团】 2017年，新东岳人以“踏石留印、抓铁有痕”的工作态度和干劲开展各项工作，实现社会效益和经济效益的同步提升。申报国家、省、市级项目14个，国家专利26项；荣获“山东省民企杰出科技创新奖”“山东省中小企业创新转型优胜企业”；新智牌常压连续脱硫机产品荣获“山东名牌”产品；16*4.0电动三轮车专用轮胎被评为泰安市优秀技术创新三等奖，电动自行车胎被中国橡胶协会评为推荐品牌产品；完成商标注册4个；“速至”牌高档轮胎获得“山东名牌”产品；山东新东岳再生资源科技有限公司被国家工信部列为“废轮胎综合利用准入企业”。2017年集团实现业务收入13.7亿元，上缴税金2800万元。

滨河新区

【概况】 滨河新区以国家和省经济发展战略带来的利好政策为依托，以交通区位、资源禀赋和产业优势为基础，按照“产城一体、融合发展”的工作思路，全力打造的产业功能、城市功能、生态功能于一体的宜业、宜居、宜游的复合型产业新城。该区规划面积90平方公里，其中核心区面积40平方公里，拥有新型煤化工、矿产、物流等产业基础及晋中南铁路、京杭大运河、京广高速等交通动脉，规划建设新型煤化工产业园、电子商务产业园、仓储物流产业园、循环经济产业园、移民扶贫产业园、小微企业创业园、科技创新创业园和临港经济区、火车站商贸区、现代农业示范区等“七园三区”，努力形成以新型化工、矿产、加工制造等优势产业为支撑，电子商务、现代物流、医药食品、循环经济、新材料、新能源等新兴产业为重心，科技研发、产业孵化等高端服务业为引领的产业发展新格局。到2020年，新区建成面积20平方公里，聚集人口10万人，区内工业主营业务收入达到307亿元以上，年均增长9%，实现税收2.74亿元，年均增长10%，实现与县城中心区的有机融合、协调发展。

【基础设施建设】 后亭社区建设。总占地260亩，其中一期占地188亩，投资3.2亿元，主要建设居民楼26栋、沿街商铺及社区服务中心，计21万平方米。滨河新区中学建设。新中学共48个班，占地130亩，总投资8000万元，主要建设综合实验楼、教学楼、学生公寓、食堂及报告厅等，建筑面积3.66万平方米。火车站站前广场。占地50亩，总投资5000万元，建设4.5万平方米站前广场及路灯、管网等配套设施。望江大街贯通项目。望河大街即电商产业园东行至仓储区及向新105国道延伸2千米，新区加快道路建设，切实增强新区的通达能力。

【项目建设】 2017年，固定资产投资40.9亿元，完成招商引资额15亿元，实现财政收入5839万元。设立华安保险山东电网销中心，1—9月份实现各类税收3300多万元。泰安速恒物流托管运营的仓储物流园入驻企业达到20家。签约落地实体性产业项目10个，分别是：中航机工程装备公司新型煤化工设备、安徽北斗航天能源公司撬装能源装备项目、山东滨河钢构公司钢结构生产加工、山东亿来塑业新型塑编、南通威尔斯服装加工、山东邮政仓储物流中心、山东泰美医药包装项目、河北正普钨钼科技公司稀土钨电极材料项目、山东豪尔泰汽车饰品加工项目、山东雅绅娜公司软体家具项目。贵州茅台系列酒电网销基地等15个项目实现落地运营，电商产业园入驻企业达到109家。与深圳中科创投资公司创立资本小镇孵化园，成功实现瑞星集团买壳上市，资本小镇孵化园已有恒和投资等7家企业入驻办公。与加拿大GR集团签订协议，共同打造东平湖中加国际基金小镇；与山东大学合作设立山东大学科技园泰山分园，推动实现科技成果转化与技术合作，林晟科技等一批技术类公司即将入驻园区。策划滨河创新创业园，现已入驻企业75家，被评为市级农民工返乡创业基地。

【电商产业】 电商产业园于2015年建设运营，已入驻各类电商、物流企业一百余家，搭建培植买卖惠、泺农电商、爱来买等十几家本地化电商平台。2017年，实现税收5300多万元，对上争取资金450万元。建园以来，与就业办、移民局、工会、商务局等部门合作推进电商培训，启动电商大讲堂、农村电商扶贫、农村电商带头人等实战培训班，根据电商发展形势不断调整课程体系，培养一批电商实用人才。园区内有涞农电商、买卖惠、供销e家等几家农村电商平台，以这几家企业主导建设的农村电商村级服务站已经发展到1000多家，初步形成县乡村三级电商服务体系。结合省里推出的上云扶持政策的契机，引导工业企业“触网上云”，推动传统企业转型升级，加快工业电商的发展。依托现有的3个电购企业，建立专业的音频视频处理中心，打造电视购物技术中心和电购企业总部基地，做大做强电购产业。产业园成为全国首批星创天地、全国首批农村创业创新基地，荣获山东省科技孵化器、山东省青年创业示范基地等4项省级荣誉，泰安市创业孵化示范基地、泰安市服务业集聚区等6项市级荣誉。

2017年10月19日，东平县农村电商扶贫培训班开班　（王晓辉　供稿）

【重点项目】 海工科技国际绳网产业生态园是县扶贫产业园首批入驻项目，一期工程正在建设，投资5.2亿元，主要建设高标准厂房4.8万平方米、研发办公楼8000平方米。年生产各类绳网2万吨。山东沃普农业装备科技有限公司是集农业机械装备研发，制造和销售一体化的科技型企业，是山东省第一家粮食干燥设备研发制造企业，已具备年组装1000台移动烘干机的生产能力，2017年在东北地区销售移动式烘干机154台，实现销售收入7500万元，在鲁、苏、豫、皖，冀等省份发展60余个代理商，全年实现税收400万元。滨河钢结构公司钢结构生产建设项目占地约50亩，设计总建筑面积3.38万平方米（其中钢结构加工车间2.4万平方米，综合办公楼4200平方米，原材料及成品仓库4800平方米，其他附属设施820平方米），年底建成投产。威尔斯公司服装加工项目是江苏威尔斯纺织有限公司投资的独资企业，总投资7500万元，占地面积15亩，厂房面积8000平方米，设有裁剪车间、缝纫车间等6个车间，安装各种进口电脑缝纫设备150台，已投产。

（王晓辉）

民营经济　招商引资

民营经济

【概况】　县民营经济发展局（简称县民发局）为副局级参照公务员管理事业单位，隶属县经济和信息化局。内设人秘、规划发展、科技管理、外经外贸、权益保障5个职能科室。编制13人。下设中小企业公共服务中心，为民办非企业社会组织，工作人员3人。2017年，认真贯彻落实各级关于扶持民营经济发展的各项政策，坚持把推进民营经济发展作为拉动经济增长、扩大经济总量、增加财税收入、缓解就业压力的重要工作来抓，积极促进小微企业发展壮大。全县私营企业4614户，新增1169户，同比增长33.9%；个体工商户2.62万户，新增4310户，同比增长19.7%。全年培育“个升微”企业300家、“微升小”企业80家、“小升中”企业6家、“中升大”企业1家。

【小微企业双创基地】　2017年，根据省市部署，培育山东省小型微型企业创业创新示范基地，发挥小微企业创业辅导基地和双创基地的职能，实现“线上和线下”全面服务。在管理咨询、财税筹划、项目策划、高企认定等方面，为全县50余家企业，提供个性化服务。服务平台与济南政和、鲁东技校、沪农商银行、商业银行、润银小贷公司等单位建立常年合作关系，逐步实现一条龙服务。争取国家和省、市级无偿财政扶持资金2000多万元；先后帮助东顺集团、九鑫工具、鲁翔包装、光大肥业、光大科技等企业申报高新技术企业；帮助九鑫日化、新东岳集团申报国家驰名商标等荣誉称号。坚持抓好民营企业技术创新，提升企业内生动力。实施产学研联合，开展“一企一技术”研发中心及创新企业申报，提升小微企业核心竞争力，促进小微企业转型升级。全县中小微型企业拥有授权专利达到58件，同比增加8件，增速16%。

【金融扶持发展】　全县各金融机构发放小微企业贷款10亿元，占所有企业贷款额度的10%以上。建立转贷应急机制，统筹扶持企业发展各项资金，组建3000万元的转贷应急资金，帮助资金周转困难的民营企业渡过续贷难关。创新担保机制，满足企业融资担保需求。政府控股、企业参与，注册资本3亿元的山东平安昌顺融资性担保有限公司顺利揭牌运营，与工商银行、泰安银行、莱商银行等金融机构签订战略合作协议，对缓解小微企业融资担保难题发挥积极作用。泰安金控集团东平分公司、泰安市融资担保有限公司东平分公司于7月4日正式揭牌开业，加大支持小微企业发展力度，至2017年年底，为11家民营企业提供担保9.17亿元。

【民企转型升级】　祥瑞药业年产12万吨无水葡萄糖、年产100万吨玉米淀粉加工、沃普农业装备移动式粮食干燥机等3个项目列入工业和信息化部2017年技术改造导向计划。部分企业立足实际，走专业化发展路子，效益显现。东顺集

团“顺清柔”品牌荣登“中国500最具价值品牌榜单”，价值评估达92.85亿元，同时列入“山东省百年品牌企业培育工程”。九鑫机械工具“呆扳手”市场占有率全国最大，已推荐上报全国制造业单项冠军企业。华东纸业主打可再贴专用纸，与得力、晨光等文化用品巨头建立合作关系，单项产品全国市场占有率85%。沃普农业装备移动式粮食干燥机被省经信委认定为“山东省首台套技术装备”。瑞星集团在香港上市。位列中国化肥制造业百强企业第8位，荣登“山东民营企业100强”榜单，与航天长征化学工程股份有限公司合作的“煤炭清洁高效利用和新型节能技术”重点专项“大规模干煤粉气流床气化技术开发及示范项目”纳入国家重点研发计划，并在科技部高技术研究发展中心立项。

【电子商务成效显著】 2017年，充分发挥“易商·东平湖”电子商务平台作用。坚持政府主导、“公益+市场”相结合，服务企业为本，商家基本零成本上线，着力打造最具公信力区域特色产品电子商务服务平台，为消费者提供最优质、性价比最高的一手源头好货。建立易商平台优质供应商名牌，汇聚特色产业产品，实现商家与消费者共赢。2017年年底，全县有230家企业平台上开展电商业务，线上交易额达到1.6亿元。

【中小企业公共服务中心】 2017年，中小企业公共服务中心坚持提供“线上和线下”全面服务。在管理咨询、财税筹划、项目策划、高企认定等方面，为50余家企业提供个性化服务。服务中心与济南政和、鲁东技校、沪农商银行、商业银行、润银小贷公司等单位建立常年合作关系，逐步实现一条龙服务。成功申请国家和省、市级无偿财政扶持资金3000多万元；先后帮助东顺集团、九鑫工具、鲁翔包装、光大肥业、光大科技等企业申报高新技术企业；帮助九鑫日化、新东岳集团申报国家驰名商标等，为中小企业发展服务。

【组建产业协会】 引导企业抱团发展。发挥产业协会作用。组织部分小微企业主和经济能人到外地地参观考察，学习先进地区发展经验，组织小微企业到县内大企业感受学习，效果明显。指导帮助银山绳网产业园，策划发展加工网点联合生产、集中贴牌包装营销方案。至2017年年底发展加盟网点20余家，年产绳网3000吨。以“品种齐全、质量可靠、信誉良好、经济环保”赢得市场，100多名农村能人实现创业梦想。

【山东润声印务有限公司】 山东润声印务有限公司始建于2005年8月，位于东平经济开发区，系经山东新闻出版社批准的“印刷经营许可企业”。主要经营教辅图书、包装装潢和其他印刷品，与山东世纪金榜科教文化股份有限公司、山东省教育出版社、山东出版集团等多家省内外出版发行单位建立并保持着长期稳固的业务关系。公司注册资本2522万元，现有员工376人，固定资产1.23亿元。公司新上瑞士马天尼3001、3006胶订全自动联动生产线各一条，高速双色双面印刷机一台、高速2890双速双面轮转机两台、4787轮转机一台，马天尼骑马联动线一条、全自动覆膜机一部，海德堡4+4平板胶印机一台，海德堡8色轮转机台，还有制版、晒版机等印前、印中、印后设备，使企业规模和技术实力位居全国同类印刷厂家的前列。年实现销售收入33438万元，利税3278万元。公司被评为“泰安市十佳印制企业”“优秀民营企业”“省重点文化企业”。加4个民营企业。

【泰安鑫阳门窗装饰工程有限公司】 泰安鑫阳门窗装饰工程有限公司，是专业从事高档塑钢、断桥铝门窗的设计、开发、生产、销售、装饰为一体的民营企业。公司始建于2005年，业主筹资2万元，租赁6间门

头房，制作铝合金门窗。公司秉承“用户至上、质量第一、诚信立业”的经验理念，坚持“宁可不挣一分钱，不让工程留隐患”的原则，从五金件、辅助材料的挑选、采购、生产到装饰，每道工序都严格规范，精细把关，一丝不苟，竭诚为城乡居民营造和谐美好的生活空间。2016 年，公司迁址县经济开发区，投资 400 万元，建设厂房 6000 平方米，购置断桥铝设备、无缝焊机、钻床、切割机等 14 台（套）。随着企业规模和生产能力的不断扩大，经济效益逐年增长。2017 年，制作装饰各种铝合金门窗 10 万平方米，销售收入 630 万元，上缴税金 85 万元。公司招聘员工 27 名，人均月工资 4500—5000 元。

【东平开元机械制造有限公司】 东平开元机械制造有限公司是一家集矿山设备研发、制造、销售为一体的实体企业。东平开元机械制造有限公司始建于 1996 年 10 月，总占地 150 余亩，建筑面积 6 万平方米。公司现有职工 500 余人，其中中级、高级工程师占公司员工总数的百分之十以上。公司队伍富有创新精神，有很强的研发能力。公司拥有先进的生产设备和齐全的检测设备，主要产品为 PCS 碓磕双功能破碎机及筛分机、喂料机、颚式破碎机、反击式破碎机、圆锥式破碎机、旋回式破碎机、制砂机以及洗砂机等，年生产能力达到 8000 台套。公司现有国内先进大型数控镗铣两台、大型数控龙门镗铣床一台，大型数控立车 3 台，数控切割机 2 套，其他各类铣床、钻床、刨床、磨床 40 余台套；能加工生产各类大型机件，加工精度高，能完全满足各类大型机械设备的加工制造要求。拥有德国进口光谱仪一台和其他各类先进的检测工具。生产车间布局合理、宽敞明亮，配备各类吊装、装运设施，自动化程度高。公司主要产品为“佳富”牌系列矿山设备，是国家专利产品。产品从简单的锤式破碎机，到生产国内先进的颚式、反击式、圆锥式、冲击式破碎机，也可根据客户需求定制特殊机型。由于产品多样，经营方式灵活，技术力量雄厚，产品一直供不应求。产品销售覆盖全国各地，并远销世界多个国家，在客户当中具有良好的信誉，产品市场前景十分广阔。

【东平县金兴油业有限公司】 东平县金兴油业有限公司位于县城北部，南依彭集花生主产区，北靠大羊万亩核桃之乡，西为 105 国道和济广高速公路，交通十分便利。公司主导产品是“金子号”花生油、核桃油。“金子号”压榨一级花生油是以当地花生仁为原料，全部采用压榨工艺和物理精炼工艺精炼而成。2002 年 8 月，被评为“山东省创新品牌”；2003 年 9 月通过 QS 食品质量安全认证，2008 年被列入泰安市科技开发项目，2009 年底通过国家绿色食品论证。“金子号”花生油系列产品“风味花生油”，已研制开发出花椒、茴香、生姜、香葱，五味烹调油 6 个品种。“风味花生油生产工艺”被评审为国家发明专利。“金子号”核桃油，是以当地核桃仁为原料，采用冷榨冷炼工艺精制而成，该产品 2009 年 12 月通过 QS 食品质量安全认证。2016 年 5 月，该公司迁址于县经济开发区，注册资金 800 万元。研究开发“花生油赋香与营养成分保护技术”，获泰安市创新奖。公司董事长金庆明从事食用油加工、研究三十多年，曾多次获省、市、县科技进步奖，被授予“山东省青年科技带头人”“泰安市革新能手”和“科技明星”“泰安市优秀乡镇企业家”等荣誉称号。总经理金明勇被选举为东平县特产商会常务副会长。

【东平湖水泊食品有限公司】 东平湖水泊食品有限公司座落在美丽富饶的东平湖畔，成立于 1982 年，是江北大的蛋制品综合加工企业。“水泊”牌产品在多年的创新中向市场推出麻鸭咸蛋、松花蛋、野鸭咸蛋、烤鸽蛋、鹌鹑蛋、各种蛋肠、东平湖香鸭、农家粥粉、茶汤、水饺、芡实、菱米、蛋黄、槽

鱼等系列产品，2003年顺利通过ISO9001质量管理体系认证；2005年被山东省评为蛋制品名，获得“无公害农产品标志证书”；2006年取得“山东名牌”称号。为扩大生产规模，公司投资400多万元，新购进德国流水生产线，使产品质量又上一个新的台阶。公司成立东平水泊养鸭专业合作社，采用“公司＋基地＋农户”的生产经营模式，带领并支持当地养鸭户的发展。公司作为龙头企业与合作社及东平湖周边养殖户、湖产品收购户签订收购协议，最大限度地满足公司原料供应。公司融合水浒文化，先后开发黄河鲤鱼、东平湖鲤鱼、休闲蛋黄、无铅松花蛋等产品，引领东平湖产品市场，带动地方经济的腾飞，得到地方政府和农户的大力支持，并被批准为“无公害养殖示范基地”。

【泰安香湖食品有限公司】　泰安香湖食品有限公司，位于东平经济开发区，占地面积25584平方米，其中，粥粉车间，粉皮、粉条车间各2128平方米。产品有熬制类东平粥粉、香湖粥粉、五色养颜粥粉、山药薏米芡实养生粥粉，企业法人代表陈光银。

东平粥为东平传统名吃，配料精选东平湖产小米和黄豆，经磨浆熬制而成，粥样浓如酱，洁白滑爽，清香甘美，沁人心脾，糊香味独特。2000年，陈光银将磨浆熬制“东平粥”，研发成为易于保存携带的“东平粥”粉（也称香湖粥）。投放市场后，成为走亲访友、高档馈赠之佳品，深受消费者青睐，十几年畅销不衰。

公司立足国际国内市场，以做大做强建立现代化企业为目标，坚持质量第一，信誉至上，严格生产工艺，强化企业管理，产品先后被评为“泰山名优特产”“山东名小吃”，获国家级“优秀产品奖”。公司被评为农业产业化市级重点龙头企业、泰安市科技型中小企业、山东省科技型中小企业。

（王　啸）

香湖产品展示

（王　啸　供稿）

【概况】　东平县经济合作局加挂中国贸促会东平县委员会、中国国际商会东平商会牌子，正科级财政拨款事业单位，核定编制15人，在岗编制8人。配备局长（会长）1名，副局长（副会长）3名。下设综合科、招商管理科、投资服务科、经济合作一分局、经济合作二分局、经济合作三分局。2017年，按照县委、县政府“招商引资，项目建设是主战场，各级领导干部是主导力量”的总体部署，形成“招商引资是真本领，新上项目是硬政绩”“以项目论英雄”的考绩导向，围绕年初确定的目标任务，明确责任，强化措施，拓展思路，锐意创新，形成上下联动，齐抓共管局面，全年落实招商引资项目198个，合同引资额256.4亿元，到位资金109.9亿元，占全年目标任务的103.7%。其中乡镇（街道）到位资金62.6亿元，占105.2%；县直部门33.4亿元，占110.4%；重点企业13.9亿元，占85.4%。县经济合作局被评为全县招商引资先进单位。

【招商引资工作】 2017年年初，县委、县政府成立招商引资和项目建设指挥部，把招商引资和项目建设作为经济工作的重中之重，全力以赴抓招商，上项目，促发展。一是领导干部带头招商。南下北上、集中拜访，直接促成一些大项目签约落地。各乡镇（街道）、县直部门单位负责人，瑞星、东顺、新东岳、九鑫等企业集团及在外老乡，主动对接洽谈项目，“对接洽谈一批、签约落地一批、开工建设一批”。二是搞好项目策划。围绕打造小城镇特色产业发展板块，临港经济区与中科创合作，共同打造资本小镇，将清阳科技、环球石业、滨河钢构三家公司整合为清阳建材项目区；银山与中铁惠创共同打造水浒智慧小镇；新湖、商老庄、州城与香港华源国际投资有限公司策划建设水浒岛—安山古镇；经济开发区借助九鑫电镀中心项目，打造饰品小镇；沙河站围绕陆港产业园，策划陆港小镇及综合保税物流中心项目；接山镇依托北京京鲁时代生物科技有限公司，联合打造一、二、三产融合发展的温泉小镇和现代农业循环产业园区；这些项目，规划科学，绿色环保，前景可观。三是强化督导调度。一周一调度一晾晒全县招商引资情况，做好考核奖惩兑现。四是强化学习培训。5月，组织各单位主要负责人，赴浙江大学参加县域经济发展专题研讨班。6月，举办全县招商引资培训班，赴上海交通大学参加培训和现场教学实践。理论学习与参观考察相结合，提高招商引资队伍实务操作能力。五是改进招商方式。灵活运用老乡招商、以商招商、产业链招商、优势资源招商等，促进招商项目繁花似锦。

【招商引资政策】 2017年初，研究出台《东平县招商引资项目发展扶持规定》（东办发〔2017〕23号），建立招商引资和项目建设指挥部与国土资源管理委员会联席会议制度，建立政府合理引导土地价格机制，明确土地定价原则，从项目用地、发展扶持、一事一议、基础完善、政策执行五个方面，明确招商引资发展扶持政策。重点产业项目用地价格，参照不低于实际各项成本费用之和，确定土地出让底价。增强工业用地价格招商引资吸引力。设立重点产业项目发展扶持专项资金，扶持重点产业项目生产经营。项目建成投产，按照形成地方可用财力的一定比例给予企业扶持。良好的政策机制，催生招商引资队伍不断壮大。

【大项目储备】 立足县域经济可持续发展，注重抓好大项目储备。相继签约的中航机工程装备制造、阻隔防爆撬装能源装备制造、高清洁能源醇基燃料生产、安山·运河小镇、水浒岛·安山古镇、美丽中国20万吨/年橡塑油、观音岛开发建设、远邦集团综合开发项目，均属“三强”项目之列。此外，骨干企业分别储备一批项目，与中国建设、中交集团、中影集团、太平洋建设集团、山东水发集团、中城银信集团、广东广弘集团、浙江日昌升集团、中国国际工程咨询公司以及中科院、山东大学等高校科研院所，对接洽谈的合作项目正在扎实推进，从少到多的大项目储备，为东平发展积蓄后劲。

【办实事提效能】 结合贯彻落实中共十八大、十九大精神，深入开展“两学一做”“提标增能、提质增效”“重效率、勇担当、作表率”活动，深化“放管服”改革，牢固树立“马上就办、办就办好”的工作理念，建立重点项目联合预审推进制、手续办理容缺制，进一步提升政务服务效能和服务水平。全县上下，密切配合，齐心协力，快速完善招商引资项目手续，推进大唐一期相关手续完善、二期项目立项，以及原对接项目康达国际污水处理厂、东顺热力、东顺广场、九鑫电镀产业园、生物质发电等项目落地开工。招商引资促进县域经济快速发展的引擎作用日益显现。

（吴海涛）

建设 环保

城乡建设

【概述】 2017年，新建工程108项，建筑面积350万平方米，县内建筑业产值19.8亿元。开展建筑工程监督检查88次，提出整改意见211条。投资5.5亿元，实施白佛山景区建设。改造提升绿地面积60万平方米；完成30余项规划设计方案；整治城区裸露地面10万平方米。农村危房改造503户，惠及农村困难群众1000余人。改造无害化卫生厕所4.8万户。县住房和城乡建设局继续保持“省级文明单位”荣誉称号。

【重点工程】 白佛山景区建设。投资5.5亿元，建设完成祇园精舍、缘起楼、三面观音东西配殿、南大门、文昌阁、天趣园、真趣园等重点景观；完成大雄宝殿、天王殿内外装饰及22座佛像的彩绘；建成1300平方米的法物流通处；园中园项目仿古建筑的挂瓦工程顺利完工；舍利宫项目基础施工进展顺利，浇筑柱基100根；完成隋代大佛处的危岩加固；栽植白皮松2000株、木槿1500株、石楠树6000株，铺装草坪1.2万平方米，9处景区公厕正在进行装修改造；砌垒景区内景点围墙7200余米，开挖高压线下地电缆沟1300米，景区基础设施进一步完善。建筑2.6万平方米的青峰山实验学校小学部、初中部、综合实验及行政办公楼、风雨操场及餐厅、学生公寓楼等主要建筑已顺利完工，进入装饰装修收尾阶段。2017年，投资2100万元，改造提升绿地面积60万平方米。完成30余项规划设计方案；对11条主次干道的绿化带补植110万余株苗木；在城区主次干道以及林荫停车场、公园等绿地栽植应季花卉和多年生花卉50万余株；开展高压走廊生态廊道绿化工程建设，植树260株，完成健康步道铺设400米，铺设休闲广场1300平方米，廊架110米，铺装透水砖7000平方米，硬化道路200米，清理苗圃内建筑物垃圾3万立方米；持续改善公园水系环境，龙王潭水系公园铺设草坪5000平方米，龙王湾铺设广场道路1200平方米、砌垒毛石400余立方米，完成水系栏杆、木栈道等基础设施维护设立安全标识牌60块、垃圾箱100个。通过强化园林绿地养护管理，整治城区裸露地面10万平方米，“三季有花，四季常绿”的生态景观效果进一步完善。

【为民办实事】 通过政策扶持、资金补贴、农户自筹等措施，完成农村危房改造503户，惠及农村困难群众1000余人。在全县14个乡镇（街道）全力普及无害化卫生厕所，改造完成4.8万户。在全县所有建筑企业内，认真执行施工现场“劳务人员维权告知牌”和“劳务人员工资发放公示牌”两牌制度、建筑劳务工资保证金制度、银行卡代发制度；采取巡查和抽查方式，督促企业按月支付农民工工资，杜绝隐性欠薪现象。2017年，受理解决拖欠农民工工资案件39起，涉及金额377.1万元；暂停建设单位新项目手续受理1家、施工企业承揽工程 1 家、养老保障金拨付 1 家，对存在欠薪隐患的用人单位下达整改 65 份，维护农民工权益。

【小城镇建设】 对“三大工程”涉及的 16 个建设项目，进行规划选址及评审、批复、规划许可和现场指导；开展建筑工程监督检查 88 次，下达质量安全监督意见书 45 份，提出整改意见 211 条；加强与市审图中心的沟通对接，将移民避险解困工程列为重点服务对象，随到随审，完成施工图纸审查 107.44 万平方米。老湖水浒影视小镇成功入选首批省级特色小镇；银山镇滨湖休闲健康小镇入选第二批省级特色小镇。旧县乡浮粮店村成功入选第四批省级传统村落名录，至此全县省级传统村落增至 11 个，总量位居全市第一；接山镇朝阳庄村成功入选第四批列入中国传统村落名录。

【建筑业管理】 2017 年，新建工程 108 项，建筑面积 350 万平方米，仅县内建筑业产值就达 19.8 亿元。核发“建筑工程施工许可证”100 项，建筑面积 311.71 万平方米；办理竣工验收备案手续 29 项，建筑面积 16.5 万平方米。完成施工图纸审查面积 197.79 万平方米；严格执行城建档案“两书一证”制度，签订档案移交合同书 32 项，发放《建设工程档案预验收意见书》21 项，整理工程档案 456 卷。加强建筑领域安全监管，深入开展“打非治违”等专项行动，全年累计检查建筑施工现场 152 个，排查隐患 2600 余条，封停存在较大安全隐患的起重机械 43 台，下达《隐患整改通知书》277 份、《停工整改通知书》92 份，下达《当场处罚决定书》73 份；对 6 家安全生产主体责任落实不到位、施工现场存在严重安全隐患的企业进行经济处罚；开展建筑市场综合执法大检查行动，下达《隐患整改通知书》62 份、提出整改意见 304 条，封停存在重大隐患的工程 17 个；对 12 个施工现场存在严重问题的企业给予经济处罚。依照《建筑企业资质管理规定》，2017 年 1 家企业实现资质升级，新注册 8 家企业，4 家企业完成资质增项。利用全省建筑市场监管与诚信信息一体化平台，对全县 68 家施工总承包、专业承包等各类企业，实行系统化、规范化管理，切实增加建筑企业管理的透明度，激发企业发展活力。县城规划区新建建筑全部执行绿色建筑设计标准达到 100%；二星级绿色建筑项目 5 个、建筑面积 0.97 万平方米，一星级绿色建筑项目 13 个、建筑面积 72.11 万平方米；推广太阳能光热一体化技术应用建筑面积 13 万平方米。积极开展建筑节能日常巡查，查纠问题隐患，督促问题整改，检查外墙保温施工、节能材料等 12 次，专项检查 1 次，查处在施工过程中随意更改设计、执行相关规范不严、存在质量安全隐患等问题 30 余条。

【创卫工作】 做好创卫网格各项工作。在东山社区指挥部的统一调度下，集中对沿街商铺和居民小区垃圾堆放、占道经营、乱停乱放等行为进行攻坚，取缔乱搭乱建 15 处、占道经营 34 处、违规广告牌 56 处。加大拆违工作力度，先后对汇河街、新东岳老家属区、希望桥老五金院的违建进行拆除，拆除面积 1.3 万平方米。建筑工地创卫。成立 8 个包保小组，对城区所有在建工地进行“地毯式”检查，发现问题，能当场解决的，做到问题不解决，检查人员不撤离；不能当场解决的，下达整改意见书，张贴上墙，限时整改。创卫期间，在建工地设置创卫宣传栏和健康教育宣传栏 206 块、毒饵站 1321 处、水冲刷厕所 60 个、密闭式垃圾桶 217 个、纱窗纱门 445 个、禁烟标识 152 个；下达《问题整改意见书》145 份、《停工整改通知书》17 份、《当场处罚决定书》43 份，约谈项目负责人 26 名，联合执法局处罚工程项目 10 个，收缴罚款 19 万元。家属院综合整治。将《居民小区整治示范要求》细化为 35 项工作指标，逐项抓整改、促落实。通过整治，老建委家属院和平湖路西家属院累计完成沥青罩面施工2833平方米，粉刷楼体2.2万平方米，清运垃圾850立方米，拆除违建车库、配房655平方米，设置健康宣传栏9个，改造旱厕2个。单位院落综合改造。召开建设大厦办公区创卫工作联席会，明确各单位职责任务，指定创卫工作联络员，构建形成“分工明确、责任到人、相互协作”的创卫工作机制。集中开展办公区美化、亮化、绿化行动，更新宣传图板11块，粉刷楼内墙体8500平方米，修剪绿化带700平方米，划定机动车停车位115个，新建电动车棚2个，并对楼内厕所进行改造，整个办公环境焕然一新，有效提升单位形象。

（刘贵显）

【概况】 2017年，编制《东平县城市总体规划（2016—2030年）》。审批建设用地规划许可证24份、建设工程规划许可证35份，审批面积123万平方米；完成规划批复22项，组织专家评审详规25项。县规划局被县委、县政府授予全县“三大工程”工作成绩突出单位、“平安东平建设成绩突出单位”“信访工作成绩突出单位”，持续保持“市级文明”单位荣誉称号。

【乡镇总体规划】 督促指导各乡镇加快总体规划编制进度，除银山镇外，大羊镇总体规划完成县政府批复，老湖镇总体规划上报县政府审批，戴庙镇、沙河站镇总体规划已完成镇政府审查，其余乡镇总体规划正在加紧编制。

【专项规划】 指导县供电公司、公用事业局、铁塔公司等行业主管部门、单位编制供电、供热、移动通信基站等专项规划，并完成批复；绿地系统、地下管廊、城乡环卫一体规划已编制初稿；配合相关部门编制完成龙山街、佛山街、东山路示范段沿街建筑立面整治规划；配合省住建厅完成京杭大运河文化带调研工作；配合市规划局完成泰安市总体规划东平部分调研工作。

【规划许可审批】 调整充实县城乡规划委员会，制定并印发《东平县城乡规划决策工作规则》，明确规划委员会职责，建起规划专家信息库。制订并向社会公开行政服务信息目录，全面实施“放、管、服”改革，办理选址意见书12份，审批建设用地规划许可证24份、建设工程规划许可证35份，审批面积123万平方米；完成规划批复22项，组织专家评审详规25项。查证落实卫星疑似斑点18处。

【规划技术服务】 组织专业力量，加强技术指导，积极服务于全县重点项目建设。对移民避险解困、易地搬迁、黄河滩区迁建“三大工程”涉及的16个建设项目，分别进行规划选址、方案评审、规划批复、规划许可和现场指导。向取得建设工程施工许可证的项目及时提供规划技术服务，技术人员深入现场80余次，完成规划放线36项，单体建筑190幢；完成工程验线180项，单体建筑180幢；竣工测绘6项，单体建筑43幢。

【清河小学建设】 清河小学是解决县城区“大班额”问题确定的重点建设项目，由县规划局承担建设任务。学校占地57亩，建筑面积1.4万平方米，投资3300万元。县规划局成立清河小学工程建设指挥部，明确1名分工领导和4名工作人员靠在施工现场，强化工程质量技术安全监管，狠抓现场文明施工，2017年年底，完成综合教学楼主体框架施工任务。

【创卫工作】 规划局牵头承担护驾社区网格创卫包保任务，历经6个多月，先后组织实施高压走廊沿线、黄麻制品厂及周边、汶河街违法建设拆除等集中攻坚行动，拆除各类违法建筑4.5万平方米；成立五支清理突击队伍，拉网式全覆盖，清理整治大小街巷108条，单位及老旧小区17处，清理广告牌匾

560块，拆除旱厕30余个、鸡鸭羊猪舍50余处，清理小菜园7000平方米，清运垃圾11万吨；绿化美化，栽植绿化苗木1万平方米，粉刷墙面13万平方米；对社区内部道路进行全面整修，开挖、整修、硬化路面2.8万平方，108条街巷内遍洒压实碎石屑改善路基；粉刷街面、楼道13万平方米；重点突破，打造全新金山路和汶河街。建立起护驾社区创卫工作的长效机制，严格落实“门前五包”责任制、街长制等工作制度，社区环境容貌发生翻天覆地的变化。

（郭启国）

【概况】 东平县园林绿化局为正局级全额事业单位，负责县城区园林绿化和城市水系的规划设计、建设和管理工作。下设4个科室，在职职工24人，绿化管理人员245人。2017年，园林绿化局严格落实县委、县政府创建“国家卫生县城”和建设“美丽东平”的决策部署，紧紧围绕“宜居立县”理念要求，以园林绿化和生态水系提升为重要抓手，掀起园林绿化建设新高潮，改造提升绿地面积60万平方米，完成裸露土地治理10万平方米；指导完成4家单位、小区获得省级“园林绿化示范单位”、省级“园林绿化示范小区”以及市级“花园式小区”称号。

【园林规划】 2017年，园林规划遵循尊重自然、利用自然、保护自然的原则，坚持绿色、和谐、以人为本，积极构建生态宜居、独具特色的山水园林格局，努力构建结构合理、层次分明、功能完善、覆盖面广的城区绿地系统。一是聘请山东建筑大学对东平县城市绿地系统规划、小清河规划方案、平湖路南延伸、龙山街和佛山街绿化提升进行规划设计；二是聘请济南百合园林公司对高压走廊、新105国道与泰东路绿化提升完成规划设计；三是高压走廊绿化规划设计方案已定稿，正进行施工图设计；四是贯中大道绿化提升规划，12个道路节点、东平樽雕塑、道路及平湖广场亮化设计已完成；五是山东方圆经纬建筑设计院有限公司对人民公园、北京湾、高压走廊苗圃三处管理房正在设计中。

【园林建设】 凝心聚力，攻坚克难，用做盆景的手法提升园林景观，奋力推进园林绿化建设和城市水系工程，推进园林绿化工作又好又快发展。行道树补植工程。主要对平湖路、佛山街、东原路、汇河街、宿昌路、东山路、西山路、府后街、稻香街、安山北路、滨河街等主次干道绿化带，补植黄杨、女贞、鸢尾等苗木110万余株、砌垒挡墙1200余米。时令花卉栽植。栽植应季花卉和多年生花卉50万余株，主要有天人菊、三色堇、矮牵牛、鸢尾等草花，主要完成东山路、平湖路、西山路等城区主次干道以及林荫停车场、山水人家北侧、人民公园、博物馆北侧等绿地。高压走廊生态廊道绿化工程。高压走廊（后屯段）栽植树阵（以胸径为10厘米的国槐、合欢、大叶女贞为主）260余棵，健康步道铺设400米，铺设休闲广场约1300平方米，廊架110余米，透水砖铺装7000余平方米，18厘米厚混凝土道路硬化200余米；高压走廊苗圃（望山街—汶河街）完成清理建筑物垃圾3万立方米。公园水街馆舍绿化工程。金泉水街栽植水杉99株、银杏10株、景松6株、麦冬30000余墩、草花3000余株、廊架60余米、五角枫球60株、冬青10000余株、石楠球100株、石楠1000余株。八景园、文秀园、道德馆等绿化续建工程。八景园占地4500平方米，栽植乔灌木3000株，雕刻东平古八景及文字50余平方米；文秀园占地1600平方米，栽植乔灌木、淡竹5000余株；道德馆沿街绿地800平方米，栽植景松27株，设置景石56吨。生态水系提升工程。一是改善公园水系环境，增加城区景观，龙王潭铺设草坪5000平方米，营造“春暖花开”城区景点；龙王湾铺设广

场道路1200平方米、砌垒毛石400余立方米，打造“龙泉飞瀑”景点一处，为城区增加新景观。二是基础设施维修，完成北线水系龙王湾、龙潭湖、清月湖、东原湖维修工程，重点做好水系栏杆、木栈道、闸门、电机等设施维修。三是水系管理人员和管理设备配备完善，购置管理用船7艘、救生衣20套、垃圾围网10套、打捞工具100余套、防汛雨具30套，安全标识牌60块，垃圾箱100个；配置安全导览图。

【园林管理】 对城区内管理的绿地划定8个责任片区，实行包保责任制，组织园林工人集中清理，对绿化带内落叶、垃圾、砖头石块等杂物清理面积210万平方米。严格按照创卫要求，以种植土面低于路沿石10～15厘米的标准，对绿化带内超高土进行清理，切实增强绿化带的蓄水功能，杜绝扬尘现象，清理超高土70万平方米。在文化内涵、景观设计、绿化造型等方面不断创新，积极做好修剪工作，做到通透、美观、整洁、精致，努力提升城市绿化形象，完成修剪面积200万平方米。针对夏秋季气温高、雨水多杂草生长迅速的现状，积极组织工人清理杂草，对主干道、公园、广场等重点位置重点清理，全面清理小街小巷、背角背阴，清理面积110万平方米。加强绿化巡查，设施维护维修。查出违规占绿毁绿25处；清理菜地、私搭乱建1.5万平方米；维修、更换花池石9400米，维修、更换护栏6400米。公园广场木栅栏、木铺装面积1200平方米。城区道路护栏刷漆5000米；汇河街完成安装铁艺护栏700米；银山街完成路沿石维修更换600米，花砖更换400平方米；人民公园粉刷座椅60个，完成公园廊架、凉亭、木扶手、栏杆粉刷，维修灯管200根，球灯28套，灯带30米，铺设电缆210米，新设配电箱3个、维修6个，亮灯率100%。白吉河维修球灯70套，灯管12根，亮灯率达到100%。加强城区水系管理。通过开展维修更换机器设备、改善公园水系环境、增加水系景观、基础设施维护维修、完善水系规章制度等工作，不断提升城区水环境质量改善。

（张　鹏）

【概况】 2017年，县房管局围绕建设宜居东平，争取上级棚改补助资金3381万元，基础配套资金8540万元；完成棚户区改造2029套；实行物业管理的居住小区达到109处，608万平方米，居民物业管理覆盖率达到90%；房地产开发经营许可面积为64.65万平方米。办理预售许可证47个，预售房屋5982套，70.42万平方米。销售备案房屋8747套，96.32万平方米。县房管局被评为平安东平建设、信访、督查等项工作考核成绩突出单位。

【棚户区改造】 全县完成棚户区改造2029套，分别是银山镇西汪社区200套，香山书苑48套，府东国际公馆51套，前银山村87套，马山头村168套，南刘村233套，北刘村168套，廿十里铺653套，顾庞社区368套。争取上级棚改补助资金3381万元、基础配套资金8540万元。落实贯彻《国务院关于加快棚户区改造工作的意见》及省市有关棚改文件精神，制定完善房屋拆迁、土地使用、税费减免等政策措施，并印发规划设计、工程质量、建筑节能、安全生产、司法保障等相关规定。坚持公开、公平、公正的原则，实行棚改工作阳光操作。坚持“谁主管、谁负责”和属地管理的原则，积极排查调处各类棚改信访矛盾，维护良好的施工环境。

【信息化建设】 2017年，投资3万余元购置2台个人房产信息自助查询机，并安排专门技术力量加班加点完成操作系统的研发。个人房产信息自助查询机可实现按照个人或家庭为单位进行查询，市民只需携带二代身份证原件，通过识别设备的信息读取，就能免费自助查询打印用于子女入学、房屋买卖缴税、购房按揭执行差别化信贷政策、申请保障性住房等用途的家庭房产情况证明，整个过程仅需30秒。2017年底，积极建设和完善房屋租赁登记备案平台，实施房屋租赁登记备案信息化管理和服务，为开展租赁合同备案登记打好基础。

【物业管理】 全县共有小区268处，实行物业管理的居住小区109处，608万平方米，单位自管小区145处，居民物业管理覆盖率达到90%，从业人员1200余人。采用政府主导，建（管）单位、业主、专业经营单位共同出资方式，筹措改造资金2522万元，对银山小区、佛山小区、供电公司家属区设施进行改造。对新开发建筑面积2万平米以上的住宅项目，实行前期物业招投标制度，选聘具有相应资质的物业服务企业，提前介入并严格规范物业服务行为；2017年按照统一缴存、专户存储、专款专用、政府监督的原则，严格按标准收存新建商品房专项维修基金1188万元，切实保障广大业主的合法利益。

【房地产市场监管】 2017年，组织专门人员对全县49家房地产企业（其中：一级房地产开发资质企业1家，二级企业5家，三级企业4家，四级企业19家，暂定资质企业20家），开发的项目进行两次拉网式大检查，从项目审批环节入手，全过程监管，办理房地产开发经营许可面积64.65万平方米。认真落实《山东省商品房销售管理条例》，在全县范围内实行预售证网上办理、网上预售、网上签订合同。办理预售许可证47个，预售房屋5982套，70.42万平方米。销售备案房屋8747套，96.32万平方米，杜绝网外交易。年内已有36个项目实行预售资金监管，核准拨付工程款及配套款19.6亿元，做到企业申请工程款拨付应付尽付，有效防止因开发企业随意挪用预售款而导致发生“烂尾”楼、“半拉子”工程，确保专款专用。督促38家开发企业缴纳维修资金：5162.82万元，4家开发企业缴纳质量保修金502.18万元，保护购房群众合法权益。根据相关法律、法规制定《市民购房须知》《房地产行业防范和打击非法集资》宣传资料，通过报社、电台、销售场所设立、发放彩页等宣传方式，使房地产行业法律、法规家喻户晓，深入人心。各开发企业在销售场所明示悬挂“五证”（建设用地规划许可证、建筑工程规划许可证、建筑工程施工许可证，国省土地使用证、商品房预售许可证）等，公示房屋销售价格，督促开发企业提高营销专业知识，使开发企业守法经营理念得到明显提高。

（马金荣）

2017年4月19日，全县物业管理服务水平提升暨国家卫生县城创建工作会议召开
（马金荣　供稿）

住房公积金管理

【概况】 东平县住房公积金管理部，属泰安市住房公积金管理中心垂直管理部门，为正科级全额事业单位，人员编制4

人。2017年，超额完成各项任务目标，荣获“住房公积金管理工作优秀单位”“住房公积金归集扩面先进单位”“信贷风险防控先进单位”称号。

【住房公积金归集】 将归集扩面作为工作的基础，加强政府主导、部门联动，大力促进扩面工作，将非公企业扩面作为工作重点，扩大制度覆盖面，全年新增开户单位23个，新增缴存职工2342人。加大征收力度，提高缴存基数，规范缴存比例，积极催收清欠，全年实现住房公积金归集2.04亿元，完成全年计划的128%，归集首次突破两亿大关。

【住房公积金贷支】 积极稳妥开展公积金贷款工作，加大放款力度，全年为703户职工发放贷款2.18亿元，占全年计划的311%，贷款首次突破两亿大关，有力地支持职工购房。在加大发放的同时，严格把关，防控风险，贷款逾期率始终保持全市最低水平。做好住房公积金支取工作，克服工作量大，人员紧张的困难，确保资金按时拨付。全年为5094位职工支取住房公积金1.33亿元。

【财务监督管理】 加强资金管理，确保资金安全。在资金管理上突出“安全、增值、服务”三大重点，牢固树立六种意识，规范工作程序，严格落实零余额管理制度，资金使用严格执行审批制度，做到财务数据准确、账务处理规范，保证账账相符、账实相符。

【优质高效服务】 创新服务方式，提升服务水平。认真学习贯彻《住房公积金服务指南》和《住房公积金窗口服务规范》等工作制度，严肃工作纪律，严格服务规范，全面提升服务意识、服务能力、服务效率，积极践行服务承诺，坚持做到首问负责、一次告知、限时办结，实行“一站式”“一条龙”服务，构建业务流程清晰、环境舒适的服务体系，打造良好的住房公积金服务品牌。

（王立忠）

【概况】 东平县国土资源局（挂“东平县测绘局”“东平县不动产登记局”牌子）内设人秘、财务、法规监察、耕地保护与土地利用管理、地籍管理、矿产开发管理、矿产勘查储量、测绘管理8个职能科室；土地收购储备中心、国土资源执法监察大队2个正科级事业单位，土地资产监管中心、土地开发综合整治中心、不动产登记中心3个副科级事业单位，地产评估事务所、土地资源综合开发利用站2个股级事业单位；下辖园区国土资源所、14个乡镇国土资源所。在职干部职工172人。2017年，县国土资源局坚持耕地保护和资源节约基本国策，严格落实资源保护责任，维护资源利用良好秩序，积极服务稳增长、调结构、惠民生、防风险，为全县经济和社会发展提供更加坚实的国土资源保障。继续保持市级文明单位、全国国土资源节约集约模范县等荣誉称号。

【耕地保护】 2017年，坚持耕地保护共同责任机制，将耕地保护工作列入全县科学发展考核指标体系，并将耕地保护目标任务层层分解下达到乡镇政府，签订耕地保护目标责任书，圆满完成泰安市人民政府下达的耕地保有量不低于68973公顷，基本农田保护面积不低于58733公顷的责任目标。永久性基本农田划定工作已完成并顺利通过省专家组的检查验收。

【土地综合整治】 2017年，申报“十三五”年均百万亩土地整治工程项目区3个，1853公顷，投资4860万元。立项占补平衡项目21个，804.8公顷，总投资6643万元。新增耕地208.73公顷，验收占补平衡项目21个，260.8公顷，新增耕地83.13公顷。实施完成挂钩项目6个，形成建设用地指标16公顷。申报工矿废弃地复垦项目5个，27.51公顷，新增耕地27.04公顷。

【土地利用】 2017年，完成16个批次建设用地的土地征收工作，面积136.32公顷。办理设施农用地备案手续8宗，9.97公顷。完成建设项目用地预审15件。供地25宗，78.56公顷，其中招拍挂出让土地19宗，43.91公顷，实现土地净收益1.19亿元。加强土地批后监管，安装公示牌8块，核验竣工项目21宗，征缴地租7万元。

【地籍管理】 2017年，调整社区土地权属涉及31个村庄72个地块，面积131.8公顷。农村宅基地地籍调查和集体土地使用权调查工作数据库建设已基本完成。办理不动产登记业务8352项，完成国土资源部测试服务器数据上报测试工作，上报数据1610条，完成不动产前置机与国家正式服务器的连接，实现日常办理业务自动上报6251条。

【国土执法监察】 2017年，强化国土执法监管，落实共同责任机制，移送公安机关国土资源违法案件2起，刑事拘留4人。制止非法采石采砂行为4起，查封挖掘机4台、铲车2台、运输车1辆。2016年度土地卫片执法检查，违法占用耕地面积占新增建设用地占用耕地总面积的比例2.9%，顺利通过验收。矿产卫片检查，东平县疑似违法图斑11宗，均为有采矿许可证疑似越界开采图斑，已实地核实并上报部矿产卫片系统，顺利通过验收。

【矿产资源管理】 2017年，组织实施2016年度矿业权人勘查开采信息网上公示工作，实际公示50家，公示率100%。办理采矿登记33件，征收采矿权价款2559.75万元，追缴矿产资源补偿费787.1594万元。积极推进矿产资源整合工作，参与整合的16个采石厂全部完成整合，减少采矿权数量9个。会同矿管委、安监、环保等部门联合对32家露天开采矿山及工矿废弃地项目的每条生产线张贴封条，责令企业按标准全面停产整治。完成6个建设项目压覆重要矿产资源调查工作。对7个石灰岩拟设矿区现场踏勘，编制储量检测报告，组织专家审核并报市局备案。督促各矿山企业按时完成储量年报编制工作。扎实做好汛前排查工作，对辖区内所有地质灾害隐患点、地质环境治理项目施工现场和生产矿山进行全面排查，提高广大群众防灾避险意识。105国道东部废弃矿山地质环境治理、东平湖省级地质公园地质遗迹保护、县城区东部废弃矿山破损山体恢复治理等3个项目已竣工验收。1:5万地质灾害调查、地质环境监测项目已公开招标。严格矿山环境保护与综合治理方案备案和保证金制度，收缴矿山企业地质环境治理保证金1284.25万元。扎实做好泰山山水林田湖生态保护修复工程，迎接专家现场复核。

【测绘管理】 2017年，完成“三大工程”、105国道京珠线改建、243省道扩建、大清河加固大堤、宁梁高速等县重点项目工程、不动产统一登记、土地综合整治项目等用地的测量与绘制图件1735宗，收取测绘费243.6万元。数字东平地理空间框架建设项目，圆满通过省厅组织的专家验收。

（李传勇）

公用事业

【概况】 县公用事业局设人秘、公用事业、市政工程、计财、安监5个科和环卫处、路灯所2个全额股级事业单位；下辖市政工程管理处、自来水公司、光源热电公司、污水处理厂、垃圾处理场、节约用水办公室、渣土治理办公室7个单位。2017年，城区主干道路排水管网总长度163千米，排水管网总长度163千米。改造、疏通排水沟1.59万米，清淤5000余立方米。城区供水量690.28万吨，水质综合合格率100%。新增供热面积10万平方米，惠及居民800余户。县公用事业局被评为全县“乡村文明行动”

成绩突出单位、信访工作成绩突出单位、平安东平建设成绩突出单位。

【城区道路及排水管网建设】 2017年，县城区道路不断延伸，先后建成佛东路、佛山街西延伸、府后街、平湖路南段、安山东路、安山西路、安山北路、故城东路等一批重点道路，县城西区框架路已基本形成。城区道路总里程达76.80千米，形成七纵七横的总体框架格局。新建道路实行雨污分流排水设计，城区主干道路排水管网总长度达163公里。完成路面硬化维修5.19万平方米，人行道硬化改造5.4万平方米，铺设、改造人行道彩砖、大理石4.86万平方米，安装、调整路沿石7400米。清除路腿1000余个，清理树穴杂土2.74万个，安装树穴石1600套，改造各类井盖200余个。改造、清理排水沟1.59万米，清淤5000余立方米。清运违建垃圾2.4万平方米。城区路灯7000余盏，城区亮化覆盖率100%，亮灯率98%以上。对贯中大道130套中华灯进行改造，更换为支臂式路灯，有效解决行道树遮挡光线的问题。拆除西山路24跨霓虹灯，对城区所有路灯杆进行粉刷除锈。安装外贸公司等老旧小区、背街小巷路灯共计118盏，营造优美的人居和经济发展环境。

【城市供水】 2017年，城区供水量690.28万吨，售水量596.24万吨，销售收入1863万元，水费回收率97.74%，水质综合合格率100%，管网综合压力合格率99%。新铺设安装DN160以上的主管道4535.20米，各类支管道1万米。彭集第二水厂建设稳步推进，投资100余万元建设完成地下泵房、值班室以及厂区环境整治，安装水源井的配套设备，现已为入住园区的海工科技等企业正常供水。鉴于县城东区水源不足、供水压力低的实际现状，在一担土社区东选址新建水源地，开凿16号井，现已完成配套设备安装，水质检测合格后并网供水，解决东区供水压力不足问题。县自来水公司投资100余万元，实施接山镇一期饮水安全工程建设，铺设供水主管道3500余米。2017年底完工。由此，接山镇12个村、1.1万人先期喝上干净放心的自来水。

2017年东平县供水价格明细表

表8　　　　单位：（元）

用水类别	基本水价	用水附加	水资源费	污水处理费	合计
居民用水	1.45	—	1.50	0.70	3.65
机关团体	1.75	—	1.50	0.70	3.95
生产经营	1.85	—	1.50	0.90	4.25
特种用水	2.50	—	0.65	0.90	4.90
说明	1. 根据泰安市物价局〔2005〕164号、东平县政府令第41号文件规定，委托东平县自来水公司代收污水处理费、水资源费，上交财政。 2. 二级加压供水在上述价格基础上每立方加收0.40元。				

【城区供热】 2017年，投入资金300万元，对锅炉、汽机、电气、输煤、外网五大系统进行269项检修，确保供热机组安全平稳过冬。烟气超低排放改造项目顺利完工。根据环保部门下发的“关于批准发布《山东省南水北调沿线水污染物综合排放标准》等7项标准修改单的通知”要求，光源公司投资1260万元，实施烟气超低排放改造项目，对两台循环流化床锅炉烟气处理进行升级改造。12月完成验收，确保各项污染物数据达标排放，实现供暖事业清洁发展。采暖期，光源热电公司新增供热面积10万平方米，惠及居民800余户；供暖扩容约2.6万平方米，惠及居民近300户；华达公司完成汽改水改造，供暖面积0.6万平方米。

【污水处理】 2004年5月，投资6245万元，污水处理厂一期工程开工建设，2006年6月正式投入运行。2009年7月实施二期工程，12月份建成投产。日处理污水3.8万吨，满负荷运转率达75%以上。污水集中处理率达95%以上，各项指标均符合国家标准和设计要求，管网覆盖率100%。至2017年底，处理污水量累计达1006万吨，日处理污水3.2万吨，出水COD平均值为27.8毫克/升，销减量为1893.29吨；出水氨氮平均值为1.13毫克/升，销减量为330.51吨；污泥处置总量（折合污泥含水率80%）6501.5吨；满负荷运转率达65%以上，污水集中处理率达97%。出水水质符合国家一级A标准。

【垃圾处理】 县生活垃圾处理场总投资3600万元，于2008年12月破土动工，2010年6月正式投入使用，该项目设计规模为日处理垃圾150吨，占地11.0848万平方米，采用卫生填埋处理工艺，设计使用年限为15年，总填埋容量85万立方米。同时建设完成垃圾压缩站一处，垃圾处理能力增强，全面实现县城生活垃圾无害化处理。到2017年，全年进场垃圾处理量10万吨，垃圾表面土覆盖约8000平方米，填埋区边坡膜覆盖近1万平方米。制定《建筑渣土处置场建设标准》《建筑渣土运输企业准入制度》等文件和规定。按流程为17家施工工地办理渣土处置许可证，向各施工工地下发《关于加强东平县城区建筑渣土专项整治的通告》50余份，向建筑渣土运输企业、运输车辆下发《关于东平县渣土运输企业、运输车辆的整改通知》40余份。联合县公安局、执法局查扣违法违规车辆75辆，对带泥上路、污染路面的2家施工单位进行处罚。

【城乡环卫一体化】 2017年，在财政资金十分紧张的情况下，积极争取开发企业及社会各界捐资1050余万元，购买清扫车、压缩车等大型环卫车辆16辆、垃圾桶700个、果皮箱400个、脚踏三轮车300辆、人力扫路车90辆，飞虎队专用电动车30辆，有效解决全县环卫设备的短板。新上高标准生态公厕16座，站厕一体式水平垃圾压缩站4座，全面提升城市功能和品位。新招聘环卫巡管人员20名、清运人员10名、环卫工人30名，同时增加环卫工人工资待遇，每人增加100元基本工资，为环卫工作注入新的活力。对机械清扫、清洗、洒水实行划片定时定线作业，划分为龙山街、汇河街、贯中大道三大清扫片区，向周边道路辐射。把260万平方米保洁面积合理划分为19个作业片区，明确环卫飞虎队员和环卫工人的责任范围，实现保洁、监督无空档。实行“村集、镇运、县处理”的运行模式。建设垃圾压缩站14座，购置3立方铁质垃圾箱2200个，塑料垃圾桶1.2万个，垃圾收集车90辆，大型转运处理等车辆20辆。农村清扫保洁人员达2100人。完善对乡镇、村环卫一体化工作管理考核制度，对环卫保洁员、清运、转运、压缩人员的工作制度，奖惩制度等，使各个环节管理规范合理、有章可循。

（吴化民）

2017年10月25日，东平县环卫飞虎队成立　　（吴化民　供稿）

【概况】 2017年末，全县有资质的建筑房地产企业49家，其中：一级房地产开发资质企业1家，二级企业5家，三级企业4家，四级企业19家，暂定资质企业20家。年内新建工程108项，建筑面积350万平方米，不计外地企业产值，县内建筑业产值19.8亿元。核发“建筑工程施工许可证”100项，建筑面积311.71万平方米；办理竣工验收备案手续29项，建筑面积16.5万平方米。完成施工图纸审查面积197.79万平方米。建筑、安装企业在推进东平城镇化和“美丽乡村”建设中，做出重要贡献。老湖水浒影视小镇成功入选首批省级特色小镇；银山镇滨湖休闲健康小镇入选第二批省级特色小镇。旧县乡浮粮店村成功入选第四批省级传统村落名录，至此全县省级传统村落增至11个，总量位居全市第一；接山镇朝阳庄村成功入选第四批列入中国传统村落名录。2017年9月，全省美丽乡村建设现场会在东平县召开，推广南堂子村美丽乡村建设经验。

【建筑企业管理】 利用全省建筑市场监管与诚信信息一体化平台，对全县68家施工总承包、专业承包等各类企业，实行系统化、规范化管理，切实增加建筑企业管理的透明度，激发企业发展活力。县城规划区新建建筑全部执行绿色建筑设计标准，执标率达到100%；二星级绿色建筑项目5个、建筑面积0.97万平方米，一星级绿色建筑项目13个、建筑面积72.11万平方米；推广太阳能光热一体化技术应用建筑面积13万平方米。严格执行城建档案“两书一证”制度，签订档案移交合同书32项，发放“建设工程档案预验收意见书”21项，整理工程档案456卷。

【建筑安全监管】 深入开展“打非治违”等专项行动，全年累计检查建筑施工现场152个，排查隐患2600余条，封停存在较大安全隐患的起重机械43台，下达“隐患整改通知书”277份、“停工整改通知书”92份，下达“当场处罚决定书”73份；对6家安全生产主体责任落实不到位、施工现场存在严重安全隐患的企业进行经济处罚；开展建筑市场综合执法大检查行动，下达“隐患整改通知书”62份、提出整改意见304条，封停存在重大隐患的工程17个；对12个施工现场存在严重问题的企业给予经济处罚。

【建筑企业资质管理】 依照《建筑企业资质管理规定》，2017年，1家企业实现资质升级，新注册企业8家，完成资质增项企业4家。开展建筑节能日常巡查，查纠问题隐患，督促问题整改，检查外墙保温施工、节能材料等12次，专项检查1次，查处在施工过程中随意更改设计、执行相关规范不严、存在质量安全隐患等问题30余条。

东平县建筑企业资质情况一览表

表 9

序号	企业名称	企业性质	法定代表人	部批	省批	泰安市批
1	东平一建建筑有限公司	有限责任	熊延奎	建筑工程施工总承包一级		
2	山东东平鑫海建工有限公司	有限责任	刘振海		建筑装饰装修工程专业承包二级 起重设备安装工程专业承包二级	建筑机电安装工程专业承包三级 钢结构工程专业承包三级 预拌混凝专业承包（不分等级） 市政公用工程施工总承包三级
3	东平县州城建筑安装有限责任公司	有限责任	刘　军	530	建筑工程施工总承包二级	起重设备安装工程专业承包二级
4	山东宝龙建筑安装有限公司	有限责任	姚念君		建筑工程施工总承包二级	钢结构工程专业承包三级
5	山东隆腾建筑安装有限公司	有限责任	马腾平		建筑工程施工总承包二级	市政公用工程施工总承包三级 预拌混凝土专业承包（不分等级）
6	山东中工建设有限公司	有限责任	孙玉轩		建筑工程施工总承包二级	
7	东平县赤脸店建筑安装工程公司	有限责任	侯绪坤			建筑工程总承包三级
8	东平县第二建筑安装工程公司	有限责任	李茂华			建筑工程总承包三级
9	东平县银山镇建筑公司	有限责任	薛柱刚			建筑工程总承包三级
10	东平县新湖建筑安装有限公司	有限责任	韩明秀			建筑工程总承包三级
11	东平县昌宏房屋建设有限责任公司	有限责任	郑　华			建筑工程总承包三级
12	东平东原建筑安装有限公司	有限责任	侯　峰			建筑工程总承包三级
13	山东卓远建设工程有限公司	有限责任	董玉敏			建筑工程施工总承包三级 水利水电工程施工总承包三级 钢结构工程专业承包三级

续表 1

序号	企业名称	企业性质	法定代表人	部批	省批	泰安市批
14	山东中海建筑安装工程有限公司	有限责任	张庆合			建筑工程总承包三级
15	东平昱坤建筑安装有限公司	有限责任	袁玉亭			建筑工程总承包三级
16	泰安华盛建筑安装工程有限公司	有限责任	郑衍华			建筑工程总承包三级
17	东平鑫隆建筑安装有限公司	有限责任	牛 兵			建筑工程总承包三级
18	东平县鑫宇建筑工程公司	有限责任	李广桥			建筑工程总承包三级
19	东平鑫瑞建设有限公司	有限责任	张 峰			建筑工程总承包三级
20	东平县清河建筑工程有限公司	有限责任	孙亮亮			建筑工程总承包三级
21	东平开元建设工程有限公司	有限责任	柴 伟			建筑工程施工总承包三级 钢结构工程专业承包三级 水利水电工程施工总承包三级
22	泰安东正建业有限公司	有限责任	韩承锦			建筑工程施工总承包三级
23	山东高企建筑安装有限公司	有限责任	赵永立			建筑工程施工总承包三级
24	泰安润东建筑工程有限公司	有限责任	李传民			建筑工程施工总承包三级
25	山东天一阁建筑有限公司	有限责任	王小龙			建筑工程施工总承包三级
26	山东泰九建筑工程有限公司	有限责任	黄 建			建筑工程施工总承包三级
27	山东洲建建筑安装有限公司	有限责任	张金琢			建筑工程施工总承包三级
28	东平融城建筑工程有限公司	有限责任	焦宗伟			建筑工程施工总承包三级
29	东平普惠电力工程有限公司	有限责任	王海凌			输变电工程专业承包三级

续表 2

序号	企业名称	企业性质	法定代表人	部批	省批	泰安市批
30	东平县电器设备厂有限公司	有限责任	袁昌会			输变电工程专业承包三级
31	山东泰安华军义诚建材有限公司	有限责任	吴庆军			防水防腐保温工程专业承包三级
32	泰安市宏昌建筑劳务有限公司	有限责任	宋　彪			模板脚手架专业承包
33	泰安市鲁班建筑劳务有限公司	有限责任	马文广			模板脚手架专业承包
34	山东京创建设有限公司	有限责任	周　建			模板脚手架专业承包
35	山东首开建设有限公司	有限责任	栾建伟			模板脚手架专业承包
36	山东建科建设劳务承包有限公司	有限责任	杨效常			模板脚手架专业承包
37	泰安市鼎力人力资源服务有限公司	有限责任	刘万军			模板脚手架专业承包
38	东平东郡建筑劳务有限公司	有限责任	陈广鹏			木工作业分包 二级
39	东平县润源建筑劳务承包有限公司	有限责任	乔劲光			模板脚手架 专业承包
40	东平县宝来建筑劳务有限公司	有限责任	王振宝			模板脚手架 专业承包
41	东平县龙山人力资源管理有限公司	有限责任	解　勇			模板脚手架 专业承包
42	东平县新鑫建筑安装有限公司	有限责任	梁吉鸾		建筑装饰装修工程专业承包二级	
43	东平新天地广告装饰装璜有限责任公司	有限责任	赵　波		建筑装饰装修工程专业承包二级	
44	东平秀连装饰有限责任公司	有限责任	孙秀连		建筑装饰装修工程专业承包二级	
45	山东云天装饰装修有限公司	有限责任	陈召国		建筑装饰装修工程专业承包二级	
46	东平宏强建材有限公司	有限责任	苏宪坤			预拌混凝土工程专业分包不分等级

续表 3

序号	企业名称	企业性质	法定代表人	部批	省批	泰安市批
47	东平县隆达建材有限公司	有限责任	张圣广			预拌混凝土工程专业分包不分等级
48	东平创新建材有限公司	有限责任	陈敬峰			预拌混凝土工程专业分包不分等级
49	山东东平龙峰商砼有限公司	有限责任	王　亚			预拌混凝土工程专业分包不分等级
50	东平龙祥建材有限公司	有限责任	李广桥			预拌混凝土工程专业分包不分等级
51	东平万通恒业工程有限公司	有限责任	杨效常			预拌混凝土工程专业分包不分等级
52	山东东原通达商砼有限公司	有限责任	梁久明			预拌混凝土工程专业分包不分等级
53	东平县正大混凝土有限公司	有限责任	尹宜正			预拌混凝土工程专业分包不分等级
54	东平县鹏程混凝土有限公司	有限责任	周长东			预拌混凝土工程专业分包不分等级
55	东平卓远商砼有限公司	有限责任	司延辉			预拌混凝土工程专业分包不分等级
56	山东致远混凝土有限公司	有限责任	瞿　波			预拌混凝土工程专业分包不分等级
57	东平县恒基建材有限公司	有限责任	张　兵			预拌混凝土工程专业分包不分等级
58	东平县君泰建材有限公司	有限责任	解锡龙			预拌混凝土工程专业分包不分等级
59	东平安泰黄河工程有限公司	有限责任	王　勇		水利水电工程施工总承包二级	
60	东平县水利建筑安装公司	有限责任	杨周勇		水利水电工程施工总承包二级	
61	东平县东平湖开发工程处	有限责任	解　朋			水利水电工程施工总承包三级
62	山东弘禹水利工程有限公司	有限责任	李家宝			水利水电工程施工总承包三级
63	山东东平保盈建设工程有限公司	有限责任	曹胜利			水利水电工程施工总承包三级

续表 4

序号	企业名称	企业性质	法定代表人	部批	省批	泰安市批
64	山东禹道水利建设工程有限公司	有限责任	王美奇			水利水电工程施工总承包三级
65	山东东原通达公路工程有限公司	有限责任	赵传伟		公路工程施工总承包二级	
66	山东九州公路工程有限公司	有限责任	郝树礼		公路工程施工总承包二级	
67	山东致远公路工程有限公司	有限责任	卢　静			公路工程施工总承包三级

重点建设项目

【三大工程建设】 移民避险解困工程 至2017年年底，一期工程规划建设的7个移民社区，完成投资10.7亿元，建设楼房299幢，建筑面积85.32万平方米，其中完成主体封顶282幢，具备回迁条件的260幢，完成搬迁入住4076户，13776人，其中帮扶对象3172户、11423人。二期工程4个社区，完成投资6.68亿元，建设楼房233幢，开工建设190幢，4900套房屋，建筑面积51.78万平方米，完成封顶160幢，完成旧房拆除1079户。三期工程3个社区，完成投资3.52亿元，建设楼房160幢，开工建设116幢，完成封顶47幢，正在楼层建设的69幢，3200套房屋，建筑面积35.22万平方米，完成旧房拆除55户。其中，凤凰家园社区建筑面积24万平方米，规划建设94幢楼，投资38020万元，由甘肃建投、安丘华安承建。滨湖社区建筑面积14万平方米，规划建设34幢楼，总投资25900万元，由湖北赤东承建。水浒社区建筑面积51万平方米，规划建设137幢楼，总投资78300万元，由安丘华安、湖北赤东、东平鑫海承建。浒源社区建筑面积27万平方米，规划建设54幢楼，总投资87245万元，由安丘华安、山东鸿顺承建。水泊社区总投资87245万元，由安丘华安、山东鸿顺承建。东原影城社区总投资38625万元，由安丘华安、东平鑫海承建。黄金水岸社区总投资26318.75万元，由山东一山建工、东平开元建工、山东卓远建工承建。州城街道湖韵苑社区，总投资1.9亿元，由甘肃建投第五建设集团承建，由山东鲁咨工程咨询有限公司监理。

黄河滩区居民迁建 银山镇黄河滩区居民迁建涉及7个村、4104户、12685人。分三期实施。一期工程规划建设耿山口社区，涉及783户、2331人，建筑面积14.7万平方米，总投资3.8亿元。2017年10月，全部回迁。二期工程涉及马山头、南刘及北刘3个村、699户、2105人，投资1.55亿元，规划建设马山头、南北刘2个社区。其中马山头社区于7月14日完成主体建设，正在进行内外装修；南北刘社区于10月15日完成主体建设。三期工程外迁安置战屯、沈屯、石庙3个村、684户、2275人；其中战屯社区完成图纸设计、立项、地勘、规划等工作，11月底开槽建设。斑鸠店镇黄河滩区脱贫迁建涉及22个行政村，社区建设成立工程建设组，负责社区工程建设进度，按照“两确保一加快”（确保质量、确保安全、加快进度）的要求，严把时间节点，按期完成社区建设任务。

易地扶贫搬迁 朝阳庄社区，总建筑面积44433.01平方米，其中安置房总建筑面积22689.8平方米，农家乐客房面积15082.2平方米，社区服务建筑面积654.92平方米，幼儿园建筑面积570.45平方米，商业服务建筑面积3150.44平方米，老年周转房建筑面积2285.2平方米。2017年，供水、供电、污水、排水、天然气管道铺设、外墙漆和道路硬化已全部完成。11月，村民全部入住。百户庄社区易地扶贫搬迁项目，占地面积8万平方米，总建筑面积4.98万平方米，总投资8967.95万元。2017年4月22日开工建设，至年底，6栋楼已完成主体工程，59栋楼正在紧张施工。大羊镇西王村易地搬迁工程涉及贫困户161户464人，占地45578平方米，总建筑面积61961平方米，2017年4月一期工程破土动工，当年完成主体施工。

【白佛山景区建设】 由南山集团投资5.5亿元，建设完成祇园精舍、缘起楼、三面观音东西配殿、南大门、文昌阁、天趣园、真趣园等重点景观；完成了大雄宝殿、天王殿内外装饰及22座佛像的彩绘；建成面积达1300平方米的法物流通处；园中园项目仿古建筑的挂瓦工程顺利完工；舍利宫项目基础施工进展顺利，浇筑柱基100根；完成隋代大佛处的危岩加固；砌垒景区内景点围墙7200余米，开挖高压线下地电缆沟1300立方米。2017年投资2100余万元，改造提升绿地面积60余万平方米。累计完成30余项规划设计方案；对11条主次干道的绿化带补植110万余株苗木；在城区主次干道以及林荫停车场、公园等绿地栽植应季花卉和多年生花卉50万余株；开展高压走廊生态廊道绿化工程建设，植树260株，完成健康步道铺设400米，铺设休闲广场1300平方米，廊架110余米，铺装透水砖7000余平方米，硬化道路200余米，清理苗圃内建筑物垃圾3万立方米；持续改善公园水系环境，“三季有花，四季常绿”的生态景观效果逐步完善。

【新学校建设】 清河小学是解决县城区“大班额”问题确定的重点建设项目，由县规划局承担建设任务。该小学占地57亩，建筑面积1.4万平方米，投资3300万元。县规划局成立清河小学工程建设指挥部，明确1名分工领导和4名工作人员靠在施工现场，强化工程质量技术安全监管，狠抓现场文明施工，年底完成综合教学楼主体框架施工任务。青峰山实验学校小学部、初中部，建筑面积达2.6万平方米，综合实验及行政办公楼、风雨操场及餐厅、学生公寓楼等主要建筑已顺利完工，进入装饰装修收尾阶段。

【棚户区改造】 落实贯彻《国务院关于加快棚户区改造工作的意见》及省市有关棚改文件精神，制定完善房屋拆迁、土地使用、税费减免等政策措施，并印发规划设计、工程质量、建筑节能、安全生产、司法保障等相关规定。坚持公开、公平、公正的原则，实行棚改工作阳光操作。坚持“谁主管、谁负责”和属地管理的原则，积极排查调处各类棚改信访矛盾，维护良好的施工环境。全县完成棚户区改造2029套，分别是银山镇西汪社区200套，香山书苑48套，府东国际公馆51套，前银山村87套，马山头村168套，南刘村233套，北刘村168套，廿十里铺653套，顾庞社区368套。争取上级棚改补助资金3381万元，基础配套资金8540万元。

（李胜新）

城市管理行政执法

【概况】 县城市管理综合执法局内设综合科、宣教科、执法督查科、规划执法科、财务装备科、执法一中队、执法二中队、规划执法中队。实有在岗人员94人，其中在编人员40人，协管人员54人。2017年，按照县委、县政府的总体部署，围绕“政府主导、部门联动、全民参与、社会共治”的工作思路，在治理违法建设、创建国家卫生县城和“美丽东平”建设等各项行动中，坚持依法整治、统筹推进、突出重点、惠及群众的原则，周密谋划，主动作为，使城市面貌得到明显提升，城市管理逐步向长效化、常态化方向发展。县城市管理综合执法局被评为全县行政执法工作成绩突出单位、全县宣传思想文化工作成绩突出单位、全县“乡村文明行动”成绩突出单位、平安东平建设成绩突出单位、信访工作成绩突出单位、全县12345民生服务热线工作成绩突出单位。

【广告牌匾整治】 2017年是全县创建国家卫生县城的第一年，也是县城管执法局确定的“城市环境提升攻坚年”。年初，县城管执法局从制定发布《东平县户外广告管理办法》开始，启动户外广告规范整治工作。多次组织力量，开展集中行动，拆除长期空白闲置、设施陈旧破损、严重影响市容和安全的广告设施。2017年，累计拆除路灯杆及电线杆广告牌2600块、地栽式广告牌400块、大型户外广告1000块。各执法中队在日常巡查中，对纸质小广告、涂写类小广告、横幅等进行清洗、覆盖、拆除，累计清理4000条。联合公安部门对纸质小广告、涂写类小广告进行专项治理，立案处罚59起，罚款2.95万元，对非法发放、张贴小广告者形成有力震慑。对县城区立柱型户外广告及围挡广告等广告设施加大管理力度，对全部商业立柱型户外广告进行收费，累计15万元；对城区各在建小区的围挡广告及各类宣传年费、大型商场年费、各广告公司宣传车年费等进行收取，累计33万元。通过有力的规范管理，结束城区广告宣传多年混乱无序的局面。在规范整治户外广告的同时，根据创卫要求，制定发布《东平县门头牌匾管理办法》，启动门头牌匾专项整治行动。对悬挂不规范、陈旧破损门头牌匾的商户进行逐户宣传，同时下达拆除通知书，有效推动不规范门头牌匾的拆除工作。通过城管服务中心和辖区执法中队相结合的方式，全方位管控、指导业户更换门头牌匾，确保更换后的门头牌匾布局合理、整体协调、美观大方。2017年，下达拆除更换通知近7000份，收到门头牌匾设置申请6000份，现场规范、拆除门头牌匾近6000块。

【占道经营管理】 通过发布通告宣传、设置市场疏导、开展行动打击等方式，多措并举，有效打击占道经营违法行为，维护市容秩序。制定发布《关于加强城市秩序规范管理工作的通告》《东平县城区道路分类管理暂行办法》等规范性文件，使摊贩有了解，群众有支持。本着“疏堵结合、方便群众”的原则，设置开发区中心路临时市场和兴东二路临时市场，实行定时定点定品种管理，并依据有关卫生规范禁止经营现场烹饪菜肴，通过2处临时市场，累计安置流动摊贩300余个，有效缓解交通出行压力。针对占道经营、店外经营高随意性、高反复性、高流动性的特点，多次组织开展“铁拳行动”“清网行动”等大规模集中整治行动，全员雷霆出击，大兵团作战，全年规范商户8000家，取缔流动摊贩2000个，流动餐点500处，依法暂扣物品300车次。

2017年4月22日，拆除老商业街违章建筑 （张 慧 供稿）

【"门前五包"落实】 针对全县实际，制定《"门前五包"示范点考核评比方案》，推动"门前五包"管理责任制落实，调动市民参与创卫的积极性；针对全县"门前五包"标志牌标准不一、颜色大小各异的问题，统一"门前五包"标志牌样式，并确定填写、悬挂要求，确保标牌内容填写正确、规范统一。采取包保街区的方式强化执法巡查力度。每条街道由2～3名执法人员包保，采取"一站式体检"的方式逐门逐户督促业户落实"门前五包"各项责任，现场提出整改要求，做到发现一处、整改一处。全年纠正占道经营、店外摆放、乱贴乱画、乱搭乱建、乱停乱放等不文明行为4000件（次）。组织评选"门前五包"示范点、示范街。联合公安、公用事业、园林等部门，采取创卫网格提报申请、相关部门成立考核组、考核组现场考核的方式进行门前五包示范点、示范街的考核评比。全年评选"门前五包"示范点1000余户、示范街9条，由县城管执法局统一悬挂标示牌，并通过新闻媒体进行公示。建立门前五包"红黑榜"宣传曝光机制。联合县电视台以及《今日东平报》《泰山晚报·东平读本》、"东平信息港"等媒体对"门前五包"责任制落实不到位的商铺（单位）进行了曝光，并严厉打击、从重处罚；同时对落实到位的街区、业户进行宣传表彰。累计宣传曝光30余期，成效显著。

【环境污染治理】 联合环保、公安部门组成噪音专项整治工作组开展噪音整治工作，印发《关于城市噪音污染集中整治的公告》，对业户进行宣传教育。在整治行动中，纠正噪音扰民行为近800起，没收音响喇叭200余个，噪音扰民现象得到有效遏制。联合公用事业、交通、公安等部门开展渣土运输专项整治行动，累计对300台次渣土运输车辆进行宣传教育；对14个存在扬尘污染违法行为的工地，行政处罚28万元；对19起渣土运输车辆遗漏遗撒违法行为，行政处罚3.04万元。针对露天烧烤、垃圾焚烧等违法违规行为，安排执法中队加大巡查力度，发现一起，制止一起，处罚一起。联合县公用事业局环卫处开展乱倒垃圾整治行动，整治行动采取重点区域布岗值守、主次道路全面巡查的方式，对随意倾倒垃圾、焚烧垃圾等各种违规行为进行重点治理。

【数字化城管建设】 2017年10月，投资362万元，建设数字化城市管理指挥平台。至年底，指挥平台设置专职负责人和联络人，能随时接收、办理反馈市城管指挥调度中心派遣的问题，平台硬件设备已安装调试完毕，软件开发完成，正在测试调试中。指挥平台建设通过地理信息普查将城区21.08平方公里的城市管理对象细分为部件与事件，实现分类地理编码，建设摄像头基础资源数据库等平台软件对接集成基础应用，形成信息收集、案卷建立、任务派遣、任务处理、处理反馈、核查结案、综合评价闭环工作流程，实现数字化城管目标。

（张 慧）

【概况】 县环境保护局内设人秘科、财务科、法制宣传科、污染控制科、开发监督科、环境安全应急管理科6个职能科室，下设环境监测站、环境监察大队、污染物排放总量控制办公室、东平湖人工湿地与水质净化工程管理办公室4个事业单位。干部职工60人，其中行政编制8人。2017年，围绕"改善环境质量，确保环境安全，服务科学发展，共建美好家园"的思路，扎实推进各项工作，辖区内环境质量持续改善。

【大气污染防治】 2017年空气质量二氧化硫、二氧化氮、PM_{10}、$PM_{2.5}$平均浓度分别为33.8微克/立方米、31.2微克/立方米、115.1微克/立方米、59.9微克/立方米，除PM_{10}与预期目标值（112.5微克/立方米）有微小差距外，其他指标都达到预期改善目标值。光大肥业、光大科技、金山橡胶、润声印务、骏杰橡胶、新东岳集团6家挥发性有机物治理项目全部完成。光源热电、润银生物化工燃煤机组，德广工贸20蒸吨/小时燃煤锅炉超低排放改造已完成，在线数据已稳定达标。县城区45家在建建筑工地已基本完成6个100%扬尘治理措施，3处1万平方米以上的土石方作业工地，已全部安装视频监控系统和在线监测系统（监测项目为PM_{10}和$PM_{2.5}$）；成立渣土管理办公室，对新成立的两家渣土运营公司进行标准化、精细化管理管控；县城区200万平方米保洁面积全部做到“一天两扫，全天保洁”。县城内全部624个餐饮单位都安装油烟净化设备。禁燃区内3家散煤销售点已全部取缔；全县377家10蒸吨/小时以下的燃煤锅炉已全部淘汰；县城禁燃区外建设完成晟隆煤炭购销公司作为县城配送中心，在全县14个乡镇（街道）各设置至少1个洁净煤配送网点。全县3家环保石灰窑已完成提标改造任务并进行在线监测；891家散乱污企业已清理取缔773家，对剩余的118家进行升级改造；4家砖瓦窑及中联美景水泥有限公司实现错峰生产。

【水污染防治】 2017年，大清河、东平湖水质发生显著改善，东平湖水质化学需氧量、氨氮、总氮、总磷分别达到17毫克/升、0.069毫克/升、0.56毫克/升、0.041毫克/升，较上年同期分别改善5.5%、43.4%、38.5%、4.7%。落实水污染防治行动计划：建立水污染防治工作调度制度，指导和督促各乡镇（街道）及有关部门抓好重点任务的落实，对不稳定达标水体，全面排查原因，制定治理措施和整治方案，明确整治目标和时限。畜禽养殖污染防治：已完成各畜禽养殖场（户）环评备案及畜牧部门备案手续，全县禁养区内280家养殖场（户）已全部关闭搬迁完毕。全县71家加油站，有55家完成更换双层罐改造，其余16家加油站均制定改造计划，确保全部按时完成任务。东平湖综合整治：2017年，清理网箱网围养殖水面12万亩，销售存量鱼苗960.5万公斤，拆除21只半固定式餐船进一步夯实水污染防治工作基础。生态修复工程建设：借助上级水污染防治资金扶持，先后建设汇河、东平湖滨湖带等生态修复工程4个，完成东平县湖滨带生态修复工程（大清河段）、大汶河（东平段）生态修复工程的验收工作。

【生态东平建设】 按照《生态泰安建设县长目标责任书（2013—2018）》要求，开展年度目标任务考核，考核共涉及8大类29项指标及附加项有机肥厂建设。配合县林业局对自然保护区内违规建设项目进行排查，列出问题清单及整改计划，有序推进整改。按照《泰安东平湖洪区调蓄生态功能保护区规划》文本要求，认真组织实施东平湖生态功能保护工作，收集相关资料，开展年度自评。

【总量减排】 2017年，东平县确定的2个实施大气污染减排项目全部改造完毕，年削减$SO_2$1030.24吨、NO_X760.64吨。完成4家单位的国控污染源企业直报工作和3件总量确认项目。为全县2家火电企业、5家造纸企业、2家水泥制造企业审核并发放排污许可证。其中东平中联美景水泥有限公司成为全市第一家申报审批的水泥行业企业。石化、氮肥行业的排污许可证申领工作正在加快推进。

【项目审批监管】 2017年全县审批建设项目52个，其中报告书项目10，报告表项目42个，网上备案表766个。严把竣工环保验收关，按照要求将环评审批及验收结果进行公示。年内验收建设项目37个。

【环境监测监察】 构建实时监控预警体系，辖区内县级及以上重点监控企业24家，33个排污口全部安装在线监测设备，共61台（套）。对在案的19家放射源和射线装置单位实施现场监督管理，排除存在的安全风险和隐患。指导24家重点企业编制突发环境应急预案。2017年，先后开展山石、畜禽养殖、砖瓦窑、商砼等行业专项检查，累计出动执法车辆400台（次），出动执法人员1500人（次），检查企业700家（次），共查处各类环境违法案件233起，审查案卷200个，行政处罚170家，查封33家存在环境违法行为的企业，督促其按照环保要求进行整改。收缴行政罚款320万元，向公安部门移送涉嫌环境犯罪2起，移送行政拘留案件18起，行政拘留16人。

2017年10月1日，全县环境保护突出问题整改攻坚暨中央环保督察保障会议召开　（王开东　供稿）

【环保督察整改落实】　中央环保督察组向东平县交办案件28件，包括来电5件、来信23件，其中标＊号问题有4件，所有案件均已按时办结。省环保督察组反馈东平县33个问题，已整改完成32个，完成率97%；剩余一个问题是化工园区居民未搬迁和经济开发区污水集中处理设施、供热设施未建设完成。中央环境保护督察反馈意见整改任务涉及62个问题，已整改56个，完成率90.3%。

【重点项目建设】　2017年，争取国家、省级专项资金1798.3万元，新建东平湖重金属底泥调查与治理示范样板工程、小清河生态修复湿地项目，旧县王古店人工湿地升级改造工程、东平湖生态功能保护区银山生态修复水生植物采购项目。同时，结合泰山山水林田湖生态保护修复实施方案，规划一批水生态环境保护项目。

【环境突出整治】　中央环保督察以来，东平县共接28个转办件，全部办结，先后对20名责任人采取诫勉谈话、党纪政纪处分，行政拘留2人；取缔关停提升“散乱污”企业891家；淘汰10蒸吨/时及以下燃煤小锅炉377台；对32家山石开采企业进行环保整治提升；对71家加油站进行油气回收、双层罐改造；畜禽养殖禁养区内搬迁养殖场16个，养殖户288个；东平湖市级湿地自然保护区非遥感监测突出问题整改130个；腊山市级自然保护区非遥感监测突出问题整改36个；东平湖自然保护区违法违规问题整改127个；腊山自然保护区违法违规问题整改22个；东平湖综合整治行动清理12.56万亩网箱网围，取缔拆除餐船21艘，违法建筑79处；220国道综合整治清理违建5000多处、清理泥土、垃圾11.45万吨、种植绿化苗木23.4万株、整修路肩60多公里。

（王开东）

商业贸易

商务工作

【概况】 县商务局系县财政全额拨款事业单位，编制14人，在职人员11人，退休14人，离休1人。下设财政全额拨款副科级事业单位东平县电子商务管理服务中心，股级事业单位东平县对外劳务合作服务中心，股级自收自支事业单位东平县种子公司。2017年，认真贯彻落实上级关于商务工作的方针政策，采取切实措施抓好利用外资、对外贸易、对外经济技术合作等业务工作，加强消费品市场建设与监管，培育消费发展新动能，推进电子商务发展，加强良种管理，为“三农”搞好服务，圆满完成年内各项计划任务。

【利用外资】 全年新批外资企业3家，分别是泰安山沙服饰有限公司增资、山东广成服装有限公司、泰安市五译新材料科技有限公司。实际利用外资1728万美元，同比增长55%，增幅居全市第一位。其中，东平浩源光伏发电有限公司1005万美元，泰安市五译新材料科技有限公司723万美元。

【对外贸易】 2017年，完成进出口总额5994万美元，其中进口1062万美元，出口4932万美元。受进口骨干企业结构性调整影响，降幅比上年收窄11个百分点，呈现驱稳向好发展态势。外贸企业队伍扩大，全县新增获权企业11家，总计达到102家，有实绩企业36家，比上年新增5家。传统进出口企业纺织服装、橡胶制造、五金工具、食品加工等行业成为全县出口支柱性产业。

【对外经济技术合作】 完成境外承包工程营业额10万美元；山东社汇酒业有限公司投资397万美元，在美国注册成立三茵葡萄酒酿造有限公司，实现达产运营，进口额68万元。2017年，有9家企业在美洲、非洲、澳洲和东南亚地区设立，全县设立境外企业或机构达到15家。

【消费品市场运行】 加快商贸流通企业配套设施建设。优化消费环境，完善不同层次消费品供给，大力促进消费增长。2017年，全县完成社会消费品零售额171.13亿元，同比增长10%，全市增幅第二名。重点企业儒原实业向乡镇村级延伸销售业务，发展直营店30家；东顺新时代广场在县城内新发展连锁超市10家。

【市场建设及监管】 注重商贸主体和流通市场建设，加快商圈发展，形成多渠道、多层次、全方位、网络化的消费市场体系。东顺新时代广场商业综合体项目完成投资额6亿元，已正式营业，新增销售收入3.5亿元、新增税收3000万元，提供就业2000人；发挥历史文化传承和独特技术工艺的品牌老字号在经济和社会发展中的示范引领作用，组织推荐山东社汇酒业有限公司申报“山东老字号”，6月，被省商务厅认定为第四批“山东老字号”；规范农产品、二手车等专业市场秩序，重点抓好县电商产业园、

县商务局干部深入食品企业调研产品出口情况　（刘　洋　供稿）

新东岳城市综合体等项目建设，提升市场服务功能，打击和防止制售假冒伪劣商品进入县内流通领域。

【电子商务】　立足于培育消费发展新动能，采取措施推进电子商务发展：一是以电商产业园及泺农电商、买卖惠等本地化电子商务运营平台为依托，发挥本地产业和资源优势，深化电子商务在农村、企业的普及应用，建立消费市场新秩序。二是实施“互联网+品牌”战略。重点打造东顺集团、九鑫集团等重点企业和陈鱼儿农家食品、喔喔农场等特色网店。东顺集团“顺清柔”入选“2017 中国品牌 500 强”，品牌价值 92.85 亿元，被列入国家百年战略品牌计划，集团资产总值达到 200 亿元。“双 11”当天，在天猫、京东等多个电商平台销售额达 1.2 亿元，同期增长 36%，创单日销售历史新高。三是强化电子商务人才培养。2017 年，组织培训 34 期，培训 3500 人次。四是完善“县乡村”三级电商服务体系。阿里巴巴“农村淘宝项目”正式签约并启动，县级运营中心、菜鸟物流仓储中心投入使用，本地部分产品已经上行。买卖惠搭建 320 多家村级服务站点，泺农电商完成 9 家乡镇和 50 多家村级服务站，全县搭建起较为完善的电商发展体系。

【良种管理】　商务局所属县种子公司，注册资金 578 万元，有高级农艺师 2 名，农艺师 7 名，种子检验员 6 名，种子加工、储藏人员各 5 名。公司检验设备配套齐全，有先进的种子成套加工生产线，稳固的小麦制种基地。连续十二年承担国家、省、市、县小麦良种补贴、服务项目。种子除满足本县用种外，能支援其他省市。推广应用农业技术。组织培训班 46 次，培训 1.3 万人次，发放技术明白纸 2.5 万份。包括冬小麦宽幅播种高产栽培、玉米“一增四改”、病虫害草防治等技术。利用网络信息，为农民提供致富门路。种子基地建设与良种繁供体系。重视小麦繁育，选择好种子基地，稳定老基地，增加承包地大户繁育种子，扩大优质种子繁育规模。新品种引进与示范实验。年内引进玉米新品种 7 个；小麦新品种 4 个，建立试验基地 9 处，进行各项试种试验 12 项。科学筛选出适宜本县种植新品种 6 个，奠定小麦繁育基地种源基础。紧抓优质品种开发推广。小麦良种销售额 706 万元，玉米新品种供种面积 5 万亩，涉及种植户 1 万户，销售额 277 万元。种子质量检验。购进先进种子检验设备，培训检验人员，购进、自繁每批种子，实行专人负责。做好室内指标、田间检验及检验记录，坚持抽样由省级检测中心行检测纯度，确保粮食安全。

（刘　洋）

【概况】　县行业管理办公室（简称行办）于 2012 年 4 月由原商业总公司、物资总公司合并成立，正科级事业单

位。主要负责原商业、物资企业改制后的各项事务管理，经费来源为财政拨款，隶属县政府管理。内设秘书、政工、行业管理3个职能科室。编制20名，配备主任1名，副主任3名。设立党委，有党委书记、党委副书记（主任），纪委书记，党委委员6人组成。2017年，县行业管理办公室依据县委、县政府赋予的职能和年初确定的目标任务，认真稳妥地处理好原商业、物资遗留问题，在党的建设、维稳、破产企业失业职工权益保障、招商引资、创卫工作、计划生育、户籍管理七个方面，制定相应的方案、制度、规定、办法，并抓好落实。全年兑付退休人员药费、遗属补助、伤残补助、劳模补贴，军转干部、志愿兵工资、药费、补贴等款项130万元。

【信访维稳】 调查了解全系统困难职工生活状况，协调有关部门，及时兑付职工权益，为他们排忧解难。坚持做到，一切服务于职工，为职工提供方便，做职工的贴心人。被市委、市政府评为“全市维稳工作先进集体”。

【为职工办实事】 2017年，兑付退休人员药费、遗属补助、伤残补助、劳模补贴，军转干部、志愿兵工资、药费、补贴等款项达130余万元。改制后，部分职工再就业无门，生活特别困难。为100多个特困家庭争取到低保救助。为数百职工争取到年度一次性生活救济，为15余名贫困大学生申请到助学救助金4余万元。

【党的建设】 围绕建设“学习好、团结好、勤政好、清廉好”“四好”班子，充分发挥党委班子统揽全局、协调各方的作用，强化集体领导观念，重大问题、重大事项由集体讨论决定。围绕把行办机关建设成为“为民解忧的优秀窗口、展示党和政府良好形象的优秀窗口、推进和谐社会建设的优秀窗口”的“三优”目标，加强机关支部建设。围绕着如何加强改制破产企业党建工作，加强改制企业党支部建设。采取由机关党员干部兼任改制企业党支部书记办法，调整充实加强所属10个党支部建设。抓住关节点，坚持“三会一课”制度，严格党员管理，加强党员教育，提高党员素质，增强基层党组织战斗力。

【扶贫帮困】 单位负责联系老湖镇、彭集街道七自然村帮扶工作，按照县委、县政府的部署，积极行动、制定方案、强化措施、脚踏实地，工作人员扑下身子，深入农户建档立卡，把脚印“印”到每一个农户家中，准确掌握群众所思、所忧、所盼，做到身入心入访民情，同心协力促发展。为22户贫困户制订详细的帮扶措施，年内帮14户贫困户达到脱贫。

【计划生育】 全系统育龄妇女达1100多名，多数下岗失业，情况复杂，管理难度大。行办克服畏难发愁情绪，逐户逐人摸清全系统育龄妇女底子，建档立卡。每次重大活动，认真制订方案，层层签订目标责任书和保证书，责任到人，抓好督促检查，全系统通力协作圆满完成计划生育各项指标任务，受到县计划生育主管部门好评。

【创卫工作】 全国卫生县城创建工作中，除担负着赵桥社区网格内的创城任务外，还担负着原商业系统、物资系统已改制企业涉及22个家属区的卫生创建工作，这22个家属院分布在县城8个创卫网格内，全是在20世纪70年代或80年代建设的老旧小区，小区内卫生无人管理，脏、乱、差、乱搭乱建等现象非常严重，个别小区垃圾堆放已有二十余年，达到两层楼高，给创卫工作带来非常大的难度，党委研究分析所属各家属院的具体情况，制订出创卫工作措施，按照每人1至3个家属院进行包保，明确责任，对照老旧小区“美化、硬化、绿化、净化”四化标准的治理要求，进行人员培训，狠抓落实。工作人员发扬不畏艰难，连续作战的作风，奋战在创卫一线。根据创卫要求，为切实完善小区基础设施建设，按照轻重缓急、因地制宜、量力而行的原则，多方筹资300万元，清理垃圾1.2万立方米，拆除违建80余处，硬化修复路面1.5万平方米、粉刷墙壁6.8万平方米、改造旱厕35处。

（贾　昊）

供　销

【概况】　县供销合作社联合社，对全县供销合作社行业和直属企业履行组织、指导、协调、监督、服务的职能。辖18个基层社（其中1个直属社，17个乡镇管理社），14个农民专业合作社联合社，为农服务中心15个。县供销合作社直属单位4家（包括县农业服务发展有限公司、四合商贸有限责任公司、浒源农产品有限责任公司、供销电子商务有限责任公司）。2017年，县供销社把提升为农服务放在首位，抢抓机遇、加压奋进，积极推进经营、服务、组织创新，改革发展并重，工作成效明显。先后3次在全省供销社现场推进会议上，作村社共建、为农服务中心建设、精准扶贫工作的典型发言和典型材料印发。市供销社在东平县召开为农服务中心建设和电商运营现场推进会议。供销合作社在2017年泰安市供销合作社系统综合业绩考核中，获市级优胜单位“一等奖”。

【服务体系建设】　按照打造“3公里土地托管服务圈”的布局要求，县供销社在每个涉农乡镇建设1处为农服务中心。2015年已建成运营接山、彭集、州城、商老庄、大安山、斑鸠店等6处为农服务中心；2017年，大羊、梯门、东平街道西豆山、旧县、沙站、新湖、老湖、戴庙、斑鸠店昌润等9处为农服务中心全面开工建设。完成土地托管面积35万亩（测土配方33万亩、智能配肥32万亩，飞防面积30万亩），水肥一体化示范基地超过2100亩，培训农民3500人次。

【专业合作社】　县供销合作社坚持“开放办社”原则，以密切与农民社员的组织联系和利益联结为切入点，积极开展农民专业合作经济组织建设，通过扶持领办、引导带动、联合合作等方式，已领办创办291个农民合作社，组建注册1个

位于滨河新区的东平供销大楼　　（陈庆伦　供稿）

大安山为农服务大厅　　（陈庆伦　供稿）

县级农民合作社联合社，11 个镇级农民合作社联合社，全县乡镇覆盖率 79%。

【现代流通网络建设】 4 月，社属企业东平供销电子商务有限公司正式启动，5 月 15 日“供销 e 家”东平分站平台东平特色产品馆、农业服务板块正式开始运营，已开通 b2b 和 b2c 业务，完成与省“供销 e 家”平台的对接。“供销 e 家”东平分站 b2b 平台完成首页面的装修及商品分类，收录商家 52 家，上传商品 2800 余件，实现商品交易额 9500 万元。b2c 平台收录商家 10 家，上传商品 2600 余件，交易额 32 万元。e 服务模块已完成 5 家乡镇的为农服务中心入住，农药、种子类商品正在上传中。乡镇电子商务服务站运营 6 家。

【烟花爆竹专营】 县土产杂品采购站是全县唯一烟花爆竹专营批发企业，是国家安全生产标准化 2 级达标企业，企业全部实现烟花爆竹销售配送制，承担全县所有大型烟花晚会焰火燃放任务，企业成立以来，连续 14 年安全生产无事故。2017 年被山东省烟花爆竹协会被评为“诚信守法企业”。

【村社共建】 通过与村“两委”密切合作，充分发挥村“两委”的领导、组织、资源和供销合作社的网络、市场、技术、人才、服务等优势，以共建合作经济组织为载体，初步建立起“村级党组织 + 供销合作社组织 + 合作经济组织”的三位一体工作机制，成为建设农村基层服务型党组织的有效载体和推进供销社基层服务创新的重要抓手。全县已在 20 个村居开展村社共建项目 30 个，举办培训班 9 期，带动从业农民 2 万人。

【行业扶贫】 建立“合作社 + 社有企业 + 连锁网点”的利益联结机制，形成合作社标准化养殖、农产品公司精细化加工、系统经营网点连锁化销售于一体的“接二连三”融合发展模式。依托“解氏”品牌麻鸭蛋加工厂，实施“115”帮扶工程，为 100 户贫困户提供鸭苗进行养殖，吸纳有劳动能力的 100 名贫困群众从事生产销售，为 50 户没有劳动能力的贫困群众每户提供养鸭基金 450 元，由合作社代养，收入分成。发挥社属企业县农业服务发展有限公司、浒源农产品公司、四合商城、老湖瑞青玫瑰专业合作社等资源优势，对有养殖、种植能力和意愿的贫困户给予资金、技术、销售服务等方面的帮扶，实现“创业即就业，创业带就业”，直接带动 35 个贫困户实现创业就业，增收 20 余万元。依托四合商城和为农服务中心，为建档立卡贫困户发放实名平价优惠卡，在商城网点购买商品一律按进价销售，并高于市场价收购贫困户种植、养殖的特色农产品。2017 年，四合商城帮扶贫困户销售蔬菜 6 个品种、小杂粮 4 个品种，直接增加贫困户收入 15 万元。为农服务中心在农资供应、农机服务、统防统治等收费服务项目中，给予建档立卡贫困户低于市场价格 10% 的优惠。依托为农服务中心建立培训基地，以贫困户需求为导向，邀请科研院所专家现场教学指导，安排农民示范社负责人现身讲解，先后组织集中培训 5 场次，参与人员 520 人，构建起多元化精准扶贫技能培训体系。至 2017 年，东平县供销社主动认领帮扶贫困户 526 户、1376 人，帮扶款物达 8.56 万元，实现脱贫 337 户、922 人（不含 165 户 505 人异地搬迁贫困村贫困农民）。其中，6 名领导干部对接插花村州城街道孙纸坊村，直接包户 24 户 62 人，已脱贫 61 人。

（李长锋　陈庆伦）

【概况】 县粮食局为正科级行政单位，核定行政编制 9 人，工勤编制 1 人。内设人秘科、监督检查科、财务审计科、安全科。辖一级事业单位国有粮食购销公司，核定事业编制 23 人。县粮食流通监督稽查大队，股级全额事业单位，核定编制5人，实有1人。2017年，按照国务院发布的《粮食流通管理条例》和《山东省粮食收购管理办法》等相关政策规定，围绕粮食购销、储备管理、行政执法、产业化发展、“放心粮油工程”建设五个方面工作重点，立足服务农业、服务农民、粮食增产、农民增效，落实各项工作措施，促进全县粮食生产持续稳定发展。粮食储存“一符四无”率100%，安全生产无事故，被评为“市级文明单位”，被县政府授予“安全生产工作先进单位”荣誉称号。

【粮食购销】 2017年，加强粮食收购管理，完善粮食市场准入制度。全县有52家粮食收购企业和个体粮户取得许可证，其中国有粮食企业1家，民营和个体50家，其他经济组织1家。这些粮食经营组织，认真遵守国家粮食收购政策，严格执行国家粮食质量标准，积极参与托市收购和商品粮收购，解决农民卖粮难问题。全年完成收购量89.9万吨，销售11.5万吨，加工用粮14万吨，转化用粮64万吨。其中，县国有粮食购销公司收购粮食7.5万吨，全部销售完毕。

【粮食储备管理】 立足于应对重大自然灾害或其他突发事件，认真落实上级粮食储备政策规定。储备粮油有县级储备小麦、豆油和应急储备面粉。至2017年，东平县粮食局新建仓容量达1500万斤的应急成品粮库，总投资260万元。9月，对彭集、接山、沙河站、州城四个库点进行智能化升级，实现地方储备粮管理与省粮食局的互联互通.对确保国家粮食安全，保障粮食供需平衡，平抑粮价，稳定市场，应急救灾等将发挥重要作用。

【粮食项目建设】 对上争取的应急成品粮库建设项目，于2017年底全面竣工，2018年夏季将投入使用；总投资100万元的粮库智能化升级改造项目建设完成，并验收合格，现正处于互联互通调试阶段。天津粮油集团为县国有粮食购销公司提供1200万元资金，用于代收代储农民余粮，代收代储业务现已完成。粮食局对上争取资金300万元，企业自筹300万元，为彭集粮食储备库申报循环式烘干机、检化验类设备、移动烘干机、补仓机、滚筒筛、小麦比重筛、输送机等配套设备、大修改造5500平方米，简易罩棚2500平方米，地坪道路7000平方米。

【粮食行政执法】 建立全县粮食流通监督检查执法工作体系，相继成立粮食监督检查机构和行政执法队伍。4人获得“山东省行政执法证”，9人获得“粮食监督检查证”。执法人员定期参加省粮食局组织的粮食流通监督检查培训，参加县法制办执法学习和考试。局机关每月召开例会，以案说法，交流执法体会，提高执法水平。7—9月夏粮收购和11月至翌年2月秋粮收购期间，集中开展监督检查和粮食政策宣传活动，重点检查购销政策执行、粮食收购资格、粮食统计制度执行情况，对违反粮食收购经营规定的案件严肃查处。此外，建立部门联动机制，与县工商局、县物价局、县食安办等部门共同下文，联合执法，维护粮食市场收购秩序，保护粮食生产者、消费者和经营者合法权益，促进全县粮食市场有序健康发展。

【粮食产业化发展】 2017年，按照《东平县促进粮食产业发展的意见》，采取“公司+中介+基地+农户”的运作模式，把生产、收购、储运、加工、销售诸环节连成一体，形成完整的产业链，推动全县粮食生产区域化布局，规模化种植，标准化生产，企业化管理，社会化服务。粮食产业化发展集群组成企业有：山东光大日月油脂股份有限公司、山东祥瑞药业有限公司、八里香食品有限公司、山东东平鑫香面粉有限公司、东平吉利中慧饲料有限公司、东平国基食品有限公司等。2017年加工能力达到43万吨，总产值16.5亿元。

【“放心粮油”工程】 先后制定出台《东平县政府放心粮油店考核认定办法》《东平县政府放心粮油店考核认定评分细则》《放心粮油监督检查办法》等一系列规定，认真实施“放心粮油”工程。2017年，全县有14个乡镇建设“放心粮油店”34家，区域覆盖率100%，确保广大居民吃上放心粮、优质粮，消费者舌尖上的安全得到保证。

【东平县国有粮食购销公司】 定编23人。设经理1人，副经理3人。内设计划购销科、储运管理科、财务科、办公室。2017年，公司认真执行国家各项粮食流通、储备政策，坚持“敞开收购、顺价销售和收购资金封闭运行”，承担国家定购、中央和地方储备、保护价和按市场价收购的粮油保管、调运、销售及轮换工作，组织收储单位完成各项粮食收支调存计划、加强粮油库存管理等。全年完成收购7.5万吨，销售7.5万吨。

【山东光大日月集团有限公司】 主要产品有“智育”“光大”牌大豆油、棉籽油、冷榨花生油、红花籽油、葵花籽油、番茄籽油、葡萄籽油等系列食用油，其中“智育”商标获中国驰名商标称号，食用油已通过“放心粮油”“绿色食品”和“清真食品”认定。同时承担全县地方储备油的加工和储存工作，拥有放心粮油店22家，配送中心1家。2017年，光大日月集团加工大豆油2.4万吨，销售收入4.3亿元，实现利润300余万元。

【山东祥瑞药业有限公司】 注册资金1.5亿元，总资产10亿元，占地600亩，现有职工800人。是集粮食收储与加工、原料药品制造与销售、高新技术开发为一体的大型现代化农业公司，国家“863”科研基地，全国最大的药用葡萄糖生产基地，农业产业化省级重点龙头企业，先后通过了GMP、QS和单一饲料认证，享有自营进出口权。主要产品有食用玉米淀粉、口服葡萄糖、葡萄糖、玉米蛋白粉等，产品远销俄罗斯、韩国等十多个国家和地区。2017年，生产淀粉40万吨，实现销售收入11.4亿元，利润总额4000万元。

【山东东平鑫香面粉有限公司】 位于接山镇政府驻地。项目总投资2000多万元，占地15亩，建筑面积4000平方米，注册资金510万元。公司员工45人，设总经理1人，副总经理2人，下设办公室、销售部、生产技术部、财务部、市场管理部。主要从事粮食收购、面粉加工、销售。产品主要有特精粉、特一粉、麦芯粉、颗粒面粉，年设计生产能力4万吨，生产总值达9000万元。主要品牌有“鑫香”牌、“恒洁”牌面粉。产品销往东北三省、内蒙、新疆、北京、天津、浙江、福建等地区。2017年，实现销售收入6200万元，上缴税金30万元。获得“泰安市消费者满意单位”“泰安市文明诚信民营企业”等荣誉称号。

【东平吉利中慧饲料有限公司】 位于老湖镇柳村，占地面积30亩。注册资金1875万元，职工72人，是集饲料生产与销售于一体的现代化饲料企业。公司有饲用粮存储立筒仓3个，仓容4500吨。房式仓2250平方米，仓容1000吨，用于存储豆粕、酒糟、杂粕等原料。成品仓2000平方米，仓容1000吨，用于成品饲料存储。公司隶属于亚太中慧集团中慧农牧股份有限公司。亚太中慧牌饲料，系山东省著名商标。“中慧”牌肉禽、蛋禽、猪、鱼等配合饲料，年设计生产能力18万吨，日加工能力480吨。服务于东平及周边县市农村养殖户。2017年，销售收入6415.84万元，上缴税金12.89万元。

【国家粮食储备库】 中央储备粮泰安直属库东平分库，地处接山镇，占地99.96亩，建筑面积2.5万方米，设计仓容10万吨，总投资6600万元。干部员工16人。仓储设施齐全。落实《中央储备粮管理条例》，平房仓房顶全部采用菱镁板隔热，仓内安装内环流控温设施；浅圆仓采用空调控温；熏蒸全部采用仓外发生器熏蒸。2017年，实行精细化管理，圆满完成国家安排的粮食储备任务。

2017年5月，夏粮收购前储备库工作人员认真排查各类设备　（任淑恒　供稿）

【粮食工作改革成就】 东平县粮食工作在改革中取得明显成就。一是国家粮食收购政策得到有效落实。县粮食局认真落实国家粮食收购政策，一方面积极组织政策性收购，另一方面鼓励引导各类粮食企业入市收购。在全县粮食连年增产的情况下，粮食系统努力把该收的粮食收上来，使粮食收购也连年增量。2017年，全县粮食种植面积达到128万亩，其中小麦68万亩，全县粮食产量60.5万吨，其中小麦31.5万吨。县内粮食经营企业收购粮食72.8万吨。粮食收购政策的有效落实和粮食收购量的稳步增加，既有效保护粮农利益，保障粮农增产增收，提高粮农种粮积极性，同时也有力促进全县粮食的连年增产。二是粮食市场调控水平进一步提升。县政府和粮食部门注重加强包括地方储备粮油、粮食应急体系和市场监测体系等在内的粮食调控体系建设，综合运用政策性粮食竞价销售、储备粮油轮换和产销衔接等手段，加强粮食市场宏观调控，平衡全县粮食供需，保障市场有效供给，确保粮价基本稳定。三是粮食生产稳定发展。粮食总产实现“十四连增”，连续四年被评为“全国粮食生产先进县”，东平既是产粮大县，也是粮食加工和转换大县，年小麦加工转换能力在11万吨以上，玉米加工转换能力55万吨以上，有规模以上粮食加工企业4家，这些企业的发展有效的促进全县经济发展。四是粮食市场监管得到加强，科学管粮能力和水平有所提高。认真贯彻国务院《粮食流通管理条例》，坚持依法监管，加大对粮食库存、夏秋粮收购、粮食流通、粮食质量等的专项执法检查，不断加强日常监管，维护粮食市场秩序，保护城乡居民合法权益。同时，进一步加强粮油仓储管理、安全生产和信息化建设，粮油仓储保管水平不断提高。五是积极开展粮食民生工程建设。粮食部门把“放心粮油示范工程”建设作为为民办实事的具体内容，加大投入，大力推进。到2017年年底，全县放心粮油服务网点34个，日配送能力28吨，为全县居民提供安全的粮油食品。

（王　勇　任淑恒）

【概况】 东平县有加油站71家，其中中石化26家、中石油5家、社会加油站40家。2017年，发挥成品油监管工作联席会议办公室职责，认真做好综合协调和日常工作管理。联合市场监管局，加大油品质量监督检测，7月1日起，全县所有加油站销售的普通柴油全部达到国Ⅳ标准，10月1日起，全部供应符合国Ⅵ标准的车用汽、柴油，禁止销售普通柴油；制定下发《东平县2017年成品油专项整治行动方案》，重新清理排查非法加油站点，全县非法经营的加油站点为零；强力推进地下油罐更新改造，与加油站业主签订承诺书，年底，完成改造55家，正在改造的7家，尚未改造、进行督导的9家。

中国石化山东泰山石油股份有限公司东平分公司

【概况】 中国石化山东泰山石油股份有限公司东平分公司下设经营、财务、安全三个科室，在县城及各乡镇（街道）设置加油站26座，其中在营加油站23座，3座歇业站（19站租赁合同纠纷；11站、12站歇业）。主要经营车用乙醇汽油、柴油、润滑油及非油品。分公司干部职工153人。年内，学习贯彻中共十九大精神，牢记使命，不忘初心。把十九大精神融入到加油站经营中去，强化加油站经营管理，加强职工队伍思想和工作作风建设，服务于县域经济发展，方便客户用油，全面完成经济、社会效益和安全经营各项目标。

【成品油销售】 东平公司遵循“汽油增量增利、柴油稳量稳利”主导思想，坚持以市场为主导，以客户为中心，回归理性竞争，先行开展让利缩减，积极实施精准营销，努力实现量效平衡。超额完成股份公司下达的销量任务。2017年实现轻油销量4.0万吨，同比增加8.1%。

【经营措施】 一是坚持“汽油增量增效，柴油稳量稳利”的经营定位，加强量效敏感性和市场类型分析，做实“一站一策”、油非互促、点对点竞争，加油卡营销，品牌汽油推广等差异化营销手段，扩大零售规模和创效能力。发挥柴油联名卡“一卡在手，全国优惠”的优势，促进柴油零售扩销增量。二是增加各种形式的营销活动，如直降、油非互动等，不定时给予客户各种惊喜，让客户对加油站始终保持新鲜感，提高加油站对客户的吸引力。三是按照《泰山石油股份规范服务考核办法》，严格测评打分，提高职工的服务水平。四是始终把安全生产放在工作首位，建立健全安全防火、联防、治安和灭火等组织机构，加强消防安全培训，增强员工的安全经营意识，连续实现安全无事故。

（孙　平）

【概况】 东平县烟草专卖局（营销部）有干部职工85人，其中专业技术人员20人。内设综合办公室、法制科、专卖监督管理科、财务科、卷烟营销科、内管派驻组6个职能科室，新城、州城、银山3个基层管理服务站、1个稽查大队、6个稽查中队。担负着东平县78万人口2896个零售户的卷烟市场管理和供应任务。2017年，县烟草专卖局（营销部）以中共十九大精神为指导，认真贯彻落实泰安市局（公司）和县委、县政府的工作部署，紧紧围绕“一个发展目标、五个基本定位”，制定实施“六个突出、六个新”的工作举措，着力“抓基层、打基础、强管理、重创新”，完成市局（公司）下达的任务指标，基本实现“十三五”规划确定的年度目标，实现税利1.08亿元，被泰安市烟草专卖局(营销部)评为“先进单位”。

【卷烟经营】 各项销售指标稳中有进，全年销售卷烟2.1万箱；实现销售额4.02亿元，实现毛利1.16亿元。鲁产卷烟市场份额全力提升，2017年，订购泰山一二类烟337箱；四项基础工作扎实推进，开展“精品线路+库存专区”建设活动，终端形象明显改善。建立86个零售客户“微信营销群”参与零售户1103户。开展“中小户提升”活动，引导零售户购入适销卷烟，科学管理库存，逐步提升卷烟经营能力。加快办理“E通宝”进程，扎实推进结算方式优化升级。

【专卖管理】 案件查办成效明显。共查获各类涉烟案件671起，查扣各类违法卷烟164.66万支，案值149.86万元，罚没款11.93万元，刑事拘留5人，行政拘留1人，判刑16人，完成国标网络案件1起。市场控制力进一步加强，各项专项行动战果辉煌。开展“齐鲁之盾”“夏季风暴”“打击三个集中”“全市烟草市场治理攻坚战”四项专项行动。人员强化 APCD 工作法的学习应用，开展“3·15”“6·29”宣传活动，进一步营造良好的卷烟打假氛围和放心的消费环境，树立东平烟草良好的社会形象。

（邢湘辉）

【概况】 东平县盐务局（泰安盐业公司东平分公司）位于县城稻香街007号，内设办公室、财务科、业务科、盐政科、客户部及稽查中队，有职工76人，党员38人。其中：在岗23人，内病退34人，退休19人。设局长（经理）1人，副局长（经理）2人。

2017年，县盐务局认真贯彻落实国家《食盐专营办法》和《山东省盐业管理条例》，根据县政府赋予的全县盐业行业管理、盐政执法和食盐专营行政管理职能，依法从事全县盐产品储运和批发经营业务。坚持以盐政执法为保障，服务社会、康惠于民，全力做好合格碘盐供应工作。全年查办涉盐案件161起（联合执法12起），没收违法盐产品42吨，罚款2.38万元。共销各类盐3560吨，较好的完成全年计划指标。本年度被评为泰安市盐务系统先进单位及县文明单位。

【食盐专营】 一是理顺夯实渠道，提高渠道利用效果。在食盐销售渠道上，重点抓好零售终端环节的维护和管理，着力在培育核心用户上下功夫。借发放“管理与服务卡”的机会，做好信息统计，进一步完善更新客户档案，并按区域、诚信和实力等方面进行分类整理，并以此确定核心用户，真正把核心用户变成我们的信息采集点、政策宣传点和举报点。在非食盐的销售渠道上，坚持服务和管理并重，本着“宁丢利润不丢市场”的原则，切实引入市场竞争机制，制定不同的营销策略，以最低的价格、最优的服务，力争使现有的工业盐、畜牧盐和饲料添加剂氯化钠市场不丢失；二是建立“食盐安全零售管理与服务卡”制度，其主要内容包括：签订食盐零售管理和服务协议（依据新修订的相关盐业法规和相关政策，告知食盐零售业户从哪些方面要自觉规范好自己的经营行为），建立采购销售台账及执法检查登记制度。三是切实改善和提升配送及服务能力，建立科学合理的利益分配机制。坚持利益下沉，提高零售终端的利润水平，实现合作共赢，稳固好持久的客情关系，用真正的利益留住客户，进而保住市场，确保稳定发展；四是进一步加强市场调研和分析。密切关注市场和价格变动情况，机动灵活的做好盐品结构调整和业务部的计划下达工作。确定一批具有针对性的高中低端产品组合，同时采取多种方式搞好食盐产品宣传，大力倡导“少吃盐、吃好盐、多用盐”的科学健康消费理念，合理引导消费需求，确保平衡供应和价格稳定。五是深度做好与食盐生产企业的协作配合。坚持在全省食盐产销一体化的运作中，坚持以市场为导向，当好生产企业的市场触手；六是积极同边界市场建立合作伙伴关系，共同维护好食盐市场秩序。特别在价格执行上要力争趋同，在商品供应上，尽量做到商品差异化。

【盐政执法】 一是密切关注和正确处理外省食盐跨区经营问题。在战略上，盐政工作做到两“严”，即严查严打，业务工作要做到两“勤”，即勤转勤送。动员全体员工绷紧弦、鼓足劲、瞪起眼来关注市场。在战术上，坚持“实质重于形式”原则，以批发经营资质为核心，紧盯猛查，露头就打，坚决把不良苗头消灭在萌芽状态；二是加强执法队伍建设，充实人员，壮大队伍，结合市公司将要出台的《禁止员工不得与公司开展同业竞争的管理办法》开展新形势下的整风肃纪活动，对内外勾结、私下参与、包庇纵容、泄露机密、通风报信、散播不良言论等行为进行坚决惩处。同时，结合当前的实际案例，从法规知识学习和执法配合与技巧方面确定培训重点，进一步提高盐政执法人员业务素质和办案能力；三是进一步总结经验，继续搞好同公安食药环和食药局的联合执法活动，始终保持打击涉盐违法犯罪的高压态势；四是加强举报网络建设，进一步扩大案件线索来源。在调研分析的基础上，根据实际情况重新建立起举报信息联络员制度和举报奖励制度。进一步转变执法思路，牢固树立案件经营思维，突出抓好了大案要案，加大涉盐案件的媒体曝光力度，提高震慑力和影响力，有效打击涉盐违法行为；五是创新和改革盐政稽查工作模式，克服市场大，人员少的实际状况，建立 7+24 小时工作制，机动灵活执法，确保监管在时间段上、在管理辖区上无盲区、全覆盖；六是协调建立边界市场机动灵活的联动执法机制。在市局和盐政稽查支队的协助指导下做好边界市场的监管工作，加强区域间信息沟通，使边界之间、县域之间自发的形成接力式、传递式的跟踪盯防链条，尽力堵塞私盐贩运渠道；七是加强舆论宣传，着力改善专营和执法环境。坚持以“讲政策、造声势、稳民心、促发展”为出发点，采取组建流动宣传车队，张贴、发放宣传材料，利用广播、微信等新兴媒体进行报道、集中开展湖西重点区域的入户宣传活动等多种灵活的宣传形式，营造新形势下专营公司的良好经营氛围。

【盐政宣传】 县盐务局针对盐改期间的市场现状，坚持宣传疏导和监管惩治相结合。在常规性盐政宣传的基础上，利用一切时机进集市、进村庄、进社区、进门店强化宣传。在宣传对象上注重抓重点，在宣传内容上注重抓要点，在宣传形式上注重抓亮点，在宣传区域上注重抓盲点。从突出抓“四个点”上宣传国家盐业法规、盐改政策、优质碘盐的好处及假冒伪劣食盐的危害。通过优质碘盐和劣质食盐对比鉴别，讲解科学补碘、安全用盐知识，发放明白纸、宣传彩页，最大限度地使居民知晓食盐、工业盐与亚硝酸盐的区别，进一步增强群众自觉抵制假盐、劣质盐，科学安全食用优质高档食盐的自觉性。同时，积极引导群众熟知盐改政策，广泛参与健康食盐活动，发动广大人民群众对食盐市场进行有效监督。

东平县盐务局全体盐政执法人员牢记使命，勇于担当，无论形势如何发展，坚持恪尽职守。对东平辖区 14 个乡镇（街道），特别是县城区域、乡镇（街道）驻地及集贸市场等人口集聚区的食盐零售户、用盐食品加工户逐一循环全面检查，对发现的食盐制假贩假违法行为，依法从严及时处理，严惩食盐销售、食品加工领域的涉盐违法行为。

（侯晓莉）

【东平县一腾医药有限公司】 东平县一滕医药有限公司位于县城龙山大街 023 号（县政府驻地西侧），隶属于山东一滕集团。公司下设办公室、财务、采购、运营策划、质量管理、信息管理六个科室。1 个批发批发配送中心，1 个保元堂医药连锁有限公司，包括 5 家直营店，1 个社区卫生服务中心，39 家加盟店；2017 年，职工 210 人，其中，医学、药学专业技术人员 163 人，占职工总人数 77.6%。2017 完成销售收入 9000 余万元，比 2016 年增长 12%；其中配送中心完成 6000 万元，同比增长 16%；零售直营店 1600 万元，同比增长 10%。管理费、加盟费、房租费等收入 226.08 万元，实现综合利润 98.53 万元，比 2016 年增加 20.37 万元，增幅 26%，上缴税金 60.57 万元，同比增长 15.5%。被山东一滕集团评为年度医药经营先进单位。

【医药批发配送中心】 公司所属主要经营单位，有职工28人，配备经理1人，副经理1人，按照药品种类，分为5个仓储库区。经营药品共计4000个品种。2017年年初，将全年目标任务细化分解并制订各职能部门考核制度。一季度实现销售和利润开门红。二季度，配送中心贯彻落实药品经营企业监管内容，逐一对照《中华人民共和国药品管理法实施条例》，学习新版GSP规范，在规定时限查漏洞、补不足，并及时提交自查与整改报告；三季度克服淡季销售不旺因素，抓好全员内部培训，提升员工素质；采购部门广开货源，四处出击，实行“证、票、帐、货、款”一致，以合理的价格和丰富的药品种类，最大限度满足保元堂医药连锁有限公司和各药品经营单位配送需求，取得突出销售业绩；四季度为黄金旺季，围绕储备应季药品，成立“运营采购小组”，汇集连锁门店需求，确定采购药品数量；采购形式由“以购定销”改为“以销定购”，减少库存积压，加快库存周转率和资金周转，日销货量由10万元增加到20万元。

【保元堂连锁公司】 为适应市场竞争环境的加剧，提升保元堂竞争力，增加总部职能科室；设立运营策划部，负责制定营销政策和直营店日常经营管理。在广泛考量44家门店基础上，推选出销售业绩突出的4位门店负责人，与配送中心和连锁公司采购部门，成立“运营采购小组”，加强采购力量，降低缺货率、增加货品品类。2017年年底，经过广泛的市场论证和调研，新设立直营店——佛山街店，经过试运行和隆重的开业活动，现经营状况良好，为公司下一步的直营店拓展提供宝贵的经验；调整中心店和宿城店店长，提拔有能力、责任心强的同志担任店长，经营管理水平明显提高。设立“保元堂医药”微信公众号，及时发布公司最新活动和企业诚信经营文化，提升企业形象；开展扫码送精美礼品活动，利用微信平台和支付宝业务，开通“微信支付”和支付宝功能，顾客通过手机，就能支付医药费，为顾客带来很大便利，深受顾客欢迎。公司不拘一格的人才储备选拔制度和经营模式的创意更新，为企业的大发展奠定坚实的基础。

【社区卫生服务站】 卫生服务站+药店模式逐渐成熟　随着门诊输液量的逐步减少，开展西医诊疗新项目，提升中医诊疗的水平，卫生健康档案的完善率，使服务站在门诊输液量减少的同时，销售业绩不降反升；同时，与恒金堂开展合作，恒金堂为服务站提供西医手针大夫的培训，并定期开展义诊，在提升服务站诊疗范围的同时，有力的促进银山店药品销售的提升；张立栋大夫在中医诊疗的基础上，与银山店沟通、协作，同时兼顾银山店药品的销售，达到共同进步的目的；骨骼养生馆+药店模式　在前期多方面试行的基础上，最终确定与井绪印大夫的合作方式；

2017年春节，医药连锁公司为新湖镇七神堂贫困学生发放学习用品

（张德恒　供稿）

井大夫在骨骼养生馆开展针灸、按摩、拔罐的诊疗；经过1个月的运行，各直营店积极推荐相关疾病患者就诊，获得良好的口碑和经济效益，客源稳步上升，同时带动青年店药品销售的上升。

【人才队伍建设】 公司注重加强人才队伍建设，培树赶优争先的良好风气，涌现出张倩、宓慧华、李进群、赵广菊等一批一心为公司发展出力流汗，毫无怨言的先进典型。公司形成良好学习氛围，有20多位员工参加执业药师考试，16位同志顺利获执业药师资格；20多位员工报名参加成人高考。公司制定文件，逐步解决员工社会养老保险问题，解除员工后顾之忧，稳定员工队伍，至2017年年底，缴纳社会养老保险员工48名，其中配送中心16人，连锁公司32人。改革选拔人才方式，针对全体员工发出竞聘店长招募令，以“毛遂自荐”和“大家举荐”方式，最终综合评定，评选出合格的门店店长；针对一些连锁公司经营和管理方面的问题，就“如何提升门店业绩”开展演讲比赛；提高全体员工建言献策的主人翁意识和归属感、认同感，增强干事创业的凝聚力。公司积极开展慈善事业，每年出资1万余元，捐助新湖乡前泊头村、巩楼、七神堂等4所学校100余名孩子，为他们购买书包、文具、笔记本等100余套。

（张德恒）

财政 税务

财 政

【概况】 东平县级、乡镇（街道）两级财政机构16个。其中，县级财政机构1个，乡镇（街道）财政机构14个，县经济开发区财政机构1个。2017年，按现行财政体制，全县一般公共预算收入，加返还性收入、一般性转移支付、专项转移支付、债务转贷收入、调入资金，减各项上解、债务还本支出后，全县一般公共预算总财力为38.86亿元，减去一般公共预算支出38亿元，结转下年支出8642万元。

【财政收入】 2017年，全县一般公共预算收入完成11.48亿元，同口径增长2.1%，其中税收收入8.07亿元，增长12%。按征收部门分，国税部门完成2.86亿元，下降5.6%；地税部门完成5.53亿元，增长22.2%；财政部门完成3.09亿元，下降16.3%。按现行财政体制，全县一般公共预算收入，加返还性收入、一般性转移支付、专项转移支付、债务转贷收入、调入资金，减各项上解、债务还本支出后，全县一般公共预算总财力为38.86亿元，减去一般公共预算支出38亿元，结转下年支出8642万元。

2017年东平县一般公共预算收入表

表10　　　　单位：万元

科目名称	决算数	科目名称	决算数
税收收入	80682	非税收入	34134
增值税	27443	专项收入	4109
消费税	–	行政事业性收费收入	12745
营业税	628	罚没收入	8259
企业所得税	1698	国有资本经营收入	–
企业所得税退税	–	国有资源（资产）有偿使用收入	8108
个人所得税（款）	2696	捐赠收入	641
资源税	15017	政府住房基金收入	1
城市维护建设税	2641	其他收入	271
房产税	2387		
印花税	1103		
城镇土地使用税	9672		
土地增值税	5293		
车船税（款）	6064		
船舶吨税	–		
车辆购置税	–		
关税	–		
耕地占用税（款）	2083		
契税（款）	3957		
烟叶税	–		
其他税收收入	–		
合计	114816		

【财政支出】　一般公共预算支出38亿元，增长9.3%。其中一般公共服务2.19亿元，完成预算的123.9%；国防和公共安全1.16亿元，完成预算的60.6%；教育8.56亿元，完成预算的112.9%；科学技术745万元，完成预算的93.8%；文化体育与传媒3818万元，完成预算的154.6%；社会保障和就业5.70亿元，完成预算的132.2%；医疗卫生与计划生育4.57亿元，完成预算的239.7%；节能环保8156万元，完成预算的200.2%；城乡社区事务2.09亿元，完成预算的197%；农林水8.55亿元，完成预算的123.5%；交通运输7898万元，完成预算的125%；资源勘探信息等1508万元，完成预算的105.4%；商业服务业等及金融3368万元，完成预算的101.3%；国土海洋气象等3810万元，完成预算的245.2%；粮油物资储备375万元，完成预算的76.5%；国债利息3090万元，完成预算的50.1%；其他支出1934万元，完成预算的9.5%。

2017年度东平县一般公共预算支出表

表11　　　　　　　　　　　　　　　　单位：万元

科目名称	决算数	科目名称	决算数
一般公共服务支出	21900	交通运输支出	7898
外交支出	–	资源勘探信息等支出	1508
国防支出	47	商业服务业等支出	3368
公共安全支出	11519	金融支出	20
教育支出	85558	援助其他地区支出	–
科学技术支出	745	国土海洋气象等支出	3810
文化体育与传媒支出	3818	住房保障支出	17061
社会保障和就业支出	56962	粮油物资储备支出	375
医疗卫生与计划生育支出	45708	其他支出（类）	1934
节能环保支出	8156	债务付息支出	3090
城乡社区支出	20944	债务发行费用支出	–
农林水支出	85541		
合计	379962		

【财源建设】　坚持以改革创新为动力，出台《东平县重点产业发展扶持专项资金管理办法》，鼓励企业快发展、多贡献。通过产业直投基金、转贷应急资金、融资性担保等工具，积极助力“三强”企业爬坡过坎。6月，组建10亿元的产业直投金；举行泰安市产业直投基金投资东顺集团签约仪式，首笔2亿元产业直投基金顺利投资东顺集团；11月2日，由泰安市东原资产经营有限公司、山东祥瑞药业有限公司、山东东顺国际贸易有限公司共同出资的山东平安昌顺融资性担保公司正式揭牌，公司注册资本3亿元。11月28日，瑞星集团作为第二批扶持企业，11月28日在泰安东岳山庄签署2亿元的投资协议。着眼解决中小微、“三农”实体企业融资难问题，积极推进融资担保公司建设。12月份第一笔3000万元的担保业务顺利落地。充分利用转贷应急资金助力企业发展，全年成功帮助21家企业银行续贷36次，倒贷金额3.7亿元。

【对上争取和政府投融资】　坚持用好用活政策，积极与中央和省市对接，全年争取到位各类资金16亿元，其中库区移民避险解困2.01亿元、易地扶贫搬迁2.04亿元、黄河滩区脱贫迁建1.55亿元。扎实做好涉农贷款增量奖励资金申报，5家银行涉农贷款增量4.75亿元，申请到位上级奖励资金950.87万元。积极创新筹资融资方式方法，全年到位各类政策性贷款资金 16.36 亿元，支持移民避险解困、105 国道改造等项目建设。

【民生保障】 严格按照“保工资、保运转、保民生”的顺序安排财政支出，优先保障社会民生。全年脱贫攻坚、教育均衡、社会保障、医疗卫生等民生支出达到一般公共预算支出的 88%，比 2016 年提高 3 个百分点，促进改革发展成果全民共享。优先保证库区移民搬迁、产业扶贫等项目建设和各项惠民政策落实，及时兑现离退休人员养老金增长、机关事业人员增资、公务员职级并行、公车改革补贴等与个人利益息息相关的支出，人民群众的幸福指数明显提升。

【财政管理】 紧紧抓住现代预算管理制度改革试点县的契机，积极推进财政预决算信息公开，实现由“分散公开”向“规范公开”“粗放公开”向“细化公开” “单一公开”向“整体公开”转变。积极构建包含投资评审、政府采购、票据管理、国库集中支付、会计管理等在内的大财政监督格局，扎实做好“小金库”、扶贫资金、“三公”经费等专项清理检查。全年政府采购金额达 5.35 亿元，节约资金 4642 万元，节约率 8%。完成工程投资评审额 9.83 亿元，审减 1.62 亿元，审减率达 14%。积极加强政府债务管理，制订《东平县政府债务管理办法》《东平县政府性债务风险应急处置预案》等文件。

（尚 印）

【概况】 东平县国家税务局现有编制 138 人，实有 129 人。内设办公室、人事教育、征收管理、收入核算等 11 个科室，1 个事业单位、1 个直属机构，6 个派出机构（分局），其中，县城设有城区分局、开发区分局；东平湖东设有州城分局、彭集分局和老湖分局，湖西设有银山分局。2017 年，东平国税认真践行“为国聚财、为民收税”的神圣使命，按照“强基础、激活力、抓改革、促提升”的工作思路，以组织税收收入为中心，以建设法治国税为主线，做好从严带队、依法治税两篇文章，各项工作取得新进展、新成效。完成税收收入 6.82 亿元；全年落实出口退税、车购税、小微企业等各类税收优惠 4654 万元，实现税收优惠“应享尽享”。东平国税先后荣获全省、全市纳税人满意度第三方调查第一名；办税服务厅被评为“全国巾帼文明岗”和“全省国税系统优秀办税服务厅”。

【税收宣传】 国地税联合开展税收宣传成为常态，4 月，国地税双方在东平县电子商务产业园举行税收普法示范基地挂牌仪式，开启第 26 个税收宣传月的序幕。发挥青年干部主力军作用，成立“宣传突击队”，利用“平湖税情”公众号、税企 QQ 群等新兴媒体，开展专题宣传咨询 12 次，接受咨询人数 1000 余人，发放宣传资料 1100 份，微

2017 年 7 月 17 日，东平县国税局银山分局荣获“省级青年文明号”称号

（张 越 摄）

信交流、答疑解惑1200余条。6月和11月，《东平县国地税局以党建共建助推精准扶贫》的经验材料两次在高管信息刊发，得到省局、市委、县委、县政府主要领导批示表扬。

【税收征管】 2017年，全县有正常登记户8453户，其中：一般纳税人企业1177户、小规模企业1562户、个体工商户5712户，实际缴纳税款仅有1699户。按行业分：农林牧渔业283户、制造业990户、批发零售业4390户、交通运输业及邮政通信业220户、营改增四大行业1336户（其中建筑业313户、房地产业128户、金融业41户、生活服务业854户）、修理及其他服务业658户。打破属地管理模式，成立开发区分局，加强对全县房地产、建筑业、金融保险业的专项管理，逐渐探索掌握三个行业规律，提高日常管理和风险应对水平，迈出“专业化、集约化、扁平化”管理的坚实一步；统筹管理全县铁矿、砂石行业，除稽查环节以外的所有涉税事宜全部由分局移交县局税源管理科，入库税款大幅提升，行业管理成效显著。全县设立代征点16处，缓解办税服务厅开票压力，其中东平街道社会化办税服务中心成立后，每月代征税款近200万，在方便纳税人的同时，防范税款流失。

【税务执法】 国税局引入新技术，建立执法记录总控室，采用现代化的通讯手段对执法行为进行全程记录和实时监控；同时，根据执法督察目标，积极开展自查，严格规范整改重点执法事项，不断提升税收执法水平。按照强化法治示范点建设的标准，不断健全税收法治基础。建立完善领导日常学法制度和依法行政领导小组例会制度，持续在全社会普及税收法律知识，坚持法制教育与法制实践相结合、法制教育与道德教育相促进，大力推进依法治税进程，加强法治国税建设，为构建社会主义和谐社会、全面建成小康社会提供良好的税收法治环境。

【税种管理】 开展征管基础数据质量专项整改，集中调整国税单管户和修改征管数据一万余条，优化数据质量，解决多年来历史垃圾数据，为提高征管数据的准确性，防范风险奠定坚实基础。持续加强营改增新增行业管理，扎实开展营改增税负分析和疑点核实工作，全面提升税负分析质量；强化增值税发票数据应用分析，落实增值税风险应对任务；全面贯彻落实成品油、涂料、高档化妆品等消费税分税目改革政策；强化所得税汇算清缴和后续管理，完成2户非居民企业税收代扣代缴业务，首次完成营改增后东平易高能源有限公司对香港增值税利息支付扣缴，各税种管理全面加强，有效提升税收管理质效。

【纳税服务】 普及网上办税服务，开通24小时自助办税服务厅，先后启用16台自助办税终端，实现24小时全天候自助服务；推行无纸化办税，为全县1800余户纳税人签署电子签章协议；取消纳税人重复报送和非必须报送的涉税资料，纳税人平均办税往返次数减少7.29%，平均办税等待时间缩短18.37%，平均办税时间缩短12.61%，进一步提升纳税人满意度。东平国税先后荣获全省、全市纳税人满意度第三方调查第一名；办税服务厅被评为“全国巾帼文明岗”和“全省国税系统优秀办税服务厅”。

（侯　谨）

【概况】 2017年，全县地税系统围绕“提标增能　提质增效”目标，以“税收征管基础建设年”为抓手，各项工作迈上新台阶，组织入库各项地税收入6.11亿元，同比增加17%，增收8740万元；其中县级收入4.07亿元，乡镇级收入2.02亿元。县地税局连续14年保持“省级文明单位”荣誉称号，荣获全县“经济社会发展综合考核成绩突出

单位”“行政执法工作成绩突出单位”“政风行风评议成绩突出单位”“平安东平建设成绩突出单位”等荣誉称号。

【税收征管】 全面加强国地税双方数据比对和实地核查，先后修改问题数据5000余条，确保数据规范真实；紧盯征管考核指标，建立健全征管质量指标“期前提醒、期中监控、期末通报、定期考核”制度，确定专人实时监控，对重点指标进行重点提醒，征管指标大幅提高。针对东平零散税源多、经营场地分散、征收成本高、管理难度大的实际，积极与国税部门联系，先后联合委托乡镇街道、河道管理部门、邮政部门、财政所等单位代征税款，走出一条“整合内部力量、调动社会资源”的零散税源社会化管理新路子。2017年，委托邮政局代征税款37.5万元，委托河道管理局代征税款361万元，代征工作取得初步成效。

2017年东平县地税收入完成情况表

表12　　　　单位：万元

税种	2017年度收入				其中：区县级留成				
	税额	去年同期	同比增长	较去年同期	合计	县级留成	去年同期	同比增长	乡镇级留成
税务部门收入总计	61103	78071	−22	−16968	55322	35736	34193	5	19586
一、工商税收合计	57652	74352	−22	−16700	52105	32519	30702	6	19586
1. 增值税	574	121	–	–	287	285	60	–	2
2. 营业税	1255	28913	−96	−27658	628	438	8529	−95	190
3. 企业所得税	865	1826	−53	−961	277	213	557	−62	64
4. 个人所得税	6741	3951	71	2790	2696	2498	1517	65	198
5. 资源税	15017	17181	−13	−2164	15017	4467	1818	146	10550
6. 城建税	2641	2718	−3	−77	2641	1526	1383	10	1115
7. 房产税	2387	2197	9	190	2387	1995	1877	6	392
8. 印花税	1103	767	44	336	1103	887	640	39	216
9. 土地使用税	9672	5666	71	4006	9672	5021	4577	10	4651
10. 土地增值税	5293	3307	60	1986	5293	3091	2040	52	2202
11. 车船税	6064	3097	96	2967	6064	6058	3096	96	6
12. 契税	3957	2935	35	1022	3957	3957	2935	35	0
13. 耕地占用税	2083	1673	25	410	2083	2083	1673	25	0
二、其他收入合计	3451	3719	−7	−268	3217	3217	3491	−8	–
1. 教育费附加	1602	1661	−4	−59	1602	1602	1661	−4	–
3. 地方教育费附加	1068	1107	−4	−39	1068	1068	1107	−4	–
4. 残保金收入	156	172	−9	−16	156	156	164	−5	–
5. 地方水利建设基金	382	554	−31	−172	382	382	554	−31	–
6. 工会经费	234	220	6	14	–	–	–	–	–
7. 其他	9	5	80	4	9	9	5	–	–

【纳税服务】 深入开展系统学习教育活动。组织党员干部前往凤凰社区、万里纪念馆、井冈山、临沂革命老区进行理想信念教育，提高党性觉悟，增强服务意识。全年受理土地使用税优惠备案70.8万元，企业所得税1310余万元，同时有12户小微企业享受企业所得税优惠，优惠税款8.73万元，减轻企业负担，促进企业有序发展。

【“税易通”推广使用】 在政策法规库维护优化的基础上，进行深入的推广应用。2017年4月21日，全市地税系统推广应用政策法规交互平台（税易通）现场会在东平召开，县地税作典型发言。2017年，全局重点税源纳税人468户，全面应用税易通，纳税人普遍反映良好，税企沟通的桥梁和纽带作用得到较好发挥。

2017年4月1日，县地税局在县电子商务产业园举办“第26个全国税收宣传月活动”（唐先洋 摄）

【税法宣传培训】 充分发挥纳税人税法培训中心的作用，联合国税局举办纳税人企业所得税汇缴培训，召开“民营企业共话税收专题座谈会”、开展“税收优惠助推企业发展”大走访等税收宣传活动，增强税法宣传培训的覆盖面和社会影响力，提高纳税人税法遵从度。充分利用新媒体开展宣传，编写的“献给曾经青春，依然青春，永远青春的你们”文稿，在《中国税务报》、西安市国税局联合主办的纳服新视界新媒体创意大赛上获得二等奖。

（赵新征）

金融

东平县金融工作办公室

【概况】 东平县金融工作办公室（又称东平县地方金融监督管理局）于2011年1月设立，编制人，设主任1人，副主任2人。2017年，县金融办紧紧围绕服务全县经济社会发展大局，全力破解融资难题，拓宽融资渠道，化解企业资金链风险，优化金融环境，加强金融人才队伍建设，全县金融业发展迅速，金融体系日趋完善，金融生态环境不断优化，金融运行总体平稳。截至12月末，全县银行业金融机构10家（营业网点78个，离行式自助银行23个，ATM点213个），证券类金融机构1家，保险类金融机构22家，小额贷款公司2家，融资性担保公司1家，典当行3家。全县金融机构全年本外币各项存款余额272.5亿元，比年初增加32.52亿元，增幅13.55%；各项贷款余额179.06亿元，比年初增加11.66亿元，增幅6.97%，余额存贷比为65.71%，增量存贷比35.87%。为全县经济社会发展提供强有力的金融支撑。

【金融体系建设】 2017年7月4日，泰安金控集团东平分公司、泰安市融资担保有限公司东平分公司正式揭牌开业。2017年，加大对东平县企业的支持力度，全年累计为11家企业提供担保金额9.17亿元，有效缓解中小企业抵押物缺乏、融资难的问题。11月1日，山东平安昌顺融资性担保有限公司正式揭牌运营。该公司由政府控股、企业参与，注册资本3亿元。2017年，与工商银行、泰安银行、莱商银行等金融机构签订战略合作协议。

【诚信金融环境】 加强诚信金融生态体系建设，立足于打造政银企命运共同体，出台《关于加强诚信金融建设 打造“诚信东平”的实施意见》，针对东平农商银行不良贷款清收难问题，组织开展为期一周的“清收风暴 诚信东平”活动，联合县广播电视台、金融机构策划推出《优化金融生态 打造诚信东平》电视新闻专栏，制作播出16期节目，通过解读诚信重要性，宣传诚信企业典型，实施诚信激励、失信惩戒，专项清收不良贷款1016万元，促进社会诚信意识提高，推进诚信金融建设。

【防范打击非法集资】 出台《东平县2017年依法防范打击非法集资宣传月活动实施方案》《2017年东平县涉嫌非法集资风险专项排查活动实施方案》等6个文件，联合县公安局、市场监管局、商务局、房管局、发改局和人民银行，集中开展4次防范打击非法集资宣传教育和风险排查活动。按照“行业监管、属地管理”的原则，对涉嫌非法集资风险予以专项排查，对苗头性、趋势性问题予以整治，非法集资案件数、涉案金额、涉案人数实现“三个同比下降”。

【新型金融组织监管】 2017年，严格按照监管规则和要求，每季度对全县2家小额贷款公司合规经营情况进行一次调度

检查，重点检查其遵守“不吸收公众存款、不使用暴力手段催贷、不抽逃注册资本”等情况；配合省市金融办选派的会计师事务所，完成对银泰小贷公司、润银小贷公司绩效评价、分类评级工作，督促指导小贷公司将不合规事项整改到位，确保其依法合规经营，全力支持“三农”和小微企业发展。5月25日，组织开展2017年防范与打击非法集资“宣传月”暨县城现场集中宣传咨询服务活动。

【人才队伍建设】 年初，出台《关于加强全县金融人才队伍建设的实施意见》，明确金融人才工作目标任务，制定具体工作内容。按照《山东省金融高端人才奖励办法》《齐鲁金融之星选拔管理办法》《关于做好泰安市第十三批专业技术拔尖人才推荐评先工作的通知》要求，组织推荐2名金融高端人才、3名齐鲁金融之星、2名专业技术拔尖人才。12月20日，省政府办公厅印发《关于公布2017年度齐鲁金融之星名单的通知》，东平农村商业银行谢世芳榜上有名。11月6日，县金融办会同县人才办、县经信局，组织东平县金融人才暨“三强企业”负责人，在中央财经大学举办为期5天的研讨班，采取课堂授课与实地参观相结合，围绕当前经济金融形势、企业上市、多渠道融资等专题，辅导授课。通过研讨学习，明晰金融形势、掌握金融政策，思路进一步开阔，形成提升企业发展质量新理念，为谋划“工业强县”新举措，助推全县经济发展注入新的思维活力和动力。

【服务实体经济】 出台《关于鼓励银行业金融机构支持东平县发展的意见》，通过实施存贷挂钩机制，发挥财政性存款激励引导作用，调动银行支持地方经济社会发展的积极性。组织各乡镇（街道）、经济开发区管委、滨河新区管委等有关部门单位提报融资需求项目，及时推介给市金融办及各银行，全年提报政银企合作项目45个，总投资133.42亿元，融资需求68.98亿元。引导企业对接资本市场。强化培训指导。深入26家“三强”重点培植企业，开展2次调研活动，宣传规范化公司制改制、上市挂牌的必要性和重要性；发挥“平湖财智论坛”平台作用，5月31日，举办第一期全县企业融资辅导报告会，邀请中科创金控集团副总裁贺光锐对企业进行融资辅导；举办企业规范化公司制改制培训，邀请招商证券场外投行部高级经理毕闻博和普华永道会计师事务所孙云飞围绕企业改制作辅导报告。6月14日，组织县内10家企业参加规模企业规范化公司制改制暨企业上市挂牌培训会，引导企业进一步提高对资本市场的认识，转变融资观念。强化政策激励引导。在《关于推进工业经济转型升级的若干政策》中，明确制定鼓励企业进行规范化公司制改制、开展多元化融资的扶持政策，提高企业对接资本市场的积极性。强化定向服务。组织瑞星集团参加由省金融办、香港交易所联合举办的香港上市培训，指导瑞星集团与深圳市富一投资有限公司运作上市事宜。2017年底，瑞星集团成功实现香港主板借壳上市，东顺集团与深圳市富一投资有限公司达成合作意向，全县有上市挂牌后备资源达到50余家。解决企业融资难。针对企业普遍反映的融资难题，金融办提供保姆式服务，坚持每季度分析一次金融运行形势，协调解决金融运行中存在的困难问题。联合金融机构，深入企业开展调研，召集泰安银行、莱商银行、农商银行、泰安金控集团等参与现场调研活动，有针对性的探讨解决方案，提高问题化解工作效率。争取银行机构、担保公司支持，切实维护企业正常生产经营。2017年内，协调解决东顺集团、瑞星集团、新东岳集团等10余家企业资金难题20余件。其中，帮助东顺集团争取新增授信到位资金3.3亿元、产业直投基金2亿元；化解瑞星集团私募债违约风险，解决新东岳集团在临商银行涉诉事宜、在农发行贷款逾期问题等，为企业持续稳健发展提

供坚实支撑。坚持严格审核，高效利用转贷应急资金，累计为瑞星集团、东顺集团、新东岳集团等21家企业提供转贷应急资金3.7亿元，成功续贷36次。

【打造资本小镇孵化园区】 立足增强县域经济发展活力，培育更多企业上市，与深圳市富一投资有限公司多次洽谈、协商沟通，形成打造资本小镇孵化园区工作思路，经县政府常务会议和县委常委会议讨论通过。8月18日，东平县资本小镇启动暨瑞星集团与滴达国际股权交割成功庆祝仪式举行，县政府与深圳市富一投资有限公司签订委托招商引资战略框架协议，与6家经营状况良好、具备广阔发展前景和上市培育条件的企业签订入驻资本小镇孵化园区战略合作协议。同时，与6家具有丰富实践经验、擅长企业资本运作的会计师事务所、律师事务所、评估机构、证券公司等服务机构达成战略合作意向。

【金融扶贫】 每季度召开一次金融扶贫工作座谈会，加大对贫困户信贷支持力度。同时，支持种养大户、家庭农场、农民专业合作社、农业龙头企业等新型农业经营主体，发挥其辐射带动作用，帮助更多贫困户脱贫致富。截至12月末，全县金融扶贫贷款累计发放额6.89亿元，惠及贫困人口12291人。其中，贫困户贷款2.74亿元，贫困人口5044人；扶贫生产经营主体贷款1.15亿元，覆盖贫困人口1959人；重点项目贷款3亿元，由农发行发放，用于支持老湖镇凤凰家园社区建设，解决老湖镇6个移民村，1544户、5288人的安居问题。创新涉农信贷产品，引导金融机构围绕破解担保、抵押难题开展工作，继续开展好扶贫小额贷款、融资增信贷款等业务。截至2017年年末，农商银行扶贫贷款余额1.2亿元，其中贫困户贷款404户、5908万元，农村经济组织贷款189户、6145万元，农商行为接山镇朝阳庄社区建设提供启动资金300万元。截至2017年年底，邮储银行累计发放融资增信贷款5126万元。为正禾园林、陌上源林等4家农业企业提供转贷应急资金2520万元、成功续贷5次。扶贫特惠保险受理案件982件，进入理赔程序982件，理赔895件，理赔金额298.87万元。

2017年东平县金融机构扶贫情况表

表13　　　　　　　　　　　　　　　　单位：万元

机构名称	贷款额度	扶持户数	扶持人数	备注
工商银行	2117.92	91	391	贫困户
农业银行	11444.57	570	2295	
中国银行	428.10	20	77	
建设银行	1054.80	53	231	
农村商业银行	12276.97	555	2039	
邮政储蓄银行	63.00	4	11	
小计	2.74.00	1293	5044	
农村商业银行	9959.50	606	1552	经营主体
村镇银行	414.00	67	188	
邮政储蓄银行	640.00	56	195	
泰安银行	25.00	6	19	
莱商银行	500.00	1	5	
小计	11500.00	736	1959	
总计	38900.00	2029	12291	
其中重点项目	30000.00	1544	5288	

（刘洪盈）

中国人民银行东平县支行

【概况】 中国人民银行东平县支行（简称人行东平县支行），在职干部25人，其中：行长1人、副行长2人、纪检组长1人、主任科员1人。下设办公室、金融服务管理科、货币信贷调统科、金融稳定科。国家外汇管理局东平支局与人行东平县支行一个机构两块牌子，行长兼任局长。2017年，积极贯彻稳健的货币政策，持续优化金融生态环境建设，认真履行人民银行“三大职能”，不断强化窗口指导，引导各金融机构加大对实体经济和县骨干企业的信贷支持力度，余额存贷比位居四个县市之首。人行东平县支行被县委、县政府评为“行业扶贫成绩突出单位”，被人民银行泰安市中心支行评为“泰山先锋先进基层党组织”，被山东省文明委授予“山东省文明单位”。

【金融运行与监管】 2017年，东平县金融机构以贯彻稳健中性货币政策为基点，主动适应地方经济发展新常态，认真贯彻落实信贷政策以及各项文件精神，不断创新金融产品，支持制造业转型升级，对采用新技术新模式改造提升化工、高档生活用纸和卫生用品、特色食品、亚麻纺织、矿业建材等制造业企业提供融资支持。深入推进金融精准扶贫工作，加强需求摸底对接，不断完善金融扶贫档案；开展金融支持产业扶贫进万家活动，金融机构扶贫贷款参与率达到100%，金融精准扶贫工作取得显著成效。山东省企业融资服务网络平台开始试运行，拓宽企业融资需求的征集渠道，并及时跟进银企对接，金融机构加大考察对接力度。

【金融稳定工作】 加强金融风险监测分析和报告，精心维护辖内金融生态环境，各金融机构严格执行金融稳定重大事项报备制度。强化舆情监测，前瞻性掌握金融风险信息和突发事件，做到早发现、早报告、推动风险事件早处置，牢牢守住不发生系统性风险和区域性风险底线。对辖内10家金融机构开展金融稳定重大事项报备现场核查，将核查情况行文通报，督导金融机构及时整改核查中发现的问题。做好存款保险基础工作，加强存款保险日常监测，开展由市中心支行统一组织的辖区内两家法人投保机构存款保险评级工作。做好金融机构突发事件应急演练，根据预设风险事件和市中心支行组织要求，开展由法人金融机构参与的突发事件应急演练。

【反洗钱工作】 2017年，贯彻落实人民银行反洗钱工作会议精神，认真学习《法人金融机构反洗钱分类评级管理办法》（试行），增强辖区金融机构及支付机构反洗钱工作主动性，提高监管效率。参加市中心支行举办的县支行反洗钱履职及执法检查培训、反洗钱检查。认真贯彻落实《国务院办公厅关于完善反洗钱、反恐怖融资、反逃税监管体制机制的意见》及市行关于推进洗钱入罪判决工作会议精神，联合县人民法院、县检察院、县公安局及辖内银行业金融机构，就洗钱入罪工作召开专题座谈会，提高对洗钱入罪工作的认识，完善全县反洗钱工作联席会议制度。开展反洗钱监管走访工作，机构涉及银行、证券、保险，级别涉及法人机构和非法人机构。

【金融消费权益保护】 开展金融知识普及宣传活动。指导金融机构完善金融消费教育宣传平台，结合受众特点和需求，丰富宣传形式和载体，提高宣传教育针对性和有效性。开展‘钱袋子’”金融知识普及活动，利用“3·15”消费者权益保护日和9月“金融知识普及月”，组织各银行机构多次在农村集市、社区、学校、白佛山庙会等开展金融知识普及和防范金融风险宣传活动。建立普惠金融联席会议制度。贯彻落实《推动普惠金融发展规划（2016—

2020）》（国发〔2015〕74号）建立东平县支行普惠金融联席会议制度，圆满完成中国普惠金融指标体系填报工作和消费者金融素养问卷调查工作。加强农村金融消费者保护工作。依托涉农金融机构助农取款服务点等载体，扎实推进农村金融消费维权联络点建设。对辖内200家农村金融消费维权联络点进行授牌挂牌，现场业务培训联络点工作人员，目标为全辖700多家联络点相继授牌挂牌，实现行政村全覆盖，切实提高农村地区金融消费权益保护工作水平。

【国债发行巡查】 国债发行期间组织现场巡查，登记《中国人民银行储蓄国债承销机构国债发行巡查记录》，及时规范国债销售和兑付中存在的问题，通过监管对承销机构国债工作起到正向引导作用。按照山东省分库统一要求，从3月起，开展储蓄国债发行巡查，全年完成巡查6次，促进国债发行、兑付和宣传健康运行。

【“一库一品”工作】 按照上级国库“一库一品”工作要求，加大撰写国库信息调研力度，《人民银行东平县支行认真履行经理国库职责 全力助推地方经济发展》呈阅件，得到县长肯定鼓励性批示，受到上级国库部门认可支持。

【国债宣传】 联合金融消费者权益协会，加强对国债投资的权益保护，积极开展国债宣传，研究创新国债宣传内容、方式和渠道，做到重点突出、特色鲜明、务求实效；加大对农村地区国债宣传工作力度。分别在2月、3月5日、3月15日、9月19日在彭集街道、白佛山庙会、“3·15”消费者权益保护日、大羊镇开展国债知识宣传活动，撰写的宣传信息材料，分别被济南分行《国库情况反映》第6期、泰安中支《国库情况反映》第4期，济南分行《国库情况反映》第12期采用。

【外汇管理】 2017年，严格遵守外汇管理政策法规，认真贯彻落实总分局工作会议精神，按照稳中求进工作总基调，坚持“扩流入、控流出、稳预期、防风险”工作思路，防范跨境资本流动风险，促进贸易投资便利化，全面落实各项外汇管理政策措施，加强真实性合规性审核，加大监测分析、核查力度。办理经常项目企业名录登记业务6笔；变更1笔；现场核查企业4家，分类企业2家；现场核查企业报告4篇；报送上级支局约稿3篇。按照中心支局《关于加强货物贸易外汇管理工作有关事宜的通知》，做好货物贸易外汇监测分析工作，对辖内企业东顺集团、东平洲际泰亚麻纺织公司、泰安欧雷航空科技有限公司及山东赛路商贸有限公司开展现场核查；对东平容业达植物纤维科技有限公司、泰安鸿泰工艺品有限公司及东平长风服饰有限公司企业人员进行业务指导和约谈；顺利开展并完成2016年度企业存量权益登记工作。通过建立外汇专用服务窗口、健全外汇服务配套设施、加强服务监督评价等措施，有效提升外汇服务审批质效，实现企业外汇业务“一站式”办理，越来越多的辖内涉外企业享受外汇管理改革带来的便利。同时，开展外汇政策多渠道宣传、业务培训，设立服务咨询热线等多种形式，在人流量大的集市和商业银行网点，及时传导和宣讲外汇政策，有效促进东平县对外经济贸易发展。

【农村支付环境建设】 利用现有资源，拓展支付机具业务功能。发挥支行农村支付环境建设领导小组作用，协调涉农机构，在实施“农金通”“支付通”“商易通”等工程基础上，加快农村市场助农金融工程建设进度。支付结算，创新农村金融产品和服务方式，行政村安装升级改造惠农POS机具、转账电话等工具，将农村金融服务和“惠农卡”“新农合”“新农保”等惠农政策宣传有效结合来，引导农民使用现代化支付结算工具，扩大农村地区银行卡应用，发挥助农取款业务功能，满足农村金融需求。落实《中国人民银行济南分行办公室关于做好黄河滩区居民迁建阶段农村支付环境建设工作的指导意见》精神，持续跟进黄河滩区农村支付环境建设，发挥农村地区支付领域作用，创新服务精准扶贫、精准脱贫。2017 年，东平县支行和各涉农收单机构依托助农取款服务点，打造滩区农村便民服务、精准融资服务、综合电商服务于一体的综合服务模式，帮助滩区群众实现安居梦、致富梦。

（张秀清）

中国农业银行东平县支行

【概况】 中国农业银行股份有限公司东平县支行，内设公司业务部、个人金融部、风险管理部、运营财会部和综合管理部 5 个部门。在岗员工 143 人，其中长期工 139 人，派遣工 4 人；辖支行营业所部、1 个分理处、5 个二级支行。2017 年，支行以市场为导向，以客户为中心，以支持全县经济社会发展为目标，以经营战略转型为抓手，狠抓客户结构、业务结构和收入结构调整，不断提升规范化服务和全面风险管理水平，经营效益与支持地方经济建设的能力稳步提高。

【存款业务】 2017 年，充分发挥农业银行的网络优势、科技优势和产品优势，大力发展代发工资、信用卡等源头性、载体性负债业务。提高规范化服务质量。为各网点配齐大堂经理，加快客户分流、识别、引导及产品营销，阵地服务能力、吸储与营销能力显著增强。对优质个人客户分别拟定综合营销方案，突出企业高管、公务员、优质个体工商户等客户营销，逐一落实责任管理，优质个人客户规模持续膨胀。坚持由做业务向做客户转变。由班子成员带队开展团队式、专业化营销活动，密切集团性、系统性客户关系，对核心客户、重点客户实行一对一维护，狠抓对公负债业务的拼抢力度，努力提升日均存款余额，对公存款增幅明显。2017 年年末，各项存款余额 43.28 亿元，比年初增加 5.77 亿元。

【信贷投放】 适应全县农村经济的发展变化，积极支持发展规模化、产业化农业经济，对涉农、惠农、利农的特色经济、支柱产业和龙头企业加大支持力度，推动传统农业向规模效益型农业发展。积极发展农户小额贷款、农户联保贷款及生产经营性贷款，扩大支农覆盖面，有效解决农民“贷款难”的问题。开办小额质押贷款及房贷、车贷等个人消费性贷款，满足不同客户群体的信贷需求，促进全县房市、车市等领域的消费升级，活跃全县经济生活。2017 年年末，全行各项贷款余额 24.50 元，比年初增加 1.53 亿元。其中个人贷款余额 18.64 亿元，余额较年初增加 3.93 亿元。2017 年累计投放 2126 笔，金额 5.23 亿元，增量市场份额占比 51%，居同业第一位。

【惠农业务】 坚持面向“三农”、服务城乡的战略定位，带着责任支农、惠农。深入乡镇开展县域经济调查，进一步了解“三农”客户的经营现状与发展潜力，全面掌握辖区金融需求，结合全县经济发展和产业布局，编绘《服务三农金融图谱》，并分层建立客户名录，不断充实“三农”业务项目库，为科学合理地配置金融资源提供“行动路线图”。以惠农卡和农户小额贷款为推手，努力满足农户生产生活需要。为加快农户小额贷款的发放速度，成立专职营销团队，采取划片包点、落实责任，下乡进村、流动作业，科学运作、提高效率等措施，以三户联保、公务员担保等形式集中推动，实现发卡与办贷同步跟进。至 2017 年年末，“金穗惠农通”服务点达 633 个，其中有效服务点 556 个，较年初增加 95 户，覆盖率达到 83%。加快农村支付平台建设，实施“服务进村”工程。围绕“新农保”代理业务的开展，以“惠农卡 + 转账电话”产品组合为平台，围绕满足农村居民的生产、消费和医疗三大需求，积极搭建现代农村支付结算体系。在辖内各行政村，有针对性地选取有一定经营规模、证照齐全、威信高、信誉好、实力强的农资与日用百货超市或乡村卫生所等商户，相继推出“农行＋乡村超市”“农行＋村卫生所”和“农行＋农资超市”等定点服务模式，为村民办理刷卡消费、购买农资、转账结算、汇款交费、看病拿药和小额现金存取等业务，使村民足不出村就能享受现代金融服务，实现政府、农户、商户、人行、农行“五满意”。

【电子化建设】 按照网点转型标准对全辖网点进行升级改造，坚持“客户分层、功能分区、业务分流”的原则，狠抓网点形象与电子渠道建设，并将布局不合理的网点纳入迁址规划，加快营业机构向金融资源富集区域的渗透。加大ATM等自助设备的投入、维护和管理力度，邀请厂家维修代表对设备日常维护进行系统培训，提高自助设备的运营效率。并采取密切POS商户的关系，专人负责，定期回访等措施，突出支付渠道建设，确保信用卡消费体系的高效运转。

【内控管理】 坚持“内控优先、制度先行”的原则，建立健全条块分明、环环相扣的各项内控制度，强化基础管理和流程监控，确保每一项业务、每一个流程皆有章可循、有规可依。认真组织“三铁”创建工作。开展员工守则教育、违规计分管理、中层干部述合规等活动，落实内控措施，严格对账制度，加强金库管理，确保制度执行到位，账款、账实相符，对账单收回率达到100%。强化信贷业务的制度化管理和规范化操作，严格落实信贷新规则，严把贷款源头，增强风险识别和风险把握能力，加强在线检测，最大限度的防范资产风险。加强安全保卫工作。开展“突发安全事件应急演练”等活动，严格履行查库责任，认真做好ATM监控设施的安装与日常巡查工作，加强计算机设备、通信线路的管理与维护，加强人防、物防、技防三位一体的综合防范建设，确保全行安全生产。加强案件风险防控。深入落实“一岗双责”制，层层签订案防责任书，认真落实述职述廉和案件防范责任。定期召开案防例会，分析案防形势，研究解决存在的问题，加强反腐倡廉和预防职务犯罪教育，努力完善案防长效机制。积极开展法制教育、警示教育和深入监狱进行现场教育等各种活动，努力强化合规理念，防范关口前移。深入开展案件专项治理工作，全面落实员工思想行为排查。认真执行干部交流、重要岗位轮换、强制休假、近亲属回避等“四项制度”，进一步完善风险防控体系建设。通过对案防工作实施精细化管理，各项工作安全运行。

【员工培训】 制定和落实年度培训计划，广泛开展“创建学习型组织、争当知识型员工”活动。利用党委理论中心组学习、业务研讨会、经营分析会、专题讲座等形式，分层次组织全员培训。树立“人才立行、人才兴行”的理念，定期举办各类业务技术比赛活动，积极培养和选拔业务骨干，打造岗位培训、学历教育与专业资格考试相结合的教育培训体系。开展网点主任、运营主管、大堂经理、客户经理等岗位资格考试，合格率100%。鼓励员工参加学历教育、职称考师和专业资格学习，学历、职称层次逐年提高，支行具有本科及以上学历员工44人，占员工总人数的30.8%；专科学历38人，占26.6%；获得经济师技术职务的25人，助理经济师、会计师41人，持证上岗率达100%。深入开展政治思想教育和职业道德教育，通过举办座谈会、文体比赛、知识竞赛等活动，寓教于乐，激发全行员工干事创业的工作热情，形成积极向上的企业文化。

（周庆明）

中国工商银行股份有限公司东平支行

【概况】 中国工商银行股份

有限公司东平支行下设二部一室、三个营业网点，在职正式员工45人，其中，中共党员28人，占62.2%。2017年，坚持以东平经济建设和服务客户为己任，持续开展精神文明创建活动，把加强企业文化建设与创建“文明单位”“青年文明号”“青年岗位能手”“客户满意服务窗口”等活动有机结合，推进企业精神文明和企业文化建设不断深入。2017年年末，各项存款余额15.31亿元，各项贷款余额25.71亿元，实现拨备前利润4899万元，为全县经济发展做出积极贡献。

【网点服务】 坚持以客户为中心，提升网点服务效率。一是加强网点业务量预测，提高网点统筹能力。对网点时段业务处理进行总量测算，结合网点实际制定出相应的部门规章，明确分工职责，从上到下，各司其职，使营业网点形成统一的集体。每天晨会和周末例会分析发现的问题，统计分析阶段性业务处理总量，提高网点员工整体素质和处理问题能力。二是加强网点现场管理，提高渠道服务客户能力。根据客户和业务流量情况，在客户高峰期，各个业务处理窗口统筹兼顾，客户经理审时度势，将客户分步进行引导分流，减少客户等待时间。ATM管理员每次加钞仔细挑款，经常性检测对ATM，确保正常运转，从源头上杜绝卡钞等机器故障，提高离柜率。充分利用智能设备，引导客户对账务查询、网上汇款、银行卡办理等业务进行自助操作，缩短客户等待时间。三是强化大堂服务能力，提高网点办事效率。明确大堂经理“角色定位”“能力定位”“素质定位”。大堂经理通过察言观色、解答咨询、经验判别等方式，及时迅速识别客户，辅导客户使用ATM办理业务，切实搞好客户分流工作，提升服务效率。四是加强业务培训，提高网点员工综合素质。经常组织员工学习规章制度、规范操作、金融产品等知识通过培训，及时为员工充电，增强处理问题、优质服务的能力，赢得客户赞誉。

2017年9月6日，东平工商支行工作人员支行深入商场超市普及金融知识，防范金融风险 （焦建国 供稿）

【信贷业务】 紧抓市场机遇，关注重点项目。一是强化制度，提升风险防范能力。高度重视操作与监督风险防范工作，把总行及省行信贷业务监督流程精细化，做到每个流程点都有章可依。二是强化培训，提升风险防范意识。认真落实总行、省行对信贷业务操作监督要求，重点对GCMS系统中作业监督进行培训，对理论和操作进行考核，做到合格持证上岗，提高从业人员处理业务技能，强化员工风险防范意识，杜绝风险发生。三是强化职责，提升风险防范环节。完善《岗位职责考核办法》，根据《信贷作业监督操作规程》，制定“定人、定岗、定责任、定时限”四定办法，确保各项业务无差错。四是强化协调，提高监督作业效率。密切协调每一个作业点人员，严格按规定时限完成操作与监督，防止相互推诿。主动与市分行各部门协调，监督中发现问题，及时报告市分行落实整改，防止出现风险，有效提高业务处理效率。2017年年末，各项贷款余额25.71亿元，贷存比达到167.93%，有效支持全县经济和社会事业发展。

【个金创收】 依托优质客户资源，以市场营销为主线，围绕个金核心产品进行推广营销，全力拓展个金产品市场，实现各类产品协调发展，个金业务创收能力不断增强，中间业务收入同步协调增长。在巩固传统业务优势，抓好支付结算收入的同时，挖掘新兴业务资源。一方面发挥客户资源和信贷资源优势，积极发展代客理财、信息服务等业务；另一方面积极拓展投资银行、代理保险、电子银行等新兴中间业务，优化中间业务品种结构，增强中间业务整体盈利能力和竞争能力。与此同时，细分市场，研究客户潜在需求，在营销存贷款业务的同时，适时营销网上银行、代发工资等中间业务产品，充分发挥工行的资源优势，为客户提供一揽子金融服务，拓展中间业务空间。

【安全运营】 组织学习各类典型案件、业务差错通报，对员工开展防盗抢、防火、防爆安防教育，做好业务冲刺，自觉落实各项安全规章制度，现场管理人员，按照总行相关规定对照自查，强化履职能力。加强临柜人员现场操作管理，防范差错事故和风险发生。根据业务集中处理质量、远程授权况、业务运营风险事件等情况，通报分析和强化辅导柜员核算质量；不定期检查现金、空白重要凭证管理、监控录像等，确保各项制度规定落到实处，同时加强办公场所周围安全、消防要害部位的检查，及时发现问题和安全隐患，防患于未然。坚持标本兼治、惩防并举、注重预防的方针，落实总省行警示教育部署要求，“以案说纪　以案说规”，加强廉政风险防控，提高干部员工抵御诱惑“免疫力”。组织全行员工交叉签订《案件防范责任书》，党员干部层层签订《党风廉政建设工作责任书》，对新聘任干部和重要岗位人员，实行廉政约谈制度，组织员工参观警示教育基地、收听收看专题视频，进行法制学习，时刻提醒员工保持清正廉洁，防止道德风险的发生和违规违纪违法行为的出现，从源头上遏止职务犯罪发生，把“正面有规范、反面有禁止、违反有处罚”三位一体员工行为管理制度体系要求，内化于心，外化于行，通过开展制度宣讲、合规讨论、案防例会、操作讲评等形式，促进员工固化对法律政策和规章制度的正确认知，做到不越红线、不触底线，确保全年安全无事故。

（焦建国）

中国建设银行东平支行

【概况】 中国建设银行股份有限公司东平支行下设三部一室，即办公室、公司业务部、个人金融部、营业室，在职职工41人。2017年，支行认真贯彻落实中共十八大、十九大精神，用党的“三严三实”作风统领队伍建设和业务工作，坚持市场导向，强化改革创新，认真落实转型规划，以内控合规为基础，围绕客户需求，努力提高综合服务能力，各项业务指标及基础管理水平取得长足发展，实现自身效益与社会效益稳步提高。东平支行先后被省分行、市分行表彰为“先进支行”；被县政府评为“2017年度支持地方经济发展贡献突出企业”；营业室被评为2017年度平安东平建设“先进集体”。

【存贷款业务】 全年实现一般性存款余额10.17亿元，各项贷款余额24.73亿元，实现拨备前利润5759.19万元。其中，个人存款日均新增4369万元，计划完成率131%，系统排名第一，点均新增系统排名第一；贷款新增3.37亿元，居四行第一位，系统第三。

【支持地方经济建设】 2017年，支行为农村公路项目提供融资1亿元；综合运用各种政策，为润银生物化工有限公司、东顺集团、新东岳集团调整融

中国建设银行东平支行新址　　　　　（贾成龙　供稿）

资 14.8 亿元，有效缓解企业流动资金紧张情况。为东顺集团新增融资 8900 万元。为 10 余家小微企业办理“POS 贷”“善融贷”“税易贷”“小微快贷”等信用贷款 388 万元，促进小微企业发展。

【队伍建设】　坚持党建统领发展，增强支行转型发展活力。与省行资产保全经营中心党支部开展结对共建活动，组织党员志愿者参加地方“创卫”工作，认真学习贯彻中共十九大精神，坚持全面从严治党、从严治行，全年无违纪和不廉洁行为发生。认真抓好员工队伍建设和后备人才培养。提拔 5 人担任支行中层干部，保障支行业务持续发展。

【内控管理】　支行突出精细化管理，认真落实案件防控责任，强化“一岗双责”，发挥“三道防线”（技能、思想、监管）合力，积极开展“一个加强，两个遏制”（加深内控管理，遏制违规经营和违法犯罪）专项治理活动；持续开展员工职业道德和操守教育，集中排查员工不良行为，实现安全运营，无案件及事故发生。组织员工积极参加各级行业务培训，提升队伍综合业务素质，营业室出纳定级考试通过率 100%；星级柜员评定参考通过率 100%。张燕玲被省、市分行评为 2017 年“优秀员工”。陈兆运、贾成龙、胡海辰被市分行评为“优秀员工”，马广民被市分行评为“优秀共产党员”；陈兆运被评为“东平县脱贫攻坚成绩突出个人”，林立勇被评为“平安东平建设先进个人”。

（贾成龙）

中国银行股份有限公司东平支行

【概况】　中国银行东平支行有员工 28 名，内设综合管理部、业务发展部、营业部，县城设一营业机构。2017 年，认真贯彻落实县委、县政府“宜居立县、工业强县、旅游富县”战略，围绕年初制定工作目标，抢抓机遇，推进各项业务发展，支持东平经济建设。全年实现各项存款余额 7.48 亿元；各项贷款总额 20.85 亿元，其中公司贷款余额 168336 万元，较年初新增 3307 万元；中小企业贷款余额 1.2 亿元，新增 2698 万元；个人贷款余额 4.02 亿元，增长 2355 万元。

【优化授信投放】　2017 年，支行正确分析金融发展形势，结合产业园区规划和建设，及时跟进金融配套服务，围绕项目求发展，围绕政策增投放，全力支持实体经济发展。及时掌握了解企业资金需求，通过不懈努力征得省市行政策倾斜支持，以全省最快速度，贷款投放全县多家企业。利用自身产品优势和海外机构遍布的资源，引导企业科学运用先进金融产品，降低经营成本、提高经营效益，实现银企共赢。

【创新产品销售】　业务开展中，持续增强“精算意识”，充分发挥自身国际化、多元化综合经营优势，通过产品带动、创新带动，实现非利息收入持续增长，为集团客户提供全面完善的贸易金融服务方案，提高业务盈利能力。具体做法是：一方面重点实施基金、保险、银行卡、贵金属等产品全员销售，积极组织全员产品培训学习，让广大员工了解产品、熟悉产品、推介产品，人人争做业务小专家，人人争创营销小能手，营造积极营销氛围；另一方面拓宽思路，增加营销渠道，在提升议价能力的基础上向本行重点客户针对性推介产品，向客户提供更加多元化、人性化的金融服务，提升客户服务体验和满意度。

【助农惠农业务】 2017年，东平支行以“扩外延、增内涵”为指导原则，积极联系县供销社，发放供销联名卡，方便客户办理金融业务。同时，多次组织到助农点上门发卡，开展金融夜校活动，密切同助农代理点业务合作关系。年末，成功发展助农点14个，分布在彭集、东平街道、商老庄、州城、接山、老湖6个乡镇。

（姜东升）

中国农业发展银行东平县支行

【概况】 中国农业发展银行（以下简称“农发行”）是直属国务院领导的唯一农业政策性银行，承担农业政策性金融业务，代理财政支农资金拨付，为农业和农村经济发展服务。农发行东平县支行下设办公室、信贷业务部、会计结算部，干部职工21人。2017年，按照“党建为重、创新争先、强基控险、人才兴行”的工作思路，致力于打造现代农业政策性银行，管理手段日益先进，服务水平全面提升，各项业务快速发展，在东平“三农”金融中的骨干和支柱作用日益突出。全年完成存款余额6.83亿元，贷款7亿元；实现利润2837万元，同比增加827万元，创历史新高。被东平县政府评为“金融支持地方经济发展先进单位”。

【存款业务】 2017年年底，各项存款余额6.83亿元，较年初增加1.5亿元；日均存款53938万元。一是突出财政存款重点，坚持高端营销，争取财政资金按贡献度给予支行倾斜。二是继续加强项目资金管理。以中长期项目贷款为抓手，依法合规留存项目及有关衍生资金，协商下游客户到支行开户，延长资金支付链条。三是主动营销政府相关部门及项目主体所在乡镇的存款，增加非贷款客户存款余额。

【信贷业务】 积极与地方政府及相关部门协调，主动作为，提升站务，助力脱贫攻坚。通过规范和完善相关资料手续，促成发放棚户区改造项目贷款2亿元、九州G105改造项目贷款2亿元、易地扶贫搬迁中长期项目贷款3亿元。加强联系，做好新项目对接营销工作。与县政府和相关部门对接，收集上报相关资料，并根据上级行调查和反馈，及时予以不断修改完善，加快推进项目营销进度。

（贾　燕）

东平农商银行

【概况】 东平农商银行辖属1个营业部，18个支行，14个分理处，15个部室（中心）。其中大安山支行、贷款营销中心为新增机构。在职员工531人，其中，在岗485人，内退46人。退休员工111人；新招聘大学生员工8人。2017年，农商银行，坚持稳中求进，突出重点，以党的建设为统领，全力提升业务发展能力，推动各项工作开展。至2017年年底，各项存款余额108.9亿元。各项贷款余额50.87亿元，实现账面利润2811万元；经营利润1.53亿元。拨备覆盖率53.27%，资本充足率11.95%。新增电子银行优质客户数3823户，电子银行业务替代率72%。金融精准扶贫贷款余额9195万元。东平农商银行被评为全省金融扶贫工作先进单位。

【存款业务】 至2017年年底，东平农商银行各项存款余额108.9亿元，比年初上升9.38亿元，完成全年任务的78.2%；日均存款较年初增加62659万元。采取措施：一是大力组织低成本存款。对各支行行长存款竞标考核，优化员工存款实现绩效引导，门市存款46.34亿元，较年初增长6.41亿元。二是拓展对公存款。与政府各部门协调沟通，争取各类移民补贴、移民避险工程、大班额建设等大额财政资金留存。与县金融办对接农民专业合作社信用互助业务，全年对公存款较年初增长2.14亿元。三是创新丰富产品体系。拓展大额存单业务，大额存单1492万元；全年累计销售个人理财产品73期、4788万元。加强业务宣传。开展冠名东平县“广场舞大赛”、第三届“明星小记者”选拔等活动，在全县14个乡镇（街道）开展活动30余场，树立良好形象。

【贷款营销中心】 3月31日，成立市场营销部室—贷款营销中心，隶属总行管理。按照“独立运作、资源整合、规模发展、双线营销”的思路，认真研究客户需求和市场变化，强化营销力度，拓宽营销范围，推广“微时贷”系列产品，主要有精英贷、生意贷、如意贷、大众贷、装修贷、POS贷、农机贷、乐淘贷、车位贷、囍事贷、出国劳务贷等系列，基本满足城镇居民及农户购房、购车、装修、结婚、大额商品购买等消费需求，解决个体工商户、小本经营者资金周转及融资难的问题。截至12月31日，共授信630户，授信总额10034万元，成功放款557户，余额8533.1万元。

【不良贷款清收】 按照省联社总体部署及泰安办事处工作要求，把不良贷款清收处置，作为全行工作重中之重，多措并举，开展不良贷款集中清收。4月，全行开展“清收风暴　诚信东平”不良贷款集中清收活动，6天清收现金1016万元。多种方式清收处置不良贷款。列出计划，明确时间，加快清收处置步伐。全年累计清收处置表内五级不良贷款1.39亿元，表外不良贷款5474万元。内外联动，依法清收。联合公检法成立清收办公室，全年依法诉讼208件、涉案金额1.12亿元；收回不良贷款3000余万元。强化资产经营中心作用。年初，实现清收人员动态调整的管理机制，通过“竞标竞岗”新成立四个分中心，选拔16名业务骨干充实清收队伍。12月末，累计清收不良贷款5248万元。招商推介抵债资产。通过微信、报刊等推介抵债资产23户，金额1.43亿元，处置变现406万元。截至12月31日，农商行五级不良贷款余额6.38亿元，不良贷款占比12.55%，较年初增加4.58亿元，不良占比较年初增加8.95个百分点。

【金融扶贫】 2017年年初，制定2017年金融精准扶贫工作计划和考核方案，拿出10万元，专项奖励扶贫工作任务完成好的单位。开展班子成员包贫困乡镇，支行行长包贫困村活动，共包贫困乡镇7个、扶贫村26个。开展金融支持产业扶贫进万家活动。深入调研29家有带动能力的生产经营主体，促进提升产业扶贫，带动贫困户脱贫致富能力。全年完成金融精准扶贫贷款9195万元，超额完成泰安办事处分配任务。发放山东陌上源林生物科技有限公司精准扶贫贷款290万元，支持有效流转土地，打造苗木种植“样板田”，形成规模化种植，年销售额1000多万元，带动60余户贫困农户摘掉“贫困”帽子。东平农商行被树为全省金融扶贫工作先进单位，在临沂召开的全省农商银行金融扶贫工作推进会上介绍经验。省、市领导多次到东平调研金融扶贫工作；山东农村金融、省联社外部网站、市办事处简报分别发表文章，推广东平金融精准扶贫工作经验。

【电子银行】 开展电子银行集中宣传日活动，开展宣传50场次，发布微信60篇。在营业网点悬挂横幅、张贴广告，播放电子银行业务宣传短片，开辟网上银行体验区和服务咨询台等，提高客户认知度。深入企业、街道和社区，向目标客户营销推广贷款服务、自助缴费、预约取款等业务。开展电子银行业务培训。强化客户安全防范宣传教育。提高客户防控能力。实行电子银行业务定

期公布各网点电子银行业务各项指标进度情况，促进业务开展。全年签约电子银行客户数4.68万户，有效客户数为1.5万户，客户活动率32%，新增电子银行优质客户数3521户，电子银行业务替代率（剔除农金通）72%。

【基础管理工作】 加强内控管理，提升财务精细化水平。开展会计业务及资金清算业务风险排查活动；加强内勤员工业务知识培训，组织账户管理及资金清算业务知识、改增业务知识、会计业务操作等培训；加强会计基础管理，做好反洗钱、资金清算、支付结算及现金业务等基础工作，会计风险管控水平进一步提高。全力抓好安全维稳。组织全行签订安全责任书，开展员工异常行为排查，进行消防安全知识培训及消防疏散、逃生应急预案实景演练；加强系统运维，预防信息科技风险，提升网络安全运维能力；十九大期间严格落实领导带班和值班制度，无突发事件发生。制定《东平农商银行信访风险排查实施方案》《信访投诉机制建设活动实施方案》，开展信访积案与隐患排查化解工作；对信访投诉事项中违规违纪行为，坚持零容忍、严问责，对调查落实举报属实直接责任严肃处理。合规管理。按照银监会部署，开展银行业“三套利”（监管、空转、关联）、“三违反”（违法、违规、违章）、“四不当”（不当创新、不当交易、不当激励、不当收费）专项治理，开展“弥补监管短板　提升监管效能”专项活动，“合规履职是最好的自我保护”主题演讲征文系列活动、优秀合规员工评选活动，建设合规文化宣传墙，推进合规履职。组织开展中层管理人员竞聘竞标选拔；落实员工强制休假、岗位轮换、亲属回避等制度，全年强制休假121人，岗位轮换175人；开展青年员工座谈会、员工外拓联谊、优秀员工评选等丰富的文化活动，增强员工凝聚力及向心力。

【监保工作】 2017年年初，组织全行签订13类安全责任书。按周组织全体押运人员集中培训。建立健全“两个加强、两个遏制”“三违反”“四不当”工作信息月报制度，制定《山东东平农村商银行股份有限公司安全稳定隐患排查治理专项活动实施方案》，开展安全专项排查活动。做好员工非法集资预警监测工作，监测分析客户账户48.49万个、金额41.84亿元。开展案防法规和禁止性规定自测考试工作并参加市银监分局组织案防飞行考试，自测401人，平均成绩92分。设备，更换、新增监控主机7台、安装监控摄像头40路。协调公安部门验收新建网点和3处自助服务区，辖内农金员配备狼牙棒、灭火器及报警器材。完成2018年“监控系统异常行为识别”“自助设备插卡异常报警”“职能主动催泪防抢劫系统”三大系统招标。

【资金资产经营】 2017年，农商行资金业务资产余额61.78亿元，占比47.81%，较年初下降5.42%，负债情况：货币市场卖出回购债券余额为0，较年初减少14.10亿元；月日均余额5.67亿元。累计正回购业务858笔，金额1447.95亿元；逆回购业务634笔，金额447.67亿元；信用拆入业务12笔，金额3.05亿元；信用拆出业务31笔，金额26.93亿元；现券买入业务103笔，金额61.4亿元，现券卖出业务22笔，金额4.78亿元；债券分销业务14笔，金额5.4亿元。全年实现资金业务收入2.97亿元，支出3733.70万元，实现经营利润2.59亿元。全年累计发行代客理财产品76期，金额3.38亿元，其中个人理财73笔，金额1.38亿元，同业理财3笔，金额2亿元。

【中间业务】 开展各类贵金属主题营销活动，利用微信公众号、柜面、LED等渠道进行营销宣传，提高贵金属产品销售量，全年销售黄金1631.2克，白银6396克。全年拓展扫码付用户3000户以上。与中国人寿东平分公司合作，开展“百万脉动”代销分红险特训营三期。

全年销售分红险 472 笔、228.87 万元；销售车辆险 199 笔，50.73 万元，航空意外险 13 万元，平安卡单意外险 6.01 万元，对公短险 2.05 万元，团体意外险 5.07 万元。全年实现中间业务收入 291.93 万元。与县社保局对接，在接山、戴庙 2 个乡镇实现居民养老缴费代理，代缴养老金 32081 笔，金额 1087.38 万元。重视民生类资源挖掘争取，2017 年年内，为杰鑫热力实现代收取暖费，与泰燃集团对接代收燃气费，与县人民医院签订“银医通”系统合作意向。

【智 e 购商城发展】 成立智 e 购商城推广领导小组，制定《东平农商银行智 e 购商城推广实施方案》《东平农商银行智 e 购商城专项竞赛活动方案》，召开智 e 购业务推广动员会，成立专职运营团队，建设商品拍摄工作室 1 处；在 18 家营业网点建设智 e 购商城网点展示区；实地考察建设农金通智 e 购服务站点 30 个，建设智 e 购代理服务点 1 家，建立配送中转站 17 个，夯实智 e 购发展基础。开展“一元购”“一分购”“周年庆”回馈优惠、新增智 e 付用户有礼、“母亲节”红酒特惠、“浓情端午”龙舟粽买一送一、“父亲节”啤酒特价、“清爽夏日　冰爽购物”欢乐购等主题营销活动 30 余次，指导各支行智 e 购宣传活动 20 余次，联合东平郡酒业、水泊食品、金正大肥业开展特色产品展销活动 2 次。做好商城日常维护，提高商户入驻门槛。组织智 e 购业务专项培训。开展沃尔丰复合肥农资专项销售活动 2 次，筹备 16 款东平特色农产品参加全省中秋特色农产品特价展销会，不断提升智 e 购商城发展水平。全年智 e 购商城入驻商户 581 户，完成订单 14.26 万笔，157.31 万元；智 e 付用户 1.76 万户（人均拓展户数 36 户），全市排名第一位。

【网点转型】 下发《东平农商银行 2017 年网点全面转型实施方案》《东平农商银行网点全面转型三年规划》；建设智慧银行，在 18 家支行营业厅布放预处理系统 18 套，有效减轻柜面压力，提升客户满意度；设置专门 VIP 区、理财专区，为客户提供更加方便、优质、体贴服务。与外部培训机构合作，12 月 15 日，召开新年“开门红旺季营销”启动誓师大会，邀请青岛瑞银达公司讲师进行网点转型和主动营销培训，增强员工营销的意愿和信心，细化客户分层、实施网格管理、精准营销，带动存款、中间业务、智 e 购等业务的营销拓展。

【党建工作】 东平农商银行党委坚持抓党建、促业务，引领全行上下把思想和行动凝聚到干事创业上来。制定《关于加强和改进党的建设的实施细则》，明确行党委书记为第一责任人，落实班子成员“一岗双责”，将党风廉政建设纳入综合考评。完善党建工作机制。把党建工作总体要求写入行公司章程；明确党委研究讨论是决策重大问题的前置程序。全力推进“两学一做”常态化制度化，制定《东平农商银行党建工作学习方案》《2017 党建工作学习教育配档表》，把党员教育贯穿全年始终。将辖内原隶属地方乡镇管理的 14 个支行党支部，统一集中到总行党委管理；按行党委委员分管部室调整设立为六个党支部，捋顺党的组织关系，制定《标准化党支部建设实施细则》。2017 年年底，辖内 23 个党支部均达到标准化支部创建标准。召开 4 次专题组织生活会，严格执行党员领导干部双重组织生活制度，党委班子成员以普通党员参加组织生活会。行党委书记专题党课，被县委组织部评为优秀党课。制定《东平农商银行 2017 年“主题党日”活动实施方案》，开展学习廖俊波同志先进事迹、到肥城市陆房烈士纪念馆接受红色教育、到东平烈士陵园“重温入党誓词、回顾入党志愿书”、帮扶困难老党员、开展党员志愿者服务等“主题党日”活动，其中有两次“主题党日”活动被县委组织部评为最佳党日活动。开展党员集中教育培训，邀请县委党校两名专家授课。建设活动阵地，按照“三亮六有十上墙”标准化支部，和“一部室一铭言、一党员一格言”的建设标准要求，制作部门铭言和党员格言标识牌，展示在室内墙壁和办公桌上。创建“党建铸魂　凝聚力量　诚信服务　赢得民心”党建品牌，按照“四有一好”（有名称、有标识、有内涵、有理念，党组织和党员作用发挥好）要求，打造“一楼层一主题”党建文化长廊，践行“一个部室　一个阵地　一名党员　一面旗帜”，助推业务发展。

（谢　梅）

东平沪农商村镇银行

【概况】　东平沪农商村镇银行于2012年7月开业，领导班子5人，职工44人，下设4个职能部室和彭集支行。2017年，坚持“扎根本土、服务城乡、富有特色、优质高效”的经营特点，发挥贴近市场、决策链短、机制灵活的优势，因地制宜制定信贷政策、创新金融产品，为广大农民、社区居民、中小企业和个体工商户提供存款、贷款、结算、理财、代理、咨询等多种金融服务，满足城乡经济主体多元化金融服务需求。被县政府授予“2017年度金融服务三农和小微企业先进单位”荣誉称号。

【存贷业务】　全年完成各项存款6.4亿元，其中单位存款3.7亿元，占比57%；储蓄存款2.7亿元，占比43%。各项贷款余额2.78亿元，其中对公贷款1.15亿元，户均贷款余额230万元；个人贷款1.63亿元，户均贷款余额31万元；全部贷款户均余额48万元。企业网银累计开户324户，全年交易笔数5.88万笔，交易金额为31.05亿元。个人网银累计开户5737户，全年交易笔数为4.59万笔，交易金额为5.45亿元，银行卡累计开卡2.63万张。支持全县扶贫工作开展，参加县委、县政府组织开展的各项扶贫活动。支行勇于承担扶贫项目，到贫困户走访慰问。依靠泰安银行总行通过与各级部门合作沟通，推出创业扶贫担保贷款，宣传扶贫创业贷款产品，成功发放一笔扶贫贷款，额度25万元。

【服务职能】　吸收公众存款，拥有方便灵活高利息的“寸寸金”存款业务。发放短期、中期和长期贷款，品种丰富，手续便捷“随薪贷”免担保，凡在东平沪农商村镇银行代发工资的行政事业单位、国企人员，均可办理年工资额3倍的免担保信用贷款。“惠众贷”一次授信，循环使用，符合条件的自然人，提供小额经营性授信，“一次授信、循环使用、随借随还”。“家庭贷”业务，根据客户家庭收入、总支出、总资产和总负债，以及家庭整体消费资金需求，综合确定家庭总授信额度的担保贷款。贷款由所在家庭所有成员共同提供担保。“公司＋农户”贷款，以当地农业产业化龙头企业和大型企业为中心，通过推荐和担保，为从事种植、养殖、加工、农产品收购的农户、农业企业提供在生产经营过程中所需的流动资金。

2017年6月，县沪农商村镇银行干部职工在街头开展抵制非法集资宣传活动

（王　玉　供稿）

【普惠金融宣传】 组织全行员工参加第27届“3·15”消费者权益保护日，在活动现场设立宣传金融知识和防范金融诈骗专门幕布，对市民进行消费者权益保护和维权知识讲解，介绍金融常识和防范金融诈骗。制作反假币知识和防诈骗宣传页，使市民深入认识相关知识，维护金融消费者权益。6月14日，行领导带领员工到县电影院附近宣传抵制非法集资知识危害，引导市民到正规渠道贷款，自觉抵制非法集资。

【承担社会责任】 4月，按照县创卫指挥部部署，抽调员工。清理西山路西侧一处长期无人管理垃圾池。在赤脸店社区，清理城中村、中国银行家属院卫生，修整道路，解决家属院十几年垃圾随意堆积和雨季胡同积水，居民出行困难问题，得到好评。10月23日，在县城汇河街开展党员志愿者服务日宣传活动。向路人宣传“建设美丽东平，全民参加创卫”重要性，同时宣传各项业务，通过参加创卫，提高银行知名度。5月26日，组织开展“助力脱贫攻坚，实施慈善救助”“慈善月”活动。按照干部200元、员工100元的标准捐款，全行40名员工捐赠4900元。还捐赠部分衣服、书籍、玩具等，推动东平县慈善事业，树立良好社会形象。

【开展银企合作】 结合银行成立五周年，开展走访企业活动。7月15日，参观走访山东鲁玻制品有限公司、山东润声印务有限公司、山东水泊食品有限公司、山东新东岳集团四家企业，了解了企业发展需求，学习企业先进文化，深入生产车间，体验企业员工高温、艰苦工作环境。通过沟通交流，让员工更加爱岗敬业。

（王　玉）

泰安银行东平支行

【概况】 泰安银行东平支行位于县城西山路60号。支行设7家分支机构，员工90人。2017年，坚持立足东平、服务东平经济、服务中小企业的市场定位，不断完善营销机制，加强产品创新，增强服务功能，竭尽全力提供优质、高效金融服务。被中共东平县委、东平县人民政府评为支持地方经济发展贡献突出企业。

【存款贷款业务】 2017年，泰安银行东平支行各项存款余额17.07亿元，较上年新增5.43亿元，增幅为46.68%。其中，个人存款较年初增加2.84亿元，对公存款增加2.60亿元。贷款余额15.14亿元，较上年新增17.45亿元，增幅为13.09%。其中个人贷款较年初增加1022万元，对公贷款较年初增加1.62亿元，小微企业贷款较年初增加200万元。不良贷款余额198万元，不良率0.15%。表外银承敞口1.88亿元，较上年增加3500万元。

【支持企业发展】 2017年，泰安银行东平支行，勇于担当县内重点企业资金链风险化解，做好规划、指导、推进工作。重点支持企业有瑞星集团股份有限公司、东顺集团股份有限公司、山东润银生物化工股份有限公司。扶持重点项目为：瑞星集团粉煤气化二期项目，贷款总余额8.70亿元；东顺集团二期生产线及新能源项目，贷款总余额为7.2亿元。2017年年内，受山东东原财金控股有限公司委托，成功为东顺集团投放产业基金2亿元，用于企业经营和发展。执行不抽贷、不压贷、不增加担保条件、不擅查封企业的资产。为瑞星集团到期业务办理借新还旧，企业不必利用流动资金倒贷，申请为企业进行降息减负，大幅节省企业财务成本；为瑞星集团、润银生物、东顺集团转化不良贷款约3亿元，保障企业正常经营。新增城建开发公司贷款4000万元；水浒旅游公司5000万元。支持和维护全县经济社会稳定发展。

【金融创新】 坚持产品服务创新，多措并举，共同促进业务发展。推出直销银行投融资产品，“泰安优选”，千元起投，一键认购，坐享收益；投融资产品投资项目稳健，操作便捷。推出智能存款产品。“智能存款”，面向个人客户的开放，保证客户存款便利性，采用灵活性计息方式，提高客户收益、增进客户黏性，实现活期存款，定期收益效果。

【网点建设】 2017年，新开业东原支行、沙河站支行小微支行2家，员工增加35人。2017年年底，小微支行有银山、州城、老湖、接山、东原、沙河站6家。银山支行存款余额3.30亿元，其中个人存款3.04亿元，对公存款2633万元。州城支行存款余额1.40亿元，其中个人存款1.06亿元，对公存款3089万元。老湖支行存款余额5371万元，其中个人存款5072万元，对公存款278万元。接山支行存款余额3990万元，其中个人存款3943万元，对公存款46万元。沙河站支行存款余额3498万元，其中个人存款3490万元，对公存款7万元。东原支行各项存款余额2.14亿元，其中个人存款6784万元，对公存款1.46亿元。

【宣传服务】 切实做好产品宣传，增加外出宣传次数、频率，经常到城区、农村街道、小区走访宣传。利用广场舞等人员集中公共场所分组宣传。多次成功冠名推出各乡镇街道广场舞大赛活动及庆六一活动等，贴近客户，加强与客户沟通交流，想客户之所想、帮客户之所难，“泰安银行，用心为你”的品牌服务形象，在客户中日益提升。

（杨　松）

中国邮政储蓄银行东平支行

【概况】 东平邮政储蓄银行东平支行有员工58人，行长1人，副行长2人，设综合业务部、综合管理部，2个二级支行，20个代理网点。2017年，以践行普惠金融为己任，定位服务三农、服务中小企业、上下一心，真抓实干，圆满完成各项经营计划。11月，通过“市级文明单位”称号复审。泰安市分行授予“先进单位”荣誉称号。

【存贷款业务】 2017年，自营存款余额12亿元，较年初增加1.9亿元，增幅19.24%，其中，个人存款余额8.55亿元，年增1.05亿元，增幅13.96%；公司存款余额3.45亿元，年增8888万元，增幅34.71%。全部零售贷款余额3.63亿元，年增1.06亿元，增幅41%。全部零售贷款不良金额为55万元，不良率为0.22%，资产质量良好。8月，中国邮政储蓄银行三农金融事业部东平县营业部成立，举行揭牌仪式。9月，开办“个人信用消费贷款——优享贷”。全年完成业务收入2790万元，同比增长29.90%。

【风险合规管理】 风险管理。召开4次风险管理委员会会议，12次风险贷款分析会，强化风险管控措施落实，全面提升信贷业务风险管理水平。合规管理。按照市分行合规审计要求，开展柜员业务培训，提高操作人员业务素质和风险防控能力。按季度召开反洗钱领导小组会议，案件防控工作会议，每半年对前台操作人员开展反洗钱知识培训，提升岗位人员反洗钱履职能力。开展消费者权益保护及金融知识普及教育工作。

【财务运营管理】 按照成本限额要求，开源节流，节约支出，将每一笔支出用在业务发展刀刃上。加强固定资产管理，做好清查和固定资产台账及出入库登记工作；加强资金运用管理，合理留存金库备用金，提高资金运用率。强化成本管控能力，发展合规有序。逐步完善会计制度和业务流程，参加市分行组织的会计会审，加强会计内部账户管理，积极开展银企对账工作，组织柜员学习会计稽核及集中授权制度要求，提高会计稽核及集中授权水平。

【安全保卫】 2017年年初，行领导与各部门、二级支行负责人逐级签订安全目标责任书，每月县行对网点和县行办公场所进行安全检查，消除安全隐患，增强员工责任意识和风险

意识，全年干部职工爱岗敬业，遵纪守法，实现全年安保零案件，全行安全健康发展。

（杨新华）

莱商银行泰安东平支行

【概况】 莱商银行是经银监会批准设立的股份制商业银行，莱商银行泰安东平支行于 2016 年 4 月 12 日开业。进入东平后，依靠广大市民和社会各界支持，坚持“服务当地经济，服务中小企业，服务城乡居民”市场定位，践行“做客户放心满意的银行”理念，锐意进取、奋力开拓，实现跨越式、超常规发展。东平支行开业两周年，贷款总额达到 1.2 亿元，各项存款总额达到 5.8 亿元，缴纳税金 58 万元。为推动东平经济发展，做出贡献。

（张　旭）

中国人民人寿保险股份有限公司东平支公司

【概况】 中国人民人寿保险股份有限公司东平支公司（简称中国人保寿险）2009 年成立，现有干部 13 人，内设个险销售部。银行保险部、团体业务部、互动业务部、综合拓展部、客户服务部，经理 1 人。2017 年，公司立足服务当地经济发展，在东平开展个人保险、银行代理保险、团体业务保险、学生平安保险、建筑工程保险等多个险种，引领东平当地保险市场健康发展，以金牌服务回报客户。同时，公司积极履行优秀企业公民责任，热心支持当地政府教育、体育和文化公益事业发展，促进东平和谐社会建设，赢得社会广泛赞誉。全年整体保费收入 3500 万元，同比增长 16.7%。全险种在东平当地累计赔付款 500 万元，立案结案率 98.09%。

【队伍建设】 公司秉承“人民保险、服务人民”的宗旨，以“称职合格、提质提速、真抓实干，追求一流”的标准。上下统一意志、统一目标、统一愿景。干部职工兢兢业业，圆满完成保费收缴和各项理赔任务。公司经理郑志波，率先垂范，累计参与保险理赔案件 900 多起，多次获得“优秀党员”“优秀员工”“展业明星”“服务明星”等多项称号。

【服务社会】 公司认真贯彻落实国务院“新国十条”、保监会“保险姓保”和省政府、市政府、县政府加快发展现代保险服务业的实施意见，积极拓展保险服务广度和深度，不断扩大意外保险覆盖面，提高保障程度。在彭集、沙河站、老湖等乡镇进行短卡进村活动。有力的放大保险的影响力，实现政府得民心、百姓得实惠，公司得发展的良好社会效应。东平公司在多个学校进行捐款资助，解决学生困难。在学平险理赔方面，公司站在为客户着想，争取快理赔、多理赔，减免客户家庭负担。公司勇于承担社会责任，解决就业人员 300 余人。东平公司响应政府创卫活动号召，积极参与，完成创卫办下达任务，为建设美丽东平作出贡献。

【平险业务】 平安保险业务，是公司快速发展的短险险种。2017 年，累计发展入保客户和保费收入均创新高。东平银山镇一名在上海投保的客户出现事故，公司接报后，立即出动勘验现场，半路上下起大雨，客户住在深山，车辆不能到达，他们便徒步十几里，走到客户家中。办理完相关理赔业务，客户再三表示感谢。

（郑志波）

中国人民财产保险股份有限公司东平支公司

【概况】 中国人民财产保险股份有限公司东平支公司（简称中国人保财险东平支公司），下设 10 个科室，6 个营业部，接山、彭集、州城、老湖、银山五乡镇，分别设立三农保险营销服务部。在东平开展业务有车险、政策性农业保险、治

安保险、企财险、责任险、意外险等多个险种。2017 年，公司立足服务当地经济发展，履行优秀企业责任，支持政府教育、体育和文化公益事业，促进东平和谐社会建设，赢得社会广泛赞誉。按照市分公司确定的目标，“以计划为牵引、以双超为底线，打造 7 亿元泰安公司”，凝心聚力，砥砺奋进，公司面貌、员工精神状态发生根本转变，至 12 月底，完成整体保费收入 6500 万元，同比增长 22%，增长 1200 万元。为全县机动车、企事业单位、种植业、畜牧业、治安维稳、校方责任、矿山人员、医疗责任等各领域提供风险保障 98 亿元。全险种累计支付赔款 3830 万元；整体农险赔款 2300 万元；仅 6 月全县小麦倒伏，公司支付全县农户赔款 1800 万元。上缴各类税金 599 万元，为东平经济建设发展做出贡献。

【党建引领】 公司坚持以党建促发展，以发展检验党建的工作思路。深入学习贯彻中共十八大、十九大精神，强化政治意识、大局意识、核心意识、看齐意识，时刻牢记党要管党、从严治党政治责任，带头把严的意识立起来，把严的规矩建起来，把严的风气树起来。形成上下统一意志、统一目标、统一愿景的管理理念。抓班子、带队伍，一级抓一级，一级带着一级干，一级干给一级看，用铁的纪律打造一支忠诚、干净、担当的干部队伍，公司党委坚定想发展、谋发展意志，以过硬的作风狠抓工作落实，以上率下，一身正气。倡导“一切围绕百姓转，一切围绕业务转”，以“称职合格、提质提速、真抓实干、埋头苦干、义无反顾、勇往直前”的标准定位自己。筑牢从严治党的组织基础，增强基层党组织的创造力、凝聚力和战斗力。公司立足自身优势，寻求与政府工作契合点。按照上级公司要求，在全县 14 个乡镇聘任 100 名贫困户担任保险“协保员”，为他们增收提供就业岗位。

【服务三农】 公司认真贯彻国务院“新国十条”和省、市、县政府加快发展现代保险服务业的实施意见，积极拓展“三农”保险服务空间，扩大农业保险覆盖面。在接山、彭集、州城、老湖、银山五乡镇分别设立三农保险营销服务部，拥有服务三农员工 20 名、理赔查勘车辆 9 辆，查勘员 16 名。2017 年年内，公司政策性农险（养殖业、种植业）合计赔付 2536 万元，赔付率 132.7%，实现政府得民心、百姓得实惠、公司得发展。

【保障民生】 推进医疗责任保险，缓解医患纠纷，维护全县社会和谐稳定。开展养老机构责任险，提升社会整体养老服务质量。全方位开展校园类责任险，为学校安全管理分忧解难。大力发展弱势群体团体意外险、家庭财险业务，为残疾人和贫困人员提供人身、财产风险保障，承担应有社会责任，减轻政府负担。

【理赔提升】 持续加强车险服务标准化建设，推广拇指理赔、极速理赔、小额人伤案件快处服务，简化理赔手续和流程，提高车险理赔时效。加快农村协赔服务队伍建设，充分发挥协赔人员面对面服务优势，延伸理赔服务，大幅度缩减农险理赔时间，帮助农户尽快恢复农业生产。围绕商业非车险重大出险案件，提供一整套、全流程案件处理方案，最大程度减轻客户负担，化解社会矛盾纠纷，保障人民安居乐业。

【公司形象建设】 公司在完成办公大楼、办公室场所装修后，投资 30 万元，对外墙进行真石漆改造，外部面貌焕然一新，公司整体形象提升。直升机专属救援服务。为助力东平县白佛山景区开园，派出专属直升机保障当地老百姓安全。为更好保障东平客户利益，下步在全县范围内，开通人保客户直升机救援服务，增加空中应急保障，打造“地面 + 空中”一体化救援网络。为配合治安保险业务开展，集中采购 58 辆治安保险巡逻电动自行车，配发到全县村居（社区），有效维护全县和谐稳定局面。

【创卫活动】 按照县委、县政府创建卫生城市要求，高度重视创卫工作。经理带队到包片社区打扫卫生，以“开局就是决战、起步就是冲刺”的精神状态，要求全体员工加入“创卫先锋队”。人保财险办公区、家属区属于老旧小区，从公司办公场所、家属院做起，全面清理、整顿整个驻地，力做全县小区整治亮点。公司用十天时间，开通30年未曾开通的家属区道路，由窄小胡同变成宽阔大道。办公区、家属区分离，投资12万元粉刷改造小区，为临街住户无偿更换铝合金门窗，家属区安装电子门卫。公司对分管包片的罗庄社区进行改造，投入资金10万元和人力物力，出动30人团体开展创卫活动20余次，得到群众好评。

（刘　辰）

交通·邮政

交通运输

【概况】 东平县交通运输局内设秘书科、政工科、规划基建科、财务审计科、安全监督科和综合运输科6个职能科室。下设县公路局、县地方海事处（县航务管理处）2个正科（局）级事业单位；设县农村公路管理办公室等5个副科（局）级事业单位及13个股级基层站所事业单位；局属县交通汽车大修厂等3个企业单位。共有干部职工1130人。2017年，全县累计完成交通基础设施建设投资7.6亿元。G105京澳线东平改建项目一期工程，累计完成投资5.3亿元。农村公路通车里程2493.9公里，其中县道251.8公里，乡道226.7公里，村道2015.4公里。重点工程共计完成13.86公里。改造客运线路25条，投入新能源电车110部。县交通运输局被评为山东省理论宣教基地；被县委授予“先进基层党委”荣誉称号。

【交通法规宣传】 2017年，坚持“谁执法、谁普法”原则，积极走访货源单位、运输业户。组织开展“货运车辆超限超载整治”“220国道路域环境综合整治”“驾培、维修、洗车市场专项整治”“山石企业规范装载、降污除尘专项整治”等各种普法宣传活动30余次，设立宣传咨询点，悬挂宣传条幅22幅、出动宣传车70余辆次、发放宣传单2.6万份，接受群众咨询2300人次。在《中国水运报》《山东公路》《泰安日报》《泰安交通》《今日东平》《山东手机报》政务信息等平台发表宣传报道210篇。

【城乡客运网络化建设】 不断完善和优化城区公交线路，保持8路公交线路，新开通第9路城区公交车。推广应用新能源公交车。贯彻落实省市有关加快城乡公共交通一体化工作精神，破解城市公交和农村客运二元结构，进一步实施《东平县公共交通规划》中城区公交覆盖延伸乡镇的远期工作目标，改造客运线路25条，投入新能源电车110部。

【重点工程建设】 全县重点

2017年，105国道改建一期工程竣工通车 （郭晋峰 供稿）

工程完成13.86公里。其中，郭王路（省道246—二级湖堤段）大修改造工程，按二级公路标准设计，道路全长4.16公里，路面宽9米。10月30日建成通车，完成投资730万元。贯中大道至中心码头段改建工程，全长9.7公里，分两段实施，其中，影视城至中心码头段长0.6公里，4月开工建设，路面加宽至12米，7月竣工，完成投资180万元；贯中大道段长9.1公里，原路面宽度15米，两侧加宽，增设自行车道，投资1600万元。2017年6月开工，年底完成路基工程建设。京杭运河东平湖区段航道是列入《全国内河航道与港口布局规划》《山东省内河航道与港口布局规划》的交通类建设项目。位于东平湖内，航道全长约15.53公里，设计底宽70米，水深3.5米，为Ⅲ级航道标准，可供1000吨级内船舶航行。2017年10月，京杭运河东平湖区段航道工程开工建设。大清河航道工程，起点为东平港区戴村坝作业区，全长33.1公里，设计底宽70米，水深3.5米，为Ⅲ级航道标准，可供1000吨级内船舶航行。

【文明行业创建】 2017年，围绕“四个交通”（综合交通、智慧交通、绿色交通、平安交通）建设，不断加强“四德”（社会公德、职业道德、家庭美德、个人品德）教育和社会主义核心价值观教育。深入开展文明单位、文明服务窗口、青年文明号、巾帼文明岗等创建活动。开展文明进社区、进机关、进学校、进农村、进企业“五进”活动，利用过道走廊、办公墙体、机关院落和宣传栏，形成交通特色“边角文化”。开展丰富多彩的文体活动、党日活动、志愿者服务活动等，与项目建设、行业管理以及精神文明创建等工作紧密结合。深入开展党风廉政建设和反腐败工作，继续做好“双联四包”以及第一书记工作。

【创卫工作】 2017年4月，牵头开展宿城社区创卫工作，对稻香街、杨家街、宿城老街、建材园区的违建集中拆除。对宿城新社区、小康楼居民区、焦园村等城中村开展全面整治，完成营子新村全面绿化、硬化、美化，完成对宿城中心路路沿石修复，清运垃圾、增加绿地、拆除旱厕、粉刷墙面、整治管线、清理小广告，全力提升社区生活环境。建立双向督导机制，成立网格督导小组，加强对辖区内单位、学校、车站集中督导。年内，宿城社区出动人员18621人次，印发宣传材料1.98万份，出动宣传车59辆次，制作创卫宣传标语126块，清理违建商户316户，4.12万平方米，清理垃圾9.64万吨，广告牌匾2775块，乱贴乱画4236平方米，处理乱停乱放2773件，新增绿化面积4714平方米，新增环卫设施454个，投入资金565.3万元，清理小菜园1.63万平方米，粉刷墙面3.06万平方米，施划机动车停车位与非机动车停车位720个，社区环境得到有效提升。

公路建设

【重大建设项目】 2017年底，全县县道共19条，251.8公里。分别为：丁坞—接山、东阿—庄科、东李庄—王仲口、东平—王台、广里—鄣城、后屯—梯门、焦园—水浒古镇、接山—李范村、马庄—王仲口、彭集—曹营、彭集—沙河站、石马—水河、双塔—丁泉、王台—六合楼、席桥—李范村、孝直—双塔、银山—陆庄、州城—靳口、庄科—麻子峪。

【扶贫路建设】 2017年，实施第三批省派第一书记扶贫村道路建设工程、省定贫困村道路建设。其中，第三批省派第一书记扶贫村道路建设工程34公里，2017年8月开工建设，年底完成14公里，投资490万元。工程涉及4个乡镇17个贫困村；省定贫困村道路建设11公里。涉及3个乡镇9个贫困村，投资270万元，2017年3月开工建设，年底全部完成。

【农村公路养护】 东平县农村公路管理办公室，主要管养5条重点县道，分别为贯中大道

（焦园—水浒古镇）、滨河大道（席桥—无盐）、接李路（接山—李范村）、济徐连接线（彭集—沙河站）、后梯路（后屯—梯门），现有养护员25名。至2017年年底，全县农村公路通车里程达2493.9公里，其中县道251.8公里，乡道226.7公里，村道2015.4公里。全县716个建制村已全部达到通达标准，通达率达到100%。农村公路安全生命防护工程：通过强有力的举措，截至2017年底全县471.7公里的农村公路安全生命防护工程已全部完工（列入大修改造缓建路段除外），累计完成总投资6000万元（含施工设计、监理及安全评估费用）。共安装示警桩、道口桩19678根、警示标牌2304套、波形钢护栏125808米、混凝土护栏762米、黄慢闪灯450处，立面标记1700平方米，施划标线198700米，培植路肩330公里，路域环境整治400公里。工程完工后，委托山东省交通科学研究院进行质量检测，于2017年6月9日出具质量检测报告。委托泰安市公路规划设计院进行安全评估，并出具安全评估报告。2017年6月14日，县交通运输局、公安局交警大队、安监局等部门联合完成安防工程的综合验收工作。6月28日，市交通运输局、市公安局交警支队、市安监局组成的核查组对工程进行市级核查。7月24—25日，省评估组专家对工程进行省级抽查技术评估。2017年12月委托第三方审计机构进行决算审计。

运输管理

【城乡客运管理】 2017年，全县有客运及公交企业4家，客运班线83条，其中农村客运线路56条，三类以上客运班线27条，客运班车150辆（其中农村班车65辆），公交车213辆，从业人员1230人。建设农村客运、物流、公路养护、超限治理"四位一体"模式的站所14个，新安装农村候车站亭27个。按照通车干线距离村庄2公里标准，全部实现全县建制村通客车，通车率100%，形成以东平汽车站为中心，乡镇客运站为节点，辐射村庄的客运网络。

【货运业务管理】 2017年，全县100辆货车以上的货物运输企业9家，有东平恒信汽车运输有限公司、恒昌汽车运输有限公司、万通运输有限公司、泰安宏图物流有限公司、东平鑫兴物流运输有限公司、交通运输有限公司、国通物流有限公司、尚德运输有限公司、新亚运输有限责任公司，企业与个体货物运营车辆总计2940辆，从业人员3900人。20万吨源头管理单位1家：瑞星集团有限公司，由彭集交管所实施驻站管理。储备应急防汛车辆400辆。

【水路运输企业管理】 2017年，水路运输企业15家。其中顺达水运有限公司、宏基航运公司、大安山航运公司3家长航公司；老湖六合旅游有限公司、大安山水上旅游有限公司、银兴水上旅游有限公司、水浒旅游开发有限责任公司、旅游开发公司5家旅游公司；富通、银河、福民、黄庄、鑫通、泰昌、荫柳棵7家浮桥公司，拥有旅游船舶42艘，货运船舶10艘，承压舟64艘，趸船4艘，拖头7艘。每年第一季度对所辖企业开展年度经营资质核查，参审合格率100%。对公司管理船舶42艘营运船舶进行年审，合格率100%。推进长江干线船型标准化工作，完成老旧船舶淘汰工作，大力推进节能减排工作，向水运企业宣传节能减排活动，组织水运企业申报节能减排项目。连年保持无一起水上交通安全责任事故的纪录。

【车辆超限超载治理】 2017年，全队投入交通运输监察力量8000余人次；出动执法车辆1700辆次，检查货车3万辆次；检查客运车辆3000辆次；查处违章货车1648辆次，查处违章客车40辆次；卸载货物2270吨，分流旅客130人，行政处罚590万元，没有发生安全、执法不规范和公路"三乱"（乱设站卡、乱罚款、乱收费）行为。

【驾培管理】 2017年，县内

取得经营许可的合法驾校6家，有龙山、东岳、圆梦、白佛山、商老庄、裕丰驾校。教练车352部，教练员500名。其中，龙山驾校和东岳驾校为综合类一级驾校，提供A1、A2、A3、B2、C1培训服务；一级驾校圆梦驾校2016年新许可，没有培训大车资格，只提供C1服务；商老庄为二级驾校，没有培训大车资格，只提供C1服务；白佛山、裕丰驾校、为三级驾校，没有培训大车资格，只提供C1服务。全年培训学员10000余名。

【维修业务管理】根据国家标准，对城区内洗修车市场和喷、烤漆业户进行清理、整顿、规范。其中，治理374家业户，关停200余家不符标准的业户。现有维修企业一类3家、二类7家，经整改后符合国家机动车维修标准（GB/T 16739.2—2014）汽车三类维修业户77家，并颁发经营许可证。

（郭晋峰）

公　路

【概况】　县公路局设办公室、政工科、计财科、安全科技科、行政科、养护处、路政大队等科室及单位。设有接山、大羊、彭集等13处公路站，1个养护应急中心及2个施工企业。在职人员341人，退休人员11人。2017年，完成公路建设投资6.87亿元。京澳线东平改建等3个项目按期建成通车；管养干线公路里程209.5公里；路政巡查12.9万公里。县公路局被评为泰安市交通运输系统安全先进单位、全县经济社会发展综合考核特殊贡献单位、县“乡村文明行动”成绩突出单位、县“平安东平建设”成绩突出单位。

【公路建设】　全年完成公路建设投资6.87亿元；其中105国道京澳线东平改建项目一期工程，完成投资3亿元，按期建成通车；243省道泰梁线大羊至梁山段大修改建项目，完成投资1.3亿元，提前建成通车；243省道泰梁线肥城桃园至东平大羊段二升一改建工程，投资3000万元，已完成征地拆迁和土地报件工作，准备施工；331省道泰商线东平大井至四海城转盘段大修工程，完成投资2790万元，按期建成通车；宁梁高速公路东平段建设项目，投资2亿元，已开工建设。同时，按照“在建一批、储备一批、谋划一批”的工作思路，积极做好公路建设项目的前期工作。105国道京澳线东平改建项目二期工程建设项目，已获得省发改委立项批复；105国道流泽大桥、肥梁线王台大桥两座涉航桥梁改造工程，已完成开工前的各项准备工作；220国道东平段改建项目，前期工作进展顺利。

【路政管理】　全年开展业务轮训2次，结合党日活动等形式，组织路政管理人员参观公路建设现场、观摩标准化路段，管理水平进一步提高。组织路政人员走村串户散发宣传品，在公路沿线的重要节点、重点桥梁、穿村镇路段等张贴宣传标语、散发宣传资料计5500余份。利用电视、广播、网络等新闻媒体，多形式、多渠道、全方位开展路政宣传，提高群众依法用路、爱路护路意识。重点查处超载超限运输、车辆漏撒污染环境、损坏公路设施等非法行为；春、秋两季，早计划、早部署，取缔占道经营，杜绝利用公路打场晒粮现象；文明执法，热情服务。在清明节、端午节、“五一”节、国庆节、春节等假日期间，加大人员及设备投入，加大路政巡查力度，执勤人员按时到岗到位，积极疏导车辆，主动热情为外来人员服务，确保行车行人安全。开展“G220线路域环境综合整治”行动，对公路沿线违法砂石料场、占路市集等进行全面清理。同时对全县境内的国省道路沿线的非标和平交道口进行重点清理和排查，净化公路沿线的环境，保证公路的安全畅通。在“创建国家级卫生城市”“山石综合整治”“违法建筑拆除”及保障“三大工程”活动中，路政人员积极配合公路沿线乡镇政府、国土、公安、水利、河道等部门，24小时值班，克服各种困难，圆满完成各项

工作任务。全年累计投入路政执法人员1300人次、执法车辆530余台次，路政巡查12.9万公里，处理路赔案件29件，行政处罚案件169件，清理违法非公路标志368块，拆除乱搭乱建违法建筑236处计18000平方米，清理占道经营摊点116处，清理路旁柴草、粪堆、垃圾800吨。

公路养护人员加固公路护栏，确保车辆和人员生命安全（何 宁 供稿）

【公路养护】 2017年，有养护职工95人，保洁员79人。投入维修资金447.99万元，养护里程209.5公里。集中组织开展国省干线沿途的穿村镇路段清理整治工作。出动铲车134个班次，挖掘机62个班次，平地机63个班次，运输车92车次，扫路机9台，民工770多人次进行集中清理活动，集中整治清理路肩、边沟、排水沟的各种柴草堆、生活垃圾及建筑垃圾。投入资金100.8万元。备战汛期，及时修复水毁。修订完善防汛工作方案及应急预案，落实防汛抢险队伍、抢险物料、设备器材及车辆，及时清障，修复水毁，处理220国道路面积水，排水沟清淤1750米，修复路基塌方和冲沟729立方米，修复冲毁行道树310株，投入资金18.44万元。整修重点路段。2017年，105国道京澳线路面贴缝11328米，施划路面标线7723平方米，路面维持性养护垫补坑槽用料78吨，修复防撞墩38个，修复波形护栏42米，维修更换标线牌18块，更换安装轮廓标794个，路树补植76株，路树刷白2000株，桥梁刷漆刷白4617平方米；220国道东深线路面灌缝28000米，路面坑洞维修5000平方米，路面维持性养护垫补坑槽用料86吨，补划路面标线2793平方米，安装维修护栏511米，维修标志标牌12块，锯石园司里街里增设涵管116米，排水沟清淤1900米；243省道泰梁线标志牌维修更换8块，波形护栏维修52米，路树刷白2800株，标线补划448平方米；246省道临邹线修复路面裂缝3116米，修复路面裂缝3356米，修复护栏72米，标志牌维修更换5块，补植百米桩75个，更换道口桩112根，更换里程碑9块；326省道泰商线修补坑洞682平方米，路面灌缝15330米，补划路面标线450平方米，补植行道树160株，维修波形护栏152米。

（何 宁 张艳玲）

铁 路

【概况】 山西中南部铁路通道是国家规划建设的晋煤东运铁路大动脉，也是山东省“四纵四横”铁路规划体系的重要组成部分。该铁路通道横跨晋豫鲁三省，是国内东西向干线铁路的一条大能力重载铁路。线路西起山西吕梁瓦塘县，途经晋豫鲁三省13市，衔接京广、京九等国家南北向主要铁路干线，东至山东日照港口，正线全长1260公里，在东平县境内29.75公里，途经东平县新湖、沙河站、州城、彭集四个乡镇、街道的41个行政村，设有中间站一处，地点在彭集镇马代村北，属于沿线10个办理客运车站之一，实现东平站客货两用，以货为主的交通运输模式。山西中南部铁路通道于2014年12月正式通车运营，是东平铁路建设的里程碑，结束东平不通铁路的历史。

【东平站】　东平站车站综合楼站坪东西长 120 米，南北宽 50 米，占地面积 9 亩。车站房为钢筋混凝土框架结构，东西长 83.94 米，南北宽 14.7 米，占地面积 1.85 亩，建筑面积按二层 2060 平方米设计；站前广场以及通站道路及配套设施正在完善中。

（徐　文）

【概况】　中国邮政集团公司山东省东平县分公司，下设金融业务、渠道平台、集邮与文化传媒、包裹快递四大专业部门，在职职工 233 人；下辖营业网点 22 处，其中金融网点 20 处，邮务网点 2 处。2017 年，业务收入 8495.26 万元，同比增长 11.48%。劳动生产率 36.93 万元。先后被中国邮政集团工会山东省委员会和中国邮政集团工会授予“山东邮政模范职工之家”和“全国邮政系统模范职工之家”荣誉称号。

【邮务类业务】　集邮与文化传媒加快整合，报刊专业收入进度、增幅两项指标居全市第 1 位，零售专业提前 5 个月完成全年收入计划，函件、集邮继续保持稳步增长。全年新媒体收入实现 11.5 万元；毕业生纪念册、门票项目、展演会赛等活动创收 60 余万元。组织新媒体客户走访“骆驼行动”，累计走访客户 104 家，图书展销活动突破历史销量，有效带动转型提升。分销专业全年完成收入 742 万元，完成计划的 119.7%，规模稳步提升。电商业务规模不断增长，代理车险保费 140 万元、简易险保费 29 万元；代收费 192 万笔，代收金额 1.4 亿元；代开国税发票 3168 笔，代征税款 41.85 万元。能力投入不断增加。新增自助设备 10 台、POS 机 21 台，布放智能电话 40 部，客户服务能力进一步增强。

【速递物流】　充分发挥邮政营业网点的资源优势，增强人员的责任意识和服务意识，做大代理速物流业务规模，代理速递业务收入做到稳中有升。包裹快递专业全年累计实现收入 601.7 万元，电商快包年日均寄递量 1694 件，同比增幅 104.4%，依托“骆驼行动”深挖电商客户，客户规模突破 100 家，并拓展了拼多多、微商、同城配送等多领域客户群。

【邮政储蓄】　全县实现金融收入 6131 万元，完成市公司下达确保计划的 101.7%，同比增幅 8.2%。完成时点金融总量 7.6 亿元，点均年增 3800 万元；余额年增 4.9 亿元，点均净增 2450 万元，点均余额规模突破 2 亿元。存款规模市场占有率 19.41%，新增市场占有率 27.34%，两项指标均位居全市各县市区分公司第一位。积极落实网点差能提升活动，实行支局 PK 对抗和县公司帮扶活动，储蓄余额、活比及保险理财业务均实现大幅度发展，强化“一局一策，一点一策”跟进，通过转型工具使用，督导网点人员进行客户维护。

【邮政服务】　2017 年，东平邮政共有投递段道 46 条，总计单程投递里程 2324 公里。东平分公司鼓励投递员带车加盟，投递工具现有面包车 16 辆，电动三轮 17 辆，摩托车 13 辆。邮路分为东路、西路。东西邮路负责农村网点进出口邮件传递，运输工具为厢式货车。投递工作人员 48 人，其中城区 15 人，农村支局 33 人。累计建设“三农服务站”679 个，“便民服务站”790 个，覆盖全县各个乡村。新增“便民服务站”28 处，进一步增强邮政服务“三农”的能力。合计配送优质化肥 2100 吨，减少农户购买农资产品的运输费用，节约了成本。保证产品质量，杜绝假冒伪劣和坑农害农现象。农收时节，邮政员工深入田间地头，为种植户上门免费办理邮政绿卡，农收款通过转账交易，避免假币纠纷，免除农户的后顾之忧。全县新增合作社 2 处、示范田 3400 亩、会员 1800 户。

【邮税合作】 2017年5月9日，东平县邮政公司与县国税局、地税局共同签订合作协议，标志着东平国税局、地税局与东平县邮政公司"代开发票、代征税款"的合作正式开始。经过周密准备，6月1日，选择在东平县平湖路邮政网点开展业务试点。试点启动一周，对151户纳税人代征增值税、个人所得税、城建税，合计代征税款62451.28元，并顺利入库。日均代开发票20余份，代征税款近万元，2017年年底，累计实现代开税票3168份，代征税款41.85万元。

2017年5月17日，县邮政局组织预防职务犯罪邮路志愿者服务宣传启动
（张瑞泉 摄）

【预防邮路】 2017年5月17日，中国邮政集团公司山东省东平县分公司和东平县人民检察院联合开展"预防职务犯罪邮路"活动。借助邮递员社会服务覆盖面广、与群众联系密切的优势，组建"预防职务犯罪邮路"志愿服务队，将廉政文化、法治文化传播到基层，传递给广大人民群众，实现预防网络全覆盖，达到"惩治腐败无死角，预防犯罪零盲区"。积极营造不敢腐、不能腐、不想腐的氛围。6月26日，中国邮政集团公司发行《国际禁毒日》纪念邮票。东平邮政分公司依托邮政品牌的社会影响力和渠道宣传优势，积极开展"预防毒品邮路"行动，将禁毒的宣传融入到日常投递、服务中，借助自身所有可利用的媒体资源，在全县掀起全民禁毒的热潮。 （刘 露）

教育·科技

教 育

【概况】 2017年，全县有各级各类学校（幼儿园）275所，在校学生（幼儿）104428人；其中，普通高中4所，学生14411人；职业学校2所，学生4053人；初中15所，学生24379人；九年一贯制学校6所，学生6595人；小学73所，学生34655人；特殊教育学校1所，学生147人；幼儿园174所，在园幼儿20188人。全县在职教职工7609人，其中普通高中1221人，职业学校295人，初中1820人，九年一贯制学校476人，小学2304人，特殊教育学校36人，幼儿园（含民办）1457人。

2017年，教育系统围绕办人民满意教育中心，牢固树立立德树人根本任务，着力在教育均衡上促提高，在改革创新上求突破，在内涵提升上谋发展，开拓创新，砥砺奋进，高考、中考质量大幅提升，各项任务目标高效落实，全县教育事业保持科学、健康、持续、协调发展的良好局面。2017年高考本科上线共计2416人，实现七年连续增长，其中202名同学被“985”“211”高校录取，有2名同学被清华大学录取。有582名教师被评为县、市优秀教师，其中市级优秀教师38名。县教育局先后获省教育信息化示范单位、市课程与教学工作先进单位、县先进基层党委（县直部门第一名）、县教育绩效提升先进单位、县政风行风测评评议成绩突出单位（社会管理类第一名）、县安全生产工作考核优秀单位（县直部门第一名）等多项荣誉，在教师节庆祝大会上，受到县委、县政府嘉奖。

【教师队伍】 2017年，新招聘补充教师300人，65%以上安排到农村任教；接收实习支教师范生177人，全部分配农村学校任教，每人每月发放900元生活补贴，所需费用纳入县财政。制定《初中、小学校长职级评审认定工作实施方案》，完成首次校长职级评审、认定和聘任工作，将中小学校长职级薪酬待遇纳入2018年度财政预算。落实农村学校特级教师岗位计划，完成首批特岗教师竞聘工作，以农村义务教育学区为单位，为每个学区设立1个特级教师岗位。落实乡村教师支持计划，积极开展城乡教师交流工作。实施乡村教师年度健康查体制度。进一步完善教师培训体系和递进培养机制，建立起“以高端培训为引领，以县级培训为主导，以校本培训为主体”的大培训工作格局，共培训干部教师1.5万人次；做好教师资格考试工作，面试考生2831人，通过教师资格认定1129人，对382名新进教师进行资格注册；组织1021人参加普通话等级测试，747人获取合格证书。

【教育信息化】 依托泰安市数字教育专线，投入2387万元，对全县教育城域网进行升级改造工程建设。一是裸光纤直连到房间。全县新增4300个ONU，教育局机关、14个乡镇（街道）教育办公室及119所学校，全部升级为裸光纤直连网络，建成光纤到房间（普通教室、专用教室、教师办公室等）的高速城域网。二是建设县教育数据中心。按照国家B级机房标准，采用华为模块化机房，建设数据中心面积380平方米，主机房90平方米，新增4路服务器10台、光纤交换机2台、高性能交换机2台、下一代防火墙2台、云存储系统1套，实现全县教育快捷信息交换、传输。三是建成县教学视频管理平台。视频管理平台集录制、直播、点播、网络微格教研、网络在线编辑、在线巡课、听课、资源管理等功能于一体。新装摄像头3600个，每间教室采集两路摄像机视频，一路VGA视频，实现教学过程精细化管理。四是建设全县教学视频展示中心。通过15平方米小间距LED全彩显示屏，实现教学视频管理、平安校园监控展示、网络巡课、集中听课研讨、校园安全远程巡视等功能。顺利通过省教育信息化试点单位验收。5月、8月，省教育电视台两次进行专题报道。东平县被省教育厅评为“山东省教育信息化示范单位”。

【解决中小学大班额】 2015年起实施，规划总投资8亿元，征地668亩，全县规划新建学校11所、改扩建32所，规划建设面积39.72万平方米。其中城区新建5所，改扩建6所，乡镇（街道）新建6所，改扩建26所。2017年，城区新建佛山小学、东平街道中心小学投入使用，青峰山实验学校通过竣工验收，清河小学主体完工，龙山中学在进行基础施工；城区改扩建学校6所，其中，佛山中学、东原实验学校投入使用，明湖中学、实验中学、实验小学竣工验收，高级中学在建。乡镇（街道）新建项目6所，银山镇实验学校、戴庙镇金山小学投入使用，接山镇中心小学、彭集街道中学主体完工，商老庄乡中心小学在建，大羊镇中心小学在办理建设手续；改扩建项目26所，其中，州城街道第二中学、接山镇中学、大羊镇中学、梯门镇中学、梯门镇中心小学、老湖镇王台小学、斑鸠店镇西堂子小学、银山镇中学、银山镇中心小学、戴庙镇师集小学、沙河站镇中学、沙河站镇中心小学、沙河站镇何村小学、沙河站镇吴桃园小学等14所项目投入使用，老湖镇中学、老湖镇中心小学、旧县乡中学、旧县乡中心小学、斑鸠店镇中学、斑鸠店镇中心小学6所项目在组织竣工验收，州城街道第一中学、州城街道师柳林小学、新湖镇中学、新湖镇中心小学4所项目主体完工，东平街道中学、戴庙镇中学2所项目在建。

【全面改薄】 “全面改薄”是党中央、国务院聚焦贫困地区义务教育发展、保障教育公平所作出的重大决策，是推动义务教育均衡发展的重要举措，不仅是一项重要的教育工程，更是一项重大的民生工程。2017年，按照“补短板、保基本、兜网底、全覆盖、均衡化”要求，东平县把改善薄弱学校办学条件、推进义务教育均衡发展作为有力抓手，加快构建与经济转型相适应、与城市定位相匹配、与群众期盼相吻合

2017年，新建佛山小学 （张清冉　供稿）

2017 年 9 月，东平启动校车工程（张清冉　供稿）

的教育体系，全县“全面改薄”规划校舍建设项目投资 5309 万元，建筑面积 41014 平方米。实际完成投资 5460 万元，完成建筑面积 42166 平方米，分别占规划的 102.84% 和 102.81%。

【素质教育】 高校自主招生高级中学初审通过 518 人次，居全国县级中学第一名，自主招生综合质量排名居全国县级中学第一名。承办山东省“中国梦校园情”中小学生艺术节活动，共演出 15 个大型综艺节目，1896 名师生参与演出，受到了省市领导和社会各界的一致好评。创建全国足球特色学校 2 所，国防教育示范学校 1 所，国防教育特色学校 3 所。开展了大阅读课堂、经典诗文诵读比赛、“墨香校园”书法比赛、“假期读一本好书”等一系列读书征文比赛活动。在省市举办的“百年追梦 全面小康”读书教育活动中，县教育局分别被省市组委会评委组织工作优秀奖和一等奖。举行了义务教育阶段语文、数学、英语、物理、化学学科能力大赛。在市国防知识演讲比赛中，县教育局获得初中组团体第一、小学组团体第二名的好成绩。在全市首届智力运动会上，县代表队获金牌数第一、团体名次第一。在市篮球联赛、市三人制篮球比赛中，彭集中学女子篮球队获得初中组两次第一名。在市锦标赛体操比赛中，梁村小学获得幼儿组项目团体第一名。在市锦游泳团体标赛上，实验小学获得小学组第一名。在市中学生田径运动会上，老湖中学孙晓慧获得女子 3000 米第一名并打破赛会纪录，代表泰安市参加省田径比赛，获省 3000 米竞跑第二名。

【各类考试】 全县完成普通高校招生考试、成人高等教育、高等教育自学考试、高中学业水平考试、初中学业水平考试等各类考试共 8 次，考生人数 38775 人次。高级中学和明湖中学 2 个高考考点均被评为省优秀考点。

【义务教育经费保障机制】 按照小学、初中每生每年 710 元、910 元标准，统一拨付城乡义务教育生均公用经费；落实特殊教育学校生均公用经费 6000 元标准；农村初中和小学家庭困难寄宿生生活费补助标准分别为 1250 元、1000 元，享受补助学生占寄宿学生的比例提高到 30%。全年落实各类义务教育经费 59160370 万元。

【学生资助】 2017 年，共发放各类学生资助资金 1083.91 万元，受助学生 1.54 万人次。其中，发放学前教育政府助学金 219.96 万元，受助幼儿 3666 人次。为义务教育阶段家庭困难寄宿生发放生活补助金 542.45 万元、受助学生 8752 人次；发放普通高中政府助学金 277.6 万元，受助学生 2776 人次；发放中职助学金 43.9 万元，受助学生 439 人次。

【校车工程】 4 月 26 日，县政府印发《东平县人民政府办公室关于推进校车工程的实施意见》，成立校车工程领导小组，全面推动校车工程的实施。9 月校车工程投入试运营，共运营校车 33 辆，50 条校车服务线路，

涉及县直学校1所，乡镇中心小学11所，村小10所，九年一贯制学校1所。校车停靠站点覆盖225个自然村，3800余名学生受益。

【平安校园建设】 学校安全教育平台投入使用，实现全县各学校、幼儿园安全教育全覆盖；市“智慧安监”信息监管平台投入使用，实现校园安全隐患线上管理。开展全县学校安全工作“四季战役”大检查、消防安全专项检查，组织开展学校食堂达标建设，在各校园周边危险水域设立防溺水警示牌1800余块。联合县交警大队、交通局、安监局开展两次校车行驶线路隐患排查，与县交警大队一起开展“黑校车”查处活动4次。举办全县校园安保人员培训和全县食堂工作人员食品安全暨消防安全培训，组织参与全国首届中小学生消防安全知识网络大赛，开展“珍爱生命·健康成长”“安全伴我在校园，我把安全带回家”征文活动。

学前教育

【概况】 2017年，以落实二期学前教育三年行动计划和创建省示范园、市规范化幼儿园为抓手，狠抓园所建设，投资2658.8万元，改善办园条件，新建、改扩建幼儿园20所。强化师资培训，提高幼儿教师业务素质；坚持家长培训，努力转变家长育儿观念；完善学前教育管理机制，严格幼儿园年检认证，开展城区未登记注册幼儿园规范整顿和幼儿园办园行为督导评估，强化幼儿园安全管理，坚持科学保教，努力提高保育教育质量。2017年，成功创建省级示范幼儿园8所，复验省级示范幼儿园1所；获“泰安市课程与教学工作先进幼儿园”称号7所，23人次被评为“泰安市课程与教学工作先进个人”；1所幼儿园在山东省第四届幼儿园特色教育展评中获奖，12名幼儿教师获市级德育优课或优质课称号。

【重点幼儿园】 东平县实验幼儿园 省级示范幼儿园，占地35亩，建筑面积9640平方米，总投资1160万元。现有29个教学班，小班、中班、大班各9个、托班2个，在园幼儿1390名。现有教职工118人，其中大学本科26人，大学专科48人。根据省办园标准，每个班集活动室、寝室、衣帽室、卫生间于一体，配备空调、液晶电视、电脑、数码照相机、教学音响、钢琴，适合幼儿年龄特点的桌、椅、床、玩具橱。园内设有伙房、卫生室、科学发现室、形体室、多功能活动室、图书阅览室、档案资料室等。室外安装攀爬长廊、攀爬墙、空中城堡等大型组合玩具，开辟玩沙、玩水区、种植园、饲养区。该园遵循“快乐生活，健康成长”办园理念，以“让爱更多一点”为办园宗旨，坚持安全主线，加强师资队伍建设与文化内涵建设，坚持用心工作，微笑服务，真正实现“蹲下来讲话、抱起来交流、牵着手教育”。抓好教科研，先后承担“对幼儿进行礼仪教育的研究”“幼儿行为习惯养成教育的研究”“优化幼儿园户外活动的研究”等实验课题，促进幼儿全面发展，连续被评为市十佳幼儿园、市课程与教学工作先进单位、市保教工作先进幼儿园、市安全文明幼儿园、市语言文字规范化示范园、市巾帼文明示范岗、市餐饮服务食品安全示范单位、市户外素质教育活动一等奖、省特色办园三等奖等。

大羊镇中心幼儿园 省级示范幼儿园，占地4350平方米，建筑面积2253平方米，绿化面积1050平方米，室外活动面积2200平方米。有大中小6个教学班，在园幼儿171名。教职工21人。该园坚持“教育需要爱，更需要智慧”的理念，坚持学前教育探索、研究、创新，与幼儿养成教育、爱心教育相结合，致力于打造全县一流特色园所。教育过程围绕“故事”进行，让幼儿倾听故事，阅读故事，创编故事，表演故事，绘画故事，亲子制作故事连环画等，结合故事主题，构建“童心画语”园本课程，让孩子“画自己心中的画，讲自己心中的故事”，引导幼儿观察与认知生活中发生的事情，开展幼儿绘画创作活动，将自己绘画内容以故事形式讲述出来。故事融入幼儿生活，培育幼儿“四种能力”：即事物记忆能力，语言表达能力，行为模仿能力，构思想象能力。良好的道德品质与审美情趣，促进幼儿全面发展，快乐成长。受到幼儿家长高度赞赏。此外，该园还创新利用户外环境，打造“童乐园”。他们把游戏功能与大羊镇本土文化巧妙结合，让孩子主动与大自然互动，了解大羊本土文化，开展民间游戏，如“丢手绢”“抬花轿”“踩高跷”“赛龙舟”“竹竿舞”等，培养孩子的平衡能力、弹跳能力、合作能力，幼儿在丰富多彩的玩乐生活中增长知识与智慧、培育爱心与胆略。充满爱心和智慧的教育过程，促使教师与幼儿都得到锻炼与提高，先后涌现出县教学能手2人、市县优秀教师6人、市县级优质课一等奖获得者8人，被县委、县政府评为管理与保教工作先进幼儿园。

中小学教育

【概况】 2017年，全县中小学以立德树人为根本任务，围绕办人民满意教育目标，以提高教学质量为核心，大力实施素质教育。加强统筹谋划，稳妥全面推进基础教育综合改革，完成校长职级制改革，强化教育教学管理，规范办学行为，进一步深化办学水平观摩评估，推动教育内涵发展。实施家庭教育普及工程，落实“千名教师访万家”活动，办好家长学校，开设家长课程，提升家庭教育水平。坚持向课改要质量、向课堂要效益，构建“一校一模”课堂教学模式，加大教育信息化在教育教学的运用程度，推进教育信息化与教育教学的深度融合，全力打造高效课堂。深入开展片区教研、主题教研、“半天无课日”“人人讲公开课、校校评优质课”等系列教研活动，接地气、重实效，切实提高教研的针对性和实效性，有效提升教研水平。全县创建市级规范化学校13所，市级心理健康教育特色学校3所。高级中学、实验小学被评为省级文明校园，实验中学等8所学校被评为市级文明学校，17所学校被评为县级文明校园。

【重点小学】 实验小学 2017年，有教学班37个，学生2709名，教职工129名。学校坚持“面向全体，全面发展”育人观、“向课堂教学要质量”的发展观和“为孩子未来发展奠定更加宽厚基础”的成绩观，围绕育人孜孜追求，各项工作得到提升。12月12日，在泰安市小学课程与教学工作会议上，学校作《坚持创新不重复，坚持发展不止步》典型经验介绍，为学校第9次在省市教育教学工作会议上介绍经验。本年度，全县开展小学综合考评、教学水平视导、办学水平观摩评估，学校均获第一名。其中，办学水平观摩评估，连续10次全县小学第一名。校长梁永久被授予“东平县优秀校长”，在全县庆祝教师节表彰大会上，为小学段唯一代表上台领奖。全校有763名学生，在全国、省、市、县组织的各项比赛活动中获奖。在全国小科学家实验总决赛、市第三届小学数学大赛、市“百年追梦、全面小康”爱国主义读书教育活动征文比赛、县小学教学成绩考核、县“高斯杯”小学数学竞赛中，学校获奖总人数、一等奖总人数均居全县小学第一名。学校荣获全国中小学科学教育体验活动示范学校、省文明校园、市文明单位、市教书育人先进单位、市课程与教学工作先进单位、市中小学心理健康教育特色学校、市青少年法治教育示范学校、市青少年“百年追梦，全面小康”读书教育活动先进学校、县教育教学质量先进学校等荣誉称号。

梯门镇中心小学 学校原为梯门乡第二中学，始建于1987年，2011年正式更为现名。学校占地65亩，建筑面积13662平方米，有9100平方米环型塑胶运动场。学校专用教室、教学用房和各类教学设施配备齐全，达到省办学标准化水平。2017年，有5个年级17个教学班，在校学生802人；教职工42人。学校坚持“以人为本，全面发展”办学理念，以“德育为首，教学为主，五育并举，个性发展”为治校方略，以培养“行为良好、人格健全，生活自主、创新发展”合格人才为办学目标，以阅读和写字为抓手，打造书香校园，多次受到市县表彰，被评为市级规范化学校。2017年，投资1100万元，建设宿舍楼2560平方米、实验楼4550平方米；投资810多万元建设的两幢教学楼，主体已完工，面积5742平方米。投资30万元，完成伙房和餐厅改造。教学业绩显著，在学生抽考成绩、观摩评估、教学视导、大阅读教学、校本培训等各项工作中成绩优异，教育教学质量综合评比位居乡镇中心小学第一名，被评为“全泰安市课程与教学工作先进单位”“全市教书育人先进单位”。再次被县委、县政府评为“教育教学质量先进单位”。

东原实验学校　东平县第一所九年一贯制学校。2017年，围绕党委中心工作和争先进位目标，发挥党员教师模范作用。通过“国旗下讲话”“庆七一”等系列活动与学校德育相结合，通过“党员示范课”“党员教学论坛”等活动促进教学活动与师德师风建设。围绕“一体两翼”目标，狠抓教学常规管理、教学研究、培训工作、考试管理和作业管理，提高教育教学质量；以社团、读书、习字和研学旅行活动为载体，以“学生自主管理”为抓手，促进德育建设；通过信息化培训、“微课大赛”等系列活动，推进“三通两平台”建设，打造数字化建设高地。着力突出课程建设，打造班本课程；通过家长驻校，推进家委会建设工程；通过推进校长三项工程建设，提升办学水平；通过校园安全工程，打造平安校园；通过研学课程和团队建设，开展研学活动。年内，各项工作走在全县教育发展前列，提供省、市、县检查、参观、活动现场多次，在全县办学水平观摩评估、教学管理观摩评估、大阅读评估、教育教学质量考核评估中，获得全县第一名好成绩。

沙河站中学　始建于1958年，学校占地42000平方米，建筑面积17100平方米。2017年，有21个教学班，在校生978人，教职工89人。学校秉承“建学生喜欢学校、办人民满意教育”办学理念，在日常生活中规范管理、严格要求、抓细抓实、形成特色。把孩子的安全、学习、生活、冷暖放在心上，改善办学条件，优化育人环境。年内投资2500万元，建设录播室、塑胶操场、学生宿舍楼投入使用，学校顺利通过国家义务教育均衡发展验收，受到教育部和省市领导好评。教学中，坚持以学生为中心，让学生乐学、会学、学会，培养学生良好学习习惯和学习能力。推进课堂教学改革，坚持“目标引领、全动参与”的四环节教学模式，教学成绩列乡镇中学第一名；在全县教师优质课比赛中，学校20名教师获一等奖。坚持学生全面发展，举办春季、冬季运动会，平时开展“两操一社团”活动，让学生既锻炼身体，又培育特长，增进健康、快乐、自信。被评泰安市课程与教学先进学校、全市教书育人先进单位、全市行风建设先进学校、全市市青少年法制教育先进学校，东平县教育教学质量先进学校。

【普通高中】　建立健全高中教育发展进机制、保障机制、考评机制，夯实了教育发展基础。抓好常规教学环节，落实常规教学的备、教、批、辅、考、补等环节。坚持打造“高效课堂”，深入推进“一校一模”建设。加强学制改革，尝试“选课走班制”和高中“七年一贯制”教学，统筹整合初、高中课程，迅速适应新高考“3+3”模式。深入研究奥赛、作文大赛、英语大赛等比赛规则，提升“自主招生”“农村专项”等优生优培的能力。着力推进信息技术应用常态化建设，实现人人使用电子白板上课。2017年，高考本科上线共计2416人，实现七年连续增长，其中202名同学被“985”“211”高校录取。

【重点高中】 东平高级中学 省级规范化学校。占地115亩，建筑面积4万平方米，有教职工370人，教学班66个，学生3600人。2017年，学校秉承“弘毅砺志，自强不息”校训，坚持“以人为本，德育为首，质量为重，促进师生幸福发展”办学理念，构建“规范化管理为基础，特色化教学为重点，全面性服务为保障，健康型质量为核心”四位一体发展格局。秉承“学为人师，行为世范”古训，负载“质量是学校生命线”的使命，面向全体，注重个性，诠释教育的责任与担当：坚持党建引领，提升队伍素质，开展“两学一做”学习教育，评选“党员优课”；严格教学常规，夯实质量之基，坚持学校班子分管负责制，紧盯教育教学管理，抓实“半天无课日”教研，打造40分钟高效课堂；创新分层培养机制，自主招生居全国县区级中学领先地位。在新时代三年规划中，以不忘初心、砥砺奋进，持续创建“学生快乐，教师乐业、家长满意、社会公认”省内外知名高中为目标，开拓进取，科学施教，高考本科上线940人，600分以上高分段人数81人；蒋辉以724分被清华大学录取；张新楠以683分被浙江大学录取。高校自主招生初审通过518人次，居全国县级中学第1名，自主招生综合质量排名居全国县级中学第1名；五大奥赛及语文写作、英语学科能力竞赛获奖918人次。学校获山东省文明校园、泰安市课程与教学先进学校、东平县政府嘉奖。

东平明湖中学 省级规范化学校。占地450亩，建筑面积10万平方米，有132个教学班，教职工514人，学生8800名。学校教学装备一流，图书馆藏书12万册，有设施齐全的理化生探究实验室和劳技、书法、舞蹈等功能室，塑胶运动操场和球类运动场高标准。2017年，学校以创办人民满意教育为宗旨，坚持“办适合学生的教育，实现学生多元成才”办学理念，以较快振兴学校为目标，以聚焦核心素养落地、创建改革创新示范校为抓手，全面提高师训水平，全面提高管理层次，大力提升育人条件设施水平，重点突出创新全员育人、深化课程改革和智慧课堂三项工作，促进学校内涵发展。学校增值性评价位于全市前列，多次在全市、全省和国家级会议上做经验介绍。高考重点上线由2012年的5人，2017年达到147人，本科录取过1000人，为2012年10倍。继2016年裴召文同学被北京大学录取后，张智昊同学又被清华大学录取。学校还是首都师范大学东平附属学校，山东省“1751”工程联盟校，先后荣获省依法治校示范学校、省未成年人思想道德建设工作先进单位、省级卫生先进单位、市学生最喜欢的学校、市首批校园文化AAAA级单位、市教书育人先进单位、市高中课程与教学工作先进学校、县教育教学工作先进学校、县教育教学质量先进学校等多项荣誉称号。

特殊教育

【概况】 东平县有特殊教育学校1所，原名“东平县聋哑学校”，始建于1991年，2013年更名为特殊教育学校，是一所以智障、聋哑及学前康复教育为主的寄宿制学校。位于县城西山路111号，占地面积8亩，建筑面积3400平方米。学校设11个班级，教职工31人，其中专任教师28人，学历达标率100%。其中市县优秀教师18人，市名师3人，市教坛英才3人，省市教学能手各1人。学生131人。其中，在校生102人（学前康复生20人），送教上门学生29人。

【特教创新】 2017年，特殊教育学校根据学生特殊需求，倡树“和合”文化，以生存教育为校本，以医教、康教结合特色铸品牌，强化优质教育服务，严格落实新课程标准和校本培训。根据初中部、小学部、学前部三个层次学生情况，成立“生存教育研究会”，与县第二实验小学联合成立普特融合教研共同体。5名教师确定为市特殊教育教研指导团队成员，完成市县级课题结题2项，编写校本教材4册。10月，创办校报《四叶草》。改善基础设施和办学条件。实施校长三项工程，投资12.5万元，建设校园文化长廊、法制活动室及留守儿童之家、教学楼楼道铺设PVC塑制地板；投资60多万元，购置康复教学设备。配合创建国家卫生县城，做好校园绿化美化。学校全方位做好教育康复、送教上门、随班就读等工作。康复救助12名智障儿童，为29名重度智障儿童实施送教上门服务。同时，开辟社会实践性课程，以人性化服务满足学生个例化需求，使他们在温暖温馨中成长。被评为全县安全工作先进单位。

职业教育

【概况】 全县有中等职业学校2所，14所乡镇（街道）成人教育中心校。其中公办中等职业学校1所，民办中等职业学校1所。共有学生4053人，教职工295人，其中专任教师203人。各学校以社会需求为导向，紧紧围绕县域经济发展，不断优化专业设置。加强了职业教育基础能力建设，以专业实训基地建设推进职业教育的体制、机制改革。大力推进校企合作、产教结合育人模式。积极支持和引导市场主体开办职业教育，初步形成职业教育多元化的办学格局。

【职业学校】 东平县职业中等专业学校 国家级重点职业学校、首批省级规范化中职学校、第二批省级中职示范校项目建设学校，是一所集中职学历教育、高级技能教育、社会培训、师资培训为一体的综合性职业学校。学校占地210亩，建筑面积7.1万平方米，教职工256人，在校生3569人。开设机电技术应用、计算机应用、汽车应用与维修、数控技术应用、学前教育、会计、城轨交通、护理等专业，其中机电技术应用、计算机应用、汽车应用与维修为省级品牌专业；配有72个专用实训室、1200多套实训设备，设备总值达3000多万元。学校围绕“办好职业教育，服务当地经济建设”这个中心，按照“以人为本、以德治校，特色强校”的整体工作思路，秉承“崇德博学、精技创新”的办学理念，坚持“德技并修、工学结合”的育人机制，抢抓机遇，开拓进取，办学质量和办学效益明显提高。学校累计培养毕业生4万余人，短期培训8万多人次，毕业生就业率保持在98%以上，2000多名毕业生升入对口高职院校，5名往届优秀毕业生在全国职工职业技能比赛中获得冠军。在2017年全国职业院校技能大赛中，吴永老师辅导的展兆旭同学获得银牌；省职业院校技能大赛中获得1枚银牌、1枚铜牌；市职业院校技能大赛中获得5枚金牌、9枚银牌、23枚铜牌。学校先后荣获“全国教育系统先进集体”“山东省职业教育先进单位”“山东省农村劳动力转移培训先进单位”“国防教育特色学校”等荣誉称号。

东平县现代职业技术学校 中等专业学校，始建于1996年，位于县城南外环路牌子村北，占地50亩，建筑面积3000平方米，有教师52名，在校生562人。开设计算机、会计、学前教育等专业。学校实行全封闭式管理，手把手教学模式，定向培养就业。招生对象主要是应往届初、高中毕业生及适龄社会青年。2017年，坚持职业技术教育与成人教育相结合，把短期职业技术培训，提高劳动者素质，服务地方经济建设作为重要教学任务，拓宽办学门类，全年开展各类短期职业技术培训1100人次。适应农村产业结构调整需要，努力做好服务“三农”、农村劳动力转移培训工作。“阳光工程”“雨露计划”“温暖工程”“科技富民”等农村劳动力转移培训工作确定显著成效。本年被高校录取42人，占毕业生总人数的30%。按照“专业对口，安全第一”工作思路，本着先考察后安置、不考察不安置、不落实“五项保险”不

安置原则，认真做好毕业生安置工作。与青岛海信集团、上海达丰电脑集团、三星集团、上海和硕科技集团等国内外知名企业签定培养安置协议，毕业生就业率达到100%，就业对口率90%。毕业生安置后，学校定期回访和就业指导，建立毕业生信息库。安置毕业班学生到三星集团、青岛海信集团、上海达丰电脑集团实习，月工资4000元以上。安置企业工作环境、待遇好，学生满意，家长放心，提高了学校知名度。被评为山东乡村发展论坛“最受新农村信赖的学校”，被市县教育局、人社局评为社会培训“优秀单位”、职业教育“先进单位”。

民办教育

【概况】 全县现有民办学校（幼儿园）119所，在校生13777人，教职工1072人。其中，中等职业学校1所，在校生484人；普通高中1所，在校生1184人；九年一贯制学校1所，在校生200人；幼儿园116所（有证园38所，暂缓发证园78所），在园幼儿11909人。民办培训学校9所。初步形成从学前教育到高级中学，覆盖普通教育和职业教育、层层次齐全、结构合理、办学体系相对完整的民办学校办学格局。

【重点民办学校】 东平艺术中学 是市教育局批准设立的东平县第六所普通高级中学，简称东平六中。学校位于白佛山前，宿昌路中段，东临明湖中学，北与贯中大道毗邻。占地40.24亩，有办公楼一幢，教学楼两幢，宿舍楼三幢，建筑面积12600平方米。2017年。有24个教学班，在校生1256人，教职员工86人。

学校秉承“以人为本，从严治校，突出特色，质量至上”办学宗旨，建校起累计向省内外高等院校输送本科生2600余人，其中国家重点名牌大学占22.6%。有学生先后被清华大学、中央美院、中国美院录取。学校先后被授予“全国先进社会组织”“全省民办教育先进单位”“全省文明诚信单位”“全县社会力量办学先进单位”“高中教学特色学校”等荣誉称号。

小太阳艺术学校 经县教育局、民政局批准的专业少儿艺术培训学校。始建于2005年，2017年，有特聘教授2名，专业教师22名，学员1500名，开设舞蹈类（中国舞、拉丁舞）、书画类（素描、国画、水粉画、少儿园艺、及书法）、乐器类（钢琴、电子琴、小提琴、古筝、木色都电钢）、语言类（播音主持以及成人艺术课堂）等十余种专业。学校秉承“让小太阳成为孩子们感受艺术、学习特长、健康成长的乐园；教师们愉快工作，实现价值，幸福生活的家园”的共同愿景，励志打造全国艺术培训机构连锁经营著名品牌。该校教学活动丰富多彩，让孩子真正体验到艺术的奥妙，给孩子提供展示自我舞台，成就孩子们脸上自信的笑容。舞蹈部、器乐部分别举办教学活动21次：亲子课堂、汇报课、户外课堂、省舞蹈大赛、省齐鲁情大赛、舞蹈考级、省“一中杯”大赛、深圳“荷花舞韵”大赛等。美术部举办教学活动12次：黄石悬崖写生、清河公园写生等户外写生课、百米长卷、省齐鲁情大赛、美术考级等。每次活动，不仅验证孩子们成绩，也使锻炼意志，拓宽视野，学会感恩，变得更加自信。2017年，学校获“一中杯优秀组织奖”、教育行业“优秀学校”“六一最佳节目奖”“荷花舞韵魅力舞台奖”“牡丹花最佳组织单位”“爱心公益奖”“齐鲁情大赛最具舞台风奖”“省艺术水平考试优秀组织奖”等10多项集体奖项。

东平金笔作文学校 始建于2009年3月。建校之初，白手起家，在县城步行街租赁4间楼房当教室，面积不足100平方米。仅开设金笔作文一门课程，而后增加硬笔楷书、毛笔书法、阅读、记忆学等课程，竭力打造特色品牌。2017年，该校与上海三陶教育集团达成公益合作，为高中生提供良好的线上教学服务，探索出一条

民办教育与公办教育、线上教学与传统教学深度融合的全新教育新模式。学校聘任教师10名，大学文化水平9名，均经过专门培训，持有教师任职资格证书，具有丰富的教学经验。2017年年底，在“晨光杯”全国青少年硬笔书法大赛中，李欣宇、陈思禅等15名学员分别获得优秀奖。有30名学生成为县书协会员，书法作品先后在县博物馆、老年大学、书协大厅展出，部分作品在报刊发表。该校被朗程教育机构授予“全国优秀教学基地”“全国十佳学校”等称号。

（张清冉）

【概况】 2017年，县科技局内设人秘科、政策科、计划合作科、高新科、农社科、成果科6个科室；下设地震局、知识产权局2个副科级事业单位，科技情报所、科技开发中心2个股级事业单位。2017年，县科技局深入贯彻实施“科教兴县”和“人才强县”战略，以“三强企业”、高新技术企业和科技型中小企业培植为重点，不断优化科技创新环境，着力构建科技创新体系，区域科技创新能力不断提高。县科技局被授予市级文明单位称号。

【科技创新环境优化】 联合财政、税务部门制定《东平县企业研究开发财政补助资金管理暂行办法》，进一步引导企业加大研发投入力度。举办知识产权、高新技术企业申报与认定等专题培训班，进一步提升企业科技创新意识和水平。组织机关干部赴北京大学、西安等地进行了科技创新培训和科技业务工作考察，开阔视野。

【科技计划争取】 围绕各级鼓励和扶持政策，着力加强项目储备，强化沟通衔接，不断加大对上争取力度。组织企业积极申报国家和省市各类科技项目60余项，争取上级设备、奖励等多方支持545万余元。鼓励企业加大科技研发投入，全年全社会研发投入达到3亿多元。瑞星集团公司与航天长征化学工程股份有限公司合作的“大规模干煤粉气流床气化技术工业示范”项目获得国家科技部重点研发计划立项，获得中央财政专项经费支持246万元。东平讯发有机蔬菜专业合作社申报的“基于物联网技术的日光温室环境调控及优质高效生产技术”获得2017年度山东省西部经济隆起带基层科技人才支持计划项目支持。

【高新技术产业发展】 组织华锴机电、九鑫生物、新东岳等3家企业申请国家高新技术企业认定，全县高新技术企业达到5家；指导正禾园林等11家企业申请了省、市科技型中小企业认定，省级科技型中小微企业达到15家，市级科技型中小企业达到33家。20年内，全县共完成高新技术产业产值270.92亿元，占规模以上工业企业总产值达到22.9%。

【创新平台建设】 东平县中

2017年3月10日，省市科技指导员深入蔬菜大棚，指导精准扶贫项目实施

（武同振 供稿）

小企业公共服务中心组建的“东科众创空间”获省众创空间备案。东平县科技创新服务云平台建设启动，瑞星集团和东顺集团被认定享受市科技创新服务云平台企业免费个性化定制服务。瑞星集团公司、山东光大科技发展有限公司2014年组建的产业技术研究院验收考核通过，瑞星集团获得优秀，光大科技公司获得合格。2017年，全县各级各类创新研发服务平台达到85家，比2016年增加13家，科技企业孵化器建设面积达到3.63万平方米，比2016年增加1万平方米，在孵企业达到66家，比2016年增加32家，累计毕业12家。

【科技成果与奖励】 组织宝岛农业、沃普科技等企业申报2017年市级科学技术进步奖，其中，沃普科技的“5HPX-15.0型批式循环谷物干燥机”获得市科技进步三等奖。全县企事业单位技术合同登记录入工作顺利推进，2017年度全县完成登记技术合同成交额4078.4万元。

【知识产权管理】 举办全县知识产权基础知识和研讨培训班，邀请高校教授及有关企业技术专家，就提升企业专利创造能力、做好知识产权工作进行讲解。引进第三方服务机构为企业开展服务，与企业签订了12项专利申请委托协议，在此基础上协助企业制定专利申报长效考核机制。及时调整专利补助兑现政策，由原来的一年一次兑现调整为即时兑现，针对东平县专利申请、授权和维持的不同阶段对专利申请人和专利权人，继续分别给予75元到2000元不等的资金补助。2017年全县共申请专利655件，其中申请发明专利115件，发明授权11件，有效发明专利保持在78件。润银生物化工股份有限公司授权发明专利2件在全县经济工作会上受到县委县政府表彰，安排1万元的专项经费。获得泰安市专利奖2项，其中东平县宝岛农业科技有限公司研制的“木瓜与菠萝立体栽培方法”和山东沃普农业装备科技有限公司的“移动式粮食烘干机（22吨）”获得泰安市专利奖三等奖。

【农村与社会发展】 3月10日，省市科技指导员对口帮扶暨东平县2017年科技精准扶贫启动仪式召开，共选派53名高科技人才服务农村发展，实现了省、市贫困村和重点帮扶村科技指导员全覆盖；8月28日，省科技厅张士新副厅长到东平县省级农业科技园区及贫困村现场调研指导，召开了科技精准扶贫座谈会，对东平县科技扶贫工作给予充分肯定。举办“大蒜种植技术培训班”“樱桃管理采摘技术培训班”“小麦种植管理技术培训班”，培训农民500余人。共组织申报市科技特派员项目15项、精准扶贫项目15项、农业良种工程项目3项，获得立项支持16项，争取到无偿扶持经费64万元。积极征集先进适用农业科技成果，光大肥业“水解油渣有机肥”成果纳入泰安市先进适用农业科技成果汇编手册。泰禾农业公司的“秸秆、废菌包综合利用生产黑木耳”项目纳入省农业科技成果转化实施项目，获得省级支持8万。配合省科技厅对东平县黄河滩区重点村产业发展情况进行摸底调研，制定东平县黄河滩区科技发展规划，纳入省厅黄河滩区科技发展总体规划。

（武同振）

防震减灾

【概况】 东平县地震局为副科级事业单位，无内设机构，在编在职人员3人，劳务派遣人员2人。2017年，东平地震工作完善“监测预报、震灾防御、紧急救援”三大体系、狠抓队伍建设等重点工作，立足“防”字，突出“实”字，以“防”为主，按照专防与群防相结合原则开展工作，取得一定成效。配合市地震局完成地震预警系统数据采集上报工作、配合省局监测中心完成对地震预警点位勘选工作，开展重力摆地震监测工作。强震台、测震台、水温水位观测井、体应变观测井运转及数据传输正常。宏观观测平台对全县12个骨干观测点实行24小时全方位、全天候远程视频监控。东平县有两处农村民居地震安全示范工程，戴庙镇金山东社区、金山西社区农村民居地震安全示范工程列入山东省防震减灾“十三五”规划。荣获山东省防震减灾工作先进单位称号，县防震减灾科普宣教中心被命名为国家防震减灾科普宣教基地，荣获山东省防震减灾优秀成果奖三等奖。

【防震减灾考核】 积极利用经济社会发展考核这一有利手段，做好村级“三网一员”（地震·农台网、地震预警台网、地震烈度建报台网、地震测报宣传员）和避难场所建设全覆盖工作，对村级“三网一员”和避难场所尝试进行分类管理，按一、二、三类所占比例对乡镇打分评比。为进一步加强全县防震减灾工作，根据经济社会发展综合考核中防震减灾工作落实情况及2017年市县防震减灾任务分解表要求，东平县地震局组织相关人员，对全县十四个乡镇（街道）2017年度的防震减灾工作进行考核验收，考核发现的问题要求限期整改，考核中评选出的优秀基层先进单位和个人报请上级部门通报表彰，通过年终考核，促进东平县防震减灾事业蓬勃开展。

【地震监测管理】 配合市地震局完成明湖中学、第四实验小学的地震预警系统的数据采集上报工作，配合省局监测中心对银山镇地震预警点位勘选，开展银山镇重力摆地震监测工作。强震台、测震台、水温水位观测井、体应变观测井运转及数据传输正常。宏观观测平台，全县12个骨干观测点，实行24小时全方位、全天候远程视频监控，观测数据录入保存正常。加强台网管理，做好台站值守工作，确保地震台网正常运行，出现问题及时同省市基准台联系，确保数据信息畅通。配合创卫工作，地震台门口路面、墙面、大门等进行硬化、粉刷，美化办公环境。

【防震减灾宣传教育】 积极开展防震减灾宣传教育“六进”活动。“5·12”期间，东平县地震局联合县科技局志愿者，到彭集街道进行防震减灾宣传，宣传员进村入户发放防震减灾知识等宣传材料，为群众讲解防震减灾知识，动物地震宏观异常等群防群测知识。结合科技局党员志愿者服务活动，在金汇商业街人口密集处进行防震减灾宣传材料发放，收到良好效果。联合县教育局在中小学校进行提高学校师生防震减灾意识以及在突发灾害来临时的应急反应能力和逃生自救互救能力的疏散演练，丰富学生地震方面知识，提升防震减灾的本领和技能。发挥科普宣传中心作用。本着公立公益原则，不断提高宣传教育水平和档次，为全面推动科普教育工作上水平创造良好条件，2017年，宣教中心被评为国家级防震减灾科普宣教基地。3月，在山东省地震局防震减灾优秀成果奖评审会上，宣教中心荣获三等奖。中心顺利通过未成年人校外活动保障和能力提升项目绩效评价验收。创建申报示范学校社区。2017年完成和申报创建国家级地震安全示范社区一个，省级地震安全示范社区一个，市级示范社区一个。申报国家级地震科普示范学校两所，省级科普示范学校两所，市级地震科普示范学校两所。

【震灾防御】 2月6日，郭树清省长在政府工作报告中提出地震工作重点要转到预防上来，切实增强城乡建筑抗震设防能力，东平县地震局认真抓好学习贯彻，突出农村危房改造等重点工作，扎实服务好以脱贫攻坚“三大工程”为中心的移民社区建设，全力提高小城镇及农村建设水平，提高社区抗震防灾能力和居民防震减灾意识。深入开展农村地震安全示范社区创建工作，组织召开全县农村民居地震安全示范社区建设会议，推荐上报市局9个社区农村民居地震安全示范材料，全县有两处农村民居地震安全示范工程列入山东省防震减灾“十三五”规划，有戴庙镇金山东社区、金山西社区农村民居地震安全示范工程。指导社区普及防震减灾基本知识，提高自救自护能力，建立健全应急和救援保障体系，增强紧急救援力量，把综合减灾作为构建和谐社区、平安社区的重要工作，统一规划、全面部署，夯实社区防震减灾基础。审批建设项目做到应评尽评，简化审批流程，方便群众，服务群众，地震审批窗口被县行政审批中心评为服务先锋岗。

（武同振）

【概况】　东平县气象局为一级事业单位，实行上级气象主管部门与地方政府双重管理，并以上级气象主管部门为主的管理体制，内设综合管理办公室，气象台和气象科技服务中心，兼东平县人工增雨防雹办公室和东平县防雷电安全办公室。气象事业是科技型、基础性社会公益事业，其主要职责是：负责全县气象事业发展规划、气象灾害防御、气象监测、气象预报、公共气象服务、防雷减灾、人工影响天气、气象行政执法等工作。

2017年年初，东平县气象局按照泰安市气象局党组重点工作部署和县委、县政府明确的经济社会发展主要目标任务，紧密结合气象工作实际，确立“抓效能、促发展、强管理、优服务”的总体工作思路，突出抓好“行政管理提效、基本业务提高、重点工作突破、台站建设完善”这四篇文章，取得年度较好成绩。全年共发布《东平气象服务信息》268期，其中《气象服务周报》52期、《气象预警信息》52次，圆满完成县委、县政府部署气象服务任务，被县政府评为2017年度应急管理工作成绩突出单位，被泰安市气象局授予“全市气象系统综合目标达标单位”“全市气象系统气象服务先进集体”等荣誉称号。

【防汛气象服务】　4月，加强汛前气象服务准备工作，做到“人员、技术、资金、设备、储备”五到位工作。进入汛期，严格遵守领导带班和业务值班纪律，对重要天气过程，加强省、市、县天气会商力度，提前进行中、长期、短期、临近等不同时段的精细化预报、预警，对6月22日等次暴风雨过程，局领导昼夜坚守值班一线，及时向县政府值班领导汇报雨情进展信息，为领导正确决策防汛提供科学依据。

【专业气象服务】　深化气象信息发布与传播载体建设工作，及时更新全县气象服务手机信息库，纳入国家突发事件预警信息发布系统。紧紧围绕县委、县政府每个时期的中心工作，与相关政府部门联合，分别开展“三农”气象服务、重污染天气治理气象服务，水上交通安全气象服务、春运气象服务、道路结冰气象服务、森林防火气象服务、地质灾害预警预报气象服务和政府重大户外活动保障气象服务等工作。

【人工影响天气工作】　春、秋两季气候干旱，是东平县主要气候灾害之一，也是制约东平县山区乡镇农业生产的瓶颈问题。2017年，在中国气象局人影中心、省气象局科研所和市局人影办的大力帮助下，东平县气象局申请购进增雨火箭弹100枚，抢抓有利降水过程，及时在大安山、老湖两处人工增雨作业基地，同时开展人工增雨作业8次，安全高效发射增雨火箭弹100余枚，有效增加降水，助力全县抗旱生产。

【气象现代化建设】　依法保护气象探测环境，《东平国家气象观测站探测环境公告》在东平政府网站发布；完成6个乡镇（街道）区域自动气象站升级改造，由2要素升级为四要素，同时对局大监站主要设备进行了更新；完成了山洪项目建设，落实了双重计划财务体系；积极推进“东平县突发事件预警信息发布中心”机构成立工作。

【防雷安全管理】　以安全生产为重，以防雷电安全为主要内容，配合县安监局，开展防雷安全管理，按照县安委会的相关要求，成立两个检查组，对全县70多个加油站逐一进行了防雷安全检查，对发现的安全隐患，及时采取整改措施。认真落实东平县安全委员会办公室《关于2017年度安全大检查的通知》精神，对全县防雷电安全进行专项检查，对危化企业、重点公共场所等建筑物进行雷电灾害防护装置年度检测，确保了企业安全生产和公共场所防雷安全。

【气象科普宣传】 2017年“3·23”世界气象日活动期间，东平县气象局机关开展世界气象日开放活动，接待社会各界人士上百人到气象台进行参观，体验气象观测，学习气象常识；同时组织气象业务人员，到县城东山路设立服务台，开展气象科普知识宣传。在“5·12”防灾减灾日和“6·5”国际环境日，“6·15”安全生产宣传咨询日也分别上街开展气象防灾减灾宣传。在7月举办的全县消夏广场文艺演出活动中，也创作了气象科普节目进行公演。通过以上多种形式、精准开展气象科普宣传，提高了广大民众的气象防灾减灾意识。

【业务竞赛获佳绩】 10月，泰安市气象局举办全市气象系统职业技能业务大赛，东平县局派出2名年轻业务选手参加比赛，经过激烈角逐，在全市7个县市区局站中脱颖而出，取得团体总分第二名，个人单项第一名的好成绩。

【巩固省级文明单位创建成果】 严格按照《山东省文明单位考核标准》，按照8个大项26个小项标准，开展多形式、多内容的文明创建等项工作；积极完成县文明委安排的文明创建活动任务；积极履行社会服务职责，完成创卫等项工作，顺利通过2017年度省级文明单位复查。

（李其祥　刘文霞）

文化·体育

综 述

【概况】 县文广新局内设人秘科、文化艺术和广播影视科、文化市场与新闻出版管理科、文物科、安全监管科，辖博物馆1个正科级事业单位，5个股级事业单位：文化馆、图书馆、新闻出版管理办公室、文化市场稽查大队、电影发行放映公司。在编干部职工82人。

【公共文化服务体系建设】 2017年，县文广新局根据县政府赋予的各项文化管理职能，以提升全县的文化软实力和群众的文化获得感、幸福感为目标，完善公共文化服务体系，深入实施文化惠民工程，丰富群众性文化活动，加强文物保护利用和文化遗产保护传承。文化馆、图书馆继续保持“国家一级馆”称号，博物馆争创国家二级场馆；14个乡镇（街道）和经济开发区设综合文化站，654个村建成基层综合文化服务中心；农村公益电影放映与“村村响”省级试点工程建设成效显著。群众性文化活动丰富多彩，举办第四届“百姓大舞台·我是大明星”、广场舞大赛、送戏下乡、农村公益电影放映活动。加大文物保护利用力度，实施白佛山石刻加固工程、县级历史文化展示工程和国家艺术基金安道一北宋摩崖石刻原拓书画展示工程，策划申报大运河文化带保护项目，东平故城保护规划得到批复，国家考古中心东平湖水下考古项目扎实推进。深入挖掘非物质文化遗产，提升非物质文化遗产产业化水平。加强文化市场管理，完善事中事后监管制度。被评为泰安市文化广电新闻出版（文物）系统先进单位、全市非遗工作先进单位、全县行政执法先进单位。图书馆、文化馆被评为市文化广电新闻出版（文物）系统先进单位；博物馆、图书馆被评为第一次全国可移动文物普查工作先进单位；公民道德教育馆被评为山东省社会科学普及教育基地、山东省爱国主义教育基地；电影公司被评为全省“送电影进福利机构”先进单位。

（田　军　朱雪强）

【群众文化活动】 认真贯彻落实中共十九大精神，坚定文化自信，推动文化繁荣，继续在县城和镇村开展文艺演出活动。指导帮助县直部门和单位举办各项主题节目、专场晚会。推荐优秀节目赴省、市会演10场，会演节目16个，曲艺2个、小品2个、音乐10首、舞蹈2个，参加泰安市第十二届器乐大赛、庆国庆大合唱比赛、优秀广场舞展演等活动，均取得优异成绩。着力开展“四大文化群众性文化活动”。“百姓大舞台·我是大明星”：通过村级推选、镇级初选、全县决赛的形式，年挖掘培训文艺人才1200余名、文艺队伍140余支，引导20余万群众参加。“舞动东原”广场舞大赛：比赛采取培训带头人、广泛动员、村级推选、乡镇初选、全县决赛的模式，比赛持续3个多月，全县100余支广场舞队伍参加，吸引10余万群众参与。采取政府购买服务的方式，每年送戏下乡716

场，惠及群众10余万人。一村一月一场电影：组建28支放映队伍，实现行政村放映全覆盖，每年放映8592场，受益群众30万人以上。

（张　华　史燕青）

【文化艺术创作】　2017年，创作曲艺作品10个，小品10个，音乐12首，舞蹈4个。小品《亲家》反映新时代给人民群众带来的新希望，新农村社区建设给百姓创造新生活。小品《梦》，讲述在党和政府的精准扶贫政策的帮扶下，一家人圆了致富梦的故事。小品《剪子包袱锤》讲述在新时代、新观念的影响下，普通群众蜕变的故事。同时，积极组织乡镇、街道开展艺术作品创作、研讨、评选活动，积极挖掘各层次艺术作品人才。

（张　华　史燕青）

【文化市场监管】　加强部门管理。切实加大事中事后监管，细化量化管理措施，建立全县文化经营业户管理档案，结合创卫实践活动，每月进行一次量化打分，一季一汇总、半年一排名，作为星级示范经营户评选的依据，连续3次排名末位的，依照管理办法，督促其停业整顿。推动行业自律。定期对从业人员和行业协会培训，提高从业素质、法律意识和职业道德，激发市场活力和内生动力。鼓励社会监督。对外公布并要求业主在显著位置张贴违法违规举报电话；通过招募志愿者等形式，落实社会监督员，充分调动全社会力量参与行业监督。

（孟　辉　李　铭）

【非物质文化遗产普查与保护】全县非物质文化遗产项目87个，其中，国家级2个、省级4个，市级17个、县级64个。在全省非物质文化遗产月期间，邀请国家级非遗项目“端鼓腔”代表性传承人王春成、王云喜回到家乡进行艺术表演，彰显“端鼓腔”渔民文化艺术的独特魅力。2月，“端鼓腔”文化戏社在非物质文化遗产展厅举办戏曲演唱会；3月，推荐“水浒传说”项目代表性传承人姜广智申报入选山东省第五批省级非物质文化遗产代表性项目代表性传承人；4月，开展“文化传承　幸福泰安　走读泰安非物质文化遗产”东平采访活动，对东平县域国家级、省级和市级非物质文化遗产项目代表作进行实地采访。5月，组织有关人员参加“中国非物质文化遗产传承人群泥面塑技艺培训班”的学习，通过聆听专家授课和典型发言，与其他县市区座谈交流，明确非遗保护工作的现状、经验、问题及下一步工作目标，提升非物质文化遗产保护工作的整体水平。9月，推荐三人申报入选泰安市非物质文化遗产专家库。在原有县级非物质文化遗产名录的基础上，认真准备，继续挖掘整理本地突出的、有代表性的项目，筛选“白佛山的传说”项目申报入选泰安市第七批市级非物质文化遗产名录。通过电视、广播、报纸、杂志、网络等媒体，特别是在文化遗产日，组织专人通过发放传单、展板等措施开展非物质文化遗产保护工作的宣传活动。

（孙　健）

东平县非物质文化遗产名表

表 14

级别	序号	项目名称	公布批次	代表性传承人	项目简介
国家级	1	腊山道教音乐	第二批	岳耀海（省级）	腊山道教音乐初时由道教龙门派始祖邱处机所创，他的弟子龙门派第十代住持杨清荣（1478—1548 年），江苏镇江人氏，在腊山修建了“祥龙观”。杨清荣擅长笙、管、笛、箫等乐器，继续对道乐研究发展。经过历代道徒反复演练、创作、改进，形成了自为一体的腊山道教音乐。兴盛时道徒多达 300 余人，有时边舞边奏，象“达教”是一种演奏与舞蹈相结合的表演形式 腊山道教音乐以管乐器为主要特征，所用乐器有小管、大管、唢呐、笙、笛等。小管用锡制成，又称作锡管。大、小管均使用芦苇扎成的哨子。打击乐器有：云鼓、云锣、磬、小铜钹、铛子 腊山道教音乐的曲谱已挖掘整理的仅有《临清歌》《小拜门》《打枣》《盘杠子》《柳金絮》《前奏曲》《清河柳》《二凡》《逗鹌鹑》《水锣音》《留青年》《登云路》《滚鼓令》《唐秀才》等不足二十首，及尽失传
国家级	2	端鼓腔	第三批	丁立新（省级）	“端鼓腔”又名“端舞戏”“端公戏”，在东平湖周围称为“敬河神”。主要活动区域为东平湖、南四湖及运河两岸 “端鼓腔”在东平已有百余年历史。在清朝乾隆年间，渔民为了祈求平安、庆祝丰收，便供出“金龙四大王”“柳爷”（蛇神）之神位，一边鸣炮，一边起舞歌唱。演唱时无管弦乐器伴奏，只有几面圆形的单面羊皮鼓，鼓柄末端大铁环上套有九个小铁环，伴奏者用竹篾敲打鼓面，同时晃动铁环，演员根据戏中人物需要，化妆表演。“端鼓腔”有成套的规范唱腔，有大批精典曲目，深受渔民群众喜爱。大型的“敬河神”活动，每年腊月举行一次，喜悦的渔民祈求平安，庆祝丰收，欢度春节，笑迎新年。各自忙了一年的渔民，亲戚朋友、乡里村邻欢聚一堂，叙叙旧情，谈谈希望，“端鼓腔”的表演同时是渔民群众亲情的纽带，友谊的桥梁 “端鼓腔”是渔民朋友的戏，是中华民族传统的民间民俗文化

续表

级别	序号	项目名称	公布批次	代表性传承人	序号	项目名称	公布批次	代表性传承人
山东省级	1	四音戏	第一批	孙庆江（省级）	3	中华子午门功夫	第二批	王　全（市级）
	2	东平硪号子	第二批	郑兴月（市级）	4	水浒传说	第三批	姜广智（市级）
泰安市级	1	东平渔鼓	第一批	王笃蒿（市级）	10	东平湖传统木船制造技艺	第三批	潘　华（市级）
	2	摔二鬼		吴绪江（市级）	11	张氏万应膏	第三批	张延林（市级）
	3	大安山王家炖鱼	第二批	王绪军（市级）	12	沙河站的传说	第五批	关中运（市级）
	4	无盐娘娘的传说	第三批	张瑞河	13	拉船号子	第五批	刘新华（市级）
	5	东平湖麻鸭蛋壳彩绘		侯庆佩（市级）	14	东平面塑	第六批	潘志刚
	6	东平湖莲子彩绘工艺		侯庆佩（市级）	15	东原泥塑	第六批	杜广孝
	7	东平古粥粉制作技艺		李国樱	16	东平侯家烧鸡制作技艺	第六批	侯淑华
	8	东平湖松花蛋制作技艺	第三批	李毅力	17	白佛山的传说	第七批	杨　浩
	9	泰山糖画	第四批	张常勇（市级）		–	–	–
东平县级		37 项	第一批	–		8 项	第三批	–
		13 项	第二批	–		6 项	第四批	–

【电影发行放映】 全县有28支放映队、36名电影放映员，每村每月一场免费电影常态放映，全年放映公益电影8592场，观众170万人次。数字电影院线加快进行，有数字放映厅4个，座位总数1059座，其中，巨幕影厅可容纳900人。城市院线组织放映《世界屋脊的歌声》《百团大战》《邓小平登黄山》《战狼2》等主旋律电影。农村公益电影以科技、教育、法治影片为主，如《致富经》《家圈养畜禽》《农用电机维修技术》《儿童免疫规划》《尘封的军功章》《村魂燕振昌》等，深受广大百姓欢迎。

（丁立新 陈 燕）

【图书馆室建设】 全县有图书馆（室）800处，其中县图书馆1座，乡镇、街道二级文化站图书室15处，村、社区文化大院农家书屋700余处，学校图书室（教育）50余处，公共电子阅览室20家。专职图书管理人员11人，业余图书管理人员1000余人。全县藏书量达100万册，逐步实现县、乡镇（街道）、村（社区）三级图书馆公共文化服务体系。

【图书馆】 2017年，新增馆藏图书3.1万册，馆藏总量达34万册。征订报刊335种，征集地方文献64种256册，新增自修室1个，读者桌椅80套，读者桌椅520个，新增华博胜讯即时大数据揭示平台，服务效能评价系统，馆内实现无线网络全覆盖。绘本室于2017年4月底建成并对外开放，馆舍面积40平方米，各类绘本近千种。针对学龄前读者实际情况，绘本室地面铺有健康泡沫板做为儿童活动区，提供亲子阅读活动指导和所需空间。绘本室自开放以来，举办亲子阅读等活动9次，为培养亲子关系及提高儿童早期阅读质量奠定基础。地方文献展厅于2017年6月建成并对外开放，该展厅文献集中展示东平政治、经济、历史、文化、教育、科技、地理、人文、宗教、风俗、民情等各方面的发展概况，为东平各项事业发展提供重要的科学参考依据，具有很强的使用价值和保存价值。地方文献展厅累计接待团体参观20次，提供各类查询300余次，收藏读者捐赠家谱两套，各单位、个人捐赠地方文献102本；地方文献工作小组积极开展各类对外服务，包括地方文献精品展示活动，地方文献全县征集、家谱征集等。

【免费对外开放】 2017年，县图书馆实行全年免费对外开放，双休日、节假日不休，365天正常开放，周开放60小时以上，严格执行“零门槛”政策，开设导读台、成人书库和阅览室、国学经典阅览室、儿童书库和阅览室、少儿绘本室、报刊阅览室、万家书屋、电子阅览室音像制品室、自修室、咨询和辅导室、多媒体室、国学讲堂、传统文化体验室、地方文献室、地方文献展厅、电子阅报区、图书查询和自助下载区、图书流动站点等20多个服务窗口，以最大程度满足广大人民群众的阅读需求。县图书馆拥有持证读者1.4万人，年均流通人次6万人次，书刊外借11万册次，电子文献外借1600种件，电子图书10000册，年辅导、讲座、展览36次，参与8000人次。

【图书宣传服务】 秉承“读者第一，服务至上”的原则，努力拓宽服务渠道，深化服务内容，积极搞好节假日和各重大历史节点活动，如元宵节灯谜活动，世界读书日和图书馆服务宣传周宣传活动、七一、八一红色图书阅读和红色影片展映等、全民读书月（读书征文，特色诵读、演讲比赛、新书推荐、摄影展、地方文献征集）系列活动，积极做好图书进机关、图书进社区、图书进农村、图书进学校、图书进企业、图书进军营、图书进家庭七进活动。举行图书馆宣传服务活动5次，发放各类宣传材料2万份。成立图书馆业务辅导组，开展基层图书管理员业务培训，帮扶中小学分类上架图书10万册。举办“全民读书月活动”，推动全民读书，至2017年，“全民读书月活动”成功举办15届。

举办2017年度“优秀读者”评选等活动。

（李振玉　李金地　王艳艳）

【文物管理】　东平县有登记文物点487处（石窟寺石刻202处、古建筑92处、古墓葬73处、古遗址86处、近现代34处），被列入各级文物保护单位的达83处，其中世界文化遗产1处（戴村坝）、国家级重点文物保护单位4处（白佛山石窟造像、洪顶山北朝摩崖刻经、棘梁山摩崖造像、京杭运河东平段）、省级13处、市级27处、县级37处；馆藏文物10万余件，其中一级文物3件、二级11件、三级60件、待定级珍贵文物200余件。2017年，加大文物保护开发利用力度。实施一批重点文保工程。完成戴村坝申请世界文化遗产以及后续保护提升工程、山东省境内并不多见的周代封国遗址东平故城保护规划编制、全国文保单位首例白佛山危岩加固工程等。对外宣传推介。国家艺术基金资助项目安道一摩崖刻经原拓书法展巡展；与万里家人积极对接联系在图书馆、博物馆建立万家书屋、万里同志纪念展厅，博物馆的县级历史文化展示工程，得到省市充分肯定；编撰全县首部《东平县文化志》完成初稿。加强组织领导。坚持把文物保护纳入全县经济和社会发展计划、纳入城乡建设规划、纳入财政预算、纳入体制改革、纳入各级领导责任制，建立健全县、乡、村三级文物保护网络。广泛开展文物保护法及相关法律法规宣传教育活动。利用文化遗产日、国际博物馆日，通过新闻媒体、出动宣传车、制作展板、悬挂宣传横幅、发放宣传资料等各种方式开展宣传活动，普及文物遗产知识，展示文物保护成果。同时，安排野外重点文物看护人员作为义务文保宣传员，对群众进行面对面宣传。

【博物馆】　县博物馆坐落在县城西部佛山街南、文化发展中轴线上。于2009年7月6日奠基，2011年10月8日开馆运行。总占地面积100亩，建筑面积2万平方米，馆藏文物10.2万件，投资2亿元。按照国家一级馆标准建设，集中展示东平馆藏历代文物和民间流散文物万余件，包括玉石器、陶器、青铜器、铁器、瓷器、石刻、字画、书籍、钱币等，是山东地区最大的现代化县级博物馆。2017年，接待参观团队100个，参观者39万人次；举办《喜庆十九大 古薛国历史文化青铜器展》，以史鉴今进一步激发历史自觉和文化自信、坚定振兴发展的信心和决心。举办“喜迎十九大 共筑中国梦书画展”“山东省十大考古发现图片展”“历史文化进校园展”等一系列展览，让更多的观众走进博物馆，拉近当代人与历史文物的距离，在懂得如何欣赏文物之美的同时，也了解文物所承载的文明和中华文化延续的精神内核，唤起大众对文物保护、文明守护的重视。

重点文物

【白佛山石窟造像】　全国重点文物保护单位。位于县城西北侧，雕凿于隋开皇七年（587年），有隋窟、宋窟、露天造像和清代窟像几部分，现存138尊。其中隋窟内圆雕主佛像通高7.2米，结跏趺于束腰仰莲座上。螺纹肉髻低平，面相浑圆，手施无畏与愿印，著双领下垂式袈裟。其左右窟壁上又排列数十小龛，龛内造像1～9尊不等，其中“涅槃像”颇具地方特色，“十六王子”题铭造像也是国内罕见。唐窟内为华严三圣造像，阿弥陀佛上半身像高2.4米，两侧文殊、普贤菩萨像，璎珞繁缛，雕刻细腻。宋窟位于最东侧，有组合像、单身佛像和罗汉像等高浮雕造像12尊。造像区内还有摩崖题刻、碑刻以及三教堂、大雄宝殿、玉皇阁等文物遗存。

【棘梁山石刻】　全国重点文物保护单位。位于戴庙乡司里村司里山上，有佛教造像、刻经等。造像主要集中于山顶呈“品”字形分布的三块巨石上，有大小造像近千尊，完整清晰者500余尊。造像年代从北朝至宋代，造像有一佛二菩萨、一佛二弟子二天王二力士等组合像和单尊佛像、罗汉像等，龛旁多有铭记。其中北齐一佛二弟子造像，佛像高 9. 7 米，戴高宝冠，面相宽团浑厚，眉间原有突起白毫相，着褒衣博带式袈裟，倚坐于宽平座上。摩崖刻经为《佛说大般涅槃经》，刻经面积 24 平方米，字径 1 6 厘米。宋嘉祐二年（1057 年）“三教通连”造像，“释加牟尼”佛居中，“文宣王”孔子居西，“老子”居东，每尊主像左右又各立一弟子像，是我国北方最早的三教通联摩崖造像。棘梁山还是宋代宋江等水浒英雄聚义的地方，新发现的碑刻记载“（黄山）峰会右宋梁王名江，忠义聚寨，名立良山（即棘梁山）也”，明确记载了宋江等 36 位好汉聚义于此山，至今山上留有一些与水浒有关的遗迹遗物。

【洪顶山摩崖刻经】 全国重点文物保护单位。位于旧县乡屯村铺村东北山峪中，是一处集经文、佛名、铭赞、题名碑为一体的大型北朝摩崖刻经群，也是目前发现山东省境内最早的摩崖刻经。有 22 处刻石分布在洪顶山茅峪的南北两侧石壁上，其中北壁 16 处，南壁 6 处，镌刻面积 1000 平方米。共刻经文 6 处，佛名 9 处，南北两崖刻字总数近千字，可辨者 792 字。最大的字是北壁的“大空王佛”4 字总高 9.30 米，是国内最大的北朝刻字。

【京杭大运河——东平段】 全国重点文物保护单位。大运河东平段位于县境内新湖镇、商老庄乡、戴庙镇 3 个乡镇内，全长 40 公里，遗存最宽处 200 余米，最窄处不过 40 米。运河从汶上县张坝口进入东平县小河涯村一段，向北至梁山县靳口村，再入东平县境臧庄段运河，西北流经王思口、王仲口、鲁庄、常仲口、北王洼、安山段进入安山湖（今东平湖），再西北行经戴庙、五里堡、十里堡段进入黄河。总体流向是东北西南向，其中河段多曲折，有许多河湾、河滩、堤湾。运河段中的戴村坝为世界文化遗产，安山闸、戴庙闸为省级重点文物保护单位。

【戴村坝】 京杭大运河上的重要水工设施戴村坝位于东平县城东南、大汶河上。该坝初建于明永乐九年（1411 年），由工部尚书宋礼、刑部侍郎金纯等奉命疏浚运河时所建。其作用是“引汶济运”，拦汶水沿小汶河南趋至南旺入运河。整个大坝由主石坝、窦公堤（太皇堤）、三合土坝三部分构成，三位一体，相互配套，全长 1600 余米。1959 年春，小汶河筑坝截堵，戴村坝失去济运作用 。戴村坝的修建保障大运河 500 余年的漕运畅通，它以年代之久远、设计之巧妙、科学含量之高、历史作用之大、保存之完整，被中国申遗小组赞誉为“中国第一坝”。

【理明窝摩崖造像】 山东省文物保护单位。位于斑鸠店镇六工山之阳半山腰处，呈“一”字形东西向排列，长 14 米，有大小造像 49 尊，均为唐代造像。其中最高者 176 厘米，最小者仅有 10 厘米。造像分 3 个时期，第一期“长安之年”造像，主要为阿弥陀佛 3 尊大佛像。均著双领下垂式衣，质薄贴体，面相丰腴，眉眼细长，身体上宽下窄，呈现出强健的力度美感。头光为双层桃形火焰纹并施彩绘，内层有化佛 7 尊。第二期“开元八年”造像，除形象稍逊于第一期外，特点基本一致。第三期“咸通十四年”造像，衣纹呈粗泥条状，头似圆球，身体面相圆胖，面容较丑陋，体现出唐代造像走向衰落的特点。

【东平故城（宿城）】 山东省文物保护单位。位于东平街道办事处，包括宿城、郭庄、焦园、营子新村、魏庄 4 个自然村。东平故城即宿城，最初是东夷族的一支宿（夙）夷所建的城邑，周代为宿国国治，两汉至三国时期为东平国国治，唐代为宿城县县治，有两千多年的历史。遗址面积 200 多万平方米，分布有宫殿区、皇城区、作坊区以及城门等几部分，是

保存较为完好的古代城邑遗址，尤其城址的西北角仍存北城墙中一段，高1～2.5米之间，长180米，宽15米，夯土层、柱洞特别明显。2004年，山东省考古研究所配合济菏高速公路建设对东平故城进行局部发掘，解剖部分城墙，发掘了部分生活区。2011年，为编制保护规划，聘请山东省文物考古研究所对东平故城进行了初探。

【北桥墓群（宪王陵）】 山东省文物保护单位。位于老湖镇展营村内，为后汉东平国宪王刘苍及其后代的墓葬群，又称“宪王陵”。墓群原有9座，俗称“九子冢”，皆封土堆高大，从南向北呈“八”字形依次分布。其中最北1座1号墓即宪王墓，现存封土堆高19米，直径300余米，夯土层明显。其他2、4、8、9号均现存有不同程度的封土堆。5、6、7号墓在“文化大革命”中被扒毁。1958年，山东省文物管理处对3号墓进行过发掘，墓内出土有铜镂玉衣1套2000余片，同时还有金银器、铜铁器、玉盅、耳杯、陶壶等一大宗文物，均为东汉时期早期文物特点。宪王刘苍为“光武皇帝第八子，阴皇后所生，明帝之弟”，他“少好经书，雅有智思，为人美须髯，腰带八围”，“建武十五年（公元39年）封东平公，十七年（公元41年）进爵为王”。他被分封东平国后，治理东平兢兢业业，政绩突出，东平一带五谷丰登，人民安居乐业，深得三帝（光武帝、明帝、章帝）器重，常受皇赐，并被当时人称为“汉代周公”。刘苍于建初八年（公元83年）正月卒，葬于杏花岗，后称王陵山。清代诗人王士祯过宪王墓，曾留下“乡是人亡万古悲，东平宫殿草离离。陵前赐剑知何处，金粟飘零剩断碑”的诗句。

【梁氏墓群】 山东省文物保护单位。位于老湖镇大望山、小望山之前梁林村西部，三面环山，是东原名宦梁氏家族的墓葬群，墓地基本呈长方形，南北320米，东西240米。梁氏家族墓地始以宋至道三年（997年）梁氏家族以五代时天平军节度判官梁惟忠为祖茔，后“父子状元”颢、固和“祖孙三丞相”适、子美、焘及其后裔卒后均葬于此，延续至明、清。此墓区原规模较大，坟茔百数，碑刻林立，石像生、林墙、林门等多毁于“文化大革命”中。现存梁惟忠墓碑、梁子美神道碑、梁固墓碑及两件大型螭首碑帽等。其中梁子美神道碑通高7.5米，宽1.6米，厚0.6米，螭首蚨座。分别有太宰兼门下侍郎白敏、少宰兼中书侍郎李邦彦、尚书丞相赵野奉敕撰文、书丹、撰额。

【尚书林】 山东省文物保护单位。尚书林即明代兵部尚书王宪及其家族的林地，有东西两处林地，相距500余米，俗称“东王林”“西王林”。王宪为明弘治年间进士，官至兵部尚书，加封太子太保，梯门镇梯门村人。东王林是皇帝敕谕为王宪修建，以安葬王宪建茔，现存王宪神道石像生、神门、华表及王宪墓碑等石刻文物。西王林是王宪的祖茔，有王宪祖父王海、父亲王智的墓葬，有王智神道石像生、谕祭文墓碑、诰命墓碑等石刻文物遗物。附属文物王氏祠堂位于梯门镇梯门村内，是祭祀王氏家族先人的一处明代建筑。座北朝南，面阔3间，起脊、灰瓦顶，立山建筑。

【常庄古民居建筑群】 山东省文物保护单位。常庄古民居建筑群位于接山镇常庄村内，始建于明初，延续至清末民国。现包括颜氏大街南院老宅，北院老宅、一一五师东进支队司令部办公室、保险楼、风凰嘴老宅、复圣庙等，多为村民居住房屋，大约30户计500余间。民居多为平房，砖石墙，木顶架，一门双窗，券式，内有木梯通顶部，当地村民称为“挂屋子”，特别是颜家大街南院老宅南北长100米，东西宽80米，共计30余间房屋，有的为平顶房，有的为四合院建筑，布局合理、保存十分完好。村内颜氏家庙即“复圣庙”，位于常庄一村，现存正殿3间，顶脊砖雕4条龙，吻兽高突，保存基本完整。三开间，四石柱两架梁，脊上砖雕双龙纹，左右鸱吻完好。门殿起脊灰瓦顶，石柱刻联曰“视听言动杏坛间天心独见，虞夏商周陋巷内五道维新”。古民居建筑群内屋顶上的水流极具特色，多成鸟嘴状，有的伸出后曲折，避免水流直冲后面人家，体现出当地民风和谐。村内胡同较多，有“七十二胡同”之说，拐折曲弯，是为防御土匪兵勇修建。村外还有战乱时村民为求自保而修建的部分村寨寨墙，保存较为完好。

【安山闸】 山东省文物保护单位。位于商老庄乡东平湖南堤北侧、潘孟于村南，建于明成化十八年（1482 年），清光绪《东平州志载》：“安山闸，在州西 12 里，靳家口闸北 30 里，明成化十八年建，西邻安山湖”。为运河上的重要漕闸之一，其作用是调节运河水流，控制漕船荷载，保障运河的畅通。20 世纪七八十年代增修该桥时在原桥基础上将桥面增高加宽成为石桥。现桥长 7 米，宽 5 米，东西燕翅长 13 ~ 31 米。由于位于东平湖内，现仅能看到原闸身上闸槽、凸石等一部分。闸南安山集为当时运河岸边的重要的集镇。清代，运河堡房中有“第一堡安山镇”，安山闸上闸官 1 人，闸夫数名。

【戴庙闸】 山东省文物保护单位。位于戴庙乡戴庙村南，现为 220 国道必经桥梁。建于明景泰五年（1454 年），清光绪《东平州志》载：“戴家庙闸，在州西 40 里，安山闸北 30 里，明景泰五年建，西邻安山湖，旧有进水二口，曰安济，曰私沟”。为运河上的重要漕闸之一，其作用是调节运河水流，控制漕船荷载，保障运河的畅通。原桥宽 5 米，1973 年，修建 220 国道时在原坝基础上增高加宽改为石桥。增修时改为长 10 米、宽 5 米、高 4 米的石桥。由于 220 国道的通过和常年河水淤积，原闸大部分淤积地下。戴庙闸北侧为戴庙村，是闻名齐鲁的水旱码头，称“不夜镇”。清代，运河堡房中有“第十堡戴家庙”，戴庙闸上设闸官 1 人，闸夫数名。

【前山西屯大队部】 山东省文物保护单位。位于梯门镇前山西屯村内，为“文化大革命”期间建筑。大队部坐北朝南，中间主体建筑 3 间为阁楼式房屋，面阔 9.7 米、进深 9.5 米、全高 6.5 米。顶部正中为一五角星，檐面上刻毛泽东主席“暮色苍茫看劲松……无限风光在险峰”和“飒爽英姿五尺枪……不爱红装爱武装”诗词。两侧屋角各设花盆一个。上层三窗，内为二架梁木板铺顶，为全石结构，下层一门两窗。门为石券拱顶，上方横刻“伟大领袖毛主席万岁”口号，右侧刻“自力更生，艰苦奋斗”，左侧刻“为人民服务”语录；大门两侧上部刻毛主席诗词二副，一是“志在胸内跃红日，乐在天涯战恶风”，二是“云崖雾霭出英豪，激荡磅礴腾九霄”。下部对称镶嵌四幅阳刻《满江红·和郭沫若同志》《七律·人民解放军占领南京》等毛主席诗词。左右相连附属建筑为瓦房，墙体全石质，东瓦房 3 间。该建筑 1975 年修建，曾为前山西屯大队办公室，现基本保持原状，具有时代特征和独特的艺术特点。

（杨　浩）

【概况】 县广播电视台内设办公室、政工科、财务科、资产科、保卫科、安全办、计生办、工会、总编室、广播中心、电视中心、社教中心、文化产业中心、东平民生、广告部、制作部、采编室、发射台 18 个科室，在编干部职工 106 人。其中全额 28 人，差额 19 人，自收自支 22 人，企业化管理 37 人。2017 年，县广播电视台紧紧围绕县委、县政府的中心工作，坚持“新闻立台、经营兴台、技术强台”的发展理念，不断深化改革，加快广播电视事业发展，现已成为广播、电视、文产、融媒体等为一体的重要舆论传播平台。

【宣传栏目】 电视新闻中心结合实际，开设30多个栏目，拓宽新闻渠道，丰富新闻内容，增强新闻的针对性。春节期间，推出6期“东平新闻——新春特别节目”。国庆长假期间，“发展看变化——喜迎十九大”6期专题新闻，内容涵盖精准扶贫、三大工程、招商引资和项目建设、惠民政策、社会事业发展、民生保障等诸多领域。民生栏目与《泰安晚报》签订合作协议，共同发展近千名小记者。对创卫、拆违、美丽乡村建设、三大工程、扶贫、交通违法、公安破案等工作进行深入报道；制作《专家支招》70余条，《政策解读》30余条，首届草原体验夏令营14条；对妇联、教育、政法、乡镇（街道）工作中涌现出来的先进个人进行系列采访报道；对供水、供电、供热、供气、环境污染、食品安全等涉及民生的焦点、难点问题进行深入采访报道，充分发挥舆论监督的作用。社教中心在巩固《健康有约》《幸福民政》《消防伴你行》等栏目的基础上，配合全市大项目检查和创建国家卫生县城制作的电视专题片《风劲帆满启新程》《高歌奋进谱华章》《蝶变》，得到省市领导的高度评价。全年在市以上主流新闻媒体播发稿件300条（篇）。配合山东电视台新闻联播节目组，采制《家住耿山口》和老湖镇凤凰家园社区搬迁、旧县乡公益救助等宣传活动，尤其是对全国钓鱼比赛、环湖自行车赛、半程马拉松赛等重大体育赛事活动，进行电视直播和手机台图文直播，扩大东平的影响力和知名度。2017年3月，开始筹建东平手机台，5月4日正式上线。自运营以来，开展各类大中型活动、图文视频直播36场，访问量达到247万人次，注册用户2.8万人次，最高日点击量达到22万人次，多次在山东广播电视台轻快运营合作台周点击量排名中名列前茅。

【设施建设】 加强对现有采、编、播设备的管理，切实提高设备的运转效率。投资62.8万元，对采编制作设备进行更新，购置高清卡式摄像机10部。投资1.49万元购置航拍无人机一台。更新完善播出系统、应急传输发射系统，确保安全。持续完善广播“村村响”工程，精准补点，办好办实广播电视节目无线数字化覆盖工程。全县人民免费收看到中央、省、市、县台的26套电视节目。

【技术保障】 扎实做好技术保障和技术服务工作。圆满完成县委、县政府9次重要会议现场直播和30次大项目建设现场观摩会流动电台直播保障服务任务；投资55.99万元，对无线发射台站基础设施、配套设施进行完善，对播出、上传设备、数字发射机、数字调制器进行改造安装。投资50.9万元，对发射机房、播出机房进行维修改建，确保广播电视节目播出的稳定性、可靠性、安全性。加强制度建设，排查安全隐患，完善应急预案，确保全年广播电视节目安全优质播出。

（孙　明　黄占彬）

新华书店

【概况】 山东新华书店集团有限公司东平分公司，位于县城东山路016号，现有干部职工54人，下设办公室、人事科、财务科、教材公司、综合业务部、保卫科、销售中心、教材仓库等科室部门，资产总额2681万元。2017年顺利通过“省级文明单位”复查验收，先后荣获“优秀机关党组织”“东平县文化产业发展示范单位”“全县企业思想政治工作优秀企业”“全县工会工作先进单位”“消防安全责任强化年先进单位”等荣誉称号。

【发行网点】 新华书店东平分公司有城乡营业网点9处（销售中心、银山经营部、高级中学校园书店、明湖中学校园书店、东平一中校园书店、职业中专校园书店、佛山中学校园书店、东原实验学校校园书店、第三实验小学校园书店），为更好地服务全县师生，年内新建校园书店3处（佛山中学校园书店、东原实验学校校园书店、第三实验小学校园书店），总营业面积4000平方米。中心门店经营面积1400平方米，上架图书、电子音像制品3万种。

【图书销售】 全年实现销售码洋5089万元，比上年增加828万元，增幅19.4%；利润总额509万元，比上年增加119万元，增幅达31%。中心门店销售码洋285万元，增长12.6%。在全县“双提双增”大讨论活动中，由县委宣传部选定12种图书，在门店设立专柜重点推荐，销售2.5万元。在党政干部理论学习推荐阅读书目活动中，设立专架销售1.2万元。中共十九大文件及理论性读本相继出版发行，政治理论性学习空前高涨，结合形势发展和全县各部门学习情况，积极与宣传部联系，争取主动，及早安排，抓住各个政治性读物节点的有利时机，做好发行工作。《关于新形势下党内政治生活的若干准则》发行1655册，码洋5.3万元。《全面从严治党面对面》发行2543册，码洋5.1万元。《习近平七年知青岁月》发行650册，码洋4.94万元。全县十九大相关文件发行总计码洋52万余元。《习近平治国理政》第二卷发行4613册，码洋36.9万元。

【品牌服务】 优化门店环境，提升读者的空间体验。全面加快中心门店转型升级。进一步优化调整销售中心的结构布局，增加休闲阅读设施，丰富水浒文化长廊，集中展示东平的悠久历史和东平风景图片，提升销售中心的文化氛围。围绕宣传推介全县水浒文化旅游资源，佛教文化、水浒文化、运河文化、水工文化相互交融，在门店中设立区域性非遗文创泥塑等非物质文化遗产项目产品专架，与此同时，设置文具、文房四宝、名人字画、益智园、水吧等产品，助推多元性文化产品的融合发展。及时进货，添货，退货，提高畅销图书和重点图书的上架率，扩大店外销售，加强和完善业务流程，提高业务工作效率。加强客户服务工作。逐步建立客户服务体系，加强与老客户群体信息交流，掌握了解供求信息，以优质的客户服务工作带动一般图书的销售再上一个新的台阶。2017年，举办绘本课堂、朗读者、亲子阅读、手工课堂、机器人公开课等活动一百多场次，还先后邀请知名作家商晓娜、邓秀茵、曹文轩进校园进行公益讲座。一系列公益讲座、各种弘扬正能量的活动吸引越来越多的家长和孩子参与其中，电视台、报社、微信公众号争相报道。

【书香东平系列活动】 由县委组织部、团县委、县新华书店共同发起建立的“图书漂流站”在金汇商业街示范段正式启用，社区居民可在“图书漂流站”免费阅读或借阅“漂流书籍”，也提倡社区居民把自己的藏书“漂流”起来供他人阅读，与他人共享阅读的快乐。以“书香东平”为主题，实施图书“进社区、进学校、进机关、进企业、进农村、进家庭”等六进工程，得到全社会广泛的赞誉。

（屈　斌）

【概况】 县体育局于2010年12月组建，为正局级参公事业单位，内设综合科、安全监管和体育产业科、群众体育和竞技体育科3个科室；辖体育总会办公室、体育中学、体育彩票管理中心、东翔体育产业发展有限公司；在职干部职工30人。2017年，积极践行全民健身国家战略，以“三为三争”（即为国争光、为县争名、为民争利）为目标，坚持体育惠民为主题，完善全民健身公共服务体系，推进体育产业发展。县体育局被市委、市政府评为“市级文明单位”，被泰安市体育局授予“泰安市群众体育工作贡献奖”荣誉称号。

【体育基础设施建设】 深入实施城区健身工程建设。完成城区71处健身设施巡检维护工作；新建护驾村、清宁家园、秀水家园、焦村等14个社区24处城区健身广场；完成清河社区拼装游泳池、鑫星社区笼式足球场、篮球场建设；合作建设儒原健身中心1处，进一步完善提升城区“15分钟健身圈”功能。扎实推进农民健身工程。完成560个村农民体育健身广场器材两次巡检工作，更换健身器材254件、维修器材600余件。新建农民体育健身广场121处，扶持贫困村、插花村健身广场6处，实施千村扶贫健身工程9个。紧密结合脱贫攻坚“三大工程”，积极推动搬迁社区健身广场建设，高标准建设州城湖韵社区、老湖滨湖、凤凰等社区健身广场。

【社会组织建设】 成立东平县体育总会办公室，具体负责体育社会组织建设，推动体育社会组织发展。2017年，新成立太极拳、登山、足球、羽毛球、游泳单项协会5个，俱乐部2个。充分发挥体育社会组织在全民健身活动中的主体作用，大力实施政府购买服务，鼓励协会、俱乐部承办、组织健身活动。成功承办新春登高、首届环白佛山健步走活动，第九届“东岳驾校杯”乒乓球比赛，全县篮球赛、自行车赛、太极拳比赛、少儿围棋比赛、足球邀请赛等形式多样的群体活动20余次，举办游泳、跆拳道等体育项目培训班30余次。

【群众体育】 立足于激发群众健身热情、增强健身意识。2017年成功组织举办东平县第七届全民健身运动会、全民健身月系列活动。充分调动各类单项、行业和人群体育社会组织在全民健身活动中的主体作用。积极引导各体育协会、俱乐部围绕元旦登高、5月全民健身月、8月8日全民健身日、“五一”、“十一”等重要时间节点，策划组织主题健身活动。广泛培训太极拳骨干，加快推进太极拳站点建设。成立东平县太极拳协会，培训太极拳骨干1000余人，建立职业中专等太极拳站点30余个，覆盖人群超过3万人。普及全民健身宣传。在“全民健身月”“全民健身日”期间，邀请专家现场宣讲健身知识，教授健身技能，鼓励支持体育会展中心、健身俱乐部免费开放，吸引更多人参加健身活动，着力营造“人人热爱体育，全民强身健体”的良好社会氛围。

【竞技体育】 围绕“发展竞技体育，培养特长人才”宗旨，积极筹措资金改善改善体育中学训练教学环境。积极筹措资金为体校建设1个笼式足球场、一个硅PU篮球场和一个开放式篮球场，购买武术、摔跤、散打专用设施。深化体教结合，制定《关于改革体育运动学校办学模式的实施方案》，成立体校办学模式改革领导小组，建立教练员和文化课教师交流机制，选派优秀教练员到传统项目学校帮助传统项目学校抓训练。至2017年底，已建立7个专项训练基地，新命名5个县级体育传统项目学校。成功举办全县中小学生体育联赛、田径联赛，组队参加泰安市锦标赛、体育联赛，其中获得市中小学生体育联赛篮球女子组第一名，游泳第二名，乒乓球第四名；市青少年锦标赛幼儿基本体操总分第二名，游泳小学组第一名，摔跤古典式第一名，手球第一名，篮球女子组第一名。

【品牌赛事】 垂钓运动。2017年，东平湖国家垂钓基地被中国钓鱼运动协会评定为“全国钓鱼竞赛训练基地”。9月2日至10日，县政府与省钓鱼协会联合举办以宣传、体验水浒文化为特色的山东省首届钓鱼文化节，利用9天的时间成功举办4场竞技钓鱼比赛、1场亲子摸鱼比赛、1场休闲钓鱼比赛、2场文艺演出，同时举办了渔具展、书画展等商贸文化活动。钓鱼文化节举办期间，有46家渔具企业、120余幅书画作品参加展出，吸引垂钓爱好者、休闲健身爱好者1000余人参加钓鱼文化节各类比赛，“四海钓鱼”、湖南卫视“快乐垂钓”“钓天下”等多家专业媒体对活动进行跟踪宣传，全方位、多角度推介东平乃至山东

2017 年 6 月 3—4 日，由东平县人民政府、中国钓鱼运动协会主办，东平县体育局、东平街道办事处承办的中国东平垂钓精英赛在东平湖国家垂钓基地举办　　（侯存国　摄）

的垂钓产业，扩大东平垂钓品牌的知名度，成功构建垂钓产业与东平文化互动发展的新平台。垂钓基地成功承办、举办中国东平垂钓精英赛国家，山东省第二十六届钓鱼锦标赛等国家四类赛事 6 场，笑傲江湖等商业赛事 11 场，成功打响垂钓运动品牌。自行车比赛。在旧县乡成功举办伴湖山地自行车邀请赛活动，吸引周边县市众多骑行爱好者到东平，展示东平自行车运动良好的群众基础和优越的自然环境，为打造国内知名自行车运动品牌奠定基础。马拉松比赛。成功举办东平县第八届全民健身运动会半程马拉松比赛，来自各行各业 1000 余名干部群众参加，为马拉松赛事品牌培树奠定良好基础。

【体育产业】　发挥大型场馆公益作用，鼓励、支持体育会展中心免费低收费对社会开放。室内篮球馆、健身房、乒羽馆长期低收费对社会开放，游泳馆、室外泳池夏季营业开放，室外广场健身设施免费开放，承办全民健身运动会篮球、乒乓球、羽毛球等公益活动，满足群众多样化健身需求。引导体育会展中心引进商业活动，承办尚武全国跆拳道比赛，举办大型会展活动和各类体育项目培训班 20 余次。着力开拓体育彩票市场，布局体彩商超店建设，同儒原广场建立合作关系，县体育局协助儒原广场在中心店建设健身中心，儒原广场在中心店和分店设立体育彩票销售店。2017 年，体彩销售 5822 万元，超出目标任务 1022 万元，同比增长 10%。

（郝　晨）

卫生健康·计划生育

综 述

【概况】 2017年，东平县卫生、计生工作，在实施机构设置合并改革后，秉承“大卫生、大健康”理念，积极倡树“珍爱生命、拥抱健康”的服务品牌。立足让患者身体更加健康，让群众生活更加幸福，让职工精神更加饱满，让卫计事业更具魅力，抢抓机遇，努力争取国家级重点学科专项精准扶贫工程项目，落实资金2亿元，用于做好医养结合、健康扶贫、远程会诊、等重点工作。整合卫生民政社保政策、整合医疗、养老等力量，推进全县综合养老体系建设。推进公立医院改革，出台公立医院法人治理结构实施方案及相关配套政策，搭建起新的管理体制。加强医疗、医药、医保“三医”联动。2017年，县级医院药占比、住院患者次均费用、医保住院患者自付费用占比、门急诊次均费用、平均住院日，均保持全市最低。实施健康关口前移，推动从重医轻防向防治并重转变。开展“查体建档进万家”、“签约服务进万家”、基本公卫夺旗等主题活动，全县居民健康管理率达到80%。居民签约服务率、孕产妇系统管理率、儿童系统化管理率，均达到国家管理规定标准。全县计划生育工作，以清理核查出生人口漏报、综合治理出生人口性别比为重点，圆满完成人口责任目标。以推进创建国家卫生县城为契机，制定规划，精心组织实施，县城容貌和人们的卫生观念实现前所未有变化，年底通过国家卫生县城考核省级验收。

2017年，全县一批批利民政策相继落实，一项项惠民工程落地生根，一件件便民举措逐步实施。绘就一幅东平卫生计生事业幸福魅力新画卷。东平县卫生和计划生育局被评为全国基层中医药工作先进单位、城乡妇女岗位建功先进集体、全市卫生计生系统寄生虫防治工作岗位技能竞赛团体三等奖、全市生育全程服务技能竞赛团体三等奖、代表议案建议办理工作先进承办单位。

卫 生

【概况】 全县有卫生机构573家，其中，县级医院9家，专业公共卫生机构18家，乡镇卫生院10家，其他卫生机构（街道社区卫生服务中心、社区服务站）13家，诊所85个，村卫生室438个，实有床位2886张，在岗职工5309人，其中卫生技术人员3335人，包括执业医师917人，助力执业医师342人，注册护士1324人；其他人员556人，包括其他技术人员223人，管理人员159人，工勤技能人员174人。村级卫生室438个，村级医务人员1491人。

2017年，遵循医改总体要求，以创建国家卫生县城为动力和抓手，打造“珍爱生命、拥抱健康”的服务品牌，注重资源整合、机制创新、问题导向和均衡发展，公立医院改革、基本公共卫生服务、中医药、健康扶贫等工作稳步推进，医疗卫生服务能力和群众满意度显著提升。

2017 年东平县医疗卫生机构、人员和床位情况表

表 15

机构分类	机构（个）	实有床位数（张）	在岗职工										
			合计	卫生技术人员							其他技术人员	管理人员	工勤技能人员
				小计	执业（助理）医师		注册护士	药师（士）	技师（士）	其他			
					小计	执业医师							
总计	573	2886	5309	3335	1259	917	1324	190	170	392	223	159	174
一、医院	9	2335	2307	1963	635	552	892	101	104	231	150	99	95
综合医院	6	1590	1689	1481	460	410	672	78	82	189	76	76	56
中医医院	1	355	400	324	130	113	137	15	11	31	58	15	3
专科医院	2	390	218	158	45	29	83	8	11	11	16	8	36
二、基层医疗卫生机构	546	541	2832	1245	573	327	397	86	54	135	52	52	65
社区卫生服务中心（站）	13	161	457	370	173	95	110	23	15	49	16	23	48
卫生院	10	380	720	640	264	147	189	63	39	85	36	27	17
村卫生室	438	0	1491	73	53	15	20	0	0	0	0	0	0
门诊部	3	0	10	10	7	4	3	0	0	0	0	0	0
诊所、卫生所、医务室	82	0	154	152	76	66	75	0	0	1	0	2	0
三、专业公共卫生机构	18	10	170	127	51	38	35	3	12	26	21	8	14
疾病预防控制中心	1	0	114	85	33	27	22	2	9	19	11	5	13
专科疾病防治院（所、站）	1	0	25	17	8	5	7	0	0	2	7	0	1
妇幼保健院（所、站）	1	10	31	25	10	6	6	1	3	5	3	3	0
计划生育技术服务机构	14	0	0	0	0	0	0	0	0	0	0	0	0

注：本表人员合计中包括乡村医生 1362 人和卫生员 56 人
不含乡镇卫生院在村卫生室工作的执业（助理）医师、注册护士数

【深化医改工作】 2017年，县卫计局多谋创新，打破常规思路，突破基础关键，抢抓稍纵即逝机遇，争取到精准扶贫资金2亿元，用于做好远程会诊、医养结合、健康扶贫等重点工作。一是实施大病不出县——国家级重点学科专项精准扶贫工程项目。凭着韧劲，争取中国初级卫生保健基金会精准扶贫8535万元，开展区域全民健康信息平台、心血管微创示范中心、围产医学示范中心建设，打造省内一流专科，开通远程会诊，群众不出县就能享受到北京大医院一流专家的服务，基层群众不出乡镇就能得到县级专家的服务。东平县作为全国唯一县级代表，就大病不出县工作，在国家政协大礼堂典型发言。2017年年底，所有设备完成招标，陆续安装。二是建设东平县佛山医养中心。争取中国远洋海运集团精准扶贫1.06亿元，整合卫生民政社保政策、整合医疗、养老等力量，以中医院为依托，筹建东平县佛山医养中心，推进全县综合养老体系建设。到位资金4300万元，所需设备通过招标配送到位。三是公立医院改革有序推进。推进法人治理结构改革。联合组织部、编办、人社局等部门，出台公立医院法人治理结构实施方案及相关配套政策，初步完成公立医院法人治理结构改革，搭建起新的管理体制。开展临床路径管理，实施22项指标控制，建立自主控费机制。加强三医联动，打破部门利益藩篱，医疗、医药、医保顺畅衔接。2017年，药占比22.96%，同比下降0.51%；住院患者次均费用5033.34元，同比下降0.86%；医保住院患者自付费用占比47.14%，门急诊次均费用189.02元，平均住院日7.61天，均保持全市最低。

【医疗服务质量管理】 2017年，从四个方面着手，让群众享受到更好的医疗卫生服务。一是强化人才培养。请进来，送出去，先后邀请浙江大学附属第一医院、省立医院、市中心医院等国内及省市知名专家到东平授课，举办各专业培训15期，培训5000余人次。选送95名临床一线人员到上级医院进修学习，提升水平。二是抓住关键环节。强化医疗、护理、医院感染管理等11个医学专业委员会的作用，开展医疗质量、医院感染、优质服务等专题培训和专项督导，规范执业行为，提升服务水平。县人民医院代表泰安市参加全省和全国品管圈大赛，分别获得三等奖和优胜奖，作为泰医教学医院组织的代表队，在泰山医学院大学生临床技能大赛中获得特等奖。县中医院开展无人陪护、临终关怀等服务，走在全市前列。三是凝聚团体力量。举办技能操作比赛、知识竞赛等一系列丰富多彩的庆祝“5·12”国际护士节和“6·26”医师节活动，提升业务技能，增强敬业精神，提高了凝聚力。县中医院在市委组织的“喜迎十九大、永远跟党走”歌咏比赛中获得全市第二名好成绩。四是降低责任风险。成立东平县医疗纠纷调解协会，为二级医疗机构建立医疗责任保险，医疗纠纷处置规范有序。

【基本公共卫生服务】 推进健康关口前移，推动从重医轻防向防治并重转变。一是全市首创平板终端随访、手机APP随访、“东平公卫”微信公众平台、居民健康档案“电子签名”四项信息化举措，实现体检数据即时上传、健康报告自动生成、健康状况即时查询、群众满意县城签名确认。二是开展主体活动。深入开展“查体建档进万家”“签约服务进万家”、基本公卫夺旗等八项主题活动，以活动促落实。三是升级家庭医生签约。由单纯基本公共卫生服务的1.0版本过渡到基本公共卫生、基本医疗、健康管理综合服务的2.0版本，开创全市新模式。四是加强重症精神病人管理。地毯式排查，开展危险性评估，落实分类治疗管理与干预措施。2017年底，全县居民健康管理率达到80%。居民签约服务率52.2%。孕产妇系统管理率87.16%，儿童系统化管理率88.03%，连续7年保持孕产妇0死亡，5岁以下儿童死亡率、婴儿死亡率均居全市较低水平。2017 年，东平县代表泰安市迎接全省基本公共卫生服务项目绩效考核，取得全省第四名好成绩。

【中医药综合服务】 借助中医药上升为国家战略有利时机，践行新理念，描绘新蓝图。建立起覆盖全县的中医药服务体系，让群众得到更加简便廉验的中医药服务。一是继续保持全国基层中医药工作先进单位称号，顺利通过复审验收。二是扎实推进综合医院中医药工作。县人民医院为全省唯一一家通过全国综合医院中医药工作示范单位评审的二级甲等综合医院。三是持续推进"国医堂"建设。13 所乡镇卫生院高标准建设"国医堂"，开展常用中医药适宜技术项目 15 种以上。四是加强中医药人才培养。先后举办中医药业务知识、中医适宜技术等培训班和中医药适宜技术技能竞赛 12 次。开展"中医中药东平行——适宜技术推广进乡村"活动，全面推广针灸、拔罐、刮痧、推拿四项中医适宜技术。2017 年，有 2 人被评为"山东省基层名中医"。

【健康扶贫】 印制全县贫困人口健康惠民卡，发放给 6784 名贫困患者，建立健康扶贫纪实表，全部落实"八个一"救治措施。实行"两免两减半"政策，开通就医"绿色通道"，医保报销后个人自付医疗费用再减免 25%。全年为 7500 余人次困难群众减免医疗费用 173 万元，减免残疾军人医药费用 50 万元。

【党建志愿服务】 推行先锋模范窗口、党员示范岗创建活动，打造党建品牌，让党员在下乡义诊、健康扶贫、临床诊疗护理、计生服务中成为一道道靓丽风景线。积极开展爱心健康服务。组建 21 支党员志愿者服务队，开展健康服务直通车进社区、进学校、进家庭等"十进"活动，开展免费健康体检、送医送药等活动。先后开展活动 105 次，受益群众近 3 万人次。

（刘彩凤）

2017 年 5 月 26 日，开展健康服务直通车进企业活动——走进东顺集团

（刘彩凤 供稿）

疾病预防控制

【概况】 县疾病控制中心为县财政差额拨款事业单位，在编人员 119 人，其中，卫生技术人员 89 人，包括执业医师助理医师 28 人，注册护士 22 人。内设机构有：办公室、招标办、财务科、政工科、总务科、慢性病防治科、药械科、艾滋病防治科、检测检验科、健康体检科、临床检验科、综合业务科、食品卫生监测科、职业卫生监测科、学校卫生监测科、医疗卫生一科、医疗卫生二科、免疫规划科、传染病防制科、结核病防制科、放射科、预防接种门诊 22 个科室。

2017 年，县疾控中心以确保全县传染病疫情总体平稳，避免重大疫情和重大突发公共卫生事件发生为目标，坚持"预防为主"工作方针，不断夯实基础，健全队伍，完善制度，全县疾病预防控制能力和服务水平均得到快速提升，各项工作取得新的成效。2017 年度先后获得市级 2016—2017 年地方病、寄生虫病防治先进单位、全市结核病防治工作先进集体、泰安市结核病防治工作岗位技能竞赛二等奖、泰安市免疫规划业务工作先进集体、全市卫生应急工作示范单位、全市疾病预防控制工作示范单位等荣誉称号。

【重大疫情控制】 2017年，安排科室专人分析掌握疫情动态，及时预测预警，指导疫情防控工作。重点对霍乱、H7N9禽流感、麻疹、手足口病等传染病疫情进行现场流调处置，科学开展疫情风险评估。高度关注埃博拉出血热、中东呼吸综合征、疟疾、登革热等输入性疫情防控。针对近年迅猛上升的布病疫情，采取宣传、防护、筛查等综合防控措施，严防动物疫情传播高危人群。同时，加强不明原因肺炎、食源性疾病等突发事件应急处置，重点完善内部管理制度，培训应急队伍，强化应急值守、监测采样、现场处置与效果评估，全县实现无重大传染病疫情及突发公共卫生事件发生。

【健康体检与接种门诊】 健康体检中心于2013年成立，拥有20名优秀业务骨干，配备飞利浦彩超、DR数字化X光机、碳14幽门螺旋杆菌检测仪等各种先进仪器设备20余台件，获得职业健康检查资质，并成为了东平县事业单位招聘录用体检定点机构，为社会各界人士提供预防健康查体和慢病防治服务。2017年，完成体检业务工作量21248人次，比成立当年的200人次提高106倍。及时发现潜在重大疾病105人次。预防接种，是防控儿童多种疾病的重要举措，疾控中心高度重视预防接种工作。2017年，全县设有预防接种门诊18处，产科接种室5处。其中，城区县直接种门诊2处，街道接种门诊2处，极大的方便受种群众，提高儿童预防接种率。全县省级示范化接种门诊8处，市级规范化接种门诊8处，县级合格接种门诊2处。其中，新建数字化接种门诊3处。全年完成一类疫苗接种166452针次，接种率均保持在95%以上；完成二类疫苗接种99419针次。县疾控中心第二接种门诊的开诊，推进免疫规划工作更上新台阶。

【食品安全检测】 2017年，依托农村饮水安全水质检测中心，完成生活饮用水水质监测244份。争取县水利局支持，检测各乡镇新建农村供水工程水质24份，山东农业大学委托单位水质检测157份。完成食品污染和有害因素风险监测采样送检113份，全县上报食源性疾病病例9735例，未发生疑似异常病例/异常健康事件。疾控中心着力加强实验室建设，完善设备装备，改造实验室环境。有实验用房400平方米，专业检验技术人员6人，配有气相色谱仪、原子吸收分光光度计、石墨炉原子吸收光度计等大小仪器56台件。能够开展47类产品402项卫生质量检测，包括检测血清免疫实验、常见微生物培养分离鉴定、食品、生活饮用水、涉水产品等。为有效实施疾病预防控制、突发公共卫生事件应急处置、食品安全风险监测及食源性监测等提供有力技术支撑。

【急性传染病控制】 2017年，疾控中心与教育、农业、畜牧、商务等部门建立紧密沟通合作机制，提高学校传染病、人禽流感、布病、疟疾等传染病防控水平。传染病监测与报告质量大有提升，网络直报各项指标明显提高，卫生应急设备更新充实，应急处置能力和人才培养得到强化。在乡镇基层巡回进行综合业务技能培训，重点抓疫情报告与处置，为疫情控制赢得宝贵时间，有利于及时发现、有效控制聚集暴发疫情。全年发现报告16种法定传染病2197例，霍乱、H7N9禽流感、麻疹等得到有效控制。

【艾滋病、结核病防治】 艾滋病防治。东平自1995年发现首例艾滋病感染者，至2017年，累计管理随访病人87例。依托项目支持和政策保障，全面开展感染者和病人随访、治疗等工作，重点完善艾滋病监测网络，全力开展健康教育宣传和干预。全县设立检测点20个，筛查实验室2处，自愿咨询检测门诊3处。针对现有44名病例管理，努力提高随访覆盖率，抗病毒治疗率、CD4病载等检测率。疾控中心与病人亲如一家，切实抓好国家“四免一关怀”政策落实，为病人申报城镇低保待遇，提供各种方便。

结核病防治。依托中央转移支付项目和政府承诺，县政府将结核病防治经费纳入财政预算，建立可持续发展筹资机制。疾控中心多措并举，引进专业人才，更新仪器设备，提升诊断水平，提高防治能力。2017年，登记可疑肺结核病人2628例，查痰2508例，培养412人次，确诊结核病人323例，治愈率94.4%。督导乡镇120余次，督导村庄200余个，访视结核病人280余例，各项检验能力和任务完成率均达到国家规定指标。严防学校结核疫情暴发流行，对7900余名新生开展结核菌素试验检查。深入开展健康教育，以“3·24”世界防治结核病日为契机，深入开展防治知识“五进”活动，进社区、进企业、进学校、进农村、进家庭。有效遏制了结核病的发生和蔓延。

【创卫促进业务工作】 开展全民创卫活动，与疾控中心的业务职能息息相关，是推进疾病预防控制工作、提高人民群众健康水平的根本措施和机遇。疾控中心在承担健康教育、病媒生物防制、预防接种、防治传染病、医疗卫生、四小场所整治、档案资料汇总等任务繁重创卫与创收矛盾凸显的情况下，多次召开班子及干部职工会议，动员大家迎着困难，勇于担当，以实际行动，履职尽责，在健康教育、病媒生物防制、预防接种、传染病防治、规范医疗行为打击非法行医、公共场所规范管理中充分发挥职能作用，强化“早、快、教、细、实”推进措施，采取走出去、请进来、举办培训班、开展业务讲座等形式，进行创卫标准学习。组织中心中层以上干部和有关部门领导到新泰、肥城等地参观学习创城经验；请市疾控中心和市卫生监督所专家讲课；分期分批对公共场所从业人员、卫生室诊所及城区医疗单位等相关人员举办病媒生物防治、健康教育、传染病防治、免疫规划知识培训，办学习班26期。编制《公共场所创卫歌》《卫生室所创卫歌》，作为明白纸，印发到业户手中。加强对各行各业创卫整改技术指导，实现创卫与业务工作两不误。

【经费形式调整改革】 疾控中心原为经费自收自支事业单位，参照外地经验，2017年年底报经县政府、县编委同意，申请实行经费形式改革。12月19日，县机构编制委员会下发《关于调整东平县疾病预防控制中心经费形式的批复》（东编〔2017〕14号），同意县疾病预防控制中心经费形式由财政补贴调整为财政拨款。争取县编办按照编制标准，核定县疾控中心人员编制。争取县财政局科学合理核定人员经费、公用经费和业务经费，各项收支列入2018年财政预算，促进全县疾控事业健康、快速发展。

（董新峰）

东平县人民医院

【概况】 东平县人民医院位于县城东山路018号，占地面积4.7万平方米，建筑面积9.8万平方米，职工1076人，其中，高级专业技术人员78名，研究生116名，研究生导师2名。开放床位1036张。医院专业设置齐全，技术力量雄厚，医疗设备先进，设52个临床、医技科室，急诊科是全市重点学科，急诊科、妇科、骨科、胸外科、ICU、眼科6个科室为泰安市医学特色专科。医院配备大型医疗设备160余台套，其中有128排螺旋CT2台、GE1.5T核磁共振机1台、瓦里安直线加速器1台、飞利浦IE33彩超10台。先后开展了心脑血管疾病的介入治疗、全髋关节置换、腹腔镜等各种腔镜治疗等多项先进的医疗技术。2017年，医院秉承“以人为本、服务至上”的办院理念，坚持“抓管理、重质量、强内涵、促发展”管理策略，深化改革，锐意进取，全心全意为人民群众治病防病保健康等各项工作均成效显著，受到社会各界好评。县人民医院为二级甲等综合医院，爱婴医院，泰山医学院附属东平医院，山东省立医院远程会诊医院，全国综合医院中医药工作示范单位，上消化道癌早诊早治项目国家示范基地，国家级心血管微创示范中心、国家级围产医学示范中心，东平县远程医学中心、病理诊断中心。

【医院改革】 按规定合理调整医疗服务价格，改革分配制度，逐步建立现代医院管理制度，稳步试行法人治理结构。继续实施药品零差价。按照国家卫计委《提升县级医院医疗服务能力要求》，增加设备和培训引入专业技术人员。重新修订住院总制度和十八项医疗核心制度。落实护理核心制度，医疗质量关键环节及部位重点管理与监督。实施全员质控标准培训，落实患者十大安全目标。推行责任制整体护理模式。完善全院无线网络覆盖及微信平台掌上医院等信息化建设。推进微创手术，抓好腹腔镜、膀胱镜、宫腔镜、胃镜、纤支镜等设备应用；购置设备开展心脑血管病、肿瘤介入治疗；更新换代检验科设备，打造区域检验中心；加快建设医院卒中中心、县级急危重症孕产妇、新生儿区域救治中心；筹建静配中心，规范液体、药品管理。建立规范化住院医师培训制度，试行科室首席专家制度，探索医改形势下的人才备案制度，以留住人才。

【医疗质量管控】 2017年，医务科、门诊部分别制定《医院医疗质量考核处罚标准》《门诊医疗质量考核处罚标准》，全年因医疗质量缺陷处罚26000元。院内会诊13000余次。护理部开展“慢病管理、护理先行”学术研讨，对住院病人开展健康教育，技能考核床旁化，贴近实际。院感办组织开展“院感质控强化月”系列活动，在全市院感管理培训班上，唯一县级医院被邀做管理经验交流。急诊、手术室、肿瘤、内镜室、院感等，接受省、市质控中心专科质控检查30余次均获好评。参加全市比赛获医疗急救技能竞赛二等奖、生育全程服务技能竞赛三等奖、卫生应急技能竞赛三等奖。为提高医疗质量，新建标准化规范化的高压氧室。改建消毒供应中心，更换消毒设备，改建彩超室，新增彩超室两处、彩超4台，扩建透析室，新增透析机6台。各医疗科室采用现代化医疗设备和手段，治疗多种疑难疾病均效果显著。如普内一科开展消化道早期癌及癌前病变内镜下粘膜剥离术，完成诊疗10399人次。普外科开展全腹腔镜下胰十二指肠切除术，是东平第一例，全省第十九例。微波治疗术在普内二科肾脏病、内三科肿瘤病治疗上广泛应用。ICU、胸外科、手术室共同成功抢救一例钢管胸部贯通特重伤患者等。

【医德医风建设】 医院把加强党风廉政建设与强化医德医风建设相结合，与日常活动相结合，持续不断强化医务人员职业道德教育，落实卫生系统“九不准”（不准将个人收入与药品和医学检查收入挂钩，不准开单提成，不准违规收费，不准违规接受社会捐赠资助，不准参予推销活动和违规发布医疗广告，不准为商业目的统方，不准违规私自采购医药产品，不准收受回扣，不准收受患者“红包”）抵制行业不正之风，增强职业素养。打造学习型医院。坚持两周一次科室业务学习、核心制度学习，每月一次全员业务学习，鼓励医务人员参加各种形式的培训班、学习班，大力支持青年学术论坛、医学会等平台的建设。院党总支组织开展“两学一做”系列学习教育活动，严格贯彻执行中央八项规定，反对“四风”。开展“双提双增”“重效率、勇担当、作表率”活动，院党总支成员分别到各支部讲党课，开通使用“灯塔—党建”管理平台，组织人员到费县卫计局参观学习党建工作，到延安接受红色革命教育。经常组织开展帮扶、义诊活动，发放各种宣传资料5000余份，开展“十进”服务活动10余次，受益群众3000余名，健康义诊2000余人次。

【教学科研】 医院高度重视教学科研工作。先后与英国牛津大学、美国杜兰大学、中国医学科学院、苏州大学等合作，完成急性心肌梗死研究项目（COMMIT/CCS-2）、急性脑卒中临床试验（CATIS），研究成果已在《柳叶刀》《美国医学会杂志》等国际知名杂志上发表。完成国家卫计委医改专项上消化道肿瘤筛查任务20000余人次，连续5年被评为全国优秀项目示范点。加强与泰山医学院科研项目合作，投资400余万元，建设标准、规范的技能培训中心，图书室藏书10余万册，鼓励年轻医师就读在职研究生，升研率50%，在泰山医学院大学生技能竞赛中获特等奖，并代表泰山医学院参加全国技能大赛。完成泰山医学院48名大四学生教学任务，276名医疗、护理实习同学、进修人员带教任务。全年发表论文38篇、著作30部、发明专利4项、实用新型专利18项，获县科技一等奖1项，二等奖2项，三等奖14项。组织推广品管圈8个，手术室“手拉手”品管圈参加山东省和全国比赛分获三等奖、优秀奖。年内招聘研究生3名，本科生27名。43人获在职研究生学位。

【推广中医药及适宜技术】 2017年年初，县人民医院被上级确定为全国综合医院中医药工作示范创建单位。采取切实措施，推广中医药及中医适宜技术，制定相关政策，对科室中医药占比、中医及中医适宜技术应用列为考核专项，纳入奖惩条件之一。出台《东平县人民医院关于中医适宜技术、中草药、康复的有关规定》。完成国医堂和康复大厅建设。中医科加强全院各科室中医会诊，全年参与会诊2016次。神经内科、妇产科、儿科、ICU、骨科等积极开展中医适宜技术应用，2017年年底，通过全面考核，以优异成绩顺利通过全国综合医院中医药工作示范单位评审、验收。

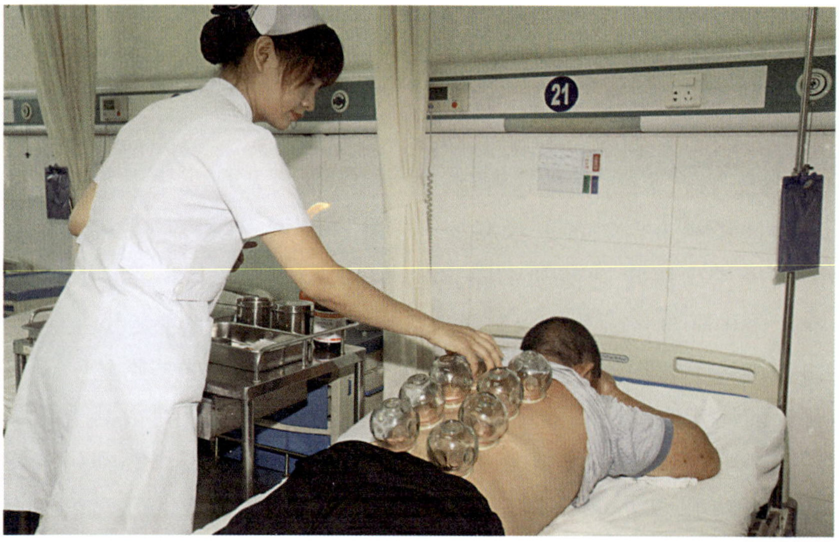
2017年，县人民医院采用中医适宜技术，为患者辨症施治（王笃强　供稿）

【实施健康扶贫】 医院对贫困患者严格执行两免两减半政策。对特别贫困患者、三无病人等实施应急救助。2017年，帮扶贫困患者门诊就诊199余人次，减免费用5113元，住院患者196人次，减免费用7.7万元，三无患者减免费用10.2万元，资助2名贫困大学生，每人2000元，对残疾军人进行部分减免费用，共减免2万余元。承担8家乡镇卫生院帮扶任务，精准帮扶大羊镇卫生院、沙河站镇卫生院，在专科建设、人才培养、基础建设等给予大力支持。

【培塑文化品牌】 医院重视宣传工作，坚持以文化人。与《泰安日报》、东平电视台等媒体建立良好合作关系，在市级媒体发表报道700余篇。编辑制作《人民医院院报》12期，《医疗质量简报》12期，《东平读本·人民医院周刊》48期，制作《万家灯火》微电影等。利用门诊、病房电子屏，播放各种健康宣教标语等。组织参加第六届泰安风云榜，被评为“泰安市市民满意医院”。组织开展“5·12”护理知识竞赛、“6·26”医师节、第五届体育节等活动。组织春节联欢晚会、“美在瞬间”摄影活动，“双提双增”征文等活动。继续开展文体健身。与其他媒体合作，及时报道医院好人好事好风尚，传递正能量。

【创卫扮倩医院美】 抓住创建国家卫生县城机遇，推进医院形象提升。成立医院创卫领导小组，附设六个技术指导组，结合单位实际，制订实施方案，实行网格化管理。投资300万元，粉刷宿舍楼7栋，改造绿化面积500平方米，铺设沥青道路3000平方米，院内及家属区下水道全面清淤，拆除违章建筑、临时建筑。改造医疗垃圾中转站，建设压缩垃圾处理站。设立健康教育宣传栏11块，制作发放健康教育手册6期7000余册。完善医院标识、南病房楼楼层导引、科室简介、医护简介等标牌，病案室完成病历异址存放40万份。新上22台银医自助机，实现挂号、缴费、住院、查询、打印报告一站式服务。创卫领导小组一天一检查，发现问题，拍照曝光、点名通报并责令整改。增设控烟标识、设施。创建国家卫生县城活动，促进了医院环境美化亮化和服务优化。

（王笃强）

东平县第一人民医院

【概况】 县第一人民医院设在州城街道，为二级甲等医院，县医保定点医院，泰山护理职业学院临床教学医院，泰安市中心医院、肥矿中心医院、对口支援单位，泰安市中心医院、市肿瘤医院、市妇幼保健院医联体协作医院。县第一人民医院始建于1950年，是东平最早的人民医院。2017年，医院开放床位260张；职工337人，其中高级职称18人、中级职称115人。设26个临床及医技科室，其中肿瘤科是泰安市医学重点学科培育单位，医学影像科、检验科为市级质控中心，是东平县卫生专业技术人员继续教育西部培训基地。十万元以上大中型医疗设备80余台件，有美国产64排128层CT机、四维彩超、数字胃肠机、胃镜、DR、钴-60放射治疗机、模拟定位机、全自动生化分析仪、细菌鉴定/药敏分析仪、血液细菌培养仪、日本富士能电子胃肠镜、热疗机、射频治疗机、体腔热灌注治疗机、多功能麻醉机、可视喉镜、气腹机、非接触式眼压计、全自动验光角膜仪、咽喉内窥镜、皮肤真菌监测系统、高压消毒柜、中心吸引、中心供氧控制系统等。2017年，县一院以院训“德馨、业精”为指导思想，坚持“科技兴院”发展战略和“三好二满意”服务理念，以人为本、服务至上，各项工作保持持续向好发展势头。门诊就诊达到57676人次，收住院10448人，病床使用率82.02%，治愈好转率98.34%。

【医院综合管理】 继续加强制度建设，完善规章制度，完善激励机制，加大人事分配制度改革，狠抓医疗护理服务过程中重点环节、重点区域、重点人员的管理；加强质量检查和考核，制订并落实考核方案和奖惩办法；加强对首诊负责制、三级医师查房制度、疑难病例讨论制度、术前讨论制度和查对制度等18项核心制度的落实和检查；严格处方权授予的标准和程序。高度重视专业技术人才的培养和教育工作，继续采取了一“派”、二“请”、三“联合”、四“提升”、五“创新”的方式，力求尽快打造出一支梯队合理的专业技术队伍。贯彻“预防为主、保障安全、综合治理、确保安全”的十六字方针，以创建平安医院为载体，明确维稳责任，特别是在十九大期间，院领导在岗轮流带班，各职能科室分批次轮换压茬巡查，总务科、应急办坚守院门岗等，确保医院秩序稳定、工作安全开展。

【健康扶贫】 2017年，大力开展医疗健康扶贫工作，制订精准扶贫、分类救治、便民惠民医疗服务、两免两减半及住院减免实施方案，继续推行“先治疗、后结算”诊疗服务，建立持卡贫困患者诊疗住院登记。深入乡村、社区开展健康教育、疾病咨询诊疗服务 80 余人次。医院建立完善贫困人口就医“绿色通道”，提供就诊“一站式”服务，持“健康医疗惠民卡”贫困群实行“两免两减半”的优惠。在门诊大厅、住院处、医保结算窗口设置明显标识。要求临床科室宣讲惠民政策和执行到位，群众明明白白看病，实实在在受益。医院把帮扶乡镇卫生院标准化建设作为健康扶贫措施之一，先后开展梯门卫生院、新湖卫生院业务指导，抽调业务骨干坐诊带教查房等，提升了乡镇卫生院基本医疗综合服务能力。

【落实双联四包】　院领导和第一书记认真抓好包村走访工作。全年组织 300 余人次，开展走访入户活动 100 余次。实事求是了解村情民意。每逢节日为孤寡老人、五保户、贫困家庭带去生活救助和慰问，支援结对村精准脱贫。医院重视院派第一书记驻村工作，医院干部程振宏驻北门村，院领导多次到村了解情况，“六一”儿童节期间，到村关爱留守儿童，送去学习用品，免费为全村儿童健康查体。该村 49 岁残疾贫困户赵宝忠，右腿高位截肢，没有经济来源。根据他有蒲草编织扇子特长，通过“互联网 +”，在网上联系东平生活网志愿者协会，开展“网上义卖、大爱无疆”助脱贫活动，帮助赵宝忠增加了收入，实现脱贫。

【引进高端医疗设备】　2017 年，医院引进美国通用（GE）电气公司生产的 64 排 128 层 CT，正式投入使用，标志着多层 CT 进入容积 CT 时代。该设备扫描速度快，1 秒钟扫描完一个器官，5 秒钟扫描完心脏，10 秒钟扫描完全身；扫描精度高，对微细的解剖结构和病变有着极佳的观察诊断效果；心脏检查成功率高，有几近 100% 的无创心脏检查成功率，成为冠脉检查新金标准；临床应用范围广，实现图像质量和覆盖范围完全统一，能获得全身各部位高分辨率图像，大大提升医院诊疗水平。

（司鲁南）

东平县中医院

【概况】　东平县中医院系全国二级甲等中医医院，集医疗、科研、教学、保健、急救、康复、中西医结合为一体现代化特色医院。位于东平县城佛山街 021 号，东与 105 国道毗邻，西与济菏高速公路相望，占地 52 亩，拥有现代化病房楼两幢，门诊楼、医学影像楼、综合服务楼、供应楼各一幢。开放床位 360 张。现有职工 487 人，其中高级职称 35 人，中级职称 101 人。全县四大名中医传人，三位在该院工作，有“泰安市名中医”3 人，“东平县十大名医”3 人。设有 27 个临床医技科室。有国家级中医特色优势重点专科 1 个，省级中医特色专科建设单位 1 个，市级重点中医专科 2 个，市级中医特色专科 1 个。拥有西门子 1.5T 核磁、64 排螺旋等先进诊疗设备 40 多台套。2017 年，收住住院病人 16060 人次，同比增加 957 人次；门诊 16.75 万人次，同比增加 2.4 万人；健康查体 15029 人次，同比增加 8333 人次；药占比 28.58 %，同比降低 2.4%，基本药物使用率达到 82%。全年业务收入过亿元。保持了“全市中医工作先进集体”“市级质量信得过医院”“省级文明单位”“全国农村中医药工作先进单位”等荣誉称号。

【宣传医院服务理念】　医院坚持“科教兴院”方针，坚持“以人为本、诚信服务、团结奉献、精益求精”的服务理念和医院精神，坚持“病人至上、质量第一”，竭诚为患者提供“全方位、多层次、充满关爱”的诊疗与护理，并实行低标准收费、高质量服务。这些被社会广泛认可的“魂”，是医院的无价财富。宣传好这些特色服务理念，是加快医院发展的基础性工作。一是在东平电视台《健康之约》和《专家支招》做栏目 25 次，大力宣传本院特色中医诊疗技术，中医院是全县中医界龙头得到社会广泛认可。二是向东平政府网、东平信息港、《今日东平》报投稿，全年投送稿件224件，出版院报6期，义诊宣传15次，发放宣传材料2万余份，制作专题宣传片1期，医院特色亮点工作和职工昂扬向上的风采得到充分展示。三是参与承办全市“喜迎十九大，永远跟党走”大合唱比赛。抽调60人，历时1个月，坚持业务工作与合唱排练两不误，加班加点，排出高质量的演唱节目，展示中医院人勇于担当、争先进位的精神风貌，比赛荣获全市县（市区）第二名，为医院赢得省级文明单位复审加分。四是编修《东平县中医院志》。2月14日启动，分别召开《院志》编纂动员会、历任院长、退休老专家座谈会，广泛征求意见，系统总结1988年建院起30年间的发展历程，2017年年底，形成初稿40余万字，作为励志育人的生动教材和推介中医院服务形象的史志文本，出版后必将促进医院知名度和公信力的提升。

【创卫改善医院环境】 4月起，中医院响应县委县政府号召，积极投身创建国家卫生城市活动。成立书记任组长的创卫领导小组，按照条块结合，将后勤各科室分成组织管理、健康教育、病媒防治等7个小组，办事机构设在院部办公室。创卫活动中，充分发挥党员干部模范带头作用，发扬吃苦耐劳精神，五加二、白加黑，整个中医院每天都有新变化，每处都有新亮点。家属区小耕地、小菜园、老透析中心等违建设施拆除，粉刷所有家属楼、病房楼内外墙，更换院内所用垃圾箱，减少蚊蝇滋生。翻新、修补院内破损路面，重新招标，装修医院食堂，患者和职工吃饭更加卫生。通过开展创卫活动，医院面貌焕然一新，满足了全院职工和患者对美好生活的向往。9月，上级开展创卫暗访，获得820分。12月22日，省专家组明察，其中病媒生物组实地检查中医院，给予高度评价，东平县城被推荐为全国卫生城市，有中医院人做出的贡献。院区环境整洁舒适了，大家的心敞亮了，积极性提高了，医患关系和谐了。医院整体形象改善，社会知名度、美誉度加强，职工、患者满意度大幅提升。

【医养结合项目进展顺利】 2017年年初，适应老龄化社会发展需要，经院领导积极争取，上级决定，依托县中医院建设东平县佛山医养中心。第一期工程，投资8000万元，回购并装修改造原佛山养老中心，包括土地34亩，3栋业务用房及其附属设施，设置床位600张，其中养老床位400张，医疗床位200张。二期工程：投资6000万元，征地19亩，规划建设业务用房，增设床位400张，其中养老床300张，医疗床100张。整个医养中心床位达到1000张，其中养老床位700张，医疗床位300张。经多方协调，项目建设进展顺利。力争将佛山医养结合中心，打造成为鲁西南大型医养结合中心，建成全省乃至全国精准扶贫、深化医改、医养结合、中医药特色发展的典范。

【注重医护质量与安全】 医

中医院西院区 （张志刚 摄）

疗质量是医院发展的命脉，把开展和应用新技术、新项目作为提高医疗质量的重要手段。医疗质量：安排分管院长带领医务科定期督导检查全院各临床科室，依据医疗质量考核细则绩效考核方案，坚持三级医师查房制度，通过明察暗访，发现问题及时提出整改措施，并视情况给与处罚。加强重点科室、高危科室监管，加强病例质量把控，对电子病例、运行病历、运行及终末病例，区分不同问题，层层把控，全年病历质量甲级病历比例达到 100%。2017 年，处理医疗纠纷 14 起，赔付金额 4 万余元，作为年收入过亿元的医院，经验值得总结。创新、应用诊疗技术。医疗技术、诊治水平是病人选择医院的重要依据，医院通过加强学科建设，促进新技术、新项目引进和开展。内一科研制的颈椎痛贴、开展的幽门螺杆菌检测，外科开展的腹腔镜手术和经尿道前列腺电切术，产房开展的导乐分娩，口腔科开展的种植牙技术，肛肠科开展的各项微创手术、乙状结肠镜检测技术等，填补医院技术空白，有效提高了治愈率和社会信任度，为吸引病员赴诊奠定基础。医院注重提高专科护理水平和护士队伍综合素质，完善质控程序，每月召开护士长工作例会，每周一次护理查房，实行个人、科室、医院三级考核机制。坚持“以病人为中心”，狠抓“三基三严”训练及重点科室无菌操作，全面开展优质护理。分四批选派 15 名护士长及护士长助理到省中医院进修学习，历时 8 个月。全年开展各类护理培训 30 次，理论考试 20 次，护理技能操作考试 2 次，全院护理队伍理论水平、操作水平、护理质量大幅提升。

【推进基础设施建设】 2017 年，投入资金 500 万元。改造崇德楼及连廊，装修招标一楼食堂，增设立职工餐厅，二楼设肾病科新区，全面升级透析环境和医疗设备。业务用房面积 600 平方米。三楼、四楼新建妇产科 VIP 病房，电梯直达，有 14 个房间。每个房间设 2 张病床，住一名产妇，卫生间淋浴房、蹲坐两用马桶、洗手盆，选取质量过硬大品牌，电视、无线网络、微波炉、实木挂衣橱等家具家电一应俱全，窗帘、被单、床罩等生活用品，精心挑选温暖色调，让产妇感觉到家一样温暖。VIP 病房，住宿环境舒适，贴心服务高端，每天有资深副主任医师亲自查房；有经验丰富的助产士全程陪伴产妇分娩，有高素质医护人员 24 小时全天候贴心服务；让准妈妈们在温馨、舒适、专业的环境里迎接新生命诞生。历时 4 个月，全面装修升级改造手术室，新增手术间，配备新手术床、麻醉机、监护仪，更换中央空调，加装暖气，手术环境改善，达到省内一流标准。引进和应用先进医疗仪器设备，筹集资金 400 万元，购置大品牌、高质量仪器设备，特检科购入西门子 3000 彩色多普勒超声诊断仪，四维检查由每天一人，增加到每天 5—6 人；眼科新购入手术显微镜；肾病科新区购进世界先进透析机——日机装 DBB-27C 13 台，DBB-07 血滤机 3 台，双极反渗直供水处理设备一台，配套治疗监护抢救设备。开展国内各种血液净化如血液透析、血液过滤、高通量透析、血液灌流、单纯超滤、可调钠透析、序贯透析、无肝素透析，治疗范围涉及急、慢性肾衰、尿毒症、高钾血症、酸中毒、心力衰竭、药物或毒物中毒等多个临床科室，居省内先进水平。9 月 5 日开业后，病员络绎不绝。其他科室添置新的先进设备若干件。适应“智慧芯”时代要求，推进无线网路免费全覆盖。8 月，首先在妇产科 VIP 病房和肾病科开通无线网络，安装无线路由器 25 个，实现病房内外无线信号畅通便捷。11 月，实施全院无线网络工程。每栋楼安装 1 条 200 兆光纤专线，配备 1 个汇聚交换机，安装 AP 点 106 个，每个 AP 覆盖区域允许并发用户 60 个，患者入住，免费享受无线上网服务。医院率先引进“云取片”系统。创建融合医学影像诊断、云取片、医生与患者密切互联的开放式移动医学诊疗及医学健康咨询服务平台，通过患者本人微信服务号，到中医院就诊患者，可第一时间

获得医学客观检查数据，方便患者就诊需求。这些设备和服务，确保医院临床诊疗水平大幅度提高和医院可持续发展。

【人才培养、引进】 医院采取多种形式，培养各类专业技术人才和学科带头人。开展“三基”培训考核，医务科、护理部组织业务学习42 次，业务考试24次；选派技术骨干外出进修、学习，派出10名医生前往北京301医院、北京中医药大学东直门医院、省立医院等地进修深造；加强继续医学教育，鼓励职工自学、函授学习，提高学历层次。重视人才引进，招收应届毕业生28人，其中研究生1人、本科5人、专科22人，包括临床人员4名、护理人员16名和医疗技术人员8名，为医院发展注入新活力。

【夏季征兵查体】 2017年，县中医院首次设全县征兵体检站。医院领导高度重视，抽调业务骨干参与征兵体检。7月26日，部署动员和思想业务培训。7月28日，夏季征兵体检工作正式启动。受检青年来自全县各乡镇及机关事业单位，人数多，任务重。医院干部职工按照上级要求，本着对党、对国防建设高度负责的精神，尽职尽责，高标准、高质量完成征兵体检任务。经上级和部队多次复检、抽检无一例退兵发生，为国防事业做出贡献。

（陈兆红）

东平县第三人民医院

【概况】 东平县第三人民医院位于戴庙镇政府驻地，现有职工195人，卫生技术人员169人，其中，中高级专业技术人员39人，开放床位150张，院内设有内、外、妇、儿、急诊、医学影像、化验等临床医技科室15个，磁共振、南京卡姆DR、东软数字胃肠、美国贝克曼全自动生化分析仪、日立血细胞分析仪等10万元以上大型设备40余台（件）。是一所集临床医疗、预防保健、基本公共卫生服务等为一体的二级乙等综合医院、泰安市“120”急救网络医院。

2017年，医院坚持“无私奉献、救死扶伤”宗旨，认真做好域内群众医疗服务、120急危重症抢救、各类突发事故紧急医疗救援、突发公共卫生事件防控，以及戴庙镇范围内疾病预防控制、卫生保健基本公共卫生服务等工作，同时加强对辖区农村基层卫生医疗机构业务技术指导。全年完成居民建档27581份，建档率72.71%；重点人群登记管理老年人3213人；完成孕产妇保健管理409名，0—6岁儿童保健管理3010人；登记管理高血压患者3007人，2型糖尿病患者1028人，精神障碍患者163人，冠心病患者722人，脑卒中患者315人，结核病患者23人，残疾人454人，妇女保健指导2880人，签约式服务23581人。中医药健康管理0—3岁儿童1340人，65岁以上老年人2201人。计划免疫出生儿童596名（其中外出91人，常住505人），建档建卡492名，上卡率97.43%。全年各种接种疫苗率95%，报告传染病212例。完成卫生监督巡查报告工作，全年上报突发食源性疾病312例。举办健康知识讲座及咨询活动159次，更换健康教育宣传栏150次，发放各类宣传资料17800余份。荣获“全县卫计工作先进单位”、保持市级文明单位等荣誉称号。

【创新医院管理】 医院遵循“厚德 敬业 求实 发展”院训，要求做事先做人，通过人人辛勤工作，爱岗敬业，促进医院发展。开展“三好一满意”“提升人性化服务”等活动，致力于解决群众“看病难、看病贵”，持续实行药品零差价。优化诊疗服务模式和服务流程，便民、利民、惠民；实行“先看病、后付费”服务模式，为患者提供方便、温馨、舒适就诊服务，努力提高人民群众健康水平。与省立医院、齐鲁医院、泰安市中心医院、泰山医学院附属医院、泰安市儿童医院等结为技术协作单位，邀请县人民医院专家常年坐诊，病人在本院即可接受专家治疗，让老百姓得到实惠。

【诊疗技术日臻完善】 医院

在内科开展心血管、呼吸、消化、内分泌，外科在开展骨科、普外、胸外、颅脑外诊疗技术的基础上，发展微创手术，腹腔镜下开展阑尾炎、胆囊切除、疝气修补、宫外孕开窗取胚、精索静脉高位结扎、经尿道前列腺电切术等腹腔镜手术。引进关节镜，用于各种创伤性关节损伤诊疗，还用于各关节骨性关节炎、感染性关节炎诊断和治疗。经皮椎体成形、椎间孔镜下椎间盘摘除术，治疗效果良好，受到住院患者好评。

【新上重症医学科（ICU）】 医院位于东平湖西，远离县城20多公里，为及时抢救急危重症患者，年内医院新建重症医学科（ICU），面积242平方米，开放床位5张，配有无创呼吸机、监护仪、电除颤仪、排痰机等先进医疗设备，医护人员均到上级医院接受严格专业培训，处置危重病人能力较强，投入使用后，为急危重症患者治疗抢救观察，提高危重病人抢救成功率提供保障。医院对各科重危症患者，实行集中管理、全程生命体征监测，安全周到的诊疗服务，赢得患者信赖。

【落实公共卫生项目】 落实目标责任，分片包干，责任到人，成立全镇公共卫生服务工作项目技术指导和监督考核小组，由医院各临床科室和乡村医生组成7个签约服务团队，临床医师负责乡村医生签约服务，建立资金预拨和绩效考核相结合的资金管理制度，及时兑现奖惩。不断提升公卫服务能力。

【社会公益活动】 医院创新形式、科学开展各种社会公益活动，关注社会弱势群体，成立县三院青年志愿者服务团队、党员志愿者服务团队。定时到学校、卫生室、集市等地深入开展卫生知识教育普及活动，提高居民卫生健康意识和自我保健意识，抽调临床经验丰富的医务人员，入村入户开展群众常见病、多发病免费义诊活动。节假日期间，志愿者为游客提供旅游向导、医疗救治等服务，助力东平旅游。

（轩　洋）

人口和计划生育

【概况】 2017年，全县计划生育工作，按照“一稳、一清、双打”（稳队伍、清底子、打基础、打“两非”）工作思路，坚持以清理核查出生人口漏报、综合治理出生人口性别比为重点，加强领导，严格责任，创新机制，强化措施，深化改革，依法行政，圆满完成人口责任目标，促进计划生育工作转型发展。全县出生人口12826人，出生率15.8‰，自然增长率11.2‰，合法生育率96.8%，男女出生人口性别比为107.7。

【严格责任落实】 因出生人口漏报问题，2016年，东平县被省市纳入计划生育重点关注对象；因出生人口性别比下降指标没有完成，又被列为2017年全省出生人口性别比综合治理重点县之一。2017年，新一届县委、县政府痛定思痛，认真学习中共中央、国务院《关于加强人口与计划生育工作稳定低生育水平的决定》和《关于实施全面两孩政策改革完善计划生育服务管理的决定》、中办国办和省市“两办”《关于坚持和完善计划生育目标管理责任制的意见》，邀请市卫计委领导到东平把脉问诊，专题研究计划生育工作，县委、县政府出台《关于全面加强计划生育工作的意见》，强化“五职责任人”领导体系，严格落实计划生育“一票否决”、县级领导包保乡镇计生工作、计划生育工作预警通报和约谈等制度，对计划生育工作主要指标完成情况一月一通报，工作突出的给予表彰奖励，完不成责任目标或造成重大影响的，严肃追责。5月28日，召开有2200余人参加的2016年度人口目标责任奖惩电视大会，表彰完成2016年度计划生育目标责任的10个乡镇（街道、经济开发区）和43个履行计划生育职责的部门，纳入重点关注2个乡镇，通报批评3个乡镇，122个村（居）纳入2017年度计划生育重点管理，落实“一票否决”。10月15日，县委、县政府和县纪委联合，约谈计划生育工作相对落后的6个乡镇街道“五职责任人”，在全县引起强烈反响。

【创新工作机制】 建立“3+1”工作模式。建立以依法行政、目标管理、技术服务三条业务线和党政重视保障线为主的“3+1”计划生育工作运行模式，实行分线作战，分工负责，责任到人。建立“15+X”网格化工作机制。将15个乡镇、街道和经济开发区划为15个网格，建立了29名县级领导、30名卫计局领导干部和30名科室工作人员包保乡镇（街道）计划生育工作制度，加强对乡村工作的督查指导力度。履行计划生育职责的若干县直职能部门，对所属单位及派出机构实行垂直管理，依法履职，构建起条块结合、上下贯通、“横到边、纵到底”的监督管理网络，一些重点难点问题得到解决。

确立“112+1”的工作重点。“112”就是“一稳一清双打”，稳定加强计划生育队伍，清底子，打基础，打“两非”。积极推进机构改革，整合优化县、乡、村三级卫生计生机构和服务管理资源，乡镇成立卫计办，配备3~5人承担卫生计生管理和执法工作，设立卫计综合室、政策法规室、服务管理室，计生协会明确2~4名专兼职工作人员；整合乡镇卫生院与计生服务站资源，卫生院加挂妇幼保健和计划生育服务站牌子，承担计生技术服务职能；村级设立卫计委，配备1~3名专职工作人员。开展人口信息核查活动，建立卫计、公安、民政等部门信息共享平台，定期通报共享信息，清理往年出生瞒漏报，提高统计质量，消除工作隐患，夯实了工作基础。“1”就是发挥计生协会作用，围绕群众需求，开展宣传教育、生殖健康、优生优育、计生家庭帮扶、权益维护等服务，推进计划生育工作转型发展。

【严厉打击“两非”】 实行关口前移、源头控制、多措并举、综合施治，完成“两非”（即：严禁利用超声技术和其他技术手段进行非医学需要的胎儿性别鉴定；严禁非医学需要的选择性别的人工终止妊娠）案件和出生人口性别比下降指标。一是加强宣传教育。组织宣传车，录制《东平县出生人口性别比治理》音频宣传资料，在城乡主要街道、村（居）以及田间地头巡回宣传，印制宣传材料20万份发放到家家户户，新闻媒体开设“关爱女孩·促进人口性别和谐”专题专栏，滚动播出公益广告和有奖举报办法。二是做好孕产全程管理服务。制定《关于严格乡村出生人口性别比治理责任的规定》，明确乡村在孕情随访、孕情检测、孕情上报、生育证办理、孕期服务、终止妊娠报告、“两非”案件协助查处等七个方面的责任，环环相扣，责任分明，确保管理服务措施落实到位。三是严格落实住院分娩实名登记制度。确定6家住院分娩和终止妊娠定点医疗机构，实行住院分娩实名登记、查验证件制度和终止妊娠依法审批、及时通报制度，实现县内已婚育龄妇女的孕产信息全覆盖。四是严厉打击“两非”行为。建立卫计、公安、药监等部门联合办公制度，组织联合执法队伍，不定期开展打击“两非”执法治理活动，排查“两非”线索，从快从严查处。2017年查处“两非”案件12例，其中大案要案1例，罚没116560元，没收B超机4台。

【孕前优生健康检查】 2017年，免费孕前优生健康检查24286人，覆盖率100%，覆盖率及完成数量均居全市第一。代表泰安市参加国家优生实验室室间质评，23项检验项目均获得优秀。两次参加省优生实验室室间质评，检验项目均获得优秀。

【全面二孩政策落实】 全面两孩政策有序推进，开展执行效果评估和生育状况调查，掌握二孩生育中碰到的困难和问题。加强出生人口信息管理工作，做好出生人口监测，落实生育登记服务制度。2017年发放生育服务证11127人，其中发放一孩生育服务证2471人，二孩生育服务证8656人。严格落实岗位责任制、首问负责制、服务承诺制、限时办结制、一次性告知制等工作制度，进一步简化二孩生育办理程序，提高政策咨询、申报、办理等相关环节工作效率，做到服务受理“零推诿”、服务方式“零距离”、服务事项“零积压”、服务过程“零差错”、服务标准“零投诉”，确保为群众提供高效、快捷、优质的服务。

【落实奖扶政策】 严格执行法定奖励政策，落实独生子女父母奖励费412.5万元，落实率100%。为6472名计划生育奖励扶助对象、426名特别扶助对象、19名参照奖扶的城镇其他居民发放扶助金858万元。为315个计划生育特殊家庭建立基本信息档案，落实联系人制度，精准扶助，精细关怀。县人民医院、中医院、各乡级妇幼保健和计划生育服务站，均开通计划生育特殊家庭就医“绿色通道”。对全县672名计划生育特殊家庭成员逐一发放“爱心就诊卡”和“爱心联系卡”，完成家庭医生签约，由乡级妇幼保健和计划生育服务站免费提供健康查体服务。全县有1458名农村独生子女享受到中考加10分奖励。

（刘彩凤）

妇幼保健计划生育服务中心

【概况】 2017年年初，县妇幼保健院与县计划生育服务站合并，成立县妇幼保健计划生育服务中心。编制105人，设主任1人，副主任4人。是一所集妇女儿童保健和计划生育技术服务于一体的综合性医疗保健服务机构，也是全县母婴保健技术服务和计划生育技术服务管理指导中心。其职能职责是：为全县妇女儿童提供围产保健、妇女保健、儿童保健等妇幼保健服务，负责孕前优生健康检查和出生缺陷综合防治等；承担全县妇幼保健与计划生育宣传教育、技术服务、优生指导、药具发放、信息咨询、随访服务、生殖保健、人员培训等任务；开展妇女儿童常见病防治、助产分娩、避孕节育、终止妊娠等技术服务工作。

【优生人性化服务】 2017年，县妇幼保健计划生育服务中心坚持“以人为本、服务群众”理念，以母婴保健、计划生育服务为中心，以面向群众、服务基层和预防为主为服务宗旨，以优美舒适的就医环境、精湛的医疗技术，优质的人性化服务为工作特色，为广大人民群众提供高效、优质、温馨、安全的医疗卫生计生服务。2017年免费孕前优生健康检查24286人，覆盖率100%，居全市第一。代表泰安市参加国家优生实验室室间质评，23项检验项目均获得优秀。两次参加省优生实验室室间质评，检验项目优秀，受到上级卫计部门好评。

【妇幼公共卫生】 2017年年终考核，药具管理考核成绩位居全市第一。代表泰安市迎接山东省基本公共卫生服务（妇幼）绩效考核，取得全省第四名。顺利通过泰安市急危重症孕产妇、新生儿救治中心验收工作。使用全省统一《母子健康手册》，加强生育全程服务，保障母婴安全。组织国家基本公共卫生服务妇幼项目规范培训（山东2017年版）2017年8月16日，正式启动东平县免费产前筛查项目。代表泰安市迎接全省“出生医学证明”考核，取得优异成绩。

【创卫工作】 4月起，响应县委、县政府号召，组织职工积极投身创卫工作，投资80万元，用于美化、绿化、亮化办公和家属区环境。通过整体规划、设计、彻底整治，7月14日，被龙山社区创卫指挥部授予创建国家卫生县城工作五星级示范单位。

（陆　媛）

创建国家卫生县城

【概况】 国家卫生城市，是全国爱卫会组织开展的对一个城市整体发展水平和文明程度的综合性评价，是衡量城市建设和卫生管理整体水平的最高荣誉。2017年，在东平县城取得省级卫生城市荣誉基础上，县委、县政府把创建国家卫生县城，作为改善宜居环境、提升县城形象、增强居民幸福指数、推进招商引资工作的重点工程，高标准精心规划，创新组织强力推进，聘请国家、省市专家指导，发动群众广泛参与，坚持问题导向铁腕整治，强化检查调度考核。整个创卫工作，按照《国家卫生城市标准》要求，通过查漏补缺，重点整治，在爱国卫生组织管理、健康教育、环境卫生、环境保护、病媒生物防制、食品安全和生活饮用水及公共场所卫生、传染病防治、社区卫生、城中村和城乡结合部卫生9个方面力争确保达标。围绕“拆”“创”“建”，4月中旬进行战前动员，5月开展拆除违建突击，6月—8月规范整治脏乱差，9月—10月，开展“万众一心、共建美好家园”深入动员，建立“街长制”长效机制，通过创卫暗访。12月22日，经国家卫生城市考核小组实地全面考核验收，在全省9个创城县市中，东平最先实现目标。东平县城以整洁、优雅、舒适、活力、健康之城的全新姿态呈现在世人面前。创卫使许许多多的“不可能”变成现实，创出了东平人的精气神，创出东平县城的洁净美，创出了外地人对东平环境的向往与赞赏。

【组织领导】 2017年4月，创建国家卫生县城工程正式启动。成立县长任组长、县委副书记任常务副组长，有16位副县级干部为成员的东平县创建国家卫生县城领导小组，县长全面抓，县委副书记靠上抓，分工县长具体抓。办公室设在县卫计局，从9个职能部门抽调精兵强将，组成技术指导、宣传报道、综合协调、材料档案、督导检查五个工作组。各部门单位、驻地街道、村居成立相应领导机构，组成强有力工作班子。4月13日，县委、县政府召开创建国家卫生县城动员大会，传达《东平县迎接省级卫生县城复审暨创建国家卫生县城工作实施方案》《“美丽城区”建设评分标准及有关部分责任分工表》《“美丽乡村”建设评分标准及县直部分责任分工表》。建立网格化、职能部门、街长、志愿者、市民五位一体工作机制，县城15个社区划为15个网格，由13名副县级领导担任网格创卫指挥。各网格均成立创卫办公室。整个创卫工作分为三个阶段，4月至6月底为集中攻坚阶段，7月至8月底为全面达标阶段，9月至12月为建章立制阶段。深入的动员，严密的组织，明确的标准，严格的督导考核，为扎实推进创卫工程实施奠定基础。

东平县创建国家卫生县城区域网格包保责任分工表

表 16

编号	县领导	牵头单位	协包单位	社区名称	区域范围
1	王　强	国土局	组织部、档案局、审计局、政务服务中心管理办公室、畜牧局、建设银行	后屯社区	东至西山路，西至平湖路，南至汇河街，北至银山街
2	宋鸿鹏	财政局	政府办公室、科协、文广新局、国资局、银监办、东平湖管理局、沪农商村镇银行	赤脸店社区	东至西山路，西至平湖路，南至汶河街，北至汇河街
3	徐彩虹	河道管理局	团委、水利局、残联、农机局、新华书店、石油公司	龙山社区	东至兴东三路，西至西山路，南至汇河街，北至平顶山胜利渠
4	侯圣玉	科技局	人大办公室、工商联、南水北调办、扶贫办、人民银行、烟草专卖局	清河社区	东至西山路，西至平湖路，南至大清河，北至稻香街
5	侯圣玉	司法局	台办、农业局、商务局、供电公司、移动公司、寿保公司	范村社区	东至胜利路，西至西山路，南至大清河，北至稻香街
6	李元申	发改局	县委办公室、妇联、住建局、老龄办、园林局、气象局、盐务局	东山社区	东至东山胜利渠，西至西山路，南至稻香街，北至汇河街
7	徐彩虹	规划局	总工会、民政局、公用事业局、开发办、电信公司、人民人寿	护驾社区	东至西山路，西至平湖路，南至稻香街，北至汶河街
8	牛之春	人社局	政协办公室、党校、县社、社保局、就业办、工商银行	御泉社区	东至一担土村，西至兴东三路，南至东山，北至平顶山
9	王洪亮	食药局	检察院、编办、教育局、行业管理办公室、人防办、地税局、农商行	赵桥社区	东至平湖路，西至安山东路，南至汇河街，北至佛山街
10	王金艳	环保局	统战部、农工办、公安局、旅游局、广播电视台、农发行	虹桥社区	东至白吉河，西至佛山东路，南至佛山街，北至九鑫街
11	王成生	统计局	政法委、法院、景区管委、体育局、国税局、中国银行	平湖社区	东至平湖路，西至宿昌路，南至稻香街，北至汇河街
12	张海鹏	林业局	老干部局、湖管委、水产局、公路局、联通公司、人保公司	贯中社区	东至平湖路，西至宿昌路，南至滨河路，北至稻香街
13	张　亮	交通运输局	宣传部、史志办、粮食局、矿管委、房管局、农业银行、交运公司	宿城社区	东至宿昌路，西至济广高速，南至滨河路，北至贯中大道
14	王玉堂	市场监管局	机关工委、武装部、移民局、检验检测中心、住房公积金中心、邮政储蓄银行	佛山社区	东至宿昌路，西至焦村新区西，南至贯中大道，北至白佛山景区
15	安吉格	经济开发区管委	经信局、行管局、物价局、金融办、邮政公司、泰安银行、莱商银行	鑫星社区	东至胜利渠，西至佛山东路，南至银山街，北至雨泽街

【全面整治】 创卫以“治脏、治乱、治堵、治违”为重点，认真落实“整治+规范+提升”工作目标。治脏：突出“减少一次污染，治理二次污染，”着力减少固体废弃物、废水、废渣、噪音等各类垃圾污染；突出搞好公园广场、河道水系、各类市场、建筑工地、城乡结合部等重点区域、重点部位环境卫生整治，消除死面死角。治乱：城管执法、市场监管、食药监等部门联合行动，全面整治烧烤摊位、流动摊点、便民市场、批发市场，做到摊位摆放整齐，物品质量安全放心。整治乱贴乱画和广告牌匾杂乱无章，规范设置好户外广告。治堵：整治非法电动车、黑出租，对机动车、非机动车乱停乱放、乱闯红灯等违章现象严管重罚。各小区、街道、广场、门店铺前，全部划定车位，规范车辆停放秩序，累计划定车位 个。治违：违建是城市的“疮疤”“毒瘤”，几十年形成的违建，或占用公共道路，或占压公用土地，影响着政府公信力、执行力。县城违建，根深蒂固，涉及面广，投资额度大。拆与被拆，一方代表国家尊严、国家意志，一方是日进万金的切身利益。县委、县政府以壮士断腕的决心，扬起公正、公平、公道的利剑，充分发挥城市执法部门特别能战斗、特别能吃苦、特别能奉献的作用，公安、街道、市场监管等部门密切配合，以雷霆万钧之力，仅用几天时间，青峰山下3000余平方米违建强力拆除，高压走廊下4000余平方米违建快速荡平，拥堵33年的韩山街全部拆通，通过100多个日日夜夜，整个县城违章建筑全部拆除。

【宣传教育】 发挥新闻媒体宣传主渠道作用，设立专版、专栏、专题，全方位、多角度宣传报道创卫工作。县爱卫会成员单位在各自网站上设立创卫专题栏目，及时更新宣传内容。各行政执法机构，落实“一岗双责”责任制，把行业卫生要求用明白纸等形式发放到各单位和每个职工。设有大型电子屏幕的各类机构，连续滚动播放创卫宣传口号；各机关、企事业单位、社区、城中村和住宅小区、建筑工地和拆迁现场，设置两条以上固定、永久创卫宣传标语和口号；公交车、出租车等公共交通工具上，设置创卫宣传内容。积极宣传创卫工作中涌现出来的好经验、好做法，发挥先进典型的带动作用；及时曝光城区环境卫生方面存在的“顽疾”和“死角”，充分发挥新闻媒体的监督作用。工会、团委、妇联等群团组织，发动广大青少年学生、共青团员、社区干部参与创卫活动，形成人人支持创卫、积极参与创卫的良好局面。全年在各类新闻媒体互联网平台采用有关宣传创卫做法、经验、先进人物的报道稿件累计达到4000多件，其中国家级 件，省市级120余件，县级3800余件。《实行网格化创卫管理》《实行街长制，建立创卫长效机制》等在人民日报、新华网、中组通讯等媒体发表，在社会上引起较大反响。

【检查督导】 创卫工作期间，县创卫办公室加强协调、检查、督办和指导，切实抓好各单位创卫任务落实。对发现的问题，及时下发督办通知书，限期整改，并形成督查通报，直接发放到存在问题的单位，同时上报网格领导和主要领导。建立两周一检查，两周一打分，两周一排名，先进引领，落后表态的考评机制。对工作推动滞后的单位进行曝光，期限内整改不力的追究领导责任。有关部门和街道也成立专门督导队伍，加强对辖区内单位、社区（村）的督导检查，形成横向到边，纵向到底的督导体系。有关职能部门和街道公开投诉电话、电子信箱，接受社会监督。把创卫工作列入年度考核工作重要内容，建立严格问责制度。对创卫中行动迟缓、工作不力的，在各级暗访、技术评估中造成不良影响或重大失误的，严肃追究有关单位和个人的责任，对做出突出成绩的单位和个人，给予表彰奖励。至12月，县创卫领导小组召开检查考评调度会议 次，通报解决创卫工作各类问题 件，有 个社区网格连续被评为前三名， 名同志被评为 2017 年度创卫先进工作者。

【建立“党员街长制”】 随着创卫工作的步步深入，如何实行城市卫生长效管理，东平县积极探索以街长制推进城市管理的新模式，提升城市管理网格化、长效化、精细化水平。2017 年 9 月 29 日，县委办公室、县政府办公室印发《东平县街长选拔管理暂行办法》，分为总则、街长选拔、职能定位、管理考核、退出机制、附则六章，共 21 条。9 月 30 日，县创卫指挥部办公室印发《关于建立街长长效机制的意见》明确街长制是一种新型城市综合管理机制，在街长统一领导下，代表政府在一定职责范围内，组织相关职能部门，对县城区域进行定点精准管理。党员街长从县直机关企事业单位和街道、村两委干部中选拔，在 149 条街道共配备党员街长 298 名。党员街长实行“AB 角”，每天轮流上街不间断巡逻检查。在路段划分上，细化到道路起止与方位，每个人负责 500 米至 1000 米不等。为让群众了解“党员街长”，方便群众联系，全县各条街道张贴“街长”公示牌，亮明街长个人信息及联系方式，并通过微信号发布。同时，细化量化每位党员街长的岗位职责，将管理内容印制成册，作为指导和评价管理成效的依据。推行党员街长制，惠及社会各方力量，上下齐动员，党员当先锋，构建起区域内党员共管、资源联用，服务联做的城市基层党建工作格局，党员的“服务之手”和群众的“需求之手”拉得更紧，红色党建行动、先锋模范队、爱心驿站、5A 服务站、老年督察队等工作亮点纷呈。确保城市环境成效卫生整洁。新华社以《东平推行“党员街长制”助建国家卫生城》为题予以报道。

【创卫成果】 历时 8 个月创卫战役，累计出动人员 216386 人次，投入资金 1.25 亿元，清运垃圾 617328 吨，清理广告牌匾 22743 块，拆除违建 6275 处 440588 平方米，粉刷墙面 217.07 万平方米，新增绿地 187556 平方米，维修干道 934 条 423140 平方米，施划车位 11657 个，实施门前五包 17837 户。开展病媒生物防治，规范提升全部“四小”单位 426 个，规范设置城区诊所 56 个。12 月 22 日，东平县高分通过创建国家卫生县城评审验收。通过“万众一心，共建美好家园”的创卫实践，创出了东平人的精气神，锻造了一支有爱心、有灵魂、有血性、有本领的“四有”团队，打造出一座宜居宜商宜游乐的整洁之城、优雅之城、舒适之城、活力之城、健康之城。东平创卫做法经验受到国家和省市创卫专家的好评，国家环境保护部副部长刘华到东平督查环境工作，看到整个县城面貌，脱口夸赞“东平县城太漂亮了！”省政府某副省长之前曾经多次到东平检查工作，年底到东平，情不自禁底说：这还是东平吗？真是太美了！先后有多个县市到东平参观学习取经，10 多家媒体予以宣传报道。成千上万在外工作的东平人和在东平工作的外地人，睹变震撼，真诚为东平县城的巨大变化和美好前景点赞！（见附表 17）

【《蝶变》】 年底，创建国家卫生县城通过国家验收后，县创卫办公室组织人员，全面梳理整个创卫工作过程，立足于全面真实记述总结创卫给东平环境和人的精神面貌带来的大变化，县创建国家卫生县城指挥部办公室决定，将这次大规模成功创卫作为一次创新城市管理的文化载入史册。以化茧成蝶的成语妙喻创卫成果，取书名为《蝶变》。由县委副书记宫庆会任编委会主任，副县长、县创卫指挥部办公室主任程鹏任副主任，全书 52 万字，设十二篇，第一篇精心擘画，第二篇领雁鸿鸣，第三篇壮士断腕，第四篇大地浩歌，第五篇指挥风度，第六篇街长风采，第七篇典型风范，第八篇百媚一眸，第九篇战地黄花，第十篇域外来鸿，第十一篇诗情画意，第十二篇奋进足迹。从年初创卫设想规划到深入部署动员，从创新组织领导到细化督查考核，从迎接暗访明查到召开二十多次调度会，从县级领导靠前指挥到建立党员街长长效机制，从烈日炎炎的酷暑夏季到滴水成冰的寒冷冬天，成千上万创卫大军的拼搏奉献的风采跃然书中。该书由县委书记赵德健，县委副书记、县长刘玉分别作序，充分肯定创卫大战给东平县城面貌、干部队伍思想作风、人民群众对美好生活向往实现信念带来的深刻变化。

2017 年东平县创卫工作情况统计表（一）

表 17

工作项目	出动人员（人次）	清理垃圾（吨）	清理广告牌匾（块）	清理乱贴乱画（平方米）	印发明白纸、宣传单（份）	建立宣传栏、电子滚动屏（个）	出动宣传车（次）	维修主次干道（条）	维修道路（平方米）	新增绿化面积（平方米）	处理乱停乱放（件）
后屯社区	20300	28964	2534	12350	56821	226	124	85	58797	8594	2696
赤脸店社区	11510	78583.8	1984	5398	26800	33	14	158	75370	9255	3286
龙山社区	18628	30529	1870	15650	25813	510	160	146	10690	3203	6021
清河社区	9500	24000	380	19800	25000	2850	750	21	25500	18000	1430
范村社区	16400	43306	957	9530	22160	90	247	38	22270	1020	7330
东山社区	25930	46470	197	12870	27000	398	39	5	42000	5700	27000
护驾社区	15200	30750	3200	21050	15000	210	5	55	48870	23950	6280
御泉社区	12600	31360	336	17230	18700	212	62	81	53200	21800	1320
赵桥社区	6906	13113	716	6062	5250	45	20	14	12840	637	5046
虹桥社区	9374	10396	357	165	23500	176	87	6	2820	3560	587
平湖社区	11692	10667	2001	37692	50010	339	14	24	29980	34201	2725
贯中社区	7200	82000	671	9210	5500	0	260	72	3500	1000	3835
宿城社区	18621	96430	2775	4236	19800	65	59	28	7669	4714	2773
佛山社区	8520	30510	186	2690	6160	55	60	5	562	3190	340
鑫星社区	24005	60249	4579	17241	24760	296	112	196	29072	48732	5020
合　计	216386	617328	22743	191174	352274	5505	2013	934	423140	187556	75689

2017 年东平县创卫工作情况统计表（二）

表 18

工作项目	投入资金（万元）	新增环卫设施（个）	拆除违建（处）	拆除违建（平方米）	拆除或改建旱厕（个）	取缔非法个人诊所（个）	门前五包落实（户）	粉刷墙面（万平方米）	清理小菜地（平方米）	施划停车泊位（个）	备注
后屯社区	1149.1	3126	1617	33131	37		1238	36.6	8233	1215	
赤脸店社区	1268	2372	536	39848	24		1773	8.475	8750	1227	
龙山社区	1508	235	217	22059	23	0	4045	26.42	7094	530	
清河社区	1700	190	210	26500	20		300	3.65	5780	535	
范村社区	790	370	273	17025	29	0	326	2.6	9950	190	
东山社区	1270	378	430	21600	20		392	24.4	17570	949	
护驾社区	820	157	94	51668	19	0	1520	15.25	7350	460	
御泉社区	541.3	220	107	18900	25	0	132	19.9	8120	316	
赵桥社区	358.4	5	152	13222	9	0	1919	2.305	6210	1357	
虹桥社区	456	487	138	4465	17		487	3.17	4574	589	
平湖社区	381	220	131	29240	14	2	3443	25	90600	1767	
贯中社区	730	12	420	2520	120	0	1085	25	52400	1000	
宿城社区	565.3	454	316	41175	151	3	462	3.06	16260	720	
佛山社区	205	150	28	14535	2	2	72	4.1	6021	226	
鑫星社区	765.5	821	1606	104700	457	0	643	17.14	367446	576	
合 计	12507.6	9197	6275	440588	967	7	17837	217.07	616358	11657	

【创卫锦言】 一百八十天，弹指一挥间。一级带着一级干，一级干给一级看。十五网格齐发力，县城旧貌换新颜。共同的付出，辛勤的汗水，让我们同频共振、心心相连；五加二，白加黑，让我们共同参与、共同体验；有滋有味，有板有眼，让我们共同创造、共同实践。一个个创卫拆违的“不可能”变成“可能”，一个个难啃的硬骨头变成了党建引领的生动实践。支部建在创卫拆违一线，党旗飘在创卫拆违的最前沿。烈日炎炎，市民送水来了，递上马扎和毛巾，眼神里流露着肯定和赞许，让我们的内心无比温暖，让我们体验到久违的成就感。“街通了，气顺了；干净了，眼顺了；活多了，腿顺了；租金翻番了，财路更顺

了。”这就是所有创卫参战人员“迎着困难上，坚决打胜仗”的艰辛付出换来的荣耀与自豪。“习惯就习惯了，奉献就奉献了，不好办也坚决办了”，在东原大地已经自然而然。创卫创出了东平的精气神，创卫带来了洁净与平安。把创卫成果留住，成了东平老少爷们的共同心愿。行百里者半九十，如何让创卫走得更远？深入创卫实践成了别无选择的路线。深入创卫创什么？深入创卫如何创？深入创卫创的不是形式，创的是尊严和获得感。脏乱差的环境产生不了尊严，更没有获得感。深入创卫目的就是防反弹，让市民持续享有尊严和获得感。深入创卫不是单打与独斗，而是五位一体的联动与实践。条条（职能部门）真抓实干，块块（社区、网格）一马当先，街长穿针引线，志愿者心甘情愿，市民共建家园。深入创卫不是作秀，作秀不是共产党员！深入创卫不是虎头蛇尾闹着玩，而是向不文明习惯的彻底宣战。“黎明即起，洒扫庭除”，朱子家训在耳边。告别不文明习惯，不随手乱扔垃圾，不乱停乱放，不乱写乱画，是我们全体市民共同的誓言。小手拉大手，教育一个孩子，带动一个家庭，推动整个社会，是我们全体市民共同的期盼。为了共同的梦想，我们不怕路远！今天，我们一起行动，带动更多的人投身创卫实践，“万众一心、共建美好家园”！让我们满怀激情，以每个人的实际行动、每个人的爱心责任，汇聚成东原大地一道最靓丽的风景线！

（刘彩凤　王笃军）

社会管理·居民生活

人力资源和社会保障

【概况】 东平县人力资源和社会保障局，内设人秘、专业技术人员管理、社会保险、就业促进等8个职能科室。辖劳动就业办、社会保险、人才交流服务中心等7个局属单位。局机关现有干部职工37人，其中，公务员编制13人，工勤编制2人，事业编制19人。2017年，全县城镇新增就业再就业6712人。职业技能培训7551人。发放创业担保贷款2500万元，落实职业培训补贴345万元，扶贫车间奖补23.7万元。全县参加城镇职工养老保险人数达6.29万人，同比增加1145人。城乡居民养老保险人数46.3万人，同比增加7981人。全年累计发放居民养老保险金1.77亿元；企业养老保险参保单位358家，参保人数62905人，征缴企业养老保险金3亿元。

创业就业

【概况】 县劳动就业办公室为正科级全额事业单位，设综合、财务、就业培训、创业指导、职业介绍、家庭服务、劳务派遣、劳动事务代理8个科室，编制20人。2017年，全县新增城镇就业再就业6850人，其中下岗失业人员再就业4252人，就业困难人员再就业322人，发放创业担保贷款2500万元，落实职业培训补贴345万元，扶贫车间奖补23.7万元。东平县被授予“全省农村劳动力转移就业工作示范县”。县劳动和社会保障局被评为省、市“就业再就业工作先进单位”“劳务输出工作先进单位”。

【就业信息服务】 县劳动就业办公室与京津地区、沿海地区、县经济开发区、乡镇民营企业等几十家用人单位建立长期联系，通过官方网站、微信公众号、办公服务大厅公示简章、志愿者送就业等多种方式发布招聘信息，并对求职人员进行求职登记，有针对性地提供就业信息服务。2017年，全县建档立卡460人，城镇新增就业再就业6850人。其中下岗失业人员再就业4252人，就业困难人员再就业322人。

2017年9月29日，举办全县首届创业大赛 （刘晓涵 供稿）

【推动家门口就业】 县就业办根据省、市、县有关文件和规定，开创性地开展工作，利用乡镇、村集体闲置土地、房屋、农家院、居民宅创办“厂房式”“居家式”扶贫车间，通过“合作社+农户”的模式，解决农村贫困家庭劳动力无法外出打工的问题。对吸纳安置农村贫困人口、并在12个月内给付达到当年省定贫困线标准以上报酬的，按每人1000元标准给予“扶贫车间”一次性奖补。2017年，全县搭建各种“扶贫车间”14家，吸纳363名贫困群众实现家门口就业。沙河站镇泰安鸿泰工艺品有限公司、戴庙镇泰禾农业开发有限公司均被认定为全国就业扶贫基地。

【开发公益性岗位】 结合全县沿东平湖移民避险解困、黄河滩区迁建、易地搬迁“三大工程”和美丽乡村建设，县就业办积极开发社区安全防护、保洁、保绿等一批公益性岗位，解决建档立卡劳动力因年龄偏大、文化偏低、技能单一、观念陈旧不能外出就业问题。坚持“按需设岗、以岗定员、属地管理、就近安置的原则”，对上岗人员实行动态管理。2017年，首批公益性岗位安置30名建档立卡人员上岗就业；第二批公益性岗位安置340名贫困人员；落实公益性岗位补贴200万元。

【创业政策落实】 县就业办认真贯彻落实国家、省、市制定的一次性创业补贴、创业岗位开发补贴、职业培训补贴、扶贫车间奖补、创业担保贷款等就业创业政策，以促进高校毕业生、城镇登记失业人员、农村建档立卡贫困户等重点群体就业创业。2017年，发放创业担保贷款2500万元，落实职业培训补贴345万元，扶贫车间奖补23.7万元。

【职业技能培训】 县就业办统筹全县职业培训场所、师资、经费、信息等资源，适时开展农家乐、渔家乐、中式面点烹饪、月嫂育婴员、养老服务、柳编技巧、电子商务等培训。3月初，在州城街道启动“东平县就业创业暨就业扶贫新春培训季”活动，在4个乡镇7个村居开展“农家乐·渔家乐”、柳编技巧、电焊等培训，培训人员400余人次，其中培训建档立卡人员38人。邀请淘宝大学、阿里研究院认定讲师在电商产业园，先期对4个乡镇（街道）的贫困人员进行电商创业培训，围绕电商实战技能，手把手、一对一讲解开店流程和操作技能，确保参训人员都能开设店铺、开单销售。2017年，全县职业技能培训7551人。其中：技能培训6485人，创业培训1066人。

（刘晓涵）

社会保险

【概况】 东平县社会保险事业局内设办公室、征缴科、稽核科、企业养老保险科、职工医疗保险科等15个科室，干部职工52人。2017年，全县参加城镇职工养老保险人数达6.29万人，同比增加1145人。城乡居民养老保险人数46.3万人，

2017年6月28日，县社保局党员志愿者在金汇街志愿者服务站开展社保政策宣传活动 （陈春叶 供稿）

同比增加 7981 人。参加基本医疗保险人数 69.6 万人（含城镇居民），同比增加 1108 人。参加工伤保险的 6.87 万人。参加失业保险的 3.64 万人，新增失业登记人员 198 人。

【企业养老保险】 坚持“保发、促缴、扩面、严管”的方针，企业保险制度不断完善。2017 年，全县共有企业养老保险参保单位 358 家，参保人数 62905 人，与上年同期相比增加 1145 人，增长 1%。企业养老保险征缴 30022 万元，同比减少 2624 万元，减幅 8%。

【离退休职工基本养老金】 计发办法：凡 1996 年以后参加工作的职工，个人缴费年限累计满 15 年的，退休后按月发给基本养老金。基本养老金由基础养老金和个人账户养老金两部分组成。基础养老金月标准为（退休时上年度省在岗职工月平均工资＋本人指数化月平均缴费工资）÷2× 缴费年限的百分比。个人缴费年限累计不满 15 年的，退休后不享受基础养老金待遇，其个人账户储存额一次支付给本人。统一企业职工基本养老保险制度实施前已经离退休的人员，仍按原来的规定发给养老金。至 2017 年 12 月，全县企业离退休职工 10788 人。其中，离休职工 29 人，退休职工人 10580 人，退职职工 179 人。按照国家逐步调整退休人员养老金政策，2017 年 7 月，为 10046 名离退休人员调整提高养老金待遇，月人均增加 156 元；并补发 1 月至 7 月养老金增资额，全部拨付到位。截至 12 月底，发放企业职工养老金 2.9 亿元（含离退休遗属补助金）。

【机关事业单位养老保险】 2017 年，全县机关事业单位养老保险参保人数为 15100 人，机关事业单位养老保险累计收入 4.1 亿元（含财政补贴），全年共发放机关事业单位养老金 4.06 亿元，比上年同期增发 2515 万元，增幅 7%。按照上级政策要求，自 2017 年 7 月 1 日起，调整机关事业单位退休、退职人员（正常退职）基本养老金，并从 2017 年 1 月起补发。这次调整，采取定额调整、挂钩调整和适当倾斜相结合的办法进行，涉及 7757 人、1092 万元，全部调整到位。

【城乡居民养老保险】 城乡居民养老保险采取个人缴费、集体补助、政府补贴相结合的筹资模式。个人缴费标准全省统一设为每年 100 元、300 元、500 元、600 元、800 元、1000 元、1500 元、2000 元、2500 元、3000 元、4000 元、5000 元 12 个档次。其中，100 元档次只适用于 1~2 级重度残疾人等缴费困难群体。2017 年，全县参加居民社会养老保险人数 44.6 万人，同比增加 7918 人，增长率 1.8%；居民社会养老保险缴费人数 24.28 万人。居民养老保险收缴 8088.93 万元。全县居民养老保险领取人员 14.62 万人，比上年净增 6326 人，全年累计发放养老保险金 1.77 亿元；被征地农民养老保险领取人员 16216 人，增加 2418 人，累计发放 490.7 万元。全年为 4344 名符合条件的领取人员发放丧葬补助金 260.64 万元。落实精准扶贫政策，全年为 3979 名重度残疾人员代缴养老保险费 51.73 万元，审批提前领取待遇 259 人，全县提前领取保险费的重残人员 1061 人，发放保险费 118.03 万元。

【城镇职工医疗保险】 基本医疗保险费由用人单位和职工双方共同缴纳。职工个人缴费按本人上年度月平均工资总额的 2%，由用人单位从其工资中代扣代缴，用人单位缴费以本单位上年度全部在职职工工资总额为基数，按 10% 缴纳，建立个人账户；灵活就业人员不低于上年度全县在岗职工平均工资 60%、不超过 300% 作为缴费基数，可按 5.5% 的比例缴纳基本医疗保险费，不建立个人账户。2017 年，全县城镇职工基本医疗保险参保人数共 7.4 万人，比上年增加 511 人。征缴城镇职工医保基金 20201 万元，同比增加 788 万元。全年支出医保基金 19806 万元。

【居民基本医疗保险】 2017年，居民基本医疗保险个人缴费标准分两档：一档缴费标准每人每年170元，二档缴费标准每人每年280元。居民基本医疗保险政府补助标准从每人每年380元提高到450元。2017年，全县城乡居民医疗保险参保人数63.54万人，征缴医疗保险费3.92亿元，支出3.94亿元。

【工伤保险】 2017年，全县工伤保险参保户数581户，共计68655人，其中农民工18514人。征收工伤保险基金2023万元，比上年1090万元增长85%。基金支出668万元，比上年减少14%，当期结余21万元。全年享受工伤待遇214人，其中：享受医疗伤残待遇人数71人，享受伤残津贴和护理费34人，因公死亡支付3人，供养亲属人数90人。同比享受工伤待遇人数增长5%。

【失业保险】 2017年，全县企业职工参保人数36400人，失业保险累计征缴基金1394万元，同比减少402万元（原因是缴费费率由1.5%降低为1%）；全年新增失业登记人员198人，累计发放失业保险待遇人数381人，累计发放失业保险金206万元；扩大失业保险基金支出范围，支出569.9万元（其中社保补贴支出294.9万元，公益性岗位补贴支出275万元；发放稳岗补贴企业95家，补贴金额277.6万元。

【生育保险】 2017年，全县参加生育保险人数62026人，同比新增299人；其中女职工参保人数26142人，占总人数的42.1%。收缴基金765万元，同比增加28万元，增长38%。享受生育保险待遇人数1177人。

（陈春叶）

人才队伍

【人才引进】 主动对接全县新旧动能转换要求和“三强”企业发展需要，坚持招才引智与人才培养并举，全县人才队伍规模素质同步提升。组织90余家单位参加“外国专家泰安行”“海洽会”等活动，刘玉县长在“外国专家泰安行”活动上，向县政府聘任的法国专家鲍投巴颁发聘书。东顺集团引进的日本专家和田洋一，沃普农业装备公司引进的马来西亚专家钟振修博士获得2017年度“泰山友谊奖”。通过柔性引才方式，帮助企业引进“千人计划”专家2名：中天电气公司签约专家王守国教授、阿粟尔食品公司签约专家“国家友谊奖”获得者美籍华人潘忠礼教授。

【专业技术人才队伍建设】 落实职业资格清理整顿相关要求，严格执行国家职业资格目录。按照上级要求，落实职业中专职称改革措施，激发一线教师投身职业教育的积极性和主动性。组织专技资格考试13项，审核报名880人次，组织专技人员继续教育8576人，发放各类专业资格证书327人次。

【高技能人才队伍建设】 举办“九鑫杯”全县技能人才职业技能大赛，共有659名选手参赛。实施“金蓝领”培训工程，共培训在职职工1.03万人次，开展职业技能鉴定4944人次。2017年，新增省有突出贡献技师1人、市首席技师1人，实现全县高技能人才省级表彰零突破。评选表彰全县2017年度首席技师、有突出贡献技师、技术能手23人。

人事管理

【公务员管理】 坚持公平公正、公开透明，为全县各级党政机关（参照公务员管理单位）考录公务员（参照公务员管理单位人员）36人。审核公务员年度考核1676人，其中优秀280人，称职1320人，不称职2人，不定等次74人；参照公务员170人，其中优秀38人，称职125人，未定等次7人。对2016年招录的55名公务员进行试用期满考核、任职定级和公务员登记工作。

【事业单位人事管理】 规范

事业单位公开招聘工作，为全县各级事业单位公开招聘工作人员323人，其中教师297人。综合类事业单位工作人员26人。审核事业单位人员年度考核7210人，其中优秀1167人，合格5953人，不合格26人，不定等次43人，未参加考核21人；工勤人员141人，其中优秀7人，合格133人，不合格1人。对全县教育系统14个乡镇（街道）教办、13个县直学校以及73名城乡交流教师，共计6018名教职工进行年度考核，其中优秀等次932人，总优秀比例15.4%，不定等次118人，不合格2人，其余全部为合格等次。

劳动关系

【劳动合同管理】　积极推行劳动合同示范文本，促进建筑业、餐饮业等不同行业劳动合同的签订，加大对小企业和建筑、服务等行业劳动合同制度的管理，督促企业与职工依法签订劳动合同，为依法调整劳动关系奠定基础。全面开展劳动用工和劳动合同签订、解除（终止）备案工作，全县劳动用工备案企业235家，涉及职工22650人；劳动合同签订备案6649人，劳动合同解除（终止）备案2571人；重点规模企业劳动合同签订率保持98%以上，集体合同签订率95%。

【劳动人事争议仲裁】　帮助瑞星集团创建省级劳动人事争议预防调解示范单位。在全县281家企业设立企业劳动争议调解委员会，建立10家区域性劳动争议调解委员会和13家行业性劳动争议调解委员会，基层调解组织不断强化。全年共受理劳动人事争议仲裁案件94件，按期结案率100%。

【劳动监察】　积极开展农民工工资支付等专项检查活动，通过日常巡查、专项检查、书面审查等形式，共检查各类用人单位271家，涉及劳动者32104人次，补签劳动合同1356份，补发工资待遇2427万元，补缴社会保险费611万元，涉及劳动者206人。共受理举报投诉案件168起，协调解决151起，立案查处17起（其中：移送公安机关1起），结案率100%。

（王志强）

民政事务

【概况】　县民政局内设办公室、政工科、计划财务科、研究室、宣传科、优抚安置科、救灾科、社会事务科、基层政权科、区划地名办、社会福利科、慈善科、安全监管科，共13个职能科室，设社会福利中心1个正局级单位，民间组织管理局、城乡困难群众最低生活保障局、双拥办、军休所4个副局级单位，和烈士陵园、婚姻登记处、殡仪馆、公墓管理处、救助管理站5个科股级单位。在职干部职工72人。2017年，全县在保五保供养对象2366人，发放五保供养资金1234.3万元；为733名患大病困难群众发放医疗救助资金234万元；投资200万元对烈士陵园进行升级改造。办理结婚登记3546对，离婚登记781对；接运、火化尸体4198具。东平被中国地名文化遗产保护促进会确定为“千年古县”，成为宣传、推介东平文化的“国际名片”。县民政局继续保持省级文明单位、省级双拥模范县等荣誉称号。

【社会救助】　2017年，全县有城乡低保对象15284户26571人，累计发放低保金6257万元。及时拨付下发救灾资金191万元，救助受灾困难群众6190户14131人。为733名患大病困难群众发放医疗救助资金234万元。发放临时救助资金30.15万元，救助142户特困家庭。为149名困境儿童和159名孤儿及事实无人抚养儿童分别发放基本生活保障金53.7万元和150.5万元。为175名困难失能老年人，发放护理补贴18.5万元。为14713名重度残疾人和困难残疾人发放两项补贴1322万元。为保障建档立卡贫困户过暖冬、过好年，购买发放价值27.7万元棉被。积极做好冬季困难群众救助工作，走访困难群众1609户，惠及贫困群众6566人。充分发挥民政兜底保障作用，全面落实低保、五保、孤儿、困境儿童、社会组织等政策；把医疗救助、临时救助、慈善救助、救济救灾等社会救助政策的落实纳入精准扶贫工作，建立精准救助助推精准扶贫的工作模式，扎实开展帮扶工作。组织包户干部研究扶贫思路，充分发挥民政职能，制定扶贫计划，在包保贫困村开展精准扶贫工作。建设慈善扶贫超市，累计接收衣物4万余件，图书6818册，其它生活用品588件。借助慈善超市平台，2167名贫困村包保干部走访困难群众7609户，惠及贫困群众30385人，发放面粉、食用油、衣服等生活必需品，价值33.3万元。

【养老服务】 农村敬老院、幸福院、乡镇社会养老服务中心、社会福利中心等养老设施逐步完善，养老服务体系全面发展。2017年春节期间，开展慰问敬老院活动，为全县敬老院送上20万元的慰问金和慰问品，让五保老人感受到党和政府的温暖和关爱。2017年年底，全县在保五保供养对象2366人，发放五保供养资金1234.3万元。投资521.6万元，完成12个乡镇敬老院锅炉煤改电工程。联合县委老干部局、县老年大学开展九九老人节慰问演出活动。

2017年1月15日，慰问拉练部队　　（杜　川　供稿）

开展养老院服务质量建设专项行动大检查，全县所有养老机构按质按量录入全国养老机构管理系统。积极开展供餐扶贫工作，研究制定“供餐扶贫”项目实施方案，切实解决建档立卡贫困户中肢体残疾、年老体弱、智障等人群就餐需求，为有劳动能力的建档立卡贫困户提供就业岗位，助力全县脱贫攻坚，倡树形成邻里守望、孝老扶贫良好氛围。

【双拥优抚安置】 投入资金150万元，为6872名优抚对象免费办理医疗参保手续。累计发放优抚对象抚恤定补金、护理费和门诊补助共计3300万元。安排重点优抚对象100人到省、市、县级光荣院和荣军医院疗养。完成2016年度退役士兵接收工作，为360名自主就业退役士兵发放经济补助1009万元，为23名自谋职业退役士兵发放经济补助及待安置期间生活补助84万元。5月7日，省委办公厅、省政府办公厅印发《关于做好全省退役士兵安置和权益保障工作的意见》民政部门认真落实，发挥牵头部门作用，用心用情，积极贯彻落实退役士兵安置和权益保障政策，取得阶段性成果。投入200万元，对烈士陵园进行升级改造，绿化面积达12000平方米，扩建原烈士广场700平方米，新建停车场3600平方米，新建烈士文化墙100米。积极做好烈士公祭日相关工作，为全县干部群众缅怀烈士功绩，弘扬烈士精神，继承优良传统搞好服务。

【基层治理】 组织开展优秀村规民约征集活动，推荐到国家民政部进行推广。研究制定《东平县村（居）委会突发事件应急处置工作方案》。狠抓社区服务场所建设，社区服务中心“一站式”服务大厅和社区各功能室配套建设逐步完善。

配合县政法委组织召开全县社区网格化建设工作会议，开展为期两周的专项督导活动。城市社区以每个网格150~300户为标准，划分网格139个；农村社区以原村或村民小组为单位，以每个网格300户左右为标准，划分网格1570个。每个网格配备网格管理员1名、网格协管员1~2名，逐一进行登记造册，建立工作台账。对农村服务中心“三年行动计划”实施情况进行调查摸底。第十二届村委会换届选举工作有序推进。

【社会组织管理】 充分发挥社会组织党组织政治核心作用，开展“建组织、扩覆盖”活动，将社会组织党建年检列为社会组织年度检查重要内容，2017年虹慈公益服务中心党支部被评为“泰山先锋”红旗党支部。引导社会组织参与精准扶贫，先后组织东平微力量爱心协会、虹慈公益服务中心、东平吧雷锋团等社会组织，走访慰问孤儿、困难优抚对象、贫困户等群体，送去慰问金、慰问品，累计金额20余万元。多次组织社会组织助力创卫活动。2017年，新登记社会组织16家，其中公益慈善类、行业协会商会类社会组织各4家。积极宣传贯彻《中华人民共和国慈善法》，根据民政部《慈善组织认定办法》，做好慈善组织登记与认定工作。推动社会组织管理制度创新，制定《东平县社会组织重大事项报告办法》；出台《关于印发东平县社会组织“双随机一公开”抽查工作实施细则（试行）的通知》。开通“东平社会组织”微信企业号，加大对社会组织的宣传力度。年检中，委托第三方对部分社会组织进行财务抽查和审计，健全完善事中事后监管机制。

【基本公共服务】 在全县范围内开展移风易俗宣传教育活动，有效遏制婚丧嫁娶铺张浪费现象，婚事新办、丧事简办的风气逐步形成。2017年，共接运、火化尸体4198具，举行吊唁仪式271场，接待治丧群众10万余人次，为646名城乡低保对象免除基本殡葬服务费用55万元。办理结婚登记3546对，离婚登记781对，补发结婚证1396对，补发离婚证79对，收养登记13件，登记合格率100%。累计救助生活无着流浪乞讨人员99名。加强留守儿童保护工作，召开留守儿童关爱保护工作联席会议，深入开展农村留守儿童“合力监护、相伴成长”专项行动。县殡仪馆、龙山公墓不断推进规范化、园林化建设。加强地名文化保护，完成地名文化遗产登记、建立保护名录。出版《东平地名文化》，在山东省优秀地名成果评选中荣获二等奖。出版《千年古县·水韵东平》图书，制作《千年古县·水韵东平》专题片。积极开展边界联合检查、平安边界创建、和谐走廊创建等工作。

（杜　川）

【概况】 全县有少数民族18个，总人口4500人，其中回族4300人，占95.6%。境内有佛教、道教、伊斯兰教、天主教、基督教五种宗教，批准登记宗教活动场所21处，其中天主教7处；信教人数约1万人。2017年，认真贯彻落实党和国家的民族宗教方针政策、法律法规，全力维护民族团结和社会稳定。

【民族工作】 全县18个少数民族，分布在14个乡镇，107个村。回族4300人，其余17个少数民族有蒙古族、藏族、苗族、侗族、白族、土家族、哈尼族、傣族、傈僳族、黎族、景颇族、彝族、壮族、布依族、朝鲜族、满族、佤族，共200人。回族在县内居住相对集中，符合大分散小群居的特点。主要分布在州城、东平、新湖、商老庄、梯门、大羊、沙河站、戴庙8个乡镇（街道）；全县有4个少数民族村，分别是东平街道马庄村、新湖镇西王庄村、老湖镇展庄村，州城街道北门村。这些少数民族人口，多由工作、婚姻等原因迁入，

居住分散。2017年，开展少数民族帮扶，投资60万元，实施州城街道北门街、老湖镇展庄村光伏发电项目。举办“民族团结进步”宣传月活动，贯彻落实民族政策，尊重少数民族群众风俗习惯，保障少数民族群众合法权益，全县上下形成民族团结氛围。

【宗教工作】 境内批准登记宗教活动场所21处，其中天主教7处（东平街道毛庄、龙山屯；州城街道大梁庄、老湖镇柳村、梯门镇李所、大洼，商老庄乡商老庄）；基督教9处（州城街道冯楼、桂井子；商老庄乡新光、张文远，戴庙镇师集、司里，银山镇前银山，斑鸠店镇斑鸠店村，旧县乡旧县一村）；伊斯兰教3处（州城清真寺、老湖镇西村清真寺、梯门镇李所清真寺）；道教1处（腊山祥龙观）；佛教1处（银山镇昆山月岩寺）。信教群众1万人。2017年，县宗教工作部门贯彻执行中共宗教政策，依法管理全县宗教事务，引导宗教组织和信教群众，加强自身管理，组织创建和谐宗教活动场所，在社会主义制度和法律法规允许的范围内开展活动，促进经济社会发展与和谐社会建设，全县宗教管理工作和宗教活动走向规范化轨道。泰安市民族与宗教事务局倡议泰安市五大宗教团体助力脱贫攻坚，捐资30万元资助东平街道大井村实施光伏发电项目。

（马学河）

老龄工作

【概况】 2017年，全县为2398名90~99岁老人发放高龄补贴金83.13万元，为52名百岁及以上老人发放长寿金17.19万元。有17860名老年人参加银龄安康工程意外伤害保险，入保总额53.6万元。“敬老月”期间，县委、县政府、县人大、县政协领导到乡镇、街道走访慰问敬老院和百岁老人，发放慰问金和慰问品价值总计4万元。积极申报省、市特困救助对象，以及县老龄办救助城乡留守、空巢、贫困老年人103人次，发放省市县走访慰问金5万元。结合县精准扶贫集中活动，到14个乡镇、街道、县经济开发区及双联四包村走访慰问贫困老年人，累计支出3万元。东平街道平湖社区卜楼村获评“山东省银龄之家”称号。受全国老龄委和民政部委托，协助华中师范大学中国农村研究院调研员，开展百村跟踪观察和老年人养老问题调查工作。

【老龄宣传工作】 广泛普及宣传《中华人民共和国老年人权益保障法》《山东省老年人权益保障条例》《山东省优待老年人规定》等法律法规，向群众宣传讲解涉老法规和涉老案例。全年共发放《中华人民共和国老年人权益保障法》3730册，发放宣传单1.46万份。

【老年人合法权益维护】 全面落实老年人权益保障制度和政策，参观景区景点、乘坐市内公交车等优惠优待政策无疏漏。全县65岁以上老年人免费健康查体，建立健康档案。未发生因老年人家庭赡养及老年人权益受侵犯而引起的上访、纠纷等恶性事件。协助县人民法院、县公证处成立老年人公益维权服务示范站，纳入全省老年人公益维权服务示范站。全面落实《国务院办公厅转发卫生计生委等部门关于推进医疗卫生与养老服务相结合指导意见的通知》（国办发〔2015〕84号）文件精神，积极配合东平县相关职能部门开展好以居家为基础、社区为依托、机构为补充、医养相结合的养老服务体系建设。

【基层老龄工作建设】 全县老龄部门深入学习贯彻习近平总书记关于加强老龄工作重要讲话精神，正确把握政策导向。开展基层老龄工作干部业务培训，提高综合协调、老年维权、为老服务等方面的能力和水平，倡树老龄工作良好形象。基层老龄部门全面开展90岁以上高龄老年人基本信息摸查统计工作，动态化管理高龄老年人基本信息档案，逐

老年管弦乐队排练节目　　　　（孙丽萍　供稿）

月新增入册、核销账户，高龄补贴按季度、足额发放。乡镇、街道办事处集中受理《山东省老年人优待证》，最长不超过10个工作日办结。

【老年文化建设】　注重发挥社区、村居在老年文化建设中的基础作用和老年大学、老干部活动中心的引领作用。各乡镇、街道办事处加快社区老年文化阵地建设，建成集图书室、文化站、娱乐室和室外活动场所等为一体的老年文体活动场所。为东平街道平湖社区卜楼村、州城街道吴庄村、郑庄村、大梁庄村、马庄村老年文体活动场所配备娱乐影音设备5套。

（孙丽萍）

居民生活

【人口概况】　全县出生人口12826人，出生率15.8‰；死亡人口3743人，死亡率4.6‰；自然增长率11.2‰。2017年年末常住人口76.33万人，其中城镇人口32.72万人，农村人口43.61万人。

【居民收入】　2017年，全县居民人均可支配收入19581元，居民人均消费支出12098元。其中，城镇居民人均可支配收入28284元，比上年增长8%；人均消费性支出18026元，增长8%；城镇居民恩格尔系数（食品支出占人均消费性支出的比重）为25.3%。农村居民人均可支配收入14406元，增长9%。人均消费性支出8788元，增长9.7%；农村居民恩格尔系数为31.0%。

【社会救助】　2017年，全县最低生活保障救助26571人，同比减少5.6%，其中：城市1005人，同比减少10.6%，农村25566人，同比减少5.4%。发放最低生活保障金6414万元，同比减少4.3%，其中：城市392万元，同比减少8.2%，农村6022万元，同比减少4.0%。

【社会保障】　2017年，全县参加城镇职工养老保险人数82131人，同比增加1070人。全县参加城乡居民养老保险人数468906人，同比增加30460人。参加基本医疗保险人数70.9万人（含城镇居民），同比增加5965人。参加失业保险的49528人，同比增加377人。参加工伤保险的68655人，同期减少1040人。

（张　毅）

残疾人事业

【概况】　东平县残疾人联合会为正局级参公事业单位，在编干部职工6人。县残疾人综合服务中心隶属县残疾人联合会，在编干部职工2人。2017年，精准康复服务行动覆盖残疾人4750名，举办种养殖、电子商务、青壮年扫盲五期培训班，受益残疾人267人次。为32名大中专残疾学生及贫困残疾人家庭学生发放学费补贴2.59万元，为8名残疾大学生发放励志助学金4万元。依托乡镇敬老院建立残疾人托养中心，为201名重度残疾人托养服务提供扶持资金33.1万元。

县残疾人联合会继续保持市级文明单位的荣誉称号，被县委县政府评为行业扶贫成绩突出单位，被县政府办公室评为全县“12345”民生服务热线工作成绩突出单位。

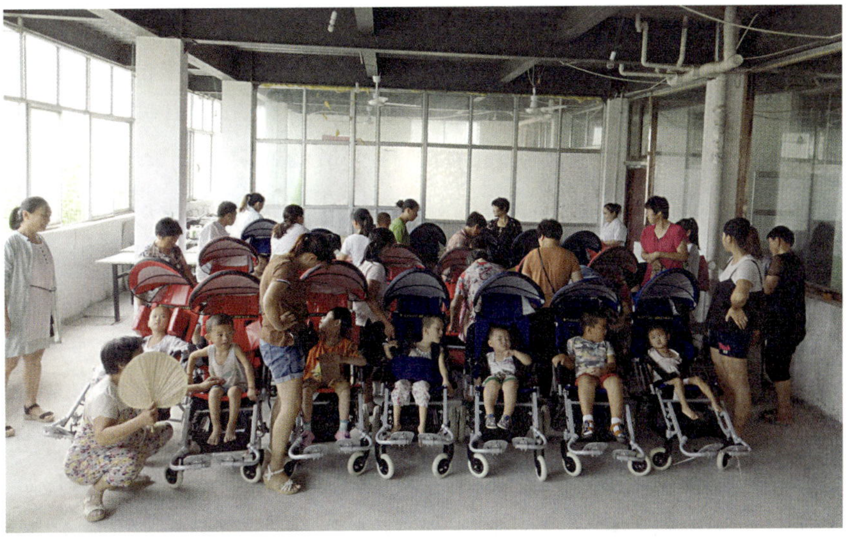

县残联发放儿童轮椅　　　　（苑腾腾　供稿）

【康复工作】　年初，残联、教育、民政、财政、卫计、人社、扶贫部门联合印发《东平县残疾人精准康复服务行动实施方案（2017—2020年）》，按照“精准识别、精准服务、精细化管理”的原则开展残疾人精准康复服务行动。积极开展0~9岁残疾儿童免费抢救性康复救助项目，111名残疾儿童（国家和省级项目60名，市级项目51名）享受康复治疗与训练；依托县安康精神病医院对65名贫困精神残疾人进行免费住院救助，对242名贫困精神残疾人分别进行900元和500元免费服药救助；以建档立卡贫困残疾人为重点对象，发放辅具894件。精准康复服务行动覆盖残疾人4750名，基本康复服务比例90%，辅具适配率100%。4月13日，举办“全县残疾人康复业务暨社区康复协调员培训班”，围绕偏瘫患者的肢体康复、康复业务知识以及社区康复服务档案的建立和管理等内容，进一步丰富康复协调员业务知识。继续维护好残疾人康复（托养）机构安全工作，与残疾人托养机构、仁爱康复中心、安康精神病院和县特殊教育学校负责人签订安全责任承诺书，排查安全隐患，杜绝各类安全事故发生。

【助学就业培训】　实施残疾人事业专项彩票公益金助学项目，20名家庭经济困难的残疾儿童所在机构享受普惠性学前教育资助。积极开展贫困残疾大学生救助工作，为32名大中专残疾学生及贫困残疾人家庭学生发放学费补贴2.59万元，为8名残疾大学生发放励志助学金4万元。制定《东平县残疾人自主创业扶持管理办法》和《东平县残疾人电商创业扶持管理办法》，加大残疾人就业扶持力度。县华众帐篷制造残疾人就业扶贫基地被评为省级残疾人就业扶贫优秀基地；沙河站镇绿源蔬菜产销残疾人扶贫基地、泰安市远顺工艺品加工残疾人扶贫基地被评为市级残疾人就业扶贫优秀基地。联合地税部门向全县940个企业、单位发放残疾人就业保障金核定通知书，通过年审、核定数额，征收入库143.48万元。举办种养殖、电子商务、青壮年扫盲五期培训班，受益残疾人267人次。组织28名残疾人参加市残联举办的电子商务、盲人按摩、厨师佳肴、面点、插画等培训班。推荐1名残疾人参加全省首届残疾人电商扶贫成果展暨第二期残疾人电商创业带头人培训班。注重培养典型，1名残疾人被省残联评为致富能手。

【社会保障工作】　做好贫困残疾人生活补贴和重度残疾人护理补贴审核工作。2017年，9529名重度残疾人享受每人每月80元护理补贴，5184名贫困残疾人享受每人每月82元生活补贴。实施“阳光家园计划”，依托乡镇敬老院建立残疾人托养中心，为201名重度残疾人托养服务提供扶持资金

33.1 万元。

【扶贫工作】 以建档立卡贫困残疾人为重点，以增收脱贫和防止返贫为目标，以培植和增强造血功能为抓手，以各项优惠政策为支点，因地制宜、因人施策，创新扶贫模式，助力残疾人脱贫攻坚。组织实施省直“第一书记”帮包村“助残致富奔小康”项目，按照每户 700 元的标准扶持“第一书记”帮包村和移民避险村 1153 户贫困残疾人家庭发展增收项目，逐步实现脱贫。春节期间开展“过暖冬 过好年”活动，为 210 户贫困残疾人发放慰问金 6.2 万元、花生油 430 公斤、面粉 1720 公斤。发挥党员干部先锋作用，与新湖镇楼岔村 21 户贫困家庭开展结对帮扶，多次进村入户，了解村情民情，宣传扶贫政策，落实帮扶措施。全县建档立卡贫困残疾人 5869 名，已脱贫 5316 名，占 90.6%。

【基层组织建设】 全县 14 个乡镇（街道）成立残疾人联合会，配备专职或兼职理事长和专职干事，716 个村（社区）成立残疾人协会，配备村（社区）专职委员。各乡镇（街道）残联和经济开发区社会事务服务中心建立健全残疾人档案，详细掌握辖区残疾人底数、类别、需求。6 月 20—21 日，举办全县残疾人业务工作信息系统培训班，进一步提升残联系统工作人员的业务能力和服务水平，个性化掌握每名残疾人的基本状况。组织开展残疾人组织建设“强基育人”工程，各级残疾人组织进一步健全，残疾人工作者队伍综合素质和服务能力进一步提升。按照《东平县残疾人联合会关于县乡两级残疾人联合会换届工作实施方案》的要求，12 月中上旬，全县 14 个乡镇（街道）和经济开发区相继召开残联换届大会，选举产生新一届主席团委员和执行理事会成员，同时选举产生 94 名出席县残联第七次代表大会的代表。

【宣传工作】 利用电视台、报社和网络等媒体，加强宣传力度，营造良好的舆论氛围。2017 年，制发信息 80 余条，省残联网站采用 2 条，市残联网站采用 28 条，市残联简报采用 8 条，县政府政务信息网站采用 18 条，《今日东平》报采用 5 条，东平手机报采用 7 条，微信平台 50 余条。3 月 28 日，开展“文化助残 放飞梦想”主题残疾人文化进家庭“五个一”活动，组织 150 名残疾人参观南堂子村乡村旅游建设和移民避险解困工程建设，残疾人支部书记郑灿宾现身说教，坚定残疾人脱贫致富的信心，发放励志类书籍，鼓励残疾人自强自立。第二十七次全国助残日期间，围绕“推进残疾预防，健康成就小康”主题，联合县文明办发出《挥洒爱心雨露 关爱残疾人群》倡议书，号召全县各级党政机关、人民团体、企事业单位、社会各界爱心人士献一份爱心，募捐金额 9.1 万元；好丽友食品公司为特殊教育学校的孩子们捐献爱心食品。开展残疾人基本服务状况和需求信息更新工作，圆满完成 16934 名持证残疾人 8 个方面 40 项指标的调查和录入，入户调查率 99.91%。

【维权工作】 做好“12345”民生服务工作，接收便民服务热线电话 22 件，回复率 100%，群众比较满意。制定《东平县 2017—2018 年度残疾人家庭无障碍改造项目扶贫工作方案》，按照户均 2500 元，对县内 325 户贫困残疾人家庭进行无障碍改造，方便残疾人日常起居。建立残疾人燃油补贴数据库，为 200 名下肢残疾人发放燃油补贴 4.6 万元。规范残疾人证办理工作，至年底持证残疾人 1.8 万人。

（苑腾腾）

乡镇街道

【综述】 全县设3个街道：东平街道、州城街道、彭集街道（与滨河新区一体），9个镇：接山镇、大羊镇、梯门镇、老湖镇、斑鸠店镇、银山镇、戴庙镇、新湖镇、沙河站镇；2个乡：商老庄乡、旧县乡。其中沿东平湖6个镇、2个乡。

2017年，各乡镇街道按照县委、县政府工作部署，深入贯彻落实中共十八届五中、六中全会和十九大精神，以习近平新时代中国特色社会主义思想为指导，抓作风、提效能，推进“两学一做”学习教育常态化、制度化。围绕年初确定的脱贫攻坚等目标任务，发挥各自区位和资源优势，认真落实主体责任，“重效率、勇担当、作表率”。大力弘扬唯先必争、唯旗必夺，干上去光荣、干不上去可耻的干事创业精神，大力发展产业化特色农业，推进城镇化和美丽乡村建设，较好完成经济和社会发展各项指标。全年实现农业总产值77.7亿元，同比增长3.7%；农业增加值45.5亿元，同比增加3.6%；其中种植业增加值25.23亿元，林业增加值0.6亿元，牧业增加值9.4亿元，渔业增加值9.2亿元。全县粮食总产量63.8万吨，同比增加5.5%；蔬菜82.3万吨，同比增加23.1%；油料2.1万吨，园林水果1.2万吨。水产品产量7.2万吨；农业机械总动力83.56万千瓦，同比增长4.4%。农田有效灌溉面积78.6万亩。发放各类惠农资金1.9亿元、移民直补资金1.1亿元、农业保险赔偿2000余万元。农村自来水普及率达到96%。农村居民人均可支配收入14406元，增长9%；全县参加城乡居民养老保险人数468906人，参加基本医疗保险人数70.9万人（含城镇居民），同比分别增加6.5%、0.8%，全县最低生活保障救助26571人，同比减少5.6%，移民避险解困、易地扶贫搬迁、黄河滩区迁建“三大工程”建设为全省提供了“东平答卷”，28个社区全部开工，11个建设完成。全年有58个贫困村、6106户14429名群众实现脱贫。

根据《东平县2017年度经济社会发展综合考核实施意见》，2017年年底，县考核组对各乡镇街道各项经济社会指标认真考核评比。在全县经济工作会议上进行表彰。东平街道、彭集街道（滨河新区管委）、沙河站镇、接山镇、大羊镇获全县经济社会发展综合考核一等奖；老湖镇、银山镇、商老庄乡、梯门镇获全县经济社会发展综合考核二等奖，州城街道、戴庙镇、旧县乡获全县经济社会发展综合考核三等奖。梯门镇新增为省级文明乡镇，大羊镇新增为市级文明乡镇。接山镇、大羊镇彭集街道、沙河站镇、戴庙镇、银山镇、商老庄乡获全县脱贫攻坚成绩突出一等奖；东平街道、老湖镇、梯门镇、州城街道、新湖镇、旧县乡、斑鸠店镇获全县脱贫攻坚成绩突出二等奖。东平街道、州城街道、彭集街道、接山镇、老湖镇、银山镇、新湖镇、沙河站镇被评为年度全县宣传思想文化工作成绩突出乡镇；接山镇、彭集街道、东平街道、银山镇、沙河站镇、新湖镇、商老庄乡、旧县乡、老湖镇被评为年度平安东平建设成绩突出单位等。

2017年东平县乡镇（街道）社会经济基本情况表

表 19

科目		东平街道	州城街道	彭集街道	沙河站镇	老湖镇	银山镇	斑鸠店镇	接山镇	大羊镇	梯门镇	新湖镇	戴庙镇	商老庄乡	旧县乡
党委书记		许洪顺	仲广亮	靳庆新	李便宁	李茂忠	李振福	范思安	王　冰	张格柱	牛　东	郭　东	王建军	齐宝鹏	徐国庆
乡镇长（主任）		郑兴利	杨爱华	王　乾	李　杰	史金龙	姚来涛	李传科	李振兴	吴晓剑	常传奎	桑　鹏	宋衍东	潘　军	乔曙光
面积（平方公里）		160.90	65.99	74.9	66.22	112.9	104.51	76.11	149.37	82.86	89.76	104.81	92.90	86.88	70.91
实有耕地面积（公顷）		4260.5	3819	4891.2	4903	4371.3	3934.4	4380.2	9487.6	5348	5205.6	6600	3201	3460.6	1833
村（居）民委员会（个）		64	71	53	65	71	44	40	52	37	42	54	48	35	30
人口（人）	户籍	149941	60978	67000	59125	69927	69875	48997	62187	34505	37088	54219	40189	35342	27807
	常住	170346	55973	62022	57136	56142	66399	47894	62712	33398	34618	53496	39850	30319	26084
	外来	5273	236	3716	135	511	2505	216	1515	196	2466	426	80	448	127
资产、债务总额（万元）	资产	39884	403.7	9721	2319	7364	9231	2289.7	3264	4562	5168	1202	585	1429	1758
	债务	25931	65	8510	501	9673	5299	1735	3760	1325	548	280	585	1002	1530
公共财政（万元）	收入	16647	1816	6803	2089	6334	8694.2	1184.2	5124	2274	2272	2571	1974	1332	2020
	支出	16647	1816	6072	2089	6334	9231	1680.4	5124	2274	2272	2571	1974	1332	2109.1
粮食总产量（亩、吨）	播种面积	116439	106345	72569	110206	71091	109868	84839	227591	121549	116093	164697	93640	106237	32712
	总产量	58631	59896	39512	58413	34214	40856	29105	133609	61696	58121	87825	44435	52135	11710
工业企业（个、亿元）	企业	316	126	128	82	154	210	102	152	31	59	52	72	58	87
	规模企业	85	16	19	13	8	15	13	22	6	12	4	8	8	15
	总产值	353.85	57.58	89.28	54.13	1.87	121.98	29.25	103.55	14.55	24.32	8.96	38.81	25.27	35.16
用电量（万千瓦时）		10230.81	1041.55	1119.32	434.32	202.69	1452.66	76.21	1383.41	1138.78	251.97	768.12	69.57	282.19	227.77
社会消费品零售总额（亿元）		54.88	5.32	15.20	10.71	9.84	11.75	10.64	7.36	6.07	6.54	6.10	9.25	8.31	8.38

续表

科目		东平街道	州城街道	彭集街道	沙河站镇	老湖镇	银山镇	斑鸠店镇	接山镇	大羊镇	梯门镇	新湖镇	戴庙镇	商老庄乡	旧县乡
50 ㎡以上商店超市（个）		64	14	11	7	12	72	16	11	10	5	4	3	8	3
小学（所、人）	学校数	11	6	10	8	8	11	6	9	5	6	7	7	4	2
	在校生数	12375	2000	1820	1613	2301	2920	1827	2251	910	1310	1582	2068	1452	557
	专任教	697	110	185	158	158	220	121	177	126	128	104	152	77	86
幼儿园．托儿所（个）		60	9	12	15	15	16	15	20	5	7	12	13	14	2
乡镇卫生机构（个）	机构	26	23	17	35	41	15	38	39	12	26	37	15	12	10
	床位（张）	1537	342	43	74	505	279	60	40	30	3061	30	120	27	20
	执业医师	376	152	53	35	187	225	73	117	45	64	30	70	19	11
养老、医疗基本保险参保人数	养老保险	108956	29023	21109	48965	33326	44439	18425	20565	11085	19685	18617	35326	31495	8303
	医疗保险	83101	48906	53933	49665	56000	57026	40623	52937	28292	31204	45271	33357	28627	21463
居民最低生活保障人数		2671	3009	2397	1997	3280	1610	1732	3270	1595	1347	1516	1333	552	548
居民人均纯收入（元、%）	绝对额	15583	15228	14952	14129	12262	15466	15135	14888	11640	11376	13902	12060	12433	12535
	增幅	8.69	8.75	8.67	8.87	8.82	8.52	8.89	8.55	8.78	8.65	8.62	8.85	8.84	8.59
政府创办敬老院数（所）		1	1	1	1	2	1	1	1	1	1	1	1	1	1
社会福利收养性单位床位数（张、人数）	床位	978	112	83	94	150	306	80	461	134	86	177	178	110	78
	收养人数	807	112	83	94	102	258	65	227	134	58	90	108	76	56
公园及休闲健身广场（个）		89	53	6	1	51	40	42	61	37	42	1	1	1	30
生活垃圾转运处理（吨）		426	439	273	300	300	573	308	510	370	132	248	400	312	125

【概况】 州城街道位于县境中南部，东邻彭集街道，东南隔小清河与沙河站镇相望，西南与新湖镇毗连，西濒东平湖，北靠大清河，总面积72平方公里。辖71个行政村（居）。总人口6.3万人，其中，农业人口5.4万人。2017年，地方财政收入1816万元，社会固定资产投资28.83亿元，同比增长13%。社会消费品零售总额9.5亿元，增长10.5%。农村居民人均纯收入1.51万元，增长9%。

【农业】 农作物总播种面积0.79万公顷，其中粮食播种面积0.71万公顷。粮食总产量5.99万吨，棉花产量46.8吨，油料产量0.02万吨，蔬菜产量1.28万吨。生猪（牛、羊）存栏0.48万头，出栏7.1万头，家禽存栏0.6万只，出栏127.9万只，肉类产量3964万吨，禽蛋类产量833.3万吨。发展高效农业，逐步形成以单楼、徐庄、师柳林、思泉农场等为中心的农业高效示范园，总规模达2万余亩，蔬菜品种达到38个，推出柳林芹菜、梁村油桃、徐庄胡萝卜、柳林中药材、思泉休闲采摘、喔喔五黑鸡蛋、特种动物养殖等一大批农业品牌。农业专业合作社106个；冬暖式大棚291个；流转土地1.2万亩；农业龙头企业1个。东平庆峰养鱼合作社被列为山东省第七批水产健康养殖示范场。全街道拥有农业机械355台（套），农机总动力0.14万千瓦，农业机械化水平超过85%。

【工业】 新引进投资1000万元以上的产业项目6个，涉及合同引资额3亿元。湖韵苑服装加工园，位于孟庄村。项目占地22.8亩，投资4500万元，建设2处生产车间，1处仓库，1栋办公楼。主要生产特警战训服装，现已建成投产。可实现年产值6500万元，利税520万元。在建项目4个：容业达二期循环经济产业园，投资2000万元，占地40亩。主要利用秸秆生产板材及一次性餐具。板材加工车间、一次性餐具加工车间已投产。年可实现销售额8000万元，利税250万元。龙威装备警用器械项目，投资1500万元，占地15亩，主要生产各种警用器械。2017年年底，车间建设已经完毕，自动化数控机床设备进行调试，并通过公安部验收。沃瑞108二期水上农庄项目，由北京紫源恒业投资顾问有限公司投资3000万元，占地800亩，主要建设休闲度假酒店、农博园、马术俱乐部、房车露营地等休闲项目。至2017年年底，休闲度假功能区已完工，家具及设备全部到位。金利源检车线项目，投资1000万元，主要建设机动车安全检测、机动车尾气检测、保险服务大厅等，已正式启动运营，日可检测机动车200余辆。签约落地项目3个：阜康舞台设备扩规项目规划、设计等前期工作已完成；润泽园湖产品二期加工产业项目，用地手续已办理齐全；服装加工整理项目，1000平方米的厂房正在建设中。着力打造以工业园区为主体，以各村（居）产业发展为载体的经济发展新格局。

【旅游商贸】 充分挖掘“旅游+”资源，打造立体旅游新模式。以人文旅游资源为基础，打造清真寺文化一条街。全方位宣传州城饮食文化，推出了杨家扁食、金海饭庄等一系列特色品牌，推广“玩在影视城，吃住在州城”的旅游宣传新思维，成效显著。通过与台湾梁氏宗亲会接触，确定了重建梁府、梁庙、开办国学馆的相关事宜。着眼于宋街提升，重点打造古玩民俗一条街，汇聚商铺130余家，摊点80余个，藏品过万件，形成鲁西南地区最大的古玩交易市场。复原万里中南海故居，以万里故居和县工委纪念馆、万里纪念馆为载体进行红色教育，打造一流的红色文化教育基地。建设石刻博物馆，搜集境内散落民间的石碑、石刻和民俗艺术品100余件，打造历史内涵丰富的“州城记忆”文化品牌。宋城景区通过省旅游局AAA景区验收。充分挖掘传统优势，打造商贸龙头。发挥州城传统集贸中心优势，百货大楼、大福源服饰广场、关帝庙小商品城、服装街商铺林立，商贸龙头地位得到巩固。

【社会事业】 继续加大教育投入，改善办学条件。一中男生宿舍楼、二中综合楼、张庄小学综合楼、师柳林小学综合楼、田庄小学综合楼，共计投入1527.27万元。中心幼儿园先后投入120万元在桂井子社区建设分园。师柳林小学投入137.7万元，建设1048平方综合楼，现已主体完工，全部建成后，将改扩建为幼儿园使用。实施卫生院改扩建及村级卫生场所提升工程，卫生院办公综合楼已投入使用。社会保障。养老保险参保人数1.9576万人，参保率36.3%。新型农村合作医疗参合人数4.8778万人，参合率90.33%。农村最低生活保障人数3009人。各类福利院（养老院）15个，福利院床位200张，收养110人。

【安全生产】 重点围绕企业主体责任落实全面深化年活动、“大快严”集中行动、安全生产风险管控和隐患排查治理两个体系建设，签订责任书326份。结合安全生产大会战隐患限改复查，采取政府购买服务的方式查隐患，聘请泰安清平检测服务公司对辖区内12家隐患大的企业，排查隐患145处，5家加油站限改隐患43处。集中开展烟花爆竹“打非”专项行动，做好许可证的回收及剩余烟花爆竹的清缴，确保全街道42家烟花爆竹零售户零存放。

【避险解困】 州城街道湖韵苑社区，建设规划占用地面积137.4亩，通过采用土地增减挂钩的方式，土地复垦近200亩。社区共建设居民楼43幢。居民楼设计采用“4+1”模式，设计两种户型，80平方米和120平方米户型，底层为储藏室，2—5层为住宅层；4栋老年公寓为二层楼房，方便老年群众居住，户型为52平方米。其中，120平方米户型为三室两厅两卫；80平方米户型为两室两厅一卫；52平方米户型为一室一厅一卫。整个移民社区共投资1.9亿元，项目由甘肃建投第五建设集团承建，由山东鲁咨工程咨询有限公司监理。2017年年内，马口、孟庄、王庄、张楼、解河口等七个移民整体搬迁村、751户、2373人，已全部搬迁完毕。社区配套建有综合服务楼、幼儿园、文体广场、商业楼等基础设施，其中，综合服务楼、文体广场已建设完毕，幼儿园、商业楼主体框架已搭建。按照“两区共建”的原则，居民居住区已初具规模，基本成型；产业园区内服装加工园、冬暖式蔬菜大棚、渔人码头已建设完毕并投产运营，富康视听设备项目完成土地调整；特色种植园项目和水产品批发市场正着手规划建设。

【脱贫攻坚】 2017年，街道共申报的5个省管贫困村和3个市管贫困村均退出。通过精准识别，对1739户、5575人建档立卡，实现588户，1543人脱贫。单楼喔喔农场、梁村鲁西黄牛项目，孙庙木兰花种植，亓庄、葛针园的三元猪养殖，南门养鱼项目，小东门小尾寒

州城街道湖韵苑社区产业园——冬暖式蔬菜大棚　（胡吉成　供稿）

羊项目动工。葛针园湿地采摘公园、梁村设施专用桃项目建设稳步推进；亓庄、北门、孙庙发展光伏并网发电项目全部并网发电，产生效益并实现分红。湖韵苑社区产业园区内龙威装备、旅游码头、蔬菜大棚投入使用，带动300余户贫困户脱贫致富。

【环保治理】 对禁养区内的75家畜禽养殖场和养殖专业户坚决实施关闭或搬迁；拆除改造10蒸吨及以下燃煤锅炉30家；清除“散乱污”企业16家。通过扎制宣传车、发放明白纸、悬挂条幅、张贴标语等形式，做到“秸秆禁烧”宣传全覆盖，使秸秆禁烧工作家喻户晓。同时，加大联合巡查力度。实行三级巡查督导制度，成立专门秸秆禁烧督导组，设立秸秆禁烧巡查站，各村成立村级秸秆禁烧巡查队伍，坚持每天24小时巡查，确保秋季未发生一处火情。抓好东平湖综合整治工作，成立水上专业巡逻队伍，配备工作人员10名、船只2艘，救生衣、强光手电、防护手套、镰刀品齐备，连续进行水上巡查，22处违法建筑全部拆除。

（胡吉成）

【概况】 东平街道为县政府驻地，东临接山镇，西毗老湖镇，南与彭集街道相依，北与大羊、梯门镇搭界，总面积105平方公里。辖61个行政村（居），总人口14.7万人，其中农业人口6.4万人。2017年，实现生产总值153.5亿元，比上年增长10.5%。其中，第一产业15.4亿元，第二产业73.6亿元，第三产业64.5亿元，分别增长6.5%、15.1%、7.8%。全社会固定资产投资完成38.7亿元，增长10.5%；财政收入1.003亿元；农村居民人均纯收入15583元，同比增长8.69%。

【农业】 实现农业总产值199亿元，增长9.5%。农作物总播种面积0.86万公顷，其中粮食播种面积0.77万公顷。粮食总产量5.86万吨，棉花产量1152吨，油料产量0.13万吨，蔬菜产量1.5万吨，园林水果产量0.2万吨，水产品产量0.4986万吨。生猪（牛、羊）存栏3.92万只，出栏10.08万只，家禽存栏21.72万只，出栏44.85万只，肉类产量0.38万吨，禽蛋类产量0.15万吨，奶类产量0.02万吨。新增造林面积0.053万公顷，林木绿化率72.5%。全镇拥有农业机械2340台（套），农机总动力140400万千瓦。成立农业专业合作社13家。

【工业】 以供给侧结构性改革为主动力，着眼升级传统产业、壮大优势企业、培植新兴产业，通过鼓励技改扩规、出台奖励政策等措施，积极引导企业引进人才、资金、设备等生产要素，向高端、“智”造转型；以产业链条招商培育产业集群，着力引进战略性新兴产业，构筑无污染、高效益、高附加值的“绿色”新型工业体系，实现质量效益型增长。华东纸业引进新型造纸技术，投资1000万元对2号机轴进行技改扩规，新上硬压光、磨软机、机内涂布等先进设备，提升产品质量；金立环保科技有限公司与山东省科学院密切合作，采取“企业受单，院所设计，企业制作”的模式运行，将科研院所设计与产品制作深度融合，引进国外高精除尘技术，结合中国矿山特殊工况环境进行再研发，研制成功一种新型除尘系统，泡沫干雾抑尘一体机。新上生产线一条，年可实现主营业务收入6500万元，年均实现利税500万元。华锴路桥重工科技有限公司投资1000万元进行技改扩规，新上移动破碎站生产线，年实现主营业务收入7000万元，利税600万元。至2017年年底，全街道有工业企业204家，其中规模以上工业企业15家，实现总产值58.7亿元，比上年增长7%，主营业务收入58.5亿元，利润8亿元，利税3.51亿元。

【电子商务】 在61个村（居）设立淘宝服务站和合伙人，发展51人开设网店，从事电子商务工作，工商注册网店17家。电子商务公司4家，有东平县淘吧电子商务有限公司、淘大电子商务公司、通达进出口公司、高盛工贸有限公司。规模以上工业企业和限额以上流通企业电子商务应用比率达到90%以上。

【社会事业】 教育投入6000余万元，办学条件明显改善。异地新建中心小学，2017年9月正式投入使用。改造毛庄小学、卞庄小学等6处操场、新建中学、王村小学操场，实施王村小学教学楼整体改造项目，启动中学综合楼建设项目，为中小学新配置空调，淘汰污染落后的燃煤取暖方式，完成学校标准化功能室和标准化体育设施配备，实施校园绿化工程，累计栽植绿化树木1200余株，种植草皮8000余平方米，实现“三季有花、四季长青、乔灌草搭配”，学校整体面貌和硬件设施焕然一新。2017年通过国家、省级义务教育均衡发展验收；获全县教育投入先进单位称号。幼儿园60所（其中民办52所），在园幼儿3650人。有医院（卫生院）1所、社区卫生服务中心1个，农村卫生室45个，卫生技术人员127人。农家书屋61个，农村文化大院61个，文体广场58个，文艺宣传（表演）队78个，广播、电视人口综合覆盖率达到100%。新建公共健身工程14个，举办各类体育活动120场次，获县级及以上体育比赛奖牌2枚。养老保险参保人数3.07万人，参保率100%。新型农村合作医疗参合人数8.3万人，参合率100%。报销各类医疗费用1471.03万元。农村最低生活保障人数1521人。街道敬老院投资3200万元，建设用地94000平方米，建筑面积10237平方米，设有标准间98间，安置床位324张，收养156人。

【城乡环卫一体化】 2017年，东平街道先后组织6次创卫长效机制现场推进会，4次美丽乡村暨农村环境卫生整治现场推进会，对43个村卫生整治情况现场逐一查看，当面点评，现场打分，全面营造“比学赶帮超”浓厚氛围。通过评比晾晒，将城乡统筹、服务均等、常态管理作为发展目标，下大力气将城乡环卫一体化工作抓实抓细抓出成效。18个城中村投资500万元，购置运输车4辆，坚持垃圾处理便民原则，每5户1个垃圾桶，共购置垃圾桶1840个，配齐保洁员245人，每人每月工资860元。严格落实责任，实行“网格化“运作，街道6名环卫所管理人员，沉入农村6大片区，包片管理农村日常卫生保洁，每天实地督导检查。

【基层党建】 坚持基层党建与业务工作两手抓，两手硬。将基层党建纳入总体布局，完善村级考核体系，健全干部包保等制度，形成齐抓共管、层层落实的党建格局。坚持村居发展与抓基层党建同落实，共推进。党工委书记带头，支部书记分别认领1个党建项目，年底述职评议，通过强化“书记抓、抓书记”，给党支部定好目标、压实担子。坚持全面履职与示范带动双促进，同进步。党工委书记抓党建负首责、

东平街道新建敬老院　　（李传富　摄）

负全责。重要工作亲自部署、重大问题亲自过问，全年主持召开3次党建部署大会，4次党课，5次专题研讨会。抓住关键、学做结合，推进“两学一做”常态化制度化。强化培训，分类施教。领导干部率先学、率先做，开展中心组学习13次，上党课26次；采取机关大讲堂、专家讲座等形式，集中轮训6次，培训党员干部4000余人次；建好队伍，激发活力。抓实三会一课、组织生活会等制度，处置4名不合格党员，新发展党员23名，净化提升了党员队伍。先锋引领，争做表率。严格志愿服务、领岗认责等制度，1000多名党员在创卫拆违中亮身份、履承诺，带头拆违，带头治乱，争当先锋模范。将过硬支部建设与“创卫拆违”等重点工作相结合，通过交任务、压担子加强实战锻炼，61名党组织书记盯紧靠死、攻坚克难，打造出党性强、作风好、扎实服务的支部书记队伍。抓好村级班子建设。把村“两委”换届作为压倒一切的核心工作，建立干部党建联系点、驻村工作队，提前整顿13个村级党组织，调整支部书记6人。抓好村级规范建设。健全村干部经济责任审计制度，全面审计61个村村级财务状况，强化村级经济监管；严格落实“三会一课”等组织生活制度，实行每月督导检查。加大投入、夯实基础，激发基层党组织活力。强化资金保障。投入430万元用于村干部补贴，投入100余万元用于支部书记绩效补贴，支部书记补贴平均2.6万元；积极开展“村级工作擂台赛”，对先进村居给予1万元奖励。大力发展村级经济。鼓励村集体大力发展乡村旅游等特色产业，2017年实现村集体经营性总收入1260余万元，过100万元的村3个。大力实施全民创业计划。组织乡村旅游、电商人才等创业培训30余期，实现“淘吧电商”等创业项目20多个，增强村级发展活力。

【拆违创卫】 东平街道把创卫与推进“两学一做”学习教育常态化、制度化结合起来，选派17名副乡级以上领导干部，50余名中层干部充实到14个网格，在辖区内安排专人进行盯靠、死守，形成一张密不透风、严丝合缝的大纵深、大维度、大格局的架构；安排大、小挖掘机，三轮车，翻斗车，铲车等车辆，对拆违创卫产生的生活建筑垃圾及时清运、掩埋。出资定制精美宣传材料，录制各种创卫音频，拍摄专题片，在县城形成强大舆论。在创卫过程中，东平街道一手抓集中整治，一手抓长效机制，建立一套行之有效的长效运行机制，将城中村日常保洁工作纳入街道经济社会发展考核，由环卫办采取明察和暗访形式，全面巡查各城中村环境卫生保洁，重点对背街小巷、小区、农贸市场、摊点等方面加强督导，量化考核，严防“脏、乱”反弹和回潮。建立奖罚机制，形成“比、学、赶、帮、超”的氛围。对各城中村实行半月一评比、一通报，并对主要负责人实行诫勉谈话，确保创卫常态化。

【脱贫攻坚】 产业扶贫。以增加贫困户收入为落脚点，发挥优势，因地制宜，因户施策，发展农场式、车间式、旅游式、基地式、家庭式等多种扶贫模式，让贫困群众精准受益、精准脱贫。积极策划2017年省市级贫困村产业项目。利用省市两级扶贫专项资金，积极吸纳省市第一书记派出单位扶持资金，入股东平街道扶贫产业园，建设4000平方米的扶贫车间，引进济南泉鑫暖工有限责任公司，将厂房租赁给客商，既能解决一部分有劳动能力的贫困户就业，又可按收益比例对贫困户进行受益分红，扩大贫困户受益覆盖面。同时对上积极争取资金，为百户庄易地扶贫搬迁搞好服务。就业扶贫。充分整合涉农资金，发展以种植采摘为主的庭院经济、乡村旅游、特色种养加龙头企业，柳编、苇编等劳动密集型龙头企业，通过“龙头＋基地＋合作社（经济组织）＋贫困户”的模式，吸纳劳动力就业，带动贫困群众增收致富。针对现有贫困户实际情况，利用好帮扶措施，把有劳动能力有打工需求的，积极发动到仁康药厂、润辰铁矿、龙腾建工等街道内企业进行结对帮扶及劳务输出，解决530名贫困人口就业问题，实现“一人就业、全家脱贫”。孝善养老。深入开展孝善养老活动，发挥村规民约作用，引导贫困老人与子女签订孝善养老协议、支付养老费用，解决有子女贫困老人脱贫问题，确保贫困老人达到脱贫标准。春节期间，街道扶贫办积极联系“双联四包”帮扶单位、爱心企业，开展贫困户“过暖冬”“过好年”活动，发放慰问金76400元。发放面粉209袋，食用油209桶，大米27袋，棉被141条。

【易地扶贫搬迁】 东平街道承接的百户庄社区易地扶贫搬迁项目，占地面积8万平方米，总建筑面积4.98万平方米，总投资8967.95万元。2017年4月22日开工建设，至2017年年底，6幢楼完成主体工程，59幢楼正在紧张施工。

【乡村旅游】 稻蒲荷香休闲农庄是全县乡村旅游示范点“十朵金花”之一。2017年，投资1500万元，实施休闲农庄景观提升工程，以建造“花园式农场”为构思，规划建设水生植物景观带、土地认领区、水产区、管理服务区“一带三区”；丽莎乐园主题项目建设完成；百户庄旅游扶贫产业园，先后承办油菜花节、美食大赛、旅游商品展销等活动；稻屯洼国际旅游慢城，融合森林、河道、草甸、芦苇、荷塘、村社农家等多样乡村旅游元素于一体，规划面积13平方公里，总投资5.3亿元。至2017年年底，建成稻屯洼湿地、全国钓鱼竞赛训练基地、史楼民俗旅游村、塘坊民俗旅游度假村等项目。稻屯洼湿地面积3.7万亩，划分为四大功能区，即：入口服务区、芦竹生态体验区、民俗体验区、荷塘休闲观光区。以自然湿地生态景观为主体，民俗文化风貌为特色，被国家建设部批准为国家级城市湿地公园。东平湖国家垂钓基地按照国家级标准建设，项目占地38亩，是山东省首个符合国家级标准的竞技垂钓场地，可以承办500人左右的竞技钓鱼比赛。先后举办国家级赛事等各种比赛活动40场次。

（李慧滢）

【概况】 彭集街道素有“城南明珠”之誉，是全省10个综合改革配套试点乡镇之一。总面积73平方公里，耕地6.9万亩。辖53个行政村。总人口6.7万人，其中农业人口6.2万人。人口自然增长率11.8%。全年实现生产总值121亿元，比上年增长12%。其中，第一产业2.3亿元，第二产业81亿元，第三产业37.7亿元，分别增长10%、12%、10%。全社会固定资产投资完成58亿元，增长12%；公共财政预算收入0.4311亿元，增长8%；公共财政预算支出0.68亿元，增长9%。社会消费品零售总额15亿元，增长10%。全年引进落地项目10个，实际到位资金14亿元。2017年年末金融机构各项存款余额5.8亿元，比上年增长8.4%。农村居民人均纯收入14952元，同比增长12%。2017年，彭集街道被东平县委、县政府授予宣传思想文化工作、乡村文明行动、平安东平建设成绩突出单位；获全县脱贫攻坚成绩突出一等奖；经济社会发展综合考核一等奖。

【农业】 全年实现农业总产值2.3亿元，增长9%。农作物播种面积12.8万亩，其中粮食播种面积7.26万亩。粮食总产量3.95万吨，棉花产量987公斤，油料产量1249.97万公斤，蔬菜产量4682.02万公斤。生猪（牛、羊）存栏45568头（只），出栏91499头（只），家禽存栏243555只，出栏740001只，肉类产量826828公斤，禽蛋类产量1209411公斤。全年新增造林面积230亩，林木绿化率26%。全街道拥有农业机械257台（套），农机总动力3.28万千瓦。建成农业高效示范园6处，有马流泽、安村、后刘代村、小孟村、常庄、东史庄。全街道有省级农业龙头企业1家，

市级农业龙头加工企业 7 家。全面落实农作物保险工作，整体参保率 47%，其中玉米参保率 90%，抗风险能力增加。落实农机购置补贴发放和土地深松工作。后亭村投资 200 万元，完成高标准农田项目建设项目。马流泽、裴寨、后围发展果树，新建经济林 300 亩。西郭庄种植苗木花卉 120 亩。成立股份经济合作社 28 家，39 个村集体增收项目进入正常运转。投入财政专项扶持资金 2085 万元，撬动社会资本 1700 万元，实现村集体增收 130 万元。

【工业】 全街道有工业企业 77 家，其中规模以上工业企业 20 家，实现总产值 81 亿元，比上年增长 11%，主营业务收入 71 亿元，利润 4.6 亿元，利税 6.8 亿元。实现社会消费总额 15 亿元，同比增长 10%。

【基础设施建设】 望江大街东段新 105 国道延伸工程完成设计、勘察工作，并积极协调拆迁工作。抓好主要街道、绿地景观、背街小巷、沿街商铺的亮化设施建设和更新改造；对接县规划局，将部分区域纳入到县城总体规划，并报上级规划管理部门审批备案。开展新区 220 千伏、110 千伏高压配电网站专项规划。新建瑞星铁路专用线工程，市县两级规划管理部门规划选址已批复，正准备省规划部门相关手续报批；完成后亭社区、彭集中学的规划审批；推进中航机、撬桩加油机等项目的规划编制。331 省道、瑞星大道沿线及重点片区开展集中治理拆除违法建筑，彻底清除占道经营，完善“门前五包责任制”。协调街道辖区内 220 千伏、110 千伏高压配电线路的建设工作，保障供电安全。认真开展安全生产“隐患大排查、快整治、严执法集中行动”，全面执行安全生产“网格化”管理办法，落实主体责任，强化安全生产基础工作，提高防范重大事故能力，实现全街道安全生产形势持续稳定。新修（改造、硬化）公路 15 公里。公路客运量 11.4 万人次，货运量 135 万吨。完成电信业务总量 1480 万元，邮政业务总量 383 万元。开工建设商住楼 95 套，竣工 95 套。基础设施建设完成投资 0.18 亿元，村街道建设完成投资 0.1 亿元。新建垃圾压缩站 1 个，垃圾无害化处理率 100%，污水集中处理率 55%。

【社会事业】 街道有普通初中 1 所，在校生 1648 人。小学 10 所，在校生 1903 人。幼儿园 12 所，在园幼儿 1723 人。社区卫生服务中心 1 个，农村卫生室 37 个。各类卫生机构有床位 52 张，卫生技术人员 66 人。农家书屋 18 个，农村文化大院 30 个，文体广场 48 个，文艺宣传（表演）队 22 个，广播、电视人口综合覆盖率分别达到 100% 和 100%。全年新建公共健身工程 5 个。养老保险参保人数 21109 人，参保率 94%。新型农村合作医疗参合人数 53933 人，参合率 100%。报销各类医疗费用 719 万元。农村最低生活保障人数 2397 人。各类福利院（养老院）1 个，福利院床位 112 张，收养 112 人。

【组织建设】 2017 年制定推进“两学一做”学习教育常态化制度化实施方案和建设过硬支部实施方案，召开推进“两学一做”学习教育常态化制度化暨建设过硬支部大会，同时建立过硬支部建设台账，划分出先进村 7 个，中间村 33 个，后进村 8 个，软弱涣散村 5 个，每类村都制定相应的提升措施。集中开展走访调研，印发调查问卷 30000 余份，发放调研记录本 90 余本，组织机关干部进村入户，填写调查问卷，掌握第一手资料。积极对村级党建工作进行巡查督导，主要围绕建设过硬支部，分为五个大类，37 个小项，涵盖村级组织运转保障、“三会一课”落实、党建档案规范化等各类村级党建软硬件设施建设。在灯塔党建系统信息录入上，对全体党员资料信息一一进行了核对录入，先后建立入党积极分子台账、入党申请人台账和预备党员台账，对 3 年以上未发展党员的村进行了备案，做好了整体规划。在公推优选发展党员中，发展农村10名，机关5名党员发展对象预备人选。扎实开展村级换届分析研判工作，通过研判，共梳理出情况复杂、问题较多班子较弱的问题村14个，建立起分析研判台账，有针对性的制定选举预案。

【精准脱贫】 2017年，开展包户脱贫干部和村干部入户走访活动，清退富裕户46户112人。组织人员对危房改造和安全住房安置、基本医疗保险补交、社会保障兜底、财政扶贫专项资金拨付及专账记账、项目验收和报账提款、村集体收入来源及记账等时效性强的工作开展督导检查，43户危房贫困户，改造完成26户，安全安置16户。完善脱贫户档案材料，并印发贫困户明白纸和干部结对帮扶工作信息表，张贴上墙，组织管区干部、业务人员对各村扶贫档案资料进行调档。加强项目建设及资金资产管理，通过银行发放扶贫项目受益分配资金31.9万元，对接爱心企业，为15个插花村设置300人虚拟岗位，每人每月150元标准。同时，为脱贫户和未脱贫户全部办理“扶贫特惠保”，已发放到户。严格按照上级要求，开展扶贫对象动态调整工作。开展“扶贫工作大家谈、包户干部大走访、应知应会大培训”三大活动，坚决打赢脱贫攻坚战。后亭社区异地扶贫搬迁工程开工建设后，稳步推进。

【美丽乡村建设】 2017年，投入资金100余万元，用于购置洒水车、垃圾桶和打草机等卫生设备，确保硬件达标。投入50万元设置“美丽乡村”建设奖补资金。按照县执法局、街道办事处统一部署，拆除违法建设400余处，拆除面积8万多平方米。同时加强宣传、巡查，严格控制新违建发生。在街道驻地粉刷社会主义核心价值观文化墙，沿105国道、331省道等交通干线制作永久性标语6幅，组织6辆流动宣传车，在53个村巡回流动宣传。街道统一制作涉及移风易俗、环境保护等内容的条幅标语300多条，下发张贴到各村，营造村村响应、人人参与“美丽乡村”建设的浓厚氛围。

【环境整治】 成立由办事处主任任组长，分工领导任副组长，有关部门负责人为成员的环保工作领导小组，多措并举，集中力量做好环境保护。组织专业人员，对53个村的37口饮水井，龙宫河、北赵王河、苇子河、小汶河等河道水源，进行饮用水源地保护。加强化肥、农药等污染防治。大力推进有机食品、绿色食品和无公害食品等基地建设，引导群众科学使用农药、化肥，推广使用有机肥。组织兽医站、环保办、执法分局、管区人员，集中清理禁养区内的14家养殖户。秋季秸秆禁烧期间未发生一处火情，顺利通过县级考核。对24台10蒸吨燃煤锅炉全部拆除或改造。对26家散乱污企业，已取缔8家；其余18家按照分类实施的步骤进行关停或者提升。清除大清河中网箱网围160亩，鱼苗9万公斤；清除存沙60万立方米，垃圾5000吨。

（彭　涛　王华兴）

宽敞整洁的彭集街道村居　　（彭　涛　供稿）

【概况】 沙河站镇位于县境南部，总面积174平方公里，耕地4466.67公顷。辖65个行政村，总人口5.8万人。2017年实现生产总值7.5亿元，地方财政收入1364.54万元，占计划的107.9%；居民人均纯收入14129万元，同比增加1229元。

【农业】 沙河站镇素有“东平粮仓”的美喻。农业生产以粮食生产为主，小麦面积常年稳定在6万亩，玉米5万亩，牛蒡1.2万亩，花生1万亩，其他经济作物0.7万亩，全年粮食总产量5.84万吨，蔬菜、瓜类总产26.8万吨。大牲畜年末存栏2841头，猪年末存栏3.4万头、出栏3.5万头，家禽年末存栏65万只、出栏31万只，肉蛋奶总量7423吨。

【社会事业】 2017年，全镇有中学1所，在校学生986名，专职教师85人；小学7所，在校学生1532名，专任教师106人。卫生院1所，床位40张，专业技术人员55人；个体诊所37个，乡村医生92人。固定电话用户1050户，占全镇总户数的5%。互联网用户3115户，占全镇总户数的17%。有线（数字）电视用户18295户，占全镇总户数的99%。农村养老保险参保农民3.26万人，参加新型农村合作医疗农民4.99万人，分别占全镇人口的56%和86%。全年办理低保1064户、1999人。加大非物质文化遗产保护力度，新整理挖掘县级非物质文化遗产8个，补充提报市级非物质文化遗产项目2个。

【招商引资】 全年招商引资5.7亿元，同比增长14.7%，外资到位资金50万美元。新上项目10个，其中完工项目6个，分别是泰安鸿泰工贸有限公司、泰安思云纸业有限公司生活用纸、山东泰山鹰胶业有限公司食用胶、东平华申服饰有限公司服装加工、泰安豪尔泰汽车饰品有限公司车饰品加工、东平鑫盛服饰有限公司服装加工项目；在建项目4个，分别是东平金筑工艺品有限公司柳编加工、东平聚岳复合材料有限公司玻璃丝加工、润和新能源生物质发电、东平雪芬特种服装有限公司加工项目。在谈项目4个，分别是上海卷钉制造、青岛服装厂来料加工、泰安5G光纤信号放大器、东平康迪有限公司食品酿造项目。

【工业园区建设】 陆港产业园规划占地4000亩，重点发展商贸物流、机械加工、科技创新等产业项目。采取轻资产进驻、筑巢引凤运作模式，率先规划启动两个片区。一是盘活老铁锨厂、王营废弃小学、老水利站仓库及面粉厂，整合土地45亩，建设厂房18000平方米，重点入驻轻加工类项目。部分车间开工建设。二是新占地50亩，建设厂房20000平方米，重点发展机械加工类项目，整合移民后扶资金集中做产业发展，逐步形成移民资金投资和回报的长效化。产业园根据项目实际需求建设厂房，并通过协商底线税收确保投资回报。稳步推进启动园区建设和项目洽谈，加快推进基础设施建设，天然气、供电、供水等全部入地，配套到位。致力于把连接线产业园打造成陆港产业园的中心干线，不断提升产业园的外在吸引力。策划陆港小镇，对接争取综合保税物流中心项目。规划和投资由国家物流协会陆港分会承办，为商贸物流企业提供商业服务；综合保税物流中心旨在增强园区吸引力和牵动力，引领相关产业特别是外向型产业发展。

【特色产业】 沙河站镇在传统编织产业的基础上，招商引资，引进柳编企业鸿泰工艺品有限公司、金筑工艺品有限公司。借助脱贫攻坚环境，辅助柳编企业配套设施建设，打造形成“东有金筑，西有鸿泰”的柳编产业格局，发挥两大柳编龙头企业的辐射带动作用。鼓励企业、协调种植大户推进土地流转，加快规模化种植。鸿泰实施2000亩杞柳种植项目，

带动全镇种植杞柳10000亩。在新湖镇、大羊镇、接山镇、州城街道，汶上县部分乡镇设立就业点，沙河站镇设置12处村级就业点。安置大批农村劳动力就业增收致富。

【美丽乡村建设】 坚持规划先行，彰显村居特色。该镇立足村庄特点，聘请天津丰和建筑设计公司对省、市级“美丽乡村”示范片区进行专门规划设计，重点打造“绿茵小辛庄、诗画洪福寺、水韵吴桃园、铺锦蔡庄店、记忆李纸坊、靓丽前河崖”等15个各具特色的美丽乡村，形成一条“宜居、宜业、宜游”的魅力景观带，进一步提升“美丽乡村”内涵，培树精彩样板。整合推进力量，做好结合文章。该镇将“美丽乡村”创建与城乡环卫一体化、农村道路硬化“户户通”、农村改厕、“户外清”专项整治活动等重点工作结合起来，按照硬化、绿化、亮化、净化、美化标准，重点搞好镇驻地商业街靓化提升工程、彭沙路济徐高速路口沿线扩宽提升工程、郭王路东杨楼段道路扩宽提升工程和陆港小镇建设工程，拆除违建4600平方米，硬化路面10万平方米，铺设路面砖4.3万平方米，铺设路牙石8.5公里，疏挖排水沟15.2公里，铺设地下管道4.4公里，铺设供水供气管网2.2公里，埋设弱电线路55.2公里，建设绿化带12公里，栽植绿化苗木3773株，安装路灯342盏。统一提升村级基础设施建设，栽植绿化苗木2余万株，美化墙体2.8万平方米，硬化道路3.1万平方米，改厕5900余户，修建下水道11.7公里。清理“五堆”520堆，拆除私搭乱建106处，取缔占道经营146处。加大投入，强化资金保障。镇党委政府研究决定，给予省级“美丽乡村”、市级示范片区、“美丽乡村”达标创建村奖补资金，共计130万元；继续推进城乡环卫一体化全托管，年投入托管费用和垃圾清理补助费用110万元；在“户外清”专项整治活动中，镇政府拿出专项资金进行奖补。

【文化扶贫】 文化为民。在精准扶贫中，通过“送文化给百姓”“种文化在基层”等服务活动，组织开展广场舞大赛、送戏下乡、送电影进村等文化惠民活动196场（次）。相继打造“沙河站站歌”“沙河站笑话”“沙河站的传说”等精品群众文化品牌；建立农家书屋65个、文体广场52处、村级“党史村史馆”15处，组建农村广场舞蹈队23个、农村文艺宣传队6个，培植庄户小剧团5个，培训农村文化带头人195名、农村广场舞蹈队队员1000多名，发展农村文化志愿者78名。基本实现“歌舞有场所、学习有书屋、文艺送下乡、网络村村通”目标，打通公共文化服务“最后一公里”。文化利民。结合孝德文化创新，推广居家养老模式，镇与村协同设立1个养老福利中心和13个村级幸福院，设立镇慈善基金分会和村级理事会，70岁以上老人全部建立档案，动员子女按时交纳养老基金，并积极向社会组织和个人募集捐款，实现贫困老人物质上有帮助、生活上有照料、精神上有慰藉。文化富民。沙北村村民徐广鲁，乡村文化经纪人，组织有关人员开办舞蹈学校，搞起礼仪庆典；吴桃园村村民刘曰玉，组织有戏剧功底的乡村文化带头人成立乡村剧团，带领数十名群众走上艺术路，吃上文化饭。洪福寺、徐楼、孙村、何村等村的柳编、条编、竹编能手，分别牵头成立鸿泰工艺品有限公司、金源柳编工艺品有限公司、曰瑞工艺品有限公司、金筑农业合作社、孙村竹编合作社等，优先安排贫困人员前来打工，带领周边1000多名群众搞起手工艺品加工，年户均增收2万元。该镇将市级非物质文化遗产漆雕葫芦、县级非物质文化遗产辛庄铁丝笊篱、孙村竹编等传统手艺培植成特色文化产业。采取“文化+旅游”“文化+农业”等模式，因地制宜发展生态农业、乡村旅游等特色项目，助推精准扶贫，带动全镇贫困户100余户、200余人脱贫增收。

【外商沙拉维】 约旦客商默罕默德·沙拉维，通过青岛客商沙玉闪，到沙河站镇投资创业。因为他们三个的名字都带有“沙”字，又因为山与三谐音，故取名泰安山沙服饰有限公司。该公司创办于2014年6月，占地45亩，总投资8000万元，建设加工车间10000平方米，办公楼1600平方米，安装20条生产线，2015年建成投产。主要生产阿拉伯传统服饰，系中东第一大品牌“阿斯丽”。至2017年，该公司创造就业岗位800个，现有员工480人，厂外加工点28家、1300人，其中贫困人口69人，涉及周边20多个行政村。平均日产阿拉伯裤5万条、阿拉伯大袍4000件，全部销往中东等穆斯林国家。公司为员工提供免费午餐，每星期二、四、六改善伙食；为员工购买劳动意外保险；逢年过节发放福利。员工人均月工资2100元。彭集街道后亭村彭鸿丽，就读济宁医学院。其父去世早，母亲常年患病，导致家境贫寒。2016年5月始，公司每月救济彭鸿丽一家1000元，让她安心完成学业。

（王文翔）

【概况】 新湖镇位于东平县西南部，东与沙河站镇毗邻，南与汶上县接壤，西与梁山县搭界，北与州城街道相连，属东平湖二级滞洪区。总面积110平方公里，辖54个行政村，108个自然村，5.3万人。2017年，粮食播种面积1.09万公顷，总产量8.78万吨。公共财政预算收入1211万元，增长5%；新增造林1700亩。公共财政预算支出1024万元，增长5.2%；完成税收1094万元。全镇社会经济发展保持较快、协调、健康发展的良好态势。被泰安市文明委评为“乡村文明行动美丽乡镇”；县委、县政府授予“平安东平建设先进单位”“信访工作先进乡镇”等荣誉称号。

【农业】 全镇农作物总面积1.11万公顷。其中粮食播种面积1.09万公顷。突出发展优质小麦、大豆、玉米、花生等粮油作物，2017年，粮食总产量8.78万吨。棉花产量25.8吨，油料产量24.33吨，蔬菜产量7018吨，园林水果产量580吨。全年新增造林1700亩，林木绿化率35%。规划建设两个水产养殖新模式，莲藕套养小龙虾，面积2000亩；草鱼和南美对虾混养，面积50亩。大牲畜存栏1300头，生猪存栏2.0493万头，出栏3.489万头，家禽存栏89.8万只，出栏183.19万只。肉类总产量5944.5吨，禽蛋类产量7623.86吨。侯河奶牛养殖场，存栏500头，与蒙牛集团联合，是县级重点养殖项目。东平县华信淡水养殖专业合作社被评为国家级农村示范合作社，七神堂神龙莲藕养殖专业合作社、东王洼信军观赏鱼养殖专业合作社被认定为县级农村养殖专业合作社。小农水建设项目面积达到72000亩，架设农电线路32000米，变压器81台。配套机井1200眼，平均60亩每眼，有效灌溉面积8万亩，占耕地面积96%。农业机械总动力6.8万千瓦。

【东平湖综合整治】 2017年，落实县委县政府统一部署，集中开展东平湖综合整治行动，清理东平湖网围养殖1335亩、网箱养殖33900平方米，网箔7架，处理各种鱼苗10万公斤。规划设计巩楼休闲度假区项目，与泰山旅游学院完成对接，正在规划设计。沿湖渔家乐项目，以巩楼、西王庄、刘庄、范庄渔家乐为基础，投资400万元，新建渔家乐饭店、旅游浮动码头，购置旅游快艇，旅游小木船等，推进旅游项目进展。

【镇村企业】 镇党委、政府立足库区特点，注重发展服装、养殖、饲料加工、机械加工、光伏发电、乡村旅游等企业项目，企业和项目有雪豪制衣有限公司、九鑫工具、宝岛风情园、华盛制衣、信源纺织厂、范洼华众帐篷有限公司、范洼蚯蚓深加工、臧庄网绳厂、范岗网绳厂、堤子玻璃纤维厂、天普阳光公司、美洁餐具有限公司、兴鲁锅炉厂等。2017年，华润电力项目测风塔安装完成投入运行；范洼华众帐篷制造及羊毛衫加工项目投产；七神堂海产品加工项目在施工；青岛金达假发加工项目达成合作协议；济宁柳编工贸项目厂房及仓库完成建设投入使用。至2017年底，全镇有工业企业52家，其中规模以上工业企业4家，资质三级以上建筑企业1家，全年工业总产值11.5亿元。

新湖镇宝岛风情园（张洋洋　供稿）

【园区建设】　新湖镇有产业园区3处。七神堂产业园，建设集绳网加工、服装加工、玩具制造、水产品加工于一体的加工业产业园。范洼产业园，以帐篷制造、蚯蚓养殖与加工、服装加工于一体的产业园。堤子产业园，主要聚集了晨光玻璃纤维、泰东包装有限公司、玩具厂、工具厂等企业项目。

【交通邮电】　2017年，镇、村级公路基本铺设完成，新修（改造、硬化）20公里，形成四通八达公路网。累计投资300万元，54个行政村村内主要道路实现硬化。全镇公路里程达到176公里。营运汽车保有量12辆。宽带、有线电视实现全面覆盖。全镇用电量达到2470万千瓦时。

【财贸金融】　2017年，财政总收入1094万元，全镇投入运营的市场（集市）3个，安排个体商户434个，从业人员1100人。商业零售网点462个，从业人员956人。信用社存款余额5.71亿元，发放各类贷款1.15亿元。

【镇村建设】　2007年，基础设施建设完成投资360万元，村镇建设完成投资1000万元，建设垃圾压缩站2个，垃圾无害化处理率95%，污水集中处理率20%。违法建筑拆除260户，61000平方米。公共设施建设，社区路，镇驻地东西路，南北路（署前街）铺设柏油路23123平方米，规划建设绿化、美化、亮化工程。新建文体广场2处。

【科教文卫】　全镇有普通初中1所，在校生1260人，专任教师97人。小学7所，在校生1600人，专任教师118人。学龄儿童入学率100%，巩固率100%。教育投入，投资360万元，新建1600平方米的中学餐厅，改善学生就餐环境。镇中学学生宿舍楼设计五层，完成三层建设，塑胶跑道铺设基础及沥青施工完成。中心小学综合实验楼基础完工，学生宿舍楼设计四层，完成两层，塑胶操场、餐厅在施工。新湖中学、中心小学被评为市级规范化学校，新湖镇获“泰安市教育强乡镇”“县校舍建设先进单位”称号。文化活动活跃，53个村文体广场已建设完成，完成率98%。全镇村级文化大院37处，侯河村、李楼村、堤子村、唐营等11个村组建演出队，每年自编自演各类文艺节目。有线电视入户率100%，远程教育设施入村54个，使用率100%。卫生事业。镇卫生院有床位20张，专业技术人员30人，投入20万元，改造门诊、病房，购置医疗设备，改善就医条件。全镇村级卫生室（社区门诊）37个，乡村医生70人。

【人民生活】 2017年，居民人均纯收入13480元，同比增长5.3%。居民人均生活支出9135元，同比增长4.2%。户户通自来水，村村通宽带、有线电视。村民文化生活丰富，各村设立文化健身广场和健身器材。全年，征缴农村养老保险金598万元，参保人数18617人。征缴新型农村合作医疗保险540万元，参保人数44700人，报销各类医疗费用560万元；农村低保实现应保尽保；结合招商引资和扶贫产业项目，发展二、三产业，促进就业安置，全年安置就业人员320人。鼓励农村青年外出务工，调整农民收入结构，促进农民增收，全镇外出务工人员18000人，人均年收入4万元以上。库区移民享受国家后期扶持政策，每人600元。全年发放直补资金2880万元。完善镇敬老院和村级幸福院建设，新建房屋26间，更换茶水炉和取暖锅炉。入住孤寡老人45名，生活快乐幸福。

（张洋洋）

【概况】 商老庄乡地处县境西南部，南临济宁市梁山县，东与新湖镇相连，西与河南省台前县接壤，北靠东平湖一级湖，属于库区移民乡镇，南水北调东线工程最后一级提水站八里湾泵站所在地。全乡总面积93.43平方公里，辖35个行政村（居）。总人口3.82万人，其中农业人口3.75万人。2017年，全社会固定资产投资完成8.6亿元，增长13%；公共财政预算收入0.18亿元，增长11.5 %；公共财政预算支出0.18亿元，增长11.5 %。社会消费品零售总额8.3亿元，增长10.5%；农村居民人均纯收入12433元，同比增长8.8 %。商老庄乡被县委、县政府评为“2017年度脱贫攻坚成绩突出乡镇”。

【农业】 全年实现农业总产值6.3亿元，增长12%。农作物播种面积0.3万公顷，其中粮食播种面积0.23万公顷。粮食总产量5.21万吨，棉花产量110吨，蔬菜产量13万吨，水果产量5万吨。生猪（牛、羊）存栏3.1万头（只），出栏2.53万头（只），家禽存栏85.9万只，出栏81.6万只，肉类产量63万吨，禽蛋类产量5230.8吨，奶类产量10万吨。全年新增造林面积9.3万公顷，林木绿化率15.3%。全镇拥有农业机械560台（套），农机总动力6万千瓦。成立农业专业合作社12家。

【东平湖综合整治】 成立商老庄乡东平湖网箱网围设施集中整治工作领导小组，工作组成员分包安山村、八里湾村、新光村、潘孟于村四个村，村干部包户到人。全乡签订退养协议112户，清除网围养殖面积4520亩，清除网箱养殖面积1.5万平方米。

【美丽乡村建设】 投入资金300万元，动用挖掘机760台次，累计清理柴草1700余堆；墙体粉刷、制作标语、绘制文化墙和乡干道树木涂白；对乡驻地和331省道东入口进行绿化，购买垃圾桶600个。依法强制拆除城镇中心、220国道及331省道两侧、周围部分村居及集市商户等重点区域，各类违建136处、2.6万平方米；清理垃圾、“三堆”5000吨。取缔非法石料经营企业26家，关停10蒸吨以下燃煤锅炉企业三家、散乱污企业主体两家；拆除半固定式餐船8家，清除湖上各类违法建筑26户、37处，违章建筑4600平方米；针对畜禽养殖污染，禁养区内关停105户，限养区整改283户，关停13户。

【孝善引领脱贫路】 各村成立孝德扶贫基金工作领导小组和孝德扶贫基金管理办公室，制订《孝德扶贫基金资金管理办法》《孝德扶贫基金资金审批制度》等实施规范。全体党员、村民代表选举产生村孝德扶贫基金理事会，由理事会提名推荐村中威信高、办事公道、为人正派的党员群众担任理事会会长。通过企业和个人爱心捐助，引领家庭子女自觉履行

赡养义务，主动交纳赡养费。孝善扶贫基金按照确保每位老人每月享受不低于100元孝善扶贫基金的标准，由村孝善扶贫基金理事会，于每季度首月10日前收缴老人子女赡养金（设100元、200元两个档次），村级孝善扶贫基金理事会在此基础上给予10%的补助。2017年，全乡贫困家庭建档立卡440户、838人，脱贫227户、416人。被县委、县政府评为“脱贫攻坚成绩突出乡镇”。

【乡土人才开发】 实施乡土人才“四个培养”工程，即把农村能人培养成党员，把党员培养成致富能手，把村干部培养成致富带头人，把致富带头人培养成产业负责人，形成党员、村干部、乡土人才与产业联动发展的创新模式。2017年，举办各类培训班11期、培训实用人才170人次；建立黑木耳养殖基地900亩，带动贫困户就业300余人，助农增收315万元。

【全国“最美家庭——王炳兰”】 商老庄乡八里湾村村民王炳兰，自1952年前嫁到婆家后，诸多不幸接连降临这个家庭：丈夫因车祸截肢，公公患上精神病，三儿子患重病全身瘫痪。面对苦难，王炳兰一如既往任劳任怨。先后伺候过婆家的爷爷、奶奶、姑奶奶、公公、婆婆、丈夫6位亲人。93岁的婆婆双目失明18年，72岁的她依然与老人生活在一起。2014年7月，王炳兰荣登“中国好人榜”；2015年3月，被评为全国“孝亲敬老之星”；2017年5月，又被评为全国“最美家庭”。

（叶贵亮）

【概况】 戴庙镇位于东平县最西部，北临银山镇，南与商老庄乡接壤，西隔黄河，与河南省台前县相望。南北长8.19公里，东西宽10.5公里，总面积88平方公里，220国道贯穿镇境。镇政府驻地距县城55公里。全镇48个行政村，1.3万户，4.1万人。2017年，全镇固定资产投资16.38亿元，比上年增长30%；主营业务收入42.08亿元，增幅3.1%；社会消费品零售额9.25亿元，增幅22.68%；实现利润2.37亿元，增幅8.2%；利税7.27亿元，增幅140.73%；实现高新技术产业产值5.9亿元，增幅2.9%；地方财政收入1974万元。

【特色农业】 2017年，镇党委、政府坚持以农业增效、农民增收为目标，因地制宜、突出特色，进一步扩大土地流转规模，推动适度规模经营。全镇有农业合作社148家，市级龙头企业9家，有山东泰禾农业开发有限公司、马拉磨油料有限公司、鲜力强冷藏食品有限公司、棘梁山生态旅游有限公司、锡源禽业有限公司、祥鹏牧业有限公司、万宝禽业有限公司、金宏水产有限公司、景瑞面粉有限公司、万盈食品有限公司。2017年，实现粮食总产量4.44万吨，棉花产量119吨。蔬菜种植规模逐步壮大，全镇发展大中拱棚220个，苗木花卉4000亩，发展各类瓜菜面积7700亩。其中小刘、小赵、张垓、王常、南杨庄、段那里等10多个村发展成为蔬菜专业村。新增县级龙头产业一家，新建农业示范园区2个：引进济宁客商投资建设金滩家庭农场，种植芦笋500亩；小刘村蔬菜产业园和张垓、王常、范庄黄河滩区产业园。大力发展小农水重点工程，落实好种粮补贴、小麦直补，提高群众种粮积极性。农业基础设施建设，投资1000多万元，对金山片区800公顷土地进行田间道路、输水渠和管网改造。全镇新打机井76眼，维修机井48眼，有效灌溉面积3200公顷。2017年，生猪存栏量2.9万头，出栏2.7万头；奶牛存栏量0.18万头；羊存栏量5.6万只，出栏5.4万只；麻鸭存栏20万只；獭兔存栏9万只；新增畜牧养殖户12户，现有一处市级示范化标准养殖场、一处省级标准化养殖场，创建养殖专业合作社2个，带动周围80余户农户增收。全年新增造林600公顷，林木绿

戴庙镇雪龙制衣项目安排贫困人员就业 （葛 冰 供稿）

化率 23%。全镇拥有农业机械 1650 台（套），农机总动力 5.8 万千瓦。

【项目建设】 现有规模以上企业 13 家，工业总产值 41 亿元，比 2016 年增长 5%。山东美香莲食品加工、畅通公司专用车、金山服装产业园等三个重点项目，顺利实施，完成预定目标。以雪龙制衣、银河纺织为引领的服装产业顺利实现技改扩规、新旧动能转换。其中泰安雪龙制衣公司，2017 年发放职工工资 400 万元，缴纳税金 50 万元，安置劳动力 300 多人；总投资 5000 万元的泰安新时代佳苑服装加工项目，5600 平方米厂房建设完成。投产运营后，安置 600 人就业，年营业额 8000 万元，实现利税 900 万元。引进山东屹立燃料物资有限公司、东平恒通运输有限公司 、山东海雪贸易有限公司 、山东京创科技有限公司、山东泰山国际物流有限公司等七家公司，实现税收 300 万元，其中山东京创科技有限公司税收 173 万元。

【环境整治】 220 国道焕然一新。累计投资 1000 多万元，新绿化苗木 1.7 万平方米，修建绿化池 1.1 万米，清理垃圾 32 万吨，拆除乱搭乱建 12 万平米，清理私人树木 5840 株、占道经营 228 户、集贸市场 3 处，有效改善了 220 国道沿线周边环境。美丽乡村建设初见成效。建立党建引领网格化管理机制，全员发动投入美丽乡村建设。累计投资近 1000 万元，动用人力 5 万人次、机械设备 80 台，清理存量垃圾 2.5 万吨、边沟边坡 30 公里，绘制文化墙 1.5 万平方米、粉刷墙壁 8 万平方米、栽行道树 20 万株。南杨庄村被评为市级美丽乡村示范村；南杨庄村、小刘村、新华村、前张村被评为全县 2017 年度乡村文明行动“美丽村庄”。东平湖综合整治成绩突出。组织集中拆除网箱、网围、竹竿活动 6 次，拆除违建 14 处，完成清理整治 2.5 万亩，实现网净、竿净、箔净、湖绿、水清。生态环境明显改善。全镇关停散乱污企业 126 家，搬迁养殖场 27 处，整改养殖场户 128 家，圆满完成环保任务。

【民生事业】 脱贫攻坚成效显著。实施产业扶贫、科技扶贫、基础设施扶贫、就业扶贫、黄河滩区迁建扶贫等措施，年内脱贫 148 户、349 人，累计发放项目收益 68 万元，为实现全面脱贫打下基础。教育投资不断加大。初中 1 所，在校生 706 人，专任教师 45 人；小学 6 所，在校生 1923 人，专任教师 120 人；全年累计投资 1317 万元，用于教育建设 3 处小学餐厅，已投入使用；师集小学教学楼、沈楼小学 1 幢综合楼、戴庙中学综合楼，正在竣工验收；金山小学 1 幢综合楼主体建设完工；戴庙中学 2 幢宿舍楼开工；5 所小学运动场完成施工 1 处，4 处正在整平硬化。戴庙中学被县委县政府授予教育质量先进学校，金山小学、沈楼小学被评为市级规范化学校，中心幼儿园被评为省级示范幼儿园。文化旅游快速发展。司里山景区被评为 AAA 级景区，积极申报国家传统村落；投资 200 万元，完成旅游强村桑园村沿水改造升级；全镇 48 个广场进行提升

改造，各类文化专业户 11 户，农家书屋 49 处，可供村民阅读各类图书 6 万册，音乐、美术、书法、摄影和文学业余创作队伍 15 个，桑园、戴庙等村广场舞队伍在全县比赛中取得优异成绩；大力推进乡村文明传播，深入推进移风易俗，全镇 30 多个村实行“丧事一碗菜”。

【计生服务】 镇计划生育服务中心有工作人员 16 人，设备配有 B 超诊断仪、妇科治疗仪、电动吸引仪、乳腺诊断仪、显微镜、电冰箱、三氢消毒机各一台。妇检床 2 张，电脑 4 台。坚持“一把手”亲自抓、负总责，层层签订计生目标责任书，细化责任，严格考核。全年计划生育经费综合投入 213 万元，比 2016 年增长 10%。重点抓好已婚孕龄妇女第一次查体，长效节育措施。落实流动人口清理、孕期保健，集中开展计划生育活动。加大宣传力度，通过宣传车、村广播喇叭、悬挂横幅、喷绘墙体字、发放明白纸，全面落实“二孩政策”。2017 年，举办各类培训班 10 期，培训计生家庭人员 2531 人次。特别奖励扶助对象 13 人，特扶金额 4.64 万元。全年免费孕前优生健康查体人数达到 395 人。

【医疗卫生】 县第三人民医院位于戴庙镇政府驻地，各类专业技术人员 152 人，病床 250 张，年门诊量 12.67 万人次，住院病人 1.32 万人次，手术 3356 例。加强新型农村合作医疗和医院管理水平，提升全镇 23 处示范化村级卫生室、标准化村级卫生室服务水平。全镇居民养老保险参保人数 11975 人，个人养老保险缴纳金额 366.11 万元。累计办理医疗报销 742 人次，及时拨付医疗费用补偿金 170 万元。

【社区建设】 新时代佳苑社区位于戴庙镇驻地，北邻孙孟路，西邻郑轩路，项目占地 218 亩，建筑面积 24.69 万平方米，总投资 4.5 亿元。主要建设社区党群服务中心、幼儿园、配套商业楼两幢、31 幢 11 层住宅楼及相应配套设施。住宅楼为 60 平方米、80 平方米、100 平方米、120 平方米四种户型。为解决滩区群众就业，社区周边建有服装和箱包产业园，提供就业岗位 800 余人。项目实施后，解决黄河滩区 7 个村 1409 户、4038 人，长年受水患威胁人身安全问题，实现脱贫增收解困。2017 年，项目全面开工建设，开挖基槽 30 个，验槽 24 个，安装塔吊 12 个。金山东社区东金山村，规划建设楼房 25 幢，其中 16 幢楼竣工，完成地下水、电、气、污等管网建设，室外道路硬化和花砖铺设。金山西社区西金山部分，建设楼 24 幢，建筑面积 7.03 万平方米，其中 16 幢达到入住条件，剩余 8 幢在建工程主体全部完成装饰装修。室外配套工程、楼前地面硬化，完成 60%。中金山 26 幢楼全面开工建设。

【精准扶贫】 算好“加”法，增加贫困家庭收入。该镇针对老弱病残贫困对象有地种不了、工作不好找情况，扶持发展投资少、见效快、风险小“种养加”项目。镇、村提供技术、防疫、销售一条龙服务，避免养殖风险，让贫困对象在家搞好养殖，实现增收。通过招商引资、引导在外能人回乡创业，创办箱包厂、竹制品加工厂、汽车坐垫厂、藤编、绳网编织等便于家庭生产的产业项目，让贫困对象农忙不误种植、农闲不误增收、早晚不误顾家。做好“减”法，减少贫困人口数量。针对因病致贫户，逐户逐人落实医保医助政策，帮助他们协调解决医疗参保、门诊报销、住院报销、定点报销、大病统筹、常年用药等方面的实际困难。协调县第三人民医院进行免费健康查体。针对因学致贫户，逐户逐人落实教育扶贫和社会福利政策，通过临时救助、困境儿童基本生活保障、“雨露计划”等政策，确保福利优惠政策应享尽享。通过“雨露计划”资助贫困学生 3 人，每人每年 3000 元。联合计生部门，资助贫困学生 3 人。助残扶贫。争取行业部门支持，对东金山、中金山、西金山、土山、桑园五个村 142 名残疾

1.5亿元，比上年增长24%，吸引外地客商前来投资民生类项目7个，总投资1.63亿元。分别为陈山口社区移民安置点项目，由邹城市建筑有限公司、肥城兴润集团有限公司、梁山县建筑有限公司，投资1.2亿元建设；旧县乡中心小学生活服务楼、王古店小学餐厅项目，由东平大安建工有限公司投资600万元建设；旧县乡华阳大道改造绿化工程项目，引进山东诚金市园林有限公司投资1000万元建设；旧县乡中学和中心小学操场项目，由东平县市政园林工程处投资800万元兴建；旧县乡中心小学综合服务楼项目，由山东龙腾建筑安装公司投资800万元建设；旧县乡中学公寓楼项目，由山东盛军市政园林建设工程有限公司投资600万元建设；旧县乡王古店小学综合楼项目，由泰安华盛建筑安装工程有限公司投资500万元建设。青岛床上用品及服装加工项目和旧县乡卫生院综合楼建设项目，正在洽谈待签约。

【财贸金融】 2017年，固定资产投资10.3亿元，同比增长13%，主营业务收入32.7亿元，同比增长8.5%。投入运营的市场（集市）4个，共安排个体商户327个，（不含城中村级农业商业网点），从业人员982人，商业零售网点215个，商业人员544人，平均每个商业人员服务对象40人，注册资金1.99亿元，个体经济总收入10.09亿元，完成工商税收3500.47万元。

【科教文化】 2017年，增加科技投入，聘用专业人才63人，引进各类专业技术人才420人，培训各类技术人员760人，开发新技术、新项目3项。30个村均配置利于普及科技知识的远程教育设备，使用率100%。教育，投资1000万元，高标准建乡中心幼儿园，配备幼儿教师6名，可招收儿童400名，基础设施和管理水平达到省级规范化水平。投资2000万元，新建中学宿舍楼和中学、中心小学、王古店小学学生食堂。筹集资金70万元，购置高标准校车3辆。全乡教学环境和硬件设施大有改善。文化活动：全乡有村级文化大院12处，文化广场15处，民间演出队2个。投资400万元，配齐各种文化、体育健身器材，新增1套放影机和幻灯设备，有线电视入户99%。乡村图书室藏有各类图书5万册。吉城三村道曲、柳子戏演出队，陈山口村杂耍演出队，自编自演踩高跷、玩狮子等各类文艺节目，深受群众欢迎。

【卫生与计划生育】 乡卫生院占地面积6648平方米，建筑面积2122平方米，业务用房1529平方米。大型医疗设备有300毫安X光机、CR机、全自动生化分析仪、牙科综合治疗椅、心电监护仪等，造价近100万元。医护人员25人，其中中级职称5人。床位30张，年门诊量10227人。2017年，参加社会养老保险14321人，新型农村合作医疗参加人数21629人。规范化村卫生室9个，示范化村卫生室3个，乡村医生66人，方便群众就医。计划生育服务站有工作人员9人，配有妇科治疗仪、电动吸引仪、乳腺诊断仪、妇检床、电脑等设备10余台件。通过举办培训班，培训计生家庭人员350人次。通过村广播喇叭、喷绘墙体字、发放明白纸，落实“二孩政策”。为计生家庭送技术、送信息、兴产业、找销路。全乡人口出生率8.2‰，死亡率7.6‰，自然增长率0.6‰。被评为泰安市计划生育优秀服务站。

【村级干部管理】 旧县乡认真落实村四职干部的补贴标准和待遇，创新实行村级干部绩效工资制度。推行村干部积分制考核，规范农村干部考核管理。实行“五项”积分考核，动态掌握村干部学习、活动、守纪、绩效、评议等情况。考核结果与干部津补贴、评优树模挂钩，村支部书记、村主任、村会计、村计生主任，分别以人均6000元、5000元、4500元、4000元标准，设置绩效工资，由乡财政专项列支。2017年年底，召开全乡村干部绩效工资兑现大会，奖优罚劣，激励基层干部干事创业。此外，该乡还推行党员干部公开承诺，2017年年初，党支部召集全体党员和村民代表会，每个党员干部根据各自岗位职责，对村民作出承诺并公示，接受群众监督。2017年年底，开展党员干部承诺评议，与评先树优挂钩，落实相应奖励待遇。乡纪委、组织室组成督查组，全年开展村级督察40余次，促进“一评两会三公开”等制度落实。党员纪实管理。组织全乡1110名党员，填写党员登记表，乡党委统一印制党员记实管理卡，从党员党费缴纳、参加组织生活、开展志愿服务、遵纪守法等方面，建立真实档案信息。2017年年底，开展民主评议，提高党支部履职和党员尽责的积极性，农村基层党组织和党员队伍“宽、松、软”的问题得以破解。

【旅游资源开发】 旧县乡人文和自然资源丰富，辖区有著名的北齐名僧安道一大字摩崖石刻、楚霸王项羽墓等历史古迹，有新版《水浒传》影视拍摄基地石碣村造化神奇的东平湖大溶洞景区。地理位置优越，水路交通便利，220国道、255省道穿境而过，辖区内2座黄河浮桥是链接聊城的重要通道。2017年，依托得天独厚的资源，大力发展旅游业，围绕“休闲”旅游作文章。投资3500万元，打造穿越古今、饱含渔家文化的休闲娱乐带，建设湖畔渔家风情休闲村——浮粮店村与石碣村影视基地。发展休闲农业，建设集养殖、采摘、观赏为一体的吉城高效农业示范园和屯村铺东岳庄园；大溶洞景区新开发的自驾游、探险游等旅游项目，受到济南、聊城等周边地区年轻人喜爱。东平浮粮店村成为东平湖特色旅游景点，屯村铺码头旅游服务区项目，争取省发改委专项资金1500万元。全乡年接待游客5万人，旅游收入30万元。

美丽乡村旧县乡浮粮店村 （徐兴铭 供稿）

【美丽乡村建设】 累计投入200万元，先后建设建筑面积400平方米的“便民服务大厅”；500平方米的职工食堂、工作间、小餐厅、招待室；装修办公楼，绿化办公楼前花园面积5000平方米。建成“村村通”公路156公里，硬化村内主要街道18条，铺设生产道路600公里，高标准整治村内重点道路30条，安装路灯260盏。大力推进生态文明建设。投资500万元，新建垃圾中转站1个，改造厕所180个。植树30万余株，新增绿化面积40万平方米。把学科技用科技作为对机关干部、村干部考核的一项重要内容。不断增加科技投入。全乡30个行政村配置远程教育设备。乡直部门电脑100台，行政村配备电脑70台。

【传统文化村落】 浮粮店村面朝东平湖水，背靠王佛大山。由北京大衍致用旅游规划设计院规划设计，开发传统民宿、书画交流、湿地欣赏、休闲垂钓等旅游项目。总投资2000万元。2017年年底，打造完成特色民宿10套，具备入住条件；拟建设山上茶社、书吧等。投资30万元，栽植凌霄、金银花等绿色植物70多种2万余株；争取美丽乡村建设资金200万元，建设污水处理系统、自来水系统和生态停车场3500平方

米；依据村庄历史由来，建设水上浮动粮仓3个，铺设石头景观道路400米。投资40余万元，建设集住宿、餐饮、观光垂钓于一体大型农家乐一处；投资400多万元，安装景区道路护栏、路灯。游客能够“住在山崖上眺望东平湖”。崖居民宿，融现代韵味与农村乡土气息于一体。通过举办“崖居部落．印象浮粮”特色民俗体验活动，开展文艺表演、“梦幻水泊 竹筏亲水”增殖放流、山地自行车比赛、摄影爱好者采风等活动，吸引众多游客和村民前来体验生活。浮粮店村成功入选山东省传统文化村落。

【移民社区建设】 东平湖水库移民避险解困第二批试点项目。位于乡政府驻地西侧，规划建设用地43788平方米，建筑面积68699.11平方米。其中，住宅面积55645.23平方米、配套公建2480平方米，建筑密度28.9%，绿地率30.1%。规划住宅楼23幢（框架结构），506套。陈山口11幢、高徐村7幢、旧县四村2幢，安置三个村群众1534人。另有老年公寓3幢。2016年，社区签订拆迁安置协议548户。群众政策知晓率、入户丈量率、公示确认率、协议签订率均100%。工程建设，严格落实中标企业缴纳“诚信保证金”制度，三个标段三家企业共计缴纳保证金900万元。施工中严格把控工程质量。年底，23幢住宅楼全面封顶。2017年6月，完成楼体装修，7月起正式启动回迁。

【脱贫攻坚】 旧县乡有省级贫困村5个，市级贫困村3个，共识别贫困户781户，2078人。乡党委政府以产业脱贫为抓手，立足资源优势，整合涉农资金754万元，确立扶贫产业项目24个，重点发展畜牧养殖、经济林种植，乡村旅游等项目，通过产业分红模式，帮助贫困群众增收脱贫。吉城二村、旧县一村、尹村三村3个村，投资60万元，采取与企业订单式合作方式，发展小尾寒羊、黑头驴及肉猪饲养，扶贫资金发挥酵母效益，确保贫困群众增收。尹村二村帮助贫困群众种植香椿树8万株。吉城三村发展果树种植50亩，果园内套种菊花。王古店三村争取资金400万元，依托核桃产业项目，栽植核桃1000亩，带动王古店一、二、四村发展核桃1800亩。王古店三村依托乡村旅游，改造升级湖边鱼塘，投放鱼苗，发展休闲渔业，种植绿化苗木，人均增加收入200元。瞄准周边劳务市场和用工单位，提供就业信息，开展技能培训，引导116名剩余劳动力外出务工，增加收入。与乡内企业、种植基地和经营主体协商，安置115人就近务工增收。通过“雨露计划”和职业教育培训，解决11人因学致贫家庭困难。王古店三村丁连勇带领本村24名贫困群众做电商项目，人均增收500多元。2017年，全乡脱贫365户，837人。

【环境卫生整治】 乡村文明，从卫生抓起。高起点、大力度、持续不断进行农村环境卫生整治活动，全乡行政村全部实现道路“三化”、消除“三堆”。投资500余万元，配垃圾中转站、垃圾转运车和100名环卫工人。创造文化氛围，建设隔离文化墙体1000平方米，村标牌坊9座，绘制核心价值观、人文道德、生态山水等宣传画2800平方米。村庄绿化面积大幅度提升。

【居民生活】 社会消费品零售额5.57亿元，其中限额以上社会消费品零售总额5.51亿元。社会化养老：投资100万元对敬老院内部设施环境进行更新改造，提升集中供养老人生活质量和条件，对366户低保户做到应保尽保，大病救助89人，发放救助资金19.6万元。投资130万元新改建9个农村老人日间照料中心，探索试行农村留守老人分散供养新机制。全乡6006名60岁以上老年人，凭领取卡按月到农行领取养老金，每人每月100元。就业服务，积极开展就业和人力资源社会保障法规政策的宣传咨询，随时掌握辖区内剩余劳动力状况，提供农村劳动力转移就业服务。

2017 年，30 个行政村均配备社会保障协理员。社会劳动保障平台设立档案室，配备计算机、打印机、电话等办公设备，推行办公自动化信息化网络化建设，信息互动，资源共享。230 平方米服务大厅，设社会保障、新农保、劳动监察、调解仲裁、就业服务五大服务职能窗口。全乡外出务工人员 1 万多人，增加收入 32.6 万元。企业职工 80% 参加养老等保险。

（徐兴铭　刘　斯　王　腾）

【概况】　老湖镇地处东平湖东岸，北隔偏山与平阴县分界，西北与旧县乡相邻，东北与梯门乡搭界，南与州城镇连接，东与东平街道毗邻，西涉东平湖一级湖，总面积 113 平方公里。辖 71 个行政村（居）。总人口 6.95 万人，其中农业人口 6.47 万人。全年实现生产总值 23 亿元，比上年增长 3.5%。其中，第一产业 6 亿元，第二产业 13 亿元，第三产业 4 亿元，分别增长 1.3%、2.1%、1.5%。全社会固定资产投资完成 4.5 亿元，增长 4.7%；公共财政预算收入 0.305 亿元，增长 8%；公共财政预算支出 0.296 亿元，增长 6%。社会消费品零售总额 3.2 亿元，增长 1.5%；农村居民人均纯收入 8458 元。

【农业】　全年实现农业总产值 6 亿元，增长 1.3%。农作物总播种面积 4702 万公顷，其中粮食播种面积 3800 万公顷。粮食总产量 3.42 万吨，棉花产量 826 吨，油料产量 2.4 万吨，蔬菜产量 46.73 万吨，生猪（牛、羊）存栏 1.8 万头（只），出栏 4.2 万头（只），家禽存栏 60 万只，出栏 200 万只，肉类产量 0.115 万吨，禽蛋类产量 0.06 万吨，奶类产量 0.08 万吨。全年新增造林面积 0.33 万公顷。全镇拥有农业机械 16 台（套），农机总动力 9.4 万千瓦。成立农业专业合作社 1 家。

【工业】　全镇有工业企业 9 家，其中规模以上工业企业 8 家，实现总产值 1.7 亿元，比上年增长 1.3%，实现主营业务收入 1.7 亿元，利润 0.53 亿元，利税 0.05 亿元。全年引进落地项目 18 个，实际到位资金 1.8 亿元。

【社会事业】　普通初中 1 所，在校生 1158 人。小学 8 所，在校生 2249 人。幼儿园 11 所，在园幼儿 1268 人。医院（卫生院）2 所、社区卫生服务中心 2 个，农村卫生室 35 个。各类卫生机构床位 60 张，卫生技术人员 94 人。有农家书屋 36 个，农村文化大院 36 个，文体广场 42 个，文艺宣传（表演）队 12 个，广播、电视人口综合覆盖率均达到 100%。全年新建公共健身工程 1 个，举办各类体育活动 6 场次，获县级及以上体育比赛奖牌 1 枚。养老保险参保人数 2.1 万人，参保率 96%。新型农村合作医疗参合人数 5.67 万人，参合率 98%。报销各类医疗费用 1100 万元。农村最低生活保障人数 2908 人。各类福利院（养老院）2 个，福利院床位 150 张，收养 146 人。

【移民避险解困】　老湖镇一、二、三期移民避险解困工程和易地扶贫搬迁工程涉及 42 个村，规划 7 个社区，477 栋楼房，安置移民 4.2 万人，建筑面积 186.4 万平方米。总投资 34.45 亿元，项目完成后，可腾空建设用地 7033 亩。其中凤凰家园社区占地 303 亩，安置刘洼、朱桥、贾村、侯林、宋园、七里铺 6 个村，群众 5288 人，其中享受移民避险解困政策 4315 人，享受易地扶贫政策 1 户 2 人，建档立卡贫困户 107 户 265 人。建筑面积 24 万平方米，规划建设楼 94 栋，其中户型 52 平方米 18 套，80 平方米 542 套，120 平方米 1284 套。腾出原村占地土地 957 亩。社区投资 38020 万元，由甘肃建投、安丘华安承建。滨湖社区占地 201 亩，安置前埠子、后埠子、南山头、马凉庄等 4 个村，安置群众 4772 人，其中享受移民避险解困政策 2864 人，享受易地扶贫政策 439 户 893 人，建档立卡贫困户 94 人。建筑面积 14 万平方米，规划建设楼 34

栋，其中户型52平方米71套，80平方米410套，120平方米630套，腾出原村占地371亩。社区总投资25900万元，由湖北赤东承建。水浒社区占地616亩，安置庄科、二十里铺、前仓、后仓、老湖村、陈辛庄、南辛庄、西一、西二、西三、西四11个村，安置群众10520人，其中，享受移民避险解困政策8845人，享受易地扶贫政策3户8人，建档立卡贫困户3户8人，建筑面积51万平方米，规划建设楼137栋，其中户型52平方米130套，80平方米1120套，120平方米2627套。腾出原村土地2683亩。社区总投资7.83亿元，由安丘华安、湖北赤东、东平鑫海承建。浒源社区占地319亩，安置大王峪、王立屯、辛店铺、侯屯、冯楼等5个村群众4811人，其中，享受移民避险解困政策2487人，享受易地扶贫政策156户521人，建档立卡贫困户15户42人，建筑面积27万平方米。规划建设楼54栋，其中户型52平方米112套，80平方米550套，120平方米1452套，腾出原村土地984亩。社区总投资50062.5万元，由安丘华安、东平鑫海承建。水泊社区占地540亩，安置赵庄、前梁、后梁、刘庄、马庄、桥口、窦庄、老庄、前楼、董庄、陈庄、段庄、黄花园、烟墩14个村群众11938人，其中，享受移民避险解困政策7496人，享受易地扶贫政策369户1217人，建档立卡贫困户48户118人。建筑面积48万平方米，规划建设楼118栋，其中户型52平方米296套，80平方米852套，120平方米2374套，腾出原村土地1218亩，社区总投资87245万元，由安丘华安、山东鸿顺承建。东原影城社区占地182亩，安置王台1个村，安置群众2594人，其中，享受易地扶贫政策337户1250人，建档立卡贫困户337户1250人。总建筑面积10.2万平方米，规划建设楼21栋，其中户型52平方米88套，80平方米352套，120平方米1012套，腾出原村土地400亩，社区总投资38625万元，由安丘华安、东平鑫海承建。黄金水岸社区占地148亩，安置展营1个村，安置群众553户2552人，其中，享受易地扶贫政策2475人，建档立卡贫困户34户69人，总建筑面积12.2万平方米，规划建设楼19栋，其中户型52平方米32套，80平方米240套，120平方米512套，腾出原村土地420亩，社区总投资26318.75万元，由山东一山建工、东平开元建工、山东卓远建工承建。

【两区共建】 按照住宅区和产业区共建要求，同步规划移民生产产业区，促进移民产业发展，拓宽移民增收渠道。每个社区规划一个产业园区。规划服装、电子加工、电商产业、东平湖黄金岸线文化旅游等特色园区，推动产业化发展，带动群众增收致富。依托东平湖水资源优势，借助水浒影视特色小镇建设平台，发展旅游项目，引导沿湖群众从事乡村旅游业，最大限度提升资源效益。整合各类培训资源，加强移民就业培训，畅通就业途径，创造就业机会，千方百计增加移民收入。2017年，在省派第一书记帮扶下，投资3000万元，占地100亩的移民扶贫产业园，建成厂房3000平方米，做网绳项目。滨湖社区、凤凰社区“巾帼巧手”扶贫项目，带动闲散妇女就业100余人，人均年可收入18000元。焦铺村建设富硒农业产业园占地115亩，带动周边群众就业110人。凤凰家园社区东部，与山东天源服装合作，规划建设占地20余亩的服装加工项目，带动就业1000余人；社区南部建设户外拓展训练中心，带动建档立卡贫困户454户1410人脱贫。

【招商引资】 成立招商引资领导小组。党委书记任组长，镇长任常务副组长，分工副镇长任副组长，经贸办、财政所、党政办、移民办、乡建办、水利站等有关单位负责人为成员，专门负责项目的策划编制、申报争取和监督管理等工作，常抓不懈，一抓到底。广泛搜集信息。充分挖掘各种资源，与省市项目主管部门加强沟通，形成上下、左右的对口衔接，

老湖镇帅鹿服装加工厂制衣车间　（穆　雷　供稿）

及时掌握信息，把握先机，争取主动。精心策划项目。认真学习中央、省委文件，吃透精神，争分夺秒，策划、包装好一批带动性强、社会效益好、符合国家投资政策和发展方向的项目。利用各种渠道宣传，介绍老湖投资环境与资源，千方百计争取项目落户老湖。诚恳邀请上级领导到老湖检查指导工作，实地了解老湖工作情况，加大对老湖项目支持力度。科学制定方案，加强项目实施过程的检查督导，做到专帐专款专用，确保建设质量和进度，充分发挥项目的综合效益。

【重点项目建设】　博亚裘皮产业项目，位于西三村东，由河北蠡县博亚服装有限公司投资5500万元兴建，项目占地3.3万平方米。建设棚舍300间，以及笼舍、防疫间、看护房、办公室等辅助工程，建筑面积2万平方米。项目以咖啡貂良种培育和养殖为主，年产种貂40万只，改良当地貂的品种。项目填栏后，实现年销售收入8200万元，利润2000万元，安置100余人就业。东平天源服装加工厂，位于凤凰家园东，由杨州天元集团投资7000万元兴建，占地35亩，建设厂房20000平方米，附属设施5000平方米，配置各种服装加工设施500台，安排500人就业，年营业额2亿元。青岛帅鹿服装（东平分公司），位于府前街83号，由青岛帅鹿集团投资5000万元兴建，占地25亩，厂房、办公区及其它附属设施1万平方米，车间配置缝纫机等服装加工设施450台。承接国内外客户各种服装来料加工，产品有丝绸、亚麻、全棉等面料的童装、成人装、针织类服装，产品销往日本、韩国、美国、瑞典、中东地区等。有女工245人，年营业额1.5亿元。嘉诺（西三）服装厂，位于西三村东，投资6500万元，占地35亩，厂房21000平方米，办公区及其它附属设施3500平方米，车间配置缝纫机等服装加工设施500台，用工400人。年营业额3亿元，缴纳税金1500万元。山东乐居环保科技有限公司节能保温材料项目，投资1.5亿元，分两期完成。一期投资5000万元，厂区占地100亩，厂房6000平方米，新上2条生产线，年产新型自保温墙体砌块、复合保温板25万立方米，产值1亿元。二期计划投资1亿元，厂区占地200亩，厂房15000平方米，再上4条生产线，年产新型自保温墙体砌块、复合保温板60万立方米，产值2.5亿元。

【精准扶贫】　2017年，全镇建档立卡贫困3056户经全面、细致摸排，排查出“脱贫继续享受政策”贫困户1471户，“已脱贫不享受政策户”1118户，新识别贫困户3户，返贫6户，剩余未脱贫贫困户461户。为促进贫困户稳定脱贫，投入扶贫专项资金605万元，建设水利扶贫产业园项目、富硒产业园项目、电商项目，通过租赁经营的方式，收取收益资金51.5万元，用于贫困户分红和村级扶贫公益事业，带动建档立卡贫困户331户，793人，户均增收650元。移民扶贫产业项目安排收益资金39.97万元，用于贫困户分红，带动建档立卡贫困户349户，664人，户均

增收600元。强化保障兜底，以农村低保、特困人员供养、医疗救助、临时救助为重点，发放保障金及各类补贴779万元，有效保障2400户、4000余名低保贫困户基本生活；为400余五保户发放供养金203万元；落实残疾人生活补助1600人、120万元。

【美丽乡村建设】 2017年，投资120万元，整理府前街和通天街两旁花池，所缺绿化苗木一律补齐，新植金边黄杨8000棵、麦冬3740棵、小龙柏9120棵、金鸡菊2000棵，粉刷主要街道两侧及村办公场所四周墙壁20000平方米，清理残墙断垣30处，硬化破损道路，拆除室外广告牌。投资175万元，在滨湖社区安装污水处理设施2个，日处理污水能力500吨。加强环卫设施建设，村主干道沿线农户每户设置一个垃圾桶。新购置洒水车，每天早中晚三遍洒水，确保降尘效果。投资620万元，用于全镇日常保洁和垃圾中转站运营费用。稳定保洁员队伍，全镇有保洁人员140名，其中垃圾中转站管理人员2名，其他工作人员7名。完善鸿湖购物广场、乐家购物广场、水河船渔村等大型超市内部设施，加快商贸流通，提高服务能力。拆除违章建筑257户，7.8万平方米。沿东平湖边15处沙场、经营房和配电室全部清除，重现东平湖湿地生态原貌。31个村建设文明一条街，3个移民社区20个村制作高标准瓷砖宣传栏90幅，内容丰富、形式新颖，图文并茂、贴合实际，受到群众欢迎，宣传教育效果良好。

【水浒影视小镇】 位于水浒影视城西，沿滨湖大道外侧，占地3770亩，投资20亿元。紧抓互联网+机遇，依托影视拍摄环节，完善上下游产业链，将小镇打造为融影视、文化、旅游、社区功能于一体的特色小镇。以水浒文化为引领，集聚齐鲁大地人文影视资源，以“微影视、青年影人、乐活影游”为发展特色，将项目从水浒影视城提升为山东省对接国家“一带一路”文化战略的影视窗口。整体上以“影视产业和文化旅游”为特色，打造产业园区、文化街区、旅游景区、创意社区“四区合一”的功能复合体。水浒影视特色小镇，由山东建筑大学建筑规划设计研究院，对其功能布局和水、电、路等基础设施高起点规划，一次规划、分步实施。小镇融入八公里黄金岸线协同发展。

【环境保护】 全镇治理整顿散乱污企业18家，责令富通建材停止扩建；聚鑫造船厂和前仓、尚水河塑料加工厂3家企业关闭停产；焦铺轮胎制造厂已断电，其余13家全部取缔。辖区内22处燃煤小锅炉全部拆除。8处山石开采企业停产整治。适养区内润泽牧业（奶牛养殖）和鹏旗牧业（肉牛养殖）做好环评，完成养殖备案；限养区内规模养殖场26家，粪污处理设施建成16家；养殖专业户14家，建粪污处理设施8家；禁养区内养殖场5家，关闭搬迁4家。（穆　雷）

【概况】 梯门镇位于县境北部，东接大羊镇，西邻老湖镇，南与东平街道交界，北与平阴县接壤。总面积89.6平方公里，辖42个行政村（居），3.7万人，其中农业人口3.4万人。2017年，实现生产总值38亿元，比上年增长11%。其中，第一产业8亿元，第二产业24亿元，第三产业6亿元，分别增长4%、12%、9%。全社会固定资产投资完成12亿元，增长8%。社会消费品零售总额5亿元，增长9%。农村居民人均纯收入11376元，同比增长8%。

【农业】 全年实现农业总产值8亿元，增长4%。农作物总播种面积0.9万公顷，其中粮食播种面积0.8万公顷。粮食总产量5.81万吨，棉花产量798吨，油料产量0.02万吨，蔬菜产量4.7万吨。生猪（牛、羊）存栏0.6万头（只），出栏1.2万头（只），家禽存栏51.7万只，出栏71.7万只，肉类产量0.3万吨，禽蛋类产量 0.5 万吨。全年新增造林面积 0.085 万公顷，林木绿化率 35%。全镇拥有农业机械 263 台（套），农机总动力 21527.4 万千瓦。成立农业专业合作社 91 家。东瓦庄村利用中央扶贫专项资金 100 万元，建设 29 个蔬菜大棚，优先让贫困户承包。承包费的70%按入股比例分红，30%村集体留作再发展基金，帮助 73 户、126 人脱贫致富。村民陈兆行承包大棚种植蔬菜，创收 2.4 万元，摘掉贫困户帽子。

【工业】 全镇有工业企业 29 家，其中规模以上工业企业 15 家，实现总产值 24 亿元，比上年增长 12%；主营业务收入 23 亿元，利税 2.7 亿元。全年引进落地项目 10 个，实际到位资金 2.8 亿元。

【社会事业】 2017 年累计投入 2000 余万元，完成中心小学大班额建设项目和中小学餐厅标准化建设、煤改气、煤改电供暖、供电设备的改造工作；加大教育教学工作管理力度，定期召开教育教学现场会，参观学校教育教学管理现场、汇报交流教育教学管理情况，促进教学常规管理的规范化，教育教学质量乡镇综合排名第二，被县委、县政府授予“教育投入先进乡镇”“教育教学质量先进乡镇”荣誉称号。被县委、县政府授予荣誉称号。医院（卫生院）1 个，农村卫生室 25 个。各类卫生机构有床位 107 张，卫生技术人员 35 人。农家书屋 35 个，文化大院 42 个，文体广场 42 个，文艺宣传（表演）队 30 个，农村广播、电视人口综合覆盖率均达到 100%。全年新建公共健身工程 3 个，获县级及以上体育比赛奖牌 1 枚。养老保险参保人数 1.12 万人，参保率 86.4%。新型农村合作医疗参合人数 3.15 万人，参合率 99.5 %。报销各类医疗费用 402.37 万元。农村最低生活保障人数 1347 人。各类福利院（养老院）1 个，福利院床位 86 张，收养 56 人。

【项目建设】 2017 年 6 月 6 日，九鑫集团电镀产业园项目在梯门镇举行奠基仪式。项目总投资 1.06 亿元，主要建设生产车间、仓库、办公、生活设施，购置先进电镀生产设备及水处理设备，建设废水治理循环工程。项目达产后年新增销售收入 3 亿元，利税 6400 万元，创汇 2000 万美元。

【脱贫攻坚】 2017 年，梯门镇财政专项扶贫资金 270 万元，覆盖 7 个扶贫项目，其中，东瓦庄蔬菜大棚，投资 100 万元；电商服务站，投资 50 万元；南门村伽百利玩具厂房建设项目，投资 25 万元；西李庄村粉皮加工，投资 20 万元；一里庄村兴邦服饰项目，投资 20 万元；大侯庄村天佑钙粉加工，投资 25 万元；后山西屯村方才家庭农场，投资 30 万元。9 月 30 日，梯门镇为建档立卡贫困户 188 户 369 人发放项目分红 24.62 万元。按照“全面覆盖”原则，实行专项包保贫困户责任制，从双联四包干部、县派第一书记、党政一把手到一般工作人员都入村包户，开展大排查大走访活动，向贫困户宣传党的

2017 年 6 月 6 日，梯门镇九鑫集团电镀产业园项目奠基仪式
（李晓伟 摄）

路线、方针、政策，做好结对帮扶工作。有劳动能力的帮扶对象，通过项目扶持、技能扶持、就业扶持等形式，帮助贫困户脱贫；无劳动能力、无自理能力的帮扶对象，发动党员干部出资、出力，帮助其改善生活状况，增强其生活信心，确保实现“精准扶贫、不落一人”。

【美丽乡村建设】 组织开展全方位、大规模镇村违法建设拆除和环境集中整治行动。抽调人员组成专业队伍，拆除镇驻地、243省道及其他违章建筑，实施绿化、美化提升工程。加强城乡环卫一体化监管，购置分类垃圾桶700个，实施卫生厕所和危房改造工程，提高镇驻地日常管理和卫生保洁水平。成方连片打造美丽乡村片区，突出抓好美丽乡村创建工作网格化、精细化、常态化，研究探索更加科学、规范、有效的创建模式，打造村容整洁、环境优美、文明和谐的美丽乡村片区。全面加强基层综合文化服务中心建设，新建文化墙1760平方米，实现42个村文化小广场全覆盖。

（李晓伟）

【概况】 大羊镇位于县境东北部，北邻平阴县、肥城市，南邻东平街道，东接接山镇，西连梯门镇。总面积82.86平方公里，辖37个行政村，人口3.4万人。2017年，实现生产总值17亿元，比上年增长6%。其中，第一产业4亿元，第二产业12亿元，第三产业1亿元，分别增长4%、5.5%、3.8%。全社会固定资产投资完成11.7亿元，增长13.1%；公共财政预算收入0.108亿元，增长5%；社会消费品零售总额6.66亿元，增长10.5%。被评为平安东平建设先进单位，全县安全生产工作先进单位。

【农业生产】 全年实现农业总产值4亿元，增长5%。农作物总播种面积1476万公顷，其中粮食播种面积122万公顷。粮食总产量6.17万吨，棉花产量243吨，油料产量0.09万吨，蔬菜产量7.6万吨；园林水果产量800吨；牛、羊、猪存栏3000头(只)，出栏6200头(只)，家禽存栏50万只，出栏176万只，肉类产量4000吨，禽蛋类产量2000吨。新增造林面积0.5万公顷，林木绿化率40%。全镇拥有农业机械8185台（套），农机总动力14.16万千瓦。成立农业专业合作社1家。

【特色产业】 全力推进核桃、蔬菜和畜牧养殖三大产业发展。按照“生产标准化、经营规模化、产品品牌化”的要求，规划4个核桃示范园、6个蔬菜示范园和2个畜牧养殖小区。结合6000万元的土地综合整治项目资金和170万美元的世行贷款资金，配套基础设施，改善生产条件，提高生产能力，充分发挥产业园区对三大产业的带动作用。大力发展规模化种植，全镇先后注册成立农业、林果、畜禽、蔬菜养殖专业合作组织30个，培植发展泰龙食品公司、泰银食品公司等农业龙头企业

2017年，大羊镇西王村实施住宅、项目两区共建，引进“红尚制衣项目”，实现家门口就业，群众“搬得出、留得住、能致富” （孙光耀 摄）

4家，推动农业增效、农民增收。

【工业企业】 全镇有工业企业10家，其中规模以上工业企业6家，实现总产值12亿元，比上年增长7%，实现主营业务收入12亿元，实现利润2亿元，实现利税0.2亿元。

【美丽乡村建设】 全年累计动用人工6000多人次，三轮车、翻斗车、推土机、挖掘机等机械200余台（次），拆除违法建筑266处、建筑面积23665平方米，清运建筑垃圾、生活垃圾30余吨，清除各类小广告300余处；围绕“绿化、美化、净化、硬化”四项重点工作提升环境，投资30万元实施绿化提升工程，栽植大叶女贞、法桐、樱花等树木500余株，龙柏、连翘等灌木6000余株，更换花池护栏2300余米；投资20万元实施墙面换新工程，对府前街、府东街7000平方米墙面进行粉刷，绘制社会主义核心价值观等主题文化墙600余平方米，动员街面经营户统一更换门头牌匾；弘扬善行义举，选取16个村庄统一制作高标准“四德榜”；借鉴县城保洁模式，实行网格化、全天候保洁，充实保洁员力量，确保每天清扫2次。组织村级开展秸秆清理集中活动；落实“门前三包”责任制，严格控制出门头经营，严禁占道经营，确保驻地整洁靓丽，井然有序。新建垃圾压缩站1个，垃圾无害化处理率80%，污水集中处理率70%。

【科教文卫】 科技工作。加强科技宣传，对科技大户、科技专业户、科技示范户进行科技专题培训，举办养殖培训班8期，种植培训班9期，培训2000多人次。教育工作。主要解决大班额问题，镇中心小学异地新建，完成图纸设计、土地征用、土地勘探、资金申请等工作；投资45万元，为杨庄小学、土安小学建设300平方米伙房餐厅，已完工；投资12万元，为裴洼小学新建幼儿园100平方米，并完善内部设施，已整体搬迁。文化工作。村村建起文体广场，成立健身队、广场舞队，配套安装健身器材。卫生工作。巩固完善新农合医疗制度，参合率达到100%；扎实做好“两险”征缴工作。医疗保险参保人员28356人，新增197人参保率100%；征缴医疗保险费429.1万元，新增7.98万元；5月27日，开始缴纳居民养老保险，完成县政府下达目标金额数的104%，参保率88%。

【社会民生】 社会消费品零售额完成6.66亿元，同比增长10.5%；农村居民人均可支配收入11640元，同比增长11.3%。有农家书屋37个，农村文化大院37个，文体广场 37个，文艺宣传（表演）队37个，广播、电视人口综合覆盖率分别达到91%和96%。全年新建公共健身工程22个，举办各类体育活动38场次。养老保险参保人数2.1万人。新型农村合作医疗参合人数2.8万人，报销各类医疗费用22万元。农村最低生活保障人数1452人。各类福利院（养老院）15个，床位70张，收养70人。开展扶贫慈善捐赠活动。宣传发动干部职工及社会力量捐款捐物，募捐善款9.917万元、捐物136件。

【脱贫攻坚】 2017年4—6月，多次开展“过滤式”数据排查工作，对建档立卡2796户、7702人进行核对。7—8月份，在大摸底、大排查的基础上，建立23本动态管理台账。11—12月，对符合贫困户退出条件的310户、663人、符合新纳入及返贫条件的58户，172人，已脱贫（不享受政策）条件的405户，1226人进行动态调整，查漏补缺，全面整改。整合资金165万元，投入三强智能设备有限公司，保证资金及资产安全，确保贫困户长期受益。9月，向全镇738户贫困户发放65.896万元，帮扶成效显著。开展社会扶贫兜底工作，办理低保83户，上报临时救助10人。

【西王村易地搬迁】 西王村易地搬迁工程涉及贫困户161户464人，占地45578平方米，建筑面积61961平方米，建设6+1多层楼4幢，11+1小高层楼6幢、4层党群服务中心、商业房78套。4月，一期工程破土动工，当年完成主体施工。同时，实施两区共建，引进“红尚制衣项目”和电缆厂项目，实现家门口就业，让群众“搬得出、留得住、能致富”。

（孙光耀）

接山镇

【概况】 接山镇位于县境东部，距县城5公里。据《东平州志》记载，宋大中祥符元年（1008年），宋真宗东封泰山，途经东平在此跸驻，当地官员奉旨接驾故名接驾山，后简称接山。接山镇辖52个行政村（居），总人口6.5万人，其中农业人口6.2万人。2017年，实现生产总值103.6亿元，比上年增长11.7亿元。其中，第一产业7.1亿元，第二产业91.3亿元，第三产业5.2亿元，分别增长1.9%，14 %，27%。全社会固定资产投资完成26.7亿元；公共财政预算收入2963亿元，增长4%；公共财政预算支出3346亿元，增长32 %。社会消费品零售总额7.5亿元，增长12.9 %；农村居民人均纯收入14888元，同比增长8.55%。

【农业】 全年实现农业总产值7.1亿元，增长1.9 %。农作物总播种面积1.725万公顷，其中粮食播种面积1.517万公顷。粮食总产量13.36万吨，棉花产量542吨，油料产量763吨，蔬菜产量7.11万吨，园林水果产量0.4万吨。生猪（牛、羊）存栏3.6万头（只），出栏2.7万头（只），家禽存栏86万羽，出栏232万羽，肉类产量0.48万吨，禽蛋类产量0.105万吨，奶类产量0.0583万吨。全年新增造林面积0.1万公顷，林木绿化率28.1%。全镇拥有农业机械685台（套），农机总动力11.5万千瓦。成立农业专业合作社6家。新增土地流转面积4560亩，新发展规模蔬菜及中药材种植1800亩，引进西洋参种植基地200亩，完成小麦、玉米投保面积17.68万亩，收缴种植业保险费63.65万元，受理群众赔付273.62万元，降低农民种粮风险。10万亩粮食创高产示范片顺利通过省、市验收。

【工业】 全年完成工业总产值91.3亿元。汉世伟集团隶属上市公司宁波天邦股份有限公司，是集母猪繁育、饲料加工、生猪养殖、屠宰、肉制品加工、技术服务、销售业务为一体的大型农业龙头企业。该集团规划用地2000亩，总投资10亿元，分别在中套村、黄徐庄村建设汉世伟现代农业循环产业园。集团整合现有资源、资金，发展家庭农场、集体农场、众筹农场、金融农场四种生猪养殖模式，助力脱贫攻坚，走“培育新型农业经营主体，推动生产结构优化”的新路子。黄徐项目区占地面积1167亩，养殖规模1.2万头母猪，年繁殖仔猪35万头；中套项目区占地306亩，5个高标准智能养殖棚及相关配套生产、生活设施投入使用。接山制帽产业加工基地，总投资2亿元，占地61亩，全镇布局规划建设9处加工厂区，注册成立9家制帽公司。车间总建设面积32499平方米，机械设备4200台（套），年产值6000万元，创造就业岗位3000个，2017年2月20日，在县迎宾馆举行接山制帽产业加工基地集中签约仪式。自青岛的9家制帽加工企业与接山同时签约。年底，接山村泰安派昌帽业有限公司、前口头村泰安雅冠帽业有限公司、苍邱一村顶姿帽业有限公司、尹山庄村佳源帽业有限公司实现达产。挖掘自身潜力，培优培强本土企业，顺达工贸、鼎丰机电、鑫香面粉、长河肥业等企业，在扩规、转型、技改上实现大幅提升。2017年，投资13.5亿元的京鲁生物科技和投资6.4亿元的朝阳庄古村落开发项目成功签约，紧盯青岛吉利新海绵制造、青岛绿苑塑胶草皮制造、青岛强大食品、泰安大汉广告等一批“三强”企业，着力谋划胶州工业园区建设。初步形成产业集群发展的“磁场效应”，打造接山项目产业发展新高地，为加快建成“小康接山”奠定基础。

【美丽乡村建设】 开展村级环境卫生集中整治活动。实行“网格化管理”，以管区为单位，将全镇52个行政村划分为7个网格，形成镇抓管区、管区抓村、村抓户的工作格局；52个行政村集中开展为期10天的秸秆集中清理工作。开展镇驻地提升工程。以主干道路为重点，粉刷墙体4.2万平方米，涂白树木8.5万株，新补栽苗木6万株，新建花池60个；打造9处驻地景观节点；落实分片划段包保责任制，将镇驻地划分13个片段，每周一、周五组织机关干部进行环境卫生清理，形成长效机制；在镇驻地划定机动车和非机动车停车位，实现车辆规范有序管理。抓实城乡环卫一体化工作。镇驻地、主要道路沿线、各村居增配垃圾桶2000个。规范保洁员队伍管理，农村环卫工作扩面提质、规范完善、建立常态机制。移风易俗活动。与52个行政村签订移风易俗责任书，印发宣传单1万份，粉刷标语200余条，推广姜庄、南屯村、朝阳庄等先进典型，遏制婚丧嫁娶大操大办，形成文明新风尚。

【脱贫攻坚】 围绕“发展产业延伸到村，实施项目辐射到户，对接岗位精准到人”工作思路，脱贫攻坚工作坚持“梯次分红”做实“利益联结”，确保“脱得准、脱得实”。设计制作《贫困户2017年度家庭收入摸底核算表》，发动各村包户干部，进村入户，摸实摸细贫困户收入。利用制帽扶贫车间和汉世伟致富农场租金，按照“补差+差异式”分红方式，累计分红180万元，覆盖全镇所有未脱贫贫困户和项目村涉及已脱贫贫困户。重点解决“两不愁、三保障”，实现从“温饱型”向“保障型”扶贫。接山镇危房贫困户98户，修缮完工9户，新建完工60户，采取其他安置措施29户，保障贫困户住房安全；扎实做好低保兜底、贫困人口动态调整、金融扶贫等基础性工作，努力实现高质量精准脱贫。

【社会事业】 接山镇民生工作坚持“利民、便民、惠民”宗旨，切实提高群众满意度和幸福感。教育健康发展。2017年，规划学校建设项目16个，总投资6000万元，拆违治乱。全镇共拆除违章建筑13502平方米。安全生产。发现隐患426条，责令企业立即整改；处罚4家生产经营单位，罚款5.5万元。改厕、危房改造。在完成上年8100户指标基础上，新安装2300户，档案整理1219户。享受危房改造补助资金政策107户，补助资金164.9万元。社保服务。2017年养老参保人数20565人，缴费686.29万元；医疗保险，2017年，加新型农村合作医疗人数52937人，筹集资金807.26万元；就业帮扶，举办汽驾、月嫂等11期培训班，培训589人次，办理就业创业证256个，新增劳务输出2560人，新增就业再就业1900人；朝阳庄省级“四型就业”社区创建申报完毕。“幸福民政”。保障683名优抚对象合法权益；140间五保供养中心全部配齐医务室等基础设施；全年对72名大病患者进行救助，救助资金14.6万元。救助全镇冬春受灾1516户群众；申请上级资金17万元，对残疾人家庭进行无障碍改造。计生服务。开展婚育新风进万家活动，粉刷标语130幅，发放计生宣传资料15000余份，培训宣传1000多人次；人口和计划生育工作连续6年获得全市“十佳乡镇”，连续第11年全县一等奖或第一名。

【基层组织建设】 2017年，接山镇坚持“围绕中心抓党建、抓好党建促发展”。抓实学习教育促党员作用发挥。结合全镇工作实际和项目建设，在汉世伟项目建设、朝阳庄村社区建设、后口头村乡村旅游开发等重大任务中，搭建党员发挥作用平台，以严格的规范和具体的行动，构筑起党员精神“补钙”高地；抓牢一个载体促支部建设过硬。以“村级工作擂台赛”为载体，通过每月例会比身手、季度讲坛同台竞技、半年初评晒功夫、年终总评选先进等推进措施，重奖先进、整改后进、机制助推，涌现出朝阳庄村乡村旅游、夏谢五村发展特色养殖项目等一大批新秀新亮点。抓制度建设促责任落地。创新推行“三五”基层工作日制度，出台工作推进四项机制，即管区主抓、部门督导、党委考核的村级正常工作推进机制；突出亮点、补齐短板的村级重点工作督办机制；部门包村、政策扶持、项目建设的村级工作帮扶机制；一票否决、严肃问责的村级工作约束机制。抓树先进典型促示范带动引领。一方面抓典型培树，围绕过硬支部建设指标体系，集中打造一批“党建样板村”；另一方面抓典型带动，充分发会朝阳庄村作为泰安市红旗党支部的帮带作用，基层组织建设水平持续提升。

汉世伟黄徐庄项目区，技术人员检查设备情况　（尹燕飞　摄）

【朝阳庄社区】　朝阳庄社区用地面积84115.0平方米，安置266户，总建筑面积44433.01平方米，其中，安置房建筑面积22689.8平方米，农家乐客房面积15082.2平方米，社区服务建筑面积654.92平方米，幼儿园建筑面积570.45平方米，商业服务建筑面积3150.44平方米，老年周转房建筑面积2285.2平方米。2017年，供水、供电、污水、排水、天然气管道铺设、外墙漆和道路硬化全部完成。11月24日，村民全部入住。以产权制度改革为契机，与海南普世南山集团合作，南山集团投资6.4亿元，发展集乡村旅游、农业休闲观光和畜牧养殖业于一体的现代农业综合开发项目，项目包括3000头海岛和牛畜养基地，占地2000亩的现代休闲农业观光园，古村落民宿度假村及商住旅游综合体。朝阳庄借助此机遇，成立老家朝阳旅游开发有限公司，发展餐饮业等旅游配套产业，带动本村乡村旅游发展，为村民提供大量就业机会；投资1800万元，为270户居民房顶安装光伏发电板，每户发电板面积70平方米，总发电量为2兆瓦，年收益180万元。

【尹山庄社区】　2017年9月，规划的15栋楼（路南2栋、路北13栋）完成基础建设，10月底，完成主体建设。按照接山镇苗木花卉、中药材、优质核桃、绿色蔬菜、榛子“五个过万亩”发展思路，组织尹山庄、肖庄、林马和麻子峪等村，实行“支部联合、产业联建”，利用各村山地资源，发展榛子种植特色产业，引领贫困户依靠特色产业脱贫。利用村内闲置建设用地和扶贫资金，投资350万元，建设厂房面积4180平方米，247平方米的两个制帽车间投产，安置尹山庄及周围村的劳动力157人。

（梁　娟）

人物

中共东平县委书记、副书记、常委

赵德健

男，汉族，1972年3月出生，山东单县人。1992年7月加入中国共产党，1994年7月参加工作。研究生学历，法学博士。1990年9月至1994年7月，山东农业大学园艺系蔬菜专业学生；1994年7月至1995年9月，山东农业大学园艺系辅导员；1995年9月至1996年12月，山东农业大学党办秘书；1996年12月至1999年4月，山东农业大学党办副科级秘书；1999年4月至1999年8月，山东农业大学校直机关团总支书记（正科）；1999年8月至2000年7月，山东农业大学党办正科级秘书、校直团总支书记；2000年7月至2002年1月，山东农业大学经济管理学院党总支副书记；2002年1月至2002年9月，山东农业大学团委书记；2002年9月至2003年4月，共青团泰安市委书记；2003年4月至2008年9月，共青团泰安市委书记、党组书记（1999年9月至2005年6月，山东农业大学农业经济管理专业硕士学位学习；2004年7月2005年1月，参加美国康州宏观经济与政府管理培训）；2008年9月至2009年1月，东平县委副书记、县政府副县长、代理县长、党组书记；2009年1月至2011年11月，东平县委副书记、县政府县长、党组书记；2011年11月至2012年1月，东平县委书记、党校校长；2012年1月至2016年1月，东平县委书记、县人大常委会主任、党校校长（2012年9月至2015年6月，华中师范大学政治学理论专业学习）；2016年1月，东平县委书记、党校校长。2017年2月，泰安市政府副市长，东平县委书记、党校校长；2017年3月，泰安市政府副市长、党组成员，东平县委书记、党校校长。泰安市第九届、第十届市委委员，泰安市第十次党代会代表，泰安市第十五届、十六届人大代表，山东省第十次党代会代表，第十届省委候补委员。

刘　玉

男，汉族，1967年11月出生，山东新泰人。1993年6月加入中国共产党，1985年7月参加工作。中央党校研究生学历。1982年9月至1985年7月，宁阳师范学校中师专业学生；1985年7月至1989年1月，新泰市新汶办事处三中教师；1989年1月至1991年1月，新泰市新汶办事处团委副书记；1991年1月至1992年7月，新泰市新汶办事处团委书记；1992年7月至1994年1月，共青团新泰市委干事、组织部副部长；1994年1月至1994年12月，共青团新泰市委团务工作部部长（1994年7月至1997年6月，山东干部函授大学业余本科班经济管理专业学习）；1994年12月至1996年11月，新泰市委组织部干事、副科长；1996年11月至1998年1月，共青团新泰市委副书记；1998年1月至2000年4月，共青团新泰市委书记、党组书记（1998年9月至2000年6月，山东大学研究生课程进修班学习）；2000年4月至2002年1月，新泰市宫里镇党委书记；2002年1月至2003年3月，新泰市宫里镇党委书记、人大主席；2003年3月至2004年3月，新泰市汶南镇党委书记（2003年9月至2004年1月，泰安市委党校第14期中青年干部培训班学员）；2004年3月至2005年4月，新泰市汶南镇党委书记、人大主席；2005年4月至2006年9月，新泰市汶南镇党委书记；2006年9月至2007年1月，新泰市政府市长助理；2007年1月至2012年1月，新泰市委常委、政法委书记；2012年1月至2015年6月，新泰市委常委、市政府副市长、党组副书记（2010年9月至2013年7月，中央党校经济管理专业学习）；2015年6月至2016年12月，泰安市安全生产监督管理局副局长、党组副书记（列副职第一位，主持工作）；2016年12月，东平县委副书记，县政府副县长、代理县长、党组书记。2017年1月，东平县委副书记、县政府县长、党组书记。

金海明　男，汉族，1972年11月出生，山东桓台人，大学学历，学士学位，1995年7月参加工作，1994年10月入党。1995年7月至1997年12月，山东省淄博市青少年宫办公室工作；1997年12月至2000年1月，山东省淄博市实施希望工程办公室办事员、副主任；2000年1月至2005年3月，共青团山东省淄博市委宣传部副部长，共青团山东省淄博市委机关党支部专职副书记，共青团山东省淄博市委宣传部部长；2005年3月至2011年1月，共青团山东省委办公室主任科员、副主任；2011年1月至2012年5月，共青团山东省委办公室主任；2012年5月至2012年7月，山东省干部学院副院长；2012年7月至2014年8月，山东省干部学院副院长兼《党员干部之友》杂志社社长、总编辑；2014年8月至2015年4月，山东省委巡视组正处级巡视专员；2015年4月东平县委副书记（挂职），山东省委巡视组正处级巡视专员。2017年4月离职。

宫庆会　男，汉族，1965年12月出生，山东东平新湖镇人。1992年2月加入中国共产党，1985年7月参加工作。大学学历。1982年9月至1985年7月，泰安师范中师专业学生；1985年7月至1987年8月，东平县第九中学教师；1987年8月至1991年7月，东平县人民检察院工作（1986年7月至1989年7月，曲阜师范大学专科班中文专业学员）；1991年7月至1995年1月，东平县委政策研究室工作（1989年7月至1992年7月，曲阜师范大学本科班中文专业学员）；1995年1月至1996年1月，东平县经济和社会发展战略研究中心副局级秘书；1996年1月至1996年6月，东平县经济和社会发展战略研究中心副主任；1996年6月至2000年4月，东平县委办公室副主任、政研室副主任；2000年4月至2003年4月，东平县银山镇党委副书记、镇长（2002年4月至2002年7月，广东省挂职锻炼）；2003年4月至2005年3月，东平县经贸局党委书记、局长、国资公司董事长（2004年9月至2005年1月，市委党校中青年干部培训班学员）；2005年3月至2006年4月，东平县经

贸局党委书记、局长、国资公司董事长、经济开发区管委党委副书记、主任；2006年4月至2006年10月，东平县县长助理、经贸局党委书记、局长、国资公司董事长、工业园区管委党委书记、主任；2006年10月至2007年1月，东平县县长助理、经贸局党委书记、局长、国资公司董事长、工业园区管委党委书记；2007年1月至2007年3月，东平县县长助理、县政府党组成员、经贸局党委书记、局长、国资公司董事长、工业园区管委党委书记；2007年3月至2007年4月，东平县政府副县长、党组成员、经贸局党委书记、局长、国资公司董事长、工业园区管委党委书记；2007年4月至2010年12月，东平县政府副县长、党组成员；2010年12月至2016年12月，东平县委常委，县政府副县长、党组成员；2017年1月，东平县委副书记。

赵家杰

男，汉族，1968年1月出生，山东龙口市人，1988年7月加入中国共产党，1992年6月参加工作。中央党校本科学历。1988年7月，山东黄海造船有限公司职工；1999年10月，山东渔业船舶检验局石岛分局职工；2002年2月，山东渔业船舶检验局办公室副主任；2003年2月，山东渔业船舶检验局培训管理处副处长；2004年2月，山东渔业船舶检验局证件处副处长；2005年2月，山东渔业船舶检验局培训管理处副处长（2005年3月高工）；2006年2月，山东渔业船舶检验局证件处处长（正科级）；2007年2月，山东渔业船舶检验局港监处处长（正科级）；2009年1月，山东渔业船舶检验局产品处处长（正科级）；2009年3月，山东省长岛渔政管理中心站站长、中国海监山东省总队长岛支队支队长；2011年5月，山东省海洋与渔业监督监察总队龙口支队支队长；2013年4月，山东省海洋与渔业监督监察总队烟台支队政委；2014年11月，山东省海洋与渔业监督监察总队第一支队政委；2017年2月，东平县委副书记（挂职）。

陈传帅

男，汉族，1969年4月出生，山东莱芜人。1993年6月加入中国共产党，1992年7月参加工作。省委党校研究生学历。1988年9月至1992年7月，山东工业大学水利及土建工程系农田水利工程专业学生；1992年7月至1993年1月，泰安市郊区角峪镇农办副主任、水利站副站长；1993年1月至1994年7月，泰安市铸管厂副厂长；1994年7月至1994年12月，泰安市郊区角峪镇党委秘书；1994年12月至1999年1月，泰安市郊区人民政府办公室秘书、督察科科长、社会科科长；1999年1月至2001年12月，泰安市岱岳区良庄镇党委委员、纪委书记、党委副书记；2001年12月至2002年8月，泰安市岱岳区良庄镇党委副书记、副镇长；2002年8月至2002年11月，泰安市岱岳区良庄镇党委副书记、代镇长；2002年11月至2005年2月，泰安市岱岳区良庄镇党委副书记、镇长；2005年2月至2006年10月，泰安市岱岳区良庄镇党委书记；2006年10月至2007年3月，泰安市岱岳区人民政府区长助理、党组成员；2007年3月至2011年11月，泰安市岱岳区人民政府副区长、党组成员；2011年11月至2011年12月，东平县委常委、办公室主任；2011年12月至2012年11月，东平县委常委、办公室主任、东平湖风景名胜区管委党委书记、主任；2012年11月至2016年1月，东平县委常委、办公室主任、东平湖风景名胜区管委党委书记；2016年1月至2016年12月，东平县委常委、办公室主任、县政府党组副书记。东

平湖风景名胜区管委党委书记，县委全面深化改革领导小组办公室主任。2017 年 1 月，东平县委常委、副县长、党组副书记。

王　强

男，汉族，1975 年 12 月出生，山东平阴县人。2001 年 12 月加入中国共产党，1994 年 7 月参加工作。研究生学历，工商管理硕士。1990 年 9 月至 1994 年 7 月，山东省菏泽粮食学校粮油储检专业学生；1994 年 7 月至 1994 年 10 月，泰安市饲料公司筹建处职员；1994 年 10 月至 1997 年 7 月，泰山肉鸡开发公司饲料厂技术员、质检科科长、销售部经理；1997 年 7 月至 2001 年 12 月，泰安市机构编制委员会办公室事业单位登记办科员；2001 年 12 月至 2004 年 5 月，泰安市编办行政机构编制科（计划科）副主任科员；2004 年 5 月至 2006 年 8 月，泰安市编办行政机构编制科（计划科）副科长（2004 年 9 月至 2006 年 7 月，在昆明理工大学管理与经济学院工商管理硕士专业学习）；2006 年 8 月至 2006 年 12 月，泰安市人事局公务员管理科副科长；2006 年 12 月至 2007 年 12 月，泰安市人事局公务员管理科副科长、主任科员；2007 年 12 月至 2008 年 10 月，泰安市人事局纪检组副组长（2008 年 9 月至 2008 年 11 月，挂职宁阳县县长助理）；2008 年 10 月至 2008 年 11 月，泰安市劳动和社会保障局党委委员；2008 年 11 月至 2010 年 1 月，泰安市劳动和社会保障局副局长、党委委员（2008 年 11 月至 2010 年 12 月，挂职新泰市委常委、市政府副市长）；2010 年 1 月至 2016 年 12 月，泰安市人力资源和社会保障局副局长、党委委员（2013 年 9 月至 2014 年 1 月，省委党校中青年干部培训班学员）；2016 年 12 月，东平县委常委、组织部部长。

徐宗才

男，回族，1967 年 3 月出生，山东新泰市人。1995 年 6 月加入中国共产党，1990 年 10 月参加工作。大学学历，法学学士。1985 年 9 月至 1990 年 6 月，中南民族学院政法系政治学专业学生；1990 年 6 月至 1990 年 10 月，毕业待分配；1990 年 10 月至 1998 年 7 月，泰山区人大常委会法制室、教科文卫室秘书；1998 年 7 月至 2001 年 6 月，泰山区人大常委会人事代表工作室副主任；2001 年 6 月至 2002 年 5 月，泰山区委政法委副主任；2002 年 5 月至 2003 年 12 月，泰山区省庄镇党委委员、副镇长；2003 年 12 月至 2001 年 8 月，东部新区（泰山区高新技术产业开发区）管理委员会副主任、党委副书记；2004 年 8 月至 2006 年 9 月，泰山区上高街道党工委副书记、办事处主任；2006 年 9 月至 2007 年 11 月，泰山区邱家店镇党委书记、人大主席；2007 年 11 月至 2009 年 2 月，泰山区省庄镇党委书记、人大主席；2009 年 2 月至 2013 年 12 月，岱岳区政府副区长、党组成员；2013 年 12 月至 2016 年 12 月，岱岳区委常委、区政府副区长；2016 年 12 月，东平县委常委、纪委书记。

陈　锋

男，汉族，1967 年 10 月出生，东平县东平街道人。1986 年 12 月加入中国共产党，1987 年 7 月参加工作。省委党校研究生学历。1984 年 9 月至 1987 年 7 月，泰安师范普师专业学生；1987 年 7 月至 1988 年 5 月，东平县宿城乡中学教师；1988 年 5 月至 1993 年 12 月，东平县宿城乡党委组织干事（1988 年 7 月至 1993 年 7 月，曲阜师范大学政治专业学员）；1993 年 12 月至

1996年4月，东平县宿城镇党政办副主任、组织老干办主任；1996年4月至1998年1月，东平县宿城镇镇长助理(副乡级)；1998年1月至2001年2月，东平县宿城镇党委委员、副镇长；2001年2月至2001年6月，任东平县东平镇党委委员、副镇长；2001年6月至2003年3月，东平县东平镇党委副书记、计生办主任；2003年3月至2005年1月，东平县东平镇党委副书记、镇长（2003年10月至2003年12月，浙江台州挂职锻炼，2004年5月至2004年7月，诸城挂职锻炼）；2005年1月至2005年3月，东平县东平镇党委书记；2005年3月至2009年6月，东平县东平镇党委书记、人大主席；（2008年2月至2008年6月，市委党校中青年干部培训班学员）；2009年6月至2009年7月，东平县政府党组成员、工业园区党工委副书记；2009年7月至2010年12月，东平县政府党组成员、工业园区管委会主任(副县级)、党工委副书记；2010年12月至2013年12月，东平县政府副县长、党组成员；2013年12月至2016年12月，东平县委常委、宣传部部长；2016年12月，东平县委常委、政法委书记。

王有敏 男，汉族，1973年6月出生，江苏高邮市人，大学学历，1996年12月入党，1992年12月参加工作。1992年12月至1995年9月，某团三连战士；1995年9月至1998年7月，济南陆军学院学员；1998年7月至2006年8月，在济南陆军学院训练部历任练习营兵种连排长、教练营步兵连副连长、政工科副连职干事、教练营八连副连长、教练营八连连长、教练营副营长；2006年8月至2009年6月，历任第九十一医院政治处副营职干事、政治处协理员；2009年6月至2014年1月，历任济南军区联勤部司令部直属工作处正营职干事、副团职干事、正团职干事；2014年1月，东平县人民武装部政委；2014年2月，东平县委常委、人武部政委。

宋鸿鹏 男，汉族，1974年12月出生，山东泰安人，2000年6月加入中国共产党，1997年7月参加工作。山东师范大学学士、山东农业大学农业推广硕士、山东省委党校法学理论研究生。1997年7月至2000年9月，泰安市政府法制局科员；2000年10月至2009年9月，泰安市政府法制办副科长、科长；2009年10月至2016年3月，泰安市政府法制办副调研员、副主任；2016年3月，东平县委常委、副县长（挂职）。

张立国 男，汉族，1970年12月出生，东平县东平街道人。1994年4月加入中国共产党，1994年7月参加工作。省委党校研究生学历。1990年9月至1994年7月，曲阜师范大学生物系生物教育专业学生；1994年7月至1997年9月，东平县水河镇团委干事、副书记（1996年4月至1996年12月，团市委宣传部挂职部长助理）；1997年9月至1998年12月，东平县政府办公室秘书；1998年12月至2000年6月，东平县政府办公室调研科副科长；2000年6月至2003年3月，东平县旅游局副局长、党组成员；2003年3月至2006年9月，东平县接山乡党委副书记、乡长（其间：2003年10月至2003年12月，浙江省台州市挂职锻炼，2004年5月至2004年7月，诸城挂职锻炼）；2006年9月至2009年6月，东平县接山乡党委书记（其间：2008年2月至2008年6月，市委党校中青年干部培训班学员，2006年9月至2009年6月，山东省委党校在职研究生班经济管理专业学员）；2009年6月至2009年7月，东平县政府党组成员、东平湖风景名胜区管委党委书记、主任；2009年7月至2010年3月，东平县政府党组成员，东平湖管委党委书记，东平湖风景名胜区管委党委书记、主任；2010年3月至2011年5月，东平县政府党组成员，东平湖管委党委书记，东平湖风景名胜区管委党委书记、主任，县旅游局局长、党组书记；2011年5月至2011年12月，东平县政府党组成员，东平湖管委党委书记，东平湖风景名胜区管委党委书记、主任，县旅游局局长，泰安市旅游局副局长（挂任）；2011年12月至2012年1月，东平县政府党组成员，东平湖风景名胜区管委党委书记、主任，县旅游局局长，泰安市旅游局副局长（挂任）；2012年1月至2012年10月，东平县政府副县长、党组成员、泰安市旅游局副局长（挂任）；2012年10月至2016年12月，东平县政府副县长、党组成员；2016年12月，东平县委常委、宣传部部长。

徐彩虹 女，汉族，1973年3月出生，四川夹江县人。1997年12月加入中国共产党，1992年7月参加工作。省委党校研究生学历。1990年9月至1992年7月，上海师范大学政治法律系政法专业学生；1992年7月至1996年9月，宁阳县公安局刑警大队民警（1993年7月至1996年6月，山东干部函授大学业余本科班经济管理专业学员）；1996年9月至2000年6月，宁阳县公安局法制科民警；2000年6月至2001年7月，宁阳县妇联副主席；2001年7月至2002年1月，宁阳县计划委员会党组成员、副主任；2002年1月至2005年4月，宁阳县发展计划局党组成员、副局长；2005年4月至2005年6月，宁阳县葛石镇党委副书记；2005年6月至2011年2月，宁阳县葛石镇党委副书记、镇长；2011年2月至2011年3月，宁阳县东庄镇党委书记，宁阳县葛石镇党委副书记、镇长；2011年3月至2011年11月，宁阳县东庄镇党委书记；2011年11月至2014年1月，宁阳县东庄镇党委书记、人大主席（2012年2月至2012年7月，泰安市委党校中青年干部培训班学习）；2014年1月至2016年12月，宁阳县华丰镇党委书记、人大主席；2016年12月，东平县委常委、统战部部长。

靳庆新 男，汉族，1974年10月出生，东平县老湖镇人。1999年6月加入中国共产党，1995年7月参加工作。省委党校研究生学历。1995年7月至1996年9月，瑞星集团职工；1996年9月至1997年8月，东平县政府办公室办事员；1997年8月至1998年8月，东平县农委科员；1998年8月至2003年8月，东平县政府办公室秘书科科员、副科长、科长；2003年8月至2005年3月，东平县政府办公室秘书科科长、副主任科员；2005年3月至2006年10月，东平县政府办公室副主任、党组成员（2005年10月至2006年10月，山东省政府办公厅挂职）；2006年10月至2009年6月，东平县彭集镇党委副书记、镇长；2009年6月至2011年11月，东平县新湖乡党委书记、人大主席（2007年9月至2010年6月，山东省委党校在职干部研究生班经济管理班学员）；2011年11月至2015年10月，东平县接山镇党委书记；2015年10月至2015年11月，东平县彭集街道党工委书记；2015年11月至2016年1月，东平县彭集街道党工委书记，县滨河新区管委会主任、党工委书记；2016年1月至2016年12月，东平县彭集街道党工委书记，县滨河新区管委会主任、党工委书记，县物流园区管委会主任；2016年12月，东平县委常委候选人，县委办公室主任、改革办主任，彭集街道党工委书记，滨河新区管委会主任、党工委书记，物流园区管委会主任；2017年1月，东平县委常委、办公室主任、改革办主任，彭集街道党工委书记，滨河新区管委会主任、党工委书记，物流园区管委会主任。

县人大常委会主任、副主任

刘思宏 男，汉族，1963年1月出生，东平县彭集街道人，1985年2月参加工作，1987年8月加入中国共产党，省委党校研究生。1985年2月至1986年4月，东平县彭集区代村乡团委书记、武装干事；1986年4月至1990年5月，东平县彭集镇武装部助理员、组织干事；1990年5月至1992年10月，东平县彭集镇党委组织委员；1992年10月至1994年3月，东平县东平镇副镇长；1994年3月至1996年1月，东平县东平镇党委委员、副镇长；1996年1月至1998年1月，东平县宿城镇党委副书记；1998年1月至1998年7月，东平县宿城镇党委副书记、镇长；1998年7月至2001年2月，东平县张河桥乡党委书记；2001年2月至2003年1月，东平县接山乡党委书记；2003年1月至2003年4月，东平县委常委、接山乡党委书记；2003年4月至2004年3月，东平县委常委、县科技工业园管理委员会党委书记；2004年3月至2005年12月，东平县委常委、县经济开发区管理委员会党委书记；2005年12月至2006年1月，东平县委常委、县政府党组成员、经济开发区管委党委书记；2006年1月至2006年4月，东平县委常委、县政府副县长、党组成员、县经济开发区管委党委书记；2006年4月至2007年1月，东平县委常委、县政府副县长、党组成员；2007年1月至2011年1月，东平县委常委、县政府常务副县长、党组副书记；2011年1月至2016年2月，东平县人大常委会第一副主任、党组书记（正县级）；2016年2月，东平县人大常委会主任、党组书记。

何振泉 男，汉族，1959年12月出生，东平县老湖镇人，1980年7月参加工作，1982年1月加入中国共产党，大学学历。1978年3月至1980年7月，山东省林业学校蚕桑专业学生；1980年7月至1986年7月，东平县彭集公社（区）林业站技术员、党委秘书、党委委员；1986年7月至1989年11月，东平县委组织部干事、秘书；1989年11月至1996年1月，东平县委组织部副局级组织员、调研科科长、组织员办公室主任兼组织科科长；1996年1月至1998年9月，东平县委组织部副部长；1998年9月至2001年6月，东平县委组织部副部长、正局级组织员；2001年6月至2002年10月，东平县纪委副书记、监察局局长；2002年10月至2003年8月，东平县纪委常务副书记、监察局局长；2003年8月至2006年4月，东平县政府党组成员、县政府办公室主任、党组书记；2006年4月至2007年1月，东平县县长助理、政府党组成员、县政府办公室主任、党组书记；2007年1月至2007年3月，东平县县长助理、政府党组成员；2007年3月至2007年4月，东平县人大常委会副主任、县长助理、党组成员；2007年4月至2010年3月，东平县人大常委会副主任、党组成员；2010年3月至2017年1月，东平县人大常委会副主任、党组副书记（党组副书记8月止）。

侯圣玉

男，汉族，1963年9月出生，东平县沙河站镇人，1982年7月参加工作，1986年4月加入中国共产党，山东省教育学院汉语言文学专业，大学学历。1980年9月至1982年7月，宁阳师范学校中师专业学生；1982年7月至1985年1月，东平县沙河站镇曾庙联中、镇中心小学教师；1985年1月至1991年6月，东平县教育局党委秘书；1991年6月至1993年7月，东平县纪委干事、研究室副主任；1993年7月至1996年9月，东平县彭集镇组织干事、党政办副主任；1996年9月至2000年11月，东平县委办公室秘书、研究室副主任、办公室副主任；2000年11月至2003年8月，东平县州城镇党委副书记、镇长；2003年8月至2004年2月，东平县旅游经济开发区党委副书记、主任；2004年2月至2005年1月，东平县旅游经济管委党委副书记、主任、旅游局局长、党组书记；2005年1月至2007年1月，东平县人口和计生局局长、党组书记、计生协会会长；2007年1月至2011年11月，东平县政府党组成员、政府办公室主任、党组书记；2011年11月至2013年12月，东平湖管委党委书记、县政府党组成员、政府办公室主任、党组书记；2013年12月至2014年1月，东平县政府副县长、党组成员，县政府办公室主任、党组书记；2014年1月至2014年3月，东平县政府副县长、党组成员，县政府办公室主任；2014年3月至2016年12月，东平县政府副县长、党组成员；2016年12月，东平县人大常委会党组副书记、东平县政府副县长；2017年1月，东平县人大常委会副主任、党组副书记。

李元申

男，汉族，1963年7月出生，东平县沙河站镇人，1982年7月参加工作，无党派人士，大学学历。1982年7月至1987年7月，东平县大羊乡水利站技术员；1987年7月至1996年1月，东平县水利局勘测设计室副主任、主任、农水站站长；1996年1月至2001年12月，东平县州城镇副镇长；2001年12月至2003年1月，东平县工商联（总商会）会长；2003年1月至2010年12月，东平县政协副主席（不驻会）、工商联（总商会）会长；2010年12月至2012年1月，东平县政协副主席（不驻会）、体育局局长；2012年1月至2012年4月，东平县人大常委会副主任（不驻会）、体育局局长；2012年4月，东平县人大常委会副主任、东平县疾控中心主任。

尹承海

男，汉族，1959年9月出生，东平县接山镇人，1979年12月参加工作，1984年11月加入中国共产党，大学学历。1976年10月至1978年3月，东平县粮食局职工；1978年3月至1979年12月，菏泽粮食学校粮油储藏专业学生；1979年12月至1984年7月，东平县粮食局防化员、团总支书记；1984年7月至1984年12月，东平县粮食局储运公司副经理；1984年12月至1988年11月，东平县纪委干事；1988年11月至1989年11月，东平县纪委研究室科员；1989年11月至1992年5月，东平县纪委副局级检查员；1992年5月至1995年2月，东平县东平镇党委副书记；1995年2月至1996年1月，东平县东平镇党委副书记、镇长；1996年1月至1999年1月，东平县东平镇党委副书记、镇长、城区办主任；1999年1月至2001年2月，东平县水河镇党委书记；

2001年2月至2004年3月，东平县司法局局长、党组书记；2004年3月至2007年9月，东平县卫生局党委书记、局长；2007年9月至2010年2月，东平县建设局党委书记、局长；2010年2月至2010年3月，东平县人大常委会副主任，县建设局党委书记、局长；2010年3月至2017年1月，东平县人大常委会副主任、党组成员（党组成员8月止）。

陈兰芳

女，汉族，1963年3月出生，东平县州城街道人，1982年7月参加工作，1985年7月加入中国共产党，大学学历。1982年7月至1984年8月，东平县第一人民医院护士；1984年8月至1990年10月，东平县第一人民医院儿科副护士长、外科护士长；1990年10月至1993年6月，东平县第一人民医院总护士长；1993年6月至2004年9月，东平县第一人民医院副院长；2004年9月至2005年3月，东平县第一人民医院党总支书记、副院长；2005年3月年至2007年4月，东平县卫生局党委副书记、副局长（正局级）；2007年4月至2010年2月，东平县妇联主席、党组书记；2010年2月至2010年3月，东平县人大常委会副主任；2010年3月，东平县人大常委会副主任、党组成员。

王成明

男，汉族，1963年10月出生，东平县银山镇人，1988年3月加入中国共产党，1985年7月参加工作，省委党校大学学历。1985年7月，梁山县豆山乡林业站技术员；1985年12月，东平县银山镇林业站技术员、团委干事、团委书记；1992年12月银山镇副镇长；1994年11月，银山镇党委委员、副镇长；1996年1月，斑鸠店镇党委副书记；1997年1月，斑鸠店镇党委副书记、镇长；1998年7月，戴庙乡党委书记；2003年4月，县直机关工委书记；2005年1月，县旅游经济管委党委副书记、主任，旅游局局长、党组书记；2007年9月，县农业局党委书记、局长；2008年6月，县水利局党委书记、局长；2009年6月，县水利局党委副书记、局长；2010年1月，县湖管委主任、党委副书记，县水利局党委副书记、局长；2010年3月，县湖管委主任、党委副书记；2011年1月，东平县政府党组成员、湖管委主任、党委副书记；2016年12月，东平县人大常委会副主任提名人选、党组成员。2017年1月，东平县人大常委会副主任，党组成员；东平湖管委主任、党委副书记。

牛之春

男，汉族，1967年6月生，东平县彭集街道人，1991年11月加入中国共产党，1989年7月参加工作，省委党校研究生学历。1989年7月，东平县沙河站镇中学教师；1989年11月，东平县委党校教师、教研室副主任；1994年7月，东平县委党校教务科副科长、科长；1996年9月，东平县委政法委办公室副主任、主任；1999年10月，东平县委党校党委委员、副校长；2002年10月，东平县委党校党委委员、副校长（正局级）；2003年8月，东平县沙河站镇党委副书记、镇长；2006年9月，东平县沙河站镇党委书记、人大主席；2010年3月，东平县劳动和社会保障局局长、党委书记；2010年12月，东平县人力资源和社会保障局局长、党委书记；2014年1月，东平县委组织部常务副部长（原正局级不变）；2016年12月，东平县人大常委会副主任提名人选、党组成员。泰安市第十六届人

大代表。2017年1月，东平县人大常委会副主任，党组成员。

县人民政府县长、副县长

刘　玉　详见县委书记、副书记、常委资料。

陈传帅　详见县委书记、副书记、常委资料。

宋鸿鹏　详见县委书记、副书记、常委资料。

程　鹏　女，汉族，1978年11月出生，山东莱阳人，2002年8月参加工作，2008年12月加入国民党革命委员会，大学学历。2002年8月至2004年1月，泰安市岱岳区大汶口镇党政办科员（2003年3月至2004年6月，岱岳区人事局帮助工作）；2004年1月至2005年4月，泰安市岱岳区团委副书记（2003年10月至2004年6月，泰安市发展和改革委投资科挂职锻炼）；2005年4月至2011年12月，泰安市岱岳区发改局副局长；2011年12月，东平县人民政府副县长。

李广义　男，汉族，1966年7月出生，东平县沙河站镇人，

1987年7月参加工作，1991年11月加入中国共产党，省委党校研究生学历。1987年7月至1988年11月，东平县东平镇孟村小学教师；1988年11月至1996年6月，东平县委办公室干事、秘书科秘书、副科长、科长；1996年6月至1998年7月，东平县委办公室副主任；1998年7月至2001年2月，东平县水河镇党委副书记、镇长；2001年2月至2003年8月，东平县老湖镇党委副书记、镇长；2003年8月至2006年9月，东平县老湖镇党委书记；2006年9月至2007年4月，东平工业园区管委党委副书记、主任；2007年4月至2007年11月，东平工业园区党工委书记；2007年11月至2009年6月，东平工业园区党工委书记（副县级）；2009年6月至2011年12月，东平县政府党组成员、工业园区党工委书记（副县级）、农工办主任；2011年12月至2016年12月，东平县政府党组成员、县经济开发区党工委书记（副县级）；2017年1月，东平县人民政府副县长、党组成员。

王洪亮　男，汉族，1975年3月出生，山东莱芜人，1995

年9月参加工作，2001年12月加入中国共产党，大学学历。1995年9月至1998年9月，泰安市公安局巡警支队办事员；1998年9月至1999年6月，泰安市公安局巡警支队三大队科员；1999年6月至2001年11月，泰安市公安局公交支队一大队科员；2001年11月至2006年10月，泰安市公安局指挥中心秘书科副科长（其间：2000年8月至2002年12月中央党校函授学院本科班法律专业学习）（副科级）；2006年10月至2008年1月，泰安市公安局指挥中心秘书科科长；2008年1月至2008年11月，泰安市公安局指挥中心副主任、秘书科科长；2008年11月至2009年1月，泰安市公安局指挥中心副主任；2009年1月至2013年12月，泰安市公安局泰山区分局副局长、党委委员；2013年12月至2016年12月，泰安市公安局交通警察支队副支队长（副县级）、党委委员；2016年12月，东平县人民政府副县长、党组成员，公安局党委书记、局长。

李生广　男，汉族，1965年12月出生，东平县沙河站镇人，1991年8月参加工作，1994年

10月加入中国共产党，山东农业大学本科学历。1991年8月至1998年9月，东平县城建办科员、人秘科长；1998年9月至2001年12月，东平县城建办主任；2001年12月至2002年3月，东平县建设局副局长兼县城建办主任；2002年3月至2003年4月，东平县建设局副局长；2003年4月至2006年10月，东平县彭集镇镇长；2006年10月至2012年1月，东平县彭集镇党委书记；2012年1月至2012年11月，东平县委办公室副主任、农工办主任；2012年11月至2016年12月，东平县发展和改革局党组书记、局长；2017年1月，东平县人民政府副县长、党组成员。

尹双明

男，汉族，1976年1月生，山东济南人，1998年7月参加工作，2008年11月加入中国共产党，中国人民大学研究生学历、博士学位。1998年7月至2000年3月，济南石化集团股份有限公司财务管理；2000年3月至2001年7月，山东东阿阿胶集团股份有限公司销售公司（济南）销售管理；2005年7月，山东财经大学经济学院教师（副教授）；2016年12月，东平县人民政府副县长（挂职）、党组成员。

王广昌

男，汉族，1964年10月生，山东梁山县人，1984年7月参加工作，1995年7月加入中国共产党，研究生学历。1999年6月至2000年10月，山东大学研究生院学位与学科办主任（副处级）；2000年10月至2004年1月，山东大学“211工程”与学科建设办公室副主任；2004年1月至2010年2月，山东大学学术委员会办公室副主任；2010年2月至2014年7月，山东大学学术研究部平台办副主任；2014年7月至2016年11月，山东大学国家大学科技园管理办公室副主任；2016年11月，山东大学国家大学科技园管理办公室副主任、山东山大科技园发展有限公司董事、总经理；2017年10月，东平县人民政府副县长（挂职）、党组成员。

县政协主席、副主席

刘祥涛

男，汉族，1963年1月出生，山东梁山县人，1984年12月加入中国共产党，1981年7月参加工作，大学学历。1979年10月至1981年7月，菏泽农校畜牧兽医专业学生；1981年7月至1984年6月，梁山县大安山公社兽医站技术员；1984年6月至1989年9月，梁山县大安山乡团委书记、东平县大安山乡团委书记；1989年9月至1990年2月，东平县大安山乡党委宣传委员；1990年2月至1992年10月，东平县大安山乡副乡长；1992年10月至1994年3月，东平县大安山乡党委副书记；1994年3月至1994年11月，东平县戴庙乡党委副书记；1994年11月至1997年1月，东平县斑鸠店镇党委副书记、镇长；1997年1月至1999年1月，东平县水河镇党委书记；1999年1月至2001年3月，东平县沙河站镇党委书记（1999年9月至2000年1月泰安市委党校中青年干部培训班学员）；2001年3月至2003年8月，东平县州城镇党委书记（副县级）；2003年8月，东平县委常委、

政法委书记、州城镇党委书记；2003年8月至2007年1月，东平县委常委、政法委书记（2003年9月至2005年12月山东省委党校法律专业学员）；2007年1月至2011年1月，东平县委常委、纪委书记；2011年1月起，东平县政协主席、党组书记。泰安市第十次党代会代表，泰安市第十一、十二届政协委员。

赵永恕

男，汉族，1961年7月出生，东平县接山镇人，1987年7月加入中国共产党，1981年7月参加工作，大专学历。1979年9月至1981年7月，肥城师范学生；1981年7月至1984年7月，东平县大羊公社丁坞联中、杨庄联中教师；1984年7月至1989年4月，东平县张河桥区徐坦中学教师；1989年4月至1992年10月，东平县张河桥乡纪委干事、团委书记兼管理区书记；1992年10月至1995年2月，东平县张河桥乡副乡长；1995年2月至1998年7月，东平县梯门乡副乡长；1998年7月至2000年4月，东平县旧县乡党委副书记；2000年4月至2001年2月，东平县旧县乡党委副书记、乡长；2001年2月至2001年12月，东平县旧县乡党委书记、人大主席；2001年12月至2003年4月东平县旧县乡党委书记；2003年4月至2005年1月，东平县水利局局长、党委副书记；2005年1月至2007年4月，东平县林业局局长、党委书记；2007年4月至2007年12月，东平县民政局局长、党组书记；2007年12月至2010年2月，东平县民政局局长、党委书记；2010年2月至2010年3月，东平县政协副主席、县民政局局长、党委书记；2010年3月至2011年12月，东平县政协副主席、党组成员；2011年12月起，东平县政协副主席、党组副书记；2017年12月不再担任东平县政协副主席、党组副书记。

侯宪平

男，汉族，1959年11月生，大学学历，东平县沙河站镇沙人，1978年10月加入中国共产党，1976年8月参加工作。1976年8月，东平县沙河站镇沙北小学民办教师；1978年10月，菏泽粮校学生；1980年7月，东平县新湖粮所防化员；1981年3月，东平县粮食局办事员；1983年5月，东平县直机关党委干事、秘书、纪委委员；1990年12月，东平县直机关党委纪委书记（副局级）；1993年7月，东平县直机关党委副书记、纪委书记；1995年2月东平县交通局党委委员、副局长；2001年6月，东平县交通局党委委员、副局长，公路局局长、党总支书记；2007年4月，东平县交通局局长，党委副书记；2010年2月，东平县政协副主席、县交通局局长，党委副书记；2010年3月，东平县政协副主席、党组成员、县交通局局长、党委副书记；2010年12月，东平县政协副主席、党组成员、县交通运输局局长、党委副书记；2011年1月起，东平县政协副主席、党组成员；2017年1月离职。

吴绪季

男，汉族，1969年7月出生，东平县老湖镇人，无党派，1989年8月参加工作，大学学历。1986年9月至1989年8月，泰安师范普师专业学生；1989年8月至1995年6月，东平县水河中学教师（1993年4月至1995年6月，东平县水河镇农技站帮助工作；1989年8月至1994年7月，曲阜师范大学政治专业学员）；1995年6月至1996年3月，东平县水河镇农经站干部；1996年3月至2001年2月，东平县水河镇副镇长；2001年2月至

2007年12月，东平县老湖镇副镇长（2004年5月至2004年7月诸城挂职锻炼）；2007年12月至2010年2月，东平县大羊乡副乡长；2010年2月至2010年8月，东平县政协副主席、大羊乡副乡长；2010年8月至2011年1月，东平县政协副主席、大羊镇副镇长；2011年1月起，东平县政协副主席、农业局副局长。

王金艳 女，满族，1973年9月出生，河北丰宁县人，无党派，1998年11月参加工作，研究生学历。1994年9月至1998年11月，北京林业大学森林资源与环境学院林学专业学生；1998年11月至2000年11月，东平县腊山管理局办公室副主任；2000年11月至2002年10月，东平县腊山管理局森保站站长；2002年10月至2006年10月，东平县腊山管理局副局长、腊山林场副场长；2006年10月至2010年2月，东平县工商联（总商会）副会长；2010年2月至2010年12月，东平县政协副主席、工商联（总商会）副会长；2010年12月起，东平县政协副主席、工商联主席、总商会会长（2011年9月至2014年6月，省委党校在职干部研究生班、经济管理专业学员）。

王成生 男，汉族，1962年12月出生，东平县新湖镇人，1990年7月加入中国共产党，1982年7月参加工作，大学学历。1980年9月至1982年7月，德州供销学校财会专业学生；1982年7月至1985年9月，东平县服装厂会计；1985年9月至1993年8月，东平县劳动局科员、调配科副科长、科长（1989年8月至1992年6月，中央党校函授学院党政管理专业学员）；1993年8月至1994年6月，东平县化肥厂副厂长；1994年6月至1995年6月，泰山神力矿泉水有限公司副总经理；1995年6月至1996年6月，泰山神力矿泉水有限公司党支部书记（副局级）、董事长、总经理；1996年6月至1997年1月，东平县外贸总公司党委副书记、副总经理、泰安进出口公司东平分公司副经理；1997年1月至1998年7月，东平县水河镇党委副书记、副镇长；1998年7月至1999年7月东平县张河桥乡党委副书记、乡长；1999年7月至1999年10月，东平县接山乡党委书记；1999年10月至2001年2月，东平县接山乡党委书记、人大主席；2001年2月至2001年6月，东平县经贸委党委副书记、副主任（正局级）；2001年6月至2002年1月，东平县经贸委党委书记、主任、财办主任、党组书记、国资公司董事长；2002年1月至2003年4月，东平县经贸局党委书记、局长（2002年9月至2003年1月，泰安市委党校第十三期中青年干部培训班学员）；2003年4月至2004年12月，东平县发展计划局局长、党组书记；2004年12月至2009年6月，东平县发展和改革局局长、党组书记（2003年9月至2005年12月，山东省委党校经济管理专业学员）；2009年6月至2011年1月，东平县政协党组成员、县委统战部常务副部长（正局级）；2011年1月至2011年3月，东平县政协副主席、党组成员、县委统战部常务副部长；2011年3月至2015年7月，东平县政协副主席、党组成员、县委统战部部长；2015年7月起，东平县政协副主席、党组成员。泰安市第十二届政协委员。

孟　光 男，汉族，1963年4月出生，东平县州城街道人，2015年3月加入中国致公党，1983年7月参加工作，大专学历。1980年9月至1983年7月，山东省中医药学校中医专业学生；1983年7月至1986年8月，东平县第一人民医院医士；1986

年8月至1997年12月，东平县人民医院医师（1985年10月至1989年8月，山东中医学院中医专业学员）；1997年12月至2001年6月，东平县人民医院主治医师、内科副主任；2001年6月至2004年9月，东平县人民医院主治医师、门诊部主任；2004年9月至2012年1月，东平县人民医院副院长、副主任医师；2012年1月，东平县政协副主席、县人民医院副院长。

县人民法院院长

张海鹏 男，汉族，1972年11月出生，山东泰安市人，2001年12月加入中国共产党，1997年3月参加工作，大学法律硕士。1992年9月至1996年7月，中南政法学院行政法专业学生；1996年7月至1997年3月，毕业待分配；1997年3月至1998年3月，泰安市中级人民法院试用期公务员；1998年3月至2002年8月，泰安市中级人民法院书记员；2002年8月至2003年12月，泰安市中级人民法院助理审判员；2003年12月至2006年11月，泰安高新技术产业开发区人民法院立案庭副庭长、审判员（副科级，2002年12月至2005年12月，山东大学法律硕士学位学员）；2006年11月至2007年11月，泰安高新技术产业开发区人民法院立案庭副庭长、审判委员会委员；2007年11月至2009年8月，泰安高新技术产业开发区人民法院立案庭庭长、审判委员会委员（正科级）；2009年8月至2010年2月，泰安高新技术产业开发区人民法院执行庭庭长、审判委员会委员；2010年2月至2010年8月，泰安市中级人民法院审判员；2010年8月至2013年2月，泰安市中级人民法院审判监督庭副庭长、审判员；2013年2月至2014年8月，泰安市中级人民法院行政审判庭庭长、审判委员会委员、审判员；2014年8月至2016年12月，泰安市中级人民法院研究室主任、审判委员会委员、审判员；2016年12月，东平县人民法院党组书记、副院长、代理院长。2017年1月，东平县人民法院院长，党组书记。

县人民检察院检察长

张　亮 男，汉族，1971年7月出生，山东诸城市人，1992年7月加入中国共产党，1992年7月参加工作，省委党校研究生法学学士。

1989年9月至1992年7月，山东水利专科学校水资源系工程经济与财务管理专业学生；1992年7月至1997年7月，新泰市楼德镇组织干事、团委书记、党政办公室副主任、综合治理办公室主任（1994年5月至1995年1月，泰安团市委挂职，1995年8月至1997年12月，中央党校函授学院本科班经济管理专业学习）；1997年7月至2002年3月，泰安市人民检察院审查批捕处书记员、助理检察员、检察员；2002年3月至2003年6月，泰安市人民检察院审查批捕处副处长（副科级）；2003年6月至2007年3月，泰安市人民检察院法律政策研究室副主任（副科级）（2001年9月至2004年7月，中国政法大学法学专业学员，获法学学士学位，2004年3月至2005年4月，东平县彭集镇前郑海村包村工作组组长）；2007年3月至2011年12月，泰安市检察院政治部副主任兼宣传教育处处长（正科级，2009年2月至2009年7月，泰安市委党校第二十期中青年干部培训班学员，2010年7月至2011年7月，挂职新泰

市信访局副局长）；2011年12月至2012年1月，东平县人民检察院副检察长、代理检察长、党组书记；2012年1月，东平县检察院检察长、党组书记。2011年9月至2014年6月，山东省委党校在职干部研究生班法学理论专业学习。泰安市第十六届人大代表；2017年8月离职，任泰安市人民检察院反贪局局长。

赵平原 男，汉族，1976年5月出生，山东单县人，1998年7月参加工作，1996年12月加入中国共产党，山东大学法学院法律硕士。1994年9月至1998年7月，山东矿业学院机械制造工艺与设备专业学习；1998年7月至2003年8月，山东泰安旅游索道股份有限公司助理工程师；2003年8月至2006年7月，山东大学法学院法律硕士专业学习；2006年7月至2006年12月，待业；2006年12月至2007年12月，泰安市人民检察院试用期公务员；2007年12月至2008年2月，泰安市人民检察院科员；2008年2月至2009年3月，泰安市人民检察院助理检察员；2009年3月至2009年4月，泰安市人民检察院宣教处副处长（副科级）；2009年4月至2012年11月，泰安市人民检察院宣教处副处长、检察员；2012年11月至2013年12月，泰安市人民检察院宣教处副处长、正科级检察员；2013年12月至2016年1月，泰安市人民检察院纪检组副组长、检察员；2016年1月至2016年7月，泰安市人民检察院高铁新区检察室主任、检察员;2016年7月2017年7月，东平县人民检察院副检察长、党组成员、检察委员会委员（挂职）;2017年7月至2017年8月，东平县人民检察院党组成员、代理检察长候选人、副检察长；2017年8月至2018年1月，东平县人民检察院党组书记、代理检察长、副检察长；2018年1月，东平县人民检察院党组书记、检察长。

县人民武装部部长

谭海军 男，汉族，1972年12月出生，山东临朐人，1994年7月加入中国共产党，1990年12月入伍，军事科学院联合战役学专业研究生，上校军衔。

1990年12月至1993年8月，联勤第九分部战士；1993年8月至1996年7月，解放军西安通信学院学员；1996年7月至1998年6月，济南军区后勤部通信站架设连排长；1998年6月至2001年11月，济南军区后勤部通信站架设连副连长（其间：1998年8月至2001年7月，在解放军后勤指挥学院学习）；2001年11月至2003年6月，济南军区后勤部通信站通信连连长；2003年6月至2009年1月，济南军区联勤部司令部战勤处正连职参谋、副营职参谋、正营职参谋；2009年1月至2013年9月，济南军区司令部办公室秘书一处正营职秘书、副团职秘书、正团职秘书；2013年9月至2014年1月，联勤第九分部副参谋长；2014年1月至2017年12月，济南军区房地产管理局副局长；2017年12月，东平县人民武装部部长。

先进个人名录（部分）

全国打击拐卖妇女儿童犯罪活动情报协作专项研判行动成绩突出个人

黄良贵　县公安局

黄委黄河劳模

牛树国　县东平湖管理局

王　民　东平黄河河务局

黄委经济工作先进个人

刘昭营　东平黄河河务局

黄委新闻宣传中心黄河报（网）优秀通讯员

毛明辉　东平黄河河务局

全国最美家庭

王炳兰　东平县商老庄乡八里湾村村民

2017 年度“中国好人”

李道明、李浩父子　李道明生前系东平县斑鸠店镇斑鸠店村村民；李浩系东平县斑鸠店镇斑鸠店村村民

王瑞光　东平县公安局银山派出所辅警

山东省富民兴鲁劳动奖章名单

张明臣　瑞星集团股份有限公司化肥车间

山东好人之星

方　雷　县交通运输局

第一届全省文明家庭

刘振安　王桂平家庭　东平街道李范村社区

方振玉　瞿广红家庭　东平县锦绣华庭小区

山东省优秀共青团员

刘雪梅　县卫生和计划生育局人秘科科员

第六届全省道德模范

诚实守信模范

李道明、李浩父子　李道明生前系东平县斑鸠店镇斑鸠店村村民；李浩系东平县斑鸠店镇斑鸠店村村民

第六届全省道德模范提名奖

助人为乐

赵庆收　生前系济南赵氏中医诊所医生，东平县老湖镇前梁村人

第四届全省未成年人思想道德建设工作先进个人

张乐宽　东平县东原实验学校校长

全省信访工作先进个人

郑玉寅　县信访局

《山东人大工作》2017 年度宣传工作先进个人

蒿树常　县人大常委会办公室

修　建　县人大常委会办公室

县人大常委会办公室

张克强　县人大办公室

山东省公安厅记个人二等功

解西团　县公安局

全省环保公安联勤联动执法工作先进个人

马　明　县公安局

全省户口登记管理清理整顿工作成绩突出个人

李 贞 县公安局

2017 年上半年全省公安机关重要安保维稳工作成绩突出个人

黄良贵 县公安局

全省公安监管工作成绩突出个人

孟宪忠 县公安局

全省公安机关信访案件攻坚化解工作成绩突出个人

肖兴猛 县公安局

省公安厅表彰“优秀法制员”

柴 宝 县公安局

全省公安机关基层基础建设三年攻坚战 2017 年度成绩突出个人

王功勋 县公安局
宫 勇 县公安局
张 浩 县公安局

全省公安机关三年禁毒人民战争 2017 年度成绩突出个人

裴兆鲁 县公安局

2017 年齐鲁金融之星

谢世芳 东平农村商业银行

2017 山东第十二届科技营销培训会“优秀学员”

闫晨龙 县新华书店

“幸福进家”活动先进工作者（山东省妇联办公室）

刘 丽 县妇联
郭香莲 戴庙镇妇联
邢淑臻 东平街道办事处妇联
谭 平 大羊镇妇联
吴 英 县公路局
李淑君 县市场监督管理局

经济工作先进个人（山东黄河河务局表彰）

孙玉勇 东平黄河河务局

全省档案宣传工作先进个人

牛琳琳 县档案局

全省交通运输行政执法评议督导优秀执法个人

李 锋 县交通运输局

2017 年度全省《机构与行政》宣传工作先进个人

王晓晨 县编办

2017 年度全省机构编制信息工作先进个人

赵秀君 县编办

全省供销合作社系统先进个人

陈庆伦 县供销社

全省人社信息宣传先进个人

牛 剑 县人社局

全省医疗保险先进个人

潘 明 县社保局

山东省 2017 年度社会保险基金财务报表工作先进个人

刘双全 县社保局
刘 军 县社保局

山东省 2017 年度社会保险统计报表工作先进个人

宋绪生 县社保局
陈 泓 县社保局

农行杯山东省社会保障卡知识竞赛优秀选手

陈 泓 县社保局

全省林业科技工作先进个人

李培金　县林业局

全省林业信息宣传先进个人

杨　军　县林业局

2016 年度全省党校系统优秀教学奖

杨小草　县委党校

2017 年全省脱贫攻坚先进个人

耿进平　东平县银山镇耿山口村

2017 年度机关党建宣传报道工作先进个人

陈其刚　东平县委县直机关工委

山东省优秀社科联工作者

张业民　东平县社科联席

泰安市振兴泰安劳动奖章

孙凤英　中国邮政集团东平县分公司
赵景海　县水利建筑安装公司
郑志刚　县人民医院
李玉根　县艺术中学
李西平　县供电公司旧县供电所
王志鹏　县高级中学
程　伟　县自来水公司

全市孝老爱亲道德模范（泰安文明、办泰安文明网评选）

岳晓丽　县交通运输局

武警泰安支队记个人三等功

王康平　泰安市武警支队东平县中队

泰安市家庭教育工作先进个人（泰安市妇联泰安市教育局）

刘　丽　县妇联

泰安市三八红旗手（泰安市妇联）

刘美莲　县妇联

泰安市巾帼建功标兵（泰安市妇联 泰安市妇女“双学双比”“巾帼建功”竞赛活动领导小组）

王　丽　县妇联

泰安市维护妇女权益先进个人、三八红旗手（泰安市妇联）

刘冬梅　县妇联

“迎接十九大忠诚保平安”主题活动先进个人，记个人三等功

郝志伟　县公安局

“迎接十九大忠诚保平安”主题活动先进个人，嘉奖

王建军　县公安局
轩　强　县公安局

“迎接十九大忠诚保平安”主题活动先进公安现役官兵

房　振　县公安局

“迎接十九大忠诚保平安”主题活动先进警务辅助人员

程　虎　县公安局
卜　辉　县公安局

全市公安机关“十大铁军卫士”，记个人三等功

郭传增　县公安局

市公安局记个人三等功

李　磊　县公安局
张善军　县公安局
王长波　县公安局
胡　雷　县公安局
司广建　县公安局

陈　超　县公安局
孙海涛　县公安局
夏玉强　县公安局
岳光雷　县公安局
侯召雷　县公安局
刘桂峰　县公安局
陈继勇　县公安局

全市成绩突出公安现役官兵

冯志远　县公安局

全市成绩突出警务辅助人员

廖吉凯　县公安局
孟宪新　县公安局
王瑞光　县公安局

全市成绩突出政府专职消防员

张黎明　县公安局

全市密码工作主题演讲比赛优秀奖

常元波　县委机要局
彭　宵　县委机要局

全市档案工作先进个人（市档案局表彰）

王冬梅　县档案局
吴守红　县档案局
吴　菲　县档案局

全市交通运输系统安全生产先进个人

韩　忠　县交通局
张殿峰　县交通局
吴亚南　县交通局
申瑞军　县交通局
赵传伟　县交通局
李存伟　县交通局

全市港航系统港行工作先进个人

马元根　县交通局
李　峰　县交通局
衣海存　县交通局
岳晓丽　县交通局

全市港行系统安全管理先进个人

张　华　县交通局
张宏雷　县交通局
王笃军　县交通局
刘　勇　县交通局
杜　雷　县交通局

全市港行系统运政管理先进个人

郑　磊　县交通局
李明勇　县交通局

全市港航系统海事执法先进个人

解西同　县交通局
臧红军　县交通局

全市港航系统文明建设先进个人

梁久明　县交通局
李西峰　县交通局

全市港行系统规划建设先进个人

张　健　县交通局

全市道路运输行业安全管理先进个人

王西民　县交通局
姜红花　县交通局
刘新平　县交通局
陈志勇　县交通局
郑　波　县交通局
张　芹　县交通局

泰安市供销社系统先进个人

张荣朴　县供销社
郑文亭　县供销社
牛继业　县供销社

郭永辉　县供销社
曹　雷　县供销社

监事会工作先进个人（市供销社表彰）

李长锋　县供销社

信息宣传工作先进个人（市供销社表彰）

陈庆伦　县供销社

统计、会计基础工作先进个人（市供销社表彰）

张　勇　县供销社
尤晨晨　县供销社

安全生产工作先进个人（市供销社表彰）

张庆国　县供销社

泰安市 2017 年度社会保险统计工作先进个人

张靖宇　县社保局

农行杯泰安市社会保障卡知识竞赛一等奖

李海洋　县社保局
张凯文　县社保局
陈　泓　县社保局

泰安市“推进协商民主强化社会责任”先进个人（市总工会表彰）

刘庆法　县公路局

泰安市防震减灾工作先进个人

张茂节　县科技局
郑倩倩　县科技局
何西恒　县科技局
张汉峰　县科技局

2013—2015 年度泰安市委党校系统优秀教师

李　泉　县委党校
李建华　县委党校
邢彤彤　县委党校

2013—2015 年度泰安市委党校系统先进工作者

李　平　县委党校
杨小草　县委党校
王　芮　县委党校

泰安市党史工作先进个人

张作彬　县党史（史志）办公室
杨福中　县党史（史志）办公室

泰安市 2012—2017 年度地方史志工作先进个人

李姗姗　县党史（史志）办公室
杜　梅　县党史（史志）办公室
方　雷　县《今日东平报》记者

全市妇女儿童工作先进个人

史桂玲　县教育局学生资助管理中心主任

泰山功勋教师

亓明国　东平县实验小学

泰山功勋校长

赵景喜　东平高级中学

泰山名师

王爱英　东平县第三实验小学
冯　文　东平县沙河站镇中心小学
胡彦平　东平县实验中学
李和东　东平县实验中学
潘国伟　东平县佛山中学
吴厚新　东平县新湖镇中学
陈士民　东平高级中学
李曙光　东平高级中学
赵庆旺　东平高级中学
杜庆春　东平明湖中学

泰山名校长

张德峰　东平县第三实验小学
辛　诚　东平县第四实验小学

2017 年度泰安市首席技师

胡千鹏　瑞星集团股份有限公司

企业“安全生产管理标兵”提名奖获得者

孔凡勇　东平中联美景水泥有限公司安全管理办公室主任

第四届泰山乡村之星

贾传玉　东平县传玉农机专业合作社

泰安市优秀教师

周　涛　梁英杰　王冬梅　牛之龙　吴　永
刘亚新　郑　军　杨传明　陈　萍　马　伟
郑　伟　陈　聪　石明玉　林成滨　林秀红
陈艳芝　赵　勇　刘玉梅　赵　强　李道安
王虎成　唐家凡　商孟焕　岳元雷　牛振全
黄　敏

泰安市优秀班主任

李　永　冯云涛　解洪旭　金国庆　赵井银
刘　通

泰安市优秀教育工作者

马振强　殷复科　张起　郑兴国　王　冰
颜廷银

东平县第四届劳动模范

于家伟　县公安局治安管理大队大队长
亓明国　县实验小学教科室副主任
王　鲁　县污水处理厂机电设备科长
王绪征　县特殊教育学校校长
王瑞华　县人民医院妇产科主任
纪茂军　戴庙镇农技站站长、管区书记
宋广东　山东泰禾农业开发有限公司董事长
张士华　东顺集团股份有限公司副总裁
张立华　县人民法院执行局局长
李　强　接山镇朝阳庄村党支部书记
李广伟　县经济开发区管理委员会经济运行局局长
李建华　东原实验学校副校长
杨周伟　县水利建筑安装公司总工
辛　诚　第四实验小学校长
赵井锋　县殡仪馆支部书记、馆长
徐玉平　接山镇夏谢五村党支部书记、村主任
殷复科　实验中学校长
秦　宏　县人民检察院监察委员会委员、公诉科科长
郭　颖　县党校公务员教育科副科长
董广锋　县疾控中心支部委员、结核病防治科

东平县第四届“建设新东平”劳动奖章获得者

马文广　鑫海建工副经理
方　雷　县《今日东平报》记者
王凤茂　东平湖移民管理局规划设计科科长
王庆红　新湖镇侯楼村党支部书记
付兆刚　新东岳集团设动科电力主管
司　晋　县安全生产监督管理局矿山科科长
田西玉　大羊镇管区书记
刘兆军　县社会保险事业局财务科科长、基金管理科科长
安　龙　县公安局刑事侦查大队大队长
许昌华　大羊镇土安村党支部书记
许腾飞　东平湖移民管理局移民管理科科长
吴衍涛　老湖镇党委副书记
张　兵　县矿产业管理委员会规划发展局局长
张　鹏　县交通运输局规划基建科科长
张廷华　商老庄乡八里湾村党支部书记
李　文　沙河站镇扶贫办主任
李传玲　县城市管理综合执法局宣教科科长
李保全　梯门镇西沟流村党支部书记
李瑞华　斑鸠店镇北枣园村党支部书记
杨　超　县广播电视台发射台台长
杨宏伟　县财政局农业科科长
邹　丰　县城市管理综合执法局执法二中队中队长
郑　欣　县第三实验小学教师
郑恒斌　州城街道移民办主任

姜爱忠　县国有粮食购销公司储运科科长、储备库主任
梁广勤　中联美景水泥有限公司副总经理
续　伟　县公路局工程二处处长
谢婷婷　县安康精神病医院精神科护士长
翟元利　东平县水浒旅游公司财务总监
臧　健　县第一中学教师

全县脱贫攻坚成绩突出个人

省派第一书记

张　杰　省水利厅人事处副处长、老湖镇西村四村第一书记

颜　恒　省水利厅水资源处主任科员、老湖镇辛店铺村第一书记

巩向锋　省水利科学研究院勘察设计研究所工程师、老湖镇后埠子村第一书记

王海军　省水文局水情处水文预报科科长、老湖镇刘庄村第一书记

吕建远　省南水北调工程建设管理局建设管理处调研员、老湖镇贾村第一书记

崔庆福　南水北调东线山东干线济宁应急抢险中心副主任、老湖镇陈辛庄村第一书记

郑龙跃　省水利移民管理局主任科员、老湖镇后仓村第一书记

于　光　省交通运输厅港航局船检处（海事处）处长、接山镇前寨子村第一书记

言守明　济南船舶检验局营运检验科工程师、接山镇中套村第一书记

黄宜更　山东黄河河务局东平湖管理局副总工、旧县乡王古店三村第一书记

李庆星　山东黄河河务局东平黄河河务局斑鸠店管理段段长、旧县乡尹村二村第一书记

高明国　泰山学院图书馆馆长、东平街道大井村第一书记

朱振广　泰山学院数学与统计学院党总支副书记、东平街道百户庄村第一书记

袁振堂　泰山学院学生工作处南校区团总支书记、东平街道西豆山村第一书记

赵启会　泰山医学院第二临床医学院党总支副书记、接山镇周徐村第一书记

吴　永　泰山医学院团委干事、接山镇西杨郭庄村第一书记

李忠军　泰山医学院附属医院保卫科副科长、接山镇辛庄村第一书记

市派第一书记

庄孟琦　泰安市机关事务管理局嘉和新城管理服务站站长，州城街道党工委副书记（挂职）、东张庄村第一书记

杨兴伟　中央储备粮泰安直属库东平分库购销科科长、州城街道荣花树村第一书记

侯典义　中国银行东平支行业务发展部客户经理、州城街道孙纸坊村第一书记

唐海滨　泰安市土地收购储备中心副科长、州城街道大梁庄村第一书记

周　勇　泰安市国土资源执法监察支队科员、州城街道夹河村第一书记

乔国华　泰安市国土资源局不动产登记中心科员、州城街道后莲花湾村第一书记

吕敬涛　泰安市中级人民法院技术室副主任、州城街道孙岗村第一书记

葛宝伟　泰安市中级人民法院组织人事处副处长、州城街道田庄村第一书记

贾太久　泰安市公安局特巡警支队二大队教导员，彭集街道党工委副书记（挂职）、后代村第一书记

耿化勇　泰安市国库集中支付管理办公室非税收入综合管理科副科长、彭集街道后亭村第一书记

周光辉　泰安市公安局刑事侦查支队三大队科员、彭集街道陈流泽村第一书记

张振军　泰安市公安局岱岳区分局祝阳派出所副所长、彭集街道栾庙村第一书记

吕庆高　泰安长城中学化学教师、彭集街道大高庄村第一书记

李晓龙　泰安师范附属学校体育教师、彭集

街道苇子河村第一书记

亓祥元　泰安银监分局监察科副主任科员、彭集街道赵楼村第一书记

陈兆运　中国建设银行东平支行客户经理、彭集街道后海村第一书记

郭启栋　中国农业银行泰安分行综合管理部督导员、彭集街道南城子村第一书记

贾汝聪　泰山护理职业学院科研处副处长、团委副书记，新湖镇党委副书记（挂职）、宫村第一书记

宋　正　东平湖管理局东平管理局经济工作办公室副主任、新湖镇常仲口村第一书记

朱晓波　泰安市军队离退休干部服务管理中心服务管理科副科长、新湖镇王官村第一书记

杜　鹏　泰安市中心医院党务工作部副主任、新湖镇刘楼村第一书记

陈广辉　泰安市妇幼保健院北集坡街道卫生服务中心总务科科长、新湖镇楼岔村第一书记

宫品基　泰安市规划局地理信息中心党支部书记、新湖镇张桥村第一书记

王荣凯　省农村信用社联合社泰安办事处资产管理科副科长、新湖镇范岗村第一书记

王其坤　中国邮政储蓄银行泰安市分行办公室（党委办公室）科员、新湖镇牛圈村第一书记

魏　凯　泰安市畜牧兽医局饲料工业办公室主任，商老庄乡党委副书记（挂职）、丁沙村第一书记

张树和　泰安市企业国有资产管理中心安全生产科副科长、商老庄乡潭坑涯村第一书记

王兵化　泰安市粮食局执法大队大队长、商老庄乡义和堤村第一书记

李　乾　泰安技师学院教务处科员、商老庄乡商老庄村第一书记

范　涛　泰安市工商行政管理局办公室主任科员，大羊镇党委副书记（挂职）、杜村第一书记

马　强　泰安市经信委无线电管理办公室无线电协调管理科科员、大羊镇马楼村第一书记

刘翔飞　泰安市工商行政管理局人事科科员、大羊镇前魏雪村第一书记

戴　翔　泰安市食品药品稽查支队食品生产稽查科科员、大羊镇前杨村第一书记

庄　辉　泰安市食品药品检验检测中心药理科副科长、大羊镇许村第一书记

县派第一书记

张荣芳　县卫生和计划生育局副主任科员、东平街道西孟村第一书记

牛成龙　县检察院刑事执行科副科长、东平街道牌子村第一书记

郑昌东　县物价局人秘科副科长、东平街道曹村第一书记

窦海波　县国土资源局彭集国土所所长、彭集街道解庄村第一书记

方　霞　县园林绿化局管理四科科长、彭集街道王庄村第一书记

丁连新　县老干部活动中心副主任、沙河站镇北场村第一书记

张　东　县公安局沙河站派出所副所长、沙河站镇西杨楼村第一书记

梁　华　县计生服务站政工科科长、沙河站镇冯洼村第一书记

吴守洋　县计生协会办公室主任、新湖镇王仲口村第一书记

黄启真　县妇联副主席、州城街道桂井子村第一书记

程振宏　县第一人民医院团总支副书记、州城街道北门村第一书记

张　龙　县司法局戴庙司法所副所长、戴庙镇东金山村第一书记

赵建华　县规划局总工办副主任、戴庙镇前张庄村第一书记

刘　涛　县法院民事审判三庭副庭长、银山镇南刘村第一书记

孙延新　县市场监管局银山工商所科员、银山镇杨庄村第一书记

焦修魁　县职业中专工会副主任、斑鸠店镇

淹王沟村第一书记

李德海　县矿产业管委安全环保局副局长、斑鸠店镇八里汀村第一书记

冯兆民　县林业局造林绿化科科长、旧县乡吉城二村第一书记

董新峰　县疾病预防控制中心办公室主任、旧县乡吉城三村第一书记

卜令龙　县经济和信息化局节能办副主任、老湖镇西村二村第一书记

林　闯　县人民医院总务科机电组组长、梯门镇后山屯村第一书记

梁　磊　东平高级中学学科组长、梯门镇西李庄村第一书记

杨振华　县直机关工委副书记、大羊镇李庄村第一书记

杜延磊　县环保局总量办副主任、大羊镇毕庄村第一书记

宋有福　县国土资源局大羊国土所所长、大羊镇丁坞村第一书记

刘季沙　县委党校业教科副科长、接山镇蓆桥村第一书记

屈　萌　县经济开发区管委人力资源局局长、经济开发区驻驾村第一书记

乡镇（街道）、经济开发区、县直部门成绩突出个人

杜　海　刘　兵　张　静　尹逊峰　张　丽
孟宪国　高　兰　孙汝涛　陈　辰　任德胜
夏传嘉　于　娟　林艺璇　黄启真　彭衍胜
田西玉　徐友华　陈丹丹　王兴玉　王　斌
郭明柱　王兴宝　张丽娟　陈立伟　梁　燕
赵　辉　蔚　丽　张爱梅　陈　克　张贤惠
巩如峰　孔庆勤　刘　斯　孟令谦　张　晶
刘万文　庞　霞　刘衍强　李　林　唐守君
李　国　姜同行　张　斌　齐道德　刘振元
纪茂军　李　旭　李玉健　巩树斌　孟　芮
张瑞胜　陈　震　安　磊　韩桂云　王　健
王绪英　樊祥燕　李廷珍　陈兆伟　徐兴建
李　文　李心阳　李存社　赵黛芳　高　军
赵国栋　安　红　李子武　吴庆先　陈　杰
孟庆茹　蔡晓燕　李保华　陈　峰

企业和社会组织成绩突出个人

商成龙　东平科海菌业有限公司董事长
董玉敏　山东卓远建设工程有限公司经理
孙虎城　山东宝地城市广场总经理
姜广利　泰安兴和物资有限公司总经理
吴绪彦　东平县虹慈公益服务中心会长
武树强　接山镇强富家庭农场场长
李传峰　东平建业农业科技有限公司总经理

全县“三大工程”工作成绩突出个人

乡镇（街道）各社区指挥部成绩突出个人

吴衍涛　老湖镇党委副书记、凤凰社区指挥部指挥

李家东　老湖镇党委委员、武装部部长，滨湖社区指挥部指挥

王笃兴　老湖镇党委宣传委员、水浒社区指挥部指挥

董景伟　老湖镇副镇长、浒源社区指挥部指挥

董绪友　老湖镇凤凰社区党委书记

赵广勇　老湖镇水泊社区党总支书记

方　良　老湖镇浒源社区党总支书记

魏传友　老湖镇滨湖社区党总支书记

王笃斌　老湖镇水浒社区党总支书记

赵方彬　老湖镇财政管理中心主任

郑恒斌　州城街道移民办主任、湖韵苑社区指挥部办公室主任

杜　海　州城街道西门管区党总支书记、湖韵苑社区党委书记

李振兴　旧县乡尹村办事处党总支书记、陈山口社区指挥部成员

王洪峰　旧县乡旧县办事处党总支书记、陈山口社区指挥部成员

陈　军　斑鸠店镇发改办主任、路村社区指挥部成员

庞　霞　斑鸠店镇扶贫办主任、侯河社区指挥部成员

贺兆伟　斑鸠店镇堂子管区党总支书记

陆相壮　银山镇党委宣传委员、武装部部长，平湖社区指挥部指挥

陈大雷　银山镇安监办副主任、南堂子社区指挥部成员

王广峰　银山镇腊山管区党总支书记、顾庞社区指挥部成员

赵法忠　银山镇山赵村党支部书记、平湖社区指挥部成员

牛英祥　银山镇牛楼村党支部书记、平湖社区指挥部成员

张　斌　戴庙镇党委委员、副镇长，金山西社区指挥部指挥

吕　梅　戴庙镇副镇长、金山东社区指挥部成员

郭道民　戴庙镇安监办副主任、金山社区党总支书记

王树元　大羊镇人大主席、西王社区指挥部指挥

田保柱　接山镇党委委员、副镇长，尹山庄社区指挥部指挥

李　强　接山镇党委委员、武装部部长，朝阳庄社区指挥部指挥

李　鹏　彭集街道党工委委员、纪工委书记，后亭社区指挥部指挥

郭晓光　县物流园区党委副书记、管委会副主任，后亭社区指挥部指挥

潘晓东　东平街道党工委委员、办事处副主任，百户庄社区指挥部指挥

郭　玲　老湖镇党委委员、东原影城社区指挥部指挥

任泽福　银山镇党委组织委员、南北刘社区指挥部指挥

齐道功　戴庙镇副镇长、新时代佳苑社区指挥部常务副指挥

董光庆　旧县乡党委副书记、时代新城指挥部常务副指挥

县派工作组成绩突出个人

李传伟　县食品药品监督管理局副主任科员、湖韵苑社区副指挥长

巩汝靖　县科协主席、凤凰社区副指挥长

赵国富　县投资评审中心主任、滨湖社区县派工作组成员

任泽庆　县公用事业局副局长、水浒社区副指挥长

孙家臣　县地方海事处副处长、水泊社区责任单位联系人

李　强　县民政局局长、浒源社区副指挥长

展长顺　县总工会主席、陈山口社区副指挥长

王运阳　县劳动就业办主任、侯河社区副指挥长

孙延俭　县矿产业管委主任、路村社区副指挥长

董光春　县腊山管理局局长、平湖社区副指挥长

田　敏　县农经办主任、南堂子社区副指挥长

亓　麟　县房管局信访科科长、顾庞社区责任单位联系人

杜召锋　县委政法委副书记、金山东社区县派工作组成员

张绪阔　县司法局副局长、金山东社区副指挥长

刘桂祥　县水产局副局长、金山西社区副指挥长

李子武　县卫生和计划生育局局长、百户庄社区副指挥长

孙培冉　县农业局局长、尹山庄社区副指挥长

魏宏程　县水利局局长、东原影城社区副指挥长

周脉生　县矿产业管委干部（副局级）、后亭社区县派工作组成员

谢兴庆　县河道管理局局长、南刘社区副指挥长

井胜利　县开发办主任、马山头社区副指挥长

吴兴顺　县畜牧局副局长、北刘社区副指挥长

郭　军　县农业产业化办公室主任、县黄河滩区脱贫迁建工程指挥部包戴庙镇工作组组长

李玉宝　县河道管理局副局长、县黄河滩区脱贫迁建工程指挥部包斑鸠店镇工作组组长

齐　轲　东平湖管理综合执法局党总支书记、县黄河滩区脱贫迁建工程指挥部包银山镇工作组组长

杨启润　县社保局党总支书记、县黄河滩区脱贫迁建工程指挥部包旧县乡工作组组长

县指挥部成绩突出个人

侯庆中　县道路运输管理处副主任、县移民避险解困指挥部成员

郑兴平　县规划局村镇规划科科长、县移民避险解困指挥部成员

王凤茂　县移民局财务科科长、县移民避险解困指挥部成员

冯玉梅　县财政局投融资中心综合科科长、县易地扶贫搬迁指挥部成员

贾晓龙　县发展和改革局人秘科科员、县易地扶贫搬迁指挥部成员

侯庆友　县发展和改革局农经科科长、县黄河滩区脱贫迁建工程指挥部成员

李　焱　县发展和改革局工业科副科长、县黄河滩区脱贫迁建工程指挥部成员

孙　超　县发展和改革局农经科科员、县黄河滩区脱贫迁建工程指挥部成员

全县统战工作成绩突出个人

韩　伟　州城街道统战干事

张　健　东平街道统战干事

梁　娟　接山镇统战干事

李雪明　大羊镇统战干事

刘禹彤　梯门镇统战干事

马季斌　老湖镇人大副主席

董光庆　旧县乡党委副书记

陈志贵　斑鸠店镇党委副书记

李　俊　银山镇统战干事

刘立利　戴庙镇统战干事

王士德　商老庄乡统战干事

张庆涛　新湖镇统战干事

王文翔　沙河站镇统战干事

张　灏　彭集街道统战干事

毕建华　县经济开发区管委工会副主任

郑善民　县教育局副局长

李彦琦　县民间组织管理局局长

张宏艳　县经济和信息化局政工科科长

郑玉田　县房管局党组副书记

徐玉龙　县卫生和计划生育局人秘科科长

全县平安东平建设成绩突出个人

王庆棒　梯门镇综治办副主任

陈志贵　斑鸠店镇党委副书记

米厚章　戴庙镇党委副书记

李茂兰　州城街道综治办副主任

张绪房　大羊镇综治办主任

李　征　接山镇副镇长

尹安军　旧县乡综治办副主任

金爱芹　东平街道综治办副主任

张　华　彭集街道党工委委员、办事处副主任

薛卫国　县公安局新湖派出所所长

李　民　银山镇综治办副主任

王　晓　老湖镇综治办主任

李存孝　沙河站镇副镇长

侯　铖　商老庄乡党委副书记

李加坤　县经济开发区管委社会事务局局长

赵仰东　县督查局调研科科长

潘　峰　县政府法制办法规科科长

王　雁　县人大法制委员会副主任委员、法工委主任

张广波　县政协提案委工作室副主任、主任科员

王成德　县委组织部干部科科长、干部档案信息科科长

闫　晓　县综治办副主任
陈淑锋　县新闻中心主任
黄相珍　县纪委、监委案件监督管理室主任
郑龙强　县纪委派驻第六纪检监察组副组长
展延才　县委统战部副部长、民宗局副局长
陈瑞华　县人民防空办公室副主任
魏　锴　县总工会副主任科员
刘　渊　县矿产业管委办公室主任
赵冰心　团县委副书记
刘美莲　县妇联主席
张革新　县金融办副主任
郑德生　县旅游局副局长
夏庆广　县粮食局副主任科员
刘　彬　县直机关工委武装部部长
王瑞成　县编办综合科科长
孙　哲　县统计局人秘科科员
李兰轩　县林业局副局长
侯庆国　县残联副理事长
周长生　县农工办科员
李德兴　县委党校总务科副科长
李　岩　县物价局检查所所长
李　旭　县行管局副局长
王继强　县体育局副局长
贾承强　县商务局副局长
李吉龙　县经济合作局副局长
刘东平　县住房和城乡建设局副局长
孙　波　县畜牧局办公室主任
田冬青　县烟草专卖局专卖科科长
鲍长江　县政务服务中心管理办公室综合科科员
石国明　县开发办产业化科科长

人民满意政法干警

三等功

陈可征　县法院民事审判二庭庭长
卜祥海　县法院行政审判庭庭长
陈动动　县法院信息科副科长
王　建　县检察院检察员
郭庆拨　县检察院行装科科长、派驻宿城检察室主任
李曙光　县检察院侦监科科长
徐　辉　县公安局接山派出所副所长
梁吉国　县公安局食品药品与环境犯罪侦查大队副大队长
索　磊　县公安局商老庄派出所副所长
袁　伟　县公安局老湖派出所副所长
谢　群　县公安局戴庙派出所教导员
赵方兴　县公安局出入境管理大队大队长
邓亚峰　县看守所科员
李西宝　县司法局副局长

嘉奖

赵树亮　县法院审判监督庭庭长
吴珊珊　县法院助理审判员
徐　芃　县法院助理审判员
何彦超　县检察院检察员
陈　超　县检察院信息科副科长
何　田　县检察院控申科副科长
肖兴猛　县公安局新湖派出所教导员
郝树勇　县公安局斑鸠店派出所副所长
巩如运　县公安局沙河站派出所教导员
屈　强　县公安局指挥中心信通科科长
梁　娜　县公安局政治处组教科科长
王文文　县公安局治安警察大队科员
房永科　县公安局湖上分局副局长
王志海　县司法局法规教育科科长

全县信访工作成绩突出个人

瞿庆东　县纪委信访室副主任
刘荣岚　县委办公室秘书科副科长
郑　鹏　县电教中心主任、县委组织部干部监督科科长
徐家文　县网络办主任
马学河　县民宗局副局长
刘海霞　县委政法委副主任科员、执法督查科科长

孙善立　县信访局副主任科员、查办科科长
刘安文　县信访局办信科科长
李晓光　县人大常委会信访室副主任
李渊峰　县政协提案委员会工作室主任
马海涛　县法院机关党委书记、正局级审判员
陈　浩　县检察院控告申诉科科长
田　浩　县政府办公室秘书科副科长、应急办综合科科长
于洪利　县经济和信息化局秘书科科员
李　宽　县教育局信访办副主任
陈　涛　县公安局治安警察大队教导员
徐自军　县公安局特巡警大队县政府保卫科科长
李　磊　县公安局东平派出所副所长
孙德恩　县公安局旧县派出所民警
崔　磊　县公安局信访科民警
李玉侠　县民政局副局长
刘振安　县司法局办公室主任
侯召民　县人力资源和社会保障局副局长
林　峰　县国土资源局信访办主任、土地资产监管中心副主任
朱东升　县住房和城乡建设局副主任科员
巩鲁义　县住房和城乡建设局清欠办主任
丁祺邦　县交通运输局矛调办主任、政工科副科长
尚家安　县水利局副主任科员
谢德璋　县农业局信访办主任
侯召雨　县文化广电新闻出版局党委副书记、副局长
陈建军　县疾病预防控制中心主任
张景富　县环保局副局长
马　军　县安全生产监督管理局办公室副主任
冯殿光　县食品药品监督管理局副局长
袁丙海　县市场监督管理局办公室主任
李茂玉　县经济开发区管委党政办公室科员
孙久国　县景区管委安全管理科科长
李吉明　县移民局副局长
杨　军　县水产局副局长
吴玉振　县林业局纪委书记
王学奎　县公用事业局副局长
王允革　县城市管理综合执法局信访办主任
刘　渊　县矿产业管委办公室主任
周　峰　县国资局副局长
颜　斌　县规划局规划管理科科长
陈　涛　县房管局副局长
何锡明　县房管局信访科科长
杨修运　县农机局副主任科员
戴淑华　县畜牧局原纪委书记
刘玉山　县社保局干部（副局级）
郭　颖　县腊山管理局信访办主任
王　伟　县河道管理局办公室副主任
张丽君　国网东平供电公司光明公司经理
张　明　县国税局副主任科员
田茂雷　县地税局副局长
刘　雷　州城街道信访办主任
张卫东　东平街道信访办主任
翟克华　接山镇信访办主任
乔文英　大羊镇信访办主任
陈敬健　梯门镇梯门管区党总支书记
郑兴发　老湖镇信访办主任
门洪洁　旧县乡信访办副主任
战兴行　斑鸠店镇信访办主任
姬长民　银山镇信访办主任
李广庆　戴庙镇人大副主席
肖士伟　商老庄乡信访办主任
陈志明　新湖镇信访办主任
王太坤　沙河站镇信访办主任
牛承勇　彭集街道信访办主任

全县维稳工作成绩突出个人

李栋华　县纪委信访室主任
常元波　县机要保密局密码管理科科长
郑善礼　县信访局审理科科长
陈　辰　县公安局东平派出所教导员
陈书元　县教育局信访办主任
张增光　县人力资源和社会保障局企业科科长

袁　涛　县军队离休退休干部休养所所长
卜令龙　县经济和信息化局节能办副主任
李宏力　县住房和城乡建设局副局长
丁祺邦　县交通运输局矛调办主任、政工科副科长
耿进国　县环保局信访科科长
李茂玉　县经济开发区管委科员
袁丙海　县市场监督管理局办公室主任
韩洪泉　县行业管理办公室副主任
王　洁　县供销联社科员
杨修运　县农机局副主任科员
孙延俭　县矿产业管委主任
李　程　国网东平供电公司科员
谭秉航　州城街道维稳办主任
崔延龙　县公安局东平派出所所长
刘　超　接山镇维稳办主任
乔文英　大羊镇维稳办主任
彭　杰　梯门镇党委副书记
李广前　老湖镇维稳办主任
万庆丰　旧县乡党政办副主任
刘传华　斑鸠店镇维稳办主任
陈明月　银山镇信访办副主任
米厚章　戴庙镇党委副书记
肖士伟　商老庄乡维稳办主任
侯衍强　新湖镇信访办指导员
陆继帅　沙河站镇党委副书记
刘祥龙　彭集街道维稳办主任

全县武装工作成绩突出个人

王宪海　县政府办公室副主任、主任科员
颜廷诚　县中医院副院长
陈　涛　县公安局治安大队教导员
陈继勇　县公安局特巡警大队大队长
杨晓健　县教育局基教科副科长
何　伟　县广播电视台电视新闻中心主任
赵广军　县公路局副局长
赵景喜　县高级中学校长
张久民　县明湖中学校长
张久芳　县职业中专校长
刘　彬　县直机关工委武装部部长
王继国　戴庙镇党委宣传委员、武装部部长
李洪武　新湖镇党委宣传委员、武装部部长
李心领　斑鸠店镇党委宣传委员、武装部部长
巩树君　商老庄乡党委宣传委员、武装部部长
常永康　州城街道党工委委员、武装部部长
李茂国　县民兵训练基地主任
张龙超　县民兵装备仓库主任
马　军　县民兵训练基地副主任
孙汝河　县民兵训练基地教练员

2017 年度“东平好人”

耿进平　银山镇耿山口村党支部书记
李　强　接山镇朝阳庄村党支部书记
陈　刚　县交通运输局机关党总支书记、宿城社区稻香街街长
王　晓　老湖镇综治办主任
梁　良　水浒旅游开发有限公司水浒影视城职工
武　辉　县邮政局投递员
方　雷　《今日东平》报社记者
张运华　县自来水公司听漏员
颜金龙　县公安局交警大队辅警
崔月强　县公安局交警大队辅警
李渊臣　东平街道后屯社区党支部书记

全县第六届道德模范名单

张兆民　彭集街道马流泽村村委会主任
赵　锐　县委政研室副主任
王瑞光　县公安局银山派出所辅警
郭安民　接山镇遂城管区联防队队长
李　浩　斑鸠店镇斑鸠店村村民
杜洽海　州城街道喔喔农场主
尚付雁　接山镇姜庄村村民
孔玉梅　彭集街道陈流泽村村民
侯延军　泰安马拉磨油脂调料有限公司总经理
郝振刚　山东力创科技有限公司董事长

全县第六届道德模范提名奖

李广余　东平街道赤脸店社区党支部书记、居委会主任
苗　勇　县法院宿城法庭庭长
李希顺　州城街道桂井子村村民
梁久常　县实验中学安监办主任
张美合　老湖镇庄科村村民
孙红蕾　县特殊教育学校教师
杨周俊　沙河站镇常庙村村民
岳晓丽　县地方海事处综合科副科长
沈　明　山东海工科技有限公司总裁
汪新兰　沙河站镇东杨楼村村民

2017 年度全县行政执法工作成绩突出个人

巩汝玺　徐　刚　张　慧　吕　杰　李　岩
郑翔生　井维卿　邹　丰　赵广东　段　龙
朱士民　毛庆奎　解树平　尚道新　牛　剑
李启昌　张胜军　商　政　王惠丽　贾　贝
程广兴　宋　鑫　陈均晓　曹景生

2017 年度村级工作擂台赛“总擂主”

村级工作擂台赛“总擂主”

李　强　接山镇朝阳庄村党支部书记

村级工作擂台赛“十佳擂主”

李　强　接山镇朝阳庄村党支部书记
张兆民　彭集街道马流泽村党支部书记
赵同厂　接山镇后口头村党支部书记
张吉贤　旧县乡浮粮店村党支部书记
杜　海　州城街道湖韵苑社区党委书记
李保全　梯门镇西沟流村党支部书记
王吉章　大羊镇南留屯村党支部书记
王兴宝　梯门镇东瓦庄村党支部书记
董　峰　新湖镇唐营村党支部书记
李广余　东平街道赤脸店社区党支部书记

村级工作擂台赛“优秀擂主”

胡长忠　东平街道东豆山村党支部书记
万忠华　东平街道无盐村党支部书记
李沉河　东平街道马庄村党支部书记
李渊臣　东平街道后屯村党支部书记
王尚江　东平街道大井村党支部书记
李为民　彭集街道王庄村党支部书记
张振平　彭集街道苇子河村党支部书记
吕衍忠　彭集街道后郑海村党支部书记
史　彬　彭集街道裴寨村党支部书记
陈　凯　彭集街道赵楼村党支部书记
刘丕华　沙河站镇李纸坊村党支部书记
蔚　平　沙河站镇前河涯村党支部书记
姜金光　沙河站镇洪福寺村党支部书记
刘　军　沙河站镇蔡庄店村党支部书记
王明东　沙河站镇董寨村党支部书记
冯兆江　沙河站镇冯洼村党支部书记
赵书民　新湖镇常仲口村党支部书记
巩　固　新湖镇巩楼村党支部书记
唐先华　新湖镇唐楼村党支部书记
董　平　新湖镇张坦村党支部书记
张保中　新湖镇张桥村党支部书记
郦延勇　州城街道刘桃园村党支部书记
杜延渠　州城街道单楼村党支部书记
赵荣生　州城街道北门村党支部书记
段思华　州城街道小东门村党支部书记
梁吉强　州城街道大梁庄村党支部书记
丁庆高　商老庄乡丁沙村党支部书记
刘崇华　商老庄乡刘立村党支部书记
孙和财　商老庄乡孙庄村党支部书记
王成连　商老庄乡三里庄村党支部书记
孟庆军　商老庄乡小吴村党支部书记
沈本刚　商老庄乡义和堤村党支部书记
刘帮祥　戴庙镇小刘村党支部书记
徐明文　戴庙镇孟垓村党支部书记
陆家军　戴庙镇司里山村党支部书记
陆相贺　戴庙镇陆庄村党支部书记
杨传营　戴庙镇南杨庄村党支部书记
董友军　戴庙镇新华村党支部书记
陈大玉　银山镇毛山头村党支部书记
刘振刚　银山镇北刘村党支部书记
牛英祥　银山镇牛楼村党支部书记

轩召光　银山镇轩堂村党支部书记
战传礼　银山镇战屯村党支部书记
宋来同　银山镇沈屯村党支部书记
黄广灿　斑鸠店镇黄庄村党支部书记
李瑞华　斑鸠店镇北枣园村党支部书记
陈　华　斑鸠店镇陈庄村党支部书记
李传华　斑鸠店镇李庄村党支部书记
万元岭　斑鸠店镇张庄村党支部书记
李克国　斑鸠店镇李辛村党支部书记
李家泉　旧县乡王古店三村党支部书记
李明杰　旧县乡吉城三村党支部书记
刘忠诚　旧县乡吉城二村党支部书记
董立祥　旧县乡尹村二村党支部书记
赵树青　旧县乡王古店四村党支部书记
孙良辉　老湖镇王台村党支部书记
冯兆义　老湖镇杨村党支部书记
张树新　老湖镇刘洼村党支部书记
孙广平　老湖镇焦铺村党支部书记
袁丙乐　老湖镇前茶棚村党支部书记
宋朝元　老湖镇前埠子村党支部书记
武士华　梯门镇北陈庄村党支部书记
李吉常　梯门镇花店村党支部书记
武传柱　梯门镇东沟流村党支部书记
王兴华　梯门镇东梯门村党支部书记
刘　华　大羊镇西王村党支部书记
裴云路　大羊镇李大羊村党支部书记
许昌华　大羊镇土安村党支部书记
吕坤银　大羊镇杜村党支部书记
李培荣　大羊镇毕庄村党支部书记
尹承祥　接山镇尹山庄村党支部书记
李玉春　接山镇接山村党支部书记
徐玉平　接山镇夏谢五村党支部书记
邢兆兵　接山镇肖庄村党支部书记
井维合　县经济开发区驻驾村党支部书记
李子春　县经济开发区井峪村党支部书记
李明军　县经济开发区闫村社区党支部书记
牛芝国　县经济开发区韩庄村党支部书记
李瑞华　县经济开发区前海子村党支部书记

全县教育工作先进个人

优秀教师

吴绪磊　高级中学
吴绪霞　高级中学
何凤云　高级中学
李　永　高级中学
周　涛　高级中学
王兴华　高级中学
刘辉（英）高级中学
高　燕　高级中学
白　平　高级中学
展思荣　高级中学
赵庆旺　高级中学
商　刚　高级中学
侯文娟　高级中学
张传芳　高级中学
冯吉南　高级中学
李　健　高级中学
郭　静　高级中学
范存斌　明湖中学
韩倩倩　明湖中学
潘占稳　明湖中学
张灿星　明湖中学
姜兰锋　明湖中学
韩　飞　明湖中学
刘　燕　明湖中学
李胜娥　明湖中学
刘春丽　明湖中学
杨淑青　明湖中学
田　鲁　明湖中学
屈克芹　明湖中学
李广红　明湖中学
庞　伟　明湖中学
王美环　明湖中学
毕泗超　明湖中学
马成华　明湖中学
王　玲　东平一中
朱世娟　东平一中

穆明栋　东平一中
吴兴媛　东原文化补习学校
栗明华　东平艺术中学
刘辉（语）高级中学
付雅云　高级中学
尚　敏　高级中学
张　昱　高级中学
郭道胜　高级中学
杨蕾蕾　高级中学
李莉莉　高级中学
刘　灿　高级中学
杜庆春　明湖中学
肖　英　明湖中学
李成强　明湖中学
薛金凤　明湖中学
孙召宾　明湖中学
王建辉　明湖中学
董绪磊　明湖中学
包爱红　明湖中学
林宏拳　明湖中学
刘翠萍　明湖中学
肖清华　东平一中
李　越　东平一中
李广春　东平艺术中学
刘芙蓉　东平艺术中学
李　潇　东平艺术中学

高中优秀班主任

张德华　高级中学
王笃涛　高级中学
巩衍军　高级中学
杨方泉　明湖中学
刘文平　明湖中学
陈　勇　明湖中学
赵　彬　东平一中
李跃辉　高级中学
安广勇　高级中学
彭新奇　明湖中学
刘宁波　明湖中学
乔　勇　东平一中
潘　璟　东原实验学校
王剑平　东原实验学校
李　燕　佛山中学
郑志泉　佛山中学
高为臣　明湖中学初中部
郑善菊　明湖中学初中部
宋焕青　实验中学
赵　华　实验中学
李宗法　沙河站镇中学
唐先统　沙河站镇中学
侯召卫　州城街道第二中学
樊　磊　州城街道第二中学
张荣伟　彭集街道中学
陈福连　彭集街道中学
刘　丽　梯门镇中学
马孟才　老湖镇中学
李素梅　老湖镇中学
奚凤华　戴庙镇中学
商孟焕　戴庙镇中学
陈春燕　斑鸠店镇中学
石　涛　大羊镇中学
吴宏伟　银山镇中学
吴厚新　新湖镇中学
王传彦　旧县乡中学
侯绪清　东原实验学校
张　辉　佛山中学
李成泉　明湖中学初中部
蒋习良　实验中学
乔　平　沙河站镇中学
吕修更　州城街道第二中学
李　新　彭集街道中学
王　倩　梯门镇中学
叶近军　老湖镇中学
陆红旗　戴庙镇中学
蔡宏志　斑鸠店镇中学
陈艳芝　大羊镇中学
徐风梅　银山镇中学

田西敏　新湖镇中学
杨　建　旧县乡中学
赵成龙　东平街道中学
屈雪梅　接山镇中学
陈兆亮　州城街道第一中学
巩如娟　接山镇第二中学
张来磊　商老庄乡中学

初中优秀班主任

刘　勇　东原实验学校
刘　强　佛山中学
张茂强　明湖中学初中部
陈　乐　实验中学
孙家华　沙河站镇中学
崔兴彬　州城街道第二中学
杜　军　彭集街道中学
王长文　县实验小学
王红云　县第二实验小学
杨　娟　县第四实验小学
李海莲　县第三实验小学
孙艳红　东原实验学校
侯召慧　沙河站镇中心小学
程　霞　梯门镇中心小学
李倩楠　彭集街道后亭小学
颜廷荣　州城街道中心小学
刘　娟　斑鸠店镇中心小学
刘邦秀　戴庙镇西辛小学
韩淑芳　新湖镇中心小学
张翠萍　银山镇中心小学
刘庠振　老湖镇中心小学
高中荣　旧县乡王古店小学
吕修民　大羊镇裴洼小学
马梅凌　东平街道中心小学
陈　晔　接山镇中心小学
王留超　商老庄乡中心小学
韩　丽　经济开发区实验小学
赵广芬　新湖镇中心幼儿园
杨丽丽　梯门镇第三幼儿园
刘　燕　银山镇中心幼儿园
潘明华　接山镇中心幼儿园
王庆亭　斑鸠店镇中心幼儿园
张恩慧　实验幼儿园
冯翠翠　实验幼儿园
王京燕　大羊镇中心幼儿园
张田田　老湖镇中心幼儿园
谢　华　东平街道中心幼儿园
田　颖　县直机关幼儿园
赵风香　戴庙镇中心幼儿园
吴春莲　商老庄乡八里湾小学幼儿园
宫延荣　彭集街道中心幼儿园
徐艳华　旧县乡中心幼儿园
侯召芹　州城街道中心幼儿园
王亚萍　沙河站镇中心幼儿园

职业中专优秀教师

宋秀丽　吴　凡

职业中专优秀班主任

陈立超　柳尧良

特殊教育学校优秀教师

何明明

育才学校优秀教师

胡修文

现代职业学校优秀教师

李伟伟

优秀校长（园长）

张久民　赵景喜　张培齐　张久芳　张乐宽
张　起　殷复科　梁永久　吴绪柱　辛　诚
张德峰　乔丙坤　李　军　刘建志　刘传民
白长华　刘　斌　王清国　赵海营　王洪进
刘　鹏　张云海　张兴奎　王　鹏　张广华
李　华　颜廷银　冯殿玉　王延新　李玉根
姜　勇　王　冰　郑兴国　梁　慧　孙纲友
付茂东　牛之强

优秀教办主任

程忠业　王　伟　吕衍海　王庆纪　张　伟
陈士东　刘祥同　张　勇　马启林

高中教育教学特殊贡献先进个人

校长

赵景喜　张久民

高三包级校长

马振强　范思杰

高三级部主任

孙汝文　朱　琳　刘德亮　叶远涛　刘志国

班主任

周　涛　解洪旭

任课教师

吴绪磊　吴绪霞　何凤云　李　永　周　涛
王兴华　孟宪伟　孙桂云　刘坤媛　牛之龙
魏述玲　孟爱芹

优秀教研员

程　霞　尚丽红　张广连　纪　涛　刘　峰
李学奎

捐资助学先进个人

侯国华　东平鑫隆建筑安装公司
姜广利　泰安鑫兴和经贸有限公司
邵秀华　台湾爱心女士
高伟博　北京三杰建筑安装有限公司
刘全成　大羊镇西三旺村
刘德胜　接山镇夏谢四村
庞茂水　斑鸠店镇上庞口村
颜廷安　接山镇常庄一村
解志武　斑鸠店镇解山村
巩树环　山东黄河河务局退休干部
高　涛　山东首瀚信息科技有限公司
王庆彦　山东众康医疗集团
冯兆田　济南茂盛达实业有限公司
李炳昌　昌泰科技股份有限公司
张宗席　山东鼎讯投资控股集团有限公司
洪　峰　山东旅游科技集团

县委命名的优秀共产党员、2016年度村级工作擂台赛“总擂主”“十佳擂主”“优秀擂主”名单

优秀共产党员

带富致富先锋

郈延勇　州城街道刘桃园村党支部书记
李渊宏　州城街道荷花楼村党支部书记
杨吉峰　州城街道袁楼岔村党支部书记
张　军　州城街道文庙村党支部书记
李广余　东平街道赤脸店社区党支部书记
刘庆海　东平街道刘范村社区党支部书记
王　辉　东平街道一担土村党支部书记
胡长忠　东平街道东豆山村党支部书记
李　强　接山镇朝阳庄村党支部书记
赵同厂　接山镇后口头村党支部书记
尹承祥　接山镇尹山庄村党支部书记
李清明　接山镇苍邱一村党支部书记
王秀乐　接山镇周徐村党支部书记
井维东　接山镇荣花树村党支部书记
王吉章　大羊镇南留屯村党支部书记
许昌华　大羊镇土安村党支部书记
尹承柱　大羊镇西北村党支部书记
刘　华　大羊镇西王村党支部书记
李培荣　大羊镇毕庄村党支部书记
王兴宝　梯门镇东瓦庄村党支部书记
李保全　梯门镇西沟流村党支部书记
武传柱　梯门镇东沟流村党支部书记
王惠鑫　梯门镇大洼村党支部书记
赵方臣　老湖镇二十里铺村党员
赵海明　老湖镇后埠子村会计
梁兆富　老湖镇梁林村党支部书记
王成千　老湖镇王李屯村党支部书记
张吉贤　旧县乡浮粮店村党支部书记
董立祥　旧县乡尹村二村党支部书记
李明杰　旧县乡吉城三村党支部书记
马德全　旧县乡吉城五村党支部书记
赵树青　旧县乡王古店四村党支部书记
黄广灿　斑鸠店镇黄庄村党支部书记
刘秀成　斑鸠店镇淹王沟村党支部书记

王正柱　斑鸠店镇前山村党支部书记
耿进平　银山镇耿山口村党支部书记
杜召旺　银山镇南堂子村党员
庞庆英　银山镇牛楼村党员
赵西建　银山镇山赵村党员
徐明文　戴庙镇孟垓村党支部书记
陆相贺　戴庙镇陆庄村党支部书记
牛家文　戴庙镇后张村党支部书记
刘帮祥　戴庙镇小刘村党支部书记
张立智　戴庙镇张垓村党支部书记
孟庆军　商老庄乡小吴村党支部书记
庞恒海　商老庄乡庞那里村党支部书记
董　峰　新湖镇唐营村党支部书记
杨守贵　新湖镇小河涯村党支部书记
赵书民　新湖镇常仲口村党支部书记
刘广桥　新湖镇刘庄村村委会主任
臧守泉　新湖镇臧庄村党支部书记
刘长保　新湖镇郭场村党支部书记
蔚　平　沙河站镇前河涯村党支部书记
姜金光　沙河站镇洪福寺村党支部书记
曹景文　沙河站镇沙北村党支部书记
刘丕华　沙河站镇李纸坊村党支部书记
孙庆忠　沙河站镇孙村党支部书记
王明东　沙河站镇董寨村党支部书记
刘广格　彭集街道后亭村党支部书记
云昌臣　彭集街道鲁屯村党员
田汝海　彭集街道后围村会计
赵庆利　东平经济开发区闫村党员

栗文华　县纪委组织部部长，州城街道王庄村第一书记

孙　锋　县公安局党委委员、主任科员，东平街道大井村第一书记

黄启真　县妇联副主席、党组成员，接山镇辛庄村第一书记

杨振华　县直机关工委副书记，大羊镇前魏雪村第一书记

叶贵亮　县档案局（馆）副局长（副馆长），梯门镇前山屯村第一书记

韩福贞　县住建局主任科员，老湖镇前埠子村第一书记

李俊卿　县社科联秘书长，旧县乡浮粮店村第一书记

焦修魁　县职业中专工会副主任，斑鸠店镇淹王沟村第一书记

陈　超　县公安局银山派出所教导员，银山镇牛楼村第一书记

赵　峰　县投融资管理中心副主任，戴庙镇东金山村第一书记

李献坤　县政府采购管理办公室采购管理科科长，新湖镇小河涯村第一书记

丁连新　县老干部活动中心副主任，沙河站镇北场村第一书记

刘祥辉　县国土局东平街道国土所所长，彭集街道后亭村第一书记

担当效能先锋

徐延朋　州城街道财政所所长
陈宗宝　州城街道柳林管区党总支书记

李永福　东平街道农村财务代理中心主任、赤脸店社区党总支书记

焦承亮　东平街道林业服务队副队长
张　波　东平街道滨河管区党总支书记
刘庆海　东平街道刘范村社区党支部书记

张宏伟　东平街道御泉社区党总支书记、大井管区党总支书记

郑迎新　东平街道党工委组织委员
胡文亭　东平街道宿城管区党总支书记

井维明　县城市管理综合执法局接山镇分局局长

尹燕霞　接山镇接山管区党总支书记
王树元　大羊镇人大主席
田西玉　大羊镇大羊管区党总支书记
陈　涛　梯门镇副镇长
王庆爱　梯门镇乡建办主任
董景伟　老湖镇副镇长
赵方彬　老湖镇财政所所长
李振兴　旧县乡尹村办事处党总支书记

孙海涛　县公安局旧县乡派出所所长
庞　霞　斑鸠店镇扶贫办主任
张巨常　斑鸠店镇司法所所长
刘景海　银山镇主任科员
陆相壮　银山镇党委宣传委员、武装部长
米厚章　戴庙镇党委副书记
张　斌　戴庙镇党委委员、副镇长
徐龙柱　商老庄乡商老庄管区党总支书记、城建办主任、环保办主任
李　渊　商老庄乡党政办副主任
李心阳　沙河站镇扶贫办副主任
任德柱　沙河站镇民营经济服务站站长、招商办主任
王　芳　彭集街道社保所所长
刘建志　彭集街道中学校长
陈　杰　东平经济开发区社会事务服务中心副主任
孟　亮　县信访局接访科科长
苏广顺　县委组织部党建信息传媒中心副主任
朱　峰　县委宣传部网络办副主任
井长征　县委统战部副部长
蒋恩振　县综治办副主任
王瑞成　县编办综合科科长
王可水　县委老干部局副局长
张吉民　县总工会副主席、党组成员
郑　燕　团县委书记、党组书记
熊卫华　县妇联副主席、党组成员
孙秀芝　县工商联党组成员、秘书长、副主任科员
巩汝靖　县科协主席、党组书记，县派驻老湖镇凤凰家园社区
工作组组长
马凤峰　县委党校科员
张作彬　县党史办副主任
黄修振　县农工办副主任
侯庆泉　县人大常委会预算工委副主任
张广波　县政协提案委副主任、主任科员、州城街道马口村第一书记
梁吉益　县人民法院主任科员
刘政卿　县人民检察院反贪局副局长
牛成龙　县人民检察院刑事执行检察科副科长、派驻宿城检察室副主任
李成仕　县人民政府办公室督查室主任、电子政务办公室副主任
侯庆友　县发改局农经科科长
郑树凯　县经信局科员
赵景喜　县教育局党委委员，县高级中学校长、党总支书记
殷复科　县实验中学校长
辛　诚　县第四实验学校校长、党支部书记
张丽红　县高级中学教科室副主任
史斌斌　县科技局人秘科科长
吴中军　县公安局老湖派出所教导员
郭建勇　县公安局特巡警大队副大队长、二中队中队长
房永科　县公安局湖上分局副局长
李丙群　县民政局社会事务科科长、婚姻登记处党支部书记
孙传龙　县民政局办公室主任
张绪阔　县司法局副局长、党组成员
赵国富　县财政局财政投资评审中心主任
杨宏伟　县财政局农业科科长
李渊尧　县人社局党委委员、副主任科员
解　勇　县劳动就业办公室派遣科副科长
李宝军　县技工学校裕丰驾校校长
马　民　县国土局执法大队科长
李　民　县国土局土地利用科科长
赵　伟　县园林绿化局副局长
范　丽　县公路局副局长、党总支委员
陈　涛　县道路运输管理处党支部书记、运政中队中队长
王启志　县水利局党委委员、副主任科员
马　杰　县水利局防汛办公室主任
田　敏　县农业局党委委员、县农经办主任、银山镇南堂子社区督导组组长
郭　军　县农业局党委委员、农业产业化办

公室主任
张　华　县文化馆馆长
王笃军　县爱卫办党支部副书记
王淑花　县卫计局机关党支部宣传委员
赵发存　县疾控中心传染病防治科主任
张淑浩　县人民医院心内科主治医师
张立生　县审计局副局长、党组成员、主任科员
孙　哲　县统计局科员
彭衍胜　县安监局副局长、党组成员
王旭鹏　县粮食局局长、党委书记
彭晓玉　县旅游局商品开发科科长
杨　军　县食药监局（食安办）副局长（副主任）、党组成员
姜吉玉　县市场监管局科员
屈克志　县滨河新区副主任、党工委委员
何国曾　县物流园区管委会规划建设局局长
李笃勇　东平经济开发区安监办主任
李建利　县景区管委副主任、党委委员
叶桂军　县湖管委副主任、党委委员
李　敏　东平湖管理综合执法局老湖中队中队长
曾　丽　县移民局人秘科科长
陈　浩　县移民局人秘科副科长
李　鑫　县行管局后勤服务中心副经理、兴勤物业公司经理
刘桂祥　县水产局副局长
王宜民　县林业局办公室主任、党支部宣传委员
贾承强　县商务局副局长、党组成员
陈兆军　县公用事业局副局长、党委委员
任泽庆　县公用事业局副局长、党委委员
赵　勇　县公用事业局市政处处长
李茂银　县城市管理综合执法局执法四中队中队长
李传玲　县城市管理综合执法局宣教科科长
孙培文　县经信局主任科员、东平县长三角专业招商组组长
孙建新　县残联副理事长、党组成员
罗海龙　县南水北调办办公室主任
高　杨　县供销社副主任、党委委员
陈庆伦　县供销社政工科、秘书科科长
徐　建　县行管办秘书科副科长、机关党支部副书记
赵　勇　县政务服务中心公共资源交易中心科长
姚来丽　县政务服务中心管理办公室综合科副科长
张　兵　县矿管委规划发展局局长、党支部纪检委员
白　兵　县矿管委经济运行局局长、党支部副书记
何胜泉　县广播电视台新闻部主任
王继强　县体育局副局长、党组成员
周　峰　县国资局副局长、党委委员
巩　政　县国资局综合科副科长
宫　华　县检验检测中心业务管理科副科长、党支部组织委员
郑兴平　县规划局村镇规划科科长
李　岩　县物价局物价检查所所长
孙延俭　县房管局（住房办）局长（主任）、党组书记，县住建局党委委员
石国明　县农业综合开发办公室产业化科科长
邹成林　县农机局党委副书记、副局长、主任科员
李振杰　县扶贫开发领导小组办公室综合协调组组长
徐根泉　县河道局大汶河管理段副段长
刘忠华　县财政局经济建设科科长
刘东平　县住建局副局长、党委委员
孙　涛　县规划局副局长、党组成员
张景富　县环保局副局长、党组成员
李吉明　县移民局副局长、党委委员
张革新　县金融办副主任、党组成员
展　彬　县公路局行政科副科长
张金岭　县黄河河务局工人

刘传新　县地税局办公室主任

兴业创新先锋

王志勇　瑞星集团股份有限公司科学院院长

孙　健　瑞星集团股份有限公司润银总公司合成氨二公司副经理

梁洪久　山东润声印务有限公司生产部经理

孙　峰　山东鲁玻包装有限公司办公室副主任

王　云　山东东顺集团股份有限公司生产核算部经理

屈昌波　山东东顺集团股份有限公司电商部经理

李营生　新东岳集团有限公司外二车间党支部书记

方　勇　新东岳集团有限公司安全环保部部长

王延安　山东九鑫日用化工有限公司副总经理

陈培金　山东东平鑫海建工有限公司科技科科长

郑延黎　山东星光实业有限公司车间主任

陈钱山　山东龙美生物医学科技有限公司副总经理

武士国　碧陆斯光电（山东）有限公司东平分公司经理

张　博　山东万德福商贸有限公司副总经理

徐亚林　东平开元机械制造有限公司副总经理

潘章东　东平鑫利达汽摩有限公司党支部委员、行政部副经理

吴绪彦　东平县虹慈公益服务中心主任、党支部书记

李　生　东平县东平吧雷锋团党支部书记

叶生彬　东平信息港公益协会党支部组织委员

孙　健　东平县微力量爱心协会副会长、东平东洲酒业有限公司总经理

唐家昌　东平艺术中学党支部书记

黄广余　国网山东省电力公司东平县供电公司银山供电所所长、党支部书记

陆长亭　国网山东省电力公司东平县供电公司老湖供电所所长、党支部书记

杨洪秀　东平中联章丘裕卓粉磨站总经理

谢　林　中国邮政集团公司山东省东平县分公司副总经理

黄永阳　东平农商银行客户经理

李广军　东平三元矿业发展有限公司总经理

杨文超　县烟草公司综合办公室科员

陈连勇　县新华书店保卫科副科长

徐国文　东平兴东置业有限公司经理

2016 年度村级工作擂台赛“总擂主”

耿进平　银山镇耿山口村党支部书记

2016 年度村级工作擂台赛“十佳擂主”

耿进平　银山镇耿山口村党支部书记

李　强　接山镇朝阳庄村党支部书记

赵同厂　接山镇后口头村党支部书记

李保全　梯门镇西沟流村党支部书记

蔚　平　沙河站镇前河崖村党支部书记

姜金光　沙河站镇洪福寺村党支部书记

董　峰　新湖镇唐营村党支部书记

王成轩　东平街道卜楼村党支部书记

张吉贤　旧县乡浮粮店村党支部书记

刘广格　彭集街道后亭村党支部书记

2016 年度村级工作擂台赛“优秀擂主”

徐延全　州城街道孟庄村党支部书记

杜延渠　州城街道单楼村党支部书记

赵荣生　州城街道北门街党支部书记

邴延勇　州城街道刘桃园村党支部书记

段思华　州城街道小东门街党支部书记

杨吉峰　州城街道袁楼岔村党支部书记

王尚江　东平街道大井村党支部书记

李广余　东平街道赤脸店社区党支部书记

徐广君　东平街道石马村党支部书记

胡长忠　东平街道东豆山村党支部书记

李沅河　东平街道马庄村党支部书记

刘隆树　接山镇刘所村党支部书记

尹承祥　接山镇尹山庄村党支部书记

李清明　接山镇苍邱一村党支部书记

徐玉平　接山镇夏谢五村党支部书记
尹承柱　大羊镇西北村党支部书记
许昌华　大羊镇土安村党支部书记
王吉章　大羊镇南留屯村党支部书记
徐广华　大羊镇裴洼村党支部书记
戴绍华　大羊镇魏楼村党支部书记
李培荣　大羊镇毕庄村党支部书记
武传柱　梯门镇东沟流村党支部书记
武士华　梯门镇北陈庄村党支部书记
陈　勇　梯门镇西南门村党支部书记
王兴宝　梯门镇东瓦庄村党支部书记
王惠鑫　梯门镇大洼村党支部书记
王士领　老湖镇侯林村党支部书记
冯兆义　老湖镇杨村党支部书记
梁兆富　老湖镇梁林村党支部书记
孙广平　老湖镇焦铺村党支部书记
袁丙乐　老湖镇前茶棚村党支部书记
宋朝元　老湖镇前埠子村党支部书记
赵树青　旧县乡王古店四村党支部书记
李明杰　旧县乡吉城三村党支部书记
马德泉　旧县乡吉城五村党支部书记
张若生　旧县乡寨子三村党支部书记
董立祥　旧县乡尹村二村党支部书记
李瑞华　斑鸠店镇北枣园村党支部书记
康秀千　斑鸠店镇康村党支部书记
黄广灿　斑鸠店镇黄庄村党支部书记
王志亮　斑鸠店镇名山村党支部书记
王东贞　斑鸠店镇中堂子村党支部书记
张立东　斑鸠店镇八里汀村党支部书记
李修库　银山镇东钓台村党支部书记
郭庆家　银山镇郭楼村党支部书记
黄性银　银山镇西腊山村党支部书记
杨传常　银山镇铁山头村党支部书记
牛树合　银山镇牛庄村党支部书记
陈大海　戴庙镇三里庄村党支部书记
陆相贺　戴庙镇陆庄村党支部书记
杨传营　戴庙镇南杨庄村党支部书记
师恩亮　戴庙镇谭那里村党支部书记
刘邦祥　戴庙镇小刘村党支部书记
邱继长　戴庙镇辛庄村党支部书记
孙和才　商老庄乡孙庄村党支部书记
庞恒海　商老庄乡庞那里村党支部书记
董业岭　商老庄乡新村党支部书记
宋纯库　商老庄乡宋庄村党支部书记
孟庆军　商老庄乡小吴村党支部书记
薛继斌　商老庄乡薛庄村党支部书记
孙士才　新湖镇范洼村党支部书记
白召庆　新湖镇东王洼村党支部书记
苏方顺　新湖镇窦府营村党支部书记
杨守贵　新湖镇小河涯村党支部书记
李培民　新湖镇楼岔村党支部书记
王明东　沙河站镇董寨村党支部书记
吴绪杰　沙河站镇徐楼村党支部书记
王宜润　沙河站镇辛庄村党支部书记
李茂存　沙河站镇华堂村党支部书记
田树宏　彭集街道鲁屯村党支部书记
孙庆元　彭集街道安村党支部书记
陈树莲　彭集街道陈流泽村党支部书记
吕衍忠　彭集街道后郑海村党支部书记
刘衍峰　彭集街道后代村党支部书记
李子春　东平经济开发区井峪村党支部书记
李明军　东平经济开发区闫村党支部书记

附录

文件选目

东平县委、县委办公室文件

东委〔2017〕13 号　关于建立完善经济社会发展重点工作推进机制的通知

东委〔2017〕35 号　关于表彰东平县第四届劳动模范和“建设新东平”劳动奖章获得者的决定

东委〔2017〕67 号　关于命名先进基层党委、先进基层党支部、优秀共产党员、2016 年度村级工作擂台赛“总擂主”“十佳擂主”“优秀擂主”的决定

东发〔2017〕1 号　关于明确 2017 年经济社会发展目标任务落实争先进位责任的通知

东发〔2017〕2 号　关于在全县开展“提标增能　提质增效”大讨论活动的实施意见

东发〔2017〕5 号　关于推进“美丽东平”建设的实施意见

东发〔2017〕6 号　关于印发《东平县迎接省级卫生城复审暨创建国家卫生县城工作实施方案》的通知

东发〔2017〕7 号　关于印发《东平县深入开展治理违法建设行动实施方案》的通知

东发〔2017〕9 号　关于进一步加强关心下一代工作的意见

东发〔2017〕10 号　关于抓党建促脱贫两年攻坚行动的实施意见

东发〔2017〕11 号　关于印发《东平县法治政府建设实施纲要（2017—2020 年）》的通知

东发〔2017〕13 号　关于建设过硬党支部的意见

东发〔2017〕19 号　关于认真学习宣传贯彻党的十九大精神加快全面小康东平建设进程的意见

东办发〔2017〕6 号　关于印发《东平县脱贫攻坚实施方案》的通知

东办发〔2017〕11 号　关于印发《关于加强全县金融人才队伍建设的实施意见》的通知

东办发〔2017〕12 号　关于印发《关于深入推进农村集体产权制度改革的实施意见》的通知

东办发〔2017〕19 号　关于印发《东平县全面实行河长制工作方案》的通知

东办发〔2017〕22 号　关于印发《关于推进“两学一做”学习教育常态化制度化的实施方案》的通知

东办发〔2017〕46 号　关于印发《关于深化放管服改革进一步优化政务服务环境的实施方案》的通知

东办发〔2017〕48 号　关于印发《美丽乡村建设暨城乡环卫一体化、移风易俗工作集中行动

实施方案》的通知

东办发〔2017〕53 号　关于印发《关于开展“一村（社区）一法律顾问”工作的实施意见》的通知

东办发〔2017〕59 号　关于印发《东平县社会信用体系建设工作方案》的通知

东办发〔2017〕60 号　关于印发《东平县“1233”脱贫攻坚实施意见》的通知

东办字〔2017〕5 号　关于印发《东平县简化优化公共服务流程方便基层群众办事创业实施方案》的通知

东办字〔2017〕11 号　关于印发《东平县慈善超市建设实施方案》的通知

东平县人民政府、县政府办公室文件

东政发〔2017〕3 号　关于聘任吴国栋等同志为县政府经济顾问的决定

东政发〔2017〕4 号　关于 2016 年度科学技术进步奖的表彰决定

东政发〔2017〕9 号　关于表彰 2016 年度全县安全生产工作先进单位和先进个人的通报

东政发〔2017〕12 号　关于加强农村留守儿童关爱保护工作的实施意见

东政发〔2017〕13 号　关于印发东平县全民健身实施计划（2016—2020 年）的通知

东政发〔2017〕20 号　关于印发东平县政府投资项目管理办法的通知

东政发〔2017〕21 号　关于印发东平县政府投资建设项目审计监督办法的通知

东政发〔2017〕24 号　关于印发东平县政府重大行政决策程序规定的通知

东政发〔2017〕27 号　关于印发东平县残疾人事业发展“十三五”规划的通知

东政办发〔2017〕3 号　关于印发东平县 2017 年安全生产工作要点的通知

东政办发〔2017〕4 号　关于进一步加强政务服务中心建设深入推进行政审批制度改革的意见

东政办发〔2017〕7 号　关于加强东平县数字地理空间框架建设与使用管理的通知

东政办发〔2017〕11 号　关于推进校车工程的实施意见

东政办发〔2017〕16 号　关于印发东平县 2017 年度地质灾害防治方案的通知

东政办发〔2017〕18 号　关于印发全面推行行政执法公示制度执法全过程记录制度重大执法决定法制审核制度实施方案的通知

东政办发〔2017〕19 号　关于印发《东平县安全生产举报管理办法》等四个规范性文件的通知

东政办发〔2017〕20 号　关于印发 2017 年度政风行风测评评议工作实施方案的通知

东政办字〔2017〕11 号　关于印发 2017 年全县应急管理工作要点的通知

2017 年中央、省、市主要媒体关于东平的重要报道索引

人民日报

新春走基层　农家听心声　无地移民迁新居（2 月 8 日）

新技术领跑脱贫路（12 月 24 日）

新华社

道德建设“三部曲”演绎“大善东平”（5 月 1 日）

东平“股份合作”探路农村产权改革（3 月 6 日）

东平彭集人大探索履职新路径成效初显 （8月1日）

东平推广农村产权改革探索长效脱贫 （11月6日）

人民公安报

东平交警提升执法水平 （1月1日）

东平州城派出所筑牢校园“安全网” （3月14日）

东平警方开展春季铲毒工作 （5月16日）

中国改革报

山东东平探索推广“产业园区＋移民社区”模式 （9月27日）

大众日报

老树新枝花更红 （1月14日）

“大善东平人”奏响道德强音 （2月10日）

东平：技术扶贫扶到“点子”上 （2月10日）

东平滨湖国家湿地公园跻身“山东最美湿地” （2月17日）

东平：找准精准扶贫发力点 （2月17日）

土地变股份　农民变股东 （3月3日）

“运河之心”书写水利奇迹 （3月31日）

2万余祖坟迁进村公益追思堂 （4月8日）

国税服务发展的东平解读 （4月15日）

“田间学校”成移民群众致富加油站 （4月28日）

清网净湖迎来秀水碧波 （5月5日）

老村支书的一桩“心事” （7月14日）

精心打造文化长廊 （8月18日）

公益性岗位助贫困户家门口就业 （8月18日）

进社区送健康 （8月26日）

摸清底数促进贫困劳动人口就业 （8月26日）

消防安全，多少险情是不该发生的！ （8月27日）

东平教育扶贫打开希望之门 （9月10日）

创城人人有责 （9月8日）

滩区贫困户住进新楼房 （10月13日）

滩区巨变 让梦想照进现实 （10月16日）

告别滩区　乔迁新居 （10月17日）

东平县“巾帼巧手”编织致富梦 （11月3日）

同心同行齐扶贫　同心同向奔小康 （12月22日）

商老庄乡黑木耳撑起扶贫伞 （12月22日）

彭集街道脱贫攻坚走出特色路 （12月22日）

沙河站　文化扶贫打通公共文化服务最后一公里 （12月22日）

移民村提起了精气神 （12月31日）

大众日报客户端

经济空壳村如何破题，东平这样进行农村集体产权改革 （10月1日）

泰安日报

东平经济开发区　大健康产业雏形渐显 （1月5日）

东平湖网箱网围整治全面铺开 （1月18日）

“大善东平”奏响道德强音 （1月26日）

土地股份催生农村改革“东平样本” （2月15日）

东平县开展“冬春季攻势”集中统一清查行动 （2月15日）

企业参与让产业扶贫更有力量（3 月 29 日）
道德建设“三部曲”演绎“大善东平”（3 月 29 日）
潮起东平（4 月 6 日）
不愿让您走（4 月 13 日）
粉煤气化重塑东平煤化工产业（4 月 12 日）
打响三场战役 描绘美丽东平（5 月 3 日）
创卫强措施 规范促提升（5 月 12 日）
拆违治乱顺民意 规范管理惠民生（5 月 24 日）
公用事业局临时党支部建在“美丽城区”建设最前沿（6 月 6 日）
一路坦途一路景（6 月 6 日）
东平“靶向精准”培壮“三强”企业（6 月 15 日）
追梦东平（6 月 27 日）
党徽 在创卫一线闪光（7 月 6 日）
“顺清柔”跻身中国品牌 500 强（7 月 7 日）
东平：为青少年成长注入红色基因（7 月 17 日）
全面打响“三小”整治攻坚战（7 月 17 日）
县食药监全面打响“三小”整治攻坚战（7 月 17 日）
成功破获系列盗窃电动车案件（7 月 18 日）
强化城区道路分类管理成效显著（7 月 31 日）
志愿者服务队开展 卫生整治活动（8 月 1 日）
县城关执法局强化城区道路分类管理成效显著（8 月 1 日）
强化城区道路分类管理成效显著（8 月 2 日）
村村都有脱贫故事（8 月 2 日）
东平：法制建设构筑跨越发展基石（8 月 3 日）
东平“清河行动”亮剑守护一方碧水（8 月 3 日）
东平：“四德榜”引领村庄文明新风尚（8 月 10 日）
东平：公益性岗位助贫困户家门口就业（8 月 10 日）
东平：“四德榜”引领村庄文明新风尚（8 月 10 日）
党建引领打造“五强”宣传干部（8 月 18 日）
加强环境资源审判守护绿水青山（8 月 18 日）
党建引领打造“五强”宣传干部（8 月 18 日）
县食药监局层层发力 助推创卫节节开花（8 月 30 日）
东平“清河行动”亮剑守护一方碧水（8 月 30 日）
千年古县荣归东平（9 月 1 日）
风景这边独好（9 月 13 日）
县公安局全力做好创卫攻坚工作（9 月 15 日）
创新实践开辟履职新路径（9 月 15 日）
东平县开展十九大安保酒驾毒驾集中夜查行动（9 月 19 日）
迎接“十九大”忠诚保平安——东平县举行警力展示活动（9 月 26 日）
中国地方改革成果发布会东平县作典型发言（10 月 11 日）
搬离黄河滩 百年安居梦圆（10 月 12 日）
“党员街长”编织靓丽城市风景线（10 月 13 日）
县房管局 长效机制提升小区创卫成果（10 月 13 日）

“党员街长”编织靓丽城市风景线 （10 月 13 日）

开启安居乐业新生活 （10 月 24 日）

美丽乡村山水间 （11 月 16 日）

东平：美丽乡村留住乡愁记忆 （11 月 16 日）

大咖现场教学　金融从业者充电 （12 月 7 日）

东平地税　精准发力服务黄河滩区迁建工作 （12 月 7 日）

老湖今朝换新颜 （12 月 6 日）

齐鲁晚报

东平湖移民的新家 （4 月 25 日）

东平湖移民避险解困工程 3112 户已搬迁　从湖区住进了社区 （5 月 3 日）

泰安耿山口村近 1800 名村民乔迁新居　搬家车队成长龙 （10 月 15 日）

东平为滩区居民建安居房，1600 元 / 平带电梯中央空调 （10 月 17 日）

东平耿山口村搬出黄河滩住进楼房 （10 月 16 日）

东平为滩区居民建百年安居房　六层楼带电梯户户中央空调 （10 月 17 日）

黄河滩区迁建实现“开门红” （10 月 17 日）

东平又将有 7 个村搬出黄河滩区 （10 月 31 日）

泰山晚报

道德建设“三部曲”演绎“大善东平” （3 月 21 日）

搬出来的幸福 （10 月 16 日）

中央电视台

东平湖移民搬迁记　第一集　我家住在东平湖 （2 月 9 日）

第二集　新家园新希望 （2 月 10 日）

第三集　南堂子村 为了一个沉甸甸的承诺 （2 月 11 日）

第四集　南堂子村 一个钉子户的改变 （2 月 12 日）

第五集　移民搬迁 一户都不能少 （2 月 13 日）

第六集　我们的新家 （2 月 14 日）

十九大时光　谋幸福 谋复兴　走好新时代长征路 （10 月 19 日）

黄河流过的村庄　耿山口之变 （12 月 29 日）

山东人民广播电台

泰安：全面拆除东平湖水上餐厅　还湖于民 （8 月 28 日）

举杯同庆　共享团圆 （10 月 4 日）

为了明天更美好 （10 月 21 日）

山东卫视齐鲁频道

奋力走在前列第 12 集　黄河滩区安居梦 （10 月 20 日）

东平 新家似洋楼 村民笑开花 （10 月 15 日）

泰安新闻

第三届中国地方改革创新成果新闻发布会在北京召开 东平县作典型发言 （10 月 5 日）

东平县银山镇耿山口村集体搬进新社区（10月18日）

人民网

此心安处是吾乡——东平县创建国家卫生县城纪实（6月2日）

第三届中国地方改革创新成果新闻发布会召开（9月26日）

新华网

东平县供电联合县公安局开展反窃“砺剑”行动（1月17日）

东平县彭集街道人大：创新实践开辟履职新路径（8月17日）

山东东平入选第三届中国地方改革创新成果（9月27日）

世纪大改道　为了186万黄河滩区居民美好生活（12月10日）

中国网

山东东平“民间设奖奖百姓”两百余人获“大善东平人”称号（1月23日）

探访泰安东平湖库区移民避险解困工程 感受移民生活新篇章（4月25日）

泰安东平县投资35亿元开展移民避险解困工程（4月25日）

（视频）探访泰安东平湖库区移民避险解困工程（4月26日）

扶贫暖阳照进朝阳庄，老支书卸下心中石头（6月21日）

大众网

泰安一男子杀害前妻　警方29小时内抓获嫌疑人（1月6日）

高额利息当诱饵　该还钱了玩失踪（1月9日）

东平交警举行警用摩托车配发仪式（1月25日）

东平交警小年“赶大集”送平安（1月22日）

东平一客车假冒120救护车被查（2月4日）

东平县公安局迅速查处一起盗窃景区林木案（2月13日）

雪天，东平交警护航全县人民平安出行（2月22日）

东平县公安局交警大队到银山镇中学开展安全法制教育（2月20日）

东平交警积极做好“白佛山庙会”期间道路交通安全保卫工作（2月28日）

东平：“守法”面包车只因拉载学生面临重罚（3月9日）

泰安东平州城派出所向群众返还被骗电动三轮车（4月7日）

泰安14岁少年离家出走　民警苦寻半个月在内蒙找回（4月27日）

一个都不能落！东平24.5万名库区移民有了新家（4月27日）

男子变造驾驶证被刑拘成东平首例（5月11日）

公车改革再添“利器”　东平公车加装卫星定位系统（10月25日）

京杭大运河东平湖区段航道工程开工建设（10月26日）

东平：措施再强化 美丽乡村建设掀热潮（10月26日）

东平县黄河滩区脱贫迁建三期工程开工（10月30日）

齐鲁网

东平：高额利息当诱饵　该还钱时玩失踪（1月9日）

东平组织开展“箭锋三号”寄递物流清理整顿行动（1月9日）

东平湖网箱网围集中整治全面铺开（1月11日）

东平男子酒后开车逛街买年货　遇交警神色紧张（1月24日）

东平交警一晚查获6名“酒司机”（2月8日）

东平一留学生持韩国驾证上路　属无证驾驶被罚（2月19日）

东平公安局治安大队召开城区寄递业治安管理工作会议（2月23日）

东平破获39起砸车玻璃盗窃案　嫌疑人用弹弓砸车玻璃（3月1日）

东平：网上逃犯车管所换证“栽”在交警手中（3月1日）

东平一校车多拉了4名学生　驾驶员面临降级处罚（3月4日）

探访东平县最大移民社区：一分钱不花就住上小洋楼（4月25日）

东平数十辆超载车抱团避查警方冒雨“一锅端”（6月12日）

泰安东平县梯门镇“内培外引”做大扶贫产业（8月1日）

泰安东平湖综合整治开启生态治湖新时代（8月21日）

泰安东平精准采集信息　加速推进贫困劳动人口就业（8月22日）

东平县220国道路域大变样：变身旅游观光路（8月22日）

东平实行就业扶贫650余名学员搭上“电商快车”致富（12月22日）

先进单位名录（部分）

国家高效节水灌溉示范县
东平县

国家水情教育基地
戴村坝

全国青少年普法活动先进单位
县检察院

全国检察机关文明接待室
县检察院

《中国劳动保障报》宣传工作先进单位
县人社局

全国邮政系统模范职工之家
中国邮政集团工会东平县委员会

全国优秀公安基层单位
县公安局国内安全保卫大队

国家防震减灾科普教育基地（国家地震局）
县地震局

黄委先进集体
东平黄河河务局

全省水利系统先进集体（省人社厅、省水利厅、省公务员局）
县水利局

《人民权利报》2017 年度宣传工作先进单位
东平县人大委员会

第一届省级文明校园
东平高级中学

东平县实验小学

山东省巾帼居家创业就业脱贫行动“大姐工坊”（大姐农家乐）
东平县鑫宇公寓用品有限公司

东平县塘坊乡村旅游专业合作社

东平县巾帼编织协会

《山东人大工作》2017 年度宣传工作先进单位
东平县人大委员会

山东省十大创新巾帼文明岗
国网山东省电力公司东平县供电公司高度控制分中心调控运行班

山东省“幸福进家”活动先进单位
县妇联

彭集街道办事处

戴庙镇政府

大羊镇政府

县公路局

县市场监督管理局

山东省城乡妇女岗位建功先进集体
县妇联

山东省“平安家庭示范乡（镇、街道）
东平街道办事处

全省《机构与行政》宣传工作先进单位（省编办、大众日报社）

县编办

“经济工作”先进集体（山东黄河河务局表彰）

东平黄河河务局

职代会规范化管理先进单位（山东黄河河务局表彰）

东平黄河河务局

全省人力资源社会保障宣传工作三等奖

县人社局

2017 年度社会保险业务统计报表工作先进单位（省社保局表彰）

县人社局居民养老保险科

山东省档案工作科学化管理先进单位

县交通运输

东平湖管理局

2017 年度机关党建宣传报道工作先进单位

东平县直机关工委

2017 年全省档案宣传工作先进集体

县档案局

全省供销合作社系统先进集体

东平四合商贸有限公司

山东省森林村居

州城街道单楼村

州城街道大梁庄村

全省消防安全“法治维安年”活动先进单位

老湖镇

山东省第四批历史文化名镇

银山镇

山东省第二批特色小镇

银山镇

六型建设引领东平检察争创佳绩（省检察院政治部表彰）

县人民检察院

2017 年度全省检察机关新媒体原创作品获三等奖（省检察院政治部表彰）

县人民检察院

全省缉枪治爆专项行动成绩突出集体

县公安局涉爆物品管理办公室

全省公安机关“迎接十九大忠诚保平安”主题活动先进集体

县公安局东平派出所

全省公安机关基层基础建设三年攻坚战 2017 年度成绩突出集体

梯门派出所

旧县派出所旧县社区警务室

山东省“一等管理水平车辆管理所”

县公安局交通警察大队车辆管理所

2017 年度“全省最佳志愿服务组织”先进典型

东平信息港公益协会

山东省五四红旗团委

县公安局团委

山东省银龄之家

东平街道平湖社区卜楼村银龄之家

2017 年山东省情网先进供稿单位（省史志办公室表彰）

县史志办公室

2017 年度山东省优秀史志成果奖（省史志办公室表彰）

《东平风物志》

山东省“平安家庭”示范村（社区）

东平县州城街道南门村

全省县级防震减灾工作目标责任考核先进单位

县地震局

全省水利安全生产标准化二级单位

县引湖电灌站弘禹公司

泰安市 2017 年度经济社会发展综合考核二等奖

东平县

全市妇女儿童工作先进集体（市委、市政府表彰）

县妇联

市委命名的“泰山先锋”红旗党支部

彭集街道后亭村党支部
沙河站镇前河涯村党支部
新湖镇唐营村党支部
银山镇耿山口村党支部
旧县乡浮粮店村党支部
接山镇朝阳庄村党支部
东平街道赤脸店社区党支部
东平县委党校机关党支部
东平县人民检察院职务犯罪侦查党支部
瑞星集团合成氨二公司党支部
东平县虹慈公益服务中心党支部

泰安市党史信息宣传工作先进单位

东平县委党史办公室

泰安市地方史志工作先进集体

县财政局
县史志办公室

2012—2017 年度泰安市优秀地方史志成果

《东平风物志》
《东平年鉴（2017）》
《东原星火——万里在东平早期革命活动资料专辑》
《使命——东平湖移民后扶 10 年回眸》
《国网东平县供电公司志》
《徐坦村志》
《东平县自来水志》
《东平县人民医院志》
《唐营村志》
《州城街道志》

泰安市家庭教育工作先进集体（泰安市妇联泰安市教育局）

县妇联

全市密码工作先进单位

县机要保密局

全市履行人口与计划生育职责先进单位

县委办公室行政财务科

2017 年全市档案宣传工作先进集体

县档案局

全市安全生产工作先进单位

县交通运输局

全市交通运输系统安全泰山优胜杯

县交通运输局

全市交通运输系统安全生产先进单位

县地方海事处　县公路局

全市港航工作先进单位

县地方海事处

全市道路运输行业安全管理先进单位

县道路运输管理处

泰安市“推进协商民主、强化社会责任”先进单位（市总工会表彰）

县公路局　县水利建筑安装公司

2017 年度全市供销合作社系统综合业绩考核优胜单位一等奖

县供销合作社联合社

2017 年度党建带社建村社共建先进单位（市供销合作社联社表彰）

东平四合商贸有限公司

南水北调工程建设管理工作先进单位

县南水北调办公室

泰安市青年志愿服务先进集体

沙河站镇青年志愿服务队

泰安市五四红旗团委荣誉称号

县公安局团委

沙河站镇团委

“迎接十九大忠诚保”平安主题活动先进集体，记集体三等功

县公安局特巡警大队

全市公安机关“十佳铁军警队”，记集体三等功

县公安局刑事侦查大队

市公安局记集体三等功

东平派出所

县公安局侦破公安部“2016—720”毒品目标案专案组

县公安局侦破“3·24”故意杀人案专案组

2017 年度安全生产工作先进单位（市供销合作社联社表彰）

东平县土产杂品采购站

2017 年度新闻报道先进单位（大众日报泰安分社表彰）

县交通运输局

县旅游局

东平街道

2017 年度十佳专业合作社（市供销合作社联社表彰）

东平县汶源乡村旅游专业合作社

2017 年度安全统筹统保工作先进单位（市供销合作社联社表彰）

东平县土产杂品采购站

全市防震减灾工作先进单位

县地震局

全市地震监测工作先进单位

县地震局

全市震害防御工作先进单位

县地震局

全市地震科普宣传工作先进单位

县地震局

泰安市城乡妇女岗位建功先进集体（市妇联表彰）

县委党校

“重合同守信用”企业（市工商局表彰）

东平县引湖电灌站弘禹公司

泰安市职工职业道德建设标兵单位（市总工会）

东平县水利建筑安装公司

泰安市振兴泰安劳动奖状获得单位（市总工会）

东平县水利建筑安装公司

“厚道鲁商”上榜单位

东平县水利建筑安装公司

泰安市教育育人先进单位

东平高级中学
东平明湖中学
东平县东原实验学校
东平县实验小学
东平县直机关幼儿园
东平县州城街道第二中学
东平县梯门镇中心小学
东平县旧县乡中心小学
东平县新湖镇中心小学
东平县沙河站中学

县委命名的先进基层党委、先进基层党支部

东平街道党工委
接山镇党委
老湖镇党委
银山镇党委
滨河新区党工委
县教育局党委
县财政局党委
县交通运输局党委
县移民局党委
国网山东省电力公司东平县供电公司党委
红旗党支部
东平街道赤脸店社区党支部
东平街道金汇商业街党总支
接山镇朝阳庄村党支部
大羊镇南留屯村党支部
梯门镇西沟流村党支部
旧县乡浮粮店村党支部
斑鸠店镇侯河村党支部
银山镇耿山口村党支部
戴庙镇后张村党支部
商老庄乡小吴村党支部
新湖镇唐营村党支部
沙河站镇前河涯村党支部
彭集街道后亭村党支部
州城街道湖韵苑社区党委
老湖镇凤凰社区党委
县纪委机关党支部
县委办公室机关第一党支部
县委党校机关党支部
县人民检察院职务犯罪侦查党支部
县人民政府办公室机关第一党支部
县公安局国保大队党支部
县水产局渔政监督管理站党支部
县公用事业局市政工程管理处党支部
县城市管理综合执法局机关党支部
县公路局养护中心党支部
县河道局党支部
东平高级中学党支部
县人民医院内科党支部
国网山东省电力公司东平县供电公司机关党支部
瑞星集团合成氨二公司党支部
新东岳集团外二车间党支部
东平县虹慈公益服务中心党支部
先进党支部
州城街道大梁庄村党支部
州城街道单楼村党支部
州城街道小东门村党支部
东平街道平湖社区党总支
接山镇苍邱一村党支部
接山镇后口头村党支部
接山镇夏谢五村党支部
大羊镇西王村党支部
大羊镇西北村党支部
大羊镇土安村党支部

梯门镇东沟流村党支部
梯门镇东瓦庄村党支部
老湖镇滨湖社区党总支
老湖镇水浒社区党总支
老湖镇前茶棚村党支部
旧县乡尹村二村党支部
旧县乡吉城三村党支部
斑鸠店镇康村党支部
斑鸠店镇八里汀村党支部
银山镇西腊山村党支部
银山镇郭楼村党支部
戴庙镇陆庄村党支部
戴庙镇司里山村党支部
戴庙镇小王村党支部
商老庄乡庞那里村党支部
商老庄乡孙庄村党支部
新湖镇窦府营村党支部
新湖镇李楼村党支部
沙河站镇沙北村党支部
沙河站镇洪福寺村党支部
沙河站镇董寨村党支部
彭集街道鲁屯村党支部
彭集街道苇子河村党支部
东平经济开发区闫村党支部
县委组织部党支部
县委宣传部党支部
县委统战部党支部
县委政法委党支部
县直机关工委机关党支部
县人大常委会机关党支部
县政协机关党支部
县人民法院机关第二党支部
县民政局婚姻登记处党支部
县司法局机关党支部
县住建局工程质量监督站党支部
县农业局业务党支部
县文广新局博物馆党支部
县审计局机关党支部
县环保局机关党支部
县市场监管局机关党支部
县景区管委影视城景区党支部
县林业局森林消防巡逻大队党支部
县行管办机关党支部
县供销社土产公司党支部
县政务服务中心管理办公室机关党支部
县矿管委机关党支部
县国资局党支部
县房管局城市建设综合开发公司党支部
县农机局机关党支部
县畜牧局兽医卫生监督检验所党支部
县社会保险事业局机关党支部
县国税局机关第一党支部
县水源建筑开发公司党支部
县第二建筑安装工程公司党支部
中国邮政集团公司山东省东平县分公司机关党支部
东平农商银行生产党支部
中国联通公司东平县分公司机关党支部
东平永欣印刷有限公司党支部

2017年度经济社会发展综合考核表彰名单

2017年度经济社会发展综合考核一等奖

东平街道
滨河新区（彭集街道）
沙河站镇
接山镇
大羊镇

2017 年度经济社会发展综合考核二等奖

经济开发区
老湖镇
银山镇
梯门镇

2017 年度经济社会发展综合考核三等奖

州城街道
戴庙镇
商老庄乡

2017 年度经济社会发展综合考核进步奖

旧县乡

2017 年度经济社会发展综合考核成绩突出单位

经济管理类
县财政局
县水利局
县发展和改革局
县农业局
县住房和城乡建设局
社会事业类
县民政局
县教育局
县人力资源和社会保障局
县卫生和计划生育局
县移民局
执法监督类
县公安局
县国土资源局
县审计局
党政综合及群团类县委党校
县农工办
县妇联
驻东平单位类
县国税局
县地税局
国网东平供电公司
东平湖管理局东平黄河河务局

2017 年度经济社会发展综合考核特殊贡献单位

县经济和信息化局
县住房和城乡建设局
县国土资源局
县水利局
县公路局
县金融办

2017 年度支持地方经济发展方面贡献突出的单位

中国银行东平支行
设银行东平支行
泰安银行东平支行
业发展银行东平支行
农业银行东平支行
商银行东平支行
莱商银行泰安东平支行

2017 年度服务“三农”和小微企业方面贡献突出的单位

东平农村商业银行
东平沪农商村镇银行
邮政储蓄银行东平支行

2017 年度全县脱贫攻坚成绩突出单位

脱贫攻坚成绩突出乡镇（街道）

一等奖
接山镇
大羊镇
彭集街道
沙河站镇
戴庙镇
银山镇
商老庄乡
二等奖
东平街道
老湖镇

梯门镇
州城街道
新湖镇
旧县乡
斑鸠店镇
经济开发区

行业扶贫成绩突出单位

县财政局
县移民局
县审计局
县民政局
县教育局
县人力资源和社会保障局
县农业局
县残联
县卫生和计划生育局
县经济和信息化局
县旅游局
县发展和改革局
县开发办
县金融办
县交通运输局
县住房和城乡建设局
人民银行东平支行
东平农商银行
中华联合财产保险公司东平支公司

社会扶贫成绩突出集体

县工商联
瑞星集团
东顺集团
儒原实业有限公司
润声印务有限公司
万博房地产开发有限公司
社汇酒业有限公司
鑫海建工有限公司
海工科技有限公司
东平微力量爱心协会
东平信息港公益协会
东平县工商业慈善协会

2017 年度武装工作成绩突出单位

彭集街道
接山镇
老湖镇
沙河站镇
县直机关工委
县教育局
县公安局
县民政局
县财政局
县住房和城乡建设局
县交通运输局
县卫生和计划生育局
县经济开发区管委
县广播电视台
县公路局
国网东平供电公司

2017 年度全县宣传思想文化工作成绩突出单位

东平街道
州城街道
彭集街道
接山镇
老湖镇
银山镇
新湖镇
沙河站镇
县农工办
县经济和信息化局
县教育局
县民政局
县财政局
县住房和城乡建设局
县交通运输局
县卫生和计划生育局
县景区管委

县体育局
县城市管理综合执法局
县国税局
东平湖管理局东平黄河河务局
瑞星集团
东顺集团
新东岳集团
国网东平供电公司
润声印务有限公司
新华书店

2017 年度全县“乡村文明行动”成绩突出单位

东平街道
新湖镇
彭集街道
大羊镇
旧县乡
梯门镇
商老庄乡
戴庙镇
斑鸠店镇
县经济开发区管委
县农工办
县公安局
县民政局
县人力资源和社会保障局
县农业局
县交通运输局
县文化广电新闻出版局
县旅游局
县市场监督管理局
县移民局
县公用事业局
县城市管理综合执法局
县矿产业管委
县广播电视台
县公路局
县河道管理局
县园林绿化局

统战工作成绩突出单位

彭集街道
老湖镇
戴庙镇
梯门镇
接山镇
大羊镇
县经济开发区管委
县工商联
县教育局
县司法局
县民政局

平安东平建设成绩突出单位

接山镇
彭集街道
东平街道
银山镇
沙河站镇
新湖镇
商老庄乡
旧县乡
老湖镇
县公安局
县法院
县检察院
县司法局
县民政局
县财政局
国网东平供电公司
县教育局
县农业局
县人力资源和社会保障局
县卫生和计划生育局
县湖管委
县交通运输局

县住房和城乡建设局
县国土资源局
县水利局
县环保局
县发展和改革局
县审计局
县国资局
县房管局
县移民局
县安全生产监督管理局
县景区管委
县公路局
县信访局
县水产局
县食品药品监督管理局
县河道管理局
县城市管理综合执法局
县东平湖管理综合执法局
县广播电视台
县文化广电新闻出版局
县公用事业局
县国税局
县地税局
县市场监督管理局
县社保局
县经济和信息化局
县委老干部局
县规划局
县农机局
县科技局
县公安消防大队
武警泰安支队东平中队

人民满意政法单位

县法院刑事审判庭
县法院执行局执行三庭
县检察院公诉科
县检察院刑事执行检察科
县公安局州城派出所
县公安局交警大队
县公安局国保大队
县公安局湖上分局
县司法局基层工作科
县民政局优抚安置科

信访工作成绩突出单位

梯门镇
大羊镇
旧县乡
彭集街道
东平街道
戴庙镇
州城街道
县公安局
县法院
县检察院
县经济和信息化局
县教育局
县民政局
县司法局
县人力资源和社会保障局
县国土资源局
县住房和城乡建设局
县交通运输局
县水利局
县农业局
县文化广电新闻出版局
县卫生和计划生育局
县环保局
县安全生产监督管理局
县市场监督管理局
县经济开发区管委
县景区管委
县公用事业局
县城市管理综合执法局
县行业管理办公室

县供销联社
县规划局
县房管局
县农机局
县社保局
县腊山管理局
县河道管理局
国网东平供电公司
县国税局

维稳工作成绩突出单位

大羊镇
银山镇
商老庄乡
沙河站镇
彭集街道
接山镇
东平街道
县民政局
县公安局
县人力资源和社会保障局
县经济和信息化局
县行业管理办公室
国网东平供电公司
县经济开发区管委

教育工作先进单位

教育教学质量先进乡镇（街道）

沙河站镇
梯门镇
彭集街道

教育教学质量提升先进乡镇（街道）

旧县乡
老湖镇

教育投入先进乡镇（街道）

东平街道
老湖镇
旧县乡
接山镇
州城街道
沙河站镇
梯门镇
新湖镇

学前教育工作先进乡镇（街道）

老湖镇
彭集街道
大羊镇
州城街道

先进学校

教育教学质量先进学校

明湖中学
东原实验学校
佛山中学
明湖中学初中部
实验中学
沙河站镇中学
州城街道第二中学
彭集街道中学
梯门镇中学
老湖镇中学
戴庙镇中学
斑鸠店镇中学
大羊镇中学
县实验小学
县第二实验小学
县第四实验小学
县第三实验小学
梯门镇中心小学
沙河站镇中心小学
东平街道中心小学
银山镇中心小学
旧县乡中心小学
新湖镇中心小学
接山镇中心小学

教育教学质量提升先进学校

老湖镇中学

旧县乡中学
银山镇中学
东平街道中心小学
商老庄乡中心小学
银山镇中心小学

高考先进学校

明湖中学
高级中学

高中教育教学质量特色学校

明湖中学
高级中学
东平一中
艺术中学

高中教育教学特殊贡献学校

高级中学
明湖中学

学前教育管理与保育工作先进幼儿园

县实验幼儿园
县直机关幼儿园
彭集街道中心幼儿园
梯门镇中心幼儿园
斑鸠店镇中心幼儿园
大羊镇中心幼儿园

教育绩效提升先进单位

县教育局

尊师重教先进单位

县委办公室
县委组织部
县委宣传部
县委统战部
县委政法委
县编办
县直机关工委
县信访局
县委老干部局
县总工会
团县委
县妇联
县关工委
县人武部
县委党校
县人大常委会办公室
县政协办公室
县纪委办公室
县法院
县检察院
县政府办公室
县发展和改革局
县经济和信息化局
县科技局
县公安局
县民政局
县司法局
县财政局
县人力资源和社会保障局
县国土资源局
县住房和城乡建设局
县交通运输局
县水利局
县农业局
县文化广电新闻出版局
县卫生和计划生育局
县审计局
县环保局
县统计局
县安全生产监督管理局
县旅游局
县食品药品监督管理局
县市场监督管理局
县滨河新区管委
县经济开发区管委
县景区管委
县移民局
县水产局
县商务局

县公用事业局
县城市管理综合执法局
县经济合作局
县残联
县南水北调办公室
县矿产业管委
县广播电视台
县体育局
县国资局
县规划局
县物价局
县公路局
县房管局
县开发办
县农机局
县扶贫办
县社保局
县就业办
《今日东平》报社
市住房公积金管理中心东平管理部
县供电公司
县国税局
县地税局
县邮政局
联通公司东平分公司
移动公司东平分公司
县新华书店
县气象局
人民银行东平支行
工商银行东平支行
建设银行东平支行
邮政银行东平支行
东平沪农商村镇银行
中国银行东平支行
农业银行东平支行
县农村合作银行
人民人寿东平支公司
泰安交运集团东平公司
中央储备粮泰安储备库东平分库
县公安消防大队
县公安交通管理大队
县自来水公司
县石油公司
东平湖管理局东平管理局
东平湖管理局东平黄河河务局
县疾控中心
县烟草专卖局
县迎宾馆
县人民医院

捐资助学先进单位

泰安市滴水公益协会
泰安嘉和房地产有限公司
北京征球科技发展有限公司
山东万博房地产开发有限公司(北京湾项目)
山东省水利工程局有限公司
东平在济同乡联谊会
东平县工商业慈善协会
东顺集团股份有限公司
山东卓远建设工程有限公司
东平九鑫工贸有限公司
国丹食品有限公司

2017年度全县行政执法工作成绩突出单位

县公安局
县水利局
县住房和城乡建设局
县食品药品监督管理局
县文化广播电视新闻出版局
县城市管理综合执法局
县公路局
县人民防空办公室
县环境保护局
县东平湖管理综合执法局
县安全生产监督管理局
县国税局
县河道管理局
县地税局

2017年新增文明单位

新增省级文明单位

县委宣传部

县教育局

新增省级文明村镇

梯门镇

大羊镇南留屯村

接山镇朝阳庄村

新增市级文明单位

县委统战部

东平湖开发工程处

档案局

河道管理局

实验中学

粮食局

工商联

经济合作局

第三人民医院

新增市级文明村镇

大羊镇

彭集街道马流泽村

沙河站小辛庄村

大羊镇杜村

接山镇尹山庄村

梯门镇西梯门村

2017年度县级文明单位

市以上驻东平单位

县盐务局

山东广电网络有限公司东平分公司

县直单位

县公安局

县农机局

县老龄办

县老干部活动中心

泰燃天然气有限公司

县检验检测中心

按系统管理单位

县经济和信息化局：东平县建筑建材公司、民营经济发展局

县教育局：明湖中学、职业中专、佛山中学、东原实验学校、 第三实验小学、特殊教育学校、机关幼儿园、实验幼儿园

县检察院：银山检察室、彭集检察室

县卫生和计划生育局：皮防所

县公路局：山东九州公路工程有限公司

县公用事业局：垃圾处理场、东平光源热电有限责任公司

县市场监督管理局：新湖市场监管所、斑鸠店市场监管所

县公安局：东平派出所、旧县派出所、银山派出所、州城派出所

东平湖管理局东平黄河河务局：黄河河务局出湖闸管理所、黄河河务局进湖闸管理所

乡镇（街道）推荐单位

州城街道：社保所、环卫所、农村财务委托代理服务中心

东平街道：计生服务中心、财政管理中心

接山镇：经贸办、民政办

大羊镇：财政管理中心

梯门镇：中心幼儿园

老湖镇：卫生院、教育办公室

旧县乡：党政办、教育办公室

斑鸠店镇：城建办、党政办

银山镇：文体站、统计站

戴庙镇：派出所、教育办公室

商老庄乡：财政管理中心、党政办

新湖镇：计生办、财政管理中心、乡建办

沙河站镇：民营经济服务站、教育办公室

彭集街道：财政管理中心、扶贫办、党政办

2017 年度县级文明村

州城街道：杨庄村、袁楼岔村、南张圈村、亓庄村、田庄村、大梁庄村、仁河咀村、荷花楼村、于海村、牌坊村、桂井子村

东平街道：单楼村、百户庄村、孟寨村

接山镇：夏谢五村、中套村、姜庄村、苍邱二村、周徐村、北遂城村、前寨子村、齐村、西杨村、辛庄村

大羊镇：西王村、东南村、前杨村、魏楼村、丁坞村、东三旺村、土安村、毕庄村

梯门镇：西沟流村、武村、牛庄村、一里庄村、西李庄村、东瓦庄村、东梯门村、东沟流村

老湖镇：冯楼村、冯庄村、侯林村、焦铺村、梁林村、前埠子村、王李屯村、杨村

旧县乡：姜沟村、旧县四村、王古店二村、王古店四村、尹村二村

斑鸠店镇：东庞口村、皇殿村、解山村、李辛村、淹王沟村

银山镇：段沃村、毛山头村、南堂子村、玄桥村、牛庄村

戴庙镇：南杨庄村、后张村、小刘村、陆庄村、张垓村、新华村

商老庄乡：沈堤口村

新湖镇：东王洼村、李楼村、楼岔村、杨岗村、刘楼村、范岗村、巩楼村

沙河站镇：董寨村、洪福寺村、何村、王庄村、孟庄村

彭集街道：小孟村、冯庄村、裴寨村、陈流泽村、赵楼村、苇子河村、孙流泽村、鲁屯村、张圈村、小高庄村、后代村

经济开发区：井峪村、驻驾村

名牌产品、国家地理标志、商标

中国名牌产品

序号	企业名称	山东名牌产品名称	认定时间
1	山东新东岳集团有限公司	“东岳”牌摩托车胎	2007.9

山东名牌产品

序号	企业名称	山东名牌产品名称	认定时间
1	山东辰兴金属有限公司	东平湖牌气保焊丝	2008
2	山东新东岳集团有限公司	东岳牌力车轮胎	2008
3	瑞星集团有限公司	东平湖牌尿素	2008
4	山东九鑫机械工具有限公司	泰山牌呆扳手、梅花、两用扳手	2008
5	新东岳集团有限公司	力车胎（复评）	2011
6	瑞星集团有限公司	尿素（复评）	2011
7	新东岳集团有限公司	摩托车轮胎	2011

续表

序号	企业名称	山东名牌产品名称	认定时间
8	山东光大日月油脂股份有限公司	智育花生油	2013
9	山东光大日月油脂股份有限公司	智育大豆油	2013
10	新东岳集团有限公司	力车胎（复评）	2014
11	瑞星集团有限公司	尿素（复评）	2014
12	新东岳集团有限公司	摩托车轮胎（复评）	2014
13	山东新智机械有限公司	脱硫机	2016
14	新东岳集团有限公司	速至摩托车轮胎	2017

东平县获得“山东服务名牌”称号单位

序号	企业名称	服务品牌	获评年度
1	中国联合网络通信有限公司东平县分公司	诚信联万家	2011
2	东平县公共行政服务中心	用心服务 阳光政务	2013
3	国网山东东平县供电公司	心立方	2013

东平县获得“泰安市市长质量奖”称号单位

序号	企业名称	获奖名称	获评年度
1	新东岳集团	泰安市市长质量奖组织奖	2015

国家地理标志、商标登记表

序号	申请单位	申请商标	商标证号	申请或续展	认定的商品或服务	地址	时间	备注
1	东平县大羊土安西瓜协会	图	17117624	–	西瓜	大羊	–	2018 年 2 月国家地理标志商标
2	山东东顺集团公司	哈里贝贝及图	4915914	–	纸；纸或纤维素制婴儿尿布；纸或纤维素制婴儿尿布裤；纸巾；纸手帕；纸制和纤维制婴儿尿裤	工业园区	–	马德里商标
3	东平县	–	–	–	东平湖大青虾	–	2014	国家地理标志
4	东平县	–	–	–	东平湖鲤鱼	–	2017	国家地理标志

公开信

致乡镇（道街）和县直部门单位主要负责人的公开信

尊敬的书记（局长）：您好！

首先感谢您多年来对县委党史办（史志办）工作的关心和支持！

修史修志是我国优秀文化传统，是传承和彰显中华文明、发掘历史智慧的重要文化事业。党中央、国务院高度重视党史史志工作。习近平总书记考察首都博物馆时强调“要高度重视修史修志。”李克强总理提出“修志问道，以启未来”，希望地方志工作者继续发扬方志人精神，为当代提供资政辅治之参考，为后世留下堪存堪鉴之记述。2015年8月，国务院办公厅印发《全国地方志事业发展规划纲要（2015—2020年）》，将修史修志工作纳入国家“十三五规划”。

县委党史办（县史志办）作为县级修史修志的机构，其主要承担党史征编、研究和宣传教育，编纂出版综合年鉴、地方志、各类地情资料，加强对镇（乡）街村和县直部门、企事业单位修志的指导和管理，开发利用地情资源服务经济社会发展等职能。今年，按照“突出主业编好书，紧贴中心谋作为”的工作思路，重点编纂出版《改革开放实录》（东平卷）、《东平年鉴2018》等。

《改革开放实录》（东平卷）是按照中央和省市委统一安排部署而组织开展的一项重要课题，旨在反映改革开放以来（1978—2016年）历届县委、县政府以及各乡镇（街道）、县直各部门单位在贯彻执行党的路线方针政策、推进改革开放过程中的一系列富有特色的重要决策、重要事件、重要探索、重大成就，科学总结规律性认识和可资借鉴的经验，留存东平改革开放的辉煌历史。

《东平年鉴》作为权威的地情信息载体，记述的是上年度全县自然、政治、经济、文化、社会等方面的综合情况，反映的是县委、县政府的主要工作以及各镇街、各部门、各行业取得的重大成就，为各级领导和社会各界认识东平、研究东平、建设东平提供全面、系统、准确的地情资料。按照上级要求，从2017年起，《东平年鉴》已实现一年一鉴。

盛世修志留美名。您作为一方的主政者，赶上编纂《改革开放实录》（东平卷）、《东平年鉴》“一年一鉴”，应是幸运之事。通过参与编写综合年鉴特别是回顾总结改革开放近40年的发展历程，不仅可以传承单位文明、为后人留下一笔十分珍贵的历史遗产，而且也会凝聚单位人心、进一步激发广大党员干部干事创业、奋发进取的精气神，提升单位形象和社会美誉度。您也可像财政、教育、卫生、供电、自来水、农村信用社、鑫海建工、中医院等单位那样编纂一部属于自己部门或行业的志书，我们会竭诚为您做好业务指导。

修史修志是一种“官责”。为修史修志提供全面、系统、准确的事实资料，是全县各级各部门单位责无旁贷的法定义务。特别是自2017年《东平年鉴》实现“一年一鉴”后，各乡镇（街道）、县直各部门单位为编纂年鉴供稿将成为一项常规性工作。为避免单位的事因记载不全或过于简单而留下遗憾，确保反映您单位工作的资料有人及时收集，取得的业绩有人如实记录，您工作的智慧和经验有人认真总结，建议您明确一名有一定文字功底的人专司其事。

您的重视和支持是我们做好党史史志工作的不竭动力。让我们携起手来，以对党、历史和后人高度负责的精神，共同书写党史史志事业发展新篇章，为深入推进东平县改革开放、促进美好

东平建设作出积极贡献。

最后，衷心祝您工作顺利、生活愉快、万事如意！

东平县委党史办公室
东平县史志办公室
2018年9月1日

致全县村党支部书记的公开信

尊敬的各位村党支部书记：您好！

村（居）志是地方志的一个重要组成部分。一部好的村志不仅是一个村庄聚落历史与现状的综合反映，而且也是对村民进行艰苦奋斗、集体主义、社会主义教育的好教材。做好全县村（居）修志工作对于留存历史、传承区域文明具有重要的现实意义和深远的历史意义，是凝聚共识、激发人民群众热爱家乡、建设家园的热情以及汇集乡村文化资源、展现区域文化特色、繁荣全县文化的重要举措。

国务院办公厅印发的《全国地方志事业发展规划纲要》（2015—2020年）以及省、市制定的2016—2020年地方史志事业发展规划纲要，都明确提出要大力推进乡镇村志编纂工作。2016年8月18日，省政府办公厅印发了《关于做好乡镇村志编修工作的意见》，提出要把编修乡镇村志作为文化建设的重要内容、传承和弘扬优秀传统文化，更好地服务新型城镇化和新农村建设，要求有条件的村庄全部启动修志工作。省地方史志办公室已将乡镇村志纳入山东省优秀史志成果奖评选范围，按规定对获奖的优秀乡镇村志予以表扬和奖励。

近年来，县委、县政府贯彻落实中共十九大关于乡村振兴的意见，高度重视社会主义新农村建设，大力推进城乡一体化发展，涌现出一批经济强村、新农村建设示范村、美丽乡村和特色村，成为先进生产力和先进文化的代表。但同时快速的城镇化也使一些群众祖祖辈辈聚居的村庄即将消失，村庄时代沿袭的优秀传统文化、风土人情等逐渐淡出人们的记忆。编纂村（居）志，留存农付历史发展、变迁的珍贵资料，为后代留下一份永不消失的村落文化遗产，也显得越来越紧迫。

编纂村（居）志要严格遵守《地方志工作条例》《山东省地方史志工作条例》及有关的史志工作规范。记述民族、宗教、政法、军事、外事等方面内容，必须要征求主管部门意见，严格履行审查验收程序。要树立精品意识，认真贯彻中国地方志指导小组《地方志书质量规定》以及国家、省市有关出版印刷规定，切实做到观点正确、体例严谨、内容全面、资料翔实、特色鲜明、记述准确、文字精炼、印制规范。编纂的村（居）志须经县史志办审查验收后方可出版，出版后分别报省、市史志办备案。

盛世修志，功在当代，利在千秋。志书是“官修“的地情书，做好村（居）志编修，责任重大、使命光荣。我们热切期待不久的将来，在您村会有一部具有存史、教化、资政功能的佳作精品问世。我们将竭诚为您提供专业的编纂指导服务。

最后，衷心祝愿您工作顺利、阖家幸福、万事如意！

东平县委党史办公室
东平县史志办公室
2018年9月1日

索引

A

艾滋病、结核病防治…………………………… 347
安全保卫…………………………………………… 305
安全工作…………………………………………… 230
安全供电…………………………………………… 400
安全管理…………………………………………… 229
安全环保…………………………………………… 240
安全教育培训……………………………………… 173
安全生产……………………… 128、226、381、391
安全生产管理……………………………………… 118
安全生产监督管理………………………………… 172
安全生产目标管理………………………………… 172
安全生产执法监察………………………………… 173
安全隐患排查……………………………………… 172
安全运营…………………………………………… 297
安山闸……………………………………………… 338

B

八里湾泄洪闸……………………………………… 191
白佛山景区建设…………………………………… 265
白佛山石窟造像…………………………………… 335
百日建会行动……………………………………… 128
斑鸠店镇…………………………………………… 399
办公用房…………………………………………… 117
办实事提效能……………………………………… 248
保密与机要………………………………………… 88
保险业……………………………………………… 306
保元堂连锁公司…………………………………… 281
保障民生…………………………………………… 307
北桥墓群（宪王陵）……………………………… 337
避险解困…………………………………………… 381
避险解困工程……………………………………… 397
编辑《东平论坛》………………………………… 139
便民惠民…………………………………………… 235
标准审查变更……………………………………… 176
滨河新区…………………………………………… 242
兵员征集…………………………………………… 157
博物馆……………………………………………… 335
不良贷款清收……………………………………… 300
部队建设…………………………………………… 158

C

财贸金融……………………………… 391、400、403
财务监督管理……………………………………… 255
财务运营管理……………………………………… 305
财源建设…………………………………………… 284
财政………………………………………………… 283
财政管理…………………………………………… 285
财政收入…………………………………………… 283
财政税收 …………………………………………… 48
财政支出…………………………………………… 284
参与“三大工程”建设…………………………… 130
创卫工作…………………………………………… 358
参与重点工程……………………………………… 137
参政议政…………………………………………… 127

餐饮船只、场所及违建整治…………………… 180
残疾人事业……………………………………… 374
测绘管理………………………………………… 256
查处“三无”船舶……………………………… 182
拆违创卫………………………………………… 384
产业扶贫 ……………………………………… 201
产业化发展……………………………………… 209
产业融合发展试点……………………………… 208
常庄古民居建筑群……………………………… 337
朝阳庄社区……………………………………… 415
车辆超限超载治理……………………………… 311
成品油销售……………………………………… 278
承担社会责任…………………………………… 304
诚信金融环境…………………………………… 289
城区道路及排水管网建设……………………… 257
城区供热………………………………………… 257
城市供水………………………………………… 257
城市管理行政执法……………………………… 265
城乡规划………………………………………… 251
城乡环卫一体化………………………… 258、383
城乡建设………………………………… 49、249
城乡居民养老保险……………………………… 368
城乡客运管理…………………………………… 311
城乡客运网络化建设…………………………… 309
城镇职工医疗保险……………………………… 368
传统文化村落…………………………………… 404
窗口管理规范化………………………………… 118
创建国家卫生县城……………………………… 359
创卫扮倩医院美………………………………… 351
创卫拆违见实效………………………………… 160
创卫促进业务工作……………………………… 348
创卫改善医院环境……………………………… 353
创卫工作……… 104、129、134、156、165、167
176、177、181、210、220
227、250、251、272、310
创卫活动………………………………………… 308
创卫锦言………………………………………… 364
创卫成果………………………………………… 362
创卫重效率、勇担当…………………………… 137
创新产品销售…………………………………… 298
创新工作机制…………………………………… 357
创新旅游市场营销……………………………… 194
创新平台建设…………………………………… 325
创新医院管理…………………………………… 355
创业就业………………………………………… 366
创业政策落实…………………………………… 367
慈善扶贫………………………………………… 123
村级干部管理…………………………………… 403
村社共建………………………………………… 274
存贷款业务……………………………… 297、305
存贷业务………………………………………… 303
存款贷款业务…………………………………… 304
存款业务…………………………… 294、299、299

D

打造资本小镇孵化园区………………………… 291
大气污染防治…………………………………… 267
大项目储备……………………………………… 248
大羊镇…………………………………………… 411
代表工作和代表活动…………………………… 107
贷款营销中心…………………………………… 300
戴村坝…………………………………………… 336
戴村坝国家水情教育基地……………………… 218
戴庙闸…………………………………………… 338
戴庙镇…………………………………………… 393
党的建设………………………………………… 272
党的建设和思想政治建设……………………… 103
党建工作……… 176、209、227、229、230、302
党建引领………………………………………… 307
党建与精神文明建设…………………………… 191
党建志愿服务…………………………………… 346
党史工作………………………………………… 104
党史宣传教育…………………………………… 104
党史征集和研究………………………………… 104
党校……………………………………………… 96

党员干部培训…………………………………… 97
档案法制宣传教育……………………………… 116
档案馆藏与开发利用…………………………… 115
档案管理………………………………………… 115
档案监督与指导………………………………… 116
档案信息化建设………………………………… 116
地方史志………………………………………… 113
地方税务………………………………………… 286
地籍管理………………………………………… 256
地情书编纂……………………………………… 115
地震监测管理…………………………………… 327
第一书记工作 ………………………………… 91
点对点供应……………………………………… 228
电力产业………………………………………… 230
电商产业………………………………………… 242
电网建设………………………………………… 231
电影发行放映…………………………………… 334
电子化建设……………………………………… 295
电子商务……………………………… 271、382
电子商务成效显著……………………………… 245
电子银行………………………………………… 300
电子政务………………………………………… 112
调水协调………………………………………… 188
调研活动………………………………………… 122
调研文稿………………………………………… 112
丁酉年祭罗大典………………………………… 140
东平湖…………………………………………… 178
东平故城（宿城）……………………………… 336
东平湖采砂管理………………………………… 219
东平湖风景名胜区……………………………… 194
东平湖观音文化旅游度假区…………………… 194
东平湖管理局东平管理局……………………… 188
东平湖管理委员会……………………………… 179
东平湖管理综合执法局………………………… 181
东平湖湿地自然保护区调整…………………… 228
东平湖水泊食品有限公司……………………… 246
东平湖特色旅游景点…………………………… 196
东平湖移民管理局……………………………… 185
东平湖渔业……………………………………… 183
东平湖综合整治………………… 145、390、392、402
东平沪农商村镇银行…………………………… 303
东平黄河河务局………………………………… 191
东平吉利中慧饲料有限公司…………………… 276
东平街道………………………………………… 382
东平经济开发区………………………………… 238
东平开元机械制造有限公司…………………… 246
东平农商银行…………………………………… 299
东平水浒旅游开发有限责任公司……………… 195
东平县第三人民医院…………………………… 355
东平县第一人民医院…………………………… 351
东平县东平湖风景名胜区管理委员会………… 193
东平县妇女联合会……………………………… 132
东平县工商业联合会…………………………… 127
东平县公安消防大队…………………………… 157
东平县供电公司………………………………… 230
东平县国有粮食购销公司……………………… 276
东平县建龙矿业有限公司……………………… 229
东平县金融工作办公室………………………… 289
东平县金兴油业有限公司……………………… 246
东平县科学技术协会…………………………… 135
东平县旅游局…………………………………… 198
东平县人民武装部……………………………… 156
东平县人民医院………………………………… 348
东平县社会科学联合会………………………… 139
东平县文学艺术界联合会……………………… 137
东平县一腾医药有限公司……………………… 280
东平县中医院…………………………………… 352
东平县总工会…………………………………… 127
东平站 ………………………………………… 314
东顺集团………………………………………… 241
东瓦庄蔬菜大棚项目…………………………… 204
动物疫病防控…………………………………… 212
督查工作……………………………………… 87、111
队伍建设………………………… 98、126、147、154
165、194、298、306
对上争取工作…………………………………… 162

对上争取和政府投融资…………………………284
对上争取及重点项目…………………………184
对上争取与小额贴贷…………………………187
重点项目建设…………………………269
对台工作…………………………95
对台经贸交流…………………………96
对外交流…………………………138
对外经济…………………………48
对外经济技术合作…………………………270
对外贸易…………………………270
《蝶变》…………………………362

E

2017 年大事记…………………………11
2017 年度经济社会发展综合考核表彰名单…467
2017 年新增文明单位…………………………475
2017 年中央、省、市主要媒体关于东平的重要报道索引…………………………456

F

发行网点…………………………339
发展和改革…………………………162
法律援助工作…………………………156
法院…………………………153
法制工作…………………………113
法制宣传教育…………………………154
法治政府建设…………………………141
反渎职侵权检察…………………………151
反贪污贿赂检察…………………………151
反洗钱工作…………………………292
犯罪侦查…………………………148
方志馆建设…………………………114
防范打击非法集资…………………………289
防洪工程管理…………………………190
防洪抗旱…………………………215
防洪与蓄滞洪运用…………………………191
防洪重点与抗洪抢险…………………………192
防雷安全管理…………………………328
防汛气象服务…………………………328
防汛任务及工程规划…………………………189
防震减灾…………………………326
防震减灾考核…………………………327
防震减灾宣传教育…………………………327
房地产管理…………………………253
房地产市场监管…………………………254
房地产业…………………………47
纺织服装…………………………226
非公经济调研…………………………95
非物质文化遗产普查与保护…………………………331
风险合规管理…………………………305
风险隐患排查整治…………………………145
风险预控体系建设…………………………172
扶贫帮困…………………………272
扶贫工作…………………………376
扶贫攻坚…………………………134
扶贫攻坚工作…………………………201
扶贫解困…………………………95
扶贫路建设…………………………310
扶贫项目…………………………204
扶贫资金管理…………………………201
服务经济社会发展…………………………52
服务青年创新创业…………………………132
服务全县中心工作…………………………147
服务“三农”…………………………307
服务社会…………………………115、138、306
服务实体经济…………………………290
服务体系建设…………………………273
夏季征兵查体…………………………355
服务业发展…………………………163
服务职能…………………………303
服务中心工作…………………………102
妇联改革…………………………135
妇女创业创新…………………………134
妇女儿童权益维护…………………………134

妇幼保健计划生育服务中心…………………… 358
妇幼公共卫生………………………………… 358
“放心粮油”工程…………………………… 276

G

改革创新……………………………………… 231
干部管理监督 ……………………………… 89
干部教育 …………………………………… 91
高档纸业……………………………………… 225
高技能人才队伍建设………………………… 369
高新技术产业发展…………………………… 325
个金创收……………………………………… 297
各类考试……………………………………… 318
耕地保护……………………………………… 255
工程建设与管理……………………………… 192
工程项目验收………………………………… 188
工会改革……………………………………… 130
工伤保险……………………………………… 369
工业………………47、221、380、382、386、397
402、406、410、413
工业联盟活动………………………………… 223
工业企业……………………………………… 412
工业园区建设………………………………… 388
公安…………………………………………… 146
公共机构节能………………………………… 117
公共文化服务体系建设……………………… 330
公共行政服务………………………………… 118
公开信………………………………………… 478
公路…………………………………………… 312
公路建设…………………………… 310、312
公路养护……………………………………… 313
公民道德素质提升…………………………… 50
公司形象建设………………………………… 307
公务用车管理………………………………… 117
公务员管理…………………………………… 369
公用事业……………………………………… 256
公证事务……………………………………… 154
供电服务……………………………………… 231
供销…………………………………………… 273
固定资产投资………………………………… 47
固定资产投资管理…………………………… 162
关心下一代工作……………………………… 104
广播电视……………………………………… 338
广告牌匾整治………………………………… 266
规范化建设…………………………………… 107
规划技术服务………………………………… 251
规划许可审批………………………………… 251
国家粮食储备库……………………………… 276
国家税务……………………………………… 285
国内贸易……………………………………… 48
国土执法监察………………………………… 256
国土资源管理………………………………… 255
国有企业统计评价…………………………… 175
国有资产处置………………………………… 175
国有资产监督管理…………………………… 174
国有资产监管………………………………… 175
国有资产配置………………………………… 175
国债发行巡查………………………………… 293
国债宣传……………………………………… 293
过硬党支部建设……………………………… 101

H

汉世伟集团…………………………………… 204
夯实平安建设基础…………………………… 144
河道工程建管………………………………… 219
河道管理……………………………………… 218
洪顶山摩崖刻经……………………………… 336
后勤保障……………………………………… 98
后勤保障服务………………………………… 117
户籍、身份证管理…………………………… 149
护航经济社会发展…………………………… 144
化工业………………………………………… 224
环保督察工作………………………………… 228
环保督察整改落实…………………………… 269

环保治理…………………………………… 382
环境·资源·人口………………………………… 43
环境保护…………………………………… 267
环境保护…………………………………… 398
环境保护…………………………………… 409
环境保护 ………………………………………49
环境监测监察………………………………… 268
环境突出整治………………………………… 269
环境卫生整治………………………………… 405
环境污染治理………………………………… 267
环境整治…………………………………… 387
环境整治…………………………………… 394
黄河滩区居民迁建……………………………… 397
黄河滩区脱贫迁建……………………………… 402
会务中心服务………………………………… 118
惠农业务…………………………………… 294
火灾防控…………………………………… 158
货运业务管理………………………………… 311

J

机构编制工作…………………………………… 99
机构编制管理…………………………………… 99
机关党建文化………………………………… 102
机关党日活动………………………………… 101
机关事业单位养老保险 ……………………… 368
机关行政事务管理……………………………… 116
机关作风建设………………………………… 224
机械制造业…………………………………… 226
基本公共服务………………………………… 372
基本公共卫生服务……………………………… 345
基层党建…………………………………… 383
基层党组织建设……………………………… 101
基层法律服务………………………………… 156
基层老龄工作建设……………………………… 373
基层团建…………………………………… 132
基层阵地巩固………………………………… 135
基层治理…………………………………… 371
基层组织建设………………… 90、376、414
基础管理工作………………………………… 301
基础设施建设………………… 238、242、386
基建维修…………………………………… 117
急性传染病控制……………………………… 347
疾病预防控制………………………………… 346
棘梁山观光园………………………………… 396
棘梁山石刻…………………………………… 335
计划管理…………………………………… 162
计划生育…………………………………… 272
计量监督检查………………………………… 165
计生服务…………………………………… 395
纪律教育…………………………………… 126
技术保障…………………………………… 339
巩固省级文明单位创建成果……………………… 329
加强和改进离退休干部工作……………………… 103
加强作风建设………………………………… 157
价格调控…………………………………… 167
价格管理…………………………………… 168
价格认证…………………………………… 169
驾培管理…………………………………… 311
坚持依法行政………………………………… 160
监保工作…………………………………… 301
监督抽检…………………………………… 166
监督检查…………………………………… 166
监督评议…………………………………… 108
监督执法…………………………………… 158
监督执纪问责………………………………… 125
检察……………………………………… 151
检察技术…………………………………… 152
检验检测工作………………………………… 176
简政放权推进政府职能转变……………………… 100
建立“党员街长制” ………………………… 362
建置沿革……………………………………… 43
建筑安全监管 ……………………………… 259
建筑安装…………………………………… 259
建筑企业管理 ……………………………… 259
建筑企业资质管理……………………………… 259

建筑业……48
建筑业管理……250
健康扶贫……346
健康扶贫……351
健康体检与接种门诊……347
健全矛盾纠纷多元化解机制……143
健全行政执法体制机制……142
交通……48
交通法规宣传……309
交通管理……149
交通邮电……391、400
交通运输……309
教师队伍……316
教学科研……350
教育……49、316
教育培训……95
教育信息化……316
接待工作……88
接山镇……413
接山镇制帽加工项目……204
解决中小学大班额……317
金融 ……48
金融创新……304
金融扶持发展……244
金融扶贫……291、300
金融监管……289
金融体系建设……289
金融稳定工作……292
金融消费权益保护……292
金融运行与监管……292
京杭大运河——东平段……336
经费形式调整改革……348
经济和社会发展综述……46
经济社会发展督导考核……111
经济责任审计……171
经济综合……46
经营措施……278
精神文明创建……51
精神文明建设综述……50
精神文明与党建工作……193
精准扶贫……177、187、395、401、408
精准识贫……201
精准脱贫……387
竞技体育……341
九鑫电镀产业园……241
九鑫集团……241
旧县乡……402
就业信息服务……366
居民基本医疗保险……369
居民生活……374、405
居民收入……374
卷烟经营……278

K

开发公益性岗位……367
开发建设……215
开展“双提双增”大讨论……137
开展青春创卫行动……131
开展青春扶贫行动……130
开展团青凝心聚力行动……132
开展银企合作……304
看守监管工作……150
康复工作……375
考察调研……108
科技成果与奖励……326
科技创新 ……49
科技创新环境优化……325
科技创新与推广……207
科技计划争取……325
科技示范推广……136
科教文化……403
科教文卫……391、412
科学技术……325
科研工作……97
客户服务……234、237

课题研究…… 139
控告申诉检察…… 152
矿产资源…… 45
矿产资源管理…… 256
矿管业…… 226
矿山综合整治…… 228
矿业建材…… 226

L

垃圾处理…… 258
腊山林场…… 215
莱商银行泰安东平支行…… 306
劳动关系…… 370
劳动合同管理…… 370
劳动监察…… 370
劳动人事争议仲裁…… 370
老干部工作…… 102
老干部文化生活与发挥余热…… 103
老湖镇…… 406
老科协工作…… 136
老龄工作…… 373
老龄宣传工作…… 373
老年人合法权益维护…… 373
老年文化建设…… 374
离退休干部服务管理…… 103
离退休职工基本养老金…… 368
理论学习…… 92
理明窝摩崖造像…… 336
理赔提升…… 307
落实奖扶政策…… 358
利用外资…… 270
联合网络通信山东有限公司东平分公司…… 232
联谊服务…… 96
良种管理…… 271
梁氏墓群…… 337
粮食产业化发展…… 275
粮食储备管理…… 275
粮食工作改革成就…… 277
粮食购销…… 275
粮食贸易…… 274
粮食项目建设…… 275
粮食行政执法…… 275
粮食作物…… 208
两区共建…… 202
两区共建…… 407
林果业…… 213
林业生态建设…… 213
路政管理 …… 312
旅游…… 193
旅游商贸…… 380
旅游业 …… 48
旅游业发展…… 401
旅游硬件提升…… 195
旅游资源…… 45
旅游资源开发…… 404
律师工作…… 155
落实公共卫生项目…… 356
落实双联四包…… 352
落实信访领导责任制…… 105
“两学一做”学习教育常态化制度化…… 101

M

矛盾纠纷多元化解机制…… 145
美丽乡村建设…… 206、387、389、392
404、409、411、412、414
免费对外开放…… 334
灭火救援…… 158
民办教育…… 324
民间设奖奖百姓活动…… 123
民企转型升级…… 244
民生保障…… 285
民生服务…… 112
民生事业…… 394
民生项目审计…… 172

民事行政检察…………………………… 151
民营经济…………………………………… 244
民政事务…………………………………… 370
民主协商…………………………………… 95
民族概况…………………………………… 44
民族工作…………………………………… 372
民族宗教…………………………………… 372
民族宗教工作……………………………… 95
名牌产品、国家地理标志………………… 476
“门前五包”落实………………………… 267

N

内部审计…………………………………… 172
内部质量控制……………………………… 176
内河防汛…………………………………… 219
内控管理…………………………… 295、298
纳税服务…………………………… 286、288
南水北调…………………………………… 187
南水北调东平湖调水……………………… 180
能力验证…………………………………… 176
年鉴编纂与出版…………………………… 114
农产品成本调查…………………………… 168
农产品品牌建设…………………………… 207
农村公路养护……………………………… 310
农村集体产权制度改革…………………… 208
农村科普…………………………………… 136
农村饮水安全……………………………… 217
农村与社会发展…………………………… 326
农村政策落实……………………………… 208
农村支付环境建设………………………… 293
农村综合改革……………………………… 206
农机安全监理……………………………… 211
农机科技推广……………………………… 211
农机跨区作业……………………………… 211
农机培训…………………………………… 211
农机修配管理……………………………… 211
农林牧渔业………………………………… 46
农田水利项目县建设……………………… 217
农业…………… 207、380、382、385、388、390
392、396、399、402、406、409、413
农业产业化………………………………… 205
农业机械…………………………………… 211
农业结构调整……………………………… 207
农业普查…………………………………… 171
农业生产…………………………………… 411
农业水价综合改革………………………… 217
农业综合开发……………………………… 209
女工委工作………………………………… 129

P

培塑文化品牌……………………………… 350
彭集街道…………………………………… 385
棚户区改造………………………… 253、265
贫困儿童救助……………………………… 133
贫困母亲救助……………………………… 133
品牌服务…………………………………… 340
品牌赛事…………………………………… 341
平安校园建设……………………………… 319
平险业务…………………………………… 306
评选先模…………………………………… 128
普惠金融宣传……………………………… 303
普通高中…………………………………… 321

Q

企业安全生产……………………………… 224
企业工资集体协商………………………… 128
企业管理…………………………………… 232
企业科协…………………………………… 136
企业年报工作……………………………… 164
企业文化建设……………………………… 236
企业养老保险……………………………… 368
企业注册登记改革………………………… 163
气候特征…………………………………… 44

气象…… 328
气象科普宣传…… 329
气象现代化建设…… 328
前山西屯大队部…… 338
严格责任落实…… 356
强化行政权力制约监督…… 142
侨务工作…… 120
青少年科普活动…… 136
清河小学建设…… 251
清理违建与餐船…… 182
清网、销鱼、转产…… 179
全国“最美家庭——王炳兰”…… 393
全面二孩政策落实…… 357
全面改薄…… 317
全面提高依法行政能力…… 143
全面推行河长制…… 219
全民义务植树…… 214
全省脱贫攻坚先进个人——耿进平…… 398
全县重要会议…… 86
全员参与创卫…… 120
群团武装…… 102
群众办事便捷化…… 119
群众体育…… 341
群众文化活动…… 330
“强村固基”农田水利项目…… 217

R

人才队伍…… 369
人才队伍建设…… 90、177、282、290
人才培养、引进…… 355
人才引进…… 369
人大信访…… 108
人防工程建设管理…… 160
人防宣传教育…… 160
人防指挥通信体系…… 159
人防自身建设…… 161
人工影响天气工作…… 328
人工增殖放流…… 183
人口概况…… 374
人口和计划生育…… 356、398
人口状况…… 44
人力资源和社会保障…… 366
人民调解工作…… 155
人民防空…… 159
人民生活…… 392、401
人民团体…… 127
人事管理…… 369
人事任免…… 107
融资管理…… 175

S

三个建设…… 231
森林资源保护…… 213
森林资源管理…… 215
沙河站镇…… 388
砂资源国有经营…… 220
砂资源禁采…… 219
山东东平宏达矿业有限公司…… 228
山东东平鑫香面粉有限公司…… 276
山东光大日月集团有限公司…… 276
山东润声印务有限公司…… 245
山东祥瑞药业有限公司…… 276
商标注册管理…… 164
商老庄乡…… 392
商务工作…… 270
尚书林…… 337
设施建设…… 339
社会保险…… 49、367、374
社会保障工作…… 375
社会扶贫…… 203
社会公益活动…… 127、356
社会救助…… 370、374
社会民生…… 412

社会事业……………………381、383、386、388
398、406、410、414
社会维稳……………………………………229
社会宣传……………………………………93
社会治安治理………………………………148
社会组织管理………………………………372
社会组织建设………………………………341
社科理论研讨会……………………………139
社科普及基地………………………………140
社区建设……………………………………395
社区矫正工作………………………………155
社区科普……………………………………136
社区卫生服务站……………………………281
涉企帮扶……………………………………164
深化林权配套改革…………………………214
深化涉法涉诉信访改革……………………144
深化医改工作………………………………345
审计工作……………………………………171
生产工作………………………………229、230
生态东平建设………………………………268
生物资源……………………………………45
生育保险……………………………………369
省水利厅扶贫产业园………………………204
失业保险……………………………………369
施策解困……………………………………227
湿地保护……………………………………183
十九大安保维稳攻坚战……………………146
石油经营……………………………………277
实施健康扶贫………………………………350
实施全民科学素质纲要……………………135
食品安全检测………………………………347
食品药品监督………………………………166
食品业………………………………………226
食盐专营……………………………………279
食用菌………………………………………208
市场监督……………………………………163
市场监督管理………………………………164
市场建设及监管……………………………270
事业单位监督管理…………………………100
事业单位人事管理…………………………370
书香东平系列活动…………………………340
蔬菜…………………………………………208
数字化城管建设……………………………267
“双联四包”和第一书记…………………228
双拥共建……………………………………157
双拥优抚安置………………………………371
水产品质量安全监管………………………185
水法宣传……………………………………218
水法宣传教育………………………………192
水浒影视小镇………………………………409
水利…………………………………………215
水利工程建设与管理………………………216
水路运输企业管理…………………………311
水土保持……………………………………217
水污染防治…………………………………268
水行政执法…………………………………216
水行政执法机构建设………………………192
水政工作及“清河行动”…………………190
水资源………………………………………45
水资源保护宣传工作………………………190
水资源管理…………………………………216
税法宣传培训………………………………288
税费征缴……………………………………228
税收宣传……………………………………285
税收征管………………………………286、287
税务执法……………………………………286
税种管理……………………………………286
司法改革……………………………………153
司法行政……………………………………154
思想政治工作………………………………157
思想政治建设………………………………156
诉讼监督检察………………………………152
素质教育……………………………………318
速递物流……………………………………314
“三大工程”项目办理……………………119
“三大工程”包保工作……………202、210

“三大工程”建设…… 264
“三强”企业培植…… 221
“十大女杰”评选…… 135
“税易通”推广使用…… 288
“双联四包”活动…… 129
“四上”企业发展…… 169
《水浒诗刊》…… 139

T

泰安鸿泰工艺品有限公司…… 204
泰安香湖食品有限公司…… 247
泰安鑫阳门窗装饰工程有限公司…… 245
泰安香湖食品有限公司…… 247
泰安银行东平支行…… 304
特教创新…… 322
特色产业…… 388、393、399、411
特色小镇创建…… 398
特殊教育…… 322
特种设备监管…… 165
梯门镇…… 409
提案工作…… 122
提高全县文学艺术水平…… 138
提升保障能力…… 157
体育…… 340
体育产业…… 342
体育基础设施建设…… 340
铁路…… 313
通信服务…… 233
通信建设…… 232
通信业务…… 233
统计改革…… 170
统计工作…… 169
统计基础建设…… 169
统一战线…… 95
全面整治…… 361
突破“执行难”…… 154
图书馆…… 334
图书馆室建设…… 334
图书销售…… 340
图书宣传服务…… 334
土地利用…… 256
土地治理项目…… 209
土地资源…… 45
土地综合整治…… 255
推动家门口就业…… 367
推广渔业新品种、新技术…… 184
推广中医药及适宜技术…… 350
推进河长制建设…… 189
推进基础设施建设…… 354
推进行政决策科学化、民主化、法治化…… 142
脱贫攻坚…… 205、381、384、397
405、410、412、414

W

外汇管理…… 293
外商沙拉维…… 390
外事工作…… 120
外事侨务…… 120
完善依法行政制度体系…… 142
网点服务…… 296
网点建设…… 305
网点转型…… 302
网络建设…… 234、236
网络宣传与管理…… 94
网箱网围清理…… 182
为民办实事…… 249
为职工办实事…… 272
维护国家安全和政治安全…… 143
维护生产经营秩序…… 144
维权工作…… 88、376
维修业务管理…… 312
卫生…… 343
卫生与计划生育…… 403
未成年人思想道德建设…… 51

位置面积…………43
文化扶贫…………389
文化建设与文化产业…………93
文化交流…………96
文化市场监管…………331
文化事业…………49
文化艺术创作…………331
文明行业创建…………310
文书处理…………112
文物管理…………335
文学艺术活动…………137
污水处理…………257
五个一活动…………123
武警东平县中队…………157
物价管理…………167
物价检查…………169
物业管理…………254
“文明新风”培树…………135

X

西王村易地搬迁…………412
先进单位名录（部分）…………462
先进个人名录（部分）文件选目…………455
县级领导人…………416
县检验检测中心…………176
县十八届人大常委会会议…………106
县十八届人民代表大会第一次会议…………106
县十七届人大常委会第三十八次会议…………106
县委办公室…………87
县委全体会议…………86
县政府办公室工作…………111
县政府第八次常务会议…………110
县政府第二次常务会议…………109
县政府第九次常务会议…………110
县政府第六次常务会议…………110
县政府第七次常务会议…………110
县政府第三次常务会议…………109
县政府第十次常务会议…………110
县政府第十二次常务会议…………111
县政府第十一次常务会议…………111
县政府第四次常务会议…………110
县政府第五次常务会议…………110
县政府第一次常务会议…………109
县政协常委会议…………121
县直机关工委工作…………101
县属企业改革…………174
现代流通网络建设…………274
乡村旅游…………385
乡村文明行动…………50
乡土人才开发…………393
乡镇总体规划…………251
项目策划对上争取…………222
项目扶贫…………202
项目建设…………198、239、242、394、400、410
项目审批监管…………268
消费品市场运行…………270
消费者权益保护…………165
小城镇建设…………250
小微企业双创基地…………244
孝善引领脱贫路…………392
校车工程…………318
新东岳集团…………241
新湖镇…………390
新华书店…………339
新农村工作…………205
新上重症医学科（ICU）…………356
新闻宣传…………93
新型金融组织监管…………289
新型农业经营主体…………207
新学校建设…………265
新政务服务中心大厅…………119
信贷投放…………294
信贷业务…………296、299
信访工作…………105
信访工作规范化建设…………105

信访积案化解…………………………… 105
信访维稳………………………… 187、226、272
信息产业…………………………………… 232
信息工作…………………………………… 112
信息化建设……………………… 114、234、253
信息宣传…………………………………… 209
刑事检察…………………………………… 151
刑事执行检察……………………………… 151
行业扶贫……………………………… 203、274
行业管理…………………………………… 271
行政区划……………………………………… 43
行政事业单位资产年报和产权登记………… 174
畜产品安全监督…………………………… 213
畜牧产业化………………………………… 212
畜牧业……………………………………… 212
畜禽粪污资源化利用……………………… 212
宣传…………………………………………… 92
宣传服务…………………………………… 305
宣传工作……………………………… 177、376
宣传教育……………………………… 159、361
宣传栏目…………………………………… 339
宣传医院服务理念………………………… 352
宣传营销…………………………………… 198
学前教育…………………………………… 319
学生资助…………………………………… 318
学术交流与活动…………………………… 115
学习培训…………………………………… 123
学习研究宣传中共十九大精神……………… 96
“夏送清凉”活动………………………… 128

Y

烟草专卖…………………………………… 278
烟花爆竹专营……………………………… 274
严打非法投饵……………………………… 182
严打整治…………………………………… 144
检查督导落实……………………………… 361
盐业………………………………………… 279
盐政宣传…………………………………… 280
盐政执法…………………………………… 279
养老服务…………………………………… 371
业务发展…………………………………… 236
业务竞赛获佳绩…………………………… 329
孕前优生健康检查………………………… 357
医德医风建设……………………………… 349
医疗服务质量管理………………………… 345
医疗卫生………………………………… 49、395
医疗质量管控……………………………… 349
医养结合项目……………………………… 353
医药经营…………………………………… 280
医药批发配送中心………………………… 281
医院改革…………………………………… 349
医院综合管理……………………………… 351
依法监管…………………………………… 199
依法履行政府职能………………………… 141
移动通信集团山东有限公司东平分公司…… 234
移民避险解困……………………………… 406
移民避险解困工程………………………… 186
移民扶贫项目……………………………… 188
移民后扶政策落实………………………… 186
移民技能培训……………………………… 187
移民社区建设……………………………… 405
义务教育经费保障机制…………………… 318
易地扶贫搬迁……………………………… 385
银山镇……………………………………… 396
银行业……………………………………… 292
尹山庄社区………………………………… 415
引黄济湖工程……………………………… 181
引进高端医疗设备………………………… 352
应急管理…………………………………… 111
永久基本农田划定………………………… 228
优化工业结构……………………………… 223
优化授信投放……………………………… 298
优生人性化服务…………………………… 358
优质高效服务……………………………… 255
邮税合作…………………………………… 315

邮务类业务…………………………………… 314
邮政……………………………………………… 314
邮政储蓄………………………………………… 314
邮政服务………………………………………… 314
油料作物………………………………………… 208
渔业安全生产…………………………………… 185
渔业品种与产量………………………………… 183
渔政监督管理…………………………………… 184
预防邮路………………………………………… 315
预算执行审计…………………………………… 171
员工培训………………………………………… 295
园林管理………………………………………… 253
园林规划………………………………………… 252
园林建设………………………………………… 252
园林绿化………………………………………… 252
园区建设………………………………………… 391
远程教育 ……………………………………… 92
运输管理………………………………………… 311
110 报警服务 ………………………………… 149
“一库一品”工作……………………………… 293

Z

增殖放流………………………………………… 188
占道经营管理…………………………………… 266
战备训练演练…………………………………… 157
招商引资…187、198、239、247、388、402、407
招商引资工作…………………………………… 248
招商引资与对上争取…………………………… 188
招商引资政策…………………………………… 248
诊疗技术日臻完善……………………………… 355
镇村建设………………………………………… 391
镇村企业……………………………………390、400
震灾防御………………………………………… 327
征地移民资金管理……………………………… 188
正规化建设……………………………………… 157
证件延续………………………………………… 229
证照延续………………………………………… 230
郑沃村养鸡脱贫………………………………… 401
政策调研与信息………………………………… 87
政策跟踪审计…………………………………… 171
政法队伍建设…………………………………… 145
政法委与综治…………………………………… 143
政府工作报告…………………………………… 1
政府资产报告试点工作………………………… 174
政务服务标准化………………………………… 118
政协九届一次全委会议………………………… 121
支持地方经济建设……………………………… 297
支持企业发展…………………………………… 304
知识产权管理…………………………………… 326
执法办案………………………………………… 153
职工技术创新竞赛活动………………………… 128
职工解困脱贫…………………………………… 128
职工就业技能培训……………………………… 128
职工体育活动…………………………………… 129
职务犯罪预防…………………………………… 152
职业技能培训…………………………………… 367
职业教育………………………………………… 323
职业农民培训…………………………………… 214
职业学校………………………………………… 323
志书编纂与出版………………………………… 114
志愿者服务……………………………………… 235
治安防控立体化………………………………… 145
智 e 购商城发展………………………………… 302
中国电信股份有限公司东平县分公司………… 236
中国工商银行股份有限公司东平支行………… 295
中国共产主义青年团东平县委员会…………… 130
中国建设银行东平支行………………………… 297
中国农业发展银行东平县支行………………… 299
中国农业银行东平县支行……………………… 294
中国人民财产保险股份有限公司东平支公司
…………………………………………………… 306
中国人民人寿保险股份有限公司东平支公司
…………………………………………………… 306
中国人民银行东平县支行……………………… 292

中国石化山东泰山石油股份有限公司东平分公司
……………………………………………… 278
中国银行股份有限公司东平支行…………… 298
中国邮政储蓄银行东平支行………………… 305
中间业务……………………………………… 301
中煤东顺清洁能源项目……………………… 240
中小企业公共服务中心……………………… 245
中小学教育…………………………………… 320
中医药综合服务……………………………… 346
种植业………………………………………… 208
重大案件……………………………………… 150
重大改革……………………………………… 124
重大建设项目………………………………… 310
重大疫情控制………………………………… 347
重点高中……………………………………… 322
重点工程……………………………………… 249
重点工程建设………………………………… 309
重点工作……………………………………… 125
重点建设项目………………………………… 264
重点领域监管………………………………… 164
重点旅游活动………………………………… 195
重点民办学校………………………………… 324
重点企业简介………………………………… 240
重点企业培育………………………………… 240
重点文物……………………………………… 335
重点项目……………………………………… 243
重点项目建设…………………………… 162、408
重点小学……………………………………… 320
重点幼儿园…………………………………… 319
重要会议……………………… 106、109、121、124
重要会议・决策………………………………… 86
重要活动……………………………………… 122
重要决策………………………………………… 86
重要敏感时期工作机制……………………… 105
州城街道……………………………………… 380
主要工作……………………………………… 107
住房公积金贷支……………………………… 255
住房公积金管理……………………………… 254
住房公积金归集……………………………… 255
助农惠农业务………………………………… 299
助学就业培训………………………………… 375
注重医护质量与安全………………………… 353
抓创卫促旅游………………………………… 199
抓党建促脱贫 ………………………………… 91
专卖管理……………………………………… 278
专项规划……………………………………… 251
专项整治……………………………………… 167
专业合作社…………………………………… 273
专业技术人才队伍建设……………………… 369
专业气象服务………………………………… 328
转型提升企业核心竞争力…………………… 222
资金资产经营………………………………… 301
资源交易阳光化……………………………… 118
宗教工作……………………………………… 373
综合行政执法体制改革………………………… 99
综合整治宣传………………………………… 181
严厉打击“两非” …………………………… 357
综述………… 109、200、221、330、343、377
总量减排……………………………………… 268
组建产业协会………………………………… 245
组织……………………………………………… 89
组织机构及领导成员…………………………… 53
组织建设………………………………… 127、386
组织领导……………………………………… 359
作风建设……………………………………… 135
“最美”系列荐选……………………………… 134

图书在版编目（CIP）数据

东平年鉴.2018/东平县史志办公室编. —北京：方志出版社，2018.10
ISBN 978-7-5144-3317-3

Ⅰ. ①东… Ⅱ. ①东… Ⅲ. ①东平县－2018－年鉴
Ⅳ. ①Z525.24

中国版本图书馆CIP数据核字（2018）第224265号

东平年鉴（2018）

编　　者：东平县史志办公室
责任编辑：陈　菁

出 版 人：冀祥德
出 版 者：方志出版社
地址　北京市朝阳区潘家园东里9号（国家方志馆4层）
邮编　100021
网址　http://www.fzph.org
发　　行：方志出版社图书经销中心
电话（010）67110500
经　　销：各地新华书店
印　　刷：山东新华印务有限责任公司

开　　本：889mm×1194mm　1/16
印　　张：32.5
字　　数：759千字
版　　次：2018年10月第1版　2018年10月第1次印刷
印　　数：0001～1100册

ISBN 978-7-5144-3317-3　定　价：360.00元